Zugänge zur Philosophie

Grundband für die Oberstufe

erarbeitet von
Dr. Roland W. Henke,
Lothar Aßmann, Reiner Bergmann,
Matthias Schulze,
Dr. Eva-Maria Sewing

Cornelsen

Die Autoren:

Lothar Aßmann, geb. 1952, unterrichtet Philosophie und Mathematik an der Europäischen Schule, Kirchberg-Luxembourg.

Reiner Bergmann, geb. 1952, unterrichtet Philosophie, Deutsch und Latein an der Gesamtschule Leverkusen-Schlebusch.

Dr. Roland W. Henke, geb. 1953, unterrichtet Philosophie, Deutsch und evangelische Religion am Kopernikus-Gymnasium, Niederkassel, ist Fachleiter für Philosophie am Studienseminar Köln und Lehrbeauftragter für Philosophiedidaktik an der Universität Bonn.

Matthias Schulze, geb. 1953, unterrichtet Philosophie und Mathematik an der Gesamtschule Bonn-Beuel und ist Fachleiter für Philosophie an den Studienseminaren Gummersbach und Siegburg.

Dr. Eva-Maria Sewing, geb. 1954, unterrichtet Philosophie und Deutsch am Gymnasium Liebfrauenschule Bonn und ist Lehrbeauftragte für Philosophiedidaktik an der Universität Bonn.

Redaktion: Karl-Heinz Holstein
Layout: Katharina Wolff
Technische Umsetzung: Julia Walch, Bad Soden
Umschlagbild: Johann Wolfgang von Goethes Wohnhaus in Weimar;
Blick vom Großen Sammlungszimmer zum Urbinozimmer.
Foto von J. Pietsch 1995

Cornelsen online http://www.cornelsen.de

Dieses Werk berücksichtigt die Regeln
der reformierten Rechtschreibung und Zeichensetzung.

1. Auflage ✔ € Druck 8 7 6 5 Jahr 03 02 01 2000
Alle Drucke dieser Auflage können im Unterricht
nebeneinander verwendet werden.

Druck: CS-Druck Cornelsen Stürtz, Berlin

ISBN 3-464-54440-0

Bestellnummer 544400

gedruckt auf säurefreiem Papier, umweltschonend hergestellt aus chlorfrei gebleichten Faserstoffen

Europäische Philosophie

Vorsokratiker

Die Suche nach dem Urprinzip bzw. dem Urstoff: *Thales* von Milet (625–545): Wasser – *Pythagoras* aus Samos (580–500): Zahl – *Heraklit* v. Ephesus (536–470): ewiges Werden – *Parmenides* aus Eleat (540–480): das ewig seiende unveränderliche Eine – *Anaxagoras* (500–428): zwecksetzender Geist – *Demokrit* aus Abdera (460–360): Atome

Klassische griechische Philosophie

Sophisten lehren Skeptizismus und Relativismus, z. B. *Protagoras* (480–410) „Der Mensch ist das Maß aller Dinge".
Wissenschaftliche Bildung (Mathematik, Rhetorik, Philosophie) verdrängt das mythische Weltbild.
Sokrates (ca. 470–399) sucht mit der „Hebammenkunst" des Fragens (Mäeutik) Wahrheit und Tugend der Athener. Dabei bringt er seine Gesprächspartner mit Erfahrungsbeispielen zu dem Eingeständnis, dass sie nur scheinbar etwas wissen.
Platon (427–347) schreibt in Dialogen über das Wirken und den Tod des Sokrates („Phaidon", „Apologie"). Später konzipiert er aus dem philosophischen Erschauen ewiger Ideen einen gerechten Idealstaat.
Aristoteles (384–322) kritisiert die Ideengrundlagen von Platons Weltbild. Dagegen verbindet er als Universalwissenschaftler empirische Methodik und analytisches Denken mit der philosophischen Konstruktion eines Stufenreiches der Zwecke (Teleologie).

Hellenistische und römische Philosophie

Athen wird „Weltuniversität": Neben den alten Philosophenschulen, (Platons) **Akademie** und (Aristoteles') **Peripatos**, entstehen neue: Die **Epikureer** lehren Zurückhaltung gegenüber der Politik („Lebe verborgen!"), Angstfreiheit vor Tod und Göttern; Glück entsteht durch äußere und innere Ruhe (Ataraxia): *Epikur* von Samos (341–271), *Lukrez* (96–55)
Stoiker fordern leidenschaftslose Pflichterfüllung nach Vernunft und Sittengesetz: *Zenon* von Kition (336–263), *Cicero* (105–43), *Seneca* (4–65), Kaiser *Marc Aurel* (121–180). **Skeptiker** leugnen jede sichere Erkenntnis. **Neuplatoniker** lehren religiös-mystische Ideenschau in der Ekstase: *Plotin* (204–269)

Frühes Christentum und Mittelalter

Patristik von „Patres", hier Kirchenväter, *Tertullian* (150–222), *Athanasius* (295–375) u. a., vor allem: *Augustinus* (354–430) schuf die erste zusammenfassende christliche Philosophie in Anlehnung an Platon.
Scholastik: (Glaubenswahrheit als Vernunfterkenntnis): *Anselm v. Canterbury* (1033–1109): Ontologischer Gottesbeweis; **Universalienstreit:** Gemäßigter Realismus des *Thomas v. Aquin* (1242–1274): Allgemeine Begriffe sind real in den Dingen. Dagegen Nominalismus des *Duns Scotus* (1274–1308) u. a.: Allgemeine Begriffe sind (nur) Namen.
Mystik: *Meister Eckhart* (1260–1327): inneres Erleben der Mittelstellung des Menschen zwischen Gott und Welt.

Renaissance-Philosophie

Nikolaus v. Kues, auch *Cusanus* genannt (1401–1464), überwindet die Scholastik. Gott als Vereinigung aller Gegensätze kann im unendlichen Universum nur relativ erfasst werden: Jede Religion spiegelt einen Teil der göttl. Wahrheit.
N. Macchiavelli (1469–1527) propagiert den skrupellosen Machtstaat. *Th. Morus* (1478–1538) entwirft einen Idealstaat nach dem Vorbild Platons. *Paracelsus* (1493–1541): Alle Wesen sind analog gebaut: Mensch = Mikrokosmos, Welt = Makrokosmos; Einheit von Natur und Geist.

Neuzeit bis Kant

Empiristen bauen ihre Systeme von den Einzelerfahrungen ausgehend auf:
F. Bacon (1561–1626) fordert die induktive Methode für die Philosophie wie für die Naturwissenschaft.
Th. Hobbes (1588–1679) sieht im Staat die Menschen aus Eigennutz durch Vertrag den „Krieg aller gegen alle" beenden.
J. Locke (1632–1704) bezeichnet die Seele als „leere Tafel"; alle Ideen stammen aus der Erfahrung.
D. Hume (1711–1776) kritisiert alles die Erfahrung Überschreitende; Kausalität ist unbeweisbar, er zweifelt an der Erkennbarkeit der Außenwelt.

Französische Aufklärungsphilosophie
Ch. de Montesquieu (1689–1755) fordert die Trennung in gesetzgebende, vollziehende und richterl. Gewalt.
J. O. Lamettrie (1709–1751) und *C. A. Helvetius* (1715–1771) sehen Menschen durch den Egoismus der natürlichen Triebe geprägt.
Baron Holbach (1723–1789) fasst Materialismus und Atheismus zusammen.
J.-J. Rousseau (1712–1778) geht von der guten Natur des Menschen und einem guten „Allgemeinwillen" aus. Die Zivilisation verdirbt die Menschen. Alle haben Würde und Rechte.

Rationalisten leiten ihre Systeme aus angeborenen (logischen) Ideen ab.
R. Descartes (1596–1650) sucht nach klaren und deutlichen Erkenntnissen allein durch das Denken (deduktive Methode). Seele und Materie sind verschiedene Substanzen.
B. de Spinoza (1632–1677) sieht Denken und Ausdehnung (Seele und Materie) als zwei Attribute einer einzigen unendlichen Substanz (Gott) und gelangt so zum Pantheismus.
G. W. Leibniz (1656–1716) versteht die Welt als harmonisches Ganzes aus seelenartigen Kraftzentren, den Monaden, gestuft nach Klarheit ihrer Vorstellungen von der anorganischen Natur bis zur Zentralmonade Gott.

Synthese von Empirismus und Rationalismus bei *Immanuel Kant* (1724–1804)
In seiner „Kritik der reinen Vernunft" (1781) lässt er gesicherte Erkenntnis nur bei der Verbindung empirischer Anschauung mit apriorischen Kategorien gelten. In seiner „Kritik der praktischen Vernunft" (1788) werden moralische Gebote nur dann anerkannt, wenn sie für alle Menschen gelten können **(Kategorischer Imperativ)**.

Was das Individuum betrifft,
so ist ohnehin jedes ein Sohn seiner Zeit;
so ist auch die Philosophie ihre Zeit
in Gedanken erfasst.
Georg Wilhelm Friedrich Hegel

Hinweise zur Konzeption und Benutzung des Buches

Dieses Buch ist in erster Linie als Grundlage für den Philosophieunterricht in der gymnasialen Oberstufe gedacht. Es soll dort Zugänge zur Philosophie und zum Philosophieren eröffnen. Wie ist es aufgebaut und welche **Leitprinzipien** liegen ihm zugrunde?
Es ist in vier inhaltlich ausdifferenzierte Rahmenthemen oder Problemkreise und einen Einführungskurs unterteilt. Jedem dieser fünf Hauptteile ist eine Einleitung vorangestellt, die zu ihm hinführt und seine Grundproblematik vorstellt.
Die darauf folgenden philosophischen Originaltexte sind so ausgewählt, dass sie als Antwortversuche auf die anfangs explizierte Problemstellung aufzufassen sind. Dabei entfalten und differenzieren sie die Grundproblematik nicht bloß weiter aus, sondern führen sie auch systematisch fort zu einer Lösung oder doch wenigstens zu einer Abklärung. Diese innere, einen gedanklichen Fortlauf markierende Systematik, die auch fächerübergreifende Aspekte einbezieht, wird besonders deutlich in von den Verfassern stammenden Zwischentexten und Aufgabenstellungen, aber auch in der Auswahl und Anordnung der philosophischen Texte selbst, die eine explizite oder implizite Beziehung der verschiedenen Philosophen aufeinander sicherstellt. Philosophie stellt sich dem Lernenden somit als Entfaltung je eines bestimmten Problemzusammenhanges dar, in der philosophische Autoren zur Sprache kommen und eine fortschreitende Abklärung dieses Problemzusammenhanges vornehmen.
Diese innere Systematik erhält im Zweifelsfall den Vorzug gegenüber dem Prinzip der historischen Chronologie oder einer vollständigen Präsentation sogenannter paradigmatischer, d. h. beispielhafter Philosophen.
Auf diese Weise sollen die Vorzüge einer Textsammlung mit denen eines Lehrbuches verbunden werden: die einer Textsammlung, insoweit originale philosophische Texte geboten werden, die eine Auseinandersetzung mit der philosophischen Tradition aus erster Hand gestatten; und die eines Lehrbuches, insoweit der Lernende nicht allein gelassen, sondern durch die Entfaltung einer inneren Systematik an die Hand genommen und in eine Gedankenfolge eingebunden wird.
Es ist dabei nicht zu leugnen, dass mit der Entscheidung für das systematische Moment, mit der die Verfasser an der Wahrheitsidee beim Philosophieren festhalten, deren eigene philosophische Position aufscheint. Insofern diese für die Anordnung der Texte und ihren gedanklichen Fortlauf verantwortlich zeichnet, gewinnt sie sogar eine eigens didaktische Bedeutung. Dies geschieht aber nicht im Verborgenen, vielmehr werden die philosophischen Grundauffassungen der Verfasser in den die Anordnung der Originaltexte legitimierenden, argumentativ gehaltenen Überleitungspartien greifbar und stellen sich auf diese Weise auch der Kritik. So ist ein Widerspruch gegen sie auch dem philosophischen Anfänger möglich, ja sogar erwünscht, denn ohne den „selbsteigenen Gebrauch der Vernunft" (Kant) bleibt der Zugang zur Philosophie verschlossen.

Das Buch entfaltet im Ganzen nur den allgemeinen Theoriehorizont philosophischer Fragen, bezogen auf bestimmte Themengebiete. Es liefert keine Einführung in komplexe und gegenwärtig stark diskutierte Anwendungsfelder philosophischer Theorien, wie etwa die Gentechnik oder den Schwangerschaftsabbruch als Anwendungsgebiete philosophischer Ethik. Dennoch werden in den Aufgabenstellungen und zuweilen auch in den ausgewählten Texten selbst Anwendungszusammenhänge verdeutlicht, allerdings so auf die Lebenswelt bezogen, dass eine gedankliche Durchdringung dieser Felder ohne genaue und detaillierte Vorinformationen möglich ist.

Aus der skizzierten Konzeption des Buches ergeben sich einige für seine **Benutzung** wichtige Leitlinien. Die einzelnen Kapitel und ihre Abfolge sind so aufgebaut, dass man sie im Unterricht, aber gegebenenfalls auch im Selbststudium oder in der Vor- und Nachbereitung des Unterrichts, fortlaufend behandeln kann. Zahlreiche *Vor- und Rückverweise* geben darüber hinaus Hilfen für die Vertiefung kapitelübergreifender Fragestellungen und ermöglichen eine sinnvolle alternative Reihenfolge der Behandlung.

Eine Hilfe zur Erschließung der philosophischen Texte bieten die ihnen als Fußnote am Textende beigegebenen *Wort- und Sacherklärungen.* Ein Anhang zum *methodischen Umgang mit philosophischen Texten* kann hier eine weitere Erschließungshilfe sein. Unmittelbar vor die philosophischen Quellentexte sind zudem *Texte der Verfasser* gesetzt, die zu ihnen hinführen und sie in ihr philosophie- und sozialgeschichtliches Umfeld einbetten. Darüber hinaus entfalten die übrigen Verfassertexte die Problemstellung und den gedanklichen Fortlauf, sodass sie in jedem Fall in die Behandlung einbezogen werden sollten. Da auch die jeweils im Anschluss an die Autoren- und Quellentexte platzierten *Aufgabenstellungen* innerhalb eines Kapitels aufeinander aufbauen und den Fortgang des Gedankens weiterentwickeln oder aktualisieren helfen, empfiehlt sich ebenso ihre Berücksichtigung. Aufgaben, die über die bedachte Grundproblematik hinausweisen und zusätzliche philosophische oder auch fächerübergreifende Aspekte einbringen, sind mit einer *Eule* versehen und können ohne Einbußen im Nachvollzug des systematischen Fortgangs übersprungen werden. Im Unterricht empfiehlt sich bei entsprechendem Interesse zumeist ihre Erarbeitung und Präsentation in Form von Schülerreferaten.

Angaben zum biographischen Hintergrund der verschiedenen Philosophen finden sich jeweils in den Verfassereinleitungen zu ihren Texten und können mit Hilfe des Namensregisters (fett gedruckte Seite[n] nachschlagen!) ausgemacht werden. Einige bedeutende Philosophen werden ausführlicher in Leben und Werk vorgestellt; diese „Biographieseiten" sind im Inhaltsverzeichnis mit ■ gekennzeichnet.

Das Buch enthält auch eine Anzahl von *literarischen Texten und Bildern*, die zum Aufriss oder zur Vertiefung und Veranschaulichung philosophischer Problemstellungen dienen. Sie herauszusuchen hat uns, den Verfassern, besondere Freude bereitet. Von daher hoffen wir, dass auch Ihnen dieses Buch, bei aller zu seiner Erarbeitung notwendigen „Anstrengung des Begriffs" (Hegel), ein wenig Spaß am Philosophieren und die nötige philosophische Ration in einer auf Zukunft hin offenen Gesellschaft vermitteln kann.

Das Buch verdankt (kritische) Anregungen: Dr. Klaus Blesenkemper, Dr. Norbert Kaul, Wilfried Meinzer, Gerhard Neuf, Prof. Dr. Bruno H. Reifenrath, Dr. Joachim Vahland.

Inhaltsverzeichnis

IV Probleme der Politik

Zugänge zur Rechts- und Staatsphilosophie

V Probleme der Geschichte

Zugänge zur Geschichtsphilosophie

Francisco de Goya, Der Schlaf der Vernunft bringt Ungeheuer hervor. (Radierung, 1796)

Vorwort

„Der Schlaf der Vernunft bringt Ungeheuer hervor“ ist der Titel dieser Radierung des spanischen Malers **Francisco de Goya** (1746–1828). Diese Ungeheuer sind wohl nicht nur die Monster der Alpträume und des Geisterglaubens (oder der Horrorfilme), vor denen sich die Menschen noch immer – oder wieder – fürchten, wenn die Vernunft schläft. Es sind sicher auch die dunklen Seiten des Menschen, die wir alle kennen, von den „Schrecken des Krieges“, wie sie Goya auch dargestellt hat, bis zu den Schrecken im täglichen Miteinander. Dass die Vernunft diese Ungeheuer vertreiben könne, ist eine alte Hoffnung der Menschheit. Als die Menschen begannen überlieferte Vorstellungen nicht mehr einfach zu übernehmen – im antiken Griechenland, im Zeitalter der Aufklärung in Europa –, als sie anfingen selbst zu denken, wollten sie sich zugleich aus der Furcht vor dem Unerklärlichen, vor den Dämonen, befreien. Sie begannen die Welt mit Hilfe der Vernunft zu ergründen – es entstand die Philosophie. Die offene Suche nach der Wahrheit, die „Liebe zur Weisheit“ – so die Bedeutung des griechischen Wortes „Philosophie“ – trat an die Stelle der festen Weisheiten des Glaubens und der Tradition.

Auch für Sie, für jeden von uns, beginnt so das philosophische Denken. Sie zweifeln daran, dass das, was Sie in Elternhaus und Schule, Medien und Freundeskreis hören, richtig ist, dass Sie alles das tun sollten, was man so tut. Sie denken über eigene Wege nach, vergleichen unterschiedliche Vorstellungen von der Welt, unterschiedliche Auffassungen von Wahrheit, Moral und Politik, Sie fragen sich, was die Vernunft gegen die Monster des Unfriedens und der Unvernunft ausrichten kann: Sie philosophieren. Dieses Buch möchte Sie dabei unterstützen. Wir gehen von Fragen aus, die Sie sich wahrscheinlich auch schon einmal gestellt haben, z. B. wie man sich seinen Mitmenschen gegenüber verhalten soll, ob der Mensch von Natur aus schlecht ist oder in welcher Art von Staat man leben möchte. Dazu stellen wir Ihnen Überlegungen vor, die in der Geschichte der Philosophie bis heute zu solchen Fragen angestellt wurden.

Die Hoffnung, so die Ungeheuer der Unvernunft vertreiben zu können, erscheint gerade heute – mehr als 2000 Jahre nach dem Anfang der Philosophie, mehr als 200 Jahre nach der Zeit der Aufklärung – reichlich vermessen. Schlimmer noch: Hat nicht die Vernunft selbst neue Ungeheuer hervorgebracht? Sind nicht im Namen der Vernunft und des Fortschritts Menschen unterdrückt und umgebracht, ältere „unvernünftige“ Kulturen vernichtet und die Natur zerstört worden?

Zweifel an der Vernunft sind also angebracht. Aber auch diese Zweifel müssen wir vernünftig – philosophisch – erörtern, wenn wir einen Ausweg aus den Irrwegen der Vernunft finden wollen. Ein Zurück in traditionelle Gewissheiten ist, selbst wenn es erstrebenswert wäre, nicht mehr möglich. Einen Anstoß zur Diskussion über die Möglichkeiten und Grenzen der Vernunft möchte dieses Buch Ihnen bieten, eine Hilfe auf der Suche nach einem besseren Verständnis des Menschen und der Welt, vielleicht auch nach Wegen zu ihrer Veränderung.

I

Was ist Philosophie?

Eine Einführung in ihre Problemstellungen

Einleitung

Um in die Philosophie einzuführen, hat es sich als sinnvoll erwiesen, sich an den drei Grundfragen der Philosophie, wie sie der Philosoph **Immanuel Kant** in seinen Vorlesungen zur Logik (1800) formuliert hat, zu orientieren:

Was kann ich wissen?

Was soll ich tun?

Was darf ich hoffen?

Diese drei Fragen münden nach Kant in einer vierten:

Was ist der Mensch?

Im Einleitungskapitel möchten wir zunächst verdeutlichen, wie die Philosophie sich mit diesen Fragen beschäftigt. Wir beginnen – ohne weitere allgemeine Betrachtungen – mit einigen Beispielen zu den verschiedenen Bereichen der Philosophie; denn wir glauben, dass man am besten versteht, was philosophieren ist, wenn man an einem Punkt damit anfängt. Zunächst geht es um die Frage „Was kann ich wissen?", exemplarisch behandelt an einem Problem der „Erkenntnistheorie", und zwar dem des Verhältnisses von Wahrnehmung und Denken. Die Frage „Was soll ich tun?" wird vor allem in der „Ethik" und der „Sozial- und Staatsphilosophie" erörtert. Wir behandeln zur Ethik die allgemeine Frage, ob es eine allgemein gültige Moral für alle Kulturen gibt, sowie das spezielle ethische Problem der Lüge.
Im Hinblick auf die Sozial- und Staatsphilosophie bedenken wir die für einen Staat notwendigen Elemente: Gewaltmonopol und Menschenrechte – sowie das Problem der Utopie einer idealen Gesellschaft. Die Frage „Was darf ich hoffen?" ist, auf unsere diesseitige Welt bezogen, in der Geschichtsphilosophie präsent, zu der wir vom Problem eines ewigen Friedens ausgehen. Sie ist aber zugleich im Hinblick auf ein Jenseits Gegenstand der Metaphysik, zu der wir Überlegungen zur Unsterblichkeit der Seele erörtern.
Die Frage „Was ist der Mensch?" wird dann im zweiten Kapitel zur Sprache kommen, an das sich weitere ausführliche Kapitel zur Ethik, zur Rechts- und Staatsphilosophie sowie zur Geschichtsphilosophie anschließen.

1 *Was kann ich wissen? Einführung in die Erkenntnistheorie*

1.1 Das philosophische Staunen

1993 erschien **Jostein Gaarders** philosophischer Roman „Sofies Welt" in deutscher Übersetzung und wurde auf Anhieb ein Bestseller. Der Roman beginnt damit, dass die 14-jährige Sofie Amundsen regelmäßig Briefe von einem geheimnisvollen Absender bekommt, die sie in die Geschichte der Philosophie einführen. Gleich zu Beginn macht der unbekannte Autor klar, dass die Fähigkeit, sich wundern zu können, die wesentliche Voraussetzung zum Philosophieren ist.

DIE FÄHIGKEIT, UNS ZU WUNDERN, IST DAS EINZIGE, WAS WIR BRAUCHEN UM GUTE PHILOSOPHEN ZU WERDEN.

Alle kleinen Kinder haben diese Fähigkeit, das ist ja wohl klar. Nach wenigen Monaten werden sie in eine nagelneue Wirklichkeit geschubst. Aber wenn sie dann heranwachsen, scheint diese Fähigkeit abzunehmen. Woher kann das kommen? Kann Sofie Amundsen diese Frage beantworten?

Also: Wenn ein kleines Baby reden könnte, würde es sicher erzählen, in was für eine seltsame Welt es gekommen ist. Denn obwohl das Kind nicht sprechen kann, sehen wir, wie es um sich zeigt und neugierig die Gegenstände im Zimmer anfasst.

Wenn die ersten Wörter kommen, bleibt das Kind jedesmal stehen, wenn es einen Hund sieht und ruft: „Wau-wau!" Wir sehen, wie es in der Kinderkarre auf- und abhüpft und mit den Armen herumfuchtelt: „Wauwau! Wauwau!" Wir, die schon ein paar Jahre hinter uns haben, fühlen uns von der Begeisterung des Kindes vielleicht ein wenig überfordert. „Ja, ja, das ist ein Wauwau!", sagen wir welterfahren, „aber setz dich jetzt schön wieder hin." Wir sind nicht so begeistert. Wir haben schon früher Hunde gesehen.

Vielleicht wiederholt sich diese wüste Szene einige hundert Male, bis das Kind an einem Hund vorbeikommen kann ohne außer sich zu geraten. Oder an einem Elefanten oder einem Nilpferd. Aber lange bevor das Kind richtig sprechen lernt – oder lange bevor es philosophisch denken lernt –, ist die Welt ihm zur Gewohnheit geworden. [...]

Bist du noch da, Sofie? Wir machen noch ein gedankliches Experiment:

Eines Morgens sitzen Mama, Papa und der kleine Thomas, der vielleicht zwei oder drei ist, in der Küche beim Frühstück. Plötzlich steht Mama auf und dreht sich zum Spülbecken um und dann – ja, dann schwebt Papa plötzlich unter der Decke.

Was glaubst du, sagt Thomas dazu? Vielleicht zeigt er auf seinen Papa und sagt: „Papa fliegt!"

Sicher wäre Thomas erstaunt, aber das ist er ja sowieso. Papa macht so viele seltsame Dinge, dass ein kleiner Flug über den Frühstückstisch in seinen Augen keine große Rolle mehr spielt. Jeden Tag rasiert er sich mit einer witzigen Maschine, manchmal klettert er aufs Dach und dreht an der Fernsehantenne herum – oder er steckt den Kopf in den Automotor und kommt rabenschwarz wieder zum Vorschein.

Und dann kommt Mama an die Reihe. Sie hat gehört, was Thomas gesagt hat, und dreht sich resolut um. Wie, glaubst du, wird sie auf den Anblick des frei schwebenden Papas über dem Küchentisch reagieren?

Ihr fällt sofort das Marmeladenglas aus der Hand und sie heult vor Entsetzen auf. Vielleicht muss sie zum Arzt, nachdem Papa wieder auf seinem Stuhl sitzt. (Er hätte schon längst bessere Tischmanieren lernen sollen.) Warum reagieren Thomas und Mama so unterschiedlich, was meinst du?

[...]

Das Traurige ist, dass wir uns im Heranwachsen nicht nur an die Gesetze der Schwerkraft gewöhnen. Wir gewöhnen uns gleichzeitig an die Welt selber.

(Jostein Gaarder, Sofies Welt. Roman über die Geschichte der Philosophie. Übers. von Gabriele Haefs. Hanser Verlag, München und Wien 1993, S. 23–26)

Neben vielen anderen Fragen könnten sich die folgenden durch die Textlektüre ergeben:

1 *Warum reagiert Thomas relativ gelassen und warum fällt Mama das Marmeladenglas aus der Hand?*

2 *In welchen Punkten hat sich ein Erwachsener an die Welt gewöhnt?*

Der Mensch durchbricht das Himmelsgewölbe und sieht staunend in das All. (Holzschnitt aus dem 16. Jahrhundert)

1.2 Der Naive Realismus

Die Beantwortung der zweiten Frage könnte drei Aspekte thematisieren: Wie sich der Erwachsene diese Welt vorstellt, wie das Wissen über diese Welt nach seiner Auffassung zustande kommt und welche Bedeutung er selbst im Erkenntnisprozess hat!
Würde man also einen Erwachsenen, der noch nie systematisch über seine Vorstellungen über die Welt nachgedacht hat, befragen, so wäre die folgende Antwort denkbar:
„Die Welt besteht aus Menschen, Tieren, Pflanzen und Gegenständen sowie Sonne, Mond und Sternen. Alles existiert unabhängig von uns in Raum und Zeit. Wir nehmen sie und auch Vorgänge in der Natur mit unseren Sinnesorganen so wahr, wie sie in Wirklichkeit sind. Das von uns erworbene Wissen über die Welt gründet sich auf Beobachtung und Erfahrung. Dabei wird die Realität, vergleichbar dem Vorgang des Fotografierens, durch die Sinne in unseren Geist projiziert. In dem Erkenntnisvorgang nimmt der erkennende Mensch deshalb eine passive, die Gegenstände der Umgebung nehmen eine aktive Rolle ein."
„Aber ich kann doch den Erkenntnisvorgang insofern frei gestalten, dass ich meine Aufmerksamkeit auf diesen Gegenstand oder jenes Ereignis richte, also leiste ich doch bei der Erkenntnis einen eigenständigen Beitrag", könnte man einwenden.
Diesen Einwand würde unser fiktiver Erwachsener wohl gelten lassen, gleichzeitig aber betonen, dass dies kein Gegenargument sei. Denn sobald jemand einen Gegenstand wahrnehme, habe er keinen Einfluss mehr auf den Inhalt seiner Beobachtung, der Inhalt dränge sich ihm gleichsam auf.
Die oben dargestellte Weltanschauung wird in der Philosophie auch als Abbildtheorie oder **Naiver Realismus** bezeichnet. Mit „naiv" soll angezeigt werden, dass viele Vertreter dieses Standpunkts ihr Weltbild nicht kritisch hinterfragen und eine solche Problematisierung oft als typisch philosophische Spitzfindigkeit ablehnen. Auf die Idee, beispielsweise die Existenz eines vor mir stehenden Tisches anzuzweifeln, kann nach ihrer Meinung nur ein Philosoph kommen, der seinen gesunden Menschenverstand verloren hat.

1 *Können Sie sich an Gespräche oder Beiträge erinnern, in denen sich jemand zu der oben angesprochenen Thematik geäußert hat? Halten Sie den Naiven Realismus für allgemein verbreitet?*
2 *Wie stehen Sie selbst zum Naiven Realismus?*
3 *Beschreiben Sie Ihren unmittelbaren Eindruck, wenn Sie die Länge der beiden Strecken a und b sowie den Flächeninhalt der beiden inneren Kreise vergleichen.*

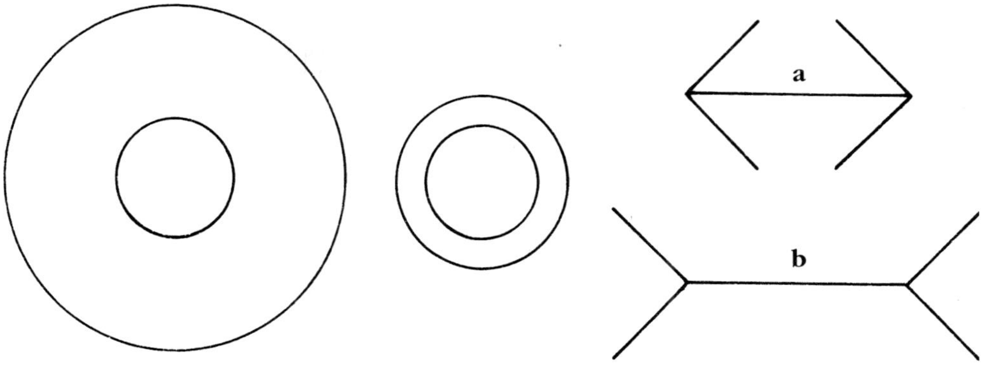

4 *Die unten aufgeführten Bilder werden in der Wahrnehmungspsychologie auch als „Kippbilder" bezeichnet.*

Beschreiben Sie, was Sie auf dem mittleren Bild sehen.
Wählen Sie dabei zwei Vorgehensweisen:
Beginnen Sie zunächst mit dem Bild links und wechseln Sie dann zum mittleren Bild über.
Betrachten Sie dann das rechte Bild, bevor Sie sich wieder dem mittleren Bild zuwenden.
Woher weiß man, ob es sich bei der abgebildeten Person um eine alte Frau oder um ein junges Mädchen handelt?

5 *In der Natur treten folgende Phänomene auf: Ein Stock, den man ins Wasser hält, scheint an der Wasseroberfläche einzuknicken oder die flimmernde Wüstenluft erzeugt Luftspiegelungen, die dem Beobachter Oasen vorgaukeln.*
Woher wissen wir, dass es sich um Täuschungen handelt?

6 *Können Sie weitere Gesichtspunkte finden, die mit dem Naiven Realismus nicht in Einklang zu bringen sind?*

Reflexion Sensation
I innen außen Wahrnehmung / Beobachter
II Material
III Ideen
John Locke 1632–1704

1.3 Der Empirismus

Im **Naiven Realismus** artikuliert sich eine zwar noch unreflektierte, trotzdem aber schon fest gefügte Theorie der Wahrnehmung und des Erkennens überhaupt. Die hohe Wertschätzung von Wahrnehmung und Erfahrung, auf die wir uns beim alltäglichen Umgang mit den Gegenständen der Umgebung in der Regel verlassen können, teilt der Naive Realismus mit der erkenntnistheoretischen Position des **Empirismus**. Neben der relativen Sicherheit unserer Alltagserfahrung sind es vor allem die Erfolge der modernen Naturwissenschaften und deren systematische Naturbeobachtung, welche die Herausbildung dieser Position förderten und bis heute fördern. In der gegenwärtigen philosophischen Diskussion sind empiristische Ansätze daher von großer Bedeutung. (➔ Kap. III, 2)

Als ein Begründer der empiristischen Position gilt der englische Philosoph **John Locke** (1632–1704). Im folgenden Textauszug entwickelt er seine Theorie über das Zustandekommen von Erfahrung.

Nehmen wir also an, der Geist sei, wie man sagt, ein unbeschriebenes Blatt, ohne alle Schriftzeichen, frei von allen Ideen; wie werden ihm diese dann zugeführt? Wie gelangt er zu dem gewaltigen Vorrat an Ideen, womit ihn die geschäftige schrankenlose Phantasie des Menschen in nahezu unendlicher Mannigfaltigkeit beschrieben hat? Woher hat er all das *Material* für seine Vernunft und für seine Erkenntnis? Ich antworte darauf mit einem einzigen Worte: aus der *Erfahrung*. Auf sie gründet sich unsere gesamte Erkenntnis, von ihr leitet sie sich schließlich her. Unsere Beobachtung, die entweder auf äußere sinnlich wahrnehmbare Objekte gerichtet ist oder auf innere Operationen des Geistes, die wir wahrnehmen und über die wir nachdenken, liefert unserm Verstand das gesamte *Material* des Denkens. Dies sind die beiden Quellen der Erkenntnis, aus denen alle Ideen entspringen, die wir haben oder naturgemäß haben können.

Wenn unsere Sinne mit bestimmten sinnlich wahrnehmbaren Objekten in Berührung treten, so führen sie dem Geist eine Reihe verschiedener Wahrnehmungen von Dingen zu, die der mannigfach verschiedenen Art entsprechen, wie jene Objekte auf die Sinne einwirken. Auf diese Weise kommen wir zu den *Ideen*, die wir von *gelb, weiß, heiß, kalt, weich, hart, bitter, süß* haben, und zu all denen, die wir sinnlich wahrnehmbare Qualitäten nennen. Wenn ich sage, die Sinne führen sie dem Geist zu, so meine ich damit, sie führen von den Gegenständen der Außenwelt her dem Geist dasjenige zu, was in demselben jene Wahrnehmungen hervorruft. Diese wichtige Quelle der meisten unserer Ideen, die ganz und gar von unseren Sinnen abhängen und durch sie dem Verstand zugeleitet werden, nenne ich *Sensation*.

Die andere Quelle, aus der die Erfahrung den Verstand mit Ideen speist, ist die Wahrnehmung der Operationen des eigenen Geistes in uns, der sich mit den ihm zugeführten Ideen beschäftigt. Diese Operationen statten den Verstand, sobald die Seele zum Nachdenken und Betrachten kommt, mit einer anderen Reihe von Ideen aus, die durch Dinge der Außenwelt nicht hätten erlangt werden können. Solche Ideen sind: *wahrnehmen, denken, zweifeln, glauben, schließen, erkennen, wollen* und all die verschiedenen Tätigkeiten unseres eigenen Geistes. Indem wir uns ihrer bewusst werden und sie in uns beobachten, gewinnen wir von ihnen für unseren Verstand ebenso deutliche Ideen wie von Körpern, die auf unsere Sinne einwirken. Diese Quelle von Ideen liegt ausschließlich im Innern des Menschen, und wenn sie auch kein Sinn ist, da sie mit den äußeren Objekten nichts zu tun hat, so ist sie doch etwas sehr Ähnliches und könnte füglich als *innerer Sinn* bezeichnet werden. Während ich im ersten Fall von Sensation rede, so nenne ich diese Quelle *Reflexion*, weil die Ideen, die sie liefert, lediglich solche sind, die der Geist durch eine Beobachtung seiner eigenen inneren Operationen gewinnt. Im weiteren Fortgang dieser Abhandlung bitte ich demnach unter Reflexion die Kenntnis zu verstehen, die der Geist von seinen eigenen Operationen und von ihren Eigenarten nimmt, aufgrund derer Ideen von diesen Operationen in den Verstand gelangen können. Zweierlei Dinge also, nämlich äußere materielle Dinge als die Objekte der *Sensation* und die inneren Operationen unseres Geistes als die Objekte der *Reflexion*, sind für mich die einzigen Ursprünge, von denen alle unsere Ideen ihren Anfang nehmen.

(John Locke, Versuch über den menschlichen Verstand. [An Essay Concerning Human Understanding] Beruhend auf der Übers. v. C. Winckler 1911/13. Bd. 1. Akademie Verlag, Berlin 1962, S. 107–109)

1 *Erläutern Sie, in welchen Punkten die Überzeugungen von John Locke mit denen des Naiven Realismus übereinstimmen.*
2 *Welche Bedeutung haben nach Locke „innerer Sinn" und „innere Wahrnehmung"?*
3 *Geben Sie den Unterschied von „Sensation" und „Reflexion" an und machen Sie an der Unterscheidung deutlich, inwiefern Locke den Standpunkt des Naiven Realismus überschreitet.*

Eine komplexere Variante der empiristischen Theorie hat **Bertrand Russell** (1872–1970) entworfen. Im angefügten Textauszug analysiert er die Wahrnehmung eines Tisches und macht dabei besonders klar, dass ein naiv-realistischer Standpunkt als Erklärung für Erkenntnis nicht ausreicht.

Für gewöhnlich halten wir viele Dinge für sicher und gewiss, an denen bei näherem Zusehen so viele Widersprüche sichtbar werden, dass wir lange nachdenken müssen, bevor wir wissen, was wir glauben dürfen. [...]

Um uns die auftauchenden Schwierigkeiten deutlich zu machen, wollen wir unsere Aufmerksamkeit auf den Tisch richten. Dem Auge erscheint er viereckig, braun und glänzend, dem Tastsinn glatt und kühl und hart; wenn ich auf ihn klopfe, klingt es nach Holz. Jedermann, der den Tisch sieht, befühlt und beklopft, wird meiner Beschreibung zustimmen, sodass es auf den ersten Blick aussieht, als ob es gar keine Schwierigkeiten gäbe. Sie fangen erst an, wenn wir genauer zu sein versuchen: Obwohl ich glaube, dass der Tisch „in Wirklichkeit" überall die gleiche Farbe hat, sehen die Stellen, die das Licht reflektieren, viel heller aus als die übrigen, einige Stellen erscheinen infolge des reflektierten Lichts sogar weiß. Ich weiß, dass andere Stellen das Licht reflektieren werden, wenn ich mich bewege; die scheinbare Verteilung der Farben auf dem Tisch wird sich bei jeder Bewegung, die ich mache, verändern. Es folgt, dass, wenn mehrere Leute den Tisch gleichzeitig betrachten, keine zwei genau dieselbe Farbverteilung sehen werden, weil ihn keine zwei von genau demselben Punkt aus betrachten können und weil jede Veränderung des Blickpunkts auch eine Verschiebung der reflektierenden Stellen mit sich bringt. [...]

Mit der Gestalt des Tisches steht es nicht besser. Wir haben alle die Gewohnheit, Urteile über die „wirkliche" Gestalt von Dingen abzugeben, und wir tun das so gedankenlos, dass wir uns einbilden, wir sähen tatsächlich die wirklichen Gestalten. Aber wenn wir versuchen etwas zu zeichnen, müssen wir alle lernen, dass ein bestimmter Gegenstand von jedem Blickpunkt aus eine andere Gestalt hat. Wenn unser Tisch „in Wirklichkeit" rechtwinklig ist, wird es von fast allen Blickpunkten aus so erscheinen, als ob seine Platte zwei spitze und zwei stumpfe Winkel hätte. Wenn gegenüberliegende Seiten parallel sind, werden sie anscheinend in einem Punkt in der dem Betrachter entgegengesetzten Richtung zusammenlaufen; wenn sie gleich lang sind, wird es so aussehen, als ob die nähere Seite länger wäre. All diese Dinge bemerkt man normalerweise nicht, wenn man einen Tisch betrachtet, weil die Erfahrung uns gelehrt hat, die „wirkliche" Gestalt aus der erscheinenden zu konstruieren, und die „wirkliche" Gestalt ist die, die uns in der Praxis interessiert. [...]

Ähnliche Schwierigkeiten ergeben sich für den Tastsinn. Zwar haben wir immer eine Empfindung von der Härte des Tisches und wir fühlen, wie er unserem Druck widersteht. Aber was wir im Einzelnen für eine Empfindung haben, hängt davon ab, wie stark wir auf den Tisch drücken und mit welchem Teil unseres Körpers wir das tun; daher können wir nicht annehmen, dass die verschiedenen Empfindungen, die durch verschieden starken Druck in verschiedenen Teilen unseres Körpers hervorgerufen werden, uns *unmittelbar* eine bestimmte Eigenschaft des Tisches enthüllen; sie sind höchstens *Zeichen* einer Eigenschaft, die vielleicht all diese Empfindungen *verursacht*, aber nicht selbst in einer von ihnen erscheint. [...]

Soviel ist klar: wenn wir etwas über den Tisch wissen, muss dies vermittels der Sinnesdaten – braune Farbe, rechteckige Fläche, Glätte usw. –, die wir im Zusammenhang mit dem Tisch haben, zustande kommen; aber aus den angeführten Gründen können wir nicht sagen, der Tisch wäre *dasselbe* wie die Sinnesdaten, oder auch nur, dass die Sinnesdaten unmittelbar Eigenschaften des Tisches wären.

(Bertrand Russell, Probleme der Philosophie. Aus dem Engl. übers. v. Eberhard Bubser. Suhrkamp Verlag, Frankfurt/M. 1967, S. 4–13)

1 *Welche Bestimmungen gibt Russell im Text für „Erscheinung" und welche für den „wirklichen Gegenstand"?*

2 *Wie kommt der „wirkliche Gegenstand" im Erkenntnisprozess zustande?*

3 *Inwiefern überschreitet Russell den Naiven Realismus und in welchen Punkten unterscheidet er sich von Locke?*
Berücksichtigen Sie hierzu auch die Überlegungen, die Sie bei der Analyse der Kippbilder angestellt haben.

1.4 Der Idealismus

Maurits Escher, „Belvedere" (Lithographie, 1958)

1 Beschreiben Sie, welche Punkte Sie an der Darstellung des Gebäudes irritieren.
2 Begründen Sie, dass es ein solches Gebäude in der Realität nicht geben kann.
Gründet sich diese Gewissheit auf Erfahrung oder hat sie eine andere Grundlage?
3 Jemand wird vor die Aufgabe gestellt die Winkelsumme in einem beliebigen Dreieck zu bestimmen. Sein Lösungsvorschlag lautet:
Man zeichne drei verschiedene Dreiecke. Dann messe man die Winkel und bilde für jedes Dreieck die Winkelsumme. Wenn man genau gezeichnet und gemessen hat, beträgt die Winkelsumme in allen drei Fällen 180°.
Wie beurteilen Sie diesen mathematischen „Beweis"?
4 Analysieren Sie das folgende Schaubild:
Ein Dreieck ABC ist vorgegeben:
Durch den Punkt C ist eine Parallele zu der Seite c gezeichnet.

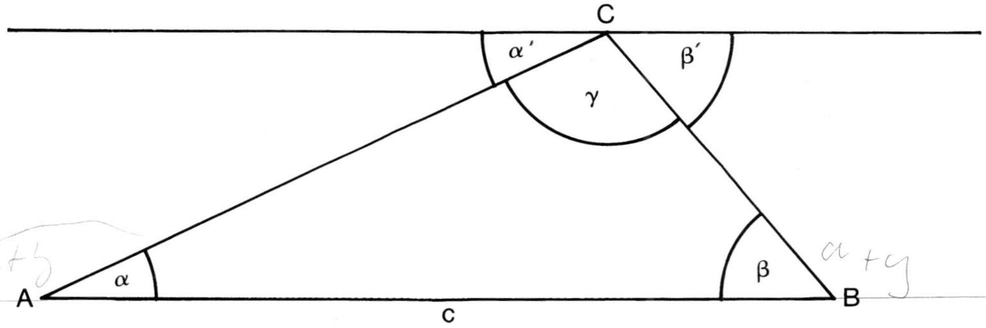

Dann ergibt sich:
$\alpha = \alpha'$ und $\beta = \beta'$
Weil in Punkt C ein gestreckter Winkel von 180° vorliegt, kann man schlussfolgern:
$\alpha + \beta + \gamma = 180°$

5 Welcher Beweis ist überzeugender: Dieser Beweis oder der „empirische", wie er in der dritten Aufgabe dargestellt wurde?
Worin liegt der grundsätzliche Unterschied zwischen beiden Beweisverfahren?

Ähnlich wie der Empirismus kennzeichnet der Name **Idealismus** nicht eine fest gefügte philosophische Theorie, sondern er ist vielmehr ein Sammelbegriff für verschiedene Lehren zur Erkenntnisproblematik. Alle idealistischen Theorien verbindet die Überzeugung, dass das Geistige, das Ideelle im Vergleich zum sinnlich Wahrgenommenen beim Erkennen den wichtigeren Beitrag leiste.

Als Begründer des Idealismus in der westlichen philosophischen Tradition gilt **Platon** (427–347). Er entwirft seine Philosophie anhand von Gesprächen, in denen sein Lehrmeister und Vorbild Sokrates eine herausragende Position einnimmt und sich mit zumeist mehreren Gesprächsteilnehmern um eine Lösung für ein aufgeworfenes Problem bemüht. Im folgenden Textauszug aus dem Dialog „Menon" will **Sokrates** (469–399) seinem Freund Menon demonstrieren, dass auch ein ungebildeter Sklave mathematische Erkenntnisse entwickeln kann.

Lösung eines mathematischen Problems

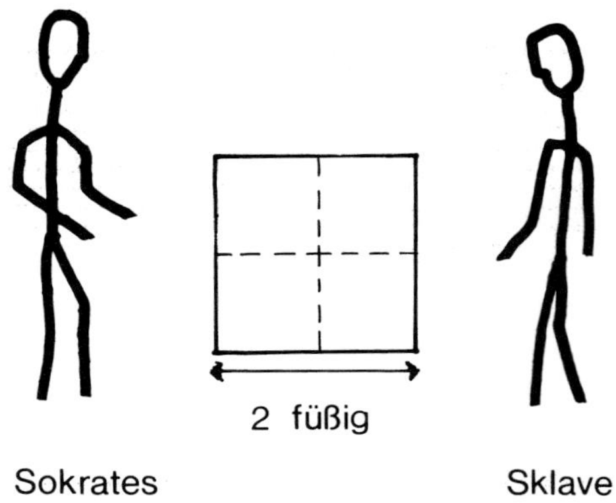

Ausgangspunkt:
Der Flächeninhalt eines „zweifüßigen" Quadrats

Sokrates: (Zum Sklaven.) Sage, mein Junge, siehst du dieser viereckigen Fläche an, dass sie ein Viereck ist?
Sklave: Ja.
Sokrates: Es ist doch eine viereckige Fläche mit lauter gleichen Seiten – diesen da –, vieren an der Zahl.
Sklave: Jawohl.
Sokrates: Sind nicht auch diese durch die Mitte (den Seiten parallel) gezogenen Linien gleich?
Sklave: Ja.
Sokrates: Eine solche Fläche könnte man sich doch auch größer und kleiner denken?
Sklave: Gewiss.
Sokrates: Wenn nun diese Seite zwei Fuß betrüge und auch diese zwei Fuß, wie viel Fuß betrüge das Ganze? Mache dir dies aber so klar: Wenn die Strecke auf dieser Seite zwei Fuß betrüge, auf dieser aber nur einen Fuß, würde nicht dann die Fläche einmal zwei Fuß enthalten?
Sklave: Ja.
Sokrates: Da es aber auch auf dieser Seite zwei Fuß sind, kommen da nicht zweimal zwei Fuß heraus?
Sklave: Das ist der Fall.
Sokrates: Die Fläche enthält also zweimal zwei Fuß?
Sklave: Ja.
Sokrates: Wie viel macht aber zweimal zwei Fuß aus? Rechne es aus und sag' es mir.
Sklave: Vier, Sokrates.

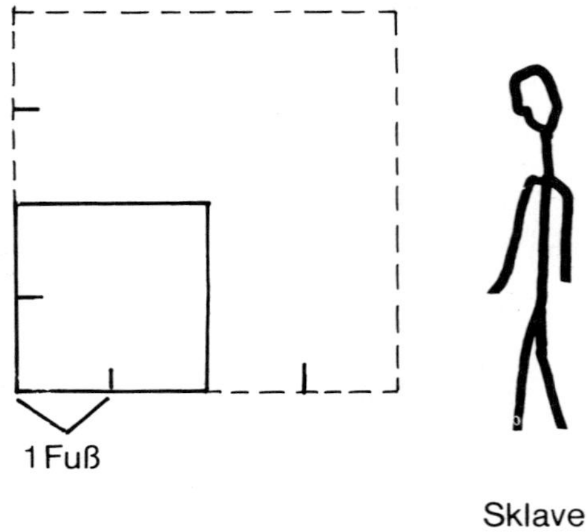

Problemstellung:
Die Konstruktion eines Quadrats mit doppeltem Flächeninhalt

Sokrates: Ließe sich nun nicht ein zweites, doppelt so großes Viereck wie dieses herstellen, und zwar von der gleichen Art, mit lauter gleichen Seiten wie dieses?
Sklave: Ja.
Sokrates: Wie viel Fuß wird es also enthalten?
Sklave: Acht.
Sokrates: Wohlan denn, versuche mir zu sagen, wie lang jede Seite desselben sein wird. Die Seite unseres Vierecks hier ist zwei Fuß lang; wie lang wird nun aber die Seite des doppelten sein?
Sklave: Offenbar, Sokrates, doppelt so lang.
Sokrates: (Zu Menon.) Du siehst doch, Menon, dass ich ihn nichts lehre, sondern alles erfrage? Und jetzt glaubt er zu wissen, wie groß die Seite sei, welche das achtfüßige Quadrat ergeben soll. Oder scheint es dir nicht so?
Menon: Doch.
Sokrates: Weiß er es denn wirklich?
Menon: Nein, bewahre.

Sokrates: Er glaubt aber, es sei die doppelte Seite.

Menon: Ja.

Sokrates: Lass dir nun also zeigen, wie er sich Schritt für Schritt wiedererinnert, wie es sich dafür gehört.
(Zum Sklaven.) Du aber sage mir: Die doppelte Seite soll deiner Behauptung zufolge das doppelte Viereck ergeben? Ich meine das aber nicht so, dass es in dieser Richtung lang, in jener dagegen kurz sein soll, sondern es soll allseitig gleich sein wie dieses Viereck hier, aber doppelt so groß, nämlich achtfüßig. Nun sieh zu, ob du noch immer der Meinung bist, dass die doppelte Seite dies Viereck ergeben werde.

Sklave: Ich bleibe dabei.

Sokrates: Erhält nun nicht diese Seite die doppelte Länge, wenn wir ihr eine gleich große Strecke von diesem Punkte aus anfügen?

Sklave: Gewiss.

Sokrates: Diese (verdoppelte) Strecke also, behauptest du, soll das achtfüßige Viereck ergeben, wenn man vier gleich große Seiten bildet?

Sklave: Ja.

Sokrates: Lass uns also auf ihr ein Viereck mit lauter gleichen Seiten konstruieren. Dann muss doch wohl dies hier das Viereck sein, welches du für ein achtfüßiges ausgibst?

Nachweis, dass der Lösungsvorschlag des Sklaven nicht korrekt ist

Sklave: Allerdings.

Sokrates: Sind in ihm nicht diese vier Quadrate enthalten, deren jedes diesem vierfüßigen gleich ist?

Sklave: Ja.

Sokrates: Wie groß also muss es sein? Nicht viermal so groß?

Sklave: Ohne Zweifel.

Sokrates: Was nun viermal so groß ist, ist denn das das doppelte?

Sklave: Nein, beim Zeus.

Sokrates: Sondern das wievielfache?

Sklave: Das vierfache.

Sokrates: Die doppelte Seitenlinie, Junge, ergibt also nicht das doppelte, sondern das vierfache Quadrat.

Sklave: Du hast recht.

Sokrates: Denn viermal vier ist sechzehn. Nicht wahr?

Sklave: Ja.

Sokrates: Welche Linie aber ergibt das achtfüßige? Diese ergibt doch das vierfache?

Sklave: Ja.

Sokrates: Die Hälfte hier aber von ihr ergibt das vierfüßige hier?

Sklave: Ja.

Sokrates: Gut. Ist das achtfüßige nicht das doppelte von diesem da, von dem da aber die Hälfte?

Sklave: Ja.

Sokrates: (zu Menon.) Merkst du auch wieder, Menon, auf welcher Stufe der Wiedererinnerung er sich bereits befindet? Anfangs wusste er zwar nicht, welches die Seite des achtfüßigen Quadrates sei, wie er es auch jetzt noch nicht weiß, aber damals glaubte er doch es zu wissen und antwortete zuversichtlich wie ein Wissender und fühlte sich frei von jeder Verlegenheit. Jetzt aber fühlt er sich bereits verlegen und wie er es tatsächlich nicht weiß, so glaubt er auch nicht es zu wissen.

Menon: Du hast recht.

Sokrates: Ist er nicht also jetzt in einer besseren Lage hinsichtlich der Sache, die er nicht wusste?

Menon: Auch das halte ich für richtig.

Sokrates: Wenn wir ihn also in Verlegenheit setzten und wie der Zitterrochen ihn erstarren machten, haben wir ihm dadurch Schaden getan?
Menon: Nein, wie mir scheint.
Sokrates: Wir haben ihn also doch wohl einige Schritte vorwärts gebracht in Auffindung des Sachverhalts. Denn jetzt wird er mit Freuden auch als ein Nichtwissender im Forschen fortfahren [...].
Menon: Wohl richtig.
Sokrates: Glaubst du nun, er würde jemals den Versuch, nach dem zu forschen oder das zu lernen, was er glaubte zu wissen, ohne es doch zu wissen, gemacht haben, wenn er nicht zuvor durch das erweckte Gefühl seines Nichtwissens in Verlegenheit geraten und von Sehnsucht nach dem Wissen ergriffen worden wäre?
Menon: Schwerlich, Sokrates.
Sokrates: Das Erstarren also war ihm von Nutzen?
Menon: So dünkt mich.
Sokrates: So gib nun Acht, was er auf Grund dieses Zustandes der Verlegenheit mit mir forschend auffinden wird, lediglich, indem ich frage, nicht aber lehre. Pass aber genau auf, ob du mich etwa dabei ertappst, dass ich ihn belehre und ihm erläuternde Auskunft gebe und mich nicht darauf beschränke, ihm seine Meinungen abzufragen.

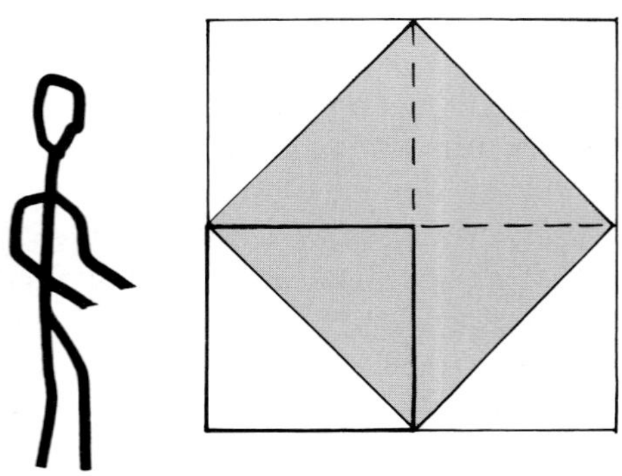

Sokrates

Erarbeitung der Lösung

Sokrates: (Zum Sklaven.) Sage du mir also: Ist dies nicht unser vierfüßiges Quadrat? Du verstehst doch?
Sklave: Ja.
Sokrates: Wir können ihm doch hier ein zweites gleiches anfügen?
Sklave: Ja.
Sokrates: Und hier dieses beiden gleiche dritte?
Sklave: Ja.
Sokrates: Und endlich können wir noch zur Vervollständigung in dem (entstandenen) Winkel dieses da hinzufügen?
Sklave: Gewiss.
Sokrates: So wären das also nun vier gleiche Quadrate?
Sklave: Ja.
Sokrates: Wievielmal so groß ist nun also dies Ganze als das ursprüngliche hier?
Sklave: Viermal so groß.
Sokrates: Es sollte aber nur doppelt so groß sein; oder erinnerst du dich nicht?
Sklave: Ja, gewiss.
Sokrates: Teilt nun nicht eine Linie von dieser Art, von Winkel zu Winkel, jedes dieser Quadrate in zwei gleiche Teile?
Sklave: Ja.
Sokrates: So entstehen doch vier gleiche Linien, die dieses Quadrat hier einschließen?
Sklave: So ist es.
Sokrates: Überlege also: Wie groß ist dieses Quadrat?
Sklave: Ich kann nicht darauf kommen.
Sokrates: Sind dies nicht vier Quadrate und hat nicht jede Linie von jedem die Hälfte innen abgeschnitten? Oder nicht?
Sklave: Doch.
Sokrates: Wie viele solcher Hälften (Dreiecke) sind nun in diesem Quadrat enthalten?
Sklave: Vier.
Sokrates: Wie viele aber in diesem da?
Sklave: Zwei.
Sokrates: Die vier aber sind im Verhältnis zu den zwei was?
Sklave: Das doppelte.
Sokrates: Wie viel Fuß groß ist nun dieses Quadrat da?

Sklave: Acht Fuß.

Sokrates: Mit welcher Seite?

Sklave: Mit dieser.

Sokrates: Mit derjenigen, die von einem Winkel des vierfüßigen Quadrates zu dem anderen gezogen ist?

Sklave: Ja.

Sokrates: Der Name aber für diese Linie ist bei den Gelehrten „Diagonale". Ist dies aber der Fall, so wird, deiner Behauptung zufolge, du Sklave des Menon, die Diagonale die Seite des doppelten Quadrates bilden.

Sklave: Ohne Zweifel, Sokrates.

(Platon, Menon. Griech.-deutsch. Auf der Grundlage der Übers. v. Otto Apelt in Verbindung mit Else Zekel. Neu bearb. und hrsg. v. Klaus Reich. Felix Meiner Verlag, Hamburg 1972, S. 39–47)

1 *Rekonstruieren Sie den Lösungsweg des Sklaven für das mathematische Problem. Verdeutlichen Sie sich, dass Platon dabei nicht zwischen Flächen- und Längenmaßeinheiten unterscheidet.*

2 *Wie beurteilen Sie das Kommunikationsverhalten von Sokrates?*

3 *Untersuchen Sie, ob der Sklave die Lösung des Problems selbstständig findet.*

4 *Ist der Sklave am Schluss des Gesprächs von der Richtigkeit der Lösung überzeugt? Bedenken Sie dabei, ob der Sklave von einer anderen Lösung in seinem Urteil umgestimmt werden könnte.*

Konsequenzen, die sich für die Unsterblichkeit der Seele ergeben

Sokrates: (Zu Menon.) Was meinst du nun dazu, Menon? Hat dieser irgendeine Meinung geäußert, die nicht seine eigene wäre?

Menon: Nein, nur seine eigene.

Sokrates: Und doch wusste er nichts davon, wie wir kurz vorher behaupteten.

Menon: Du hast recht.

Sokrates: Diese Meinungen aber gehörten doch seinem Geiste an. Oder nicht?

Menon: Ja.

Sokrates: Dem Nichtwissenden wohnen also doch wahre Meinungen inne über das, was er nicht weiß, mag dies Letztere nun sein, was es wolle?

Menon: Allem Anschein nach.

Sokrates: Und jetzt eben sind ihm diese Meinungen aufgedämmert wie im Traum. Wenn man ihn aber häufig und in mannigfacher Weise nach eben dem Nämlichen fragt, so wisse, dass er schließlich ein ebenso exaktes Wissen darüber erlangen wird wie nur irgendeiner.

Menon: Aller Vermutung nach.

Sokrates: Nicht also durch Belehrung, sondern durch bloßes Fragen wird er zum Wissen gelangen, indem er aus sich selbst das Wissen gewinnt?

Menon: Ja.

Sokrates: Heißt aber das Wissen aus sich selbst gewinnen nicht so viel als sich wiedererinnern?

Menon: Allerdings.

Sokrates: Steht es also damit nicht so, dass dieser Sklave das Wissen, das er jetzt besitzt, entweder zu irgendwelcher Zeit empfangen hat oder es immer besaß?

Menon: Ja.

Sokrates: Wenn er es nun immer besaß, so war er auch immer ein Wissender; wenn er es aber irgendwann empfangen hat, so wird er es doch nicht in dem jetzigen Leben empfangen haben. Oder hat ihn jemand in der Geometrie unterrichtet? Denn er wird im ganzen Gebiete der Geometrie eben das Nämliche leisten und ebenso in allen anderen Wissensgebieten. Hat ihn nun irgendjemand in allem unterrichtet? Du musst es ja wohl wissen, denn er ist ja in deinem Hause geboren und aufgewachsen.

Menon: Nun, ich weiß, dass ihn nie jemand unterrichtet hat.

Sokrates: Er besitzt aber doch diese Meinungen. Oder nicht?

Menon: Das scheint unabweisbar, Sokrates.

Sokrates: Wenn er sie aber nicht in dem gegenwärtigen Leben empfangen hat, ist es

dann nicht schon ausgemacht, dass er sie in irgendeiner anderen Zeit besaß und erlernt hatte?
Menon: Allem Anschein nach.
Sokrates: Und das wäre doch die Zeit, wo er noch nicht Mensch war?
Menon: Ja.
Sokrates: Wenn ihm nun sowohl in der Zeit, wo er Mensch ist, wie in der, wo er es nicht ist, wahre Meinungen innewohnen sollen, die durch Fragen geweckt zum Wissen werden, wird dann seine Seele nicht die ganze Zeit hindurch mit Kenntnissen ausgerüstet sein? Denn offenbar ist er die ganze Zeit hindurch entweder Mensch oder nicht.
Menon: Allem Anschein nach.
Sokrates: Wenn nun die Wahrheit über das Sein der Dinge unserer Seele jederzeit innewohnt, muss dann die Seele nicht unsterblich sein? Also voll froher Zuversicht musst du den Versuch machen, dem, was du jetzt zufällig nicht weißt, mit anderen Worten, woran du dich nicht erinnerst, nachzuforschen und die Erinnerung daran wieder aufzufrischen.
Menon: Sonderbar, Sokrates, aber es kommt mir vor, als ob du recht hättest.

(Platon, Menon. Griechisch-deutsch. Auf der Grundlage der Übers. v. Otto Apelt in Verbindung mit Else Zekel. Neu bearb. und hrsg. v. Klaus Reich. Felix Meiner Verlag, Hamburg 1972, S. 47–51)

1 *Mit welchen Argumenten kritisiert Platon die Theorie, Wissen werde durch Lernen erworben? Welche Konsequenzen zieht er aus dieser Kritik?*
2 *Sind diese Konsequenzen für Sie überzeugend?*
Sind die Ausführungen Platons in den übrigen Punkten überzeugend?

Außer den mathematischen kennt Platon noch weitere Ideen, die ebenso auf die Unsterblichkeit der Seele hinweisen. Diese Ideen bilden für ihn einen eigenen Wirklichkeitsbereich, der der Wahrnehmungswelt zugrunde liegt. Platon demonstriert im Dialog „Phaidon" an der Idee der Gleichheit, welcher Zusammenhang zwischen wahrnehmbarer Welt und „Ideenhimmel" besteht: Obwohl in der Wahrnehmungswelt niemals zwei völlig gleiche Dinge existieren, kommen wir doch zu dem Urteil, dass z. B. zwei Streichhölzer gleich seien. Dieses Urteil ist nach Platon nur möglich, weil wir die Idee der Gleichheit bereits angeboren in uns haben; unsere Seele hat sie nämlich im „Ideenhimmel" geschaut. Die „empirische" Gleichheit dagegen bleibt hinter der Idee der Gleichheit stets zurück und kann überhaupt nur aufgrund dieser Idee erkannt werden. Die wahrnehmbare Welt als Ganze ist nur ein unvollkommenes Abbild der ewigen, unveränderlichen Ideenwelt.
In ihr finden sich auch noch andere Ideen, wie z. B. die Idee der Gerechtigkeit und der Schönheit. Nur weil wir sie angeboren immer schon in uns tragen, können wir Handlungen als gerecht und Dinge oder Lebewesen als schön erkennen.

Sokrates

ca. 470–399

Sokrates wurde ca. 470 v. Chr. als Sohn der Hebamme Phainarete und des Bildhauers Sophroniskos in Athen geboren, wo er zunächst selbst als Bildhauer tätig war. In seinen reifen Jahren wurde er zum unermüdlichen Lehrer seiner Mitbürger, die er auf den Straßen und Plätzen Athens in philosophische Gespräche verwickelte. Besonders die vornehme Jugend gehörte zu seinen Schülern, unter ihnen Platon und der spätere Feldherr Alkibiades. Da er aber im Gegensatz zu den anderen Lehrern seiner Zeit, den Sophisten, kein Geld für seinen Unterricht nahm, lebte er in sehr bescheidenen Verhältnissen. Seine Frau Xanthippe, mit der ihn drei Söhne verbanden, hatte sicherlich ein schweres Leben und ihre sprichwörtlich gewordene Zänkerei gute Gründe. Als pflichtbewusster Bürger nahm Sokrates auch an Athens Feldzügen teil und war im Jahre 406 v. Chr. ehrenamtlicher Richter, wobei ihn sein Gewissen bisweilen zum Widerspruch gegen die Urteile seiner Mitrichter veranlasste.
„Keiner ist weiser als Sokrates", hatte das Orakel von Delphi verkündet und so machte sich Sokrates auf die Suche nach Menschen, die weiser als er zu sein schienen: Er fragt den Priester nach dem Wesen der Frömmigkeit, den Feldherrn nach dem Wesen der Tapferkeit und den Politiker nach dem Wesen der Staatskunst. Durch hartnäckiges Nachfragen deckt er auf, dass diese zwar alle meinen, sie wüssten, was das Wesen der betreffenden Sache sei, es in Wahrheit aber nicht wissen, da sie keine allgemein gültige Definition davon geben können, die alle Einzelfälle umfasst. Sokrates stellt daher ironisch die Wahrheit des Orakelspruches fest, wenn er sagt: „Ich weiß, dass ich nichts weiß". Zwar kennt auch er nicht das Wesen der Dinge, aber im Gegensatz zu den anderen, die nur meinen, etwas zu wissen, weiß er wenigstens, dass er nichts weiß.
Im Jahre 399 v. Chr. wurde Sokrates wegen „Gottlosigkeit" und „Verführung der Jugend" zum Tode verurteilt. Freunde hatten schon alles für eine Flucht vorbereitet und vermutlich hätten es auch die Ankläger nicht ungerne gesehen, wenn der allwärts bekannte Sokrates sich der Urteilsvollstreckung entzogen hätte. Er blieb aber freiwillig, gemäß seinem Wahlspruch: „Unrecht leiden ist besser als Unrecht tun". Umgeben von Freunden und Schülern trank er den Schierlingsbecher, dessen Gift langsam zum Herzen wandert, und starb – bis zum Ende philosophierend.

Fast zweitausend Jahre später stellt sich der französische Philosoph **René Descartes** (1596–1650) die Frage, was man sicher wissen könne. Mit dieser Frage ist ein radikaler Zweifel an den bisherigen philosophischen Lehrgebäuden formuliert. In diesen Zweifel eingeschlossen ist Platons Interpretation des Geistigen als Wiedererinnerung einer unsterblichen Seele. Trotzdem wird in der folgenden Analyse der Beobachtung eines Wachsstücks deutlich, dass Descartes in der idealistischen Tradition steht. Die von ihm angestoßene Modifizierung des Idealismus wird in der philosophischen Tradition auch als **Rationalismus** bezeichnet.

Wir wollen jene Dinge betrachten, die man gemeinhin am deutlichsten zu erkennen meint, nämlich die Körper, die wir betasten und sehen; und zwar nicht die Körper im Allgemeinen, denn solche Allgemeinvorstellungen pflegen etwas verworrener zu sein, sondern einen Körper im Besonderen. Nehmen wir z. B. dieses Stück Bienenwachs. Es ist ganz frisch aus Honigscheiben gewonnen worden. Noch hat es nicht allen Honiggeschmack verloren. Ein wenig bewahrt es von dem Duft der Blumen, aus denen es gesammelt wurde. Seine Farbe, seine Gestalt, seine Größe liegen offen zutage. Es ist hart, kalt, man kann es leicht anfassen, und wenn man mit dem Knöchel darauf klopft, gibt es einen Ton von sich. Kurz, alles ist ihm eigen, was zur ganz deutlichen Erkenntnis eines Körpers erforderlich erscheint.

Doch sieh da, während ich rede, kommt es dem Feuer nahe; der Rest des Geschmacks vergeht; sein Duft verflüchtigt sich; seine Farbe ändert sich; seine Form verschwindet. Es nimmt zu an Größe, wird flüssig, wird heiß, kaum kann man es noch anfassen und schlägt man darauf, so gibt es keinen Ton mehr.

Bleibt es nun noch dasselbe Stück Wachs? Man muss es zugeben, niemand leugnet es, niemand ist anderer Meinung. Was wurde denn an ihm so deutlich aufgefasst? Sicherlich nichts von alledem, was ich mit den Sinnen erreichte, denn alles, was unter den Geschmack, den Geruch, das Gesicht, das Gefühl oder das Gehör fiel, hat sich jetzt geändert; das Stück Wachs bleibt.

Vielleicht ist es das mir jetzt Bewusste: Das Wachs selbst nämlich war gar nicht jene Honigsüße, nicht jener Blumenduft, jenes Weiß, jene Form, jener Ton; es war vielmehr ein Körper, der mir kurz vorher in solchen, jetzt aber in anderen Zustandsweisen erschien. Was aber fasse ich, genau gesagt, bildhaft auf? Aufgepasst! wir bringen alles in Abzug, was nicht zu dem Stück Wachs gehört, und sehen zu, was übrig bleibt: Es ist lediglich etwas Ausgedehntes, Biegsames, Veränderliches.

Was aber heißt hier biegsam, veränderlich? Etwa, dass in meiner Einbildung dieses Wachsstück aus der runden Gestalt in eine viereckige, oder aus dieser in eine dreieckige überführt werden kann? Keineswegs, denn es ist nach meinem Begriff unzähliger derartiger Umwandlungen fähig; unzählige aber kann meine Einbildungskraft nicht durchlaufen und dies Begreifen kann mithin durch mein Einbildungsvermögen nicht erschöpfend dargestellt werden.

Was heißt ausgedehnt? Ist vielleicht sogar die Ausdehnung des Wachsstücks unbekannt? Beim schmelzenden Wachs wird sie ja größer, beim heißen noch mehr, und immer mehr, wenn die Hitze zunimmt. Ich würde also falsch beurteilen, was das Wachsstück ist, wenn ich nicht annähme, dass es auch seiner Ausdehnung nach mehr Veränderungen zulässt, als ich je in der Einbildung umfasst habe.

So muss ich schließlich gestehen, dass ich mir nicht einmal bildhaft vorstellen kann, was dieses Stück Wachs hier ist, sondern es allein durch den Geist auffasse. Ich rede von dem Wachs im Besonderen; beim Wachs im Allgemeinen ist dies noch viel klarer.

Was ist denn nun dieses Wachs, das man nur

im Geiste auffassen kann? Offenbar eben das, was ich sehe, berühre, bildhaft vorstelle; überhaupt dasselbe, das ich von Anfang an für seiend gehalten habe. Aber, wohlgemerkt, die Auffassung desselben besteht nicht in einem Sehen, Berühren, sinnlichen Vorstellen, und bestand überhaupt nie darin, wenn es mir auch früher so vorkam; sie besteht vielmehr in einem bloßen geistigen Einblick, der unvollkommen und verworren sein kann wie vordem, oder klar und deutlich wie jetzt, je nachdem, ob ich mehr oder weniger auf seine Bestandteile achte.

Bei alldem setzt es mich in Verwunderung, wie sehr mein Geist zu Irrtümern neigt, denn wiewohl ich dies bei mir schweigend und ohne ein Wort zu reden überlege, hänge ich doch an den Worten und lasse mich fast vom Sprachgebrauch irreführen. Wir sagen nämlich, wir sehen das Wachsstück selbst, wenn es vorhanden ist, und beurteilen sein Vorhandensein nicht erst aus einer Farbe oder Gestalt. Hieraus könnte ich ohne weiteres schließen, das Wachs werde durch das Sehen des Auges, nicht aber durch die bloße Einsicht des Geistes erkannt. Da sehe ich gerade zufällig von meinem Fenster aus Leute auf der Straße vorübergehen; ich bin gewohnt, ganz genauso wie vom Wachs zu sagen: ich sehe sie. Was sehe ich denn außer Hüten und Kleidern, unter denen auch Automaten stecken könnten? Ich urteile aber, es seien Menschen. So erfasse ich also das, was ich mit den Augen zu sehen meinte, in Wahrheit nur durch das Urteilsvermögen, welches meinem Geiste innewohnt.

Aber wer mit seinem Wissen über die Volksmeinung hinauskommen will, sollte sich schämen, einen Zweifelsgrund aus der populären Ausdrucksweise herzuleiten. Fahren wir also fort, sehen wir zu, ob ich vollkommener und evidenter erfasste, was das Wachsstück sei, als ich es zuerst erblickte und der Meinung war, ich erkennte es durch einen äußeren Sinn oder wenigstens durch den sogenannten Gemeinsinn, d. h. durch die Einbildungskraft – oder ob dies erst jetzt der Fall ist, nachdem ich sorgfältiger untersucht habe, was es ist, und auch, wie es erkannt wird. Es wäre dumm, daran zu zweifeln. Was war denn in jener ersten Auffassung Deutliches? Jedes Tier hätte wohl eine solche Deutlichkeit erreichen können! Wenn ich aber das Wachsstück von seinen äußeren Formen unterscheide und ihm gleichsam die Kleider ausziehe um es nackt zu betrachten, so kann ich es in der Tat nicht ohne den menschlichen Geist wahrnehmen [...].

(René Descartes, Meditationen über die Erste Philosophie. Übers. und hrsg. v. Gerhart Schmidt. Reclam Verlag, Stuttgart 1986, S. 89–95)

1 *Rekonstruieren Sie die Analyse des Wachses, wie sie Descartes entwickelt.*
Welche Interpretation der Beobachtung eines Wachsstücks steht am Anfang der Analyse?
Worin besteht der „geistige Einblick", der die Analyse abschließt?

2 *Wie lässt sich die Stellung Descartes' zum Naiven Realismus beschreiben?*

1.5 Die Erkenntnistheorie Immanuel Kants

Der Gegensatz von empiristischen und idealistisch-rationalistischen Strömungen in der Erkenntnistheorie ist ein Hauptmoment der europäischen philosophischen Tradition. **Immanuel Kant** (1724–1804) sucht in seinem 1781 erschienenen erkenntnistheoretischen Hauptwerk, der „Kritik der reinen Vernunft", eine Synthese zwischen beiden Positionen. Der folgende Text ist diesem Werk entnommen.

Dass alle unsere Erkenntnis mit der Erfahrung anfange, daran ist gar kein Zweifel; denn wodurch sollte das Erkenntnisvermögen sonst zur Ausübung erweckt werden, geschähe es nicht durch Gegenstände, die unsere Sinne rühren und teils von selbst Vorstellungen bewirken, teils unsere Verstandestätigkeit in Bewegung bringen, diese zu vergleichen, sie zu verknüpfen oder zu trennen, und so den rohen Stoff sinnlicher Eindrücke zu einer Erkenntnis der Gegenstände zu verarbeiten, die Erfahrung heißt? *Der Zeit nach* geht also keine Erkenntnis in uns vor der Erfahrung vorher, und mit dieser fängt alle an.

Wenn aber gleich alle unsere Erkenntnis *mit* der Erfahrung anhebt, so entspringt sie darum doch nicht eben alle *aus* der Erfahrung. Denn es könnte wohl sein, dass selbst unsere Erfahrungserkenntnis ein Zusammengesetztes aus dem sei, was wir durch Eindrücke empfangen, und dem, was unser eigenes Erkenntnisvermögen (durch sinnliche Eindrücke bloß veranlasst,) aus sich selbst hergibt, welchen Zusatz wir von jenem Grundstoffe nicht eher unterscheiden, als bis lange Übung uns darauf aufmerksam und zur Absonderung desselben geschickt gemacht hat.

Es ist also wenigstens eine der näheren Untersuchung noch benötigte und nicht auf den ersten Anschein sogleich abzufertigende Frage: ob es ein dergleichen von der Erfahrung und selbst von allen Eindrücken der Sinne unabhängiges Erkenntnis gebe. Man nennt solche *Erkenntnisse a priori* und unterscheidet sie von den *empirischen*, die ihre Quellen a posteriori, nämlich in Erfahrung, haben. [...]

Unsere Erkenntnis entspringt aus zwei Grundquellen des Gemüts, deren die erste ist, die Vorstellungen zu empfangen (die Rezeptivität der Eindrücke), die zweite das Vermögen, durch diese Vorstellungen einen Gegenstand zu erkennen (Spontaneität der Begriffe); durch die erstere wird uns ein Gegenstand *gegeben*, durch die zweite wird dieser im Verhältnis auf jene Vorstellung (als bloße Bestimmung des Gemüts) *gedacht*. Anschauung und Begriffe machen also die Elemente aller unsrer Erkenntnis aus, sodass weder Begriffe, ohne ihnen auf einige Art korrespondierende Anschauung, noch Anschauung ohne Begriffe, ein Erkenntnis abgeben können [...].

Wollen wir die *Rezeptivität* unseres Gemüts, Vorstellungen zu empfangen, so fern es auf irgendeine Weise affiziert[1] wird, *Sinnlichkeit* nennen; so ist dagegen das Vermögen, Vorstellungen selbst hervorzubringen, oder die *Spontaneität* des Erkenntnisses, der *Verstand*. Unsre Natur bringt es so mit sich, dass die *Anschauung* niemals anders als *sinnlich* sein kann, d. i. nur die Art enthält, wie wir von Gegenständen affiziert werden. Dagegen ist das Vermögen, den Gegenstand sinnlicher Anschauung zu *denken*, der *Verstand*. Keine dieser Eigenschaften ist der andern vorzuziehen. Ohne Sinnlichkeit würde uns kein Gegenstand gegeben und ohne Verstand keiner gedacht werden. Gedanken ohne Inhalt sind leer, Anschauungen ohne Begriffe sind blind. Daher ist es ebenso notwendig, seine Begriffe sinnlich zu machen, (d. i. ihnen den Gegenstand in der Anschauung beizufügen), als seine Anschauungen sich verständlich zu machen (d. i. sie unter Begriffe zu bringen). Beide Vermögen, oder

Fähigkeiten, können auch ihre Funktionen nicht vertauschen. Der Verstand vermag nichts anzuschauen und die Sinne nichts zu denken. Nur daraus, dass sie sich vereinigen, kann Erkenntnis entspringen.

(Immanuel Kant, Kritik der reinen Vernunft. Hrsg. von Ingeborg Heidemann. Reclam Verlag, Stuttgart 1966, S. 49–51, 119–120)

1 affizieren: einwirken, reizen

1 *An welchen Stellen im Text argumentiert Kant eher empiristisch, an welchen eher rationalistisch?*
In welchen Punkten lehnt er demzufolge den Empirismus, in welchen den Rationalismus ab?
2 *Erläutern Sie anhand des Textes das Begriffspaar empirisch und apriorisch.*
3 *Versuchen Sie das Erkenntnisvermögen nach Kant graphisch zu veranschaulichen.*
4 *Vergleichen Sie die Funktion des Geistes nach Descartes mit der des Verstandes nach Kant.*
5 *Inwiefern ist die Erkenntnistheorie des Naiven Realismus nach Kant nicht überzeugend?*

Erkenntnis ist also für Kant ein Zusammenwirken von Sinnlichkeit und Verstand. Sinneseindrücke werden in zweierlei Hinsicht durch unser Erkenntnisvermögen geformt: Zunächst werden sie in der Anschauung räumlich und zeitlich strukturiert, dann vom Verstand in eine begriffliche Ordnung gebracht. Dabei gibt der Verstand nur die allgemeinen Ordnungsprinzipien vor, enthält aber keine inhaltlich bestimmten Ideen wie bei Platon. Eins dieser Ordnungsprinzipien ist die Kausalität. Es bewirkt, dass wir für jedes Ereignis eine Ursache annehmen (müssen) und uns kein Ereignis ohne Ursache denken können.
Wie Dinge „an sich", d. h. ohne unsere Erkenntnisleistung, beschaffen sind, können wir daher niemals wissen. Der Schriftsteller Kleist hat das Erkenntnisvermögen nach Kant einmal mit einer grünen Brille verglichen, die wir alle ständig auf der Nase tragen ohne sie jemals abnehmen zu können. Wenn also „Anschauungen ohne Begriffe blind" sind, so sind umgekehrt „Begriffe ohne Anschauung leer", d. h. die Brille allein ermöglicht noch kein Sehen.
Der Satz „Die Seele ist unsterblich" enthält für Kant eine Aussage, der keine Anschauung zugrunde liegt. Von dieser Position aus stellt Kant alle Sätze, die über unsere Erfahrungswelt hinausgehen, radikal infrage. Dies gilt besonders für Platons Ideenlehre. (➔ Kap. I, 5.4)
Die Mathematik dagegen, für Platon eine Beweisgrundlage für seine Ideenlehre, zweifelt Kant nicht an, sie ist für ihn Musterbeispiel einer exakten, dabei jedoch nicht primär auf Erfahrung beruhenden Wissenschaft. Was unterscheidet ihre Sätze aber von solchen für Kant fragwürdigen Behauptungen, dass die Seele unsterblich sei. Auf den ersten Blick sind die Sätze der Mathematik und das Urteil über die Unsterblichkeit in ihrer Struktur gleich. Sie gründen nicht auf Erfahrung, sind also apriorisch.
Der Unterschied liegt darin, dass die Geometrie unsere Raumvorstellung a priori thematisiert. All das, was wir empirisch wahrnehmen, nehmen wir in räumlichen Verhältnissen wahr. Räumlichkeit als solche ist aber nach Kant mit unseren Sinnen gar nicht erfahrbar. Sie ist eine „Zutat" unseres Erkenntnisvermögens, und zwar der Rezeptivität. Die Mathematik ist in der Realität nur gültig, weil wir Räumlichkeit in die Welt „hineinprojizieren". Dass die Gerade die kürzeste Verbindung zweier Punkte ist, weiß ich nicht deswegen, weil ich gerade und ungerade Wege vermessen habe, sondern weil ich mir meine Raumvorstellung vergegenwärtige. Die Raumvorstellung ist aber bei allen Menschen gleich. Demzufolge sind die mathematischen Gesetze der Geometrie für alle Menschen nachvollziehbar und allgemein gültig – im Gegensatz zu ganz über die Erfahrung hinausgreifenden Urteilen. Auf diesen wichtigen Unterschied bei Sätzen a priori weist Kant im folgenden Text hin:

„Die Mathematik gibt uns ein glänzendes Beispiel, wie weit wir es unabhängig von der Erfahrung in der Erkenntnis a priori bringen können. Nun beschäftigt sie sich zwar mit Gegenständen und Erkenntnissen bloß so weit, als sich solche in der Anschauung darstellen lassen. [...] Durch einen solchen Beweis von der Macht der Vernunft eingenommen, sieht der Trieb zur Erweiterung keine Grenzen. Die leichte Taube, indem sie im freien Fluge die Luft teilt, deren Widerstand sie fühlt, könnte die Vorstellung fassen, dass es ihr im luftleeren Raum noch viel besser gelingen werde. Eben so verließ Plato die Sinnenwelt, weil sie dem Verstand so enge Grenzen setzt, und wagte sich jenseits derselben auf den Flügeln der Ideen in den leeren Raum des reinen Verstandes. Er bemerkte nicht, dass er durch seine Bemühungen keinen Weg gewönne, denn er hatte keinen Widerhalt gleichsam zur Unterlage, worauf er sich steifen und woran er seine Kräfte anwenden konnte um den Verstand von der Stelle zu bringen."

(Immanuel Kant, Kritik der reinen Vernunft. Hrsg. von Ingeborg Heidemann. Reclam Verlag. Stuttgart 1966, S. 56 f.)

1 *Worin besteht die „Unterlage" der Mathematik?*
Inwiefern fehlt diese bei Platons These von der Unsterblichkeit der Seele?

2 *Können Sie mithilfe von Kants Ansatz genauer erklären, weshalb das von Escher gezeichnete Haus (vgl. S. 22) als wirkliches Gebäude nicht vorstellbar ist?*

Kant versucht in seiner Erkenntnistheorie einen Mittelweg zwischen den Extrempositionen des Empirismus und Idealismus bzw. Rationalismus zu beschreiten. Er teilt die Grundüberzeugung des Empirismus, dass man bei der Erkenntnistheorie vom Erfahrbaren auszugehen habe, und dessen Skepsis einem Wissen gegenüber, das die Erfahrung überschreitet. Dennoch sieht er es als ein Verdienst des Idealismus, darauf hingewiesen zu haben, dass nicht unser gesamtes Wissen aus der Erfahrung stammt. Die faktische Existenz der Mathematik belege diese These. Kant zeigt einen Ausweg aus dem Dilemma der Erkenntnistheorie zwischen Rationalismus und Empirismus, indem er aufweist, dass das Erkenntnisvermögen an der Konstitution der Welt mitbeteiligt ist.
Kants Ansatz eröffnet der Philosophie damit die Möglichkeit zu sinnvollen Aussagen über die Welt und den Menschen ohne sich empiristisch auf bloße Erfahrungsurteile beschränken zu müssen oder sich idealistisch in grundlose Spekulationen zu verlieren.

2 *Was soll ich tun? Einführung in die philosophische Ethik*

2.1 Die Fragestellung

1. Sie finden auf der Straße eine Brieftasche mit einem größeren Geldbetrag. Sie schließen aus den Angaben auf der Visitenkarte, dass der Besitzer das Geld nicht so dringend braucht wie Sie und überlegen, ob Sie ihm die Brieftasche mit oder ohne Geld (oder gar nicht) zuschicken.
2. In Ihrer Familie (oder Ihrer Wohngemeinschaft) putzen diejenigen, die mehr Wert auf Sauberkeit legen, für die anderen mit. Sie überlegen, ob Sie daran etwas ändern wollen, obwohl Sie zu den Nutznießern gehören.
3. Sie haben den aktuellen Waldschadensbericht gelesen und überlegen, ob Sie weiter mit dem Auto (oder dem Motorrad) zur Schule fahren oder eine wesentlich längere Fahrtzeit mit Bus oder Rad in Kauf nehmen wollen.

1 Erörtern Sie, wie Sie sich entscheiden würden und ob Sie diese Entscheidung auch für moralisch richtig halten. Stellen Sie fest, welche Argumente für Sie in dieser Beurteilung zählen und von welchen moralischen Grundsätzen Sie dabei ausgehen.

„Was soll ich tun?", fragen wir uns in solchen und ähnlichen Fällen, in denen es um unser Verhalten unseren Mitmenschen oder auch der Natur gegenüber geht, in Fragen der Moral also. Offensichtlich sind dies keine Sachfragen, die uns die Erfahrung bzw. die verschiedenen Wissenschaften allein beantworten können: Die Erfahrung sagt mir vielleicht, wie andere Menschen reagieren, wenn ich sie ausnutze, aber nicht, ob ich so handeln soll; die Wissenschaft informiert mich über die ökologischen Folgen meines Handelns, aber nicht darüber, ob ich die Erhaltung der Umwelt oder meine Bequemlichkeit höher stellen soll.
Eine Orientierung bei solchen Fragen bieten traditionelle Wertsysteme, vor allem die der Religionen. In sie wächst jeder Mensch im Laufe seiner Sozialisation hinein und er übernimmt sie oft ganz selbstverständlich. Wenn diese Wertsysteme jedoch zu bestimmten Fragen keine Antwort bieten oder wenn sie überhaupt fragwürdig geworden sind, dann muss man versuchen eigene (neue) Maßstäbe für seine Entscheidung zu finden. Genau darin besteht auch die Aufgabe der „Ethik", einer Disziplin der sogenannten „Praktischen Philosophie", die sich mit dem Handeln des Menschen beschäftigt. Die Ethik kann dabei kein Rezeptbuch für moralische Konfliktsituationen entwickeln; es geht ihr vielmehr um die Frage, welche allgemein gültigen moralischen Normen es gibt und wie sie sich begründen lassen. Sie stellt damit Maßstäbe, die auf Tradition oder Glauben beruhen, in Frage und untersucht, ob und wie es möglich ist, moralische Maßstäbe durch die Vernunft zu begründen. Gibt es z. B. vernünftige Gründe gegen die Devise „Jeder ist sich selbst der Nächste" für den, der sich nicht (mehr) an der christlichen Religion mit ihrem Gebot der Nächstenliebe orientiert. Wie lässt sich die Verpflichtung zum Schutz der Natur in einer Gesellschaft begründen, in der „Ehrfurcht vor der Natur" keine feste Tradition mehr ist?

2.2 Eine Ethik für alle Kulturen?

1. Ein in Deutschland lebender Afrikaner und seine deutsche Frau sind sich nicht einig: Für ihn ist es klar, einen Teil seines Einkommens nach Hause zu seiner Familie zu schicken. Sie sagt, er solle auch an sich denken und sich von seiner Familie emanzipieren.
2. Ein türkischer Familienvater in Deutschland verheiratet seine Tochter ohne deren Einverständnis mit dem Sohn seines verstorbenen Bruders um diesem eine Aufenthaltserlaubnis für Deutschland und damit eine Existenz zu sichern.
3. Eine streng katholische Familie versucht mit Kontaktverboten, Therapievorschlägen usw. ihren Sohn von seiner erwachenden Homosexualität abzubringen.
4. Die Regierung eines Staates in Asien geht gegen „Vandalismus“ mit der Prügelstrafe, gegen Drogenhandel mit der Todesstrafe vor. Kritik aus dem Ausland entgegnet sie mit dem Hinweis auf die Kriminalität im Westen und auf die „asiatische Tradition“, in der die Gemeinschaft Vorrang vor dem Einzelnen habe.

1 Diskutieren Sie die aufgeführten Fälle.

Nicht erst seit unsere Gesellschaft zunehmend zu einer multikulturellen wird, stellt sich die Frage: Gibt es eigentlich moralische Normen, die für alle Menschen verbindlich sind, oder hat jede Kultur ihre eigenen und für sie gültigen Normen. Gerade nachdem die europäische Zivilisation jahrhundertelang die Wertvorstellungen anderer Kulturen, die sie für minderwertig hielt, rücksichtslos verdrängt hat, sei es durch Gewalt, sei es durch „Missionierung“, sind wir zu Respekt anderen Kulturen gegenüber verpflichtet; die moderne Völkerkunde hat den tiefen Sinn solcher kultureller Vorstellungen aufgezeigt, die früher schlicht für „primitiv“ gehalten wurden. Aber folgt daraus schon, dass man auf jede Kritik anderer Vorstellungen verzichten muss, dass es keinen Maßstab für eine solche Kritik gibt?

Ein Beispiel: Die Beschneidung

Schrei, wenn du kannst. 20 Minuten dauert die Beschneidung, die Wunde wird mit Akaziendornen verschlossen. (Aus: „Die Zeit“ – Nr. 44 vom 25. 10. 1991)

In vielen Ländern des nördlichen Afrika werden Mädchen beschnitten. Durch die Einwanderung von dort nach Europa stellt sich auch hier das Problem, wie man etwa seitens der Ärzte oder der Justiz mit diesem Brauch umgehen soll. Der folgende Zeitungsartikel informiert über den Vorgang.

„Nach der Operation wirst du hübscher“

In Ägypten werden mehr als 90 Prozent der Mädchen der ländlichen Bevölkerung beschnitten

Von Michael Lennertz

KAIRO, im Juni. „Noch heute werden mehr als 90 Prozent aller Mädchen der ländlichen Bevölkerung beschnitten.“ Mit dieser Tatsache schockierte Mahmoud Karim, ein bekannter Gynäkologe und Professor an der Ain-Shams-Universität in Kairo, seinen kleinen Zuhörerkreis bei einer Diskussionsrunde an der Amerikanischen Universität zum Thema „Weibliche Beschneidung in Ägypten“. Die seit Jahrtausenden bestehende Tradition wird, von wenigen Ausnahmen abgesehen, einfach totgeschwiegen und gleichzeitig unvermindert fortgeführt. „Das Tabu ist Tradition“, sagt Karim, der sich seit 30 Jahren bemüht diese „sexuelle Gewaltanwendung“ abzuschaffen, allerdings bislang wenig erfolgreich.

Die Gründe für die Beibehaltung der im Westen und in einigen aufgeklärten Kreisen in Ägypten für barbarisch gehaltenen Prozedur sind vielfältig. Mit dem Einverständnis religiöser Kreise werden sie vorgebracht von Müttern, die ihre Töchter beschneiden lassen, den beschnittenen Mädchen selbst sowie von „Dayas“, den traditionellen Geburtshelferinnen, und sogar von einigen Ärzten. [...] „Meine Tante und ein Arzt erklärten mir damals, dass die Beschneidung notwendig für meine Zukunft sei und meine Heirat garantieren würde“, berichtete die heute 34 Jahre alte Mona einer Sozialarbeiterin. Es sei wichtig „rein“ zu sein. Kamilia wurde mit falschen Versprechungen zur Beschneidung überredet: „Nach der Operation wirst du größer, hübscher und deine Haut wird hell und sauber“, sagte ihre Mutter. Die Ansicht, dass eine unbeschnittene Frau männlich sei, einen ungezügelten Geschlechtstrieb habe und zur Untreue neige, ist weit verbreitet. [...]

Der Druck der Gesellschaft und der Wunsch, sich nicht von Gleichaltrigen zu unterscheiden, bewegten die Mädchen oft dazu, den schmerzhaften Schnitt zu ertragen. Wie sonst nur bei der Heirat wird eine Frau bei der Beschneidung geehrt, mit einer prachtvollen Mahlzeit verwöhnt und beschenkt. [...]

In der Regel liegt das Durchschnittsalter der Mädchen bei der Beschneidung zwischen sechs und acht Jahren. Es handelt sich um die teilweise oder vollständige Entfernung der äußeren weiblichen Genitalien. [...]

Nach Ergebnissen einer ausführlichen Studie, die Soziologen und Wissenschaftler vor drei Jahren geleitet haben, werden auf dem Lande 85 Prozent der kleinen Mädchen, Christen wie Muslime, zur Beschneidung zur Hebamme oder zu einem Friseur gebracht und nicht zu einem Arzt. Mediziner fürchten, dass unhygienische Bedingungen bei der Beschneidung Infektionen begünstigen. Krankheiten können leicht übertragen werden – möglicherweise auch Aids. Es sind Mädchen an der Beschneidung verblutet. Zu den medizinischen Auswirkungen des Eingriffs gehören in erster Linie Mangel an sexuellem Interesse und manchmal orgasmische Störungen. Einige beschnittene Frauen entwickeln nach der Reife eine Furcht vor Geschlechtsverkehr oder leiden an chronischen Infektionen. [...]

(Frankfurter Allgemeine Zeitung vom 24. 6. 91)

In den zwei sich anschließenden Leserbriefen, der erste eine direkte Reaktion auf den abgedruckten Artikel, nehmen Zeitgenossen zur Praxis der Beschneidung Stellung.

Nur wenigen Menschen in der Weltöffentlichkeit und außerhalb des weiten Gebietes der Betroffenen ist das traditionell motivierte Massenverbrechen der sexuellen Verstümmelung von Millionen von Mädchen und jungen Frauen bekannt, das Sie am 24. Juni im Aufsatz „Nach der Operation wirst Du hübscher“ behandelten. Auch überregionale

Versuche, dies zu ändern (zum Beispiel über die Vereinten Nationen), hatten fast keine Wirkung auf diesen grausamen Brauch. Alljährlich sind etwa 20 bis 30 Millionen Frauen, Mädchen und weibliche Kinder davon betroffen. Der Ursprung dieses archaischen Brauches ist durch Ethnologen und Historiker schwer zu datieren. Auf jeden Fall ist er einige tausend Jahre älter als der Islam.
Wie manche Kulturhistoriker vermuten, kann die Unsitte der Beschneidung von Mädchen und Frauen aus dem Ausgang der Steinzeit hergeleitet werden, als die „Machtübernahme des Patriarchats" erfolgte, also zur Zeit des Beginns des individuellen Eigentums, wozu auch die Frau in der Einzahl und der Mehrzahl gezählt worden ist. Und um das Eigentum an Vieh und sonstigem Besitztum „rechtmäßig" zu vererben, musste der Mann sicher sein, dass seine Erben aus seinem Samen und nicht aus dem eines anderen Mannes entsprungen sind. Eine wichtig erscheinende Voraussetzung zu diesem Ziele war es daher, sich der Treue der (Ehe-)Frau zu versichern. Die am zweckmäßigsten erscheinende Methode schien die Entfernung des sinnlichen Zentrums der Frau, der Klitoris, zu sein. Dass man ihr damit auch die Lust am Intimverkehr, an der Sexualität überhaupt nahm, sie also sexuell „blendete", gebot der Eigennutz des Mannes.

(Frankfurter Allgemeine Zeitung vom 5. 7. 91 [gekürzt])

Lassen wir die pseudohumanitäre, in Wahrheit aber von Revolverblättern aller Provenienz so geschätzte Melange aus Rührseligkeit, Sadismus und einem gerüttelten Maß von Unwissen einmal beiseite und beschränken wir uns auf die Feststellung, dass wir es bei den Riten der Beschneidung mit Erscheinungsformen sakraler Kulturen zu tun haben, die mit den lächerlich-profanen Modebegriffen aus dem Bereich der Sexualmoral und Sexualhygiene nicht einmal ansatzweise zu erfassen sind.
Seit den Erkenntnissen, die uns die Anthropologie beschert hat, wissen wir wenigstens, dass wir es nicht mit barbarischen Perversitäten zu tun haben, sondern ganz im Gegenteil: mit hochkulturellen Erscheinungsformen, die sich unter Umständen auf ältere Traditionen und stärker ausgeprägte Kulturdifferenzierungen berufen können als die Kulturen Europas. Entgegen dem Augenschein, unter Berufung auf den man natürlich spektakulär-schnulzige Horrorstories für prompt dankbar ergriffenes Publikum en masse produzieren kann, handelt es sich bei sämtlichen Beschneidungsriten um einen Akt der kulturellen und gesellschaftlichen Initiation, der – und dies ist der Kern des Ritus – ein ganz bestimmtes Ethos zur Folge hat. Dieses Ethos ist, wie bei allen sakralen Kulturen, in der Kosmologie begründet und lässt die Teilnehmer der Initiation als Repräsentanten und Träger jener kosmischen Ordnung aus dem Ritual hervorgehen. Im Fall der Beschneidung heißt das: die magische Verwandlung des „Naturwesens Mann" und des „Naturwesens Frau" zu „Kulturwesen", die an der kosmischen Ordnung und deren höchster Repräsentation, der sakralen Gemeinschaft selbst, zu partizipieren imstande sind. Da die kosmischen „essentials" selbst als „Dualität" gedacht werden, müssen die beiden Geschlechter selbst eine solche Dualität repräsentieren um sich im Sinne jener Kosmologie vereinigen zu können. Da in Repräsentationssystemen eo ipso keine Trennung zwischen Organischem und Psychischem vorgenommen werden kann, hat die „Kultivierung der menschlichen Sexualität" natürlich auch organische Folgen.[1]
Ob das nun lieb ist oder „grausam", ob das nun für oder gegen Gleichberechtigung europäischer Sekretärinnen spricht, das hat mit dem Versuch, nichteuropäische Kulturen zu begreifen, nicht das mindeste zu tun.
Ich persönlich wünsche mir einen Humanismus – aber einen kosmopolitischer Toleranz und nicht provinzieller Borniertheit. Ich

wünsche mir mehr Sensibilität für uns fremde Traditionen. Ich wünsche mir ein Aufhören der ewigen Verwechslung von Humanität und Sentimentalität. Diejenigen, die gesagt haben „die armen Mohrenkinder", waren zugleich die Ersten, die ihnen den Kopf abgeschlagen haben – im übertragenen wie im realen Sinn.

(DIE ZEIT, Nr.23 vom 1. 6. 1979 [gekürzt])

1 Durch die „Initiation", die Einführung des Kindes in die (erwachsene) Gesellschaft und Kultur, wird also im Fall der Beschneidung das kindliche „Naturwesen Frau" zum „Kulturwesen", zum Teil der Gemeinschaft, die die kosmische Ordnung repräsentiert. Da diese kosmische Ordnung nun „dual" gedacht wird, also bestimmt vom Gegensatz zweier Prinzipien, muss dies auch von den beiden Geschlechtern repräsentiert werden, und zwar auch körperlich; dem dient die Beschneidung, indem sie „männliche" Teile des weiblichen Körpers entfernt.

1 Arbeiten Sie die gegensätzlichen Standpunkte der beiden Leserbriefautoren heraus und nehmen Sie selbst Stellung, ggf. auch in Form eines Leserbriefes.

Die Diskussion um den Kulturrelativismus

Die Position, von welcher der Autor des zweiten Leserbriefs ausgeht, nennt man „**Kulturrelativismus**". Auch der zeitgenössische Philosoph **Paul Feyerabend** kam aus seinen Erfahrungen als Dozent in Kalifornien zu dieser Position, die er im Folgenden entfaltet und philosophisch begründet.

Im Jahre 1964 kamen als Ergebnis der neuen Erziehungspolitik zahlreiche Mexikaner, Indianer, Schwarze in meine Vorlesungen. Da saßen sie jetzt, teils neugierig, teils spöttisch, teils einfach verwirrt und hofften eine „Erziehung" zu erhalten. Welche Gelegenheit für einen Propheten auf der Suche nach Schafen! Welche Gelegenheit, sagten meine rationalistischen Freunde, zur Verbreitung der Vernunft und der Verbesserung der Menschheit beizutragen! Welch eine wunderbare Gelegenheit für eine neue Welle der Aufklärung! Ich teilte nicht ihren Optimismus. Es wurde mir bald klar, dass die raffinierten Argumente und die wunderbaren Geschichten, die ich bisher vorgetragen hatte, vielleicht nur Träume waren, Reflexionen der Einbildung einer kleinen Gruppe von Ideenfaschisten[1], denen es gelungen war, alle übrigen Menschen mit ihrem „Rationalismus" in Bande zu schlagen. Wer war ich um diesen Menschen zu erklären, was und wie sie denken sollten? [...] Waren die trockenen Abstraktionen, die die Philosophen über die Jahrhunderte hin angesammelt und die die Liberalen mit einigen schmalzigen Phrasen umgeben hatten um sie geschmackvoller zu machen, das richtige Angebot an Menschen, die man ihres Landes, ihrer Kultur, ihrer Würde beraubt hatte und die nun die dürren Ideen der Sprachrohre ihrer so menschlichen Sklaventreiber geduldig absorbieren und wiederholen sollten? Sie wollten wissen, sie waren bereit zu lernen, sie wollten die seltsame Welt um sich herum verstehen – verdienten sie nicht bessere Nahrung? Ihre Vorfahren hatten lebendige Kulturen, farbenreiche Sprachen, harmonische Ideen über die Beziehungen zwischen Mensch und Mensch und Mensch und Natur entwickelt [...]. Diese Kulturen haben wichtige Errungenschaften in den Gebieten, die wir heute Soziologie, Psychologie, Medizin nennen, und sie drücken schon lange verschüttete Möglichkeiten der menschlichen Existenz aus. Und doch sind sie nie mit der Ehrfurcht und Aufmerksamkeit untersucht worden, die sie verdienen, sie wurden lächerlich gemacht und ganz selbstverständlich verdrängt und ersetzt, und zwar zuerst durch die Religion der brüderlichen Liebe und dann durch die Religion der Wissenschaften, oder sie wurden durch eine Reihe spitzfindiger „Interpretationen“ entschärft. Dann hörte man eine Menge über Liberalismus und Freiheit – aber was bedeuteten diese Worte? Bedeuteten sie die Gleichheit dieser Traditionen mit den Traditionen des weißen Mannes? Keinesfalls. Gleichheit bedeutete, dass die Mitglieder verschiedener Rassen und Kulturen nun die wunderbare Gelegenheit hatten an den Manieren des weißen Mannes teilzunehmen, sie hatten die Gelegenheit Wissenschaftler, Theologen, Ärzte, Politiker, Generäle, Zuhälter, Lehrer, Richter und Verbrecher zu werden. Diese Gedanken gingen mir durch den Kopf, als ich meine Hörer vor mir sah, und mit Ekel schrak ich vor der Aufgabe zurück, die ich durchführen sollte. Denn diese Aufgabe – und das war mir jetzt sehr klar – war die eines gebildeten und vornehmen Sklavenhalters. Und ein Sklavenhalter wollte ich nicht sein.

I. Traditionen sind weder gut noch schlecht; sie existieren einfach. ‚Objektiv‘, das heißt unabhängig von Traditionen, gibt es keine Wahl zwischen einer humanitären Einstellung und dem Antisemitismus.

Ergänzung: Die Rationalität ist nicht ein Schiedsrichter zwischen Traditionen, sie ist selbst eine Tradition (Klasse von Traditionen) oder ein Aspekt einer Tradition. Sie ist daher weder gut noch schlecht, sondern *ist* einfach.

II. Eine Tradition erhält erwünschte und unerwünschte Züge nur, wenn man sie auf eine Tradition bezieht, das heißt, wenn man sie als Teilnehmer einer Tradition betrachtet und aufgrund der Werte dieser Tradition beurteilt. Die Projektionen[2] eines solchen Teilnehmers *scheinen objektiv zu sein* und Sätze, die sie beschreiben, *klingen objektiv*, weil der Teilnehmer und die von ihm projizierte Tradition nicht in ihnen vorkommen. Sie *sind subjektiv*, weil sie von der gewählten Tradition abhängen sowie von der Weise, in der der Teilnehmer sie verwendet. Die Subjektivität tritt hervor, sobald Teilnehmer verschiedener Traditionen einander gegenübertreten. [...]

Der Relativismus [...] ist *vernünftig*, denn er beachtet die Vielzahl von Traditionen und Werten. Er ist *zivilisiert*, denn er nimmt nicht an, dass das winzige Dorf, in dem man wohnt, am Nabel der Welt liegt und dass seine seltsamen Sitten Maßstäbe für die ganze Menschheit sind. Er ist außerdem *klug*, denn er schließt nicht aus der Unvollständigkeit von Wertsätzen (kein Hinweis auf Traditionen oder Teilnehmer) auf ihre ‚Objektivität‘. [...] Aber [...] sollen wir Menschen wirklich schutzlos dem Einfluss barbarischer Traditionen überlassen? Sollen wir ruhig zusehen, wie Traditionen wieder belebt werden, in denen rituelle Tötungen an der Tagesordnung sind, in denen kleine Kinder ausgesetzt, Erwachsene gefoltert oder verbrannt werden? Haben wir nicht die Pflicht Menschenleben und Menschenwürde zu beschützen, wo immer sie bedroht sind? Und fordert uns die Pflicht nicht auf die rational-humanitäre Einstellung zur Grundlage eines Staatsgebildes zu machen und so die Rechte anderer Traditionen zu verletzen?

Diese Fragen sind ein Musterbeispiel der oberflächlichen, abstrakten *und subjektiven* Denkweise der meisten Intellektuellen. Man fragt nicht, wie die fremden Traditionen von innen aussehen, man untersucht nicht die Werte und die Weltansichten, auf denen sie beruhen, man macht sich keine Gedanken über die sehr greifbaren Verluste, die eine Zerstörung dieser Werte zur Folge hat – man erhebt ganz unverfroren seine eigene Weltansicht zum universellen Kriterium des Menschseins und maßt sich an das Glück, das Leiden, die Wünsche anderer mit diesem Kriterium zu messen.

(Paul Feyerabend, Erkenntnis für freie Menschen. Suhrkamp Verlag, Frankfurt/M. 1980, S. 233 f., S. 68 f., S. 152 f.)

1 Ideenfaschisten: Der von Feyerabend hier polemisch benutzte Ausdruck zielt besonders auf die Philosophen und Aufklärer, die mit ihrer Verabsolutierung der Vernunft, wie damals die Faschisten, andere Vorstellungen unterdrückt hätten.

2 Projektionen: Gemeint sind hier Vorstellungen, die Teilhaber an einer Tradition (Kultur) aus dieser auf eine andere Tradition überträgt.

Der französische Philosoph **Alain Finkielkraut** kritisiert die heute von vielen europäischen Theoretikern vertretene kulturrelativistische Position und zeigt die Konsequenzen auf, die sich aus ihr nach seiner Auffassung ergeben.

Viele Europäer räumen ein, dass Europa, und nur Europa, das Individuum als höchsten Wert gesetzt hat. Aber sie entschuldigen sich sogleich: „Es besteht kein Grund uns dessen zu rühmen. Wir haben den Planeten zu unseren Schrullen bekehren wollen und dabei viel zuviel irreparablen Schaden angerichtet. Die Zeit der Kreuzzüge ist vorbei; wir werden niemanden mehr dazu zwingen, das soziale Leben so wahrzunehmen, wie wir es tun." Aus Scham über die Herrschaft, die man so lange über die Völker der Dritten Welt ausgeübt hat, schwört man sich, nicht wieder damit anzufangen und beschließt – gleich als Auftakt – ihnen die Härten der Freiheit nach europäischer Art zu ersparen. Aus Angst, den Einwanderern Gewalt anzutun, verbindet man sie mit der Livree[1], die die Geschichte ihnen zugeschnitten hat. Um sie so leben zu lassen, wie es ihnen passt, versagt man es sich, sie vor möglichen Untaten oder Missbrauch ihrer jeweiligen Traditionen zu schützen. Um die Grausamkeit der Entwurzelung zu mildern, übergibt man sie wehrlos, auf Gedeih und Verderb wieder ihrer Gemeinschaft und schafft es so, die Anwendung der Menschenrechte auf die Menschen des Westens zu beschränken, und das alles in dem Glauben diese Rechte zu erweitern, wenn man jedem die Wahl lässt in seiner Kultur zu leben.

Entstanden aus dem Kampf zur Befreiung der Völker, führt der Relativismus zum Lob der Knechtschaft. Heißt das, dass man auf die alten assimilatorischen Mittel zurückgreifen und die Neuankömmlinge von ihrer Religion oder ihrer Volksgemeinschaft trennen muss? Ist die Auflösung jeden Kollektivbewusstseins der Preis für die Integration? *Auf keinen Fall.* Den Fremden als Individuum zu behandeln, bedeutet nicht, ihn zu verpflichten, alle seine Verhaltensweisen auf die bei den Einheimischen geltenden Lebensformen auszurichten. Man kann die Ungleichheit zwischen Männern und Frauen in der islamischen Tradition kritisieren ohne deswegen den muslimischen Einwanderern eine geliehene Livree anzulegen oder die Bindungen an ihre Gemeinschaft zu zerstören. Nur diejenigen, die in Begriffen der kulturellen Identität (und folglich Integrität) denken, meinen, dass zum Überleben des nationalen Kollektivs die anderen Gemeinschaften verschwinden müssen. Der Geist der europäischen Neuzeit dagegen findet sich sehr gut mit der Existenz von nationalen oder religiösen Minderheiten ab, unter der Bedingung, dass diese sich nach dem Vorbild der Nation aus gleichen und freien Einzelpersonen zusammensetzen. Eine solche Forderung hat zur Folge, dass alle Bräuche, die die Grundrechte der Person verhöhnen – auch die, deren Wurzeln weit in die Geschichte zurückreichen – als ungesetzlich erachtet werden.

(Alain Finkielkraut, Die Niederlage des Denkens. Aus dem Französischen übers. v. Nicola Volland. Rowohlt Verlag, Reinbek 1989, S. 112–114.)

1 Livree: Uniform eines Dieners

Rudolf Ginters, ein zeitgenössischer deutscher Philosoph, versucht eine logische Widerlegung des Kulturrelativismus, indem er dessen Argumentationsgrundlage kritisch prüft und durchleuchtet.

Das kulurrelativistische Argument [leidet an] logischen Mängeln. Es ist nicht ganz leicht, den genauen Argumentationsgang zu rekonstruieren. Doch tut man den Kulturrelativisten sicherlich kein Unrecht, wenn man ihre Überlegungen folgendermaßen zusammenfasst:

1. Die *faktisch* vorfindlichen moralischen

Überzeugungen aller Völker und Kulturen unterscheiden sich grundlegend voneinander.

2. Es gibt also kein kulturübergreifendes System *faktisch* geltender moralischer Regeln.

3. a) Daher *kann* es auch keine übergeordneten allgemeinen Kriterien zur wertenden Beurteilung der unterschiedlichen moralischen Überzeugungen der verschiedenen Kulturen *geben*.

oder

3. b) Daher sind keine übergeordneten allgemeinen Kriterien zur Beurteilung der unterschiedlichen moralischen Überzeugungen der verschiedenen Kulturen für uns *erkennbar*.

oder

3. c) Daher scheint die praktische Anwendung übergeordneter allgemeiner Kriterien so schwierig zu sein, dass sie keine *sicheren Werturteile* über die faktisch geltenden moralischen Regelsysteme der verschiedenen Kulturen *zulassen*.

4. Also kommt jedem faktisch geltenden moralischen Regelsystem die gleiche *normative* Geltung in dem Sinn zu, dass alle Angehörigen der verschiedenen Kulturen jeweils auf deren eigenes moralisches Regelsystem verpflichtet sind.

Der Schluss ist also folgender: Aus der empirischen *Tatsache* der Verschiedenheit der moralischen Überzeugungen folgert man entweder die *Unmöglichkeit* oder die *Unerkennbarkeit* oder die *Unanwendbarkeit* allgemeiner ethischer Handlungskriterien (der Schritt von 2 nach 3) und daraus dann wieder die *Verpflichtung* des Einzelnen auf das moralische Regelsystem seiner eigenen Kultur (der Schritt von 3 nach 4) [...]. Aus einem *bloßen Tatsachenurteil* über faktisch herrschende Überzeugungen lässt sich aber niemals ein *Geltungsurteil* irgendwelcher Art ableiten. [...]

Ein ähnlicher Fehlschluss liegt dann auch im Schritt von 3 nach 4 vor. Aus der Behauptung, es gebe keine allgemein gültigen moralischen Kriterien, sie seien prinzipiell unerkennbar oder aber unanwendbar, würde nur folgen, dass niemand an vorgeblich moralische Normen irgendwelcher Art gebunden sein könne, nicht aber, dass jeder an die Normen der eigenen Gesellschaft gebunden sei. Die ‚moralischen' Regelsysteme der verschiedenen Kulturen wären dann nicht normativ gleich gültig, sondern normativ gleichgültig, nämlich für jeden gleich belanglos.

Ich komme also zu dem Schluss: Das kulturrelativistische Argument hält einer kritischen Prüfung nicht stand.

(Rudolf Ginters, Werte und Normen. Einführung in die theologische und philosophische Ethik. Vandenhoeck & Ruprecht/Patmos Verlag, Göttingen/Düsseldorf 1982, S. 244–246)

1 *Arbeiten Sie die jeweilige Argumentation der Texte von Feyerabend, Finkielkraut und Ginters heraus. Wem stimmen Sie zu?*

2 *Inwieweit enthält Feyerabends Text moralische Wertungen? Lassen sie sich von seiner Position her begründen?*

3 *Inwiefern unterscheidet sich Finkielkrauts Kritik des Kulturrelativismus von der von Ginters?*

4 *Nach Ginters folgt aus der Behauptung, es gebe keine allgemein verbindlichen moralischen Normen, nicht die Position des Kulturrelativismus, sondern nur die, dass niemand an moralische Normen gebunden sei, also eine Position des völligen ethischen Relativismus. Erörtern sie die Problematik einer solchen Position, vor allem ihre Konsequenzen für menschliches Zusammenleben. (vgl. Kap. III, 1.7)*

5 *Welche Probleme ergeben sich beim Zusammenleben verschiedener Kulturen und beim geschichtlichen Wandel einer Kultur für die kulturrelativistische Position?*

Die Tatsache, dass es so viele unterschiedliche Moralsysteme gibt, sollte uns skeptisch machen gegenüber der eigenen Moral und tolerant gegenüber anderen; sie ist jedoch – wie Ginters zeigt – noch kein Beweis für die relativistische Position. Umgekehrt ist der Kulturrelativismus mit Finkielkrauts Hinweis auf die Konsequenzen noch nicht widerlegt. Er kann allerdings selbst auch keine moralische Norm begründen: weder die Verbindlichkeit der jeweiligen Tradition für ihre Mitglieder noch etwa eine Forderung nach Toleranz, wie sie Feyerabend aufstellt. Eine relativistische Position müsste konsequent auf jede Teilnahme an der ethischen Diskussion um allgemein gültige moralische Normen verzichten. Denn in jeder Diskussion um moralische Fragen – auch zwischen Mitgliedern unterschiedlicher Kulturen – wird immer schon vorausgesetzt, dass es für alle Menschen gültige moralische Normen gibt, auch wenn man sich im konkreten Fall nicht einigen kann; ansonsten wäre die Auseinandersetzung sinnloser als ein Streit um Geschmacksfragen.
Ein solcher Verzicht auf jegliche moralische Bewertung ist theoretisch wohl möglich; in der Praxis des Zusammenlebens innerhalb einer und zwischen den Kulturen ist es jedoch unverzichtbar, sich um eine Verständigung über allgemein gültige moralische Normen zu bemühen. (Zur Auseinandersetzung um den Relativismus ➔ Kap. III, 6.2.3 und Kap. V, 5.3, 5.4) Wir führen daher die Diskussion um die Aufstellung und Begründung von Normen an einem konkreten Problem weiter.

2.3 Ein ethisches Problem: Wahrheit und Lüge

1. Sie möchten etwas unternehmen, das Ihre Eltern – Ihrer Meinung nach zu Unrecht – für zu gefährlich halten. Um Ihre Eltern nicht unnötig zu beunruhigen, erzählen Sie Ihnen nicht die Wahrheit über Ihre Pläne.
2. Sie haben eine kurze „Liebesaffäre“, wollen aber Ihre langjährige Beziehung deshalb nicht aufgeben. Um Ihren Partner bzw. Ihre Partnerin, der/die sehr leicht eifersüchtig ist, nicht zu sehr zu kränken und die Beziehung nicht zu riskieren, bestreiten Sie auch auf Nachfrage, dass da „etwas gewesen sei“.
3. Ein Arzt verschreibt einem Patienten, dessen Leiden seiner Meinung nach rein psychisch bedingt sind, ein Medikament mit „Placebo-Effekt“ (d. h. er täuscht eine angebliche, aber nicht vorhandene Wirksamkeit vor).
4. Ein Minister bestreitet vor einem Parlamentsausschuss, dass die Regierung bestimmte Geschäftsverhandlungen führe um im Interesse des Landes das Geschäft nicht durch vorzeitige Öffentlichkeit zu gefährden.

1 Diskutieren Sie die aufgeführten Fälle.

Es ist eine der alltäglichsten moralischen Fragen, ob und wann man verpflichtet ist die Wahrheit zu sagen. Wir alle lügen gelegentlich und wir tun es meist ohne größere Schuldgefühle, vor allem dann, wenn es keine schlimmen Folgen hat oder sogar – wie in einigen Beispielen oben – einem guten Zweck dient.
Unter „**Lüge**“ verstehen wir hier eine absichtlich täuschende Aussage, also weder eine Fehlinformation aus Fahrlässigkeit oder Unwissenheit noch eine Täuschung anderer Art.
Lügen sind keine großen „Sünden“ wie Raub oder Mord und auch in den meisten Fällen nicht strafbar. Auf der anderen Seite hängt das Verhältnis der Menschen untereinander, der

Zustand jeder kleineren oder größeren Gemeinschaft, entscheidend davon ab, ob man sich auf die Aussagen der anderen verlassen kann. Daher kann es keine bloße Privat- oder Geschmackssache sein, ob und wann man die Wahrheit sagt. Es ist deshalb sinnvoll, nach Grundsätzen für die moralische Beurteilung von Lügen zu suchen, an denen wir uns im Privatleben orientieren können und von denen aus sich auch Regeln für das öffentliche Leben begründen lassen; solche Regeln gibt es z. B. für bestimmte Berufsgruppen wie Ärzte oder Rechtsanwälte.

Zwei Positionen

In der Diskussion um die Lüge finden wir im Alltag wie auch in der philosophischen Tradition zwei Extrempositionen: Die erste Position hält jede Lüge für moralisch unzulässig, sie wird unter anderem von Augustinus (354–430) und von Kant vertreten. (➔ Kap. III, 3 und 5.2) **Augustinus** sagt:

„Jeder aber, der lügt, redet in Gegensatz zu dem, was er denkt, in der Absicht zu täuschen. Und doch haben wir die Sprache fürwahr nicht zu dem Zwecke, damit sich die Menschen gegenseitig irreführen, sondern damit einer dem anderen seine Gedanken mitteilen kann. Diese Sprache also zur Täuschung zu gebrauchen ist Sünde; denn das ist ihr Zweck nicht. – Auch aus dem Grunde dürfen wir nicht glauben, die Lüge sei keine Sünde, weil wir bisweilen jemandem mit einer Lüge nützen können."
(Augustinus, Enchiridion ad Laurentium 22, dtsch. Handbüchlein. Schöningh Verlag, Paderborn 1962, S. 28)

Die Gegenposition hält Lügen an sich nicht für unmoralisch, sondern nur solche Lügen, durch die ein in anderer Hinsicht moralisch verwerfliches Ziel erreicht, z. B. jemand geschädigt wird. So sagt z. B. der Philosoph **Christian Wolff** (1679–1754):

„Eine unwahre Rede, die zu des Anderen Schaden gereicht, wird eine Lüge genannt. Wenn man durch unwahre Worte niemandem schadet, sich aber nutzet, so ist solches kein Lügen. Da wir unser Bestes befördern sollen, so kann auch solches durch verstellte Worte geschehen, wenn sie niemandem Schaden bringen. Es ist niemals zu lügen erlaubt, aber wohl ist es erlaubt, ja wir sind bisweilen verpflichtet, die Unwahrheit zu sagen, wenn sie weder uns noch anderen zum Schaden, aber wohl zum Besten gereicht."
(Christian Wolff, Pflichten des Menschen im Reden und in Verträgen. In: Christian Wolff, Gesammelte Werke. I. Abtlg., Bd. 4: Vernünfftige Gedanken von der Menschen Thun und Lassen zu Beförderung ihrer Glückseligkeit. Hrsg. von W. Arndt. Ohms Verlag, Hildesheim/New York 1976, S. 686 [§ 981])

1 *Was verstehen beide Autoren unter „Lüge" und inwiefern widersprechen sich ihre Positionen?*
2 *Beurteilen Sie die oben beschriebenen Beispiele von den beiden Positionen aus.*
3 *Erörtern Sie an dem folgenden Beispiel die Problematik der ersten Position:*
Jemand hält einen Flüchtling – z. B. vor nationalsozialistischer Verfolgung – versteckt (oder kennt jedenfalls dessen Aufenthaltsort). Er wird von den Verfolgern des Flüchtlings gefragt, wo sich dieser aufhalte, und überlegt, ob er zu einer wahrheitsgemäßen Antwort verpflichtet ist.
4 *Versetzen Sie sich in die Lage dessen, der zu einem „guten Zweck", ja sogar zu seinem eigenen „Besten" belogen wird, etwa die der Eltern im ersten oder die des Patienten im dritten Beispiel. Wie würden Sie aus einer solchen Perspektive darüber urteilen, ob die jeweilige Lüge moralisch erlaubt ist?*
Diskutieren Sie von dieser Überlegung her die Problematik der zweiten Position.

Die Fragwürdigkeit der ersten Position, also des absoluten Lügenverbots, zeigt das in Aufgabe 3 erwähnte Beispiel – weitere, weniger dramatische ließen sich leicht finden. Aber auch die extreme Gegenposition, nach der unschädliche Lügen erlaubt sind, ist problematisch, wie durch den in Aufgabe 4 vorgeschlagenen Wechsel der Perspektive klar wird:

Diejenigen, die erfahren, dass man sie in einer wichtigen Angelegenheit – zum Beispiel, was die Identität ihrer Eltern, die Zuneigung ihres Ehepartners oder die Rechtschaffenheit ihrer Regierung anbetrifft – angelogen hat, sind aufgebracht, enttäuscht und misstrauisch. Sie fühlen sich betrogen und müssen mit noch weiteren Enthüllungen rechnen. Und im Licht der nun an den Tag gebrachten Lügen blicken sie zurück auf ihre vergangenen Überzeugungen und Handlungen. Sie erkennen, dass sie manipuliert worden sind, dass der Betrug ihnen die Möglichkeit genommen hat ihre Entscheidungen auf der Basis der zutreffendsten Informationen, die es gab, zu treffen, ihnen die Möglichkeit genommen hat so zu handeln, wie sie es hätten tun wollen, wenn sie von vornherein Bescheid gewusst hätten. [...]

Die meisten von uns würden sich dagegen zur Wehr setzen, die Kontrolle darüber zu verlieren, welche Entscheidungen wir an andere delegieren und welche wir selbst treffen wollen – unter Zuhilfenahme der besten Informationen, die man bekommen kann. Wir setzen uns zur Wehr, weil wir aus Erfahrung wissen, welche Folgen es hat, wenn andere uns täuschen wollen, und sei es „nur zu unserem eigenen Besten". Natürlich wissen wir, dass viele Lügen trivial sind. Doch da wir, wenn man uns belügt, keine Möglichkeit haben zu beurteilen, welche Lügen nun die trivialen sind, und da wir nicht das Vertrauen aufbringen, dass sich Lügner auf diese trivialen Lügen beschränken werden, müssen wir aus der Perspektive des Betrogenen *jede* Täuschung ablehnen. [...]

Die Diskrepanz der Perspektiven erklärt die zweideutige Stellung, die die meisten von uns gegenüber dem Lügen einnehmen. Während wir auf der einen Seite die Gefahren des Lügens kennen und wir eine Welt bevorzugen würden, in der sich die anderen des Lügens enthielten, so wissen wir andererseits doch auch, dass es Gelegenheiten gibt, wo es hilfreich, ja vielleicht sogar notwendig wäre, wenn wir selbst ungestraft zur Lüge greifen könnten. [...]

Wir müssen es lernen, uns zwischen den beiden Perspektiven hin und her zu bewegen und sogar beide zugleich in den Blick zu nehmen, so wie man es im Fall einer optischen Täuschung versucht. In der Ethik bedeutet diese doppelte Sichtweise die Anwendung der Goldenen Regel: Man soll sich bemühen seine eigenen Handlungen nicht nur aus der Sicht des Subjektes, des Ausführenden zu erleben, sondern auch aus der Sicht des von unserer Handlung Betroffenen, der zuweilen ein Opfer ist.[1] Häufig ist es gar nicht so leicht, sich an die Stelle desjenigen zu versetzen, dessen Lebensschicksal man niemals teilen wird – beim Lügen aber gibt es eine solche Schwierigkeit nicht. Wir alle wissen, was es heißt zu lügen, belogen zu werden, zu Recht oder zu Unrecht in den Verdacht zu kommen, gelogen zu haben. Im Prinzip kann jeder von uns sofort beide Perspektiven einnehmen. Sich diese Mühe zu machen, ist vor allem dann wichtig, wenn wir über Lügen nachdenken, die wir gern benutzen können möchten. [...]

Die Perspektive der Getäuschten gibt also eine Reihe von Gründen an die Hand, warum Lügen nicht wünschenswert sind. Diejenigen, die diese Perspektive teilen, haben Grund, die Wirkungen unaufgedeckter Lügen für die Entscheidungen von Lügnern und Hintergangenen zu fürchten. Sie sind sich der Bedrohung nur allzu sehr bewusst, die von entdeckten oder vermuteten Lügen für Vertrauen und Kooperation in der Gesell-

schaft ausgeht. Und sie ziehen nicht nur die individuelle Lüge in Betracht, sondern die Praktiken des Lügens in der gesamten Gesellschaft und die Langzeitfolgen, die sich daraus ergeben können.
Aus diesen Gründen müssen wir zumindest den Standpunkt von Aristoteles als grundlegende Prämisse akzeptieren, nämlich dass Lügen „schlecht und tadelnswert" und dass wahrhaftige Aussagen Lügen vorzuziehen sind, soweit man auf dieser allgemeinen Ebene redet. Diese Prämisse bürdet den Lügen eine grundlegende negative Last auf. Sie geht davon aus, dass Lügen in Hinblick auf unsere Entscheidungen nicht neutral sind und dass das Lügen einer Rechtfertigung bedarf, während das bei der Wahrheit für gewöhnlich nicht der Fall ist. [...] Und die Beweislast bürdet sie eindeutig jenen auf, die sich die Perspektive des Lügners zu eigen machen.

(Sissela Bok, Lügen. Vom täglichen Zwang zur Unaufrichtigkeit. Rowohlt Verlag, Hamburg 1980, S. 39–40, 48–50)

1 Die sog. Goldene Regel gilt als ein in fast allen Kulturen vorkommendes moralisches Prinzip. Für den christlichen Kulturkreis ist sie als Wort Jesu überliefert: „Alles nun, was ihr wollt, dass es euch die Leute tun sollen, das sollt auch ihr ihnen tun." (Mt 7, 12) In ihrer negativen Fassung existiert die Goldene Regel im Deutschen auch als Sprichwort: „Was du nicht willst, dass man dir tu, ..."

Ein Beispiel: Wahrheit am Krankenbett

Auch wer das absolute Lügenverbot des Augustinus ablehnt, muss also in jedem Fall einer Ausnahme gewichtige Gründe dafür vorbringen, dass eine Lüge in diesem Fall zulässig ist, Gründe, die auch bei einem Wechsel der Perspektive noch Bestand haben. Für viele Ärzte ist, ausgehend von dieser Überlegung, ihre – im „Eid des Hippokrates" formulierte – Pflicht, dem Patienten mit allen Mitteln zu helfen, ein Grund dafür, dass Lügen am Krankenbett erlaubt sein können:

Auf Verlangen seiner Versicherung lässt ein vierundsechzigjähriger Mann in einem Krankenhaus eine Routineuntersuchung vornehmen. Dabei stellen die Ärzte fest, dass er Krebs hat, der innerhalb der folgenden sechs Monate zum Tode führen wird. Eine Aussicht auf Heilung besteht nicht. Chemotherapie könnte sein Leben vielleicht um ein paar Monate verlängern, hätte jedoch Nebenwirkungen, die der Arzt in diesem Fall nicht in Kauf nehmen will. Zudem ist er der Ansicht, dass eine solche Therapie den Patienten vorbehalten bleiben sollte, bei denen Aussicht auf Besserung besteht. Der Patient leidet unter keinerlei Symptomen, die ihm Grund zu der Annahme geben würden, er sei nicht völlig gesund. In der nächsten Woche will er einen kurzen Urlaub antreten.
Der Arzt hat nun mehrere Möglichkeiten mit der Wahrheit umzugehen. Sollte er dem Patienten mitteilen, was er weiß, oder sollte er es verschweigen? Sollte er die Wahrheit verleugnen, wenn er gefragt wird? Und wenn er sich entschließen sollte die Diagnose offen zu legen, sollte er damit warten, bis der Patient aus dem Urlaub zurück ist? Doch auch wenn er dem Patienten die Wahrheit sagt, sollte er dann die Möglichkeit der Chemotherapie erwähnen und begründen, warum er in diesem Fall von ihr abrät? Oder sollte er jeden Versuch unterstützen den Tod hinauszuschieben? [...]
Ärzte stehen häufig vor solchen bedrängenden Entscheidungen. Was sie offen aussprechen, zurückhalten oder verdrehen, ist für ihre Patienten von größter Bedeutung. Mit entsprechender Vehemenz betonen die Ärzte deswegen auch, dass sie ihre Gründe für das Verzerren und Verheimlichen der Wahrheit haben: Sie wollen einen Kranken nicht unnötig in Unruhe versetzen oder ein überflüssiges Leiden oder Unbehagen erzeugen wie in dem Fall des Krebspatienten; sie wollen einem Patienten nicht die letzte Hoffnung

nehmen und sagen daher den Sterbenden nicht die Wahrheit über ihren Zustand; oder sie wollen die Chancen einer Heilung verbessern, indem sie einen übertriebenen Optimismus in Bezug auf eine bestimmte Therapie an den Tag legen. Ärzte benutzen Information als Teil ihres therapeutischen Vorgehens; sie wird in bestimmten Mengen, in bestimmten Mischungen und zu den Zeitpunkten ausgegeben, die man für den Patienten für am besten hält. Im Vergleich dazu kommt der akkuraten Tatsachentreue eine viel geringere Bedeutung zu.

So hat sich der Eindruck ergeben, dass das Belügen von Patienten in besonderer Weise entschuldbar sei. Einige würden die These vertreten, dass man Ärzten, und *nur* Ärzten, das Recht zugestehen sollte die Wahrheit in einer Weise zu manipulieren, die bei Politikern, Anwälten und anderen so wenig wünschenswert ist. Ärzte sind dazu ausgebildet, ihren Patienten zu helfen. Ihr Verhältnis zu den Patienten beinhaltet besondere Verpflichtungen und sie wissen viel besser als jeder Laie, was der Heilung und dem Überleben dienlich ist oder was sie behindert. [...]

Lügen ist normalerweise falsch, so sagen sie; noch falscher allerdings wäre es, wenn man Patienten durch die Wahrheit Schaden zufügen würde. Diese Ansicht kommt auch bei B. C. Meyer zum Ausdruck:

„Unser Beruf hat sich traditionellerweise an einem Gebot orientiert, das über die Verpflichtung, die Wahrheit um der Wahrheit willen zu sagen, noch hinausgeht; es lautet: ‚Vermeide soweit wie möglich jeden Schaden‘.“ [...]

Ärzte wissen nur zu gut, wie ungewiss eine Diagnose oder Prognose sein kann. Sie wissen, wie schwer es ist, korrekte und aussagekräftige Antworten auf Fragen nach Krankheit und Gesundheit zu geben. Sie wissen auch, dass die Offenlegung ihrer eigenen Unsicherheit und Befürchtungen die Wirkung jener psychologischen Heilungsfaktoren beeinträchtigen würde, die vom Glauben an die Wiedergesundung abhängen. Zudem fürchten sie, dass der Hinweis auf ernste Risiken, egal wie unwahrscheinlich ihr Eintreten auch ist, den Mechanismus der „sich selbst erfüllenden Voraussage“ ablaufen lassen würde. Wie jeder andere auch wollen sie nicht gern Überbringer ungewisser oder schlechter Nachrichten sein. [...]

(Sissela Bok, Lügen. Vom täglichen Zwang zur Unaufrichtigkeit. Rowohlt Verlag, Hamburg 1980, S. 263–268)

1 *Wie würden Sie selbst in der Frage der „Wahrheit am Krankenbett“ entscheiden? Erörtern Sie die im Text dargestellte Position und beziehen Sie dabei die im gesamten Abschnitt zu „Wahrheit und Lüge“ vorgestellten Überlegungen und Kriterien mit ein.*

2 *Arbeiten Sie heraus, welche moralischen Prinzipien den Argumenten beider Seiten in der Diskussion um das Problem der „Wahrheit am Krankenbett“ zugrunde liegen.*

Die Diskussion um die Beurteilung der Lüge aus Menschenliebe führt zurück zu der Frage, auf welche Prinzipien man sich in seinen moralischen Urteilen stützen sollte. Wer z. B. die Täuschung des Patienten zu dessen eigenem Besten für richtig hält, für den ist es oberstes moralisches Prinzip, dass die Handlung den größtmöglichen Nutzen für die Betroffenen erbringen soll, eventuell auch ohne deren Einverständnis. Die Gegenposition vertritt demgegenüber, dass auch unabhängig von dem erwarteten Schaden oder Nutzen bestimmte Werte respektiert werden müssen, in diesem Fall der Anspruch des Patienten die Wahrheit zu erfahren und seine freie Entscheidung sie hören zu wollen. Wir werden später auf diese beiden Ansätze näher eingehen. (➔ Kap. III, 2.1–2.4; 3.1–3.4; 5.2)

3 *Was soll ich tun? Einführung in die Sozial- und Staatsphilosophie*

Kants Frage „Was soll ich tun?“ geht über das Gebiet der Ethik hinaus, denn auch im Bereich der Politik gibt es eine Fülle von Handlungsmöglichkeiten, die von den Antworten auf grundsätzliche Fragen abhängen. Solche Fragen sind z. B.: Wie können wir begründet den Staat beurteilen, dessen Bürger wir sind, oder das Recht, die Gesetze, an die wir uns halten sollen, wie unser kompliziertes Gesellschaftssystem? Wie sollte überhaupt das Verhältnis des Einzelmenschen zum Staat beschaffen sein? Leben wir in der bestmöglichen Staats- und Gesellschaftsordnung oder könnte unsere soziale und politische Umwelt anders viel besser sein? Was sollten wir dementsprechend für ihren Erhalt bzw. ihre Veränderung tun? Diese Fragen gehören in den Bereich der Sozial- und Staatsphilosophie.

3.1 Die soziale Utopie

Sicher haben Sie schon etwas gehört vom Schlaraffenland, vom versunkenen Atlantis oder von sonst einem Glück und Gerechtigkeit verheißenden Paradies. In diesen Vorstellungen offenbaren sich Wünsche, die philosophisch erörtert werden sollten, denn diese Phantasieländer enthalten Antwortmöglichkeiten auf die Frage nach dem besten Gemeinschaftsleben. Wie kann ein solch idealer Staats- und Gesellschaftsentwurf aussehen und ist er nicht notwendig ein wirklichkeitsfremdes Phantasieprodukt, ein où tópos im ursprünglichen Sinn der griechischen Worte, ein „Nicht-Ort“?

Die „Utopia“ des Thomas Morus

Die Utopie als literarische Gattung geht nicht von einem philosophischen Theoretiker, sondern von einem aktiven Staatsmann aus. Der englische Humanist **Thomas Morus** (1478–1535) war Unterhausmitglied, königlicher Berater und Lordkanzler, bevor er wegen seiner Parteinahme gegen die Gründung der englischen Staatskirche von Heinrich VIII. hingerichtet wurde. In jener spannungsreichen Umbruchszeit, in der die Europäer die antike Geisteswelt und die anderen Erdteile entdeckten, schrieb Morus sein Hauptwerk „De optimo statu rei publicae deque nova insula Utopia“ („Von der bestmöglichen Staatsverfassung und der neuen Insel Utopia“, erschienen 1516). Er gab es als Bericht aus, den ihm ein Seemann, der in Utopia war, von diesem Inselstaat gegeben haben soll. Viele Zeitgenossen glaubten, dass es sich dabei um die Beschreibung eines existenten Staates handele. Vielleicht war es auch eine tiefere Wahrheit, die den Bericht über Utopia für viele Europäer glaubwürdig machte, erzählte er ihnen doch von einer Welt, in der das, was ihnen in ihrer gesellschaftlichen Wirklichkeit unvernünftig und unmenschlich erschien, nicht existierte.

Die Lage der Insel Utopia

Die Insel der Utopier dehnt sich in der Mitte, wo sie am breitesten ist, zweihundert Meilen weit aus, ist eine weite Strecke lang nicht viel schmäler und spitzt sich dann gegen die beiden Enden hin allmählich zu. Die Küsten bilden einen wie mit dem Zirkel gezogenen Kreisbogen von fünfhundert Meilen Umfang

Die Insel Utopia (Holzschnitt von Ambrosius Holbein aus der 1518 in Basel gedruckten Ausgabe von Thomas Morus' „Utopia")

und geben der Insel die Gestalt des zunehmenden Mondes. Zwischen die beiden Hörner dringt das Meer in einer Breite von ungefähr elf Meilen, erfüllt die ungeheure Weite, die von allen Seiten von Land umgeben und so, vor Winden geschützt, wie ein riesiger See mehr still als stürmisch ist, und macht fast die ganze Bucht zu einem Hafen, der die Schiffe zum großen Vorteil der Einwohner nach allen Richtungen ein- und ausfahren lässt. [...]

Städte, Land und Landwirtschaft

Die Insel hat vierundfünfzig Städte, alle weiträumig und prächtig, in Sprache, Sitten, Einrichtungen und Gesetzen vollständig übereinstimmend. Alle haben dieselbe Anlage und, soweit es die geographische Lage gestattet, dasselbe Aussehen. Die einander nächsten sind vierundzwanzig Meilen voneinander entfernt. Andererseits ist keine so einsam, dass man von ihr aus nicht eine andere zu Fuß in einem Tagesmarsch erreichen könnte.

Aus jeder Stadt kommen jährlich drei bejahrte und erfahrene Bürger in Amaurotum zusammen um über die gemeinsamen Angelegenheiten der Insel zu beraten. Denn diese Stadt, die gewissermaßen im Nabel des Landes und für Abordnungen aus allen Teilen des Landes günstig liegt, gilt als die erste [...]. Wer eine von ihren Städten kennt, kennt alle: so völlig gleichen sie einander, soweit es das Gelände erlaubt.

Die Stadt Amaurotum

Ich will daher irgendeine beliebige beschreiben, denn es kommt nicht so sehr darauf an, welche. Welche aber lieber als Amaurotum? Bedeutender als sie ist keine, da ihr die Übrigen die Würde des Senatssitzes übertragen haben, und keine ist mir bekannter, da ich dort fünf Jahre ununterbrochen gelebt habe. [...]

Die Straßen sind zweckmäßig angelegt: sowohl günstig für den Verkehr, als auch gegen die Winde geschützt. Die Häuser sind keineswegs unansehnlich. Ihre lange und blockweise zusammenhängende Reihe übersieht man von der gegenüberliegenden Häuserfront aus. Die Fronten der Häuserblöcke trennt eine zwanzig Fuß breite Straße. An der Hinterseite zieht sich, jeweils den ganzen Block entlang, ein großer und durch die Rückseite der Blöcke von allen Seiten eingeschlossener Garten hin.

Es gibt kein Haus, das nicht, genauso wie es sein Vordertor zur Straße hat, eine Hinterpforte zum Garten besitzt. Diese zweiflügeligen Türen, die durch einen leichten Druck der Hand zu öffnen sind und sich darauf wieder von allein schließen, lassen einen jeden ein: so gibt es keinerlei Privatbereich. Denn sogar die Häuser wechseln sie alle zehn Jahre durch Auslosung.

Die Gärten schätzen sie außerordentlich. In ihnen ziehen sie Reben, Obst, Gemüse und Blumen von solcher Pracht und Schönheit, dass ich niemals etwas Üppigeres und zugleich Geschmackvolleres gesehen habe. Dabei spornt ihren Eifer nicht nur die Freude an der Sache selbst an, sondern auch der Wettstreit der Stadtteile untereinander in der Pflege der Gärten. Und gewiss könnte man in der ganzen Stadt nicht leicht etwas anderes finden, das dem Nutzen sowie dem Vergnügen der Bürger dienlicher wäre, und eben deshalb scheint der Gründer auf nichts größere Sorgfalt verwendet zu haben als auf die Anlage derartiger Gärten.

[...]

Die Behörden

Je dreißig Familien wählen sich jährlich einen Vorstand, den sie in ihrer älteren Sprache ‚Syphogrant' nennen, in der neueren ‚Phylarch'. An die Spitze von zehn Syphogranten mitsamt ihren Familien wird jetzt der Protophylarch gestellt, der früher ‚Tranibor' hieß. Schließlich ernennen alle Syphogranten, zweihundert an der Zahl, nachdem sie vorher geschworen haben, den zu wählen, den sie für den Tüchtigsten halten, in geheimer Abstimmung ein Oberhaupt, das heißt einen von den vier Männern, die ihnen das Volk benannt hat; denn von jedem Viertel der Stadt wird einer ausgewählt und dem Senat vorgeschlagen.

Das Amt des Staatspräsidenten ist lebenslänglich, sofern nicht der Verdacht, sein Inhaber strebe nach Gewaltherrschaft, aufkommt.

Die Traniboren werden jährlich gewählt, doch wechselt man nicht blindlings mit ihnen.

Die übrigen Beamtenstellen werden jährlich neu besetzt.

Die Traniboren treten jeden dritten Tag, zwischendurch, wenn die Lage es erfordert, auch häufiger, zur Beratung mit dem Staatsoberhaupt zusammen, beratschlagen über Staatsangelegenheiten, schlichten rasch, falls solche vorliegen, Privatstreitigkeiten, die außerordentlich selten sind.

Von den Syphogranten rufen sie immer zwei in den Senat, und zwar jeden Tag andere [...]. Dies ist, wie sie sagen, deshalb so festgesetzt, damit das Volk nicht Gefahr läuft durch eine Verschwörung des Staatsoberhaupts mit den Traniboren von einem Gewaltherrscher unterdrückt zu werden und damit die Staatsverfassung nicht geändert wird. Daher wird auch jede Frage von Wichtigkeit der Versammlung der Syphogranten vorgelegt, die sie mit ihren Familien besprechen, nachher untereinander beratschlagen und ihren Beschluss dem Senat mitteilen. Zuweilen wird die Angelegenheit auch dem Rat der gesamten Insel unterbreitet. [...]

Die Gewerbe

Ein einziges Gewerbe üben alle Männer und Frauen gemeinsam aus: den Ackerbau. Von ihm ist keiner befreit; in ihm werden alle von Kindheit an unterwiesen, teils durch theoretischen Unterricht in der Schule, teils praktisch, indem die Kinder auf die der Stadt benachbarten Äcker, gleich wie zum Spiel, geführt werden, wo sie nicht nur zuschauen, sondern zur Übung der Körperkräfte auch zupacken.

Außer der Landwirtschaft, die, wie gesagt, alle gemeinsam ausüben, erlernt jeder noch ein besonderes Handwerk; das ist in der Regel die Tuchmacherei, die Leinweberei oder das Maurer-, Schmiede-, Schlosser- oder Zimmermannsgewerbe. [...]

Die wichtigste und fast einzige Aufgabe der Syphogranten ist dafür zu sorgen und darüber zu wachen, dass keiner müßig herumsitzt, sondern jeder fleißig sein Gewerbe betreibt ohne sich jedoch vom frühen Morgen bis tief in die Nacht hinein ununterbrochen wie ein Lasttier abzumühen. Denn das wäre schlimmer als sklavische Plackerei!

Der Tageslauf der Utopier

Und doch ist dies fast überall das Los der Handwerker, außer bei den Utopiern, die, während sie den Tag mit Einschluss der Nacht in vierundzwanzig Stunden einteilen, doch nur sechs Stunden für die Arbeit bestimmen: drei vor Mittag, nach denen sie zum Essen gehen; nach der Mahlzeit ruhen sie zwei Nachmittagsstunden, widmen dann wiederum drei Stunden der Arbeit und beschließen das Tagewerk mit dem Abendessen. Da sie die erste Stunde vom Mittag ab zählen, gehen sie um die achte schlafen. Der Schlaf beansprucht acht Stunden.

Die Stunden zwischen Arbeit, Schlaf und Essen sind jedem zur eigenen Verfügung überlassen, jedoch nicht um sie mit Ausschweifungen und Faulenzerei zu vergeuden, sondern um die Freizeit, die ihm sein Handwerk lässt, nach eigenem Gutdünken zu irgendeiner nützlichen Beschäftigung zu verwenden. Die meisten benützen diese Unterbrechungen zu geistiger Weiterbildung. [...]

Arbeitsverteilung

An dieser Stelle müssen wir jedoch, um einen Irrtum zu vermeiden, einen bestimmten Punkt genauer betrachten. Weil sie nämlich nur sechs Stunden an der Arbeit sind, könnte man vielleicht auf den Gedanken kommen, es müsse sich daraus ein Mangel an lebensnotwendigen Dingen ergeben. Weit gefehlt! Diese Arbeitszeit genügt vielmehr zur Erzeugung aller Dinge, die lebensnotwendig sind oder zur Bequemlichkeit dienen, ja, es bleibt sogar noch Zeit übrig. Auch ihr werdet das begreifen, wenn ihr bedenkt, ein wie großer Teil des Volkes bei anderen Völkern untätig dahinlebt. [...]

Sicherlich wirst du dann viel weniger Leute finden, als du geglaubt hättest, von deren Arbeit all das herrührt, was die Menschen brauchen. Und nun erwäge noch, wie wenige selbst von diesen ein lebensnotwendiges Gewerbe betreiben, weil ja doch, da wir alles nach Geld und Geldeswert messen, viele völlig unnütze und überflüssige Tätigkeiten ausgeübt werden, die nur der Genusssucht und dem Vergnügen dienen! Wenn nämlich diese ganze Menge der Werktätigen auf die wenigen Gewerbe verteilt würde, die eine zweckmäßige Verwendung der Naturgüter fordert, [...] dann könntest du leicht feststellen, wie wenig Zeit reichlich genug, ja überreichlich wäre um alles das bereitzustellen, was unentbehrlich oder nützlich ist – ja, setze ruhig noch hinzu, was zum Vergnügen, mindestens zu einem natürlichen und echten Vergnügen, dient. [...]

Weil nun aber alle nützliche Gewerbe betreiben und dabei wiederum mit weniger Arbeit auskommen, ist es verständlich, dass sie Überfluss an allen Erzeugnissen haben und zeitweise eine gewaltige Menge von Arbeitern zur Ausbesserung der Staatsstraßen, wenn diese überholungsbedürftig sind, heranziehen können, sehr oft auch, wenn kein Bedarf an derartigen Arbeiten vorliegt, von

Staats wegen die Verkürzung der Arbeitszeit verkünden. Denn die Behörden plagen die Bürger nicht gegen ihren Willen mit überflüssiger Arbeit, da die Verfassung dieses Staates vor allem nur das eine Ziel vor Augen hat, soweit es die öffentlichen Belange zulassen, allen Bürgern möglichst viel Zeit von der körperlichen Fron für die Freiheit und Pflege des Geistes sicherzustellen. Darin liegt nämlich nach ihrer Meinung das Glück des Lebens. [...]

Versorgung der Bevölkerung

Doch ich kehre zum Zusammenleben der Bürger zurück.

Der Älteste steht [...] an der Spitze der Familie. Die Frauen sind den Männern, die Kinder den Eltern und überhaupt die Jüngeren den Älteren unterstellt. Die ganze Stadt ist in vier gleich große Bezirke eingeteilt; in der Mitte jedes Bezirkes liegt der Markt für Waren aller Art. Dort werden in bestimmte Gebäude die Erzeugnisse aller Familien zusammengebracht und die einzelnen Warengattungen werden gesondert auf die Speicher verteilt. Aus diesen wieder fordert jeder Familienälteste an, was er selbst und die Seinigen brauchen, und erhält ohne Bezahlung, überhaupt ohne jegliche Gegenleistung, alles, was er verlangt. Warum nämlich sollte man ihm etwas verweigern, da doch alles im Überfluss vorhanden ist und keinerlei Befürchtung besteht, es könne einer mehr fordern, als er braucht? Denn wie sollte man annehmen, es könne einer Überflüssiges verlangen, der die Gewissheit hat, dass ihm niemals etwas fehlen wird? Begierig und räuberisch macht ja alle Lebewesen nur die Furcht vor Entbehrung oder aber den Menschen allein noch der Hochmut, der es für rühmlich hält, andere durch das Prunken mit überflüssigen Dingen zu übertrumpfen. Diese Untugend hat bei den Einrichtungen der Utopier überhaupt keinen Platz. [...]

(Thomas Morus, Utopia. Der utopische Staat. Morus, Utopia – Campanella, Sonnenstaat – Bacon, Neu-Atlantis. Übers. und hrsg. von Klaus J. Heinisch. Rowohlt Verlag, Reinbek 1960, S. 48–60)

1 *Überlegen Sie, warum Morus als Staatsgebiet Utopias eine Insel wählt.*
2 *Bestimmen Sie die Grundsätze, nach denen das Leben in Utopia geordnet wird.*
3 *Vergleichen Sie das Regierungssystem in Utopia mit existenten Regierungssystemen.*
4 *Meinen Sie, dass es einen Staat geben könnte, der ähnlich wie Utopia eingerichtet ist? Begründen Sie Ihre Meinung.*

Nach Morus haben viele Autoren ihre Utopien veröffentlicht, z. B. Francis Bacon, der mit seiner „Nova Atlantis" auf die Geschichte des sagenhaften versunkenen Kontinents zurückgriff. Nach der Französischen Revolution entwickelte sich dann der „Utopische Sozialismus", der auch Marx beeinflusste. Die technische Revolution schließlich erzeugte technische Phantasien und Ängste; sogenannte „Antiutopien" entstanden, z. B. der Film „Metropolis" von Fritz Lang oder Orwells „1984".

Abschied von der Utopie?

In neuerer Zeit steht der Name **Ernst Bloch** (1885–1977) für die Kontinuität der Auseinandersetzung mit dem utopischen Denken. Seine letztendlich in der christlich-jüdischen Tradition wurzelnde Sozialphilosophie wird von der Hoffnung auf eine bessere Zukunft geprägt, die er als „Konkrete Utopie" schon in Ansätzen von Marx entwickelt glaubt.
Die folgenden Textauszüge sind einem Vortrag entnommen, den Bloch 1974 im Südfunk hielt. Der Titel des Vortrags lautet „Abschied von der Utopie?".

„Abschied von der Utopie“; mit einem Fragezeichen allerdings. Nun, das ist eine recht spannende Frage, auch eine, die selbst mehrere Spannungen enthält, indem sie verschiedene Begriffe und Aspekte auf Utopie enthält und voraussetzt. Im einfachsten Sinn, also im allerersten, ist Utopie völlig missverstanden oder nicht erkannt. Es ist gemeint, Utopie sei ein leeres Gewäsch, etwas, das ohnehin nicht eintritt, das in der Zukunft liegt – und zwar in einer schlechten, unübersehbaren Art von Zukunft, vielleicht auch einer guten, dem Inhalt nach, das sogar besonders in diesem Fall –, aber jedenfalls nicht erreichbar und für einen Mann von gesundem Menschenverstand eigentlich undiskutierbar. So wird das Wort *‚utopisch‘* und *‚Utopie‘* von kleinen Geschäftsleuten gebraucht, deren Bildung nicht so weit her zu sein braucht, und sie sagen: „Na, also, det is nischt, mein Lieber, det is eenfach eene Utopie“; am besten auf berlinisch ausgesprochen. Das Wort wird hier verstanden als Wolkenkuckucksheim der billigsten Art. Das ist der erste Sinn, über den wir uns nicht weiter zu unterhalten brauchen.

Der zweite Sinn aber ist politisch und hier hat das Wort eine neue, sogar brisante, aber umgekehrt wieder lähmende Bedeutung erlangt. Derart, dass er eine heimatlose Linke geschaffen hat, und das Wort Utopie als ein Schimpfwort gebraucht wird, diesmal nicht aus Verachtung, dass das immer ein leeres Gewäsch ist oder wishful thinking, sondern dass es eine gefährliche Sache sein kann, der nur jede Realität ermangelt. Auf diese Weise gibt es nun eine Überbetonung des nächsten Schritts und eine völlige Herabsetzung und Lächerlichmachung von Endzielen oder auch nur von Fernzielen, die über den nächsten Schritt hinausliegen. So als ob alle Zukunft Wind und Spreu wäre und es nicht mindestens zwei Arten von Zukunft auch in dem einfachsten Erlebnisumkreis gäbe: die schlechte oder die unechte Zukunft und die echte Zukunft. Die unechte Zukunft ist die, dass etwas hundert- oder tausendmal Wiederholtes sich auch in der Zukunft wiederholt. Das ist zwar auch eine Zukunft, aber es geschieht doch wirklich gar nichts Neues darin. Echte Zukunft dagegen enthält ein Novum, zu dem hin es meist eine Tendenz gibt, eine Möglichkeit, unter Umständen eine Wahrscheinlichkeit. Das Bett ist, wenn einen Schlafsüchtigen oder Schlafwilligen nicht der Schlag rührt, fast sicher. Alles andere ist nicht so sicher. Hier steckt ein Wagnis, hier ist aber auch etwas, das, obwohl es phantastisch sein mag, doch in die Phantasie greift, in die bei uns so außerordentlich unterernährte Phantasie. Und so wird es gegen die, deren Phantasie – und noch mehr dazu – nicht so unterernährt ist, gebraucht nicht in dem negativen Sinn des kleinen Kaufmanns, sondern des wissenden, gebildeten, erfahrenen, geprüften Manns und Steuerzahlers, der für Frau und Kind zu sorgen hat und deshalb einem so müßigen wishful thinking nicht mehr nachgibt, in dem außerdem – und nun kommt die Hauptsache und des Pudels Kern heraus – die Radikalen wohnen. Also wird der Ruf nach einem Abschied von der Utopie zu dem Ruf einer Ideologie, die man nur nicht aussprechen will, nämlich der Angst, mindestens des Unbehagens, der Fremdheit gegenüber der Linken und dadurch Ausdruck des Zustands der Heimatlosigkeit, in der die Linke sich in unserem Parlament und in unserer Parteienstruktur befindet. [...]

Dieser Abschied hat aber nun die Bedeutung, dass auch in den Nahzielen, den so außerordentlich proklamierten und gegen die Fernziele ausgespielten, vom Endziel ganz zu schweigen, nichts glückt, wenn man keine Fernziele hat. Die Spannung fehlt, die Erregung fehlt, der Wille, die Begeisterung, die Leidenschaft fehlen um sich für Nahziele einfachster, praktischer Art einzusetzen, wie für eine stufenweise Verbesserung von Gefängnisbetten oder Mieterschutz und viel weniger humanen Dingen. [...]

(Ernst Bloch, Abschied von der Utopie? In: E. Bloch, Abschied von der Utopie. Vorträge. Hrsg. von Hanna Gekle. Suhrkamp Vlg., Frankfurt/M. 1980, S. 76 f., S. 80)

1 Geben Sie die von Bloch angeführten beiden Meinungen über Utopien wieder.

2 Mit welchen Argumenten wendet er sich gegen den „Abschied von der Utopie"?

3 Informieren Sie sich über Utopien und Antiutopien des 20. Jahrhunderts, z. B. Huxleys „Schöne neue Welt", Skinners „Futurum II", Robert Havemanns „Morgen" usw.

Utopisches Denken als unsere Aufgabe

„Wer keinen Mut zum Träumen hat, hat keine Kraft zum Kämpfen", hieß es in den Protestbewegungen der jüngeren Vergangenheit. Auch wer persönlich politisches und gesellschaftliches Engagement nicht für sinnvoll hält, ist meist nicht ohne Wünsche und Vorstellungen, wie unser Zusammenleben besser sein könnte. Angesichts der großen Bedrohungen unserer Zukunft brauchen wir diese soziale Phantasie.

1 Entwerfen Sie selber eine Utopie. Wie sähe Ihrer Ansicht nach der ideale Staat aus?
– Welche Regierungs- und Wirtschaftsform würden Sie wählen?
– An welchen Grundwerten würde sich das Leben in Ihrem Staat orientieren?
– Wie würden Sie Ihren Staat gegen Rechtsbrecher im Innern und Angriffe von Außen absichern? Halten Sie eine solche Absicherung überhaupt für notwendig?

3.2 Elemente des modernen Staats: Gewalt und Recht

Wenn Sie sich eine Utopie denken, dann stellen Sie sich sicher auch die Frage: Welche Möglichkeiten und Rechte sollte der Staat haben die Gesellschaft zu lenken und in das Leben der Bürger einzugreifen? So sahen einige der klassischen Utopieentwürfe, wie etwa der von Morus, einen sehr starken Staat vor, der seine Bürger geradezu zu ihrem Glück zwingen sollte, andere dagegen forderten die Einschränkung der staatlichen Macht oder – wie der „Anarchismus" – sogar ihre völlige Abschaffung. (➔ Kap. IV, 3.3) Ein solcher Wunsch nach einer Gesellschaft ohne oder jedenfalls mit weniger Staat liegt uns heute sicher besonders nahe, denn schließlich schränkt der Staat auf vielfältige Weise unsere Freiheit ein – durch Steuern, Straßenverkehrsordnung, Wehrpflicht, Schulpflicht etc. – und wir geraten deshalb auch immer wieder in Konflikt mit dem Staat und seinen Organen. Sie haben sich daher vielleicht auch schon gefragt: Wozu braucht man überhaupt einen Staat, wäre nicht eine Gesellschaft ohne Staat viel wünschenswerter?

Dabei ist zunächst einmal zu klären, welches eigentlich die wesentlichen Merkmale des modernen Staates sind; dies untersucht der Politologe **Ossip K. Flechtheim** (geb. 1909) in dem folgenden Text. Er geht dabei von der geschichtlichen Entwicklung in den letzten Jahrhunderten aus, in deren Verlauf der Staat seine Macht – gegen alle „anarchistischen" Ideale – zunehmend auf immer weitere Bereiche des öffentlichen und privaten Lebens ausgedehnt hat.

Wo immer ein Staat entsteht, weil ein passendes Gebiet und eine geeignete Öffentlichkeit vorhanden sind, dehnt er seine Macht in einer bestimmten Weise über das ganze Gebiet aus. Erstens verlangt sein Verwaltungsstab nicht nur von den Staatsangehörigen, sondern von allen Personen und Organisationen, die sich auf seinem Hoheitsgebiete befinden, Gehorsam. Bürger und Ausländer müssen z. B. gleichermaßen ihre Kinder in die Staatsschule schicken oder Steuern zahlen.

Zweitens wird Staatsbürgerschaft gewöhnlich automatisch durch Geburt erworben; d. h. ein Mensch ist entweder Staatsbürger, weil er auf dem Staatsgebiet geboren wurde oder weil er von Bürgern dieses Staates abstammt. Die große Mehrheit der Menschen kann sich ihre Staatszugehörigkeit nicht aussuchen. [...]

Insofern ist die „Mitgliedschaft" im Staat unfreiwillig und insofern unterscheidet sich der Staat von anderen Vereinigungen und Institutionen – wie etwa der Kirche oder der politischen Partei – durch seinen Zwangscharakter.

Drittens strebt der moderne Staat nach einem Monopol bestimmter Formen der Machtausübung. Heute hat er sich in der Tat so viel Macht angeeignet, dass er nunmehr, jedenfalls in den zivilisiertesten Ländern, ein echtes Monopol legitimen physischen Zwanges genießt. Man beachte allerdings, dass der Staat durchaus kein Monopol aller sozialen oder auch nur politischen Macht hat. Ebensowenig kann man behaupten, dass nur der moderne Staat physischen Zwang ausübt. Was er wirklich so gut wie monopolisiert, ist die Ausübung alles *legitimen physischen Zwanges*. Soziale und politische Macht wird zum großen Teil von anderen Gruppen und Institutionen (Kirche, politische Partei, Wirtschaftsunternehmen usw.) ausgeübt und physischer Zwang kann sehr wohl auch von Privatpersonen angewendet werden (Verbrecher, Revolutionäre, [...] Privatarmeen usw.). Deren Gewaltanwendung wird jedoch als illegitim oder illegal betrachtet, es sei denn, der Staat autorisiere diese ausdrücklich. Ein Gebilde, das nicht in der Lage ist illegale Gewaltanwendung entscheidend zu verhindern oder auszumerzen, ist entweder noch kein Staat oder kein Staat mehr. [...]

(Ossip K. Flechtheim, Politische Wissenschaft. Wesen und Umfang. In: O. K. Flechtheim [Hrsg.], Grundlegung der politischen Wissenschaft. Verlag Anton Hain, Meisenheim am Glan 1958, S. 86 f.)

1 *Stellen Sie die drei Merkmale zusammen, die nach Flechtheim die Macht eines Staates ausmachen. In welchem Verhältnis stehen sie untereinander?*

2 *Ist das Merkmal des Gewaltmonopols an eine bestimmte Staatsform, z. B. die Demokratie, gebunden?*

Das **Gewaltmonopol** ist also ein wesentliches Merkmal des modernen Staates, diese staatliche Funktion kann daher auch nicht an private Vereinigungen übertragen werden wie etwa die Postverteilung oder der Straßenbau.

In Konflikt mit dem staatlichen Gewaltmonopol können nicht nur Kriminelle, sondern auch Staatsbürger geraten, wenn sie die Durchsetzung ihrer Rechte selbst in die Hand nehmen wollen. Das ist z. B. dann der Fall, wenn Bürger versuchen Verschmutzung von Luft oder Meer durch die Blockade bestimmter Industrieanlagen oder Schiffe zu verhindern oder wenn verfeindete politische Gruppen ihre Auseinandersetzungen gewaltsam austragen.

Die Frage nach dem Verhältnis zum staatlichen Gewaltmonopol ist so auch besonders wichtig für die, welche die Gesellschaft grundsätzlich verändern wollen. In der Beantwortung dieser Frage unterschieden sich daher in der linken Bewegung der letzten 150 Jahre „Reformisten" und „Revolutionäre". Die „Reformisten" hielten eine grundsätzliche Veränderung des Wirtschafts- und Gesellschaftssystems im Rahmen der gegebenen Staatsordnung für möglich, die „Revolutionäre" schlossen diese Möglichkeit aus: Auch eine mehrheitlich gewählte Regierung werde bei einem radikalen Reformversuch daran scheitern, dass ihn die Mächtigen in Wirtschaft und Gesellschaft und der von ihnen kontrollierte Militär- und Polizeiapparat verhindern würden, notfalls mit Gewalt.

Die Stellung zum staatlichen Gewaltmonopol war auch für die Partei der „Grünen“ am Anfang ihrer Geschichte ein zentraler Streitpunkt. Im Folgenden ist eine Diskussion wiedergegeben, die zwei Grüne der „ersten Generation“, **Otto Schily** und **Thomas Ebermann**, 1985 führten.

Thomas Ebermann:

Jeder Staat, nicht nur der bürgerliche Staat, ist repressiv. Wer vom Staat des ganzen Volkes oder ähnlichen Formeln spricht, verschleiert damit nur die Despotie, die der Staat ausübt, oder beschönigt sie. Gewaltfreiheit und staatliche Verfasstheit einer Gesellschaft schließen einander aus.

Sozialisten oder Ökosozialisten streben daher eine Gesellschafsformation an, die ein Absterben des Staates, anders ausgedrückt: die Rücknahme des Staates in die Gesellschaft ermöglicht. [...]

In diesem ganzen Kontext will ich mich abschließend fragen: Was nützt überhaupt eine Haltung, die das staatliche Gewaltmonopol akzeptiert?

Erstens hat die Nichtakzeptanz des staatlichen Gewaltmonopols überhaupt nichts damit zu tun, ob man Systemveränderer oder Reformist ist, überhaupt nicht. Ein Reformist, der wirklich einer ist und so ein bisschen Mumm hat, der kann leicht begreifen, dass auch für die Durchsetzung von Reformen massenhaft staatliches Gewaltmonopol verletzt werden muss. Die Formeln, die man dafür benutzt, sind verdienstvoll und unterschiedlich zugleich. Die einen sagen: Wo Recht zu Unrecht wird, wird Widerstand zur Pflicht. Ich selbst brauche dieses Wortspiel nicht: Wenn eine Sache durchgezogen wird, die mich in meiner Existenz, in meinem Wohlbefinden, in meiner Sicherheit bedroht, ist es mir egal, ob da irgendwelche Leute sagen: Das ist aber Recht. [...]

Spannend wird es dann, wenn Otto formuliert: „Aber Strafverfolgungen wegen Umwelt- und Wirtschaftskriminalität [...] sind ohne Polizei gar nicht möglich.“ Das ist spannend, finde ich. Erstens frage ich mich, warum denn die Wirtschaftsverbrecher und Umweltkriminellen alle ganz geile Anhänger der Polizei sind, wenn diese sie immer so massiv verfolgt.

Zum Zweiten jedoch frage ich mich, ob es nicht eine unglaubliche Verkürzung sozialer Fantasie ist, zu sagen, es muss ja Polizei geben, weil es Umweltkriminalität und Wirtschaftsverbrecher gibt, und nicht dieses Minimum an Fantasie aufzubringen und zu sagen: [...] dies Ganze wäre erledigt, wenn die Triebkräfte für Umweltkriminalität, die aus der jetzigen Ökonomie und ihrer Konkurrenz entspringen, überwunden werden. Warum muss ich immer eine miese Voraussetzung zur Rechtfertigung einer miesen Institution heranziehen und sage nicht offen, dass diese Voraussetzung abgeschafft werden soll?

Ich kann das auch noch ausdehnen: Der Verkehr muss geregelt werden – der Ebermann spinnt wohl mit seiner antistaatlichen Politik. Warum kann ich nicht auch daran denken und in erster Linie daran denken, dass Polizei ganz offensichtlich ein Instrument ist Rebellion, Aufbegehren, Wünsche nach Veränderungen zu unterdrücken.

Und wenn gesagt wird, dass gesellschaftliche Konflikte in staatlich geregelten Bahnen auszutragen sind, wie Otto das im „Spiegel“ getan hat, dann heißt das, ich akzeptiere letztinstanzlich – außer meinem Recht zu wählen, darauf beharre ich, merkt euch das –, dass der Staat das Monopol hat zu regeln, wann und wie viel und ob Raketen stationiert werden. Wann und wie viel Atomkraftwerke gebaut werden, wie viel leer stehende Häuser zu Spekulationszwecken leer stehen und verfallen dürfen. Dann regelt der Staat gegenüber einer Bewegung die Formen und das Erlaubtsein von Protest.

Es ist das Absurdeste, was ich überhaupt denken kann, dass man sich dem staatlichen Reglement unterwirft, wann und wie ein

Das Foto zeigt die Fassadenbemalung eines besetzten Hauses in Berlin-Kreuzberg, in dem die Besetzer das Kunst- und Kulturzentrum „Kuckuck" eingerichtet hatten. Das Haus ist inzwischen geräumt und abgerissen worden; der Streit, ob man die über 100 Hausbesetzungen in Berlin anerkennen oder die Häuser von der Polizei räumen lassen sollte, beherrschte jahrelang die Berliner Politik. Wie hätten Sie entschieden?

Haus besetzt werden darf: Anmeldungspflicht für Hausbesetzung. Vereinbarung, dass der Fußgängerverkehr in der Einkaufspassage nicht darunter leiden darf, Vereinbarung über die Beendigung der Besetzung.

Otto Schily:
Es gibt sicherlich die Gefahr, dass sich der Staat verformt oder sogar entstellt. Die Gefahr besteht besonders heute, dass der Staat einen [...] hoch technisierten Gewalt-Apparat aufbaut, der demokratisch nicht mehr kontrolliert werden kann, der eine Eigengesetzlichkeit entwickelt. Alles das ist richtig. Aber gleichwohl können wir gegenwärtig nicht auf staatliche Strukturen verzichten, denn ungeachtet aller schönen Ausführungen von [...] Thomas Ebermann: Ich habe nicht gehört, abgesehen von einer Utopie der gewaltfreien Gesellschaft, von der auch ich meine, dass sie unsere Hoffnung und unsere Zukunft sein sollte, ich habe nicht gehört, was denn eigentlich heute passieren soll. Heute und morgen und womöglich übermorgen.
Soll denn der Staat sich heute schon so mir nichts, dir nichts aus dem Staube machen? Entwürfe von Wolkenkuckucksheimen sind billig zu haben. Aber die Realität ist: Gewalt ist in der Gesellschaft vorhanden. Deshalb ist doch die Frage, wenn wir über das staatliche Gewaltmonopol sprechen: Was ist eigentlich das Gegenteil von Gewaltmonopol? [...] Dass jeder ein Gewehr zu Hause hat und dann sozusagen das Recht in seine eigene Hand nehmen kann, wie wir das ja aus bestimmten amerikanischen Western kennen – ist das die Gesellschaft, die wir wollen? Das ist doch sehr fragwürdig.
Ich bin für den Rechtsstaat und nicht für die Sozialisierung der Gewalt, sondern dafür, dass wir die Gewalt, soweit sie leider zur Abwehr von Gewalt noch notwendig ist, in der Tat den staatlichen Institutionen belassen. Das staatliche Gewaltmonopol hat in diesem Verständnis eine friedensstiftende Funktion. Die Grünen hatten doch jetzt einen Frauenkongress und haben eine Broschüre herausgegeben: mit dem Entwurf eines Antidiskriminierungsgesetzes. Ja, was ist denn damit gemeint? Das sind doch staatliche Handlungsweisen, die vorgezeichnet werden. Was ist denn damit gemeint, wenn die Frauen mit Recht sagen – mit Recht –, auch Vergewaltigung in der Ehe muss strafbar sein. Ich stimme dem zu. Aber das heißt doch: Ausdehnung des staatlichen Gewaltmonopols. Oder wollen wir da eine Selbstjustiz einführen? Die Wohngruppe X sagt womöglich: Mein Lieber, wir machen hier jetzt unser eigenes Volksgericht auf. Und dann wird in einem kurzen Prozess irgendeine Sanktion verhängt: Versenkung in der Jauchegrube oder so was. Ich warne vor Anfängen von Selbstjustiz!
Macht doch ein gedankliches Experiment. Stellt euch vor, ihr hättet Aladins Wunderlampe. Ihr reibt ein bisschen daran und morgen ist der Staat nicht mehr da. Das ist ein gedankliches Experiment, das Klarheit schaffen könnte.
Ich meine also, wir müssen unter den obwaltenden Umständen darauf achten, dass Gewalt nicht vergesellschaftet wird, sondern dass der Staat das Gewaltmonopol behält, dass Konflikte, soweit sie gewaltförmig in der Gesellschaft auftreten, über die staatlichen Konfliktinstanzen geregelt werden müssen. [...]
Es ist doch interessant, dass die Linke immer wieder in einen großen Widerspruch verfällt: Einerseits sagt sie: Dort ist der böse Staat, das ist der Leviathan, der hat nur Schlimmes im Sinn. Aber wenn es andererseits darum geht, in der konkreten Situation eine gesellschaftliche Intervention herbeizuführen, dann wird von links regelmäßig der Staat bemüht. Sei es in der Wirtschaft, sei es auch auf dem Gebiet der Strafjustiz.

(„Konkret“, 11/85)

1 *Stellen Sie die praktisch-politischen und die grundsätzlichen Argumente der beiden Kontrahenten zusammen.*
2 *Welche Vorstellungen über unsere Gesellschaft und über die Ursachen von Konflikten gehen in die jeweilige Argumentation mit ein?*
3 *Wie würden Sie sich in den angesprochenen Situationen (Hausbesetzung, Bau eines Atomkraftwerks usw.) verhalten? Welche der beiden Positionen zum Gewaltmonopol überzeugt Sie mehr?*

In der Kontroverse zwischen Schily und Ebermann kommen wichtige Überlegungen der staatstheoretischen Diskussion zur Sprache. Die Notwendigkeit des Staates und seines Gewaltmonopols wird seit der Zeit der Aufklärung mit dem Argument begründet, das Otto Schily in der Diskussion anführt: Man überlegt sich, wie die Gesellschaft ohne Staat aussähe, und stellt fest, dass die Konflikte der Menschen untereinander ohne eine Schlichtungsinstanz – mit Gewaltmonopol – zu gewalttätigen Auseinandersetzungen, ja zu einem dauernden „Krieg aller gegen alle" führen würden. (➔ Kap. II, 1.2.1 und Kap. IV, 2.1)
Die Gegenposition hält ein friedliches Zusammenleben der Menschen auch ohne Staat für möglich, zumindest dann, wenn die gesellschaftlichen Ursachen der Konflikte, wie z. B. Armut, Ungleichheit, beseitigt sind.
Die Position zum Gewaltmonopol hängt also von der Antwort auf die Frage ab, ob es eine Gesellschaft ohne schwerere Konflikte, die nur durch einen Staat geregelt werden können, geben kann; dies führt zur Frage nach der „menschlichen Natur". (➔ Kap. II, 1.)
Solange eine solche Gesellschaft (noch?) nicht existiert, erscheint ein staatliches Gewaltmonopol zur Verhinderung des „Krieges aller gegen alle" jedenfalls sinnvoll. Das gilt besonders in Zeiten gesellschaftlicher Unruhe und Gewalttätigkeit. Viele Menschen neigen dann zu der Auffassung: „Jede Ordnung ist besser als gar keine Ordnung", d. h., für sie wird die Durchsetzung des Gewaltmonopols zum einzigen Kriterium für die Beurteilung des Staates. Dies kann jedoch kein vernünftiges Prinzip des Staatsverständnisses sein, das macht schon die Erinnerung an die Herrschaft des Nationalsozialismus deutlich.

Dass ein Staat nicht nur durch willkürliches Verhalten einzelner Funktionsträger, sondern im Gesetzgebungsverfahren selbst verbrecherisch agieren kann, kann am Beispiel der **Judengesetze des NS-Staates** dokumentiert werden. So erließ dieser Staat am 15. September 1935 folgendes Gesetz „zum Schutze des deutschen Blutes und der deutschen Ehre":

Durchdrungen von der Erkenntnis, dass die Reinheit des deutschen Blutes die Voraussetzung für den Fortbestand des deutschen Volkes ist, und beseelt von dem unbeugsamen Willen die deutsche Nation für alle Zukunft zu sichern, hat der Reichstag einstimmig das folgende Gesetz beschlossen, das hiermit verkündet wird.

§ 1

1. Eheschließungen zwischen Juden und Staatsangehörigen deutschen oder artverwandten Blutes sind verboten. Trotzdem geschlossene Ehen sind nichtig, auch wenn sie zur Umgehung dieses Gesetzes im Ausland geschlossen sind.

§ 2

Außerehelicher Verkehr zwischen Juden und Staatsangehörigen deutschen oder artverwandten Blutes ist verboten.

§ 3

Juden dürfen weibliche Staatsangehörige deutschen oder artverwandten Blutes unter 45 Jahren in ihrem Haushalt nicht beschäftigen. [. . .]

Es folgte die Anordnung des Reichserziehungsministers Dr. Rust über die sofortige Entlassung jüdischer Schüler von deutschen Schulen vom 14. November 1938:

[...] Vorbehaltlich weiterer gesetzlicher Regelung ordne ich daher mit sofortiger Wirkung an:
1. Juden ist der Besuch deutscher Schulen nicht gestattet. Sie dürfen nur jüdische Schulen besuchen. Soweit es nicht geschehen sein sollte, sind alle zur Zeit eine deutsche Schule besuchenden Schüler und Schülerinnen sofort zu entlassen ...

(Reinhard Kühnl, Der deutsche Faschismus in Quellen und Dokumenten. Pahl Rugenstein Verlag, Köln [3]1978, S. 270–274)

Gegen die nationalsozialistische Gewaltherrschaft haben sowohl einzelne Personen als auch Gruppen Widerstand geleistet. Eine dieser Gruppen war die „**Weiße Rose**". Zu deren Mitgliedern zählten unter anderem die **Geschwister Scholl** und der Hochschulprofessor **Kurt Huber**. In Flugblättern versuchten sie die Bevölkerung auf das Unrecht der NS-Herrschaft aufmerksam zu machen und sie wachzurütteln. Huber wurde 1943 verhaftet und vom „Volksgerichtshof" wegen „Vorbereitung zum Hochverrat" zum Tode verurteilt. Der folgende Text ist sein Schlusswort, das er als Angeklagter nach seiner Verurteilung sprach.

Als deutscher Staatsbürger, als deutscher Hochschullehrer und als politischer Mensch erachte ich es als Recht nicht nur, sondern als sittliche Pflicht, an der Gestaltung der deutschen Geschichte mitzuarbeiten, offenkundige Schäden aufzudecken und zu bekämpfen [...] Was ich bezweckte, war die Weckung der studentischen Kreise nicht durch eine Organisation, sondern durch das schlichte Wort, nicht zu irgendeinem Akt der Gewalt, sondern zur sittlichen Einsicht in bestehende schwere Schäden des politischen Lebens. Rückkehr zu klaren sittlichen Grundsätzen, zum Rechtsstaat, zu gegenseitigem Vertrauen von Mensch zu Mensch, das ist nicht illegal, sondern umgekehrt die Wiederherstellung der Legalität. Ich habe mich [...] gefragt, was geschähe, wenn diese subjektive Maxime[1] meines Handelns ein allgemeines Gesetz würde. Darauf kann es nur eine Antwort geben: Dann würden Ordnung, Sicherheit, Vertrauen in unser Staatswesen zurückkehren. Jeder sittlich Verantwortliche würde mit uns seine Stimme erheben gegen die drohende Herrschaft der bloßen Macht über das Recht, der bloßen Willkür über den Willen des sittlich Guten. Die Forderung der freien Selbstbestimmung auch des kleinsten Volksteils ist in ganz Europa vergewaltigt, nicht minder die Forderung der Wahrung der rassischen und völkischen Eigenart. Die grundlegende Forderung wahrer Volksgemeinschaft ist durch die systematische Untergrabung des Vertrauens von Mensch zu Mensch zunichte gemacht. Es gibt kein furchtbareres Urteil über eine Volksgemeinschaft als das Eingeständnis, das wir alle machen müssen, dass keiner sich vor seinem Nachbarn, der Vater nicht mehr vor seinen Söhnen sicher fühlt. [...]

Es gibt für alle äußere Legalität eine letzte Grenze, wo sie unwahrhaftig und unsittlich wird. Dann nämlich, wenn sie zum Deckmantel einer Feigheit wird, die sich nicht getraut gegen offenkundige Rechtsverletzung aufzutreten. Ein Staat, der jegliche freie Meinungsäußerung unterbindet und jede sittlich berechtigte Kritik, jeden Verbesserungsvorschlag als „Vorbereitung zum Hochverrat" unter die furchtbarsten Strafen stellt, bricht ein ungeschriebenes Recht, das „im gesunden Volksempfinden" noch immer lebendig war und lebendig bleiben muss.

Ich habe das eine Ziel erreicht, diese Warnung und Mahnung nicht in einem privaten, kleinen Diskutierklub, sondern an verantwortlicher, an höchster richterlicher Stelle vorzubringen. Ich setze für diese Mahnung, für diese beschwörende Bitte zur Rückkehr, mein Leben ein. Ich fordere die Freiheit für unser deutsches Volk zurück. Wir wollen nicht an Sklavenketten unser kurzes Leben dahinfristen und wären es goldene Ketten eines materiellen Überflusses. [...]

(Kurt Huber, Schlusswort des Angeklagten vor dem Volksgerichtshof. In: Der Nationalsozialismus. Dokumente 1933–1945. Hrsg. von Walther Hofer. Fischer Verlag, Frankfurt/M. 1976, S. 332 f.)

1 Maxime: Handlungsgrundsatz

1 *Informieren Sie sich über den historischen Hintergrund der beiden Texte (die NS-Rassen-Gesetze und die Geschichte der „Weißen Rose“).*
2 *Gegen welche grundlegenderen Rechte verstößt das nationalsozialistische „Recht“ in den dokumentierten Gesetzen?*
3 *Was wirft Huber dem NS-Staat vor? Inwiefern ist dieser nach Hubers Auffassung „illegal“?*
4 *Welche Auffassung von Recht und Staat kommt in Hubers Rede zum Ausdruck?*

Prozess vor dem Volksgerichtshof (1944)

Hubers Verständnis von Recht und Staat, das er in seinem Schlusswort zum Ausdruck bringt, hat eine lange Tradition in der Kultur- und Geistesgeschichte. Es reicht zurück bis in die griechische Antike und wird beispielsweise in der Tragödie **„Antigone“** von **Sophokles** (496–406) thematisiert.
Die Tragödie handelt vom Konflikt zwischen Antigone und Kreon, dem König von Theben: Antigones Bruder Polyneikes hat gegen seine eigene Vaterstadt Theben gekämpft – er hat sich damit des schlimmsten politischen Verbrechens schuldig gemacht – und ist dabei gefallen. Aus Staatsräson und zur Abschreckung verfügt Kreon, dass Polyneikes ein Begräbnis verweigert wird, sodass er keine Ruhe im Jenseits finden kann. Antigone setzt sich trotz Androhung der Todesstrafe über die Anordnung Kreons hinweg und beerdigt ihren Bruder. Sie wird dabei festgenommen und zu Kreon geführt. Es folgt ein kurzer Ausschnitt aus der Unterredung, die Kreon und Antigone daraufhin führen:

Kreon (zu Antigone)
Dich frag ich nun, du senkst den Blick zu Boden: Gestehst du oder leugnest du die Tat?
Antigone
Ich sage, dass ich's tat, und leugne nicht.
Kreon (zum Wächter)
Du mach dich fort, wohin es dir beliebt,
Von einem schweren Vorwurf bist du frei!
(Wächter ab.)
Du aber sag mir – ohne Umschweif, kurz:
Hast du gewusst, dass es verboten war?
Antigone
Ich wusst' es allerdings, es war doch klar!
Kreon
Und wagtest mein Gesetz zu übertreten?
Antigone
Der das verkündete, war ja nicht Zeus,
Auch Dike[1] in der Totengötter Rat,
Gab solch Gesetz den Menschen nie. So groß
Schien dein Befehl mir nicht, der sterbliche,
Dass er die ungeschriebnen Gottgebote,
Die wandellosen, konnte übertreffen.
Sie stammen nicht von heute oder gestern
Sie leben immer, keiner weiß, seit wann.
An ihnen wollt' ich nicht, weil Menschenstolz
Mich schreckte, schuldig werden vor den Göttern.
Und sterben muss ich doch, das wusste ich
Auch ohne deinen Machtspruch. Sterbe ich
Vor meiner Zeit, nenn ich es noch Gewinn.
Wes Leben voller Unheil ist, wie meines,
Trägt der nicht, wenn er stirbt, Gewinn davon?
Drum schmerzt mich nicht, dass sich mein Schicksal nun
Erfüllt. Ja, hätt' ich meiner Mutter Sohn,
Den Toten, unbestattet liegen lassen,
Das schmerzte mich, doch dies tut mir nicht weh.

(Sophokles, Antigone. Übers. von Wilhelm Kuchenmüller. Reclam Verlag, Stuttgart 1955, S. 22 f.)

1 Dike: Göttin des Rechts

1 Welche Gründe führt Antigone zur Rechtfertigung ihrer Tat an?
2 Können Sie sich eine vergleichbare Situation in der Gegenwart vorstellen?

Antigone beruft sich gegenüber den Gesetzen des Staates auf die ungeschriebenen, unwandelbaren „Gottgebote", Huber stellt dem NS-Staat und seinen Gesetzen eine Orientierung an „sittlichen Grundsätzen" und dem Rechtsstaat gegenüber.
Die Idee von einem höheren Recht, an das auch der Staat gebunden ist, ergänzt als ein zweites Grundprinzip die Konzeption vom Gewaltmonopol. Der Staat ist dann zwar notwendig zur Sicherung des innergesellschaftlichen Friedens, seine Tätigkeit findet aber ihre Grenzen an den sogenannten **Menschenrechten**. (➔ Kap. IV, 2.2.6)
Es ist offensichtlich, dass der NS-Staat diese Grenzen nicht eingehalten hat. Schwieriger ist die Frage, ob auch in einem demokratischen Rechtsstaat „ziviler Ungehorsam" oder gar „Widerstand" berechtigt sein kann. Darf man sich auch hier wie Antigone auf Gebote berufen, die höher stehen als die staatlichen Gesetze (und die Entscheidungen der Mehrheit), und im Interesse der „Menschheit" oder der zukünftigen Generationen z. B. versuchen den Bau eines Atomkraftwerks auch mit nicht-legalen Mitteln zu verhindern?
Auch mit dieser Frage, vor allem aber mit philosophischen Überlegungen zur Begründung von Gewaltmonopol und Menschenrechten werden wir uns im Staatsphilosophie-Kapitel dieses Buches eingehender beschäftigen.

4 *Was darf ich hoffen? Einführung in die Geschichtsphilosophie*

Die Geschichtsphilosophie untersucht Sinn und Ziel der Menschheitsgeschichte. Dabei spielt das Entwerfen und Bewerten möglicher zukünftiger Entwicklungen eine wichtige Rolle. Insofern führt uns Kants Frage „Was darf ich hoffen?" in die philosophische Auseinandersetzung über die Möglichkeit und den Wert von Aussagen über die Zukunft der Menschheit.
Viele Menschen verbinden mit ihren Wünschen für eine bessere Zukunft die Sehnsucht nach einer dauerhaften Friedensordnung. Nach dem Ende des weltumspannenden „Kalten Krieges" der Militärblöcke war die Hoffnung auf eine friedliche Zukunft besonders groß, aber stattdessen kam es zu einer Reihe „heißer" Kriege und ein Ende militärischer Auseinandersetzungen scheint weiter entfernt denn je. Dabei existiert der Entwurf einer dauerhaften Friedensordnung in der philosophischen Tradition bereits seit langer Zeit.

4.1 Ewiger Friede als Ziel der Geschichte?

Im Jahre 1795 veröffentlichte **Immanuel Kant** (1724–1804) sein kleines Alterswerk „Zum ewigen Frieden". Es wurde bald in fast alle europäischen Sprachen übersetzt. Die Schrift beginnt mit einleitenden Gesetzesvorschlägen (Präliminarartikeln), in denen neben Aufrichtigkeit und gegenseitiger Anerkennung der Souveränität von den Staaten gefordert wird, dass sie keine „stehenden Heere" und keine Schulden für kriegerische Zwecke haben dürfen. Die anschließenden Bestimmungs- oder „Definitivartikel" enthalten die staatsphilosophischen Grundüberzeugungen, von denen aus Kant seinen Entwurf einer weltweiten Friedensordnung herleitet. Kant geht dabei wie andere Staatsphilosophen von einem Naturzustand aus, in dem alle Menschen, d.h. die Individuen und erst recht die Völker, ohne staatliche Ordnung leben. Diesen Naturzustand sollen die Individuen verlassen und sich einer rechtsstaatlichen Gewalt unterwerfen. Aber wie soll diese rechtsstaatliche Ordnung aussehen und welche Rechtsbestimmungen sollen das Verhältnis der Staaten und ihrer Staatsbürger untereinander regeln?

Erster Definitivartikel zum ewigen Frieden
Die bürgerliche Verfassung in jedem Staate soll republikanisch sein.
Die erstlich nach Prinzipien der *Freiheit* der Glieder einer Gesellschaft (als Menschen), zweitens nach Grundsätzen der *Abhängigkeit* aller von einer einzigen gemeinsamen Gesetzgebung (als Untertanen) und drittens die nach dem Gesetz der *Gleichheit* derselben (als *Staatsbürger*) gestiftete Verfassung [...] ist die *republikanische* [...] und nun ist nur die Frage: ob sie auch die einzige ist, die zum ewigen Frieden hinführen kann. [...] Wenn (wie es in dieser Verfassung nicht anders sein kann) die Beistimmung[1] der Staatsbürger dazu erfordert wird um zu beschließen, ob Krieg sein solle oder nicht, so ist nichts natürlicher, als dass, da sie alle Drangsale des Krieges über sich selbst beschließen müssten (als da sind: selbst zu fechten, die Kosten des Krieges aus ihrer eigenen Habe herzugeben; die Verwüstung, die er hinter sich lässt, kümmerlich zu verbessern; [...]), sie sich sehr bedenken werden ein so schlimmes Spiel anzufangen: dahingegen in einer Verfassung, wo der Untertan nicht Staatsbür-

ger, die also nicht republikanisch ist, es die unbedenklichste Sache von der Welt ist, weil das Oberhaupt nicht Staatsgenosse, sondern Staatseigentümer ist, an seinen Tafeln, Jagden, Lustschlössern, Hoffesten u. dgl. durch den Krieg nicht das Mindeste einbüßt, diesen also wie eine Art von Lustpartie aus unbedeutenden Ursachen beschließen und der Anständigkeit wegen dem dazu allezeit fertigen diplomatischen Korps die Rechtfertigung desselben gleichgültig überlassen kann. […]

Zweiter Definitivartikel zum ewigen Frieden
Das Völkerrecht soll auf einen *Föderalism* freier Staaten gegründet sein.

Völker als Staaten können wie einzelne Menschen beurteilt werden, die sich in ihrem Naturzustande (d. i. in der Unabhängigkeit von äußern Gesetzen) schon durch ihr Nebeneinandersein lädieren, und deren jeder um seiner Sicherheit willen von dem andern fordern kann und soll, mit ihm in eine der bürgerlichen ähnliche Verfassung zu treten, wo jedem sein Recht gesichert werden kann. Dies wäre ein *Völkerbund*, der aber gleichwohl kein Völkerstaat sein müsste. […]

Bei der Bösartigkeit der menschlichen Natur, die sich im freien Verhältnis der Völker unverhohlen blicken lässt (indessen dass sie im bürgerlich-gesetzlichen Zustande durch den Zwang der Regierung sich sehr verschleiert), ist es doch zu verwundern, dass das Wort *Recht* aus der Kriegspolitik noch nicht als pedantisch ganz hat verwiesen werden können, und sich noch kein Staat erkühnt hat sich für die letztere Meinung öffentlich zu erklären; […].

Diese Huldigung, die jeder Staat dem Rechtsbegriffe (wenigstens den Worten nach) leistet, beweist doch, dass eine noch größere, obzwar zur Zeit schlummernde, moralische Anlage im Menschen anzutreffen sei, über das böse Prinzip in ihm (was er nicht ableugnen kann) doch einmal Meister zu werden und dies auch von andern zu hoffen; denn sonst würde das Wort *Recht* den Staaten, die sich einander befehden wollen, nie in den Mund kommen, es sei denn bloß um seinen Spott damit zu treiben. […]

Da die Art, wie Staaten ihr Recht verfolgen, nie wie bei einem äußern Gerichtshofe der Prozess, sondern nur der Krieg sein kann, durch diesen aber und seinen günstigen Ausschlag, den *Sieg*, das Recht nicht entschieden wird, und durch den *Friedensvertrag* zwar wohl dem diesmaligen Kriege, aber nicht dem Kriegszustande (immer zu einem neuen Vorwand zu finden) ein Ende gemacht wird […], indessen dass doch die Vernunft vom Throne der höchsten moralisch gesetzgebenden Gewalt herab den Krieg als Rechtsgang schlechterdings verdammt, den Friedenszustand dagegen zur unmittelbaren Pflicht macht, welcher doch ohne einen Vertrag der Völker unter sich nicht gestiftet oder gesichert werden kann: – so muss es einen Bund von besonderer Art geben, den man den *Friedensbund* (foedus pacificum) nennen kann, der vom *Friedensvertrag* (pactum pacis) darin unterschieden sein würde, dass dieser bloß *einen* Krieg, jener aber *alle* Kriege auf immer zu endigen suchte. Dieser Bund geht auf keinen Erwerb irgendeiner Macht des Staats, sondern lediglich auf Erhaltung und Sicherung der *Freiheit* eines Staats für sich selbst und zugleich anderer verbündeten Staaten, ohne dass diese doch sich deshalb (wie Menschen im Naturzustande) öffentlichen Gesetzen und einem Zwange unter denselben unterwerfen dürfen. – Die Ausführbarkeit (objektive Realität) dieser Idee der *Föderalität*, die sich allmählich über alle Staaten erstrecken soll und so zum ewigen Frieden hinführt, lässt sich darstellen. Denn wenn das Glück es so fügt: dass ein mächtiges und aufgeklärtes Volk sich zu einer Republik (die ihrer Natur nach zum ewigen Frieden geneigt sein muss) bilden kann, so gibt diese einen Mittelpunkt der föderativen Vereinigung für andere Staaten ab, um sich an sie anzuschließen und so den Freiheitszustand der Staaten gemäß der Idee des Völkerrechts zu sichern und sich durch mehrere Verbindungen dieser Art nach und nach immer weiter auszubreiten. [...]

Dritter Definitivartikel zum ewigen Frieden
Das *Weltbürgerrecht* soll auf Bedingungen der allgemeinen Hospitalität eingeschränkt sein.

Es ist hier wie in den vorigen Artikeln nicht von Philanthropie[2], sondern vom *Recht* die Rede, und da bedeutet *Hospitalität* (Wirtbarkeit) das Recht eines Fremdlings seiner Ankunft auf dem Boden eines andern wegen von diesem nicht feindselig behandelt zu werden. Dieser kann ihn abweisen, wenn es ohne seinen Untergang geschehen kann, so lange er aber auf seinem Platz sich friedlich verhält, ihm nicht feindlich begegnen. Es ist kein *Gastrecht*, worauf dieser Anspruch machen kann (wozu ein besonderer wohltätiger Vertrag erfordert werden würde, ihn auf eine gewisse Zeit zum Hausgenossen zu machen), sondern ein *Besuchsrecht*, welches allen Menschen zusteht, sich zur Gesellschaft anzubieten vermöge des Rechts des gemeinschaftlichen Besitzes der Oberfläche der Erde, auf der als Kugelfläche sie sich nicht ins Unendliche zerstreuen können, sondern endlich sich doch nebeneinander dulden müssen, ursprünglich aber niemand an einem Orte der Erde zu sein mehr Recht hat, als der andere. [...] – Auf diese Art können entfernte Weltteile miteinander friedlich in Verhältnisse kommen, die zuletzt öffentlich gesetzlich werden und so das menschliche Geschlecht endlich einer weltbürgerlichen Verfassung immer näher bringen können.

Vergleicht man hiemit das *inhospitale* Betragen der gesitteten, vornehmlich handeltreibenden Staaten unseres Weltteils, so geht die Ungerechtigkeit, die sie in dem *Besuche* fremder Länder und Völker (welches ihnen mit dem *Erobern* derselben für einerlei gilt) beweisen, bis zum Erschrecken weit. Amerika, die Negerländer, die Gewürzinseln, das Cap etc. waren bei ihrer Entdeckung für sie Länder, die keinem angehörten; denn die Einwohner rechneten sie für nichts. [...]

Da es nun mit der unter den Völkern der Erde einmal durchgängig überhand genommenen (engeren oder weiteren) Gemeinschaft so weit gekommen ist, dass die Rechtsverletzung an *einem* Platz der Erde an *allen* gefühlt wird: so ist die Idee eines Weltbürgerrechts keine phantastische und überspannte Vorstellungsart des Rechts, sondern eine notwendige Ergänzung des ungeschriebenen Kodex[3] sowohl des Staats- als Völkerrechts zum öffentlichen Menschenrechte überhaupt und so zum ewigen Frieden, zu dem man sich in der kontinuierlichen Annäherung zu befinden nur unter dieser Bedingung schmeicheln darf.

(Immanuel Kant, Zum ewigen Frieden. Ein philosophischer Entwurf [1795]. Hrsg. v. Rudolf Malter. Reclam Verlag, Stuttgart 1984, S. 10–24)

1 Beistimmung: altes Wort für Zustimmung
2 Philanthropie: Menschenliebe
3 Kodex: Gesetzessammlung, Gesetzbuch

1 Was versteht Kant unter einer republikanischen Verfassung und welchen Einfluss auf die Sicherung des Friedens schreibt er ihr zu?
2 Welche Aufgaben haben bei Kant Völkerbund und Völkerrecht zu erfüllen?
3 Warum schränkt Kant das Weltbürgerrecht auf das Besuchsrecht ein?
4 Diskutieren Sie:
Wie könnte man einen ewigen Frieden herstellen?
Soll es einen ewigen Frieden geben?

Im Jahre 1821, also etwa ein Vierteljahrhundert nach dem Erscheinen von Kants Schrift „Zum ewigen Frieden", veröffentlichte **Georg Wilhelm Friedrich Hegel** (1770–1831), ein weiterer bekannter deutscher Philosoph, in Berlin seine Rechts- und Staatsphilosophie. In der Vorrede des Werkes wendet er sich heftig gegen alle Kritik an der bestehenden staatlichen

Realität, weshalb er vielen Zeitgenossen als offizieller preußischer Staatsphilosoph galt, d. h. als Gegner bürgerlicher Freiheit und des Bemühens um die Einheit der deutschen Nation. Im Kapitel über die Staatssouveränität spricht er sich ausdrücklich gegen Kants Ideal des ewigen Friedens aus:

Im Frieden dehnt sich das bürgerliche Leben mehr aus, alle Sphären hausen sich ein und es ist auf die Länge ein Versumpfen der Menschen; ihre Partikularitäten werden immer fester und verknöchern. Aber zur Gesundheit gehört die Einheit des Körpers[1], und wenn die Teile in sich hart werden, so ist der Tod da. Ewiger Friede wird häufig als ein Ideal gefordert, worauf die Menschheit zugehen müsse. *Kant* hat so einen Fürstenbund vorgeschlagen, der die Streitigkeiten der Staaten schlichten sollte, und die Heilige Allianz [2] hatte die Absicht ungefähr ein solches Institut zu sein. Allein der Staat ist Individuum und in der Individualität ist die Negation wesentlich enthalten. Wenn also auch eine Anzahl von Staaten sich zu einer Familie macht, so muss sich dieser Verein als Individualität einen Gegensatz kreieren und einen Feind erzeugen. Aus den Kriegen gehen die Völker nicht allein gestärkt hervor, sondern Nationen, die in sich unverträglich sind, gewinnen durch Kriege nach außen Ruhe im Innern. Allerdings kommt durch den Krieg Unsicherheit ins Eigentum, aber diese *reale* Unsicherheit ist nichts als die Bewegung, die notwendig ist. Man hört soviel auf den Kanzeln von der Unsicherheit, Eitelkeit und Unstetigkeit zeitlicher Dinge sprechen, aber jeder denkt dabei, so gerührt er auch ist, ich werde doch das Meinige behalten. Kommt nun aber diese Unsicherheit in Form von Husaren mit blanken Säbeln wirklich zur Sprache und ist es Ernst damit, dann wendet sich jene gerührte Erbaulichkeit, die alles vorhersagte, dazu, Flüche über die Eroberer auszusprechen. Trotzdem aber finden Kriege, wo sie in der Natur der Sache liegen, statt; die Staaten schießen wieder auf und das Gerede verstummt vor den ernsten Wiederholungen der Geschichte.

(Georg Wilhelm Friedrich Hegel, Grundlinien der Philosophie des Rechts. G. W. F. Hegel, Werke in zwanzig Bänden. Bd. 7. Theorie Werkausgabe. Suhrkamp Verlag, Frankfurt/M. 1970, S. 493 f. [§ 324, Zus.])

1 Einheit des Körpers: Der Vergleich des Staates mit dem menschlichen Körper („Staatskörper") stammt aus der Antike und betont die wechselseitige Abhängigkeit der Berufsstände voneinander.

2 Heilige Allianz: Absichtserklärung der meisten europäischen Mächte nach dem endgültigen Sieg über Napoleon, ihre Politik Prinzipien der christlichen Religion unterzuordnen.

1 Wieso kann es zwischen Staaten, wie Hegel sie bestimmt, keinen ewigen Frieden geben?

2 Mit welchen Argumenten spricht sich Hegel gegen Kants Ideal des ewigen Friedens aus? Beziehen sie hierzu auch Hegels folgende Ausführungen ein:

„Die *kantische* Vorstellung eines *ewigen Friedens* durch einen Staatenbund, welcher jeden Streit schlichtete und als eine von jedem einzelnen Staate anerkannte Macht jede Misshelligkeit beilegte,[…] setzt die *Einstimmung* der Staaten voraus, welche auf moralischen, religiösen oder welchen Gründen und Rücksichten, überhaupt immer auf besonderen souveränen Willen beruhte und dadurch mit Zufälligkeit behaftet bliebe. Der Streit der Staaten kann deswegen, insofern die besonderen Willen keine Übereinkunft finden, nur durch *Krieg* entschieden werden."

(Georg Wilhelm Friedrich Hegel, Grundlinien der Philosophie des Rechts. Bd. 7. Theorie Werkausgabe. Suhrkamp Verlag, Frankfurt/M. 1970, S. 500 [§§ 333 f.])

3 Welche Folgen kann die absolute Souveränität der Einzelstaaten für die Menschen in diktatorisch regierten Ländern und für die Nachbarstaaten dieser Diktaturen haben?

4 Sind Sie für eine den Staaten übergeordnete Richterinstanz? Wie könnte sie aussehen?

4.2 Die UNO als friedenssichernder Völkerbund?

Nachdem wir uns zunächst mit Kants Entwürfen von Völkerrecht und Völkerbund zur Schaffung eines ewigen Friedens auseinander gesetzt und daran anschließend die staatskonservative Position Hegels kennen gelernt haben, soll nun mit Hilfe von Auszügen aus einem Text, der fast 200 Jahre nach Kants Entwurf einer Friedensordnung erschien, die Frage untersucht werden, ob und wie die Vereinten Nationen uns zu einem dauerhaften Frieden führen können. Der Autor des Textes, **Jochen Hippler**, ist Direktor des „Transnational Institute" in Amsterdam.

[...] Nach dem Ende des Kalten Krieges war die Dauerblockade des UNO-Sicherheitsrates aufgehoben, die UNO damit zu einem potentiell handlungsfähigen Instrument internationaler Politik geworden. Die Lähmung der Weltorganisation durch wechselseitige Blockade der beiden Supermächte war mit der einen Supermacht verschwunden. [...]

Tatsächlich übernahm die Weltorganisation nach dem Ende des Kalten Krieges eine aktivere Rolle bei lokalen und regionalen Konfliktregelungen. Umfang und Qualität ihrer Aktivitäten wurden maßgeblich erweitert. Das geschah bereits vor dem Golfkrieg – etwa in Bezug auf Afghanistan, Angola, Namibia, Kambodscha oder Mittelamerika –, gewann aber nach dieser „Bewährungsprobe" weiter an Dynamik. Gegenwärtig ist die UNO mit mehr als einem Dutzend Friedensmissionen befasst, etwa genauso vielen wie sie in den letzten vierzig Jahren insgesamt bewältigte. Das sollte eigentlich ein gutes Zeichen sein. [...]

Es stellt sich die Frage, ob aus der UNO tatsächlich ein Instrument werden oder ob sie dazu gemacht werden kann, das zum *Gegenpol* der imperialen Politik von Nationalstaaten würde. Aus zwei Richtungen drohen nach dem Ende des Kalten Krieges Tendenzen das internationale System zu zersetzen beziehungsweise zu verkrusten; einmal durch das Aufbrechen zahlreicher neuer und alter ethnisch, nationalistisch oder religiös inspirierter Konflikte; andererseits droht eine Epoche informeller Rekolonialisierung[1], eine historische Phase, in der wenige Großmächte dem Rest der Welt ihre Regeln diktieren. Die UNO würde erst dann zu einem Faktor tatsächlicher Friedenspolitik (statt zur Agentur des Konfliktmanagements im Auftrag der Großmächte), wenn sie einige praktische Bedingungen erfüllte:

– Erstens müsste es ein Instrumentarium geben, das vor Willkür durch den UNO-Sicherheitsrat selber schützt. Was sollen kleine Länder tun, wenn der Sicherheitsrat aus taktischen oder politischen Gründen Beschlüsse fasst, die entweder selbst völkerrechtswidrig sind oder nur Gefälligkeitscharakter gegenüber den Großmächten tragen? Wie schützt man sich vor Übergriffen oder ungerechtfertigten Interventionen seitens der UNO? Genauso wie Bürger eines Staates das Recht brauchen gegen ihre Regierung oder sogar das Parlament klagen zu können, genauso braucht man hier einen Schutzmechanismus.

– Zweitens müsste sichergestellt sein, dass die UNO nicht nur kleine oder schwache Länder diszipliniert (etwa am Bruch des Völkerrechts hindert), sondern alle und in gleichem Maße. Das gebietet erstens der Gleichheitsgrundsatz, zweitens aber auch die praktische Vernunft: Übergriffe von starken Mächten sind sowohl wahrscheinlicher als auch gefährlicher als die von schwachen. Deshalb muss die Diskussion gerade darum geführt werden, wie die dominierenden Mächte kontrolliert und eingedämmt werden können.

Diese beiden Fragen sind ebenso leicht gestellt wie schwer beantwortet.

Der UNO-Sicherheitsrat in New York in der Sitzung am 5. 1. 1987, in der er einstimmig Israel dazu aufruft, keine Palästinenser aus den besetzten Gebieten auszuweisen.

Dass die „Realpolitik" – also die realen Kräfteverhältnisse – schnelle Lösungen unwahrscheinlich macht, trifft zu, zeigt aber nur ihre Wichtigkeit. Sie sind eng mit dem Problem einer Demokratisierung der UNO verknüpft, einem Konzept, über das viel geredet wird, für das es aber noch keine brauchbaren Konzepte gibt.

Wie soll man eine Organisation aus – häufig diktatorischen – Regierungen demokratisieren? Das wird kaum nach dem Motto „Ein Land, eine Stimme" gehen, sonst hätten Indien und Kiribati das gleiche Gewicht, die USA ebenso viel wie Vanuatu. Außerdem könnten die zahlreichen Diktaturen eine Mehrheit gegen demokratische Reformen bilden – kaum ein Ausdruck der Demokratisierung der UNO. Aber auch umgekehrt ist es nicht besser: Das Stimmgewicht nach Einwohnerzahl zu berechnen würde bedeuten, dass die VR China und Indien zusammen so ziemlich den Rest des Globus dominieren könnten. Auch keine erfreulich demokratischen Aussichten.

Es soll hier nicht so getan werden, als ließe sich schnell eine Lösung aus dem Hut zaubern. Aber es wird Zeit, eine Debatte darüber zu eröffnen, welche Spielräume es dafür gibt, die UNO vom Großmachtinstrument zu einer die Großmächte einschränkenden Organisation zu machen, die das Völkerrecht gegen alle gleichmäßig durchsetzt.

Es wird Zeit, ernsthaft über Möglichkeiten der Demokratisierung der UNO – und nicht eine Vergrößerung der Oligarchie[2] des Sicherheitsrates – nachzudenken. Und es ist dringend nötig, über realistische Wege für die Lösung gewaltsamer Konflikte – von Bosnien bis Zaire, von Kambodscha bis Angola, von Afghanistan bis zur Westsahara – und vor allem über Konflikt*vorbeugung* zu sprechen, anstatt immer reflexartig nach dem Militär zu rufen. Schließlich sollten wir auch über die höchst unerfreuliche Möglichkeit nachdenken, ob es nicht sogar Konflikte geben mag, die durch externe Einflussnahme überhaupt nicht lösbar sind, weder durch politische, durch wirtschaftliche noch durch militärische Mittel. Unser berechtigter Wunsch nach

Lösung gewaltsamer Konflikte muss nicht unbedingt die Fähigkeit nach sich ziehen diese auch zustande zu bringen.
Was machen wir dann?

(Jochen Hippler, Hoffnungsträger UNO? Die Vereinten Nationen zwischen Friedenseuphorie und realpolitischer Ernüchterung. In: Volker Matthies [Hrsg.], Frieden durch Einmischung? Der Schrecken des Krieges und die (Ohn)Macht der internationalen Gemeinschaft. Dietz Verlag, Bonn 1993, S. 155 f., 166 ff.)

1 informelle Rekolonialisierung: frei gewordene Staaten geraten in erneute – koloniale – Abhängigkeitohne formell ihre Souveränität zu verlieren.

2 Oligarchie: Herrschaft einer Elite bzw. einer kleinen Gruppe

1 Informieren Sie sich über Geschichte und Verfassung der Vereinten Nationen (UNO).

2 Welche Argumente führt Hippler für und gegen die Hoffnung an, dass die UNO eine friedliche Weltordnung schaffen könnte?

3 Wie müssten die Vereinten Nationen seiner Ansicht nach verändert werden um diese Aufgabe wahrnehmen zu können?

4 Diskutieren Sie:
Sollen die Vereinten Nationen eine dauerhafte Friedensordnung schaffen?
Können sie das?

5 Ist Kants Utopie vom ewigen Frieden nur ein weltfremder Wunschtraum?

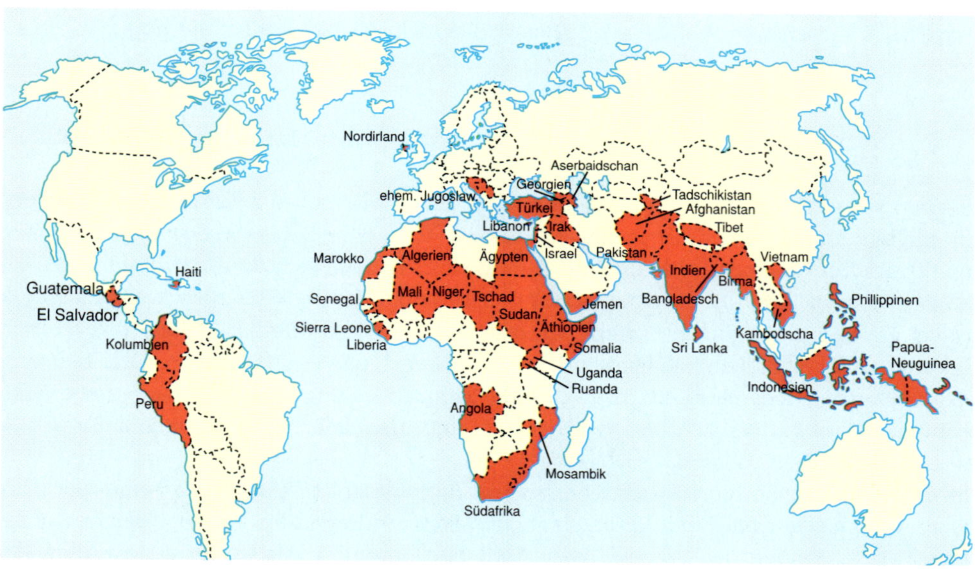

Kriegsschauplätze auf der Erde (Stand: 1995)

5 *Was darf ich hoffen? Einführung in die Metaphysik*

Fern in den Wolken
verhallt die Klage.
Bittere Tränen trocknet der Wind.
Und aus Kränzen stiehlt sich
die zitternde Frage:
Wohin sie gegangen sind.
(J. Ringelnatz)

Kants Frage „Was darf ich hoffen?" enthält neben dem geschichtsphilosophischen Aspekt auch die Frage nach meiner persönlichen Zukunft jenseits dieses Lebens – die Frage also, was ich nach dem Tod für mich erhoffen darf. Darin eingeschlossen ist zugleich die Frage nach dem Jenseits und nach Gott, denn ohne diese beiden scheint ein Leben nach dem Tod für mich, für das Individuum also, undenkbar. Damit sind wichtige Gegenstandsbereiche der Metaphysik angesprochen, einer philosophischen Disziplin, die sich mit den Fragen nach der Unsterblichkeit der Seele, der Existenz Gottes und der menschlichen Freiheit (➔ Kap. III, 4.) beschäftigt. Auf die erste Frage wollen wir uns hier konzentrieren.

5.1 Sterbeerlebnisse als Beweise für ein Leben nach dem Tod?

Suchen wir nach Hinweisen auf ein jenseitiges Leben oder auf die Existenz eines Jenseits überhaupt, so können wir unser Augenmerk zunächst einmal auf die erst in jüngster Zeit medizinisch beachteten Sterbeerlebnisse richten. Es handelt sich dabei um Erlebnisse, die klinisch Tote während ihres Scheintodes gehabt und später, wieder zurück ins Leben gerufen, erinnert und berichtet haben. Während die Medizin früher der Ansicht war, Sterben bestehe im allmählichen Schwinden des Bewusstseins, wie es ja auch durch die Messung der langsam versiegenden Gehirnströme nahe liegt, gibt es aufgrund der genannten Berichte Hinweise darauf, dass sich beim Sterben offenbar umgekehrt eine besonders aktive Bewusstseinstätigkeit entfaltet.
Im Folgenden seien die Sterbeerlebnisse von drei Personen beispielhaft vorgestellt. Das Erste stammt von einer Frau, Elisabeth B., die – schon klinisch tot – wieder belebt wurde. Das Zweite schildert der österreichische Schriftsteller Paul Anton Keller, der im Alter von dreißig Jahren mit anderen jungen Männern seines Dorfes einen Maibaum errichten wollte. Der letzte Bericht stammt von F. Leslie: Nach einer halbstündigen Phase klinischen Todes wurde ihr Herz durch eine Adrenalin-Injektion wieder in Gang gesetzt; zwölf Stunden später verstarb sie endgültig, nachdem sie über ihre Erlebnisse in der ersten Sterbephase berichtet hatte.

1. Bericht: (Elisabeth B.)
„Mein Bewusstsein war merkwürdig ruhig und klar. Ich hatte auch keine Schmerzen mehr. Nach und nach begann sich das Bewusstsein, das normalerweise den ganzen Körper durchdringt, im Kopf zu verdichten. Ich wurde ganz und gar Kopf, nur Kopf. Dann hatte ich das Gefühl, als ob ‚Ich' voll-

ständig konzentriert war auf einen kleinen Bewusstseinsfleck irgendwo mitten im Kopf. So merkte ich, dass ich begann mich weiter nach oben zu bewegen – dann folgte ein kurzes Black-out und ich war frei. Ich hatte meinen Leib verlassen. [...]
Dann wieder eine zeitlose Pause. Dann begannen vor meinem inneren Auge eine Menge Bilder aufzuflammen, die die wichtigsten Begebenheiten in meinem Leben darstellten. In diesen Bildern schien ich sowohl der Handelnde als auch der Zeuge für das zu sein, was sich da alles abspielte. Ich merkte, dass ich mit klarer Vernunft, völlig ohne Vorurteile und ohne verschwommene Gefühle selbst der Richter über alles war, was in meinem vergangenen Leben vorgefallen war, das Gute wie das Böse. Als dieses Gericht vorüber war, zeigten sich nur noch die Menschen, mit denen ich durch das Band echter Liebe verbunden war. So wandte ich mich mit Bereitwilligkeit und Freude diesem neuen Leben zu, das nun für mich Gestalt anzunehmen begann [...]
Und nun kam das große Licht, ein strahlend weißes Licht, blendend in seiner nicht-irdischen Stärke. Es durchflutete mein ganzes Wesen und erhob mich in eine unbeschreibliche, erhabene Ekstase, in ein vollkommenes Einssein mit der göttlichen Essenz. Ich stand Angesicht zu Angesicht mit dem alldurchdringenden Bewusstsein Gottes, mit dem Bewusstsein des Kosmos. Als das Licht verblasste, kehrte ich langsam zur Welt und zu meinem leblosen Leib zurück."

2. Bericht: (Anton Keller)

„Ich hielt den Wipfel im Blick. Plötzlich überrieselte mich das Unbehagen vor einer unmittelbar drohenden Gefahr. In diesem Augenblick, einer Sekunde entscheidender Klarsicht, da mein bisheriges Leben in ein einziges, jäh aufgerissenes Blickfeld zusammenfloss und überschaubar war, knickte die Wipfelkrone ab. Pfeifen und Rauschen ... Ich hörte Schreie. Ein furchtbarer Schlag riss mich nieder. Schmerz wühlte in meinem Körper. Dann erstarb jeder Laut. Doch nein, ich hörte noch, empfand, sah, erlebte und erfasste das Ereignis des Augenblicks in einer Klarheit und Gelöstheit, wie ich nie vordem in meinem Dasein ein Lebendiges erlebt hatte ... Ich sah mich selbst, sah meinen Körper neben der Grube im zertretenen Wiesenstück liegen. Ein Lehmklumpen klebte an meiner rechten Schläfe, ich bemerkte ihn deutlich ... Nicht nur, dass ich meinen mir so wohl vertrauten Leib, der dort beschmutzt im Grase lag und den ich völlig teilnahmslos, ja fast aus der Empfindung geschärften Widerwillens betrachtete, sehen konnte. Ich hatte Anteil an den Schreckensgesten meiner Freunde und der Verzweiflung der Lehrerin, die statt des Maibaums einen Sterbenden vor ihrem Fenster im Rasen fand.
Der Arzt raste auf dem Fahrrad heran. Sie betteten den Leib hoch. Da sah ich nur noch den breiten Rücken des Arztes, der sich über diesen Körper beugte. Es kamen noch mehr Neugierige. Irgendeiner hatte dem Arzt meinen Rock abgenommen. Der Dorffriseur legte ihn neben die Regentonne. Seine Hand glitt in die obere Tasche und zuckte behend zurück. Die Finger umklammerten meine Uhr ... Ich packte seinen Arm, griff aber hindurch, als fasste ich ins Leere. Ich stellte mich in den Kreis der Gaffer, es gab keinen Widerstand für mich. Dass die anderen mich nicht sahen, der ich doch so wach lebte wie nie zuvor, erstaunte und verwirrte mich.
Plötzlich stand ich neben dem Arzt. Das wächserne Abbild meines Ich lag regungslos vor ihm. Verwunderung regte sich in mir, dass ich dies gewesen sein sollte, dass dieser bleiche Leib mir irgendwie zugehörte. Das Gesicht mit meinen Zügen erfüllte mich durch seine Leichenfarbe mit höchster Abneigung. Die Haare hingen wirr in die Stirn, ein Nasenflügel war aufgerissen und blutete heftig. Die Oberlippe hatte sich hochgezogen. Zwischen den gebleckten Zahnreihen war ein Aststück verklemmt; die Lehrerin zog es vorsichtig mit spitzen Fingern heraus. Der Arzt füllte die Injektionsspritze. Nicht ohne Neu-

gier sah ich, wie er sie geschickt und doch behutsam in den Oberarm versenkte … Eine dunkle Angst ergriff mich. In ihr verlor sich mein Gefühl von absoluter Ruhe … Dann konnte ich plötzlich nichts mehr von der Außenwelt erkennen. […]
Das Licht, das sich mir öffnen wollte, trübte sich. Mir war, als zerre eine lieblose Kraft mein Ich in jene Tiefe, wo ich meinen Leib wusste, dessen ich mich mit Unlust entsann. Irgendwo fühlte ich Schmerz. Ja, kein Zweifel, ich sank, wurde gezogen und konnte, sosehr sich alles in mir dagegen sträubte, den unsichtbaren Sauger nicht abwehren. Wieder brauste eine Welle heftigsten Schmerzes durch mich hindurch. Wie von einer brutalen Faust wurde ich aus der breiten Bahn flutenden Lichts gerissen und jäh war mir, als röche ich Arzneien, Tabak, Gras und Tiere. Und da waren auch Menschen … Und so, aus einer unabwendbar einsinkenden Ebene wühlenden Schmerzes, brach das Licht des Tages in meine Lider, eine Helligkeit, die erbärmlich war gegen die Welt des Lichtes, von der ich nun wusste. Tief über mich gebeugt erschien die haarumbuschte Stirn des Doktors, der nun sein Gesicht hob und mit einer mir fremd erscheinenden Stimme zu den Umstehenden sagte: ‚Er lebt!'"

3. Bericht: (F. Leslie)

„Ich war sehr weit fort. […] Auf einmal hörte ich ein ganz feines, hohes Sausen. Oder waren es die Farben, die um mich her waren, die diese Töne ausstrahlten? Ich schwebte in einem langen Schacht, der erst ganz eng schien und dann immer weiter wurde, immer weiter, je weiter ich vorwärts schwebte. Über mir war ein dunkles Rot und vor mir ein schwarzes Blau, das aber, je höher ich den Blick hob, immer heller wurde. Ich bewegte mich in diesem Tunnel vorwärts. Die Schwerelosigkeit war wundervoll. Aus weiter Ferne hörte ich eine Stimme. Das war nicht mehr das Singen und Summen der Farben, sondern diese Stimme nannte meinen Namen. Ich kannte diese Stimme und ich weiß auch, dass ich überlegte, wem diese Stimme wohl gehörte. Als ich durch den Tunnel schwebte, fiel es mir nicht ein. Aber jetzt weiß ich es. Es war die Stimme eines Menschen, der vor vielen Jahren starb und an den ich oft gedacht habe. Ich hörte dann auch Schritte – so, als ob jemand durch einen großen Tunnel ginge und laut aufträte. Die Schritte hallten hinter mir wider. Ich beeilte mich vorwärts zu kommen, denn ich wollte den finden, der nach mir rief. Ich musste ihn irgendwo dort suchen, wo das dunkle Blau aus der Öffnung dieses Trichters mir entgegenwuchs. Das Summen wurde schöner und heller. Auch die Farben wurden klarer und schienen in einem bunten Spiel von tausend Nuancen ineinander überzugehen und sich wieder wie ein Strauß auseinander zu falten. Jede Farbe hatte einen Ton. Und alle diese Farben und Töne zusammen ergaben eine wundervolle Musik, die mich erfüllte und mich vorwärts zog. […]
Plötzlich fühlte ich, wie jemand nach mir griff. Ich konnte nicht mehr vorwärts. Meine Füße kamen nicht mehr vom Fleck. Ich suchte diese Hand, die mich von rückwärts fasste, zu überwinden. Ich hatte Schmerzen, während sich die Hand immer fester um mich legte und die Farben vor mir dunkler wurden. Sie verblassten schließlich und hatten keine Töne mehr. Und der Tunnel, aus dessen Enge ich mich dem großen Ausgang entgegengearbeitet hatte, wurde wieder schmal um mich, so eng, dass ich auf einmal Angst hatte. Die Hand zog mich zurück, immer weiter, in ein tiefes Dunkel hinein, das zuerst dunkelrot schien, dann aber schwarz wurde, so wesenlos schwarz, wie nur die ewige Nacht sein kann. Und dann war ich hier. Ich hörte sie sprechen und empfand das Gefühl der Leere und der Traurigkeit. […] Können Sie verstehen, dass ich es eilig habe, wieder dorthin zu gelangen, von wo mich die Hand zurückriss?"

(Johann Christoph Hampe, Sterben ist doch ganz anders. Erfahrungen mit dem eigenen Tod. Kreuz Verlag, Stuttgart/Berlin 1975, 1. Bericht S. 52, 63–65, 82; 2. Bericht S. 63–65, 107 f.; 3. Bericht S. 82 f., 108 f.)

Schon im ausgehenden Mittelalter gestaltete der Maler Hieronymus Bosch diese Vision einer geläuterten Seele, die, begleitet von einem Engel, nach dem Tod durch einen Tunnel zu einem ungeheuren Licht gelangt:

Hieronymus Bosch (ca. 1453–1516), Aufstieg zum ewigen Licht (Altarflügel, Ausschnitt)

1 *Vergleichen Sie die drei Sterbeberichte im Hinblick auf ihre Gemeinsamkeiten und Unterschiede.*

2 *In der einschlägigen Literatur wird zwischen verschiedenen Phasen unterschieden, die allen Sterbeberichten – wenn die Berichterstatter lange genug klinisch tot waren – gemeinsam sind:*

- *Phase des Ich-Austritts: Die Betreffenden schweben schwerelos in einem fremden Raum und nehmen den eigenen Körper und das Geschehen um sie distanziert wahr; was sie darüber hinterher wiedergeben, stimmt zumeist mit dem realen Geschehen um ihren klinisch toten Körper herum überein.*
- *Phase des Lebenspanoramas: Die Betreffenden sehen ihr ganzes Leben wie in einem Film an sich vorüberziehen und erkennen darin das Gute und das Schlechte.*
- *Phase der Ich-Ausweitung: Die Betreffenden entfernen sich zunehmend von ihrem Körper und haben das Gefühl in einen Tunnel einzugehen, an dessen Ende sich ein ungeheures Licht befindet; ggf. kommen sie auch schon mit diesem Licht in Kontakt und begegnen verstorbenen Bekannten oder Familienmitgliedern.*
- *Phase der Rückkehr: Die Betreffenden haben das Gefühl gegen ihren Widerstand wieder in ihren Körper zurückkehren zu müssen.*

Stellen Sie fest, inwieweit sich das skizzierte Schema in den vorgestellten Berichten auffinden lässt.

3 *Von Skeptikern werden besonders folgende Einwände gegen die Sterbeerlebnisse vorgebracht, insofern sie als Beweise für ein Leben nach dem Tod genommen werden:*

- *Es handelt sich um bloße Träume, schon daran erkennbar, dass persönliche Erfahrungen und Idealbilder vorherrschend sind.*
- *Die Sterbeerlebnisse sind zwar echte Visionen, bei denen die Betreffenden das Erlebte als Realität erfahren, aber ihr Zustandekommen ist leicht erklärbar und mit der Wirkung von Rauschmitteln vergleichbar: Im Gefühl des herannahenden Todes und der damit verbundenen Todesangst setzt der Organismus chemische Substanzen frei, die auf die Schaltstellen des Gehirns wirken und das Bewusstsein in einen euphorischen Zustand versetzen; während Drogen diese Wirkung dadurch erzeugen, dass dem Körper der betreffende Stoff von außen zugeführt wird, geschieht dies bei den sog. Sterbeerlebnissen von innen durch sog. Endorphine.*
- *Die Sterbeerlebnisse sagen nur etwas über das Sterben selber, aber nichts über ein Leben nach dem Tod aus. Alle Berichterstatter sind ja wieder ins Leben zurückgekehrt und waren lediglich scheintot; keiner hat die Schwelle zum Jenseits wirklich überschritten und von dort seine Erlebnisse berichtet.*

Suchen Sie ggf. weitere Einwände und diskutieren Sie die skeptischen Argumente.

5.2 Jenseitskontakte als Beweise für ein Leben nach dem Tod?

Sicher haben Sie schon einmal davon gehört oder es gar selbst ausprobiert: die Durchführung einer spiritistischen Sitzung. Eine verschworene Gruppe von Menschen versammelt sich, meist bei Dunkelheit, um Kontakt mit den Geistern Verstorbener aufzunehmen. Dabei sollen sich die Geister auf verschiedene Weise verständlich machen können: Sie sprechen durch ein Medium, einen paranormal besonders begabten Menschen, sie äußern sich durch Klopfzeichen oder sie tun ihre Botschaften über das sog. Gläserrücken kund, bei dem ein Glas, geführt von den Händen aller Teilnehmer, jeweils bestimmte auf einem Tisch ausgelegte Buchstaben aufsucht. Gemeinsam ist allen diesen Praktiken, dass sie Botschaften zu empfangen suchen und dass es sich nach der subjektiven Ansicht der Teilnehmer um Botschaften aus dem Jenseits handelt, die von den Geistern Verstorbener herrühren. Eben deshalb spricht man hier auch von „Spiritismus“.

1 Tragen Sie Ihre Erfahrungen und Ihr Wissen über spiritistische Praktiken zusammen!

Botschaften aus der Geisterwelt?

Spiritistische Praktiken haben besonders in letzter Zeit auch unter Jugendlichen erheblich an Bedeutung gewonnen; ihre Wurzeln reichen in unserem abendländischen Kulturkreis bis in die Aufklärung zurück.

Bekannt geworden ist, u. a. auch durch eine ab 1983 ausgestrahlte Sendung von Radio Luxemburg, das Phänomen der sog. Tonbandstimmen. Dabei handelt es sich um meist schwer zu enträtselnde Laute, die unter bestimmten Bedingungen durchs Radio zu hören sind oder direkt auf Tonband empfangen werden können. Als Begründer der „Tonbandstimmenforschung“ gilt **Friedrich Jürgenson**, erst Sänger, später Kunstmaler. Im Juni 1959 wollte er in einem Wald bei Stockholm Vogellaute aufnehmen, aber als er später das Band abhörte, waren auch menschliche Stimmen unbekannter Herkunft auf ihm zu finden. Jürgenson experimentierte daraufhin weiter und bekam schließlich Stimmen aufs Band, die sinnvolle Informationen vermittelten und sich nach längerer Zeit auch akustisch identifizieren ließen. Er gelangte zu der Überzeugung, dass es sich um Stimmen Verstorbener handelt, die auf diese Weise Botschaften aus dem Jenseits übermitteln. (Vgl. Friedrich Jürgenson, Sprechfunk mit Verstorbenen. Goldmann, München 1981.)

Schon im Jahre 1931 hatte der Engländer **Arthur Findlay** ein Buch publiziert, das auf der zwölfjährigen Beobachtung eines schottischen Mediums beruhte. Findlay stieß dabei auf das Phänomen der „Direkten Stimmen“. Er hatte an 39 spiritistischen Sitzungen teilgenommen, in denen das Medium 83 verschiedene Stimmen hörbar machte. Das Eigentümliche dieser Stimmen war, dass sie sich unmittelbar im Raum mit Hilfe von Schallverstärkern äußerten und Dinge über einzelne Personen wussten, die keiner der sonst Anwesenden wissen konnte. Findlay erklärte diese Stimmenmaterialisation so, dass die Geister der Verstorbenen selbst noch einen Leib, den sog. Ätherleib oder Astralkörper besäßen, mit dessen Hilfe sie Laute artikulieren könnten. Um diese für Irdische hörbar zu machen, entzögen sie den Teilnehmern der Sitzung und besonders dem Medium eine bestimmte Substanz, Ektoplasma genannt, und vermischten es mit Stoffen aus ihrer Ätherwelt. Auf diese Weise könnten ihre ätherischen Stimmen von Menschen vernommen werden. Wie für Jürgenson war für Findlay klar, dass mit diesen Stimmen „Beweise für ein Leben nach dem Tod“ vorliegen. Hier ein Auszug aus einem Gespräch auf einer Seance am 2. 12. 1923:

Ein Medium macht mit Hilfe von Ektoplasma die Stimme eines Verstorbenen hörbar. (Titelbild des Buches von Findlay, „Beweise für ein Leben nach dem Tod")

Frage: „Ist eure Welt also eine wirkliche und greifbare Welt?"

Antwort: „Ja. Sie ist für uns sehr wirklich, aber die Verhältnisse, in denen wir uns befinden, hängen von der Verfassung unseres Geistes ab. [...] Genau wie wir in einer Umgebung leben, die unserer geistigen Entwicklung angepasst ist, so ziehen wir auch Geister desselben Typs wie der unsrige an. So zieht Gleiches das Gleiche an, auf eure und unsere Welt bezogen. Die Bösen hier werden von den Bösen eurer Welt angezogen, und die Guten hier von den Guten bei euch. [...]"

Frage: „Kommen alle Bewohner eurer Welt dann und wann mit der Erde in Kontakt?"

Antwort: „Je höher und entwickelter wir werden, um so weniger stehen wir mit eurer Welt in Berührung. [...] – wir bewegen uns immer weiter, behalten stets unsere Individualität, bis wir in das Meer vollen Verstehens tauchen, wenn wir ein Teil der Gottheit werden."
(Arthur Findlay, Beweise für ein Leben nach dem Tod. Bauer Vlg., Freiburg i. Br. [2]1986, S. 182 f.)

Die Vorstellung eines gestuften Jenseits findet sich auch bei **Friederike Hauffe**, der „Seherin von Prevorst" (gest. 1829), dem wohl berühmtesten Medium des frühen 19. Jahrhunderts. Die einfache und fromme Frau aus dem Schwäbischen erlebte eine Fülle von Geistererscheinungen, über die sie selbst äußert:

„Diejenigen Geister, die meistens zu mir kommen, sind in den untern Stufen des Geisterreichs, das in unserm Luftraume ist, in einem sogenannten Zwischenreiche. [...] Das sind Geister, deren Geist in diesem Leben, teils durch Hinziehen nach der Außenwelt, niederblieb, teils sind es solche, die nicht im Glauben an die Erlösung durch Christum starben, oder solche, denen noch irgendein irdischer Gedanke an die Seele im Sterben anklebte, den sie mit hinübernahmen und der sie nun auch an diese Erdennähe bindet [...]. Sie kommen, dass ich ihnen ein Wort des Trostes sage und ihnen durch Gebet aufhelfe."
(Justinus Kerner, Die Seherin von Prevorst II [1829]. In: Werke. Sechs Teile in 2 Bdn. Hrsg. von Raimund Pissin. Bd. 2, fünfter Teil. Georg Olms. Hildesheim/New York 1974, S. 22 f.)

1 Stellen Sie zusammen, was Sie aus den Texten über die Beschaffenheit des Jenseits und das Leben nach dem Tod erfahren.

Einblicke in die Geisterwelt?

Bereits im 18. Jahrhundert, also der Epoche der Aufklärung, in der paranormale Phänomene noch so gut wie unerforscht waren (die moderne Parapsychologie entstand erst 1882 mit der Gründung der „Society for Psychical Research"), erlebte der schwedische Geisterseher und Naturforscher **Emanuel Swedenborg** (1688–1772) seine berühmten Visionen. Sie geben bis heute zweifellos die aufschlußreichste und genaueste Vorstellung von der Beschaffenheit des Geisterreiches und können auch eine besondere Glaubwürdigkeit beanspruchen, da von Swedenborg u. a. verbürgt ist, dass er den Brand von Stockholm 1759 voraussagte. Auch Immanuel Kant setzte sich als Aufklärer kritisch mit Swedenborgs Visionen auseinander.

Anders als die sonst bekannten Medien, wie z. B. Friederike Hauffe, empfing Swedenborg keine Nachrichten aus der Geisterwelt, sondern konnte nach eigenem Selbstverständnis seinen Körper verlassen und in die jenseitige Welt eindringen. Es folgen einige Auszüge aus Swedenborgs Berichten. In ihrem ersten Teil geben sie Aufschluss über die Beschaffenheit des Menschen direkt nach seinem Tod – als Geistwesen; der zweite Teil vermittelt Informationen über die Geisterwelt selbst und den weiteren Weg des geistigen Menschen in ihr.

Wird der Mensch von seinem Körper getrennt, was mit dem Tode eintritt, so lebt er trotzdem als ein Mensch weiter. Um mich in dieser Anschauung zu bestärken, wurde ich in die Lage versetzt mit allen zu reden, die ich in ihrem körperlichen Leben gekannt hatte; mit einigen stundenlang, mit anderen wochen- und monatelang, mit manchen jahrelang um alles bezeugen zu können. [...]

Ich vernahm aus dem Himmel, dass einige während des Sterbens, wenn sie auf der Totenbahre liegen und noch nicht auferweckt sind, in ihrem erkalteten Körper weiterdenken, in der Meinung, sie lebten noch; nur mit dem Unterschied, dass sie kein einziges materielles Teilchen ihres Körpers bewegen können. [...]

Der Mensch behält in der geistigen Welt alle seine Eigenschaften, mit Ausnahme des irdischen Körpers; er sieht wie vorher, hört, redet, riecht und schmeckt, hat Gefühle, Wünsche, Gedanken und Überlegung. Seine Liebe und seine Neigungen bleiben dieselben; wer Freude an den Wissenschaften hatte, liest und schreibt wie früher, als ob er von einem Leben zum anderen gelangt sei, wie von einem Orte zum andern. Er behält sein Gedächtnis, die Erinnerung alles dessen, was er in der Welt gelernt, gesehen und erfahren hat von der ersten Kindheit bis zum Lebensende. [...]

Ich habe viele Beweise erhalten, dass der Mensch sein irdisches Gedächtnis beibehält; einige davon will ich mitteilen. Es gab solche, die ihre in der Welt begangenen Verbrechen und Schandtaten leugneten. Damit sie nicht schuldlos erschienen, wurde alles enthüllt und vom ersten bis zum letzten Lebensalter aus ihrem Gedächtnis der Reihe nach aufgezählt; hauptsächlich Ehebrüche und Verbrechen der Unzucht. Andere hatten gestohlen oder mit Hilfe listiger Kniffe betrogen; auch ihre Schlauheiten und Betrügereien wurden eine nach der andern aufgedeckt, darunter manches, was außer ihnen kaum jemand in der Welt wusste.

[...] Andere hatten Jungfrauen zur Unzucht verführt und ihre Keuschheit verletzt; sie wurden vor ein ähnliches Gericht gestellt, dabei wurden sämtliche Einzelheiten in ihrem Gedächtnis heraufbeschworen und aufgezählt. Sogar die Gestalten der Frauen und Jungfrauen an Ort und Stelle, Worte und Begierden kamen plötzlich zum Vorschein. Die Enthüllungen dauerten manchmal stundenlang. [...] Mit einem Worte: alle bösen und ruchlosen Taten, Raub, List und Betrug, werden im Gedächtnis jedes bösen Geistes lebendig und er wird von ihnen überführt; ihm bleibt keine Möglichkeit mehr zum Leugnen, denn alle Vorgänge erscheinen gleichzeitig. So nimmt der Mensch sein ganzes Gedächtnis mit hinüber und nichts ist in der Welt so verborgen, dass es nicht nach dem Tode offenbar würde.

[...]

Die Geisterwelt ist weder der Himmel noch die Hölle, sondern ein Mittelort oder Mittelzustand zwischen beiden. Dorthin gelangt der Mensch zuerst nach dem Tode; dann, nach vollbrachter Zeit, wird er gemäß seinem Leben in der Welt entweder in den Himmel erhoben oder in die Hölle gestürzt. Der Mensch durchlebt drei Zustände nach dem Tode, bevor er in den Himmel oder die Hölle gelangt. Der erste ist der Zustand seines äußeren Wesens, der zweite der seines inneren Wesens und der dritte der Zustand der Vorbereitung; diese drei Zustände durchlebt er in der Geisterwelt. Doch gibt es Ausnahmen: Menschen die gleich nach dem Tode entweder in den Himmel erhoben oder in die Hölle gestürzt werden. Die ersten sind in der Welt wiedergeboren und so für den Himmel vorbereitet worden, dass sie nur die natürlichen Unreinigkeiten mit ihrem Körper abzustreifen brauchen um gleich von Engeln emporgeleitet zu werden; ich sah, wie einige nach der Todesstunde dorthin erhoben wurden. Die andern dagegen, die im Innern böse und nach außen scheinbar gut waren, also voll List in ihrer Bosheit Güte vorgetäuscht hatten, wurden sofort in die Hölle gestürzt; ich sah einen Erzgauner mit dem Kopf nach unten und den Füßen nach oben in die Hölle fahren.

Der erste Zustand des Menschen nach dem Tode gleicht seinem Zustand in der Welt, weil er das äußere Wesen darstellt; er besitzt die gleiche Gesichtsform, die gleiche Rede- und Ausdrucksweise, also auch das gleiche moralische und bürgerliche Leben. Deshalb wähnt er noch auf der Welt zu sein, wofern er nicht darauf achtet, was mit ihm vorgeht und was ihm die Engel bei der Auferweckung gesagt haben, dass er jetzt ein Geist sei. So folgt ein Leben aus dem andern und der Tod ist nur ein Übergang. Deshalb wird auch jeder, der ins andere Leben eingeht, dort von seinen Freunden und Bekannten, die er in der Welt hatte, wiedererkannt; die Geister erkennen ihn nicht nur an seinem Antlitz und seiner Sprache, sondern an seiner Lebenssphäre, wenn sie ihm nahe kommen. Freunde freuen sich über ihr Wiedersehen und je nach der Art ihrer Freundschaft in der Welt, reden sie und treten in Verbindung miteinander.

[...]

Der zweite Zustand des Menschen nach dem Tode bedeutet sein inneres Wesen; er wird in das Innere versenkt, das seine geistigen Kräfte, sein Denken oder Wollen, enthält, während das äußere des ersten Zustandes in Schlaf sinkt. Dies innere Wesen, in das nach vollendetem ersten Zustand der Mensch als Geist versinkt, ist das gleiche, wie in der Welt, wenn er, sich selbst überlassen, frei und schrankenlos dachte. [...] In diesem Zustand offenbart sich, wie ein Mensch in der Welt war. War er gut, so handelt er vernünftig und weise, ja viel weiser als in der Welt, denn er ist jetzt von den Fesseln des Körpers und damit von irdischen Dingen befreit, die ihn wie eine dunkle Wolke umschatteten. War er böse, so handelt er töricht und unverständig, ja viel törichter als in der Welt, weil er jetzt frei und durch keine Hemmungen mehr gebunden ist. Solange er in der Welt lebte, war er nach außen hin vernünftig um als verständiger Mensch zu gelten; nun aber das Äußere von ihm genommen ist, kommen seine Tollheiten an den Tag. Böse Geister pflegen, weil sie in alle Arten des Bösen verrannt sind, häufig und schwer gestraft zu werden. Es gibt viele Strafen in der Geisterwelt, ohne Ansehen der Person, ob einer König oder Knecht in der Welt war. Jede Bosheit führt ihre Strafe mit sich, beide sind miteinander verknüpft. Wer böse ist, dessen Strafe ist auch böse, dabei wird keiner für die in der Welt begangenen

Bosheiten bestraft, sondern für das Böse, das er jetzt tut. Es ist gleichbedeutend, ob man sagt: sie büßen die in der Welt begangenen bösen Taten oder: die Bosheiten, die sie im andern Leben begehen, denn nach dem Tode kehrt jeder zu seinem Leben, folglich zu seinen bösen Taten zurück. Sie werden bestraft, weil Furcht vor Strafe das einzige Mittel ist ihre Bosheit zu zähmen; nichts vermag Ermahnung, Belehrung, noch Angst vor Gesetz oder üblem Ruf; jeder handelt nach seiner Natur, die nur durch Strafen gebändigt werden kann. Gute Geister dagegen werden nie gestraft, selbst wenn sie Böses in der Welt taten; ihre bösen Taten kehren nicht wieder, denn ihr Ursprung ist ein anderer; nicht aus Vorsatz gegen das Wahre, nur aus einem ererbten bösen Herzen wurden sie in blinder Lust mitgerissen. Der böse Geist stürzt sich selbst in die Hölle zu seinesgleichen und im Fall erscheint er dem Auge wie einer, der rücklings mit dem Kopf nach unten und den Füßen nach oben hinabstürzt. Das kommt daher, weil er eine verkehrte Ordnung hat; er hatte die höllischen Dinge geliebt und die himmlischen verworfen. Im zweiten Zustand erfolgt die Trennung der bösen von den guten Geistern; im ersten sind sie beisammen, denn hier führen sie ein äußeres Leben, wie in der Welt. Anders dagegen, wenn sie in das innere Wesen versenkt werden und jeder seiner Natur oder seinem Willen überantwortet wird.

Der dritte Zustand des Menschen nach dem Tode oder seines Geistes ist der Zustand der Belehrung; er wird denen zuteil, die in den Himmel gelangen und Engel werden, nicht aber denen, die in die Hölle stürzen, da diese unbelehrbar sind. Keiner kann für den Himmel ohne Kenntnis des Guten und Wahren vorbereitet werden; keiner kann wissen, was im geistigen Sinne gut und wahr, und das Gegenteil davon, böse und falsch ist, wenn er sich nicht belehren lässt. Die geistigen Wahrheiten lernt er nicht durch die Welt, sondern durch den Himmel kennen. Die Belehrungen erfolgen durch Engel mehrerer Gemeinschaften, besonders der nördlichen und südlichen Regionen, denn ihnen ist die Einsicht und Weisheit dieser Erkenntnis verliehen.

[…] Sobald sie an den erwähnten Orten durch Belehrung für den Himmel vorbereitet sind, was nicht lange dauert, weil sie vieles zugleich in geistigen Begriffen umfassen, werden sie mit weißen Engelsgewändern wie aus zartester Leinwand bekleidet und auf den Weg geleitet, der zum Himmel emporführt. Dort werden sie Hüter-Engeln anvertraut und dann von andern Engeln aufgenommen und in Gemeinschaften zu vielen Seligkeiten geführt.

(Emmanuel Swedenborg, Himmel Hölle Geisterwelt. Eine Auswahl aus dem lateinischen Text in deutscher Nachdichtung von Walter Hasenclever, Swedenborg Verlag, Zürich 1963, S. 12–62)

1 *Arbeiten Sie heraus, wie die geistige Welt nach Swedenborg beschaffen ist und wie es dem Menschen dort ergeht.*
2 *Vergleichen Sie Swedenborgs Aussagen über die Geisterwelt mit denen der anderen Medien oder ihrer Beobachter.*

In den Sterbeberichten klinisch Toter hatten wir zumindest insofern keine sicheren Beweise für ein Überleben des Todes, als die Berichterstatter ja gar nicht wirklich gestorben waren und alle wieder ins Leben zurückkehrten. Wie verhält es sich aber mit den jetzt vorgestellten Jenseitseindrücken, besonders den Geistererscheinungen Swedenborgs?
Swedenborg selbst behauptet zwar ebenso wenig wie die anderen Kontaktpersonen zum Jenseits, bereits einmal gestorben zu sein, aber er meint, als Lebender über eine besondere Fähigkeit zu verfügen, die es ihm ermöglicht, in Kontakt mit der Geisterwelt zu treten und das dort Geschaute anderen berichten zu können. Dabei handelt es sich nach seinem

Selbstverständnis wie dem der übrigen Berichtenden um Einblicke in das wirkliche Jenseits, das die Menschen nach dem Tod erwartet. Haben wir es hier also mit schlüssigen Beweisen für ein Leben nach dem Tod bzw. die Unsterblichkeit der Seele zu tun? Die Gemeinsamkeiten in den Aussagen der verschiedenen Medien sind ja nicht zu übersehen.

1 *Erörtern Sie die Beweiskraft der Tonbandstimmen für ein Überleben des Todes und die Existenz von Geistern Verstorbener.*

2 *Überprüfen Sie die übrigen berichteten Jenseitserfahrungen, vornehmlich die Swedenborgs, kritisch auf ihre Beweiskraft, indem Sie die folgenden Einwände nachvollziehen und diskutieren:*

– Bei allen Jenseitsberichten handelt es sich um bewusste Täuschungen, mit denen die Berichtenden entweder besondere Aufmerksamkeit erregen oder Geld verdienen wollen.

– Den direkten Jenseitsbegegnungen liegt zwar eine echte Erfahrung der Berichterstatter zugrunde, da die gemachte Erfahrung aber nicht von jedem unter denselben Bedingungen nachvollzogen werden kann, können die gegebenen Informationen auch nichts objektiv Gültiges über die Beschaffenheit des Jenseits aussagen.

In diesem Zusammenhang schreibt ***Kant*** *über Swedenborgs Berichte:*

„Wenn aber gewisse angebliche Erfahrungen sich in kein unter den meisten Menschen einstimmiges Gesetz der Empfindung bringen lassen und also nur eine Regellosigkeit in den Zeugnissen der Sinne beweisen würden (wie es in der Tat mit den herumgehenden Geistererzählungen bewandt ist), so ist ratsam, sie nur abzubrechen; weil der Mangel der Einstimmung und Gleichförmigkeit alsdenn der historischen Erkenntnis alle Beweiskraft nimmt […]".

(Immanuel Kant, Träume eines Geistersehers. Hrsg. v. R. Malter. Reclam Verlag, Stuttgart 1976, S. 82 [A 124 f.])

– Das Geistersehen stellt eine besondere Form des Traumes dar. Im Unterschied zum allnächtlich Träumenden besitzt der Geisterseher die Fähigkeit das Geträumte zu behalten oder unmittelbar wiederzugeben und dabei seine normalen Sinne des Wachens in Funktion zu belassen. Irrtümlich hält er seine Traumerscheinungen (Visionen) dann für Realität. Da jeder Traum aus dem Unterbewusstsein kommt, vermitteln die Visionen des Geistersehers keinen Einblick in eine reale Geisterwelt, sondern bloß in sein eigenes Unbewusstes, in dem offenbar eine solche Vorstellung existiert (animistische contra spiritistische Erklärung).

In diesem Zusammenhang schreibt der durch Ideen von Kant beeinflusste Philosoph ***Arthur Schopenhauer*** *über die Geisterbegegnungen von Friederike Hauffe:*

„Dieser Art also sind, meiner Meinung nach, auch die Geistergespräche der Seherin von Prevorst und findet diese Erklärung eine starke Bestätigung an der unaussprechlichen Abgeschmacktheit des Textes jener Dialoge und Dramen, welche allein dem Vorstellungskreis eines unwissenden Gebirgsmädchens und der ihr beigebrachten Volksmetaphysik entsprechen".

(Arthur Schopenhauer, Versuch über das Geistersehn und was damit zusammenhängt. In: Parapsychologische Schriften. Mit einer Einführung von H. Bender. Benno Schwabe & Co., Basel 1961, S. 175 f.)

Emmanuel Swedenborg (um 1770) – War er vielleicht bloß schizophren?

Beweise für ein Leben nach dem Tod oder die Unsterblichkeit der Seele können also auch die aufgeführten Jenseitskontakte nicht geben. **Kant** kann wohl mit Recht seine Kritik an den Geistererscheinungen so zusammenfassen:

„Ich bin mit meiner Art Wesen durch Vermittelung körperlicher Gesetze in Verknüpfung, ob ich aber auch sonst [mit ihnen] nach andern Gesetzen, welche ich pneumatisch [rein geistig, seelisch] nennen will, ohne die Vermittelung der Materie in Verbindung stehe oder jemals stehen werde, kann ich auf keinerlei Weise aus demjenigen schließen, was mir gegeben ist. Alle solche Urteile, wie diejenige von der Art, wie meine Seele [...] mit andern Wesen ihrer Art jetzt oder künftig in Verhältnis steht, können niemals mehr als Erdichtungen sein." [...]
(Immanuel Kant, Träume eines Geistersehers, Reclam Verlag, Stuttgart 1975, S. 81 [A 122])

Die Jenseitskontakte weisen allerdings deutlich – schaltet man einmal die Betrugshypothese aus – auf das Vorkommen von paranormalen Fähigkeiten hin, von denen die wissenschaftliche Parapsychologie eine ganze Anzahl kennt. Das Eigentümliche der paranormalen Erfahrungen besteht darin, dass sie jeweils nur einem bestimmten Menschen, dem Medium, zukommen und von einem medial anders oder gar nicht Begabten nicht nachvollzogen werden können. Gerade diese individuelle Erfahrungsbasis ist es ja, die den betreffenden Phänomenen die Beweiskraft für die Existenz eines Jenseits nimmt.

5.3 Jenseitsvorstellungen als Beweise für ein Leben nach dem Tod?

Betrachtet man ganz unvoreingenommen die Vorstellungen und Anschauungen aller Menschen, stellt man fest, dass in vielen von ihnen Grundzüge liegen, welche die alltägliche Erfahrung im Hinblick auf ein Jenseits übersteigen. Vornehmlich in den **verschiedenen Religionen** und ihren Ansichten über das Jenseits haben diese Vorstellungen ihren Niederschlag gefunden. Könnte hierin, aufgrund des Überschreitens einer bloß individuellen Erfahrung, nicht ein Beweis für die Unsterblichkeit der Seele und die Existenz eines Jenseits liegen?

Rohan-Stundenbuch: Auferstehung der Toten (christlich, 13./14. Jh.)

Das Rad der Wiedergeburt (buddhistisch)

1 *Informieren Sie sich über die Jenseitsvorstellungen in verschiedenen großen Religionen, etwa in der griechisch-antiken, der jüdisch-christlichen und der buddhistischen.* (➔ *Kap. III, 1.6*) *(Empfohlene Quellentexte: Platon: Politeia, 10. Buch, 614 a – 621 d; Ezechiel 37, 1 – 14, 1 Kor 15, 35 – 58; Das Tibetische Buch der Toten)*

Von den religiösen Vorstellungen der Völker ging auch der römische Staatsmann und Philosoph **Cicero** (106–43) aus, als er den Gottesbeweis „ex consensu gentium" (aus der Übereinstimmung der Geschlechter) formulierte: Wenn alle Völker in ihren Religionen die Vorstellung von Göttern und damit verbunden die eines Jenseits haben, dann muss das ein Beweis für deren reale Existenz sein.

2 *Diskutieren Sie auf der Grundlage ihres erworbenen Wissens den dargestellten Beweis Ciceros! Beziehen Sie dabei folgende Äußerung von* **Sigmund Freud**, *Religionskritiker und Begründer der Psychoanalyse, ein:*

„[Die religiösen Vorstellungen] sind nicht Niederschläge der Erfahrung oder Endresultate des Denkens, es sind Illusionen, Erfüllungen der ältesten, stärksten, dringendsten Wünsche der Menschheit; das Geheimnis ihrer Stärke ist die Stärke dieser Wünsche. [...] Eine Illusion ist nicht dasselbe wie ein Irrtum, sie ist auch nicht notwendig ein Irrtum. Die Meinung des Aristoteles, dass sich Ungeziefer aus Unrat entwickle, an der das unwissende Volk noch heute festhält, war ein Irrtum [...]. Dagegen war es eine Illusion des Kolumbus, dass er einen neuen Seeweg nach Indien entdeckt habe. Der Anteil seines Wunsches an diesem Irrtum ist sehr deutlich. [...] Sie [die religiösen Lehren] sind sämtlich Illusionen, unbeweisbar, niemand darf gezwungen werden sie für wahr zu halten, an sie zu glauben. Einige von ihnen sind so unwahrscheinlich, so sehr im Widerspruch zu allem, was wir mühselig über die Realität der Welt erfahren haben, dass man sie – mit entsprechender Berücksichtigung der psychologischen Unterschiede – den Wahnideen vergleichen kann. Über den Realitätswert der meisten von ihnen kann man nicht urteilen. So wie sie unbeweisbar sind, sind sie auch unwiderlegbar."

(Sigmund Freud, Die Zukunft einer Illusion. In: Gesammelte Werke, chronologisch geordnet. Hrsg. von Anna Freud u. a. Bd. 14. Fischer Verlag, Frankfurt a. M. [3]1963, S. 352–354)

5.4 Wesen und Aufgabe der Metaphysik

Sind die religiösen Vorstellungen zwar einerseits viel allgemeiner als die individuellen Jenseitserfahrungen der medial Begabten, so sind es eben doch bloß Vorstellungen, die möglicherweise allein der Einbildungskraft der Menschen entspringen und alle Erfahrung weit übersteigen. Als Beweise für ein Leben nach dem Tod im strengen Sinn können sie daher – wie u. a. Freuds Kritik zeigt – auch nicht gelten.
Um solche Beweise zu führen, tut sich nun noch ein dritter Weg auf: der Versuch, weder durch individuelle Erfahrungen noch durch kollektive Vorstellungen, sondern durch allgemein gültige Begriffe so etwas wie die Existenz einer unsterblichen Seele nachzuweisen. Auf der Ebene der **Begriffe** und ihrer Verknüpfung zu schlüssigen Urteilen zählt allein der Zwang des logischen Arguments, weil hier die Vernunft oder der Verstand angesprochen wird. Damit haben wir im groben die Aufgabe der Metaphysik bezeichnet und ihr Wesen charakterisiert. Sie hat es sich vorgenommen, die Existenz einer unsterblichen Seele mit Hilfe zwingender begrifflicher Argumentation zu beweisen und so auf diesem schwierigen Gebiet zu gesicherten Erkenntnissen zu gelangen.

Ein solcher Beweis liegt in **Platons** Dialog „Phaidon" vor, in dem Sokrates kurz vor seiner Hinrichtung mit seinen Freunden Kebes und Simmias im Gefängnis ein philosophisches Gespräch über Tod und Unsterblichkeit führt. (➔ Kap. II, 2.1.1) Wir geben einen Auszug wieder.

Sokrates: Wir wollen nun die Sache in *der* Weise betrachten, dass wir fragen, ob die Seelen nach dem Tode der Menschen in der Unterwelt[1] sind oder nicht. Es ist nun eine alte, auch uns wohlbekannte Vorstellung, dass die Seelen von hier dorthin kommen, wieder hierher zurückkehren und von neuem aus den Toten geboren werden.[2] Und wenn dem nun wirklich so ist, dass die Lebenden wieder geboren werden aus den Gestorbenen, muss dann nicht unseren Seelen dort ein Sein zukommen? Denn sie könnten nicht *wieder* werden, wenn sie nicht wären. Und ein hinreichender Beweis dafür, dass es so ist, wäre es, wenn es sich tatsächlich herausstellte, dass die Lebenden nirgend anderswoher kommen als aus den Toten. Wenn dem aber nicht so ist, dann ist wohl ein anderer Beweis nötig.

Gewiss, sagte *Kebes*.

Wenn du das nun leichter begreifen willst, fuhr *Sokrates* fort, so richte deinen Blick nicht nur auf Menschen, sondern auch auf die Tiere insgesamt und die Pflanzen, und überhaupt an allem, was entsteht, lass uns zusehen, ob alles auf diese Weise entsteht, nämlich nicht anderswoher als jedesmal aus seinem Gegenteil, wo überhaupt ein solches vorhanden ist, wie z. B. das Schöne dem Hässlichen entgegengesetzt ist und das Gerechte dem Ungerechten und ebenso tausend anderes. Das also wollen wir untersuchen, ob es nötig ist, dass alles, was ein Gegenteil hat, nirgend anderswoher entsteht als aus seinem Gegenteil. Wenn z. B. etwas größer wird, muss es doch wohl notwendigerweise aus irgendeinem vorher Kleineren nunmehr größer werden?

Kebes. Allerdings.

Sokrates. Und wenn es kleiner wird, so wird es doch aus einem vorher Größeren zu einem nunmehr Kleineren?

So ist es, sagte *Kebes*.

Sokrates. Und ebenso aus Stärkerem das Schwächere und aus Langsamem das Schnellere?

Kebes. Gewiss.

Sokrates. Und wie? Wenn etwas schlechter wird, doch wohl aus Besserem, und wenn gerechter, aus Ungerechterem?

Kebes. Wie sonst?

Sokrates. Das also wissen wir sicher, dass alle Dinge auf diese Weise entstehen, das Gegenteil aus dem Gegenteil?

Kebes. Allerdings.

Sokrates. Und weiter, findet bei ihnen nicht auch so etwas statt wie ein doppeltes Werden zwischen je zwei Gegensätzen, da es ja eben zwei sind, dieses aus jenem und jenes wiederum aus diesem? Zwischen dem Größeren und Kleineren Wachstum und Abnahme und so nennen wir auch das eine Wachsen und das andere Abnehmen?

Ja, sagte *Kebes*.

Sokrates. Muss es nun nicht mit dem Sichsondern und Sichverbinden, mit dem Kalt- und Warmwerden usw., wenn wir auch bisweilen die besonderen Ausdrücke dafür nicht haben, ebenso stehen, dass eines aus dem anderen entsteht und dass die Entstehung eine wechselseitige ist?

Gewiss, sagte *Kebes*.

Wie nun, fuhr *Sokrates* fort, ist dem Leben auch etwas entgegengesetzt wie dem Wachen das Schlafen?

Gewiss, sagte *Kebes*.

Sokrates. Und was?

Das Totsein, sagte *Kebes*.

Sokrates. Also entstehen diese auch aus einander, wenn anders sie einander entgegengesetzt sind, und es gibt zwischen ihnen zweien ein zwiefaches Werden.

Kebes. Wie sollte es nicht?

Sokrates. Das eine der beiden eben genannten Paare will ich dir bestimmen, es selbst und sein Werden; du aber nenne mir das andere. Ich meine das Schlafen und das Wachen und dass aus dem Schlafen das Wachen werde und aus dem Wachen das Schlafen, und das Werden beider sei das Einschlafen und das Aufwachen. Habe ich es dir hinreichend erklärt oder nicht?

Kebes. Vollkommen.

Sokrates. Sprich du mir also nun ebenso von

Jacques-Louis David, Der Tod des Sokrates (Gemälde 1787)

Leben und Tod. Sagst du nicht, dem Leben sei das Totsein entgegengesetzt?

Kebes. Ja.

Sokrates. Und dass beides aus einander entstehe?

Kebes. Ja.

Sokrates. Was entsteht also aus dem Lebenden?

Kebes. Das Tote.

Sokrates. Und was aus dem Toten?

Kebes. Das Lebende, wie man notwendigerweise zugeben muss.

Sokrates. Aus dem Toten also, mein Kebes, entsteht das Lebende und die Lebenden?

Kebes. Offenbar.

Sokrates. Also führen unsere Seelen im Hades ein Dasein.

Kebes. So scheint es.

Sokrates. Und nicht wahr, auch von diesem zwiefachen Werden ist das eine deutlich? Denn das Sterben ist doch ein ganz deutlicher Vorgang, oder nicht?

Kebes. Allerdings.

Sokrates. Wie werden wir's nun machen? Wollen wir nicht auch das entgegengesetzte Werden gelten lassen oder soll hier die Natur für uns lahm sein? Oder müssen wir nicht auf jeden Fall ein dem Sterben entgegengesetztes Werden annehmen?

Kebes. Unbedingt.

Sokrates. Und was für eins?

Kebes. Das Wiederlebendigwerden.

Sokrates. Wäre nun nicht, wenn es wirklich ein Wiederlebendigwerden gibt, ebendies das Werden der Lebenden aus den Toten?

Kebes. Allerdings.

Sokrates. Also auch darüber sind wir uns einig, dass die Lebenden aus den Toten entstanden sind ebenso wie die Toten aus den Lebenden. Ist das nun der Fall, so erschiene mir das als ein hinreichender Beweis, dass die Seelen der Verstorbenen irgendwo sein müssen, von wo sie dann wieder auferstehen.

Kebes. Nach dem, was zugegeben ist, mein lieber Sokrates, muss sich das, wie mich dünkt, so verhalten.

Sokrates. Zum Beweise dafür, dass wir, wie mich dünkt, nichts mit Unrecht zugestanden haben, mein Kebes, betrachte ich die Sache auch von folgender Seite. Denn wenn nicht immer dem Werden des einen das des anderen entspräche, gleichsam einen Kreislauf beschreibend, sondern wenn es ein geradliniges Werden aus dem einen zu dem Entgegengesetzten gäbe, ohne dass dieses sich wieder zu dem anderen hinwendete und eine Biegung machte, so siehst du wohl, dass schließlich alles einerlei Gestalt haben und sich in einerlei Zustand befinden und überhaupt aufhören würde zu werden.

Kebes. Wie meinst du das?

Sokrates. Es ist gar nicht schwer zu verstehen, was ich meine. Wenn z. B. das Einschlafen zwar stattfände, es entspräche ihm aber kein Aufwachen aus dem Schlafe, so würde doch ohne Zweifel alles am Ende [schlafen].

[...]

Würde es nun nicht ebenso auch, mein lieber Kebes, wenn alles stürbe, was am Leben teilhat, und das Tote, nachdem es dahingestorben, immer in diesem Zustand bliebe und nicht wieder auflebte, die ganz notwendige Folge sein, dass schließlich alles tot wäre und nichts mehr lebte? Denn wenn das Lebende aus dem anderen entstände, das Lebende aber abstürbe, wie ließe es sich da wohl vermeiden, dass sich nicht zuletzt alles im Tode auflöste?

Kebes. Gar nicht, denke ich, mein Sokrates, sondern wie mir scheint, sprichst du durchaus die Wahrheit.

Sokrates. Es ist auch, mein Kebes, wie mich dünkt, auf jeden Fall so und keineswegs sind wir bei unseren Zugeständnissen von einer Täuschung befangen, sondern es gibt in der Tat ein Wiederaufleben und ein Werden der Lebenden aus den Toten und ein Dasein der Seelen der Verstorbenen.

(Platon, Phaidon oder von der Unsterblichkeit der Seele. Nach der Übers. von Friedrich Schleiermacher neu durchgesehen. Reclam Verlag, Stuttgart 1984, S. 36–41 [70c–72c])

1 Unterwelt: Nach antiker griechischer Vorstellung leben die Seelen nach dem Tod im Hades (Unterwelt), wo sie ein Schattendasein führen.

2 Plato bezieht sich hier auf die Vorstellung der Wiedergeburt (Reinkarnation), die in vielen Religionen anzutreffen ist.

1 *Vollziehen Sie den Argumentationsgang des Dialogs nach und unterscheiden Sie dabei Beweisvoraussetzung und Beweisschritte.*

2 *Machen Sie klar, worin sich Platons Versuch, ein Leben nach dem Tod zu beweisen, methodisch von den bisher eingeschlagenen Wegen unterscheidet.*

3 *Diskutieren Sie die Schlüssigkeit und Überzeugungskraft des vorgestellten metaphysischen Beweises.*
Beziehen Sie hierbei **Schopenhauers** *nachfolgende Ausführungen ein:*

„Denn im Tode geht allerdings das Bewusstsein unter; [...] Das Bewusstsein nämlich beruht zunächst auf dem Intellekt, dieser aber auf einem physiologischen Prozess. Denn er ist augenscheinlich die Funktion des Gehirns und daher bedingt durch das Zusammenwirken des Nerven- und Gefäßsystems; näher, durch das vom Herzen aus ernährte, belebte und fortwährend erschütterte Gehirn, durch dessen künstlichen und geheimnisvollen Bau [...] das Phänomen der objektiven Welt und das Getriebe unserer Gedanken zustande kommt. Ein *individuelles Bewusstsein*, also überhaupt ein Bewustsein, lässt sich an einem *unkörperlichen Wesen* nicht denken, weil die Bedingung jedes Bewusstseins, die Erkenntnis, notwendig Gehirnfunktion ist, – eigentlich weil der Intellekt sich objektiv als Gehirn darstellt."
(Arthur Schopenhauer, Zur Lehre von der Unzerstörbarkeit unsers wahren Wesens durch den Tod. In: Parapsychologische Schriften. Mit einer Einführung von Hans Bender. Benno Schwabe & Co. Basel 1961, S. 214 f.)

4 *Wenn Sie wissen wollen, wie Sokrates schließlich gestorben ist, lesen Sie die eindrucksvolle Schilderung seines Todes am Schluss des Dialogs „Phaidon" (Kap. 64–67).*

Dass der platonische Beweis also auch keinen sicheren Aufschluss über ein Leben nach dem Tod geben kann, macht wiederum **Kant** deutlich, indem er auf den Unterschied von Körper und Seele abhebt. (➔ Kap. II, 2.3)

Ich erkenne in mir Veränderungen als in einem Subjekte, was lebt, nämlich Gedanken, Willkür etc. etc. und, weil diese Bestimmungen von anderer Art sein [lies: sind], als alles, was zusammengenommen meinen Begriff vom Körper macht, so denke ich mir billigermaßen ein unkörperliches und beharrliches Wesen. Ob dieses auch ohne Verbindung mit dem Körper denken werde, kann vermittelst dieser aus Erfahrung erkannten Natur niemals geschlossen werden.

(Immanuel Kant, Träume eines Geistersehers. Hrsg. v. Rudolf Malter. Reclam Verlag, Stuttgart 1976, S. 80 f. [A 122])

Kant betont jedoch in der Vorrede zu seinem Hauptwerk „Kritik der reinen Vernunft" die Unabweisbarkeit von metaphysischen Fragen, auch wenn diese möglicherweise niemals zu sicheren Antworten führen werden. Er gewinnt so einen kritischen Begriff der Metaphysik als Wissenschaft.

Die menschliche Vernunft hat das besondere Schicksal in einer Gattung ihrer Erkenntnisse: dass sie durch Fragen belästigt wird, die sie nicht abweisen kann, denn sie sind ihr durch die Natur der Vernunft selbst aufgegeben, die sie aber auch nicht beantworten kann, denn sie übersteigen alles Vermögen der menschlichen Vernunft.

In diese Verlegenheit gerät sie ohne ihre Schuld. Sie fängt von Grundsätzen an, deren Gebrauch im Laufe der Erfahrung unvermeidlich und zugleich durch diese hinreichend bewährt ist. Mit diesen steigt sie (wie es auch ihre Natur mit sich bringt) immer höher, zu entferneteren Bedingungen. Da sie aber gewahr wird, dass auf diese Art ihr Geschäfte jederzeit unvollendet bleiben müsse, weil die Fragen niemals aufhören, so sieht sie sich genötigt zu Grundsätzen ihre Zuflucht zu nehmen, die allen möglichen Erfahrungsgebrauch überschreiten und gleichwohl so unverdächtig scheinen, dass auch die gemeine Menschenvernunft damit im Einverständnisse stehet. Dadurch aber stürzt sie sich in Dunkelheit und Widersprüche, aus welchen sie zwar abnehmen kann, dass irgendwo verborgene Irrtümer zum Grunde liegen müssen, die sie aber nicht entdecken kann, weil die Grundsätze, deren sie sich bedient, da sie über die Grenze aller Erfahrung hinausgehen, keinen Probierstein der Erfahrung mehr anerkennen. Der Kampfplatz dieser endlosen Streitigkeiten heißt nun *Metaphysik*.

(Immanuel Kant, Kritik der reinen Vernunft. Hrsg. v. Ingeborg Heidemann, Reclam Verlag, Stuttgart 1966, S. 864 f. [A VII f.])

1 *Geben Sie Kants Grundgedanken wieder.*
2 *Beziehen Sie Kants Kritik am erfahrungsunabhängigen Umgang mit metaphysischen Grundsätzen auf Platons Dialog „Phaidon".*
3 *Was bedeuten Kants Ausführungen für die Überzeugungskraft der Geistererzählungen Swedenborgs, wenn man bedenkt, dass auch sie notwendig auf begriffliche Fixierungen und Ausdeutungen angewiesen sind?*
4 *Diskutieren Sie abschließend, ob sich die Beschäftigung mit Metaphysik für den Einzelnen lohnen kann.*

II

Was ist der Mensch?

Zugänge
zur Anthropologie

Himmel und Erde waren geschaffen. Im Meer spielten die Fische und in den Lüften sangen die Vögel, der Erdboden wimmelte von Tieren. Aber noch gab es kein Geschöpf, in dem der Geist wohnte und von ihm aus die Erde beherrschen konnte. Da betrat Prometheus die Erde, ein Spross des alten Göttergeschlechts, das Zeus entthront hatte. Er nahm vom Tone, knetete ihn und formte daraus ein Gebilde nach dem Ebenbilde der Götter. Um diesen Erdkloß zu beleben, entlehnte er von den Tierseelen gute und böse Eigenschaften und schloss sie in die Brust des Menschen ein. Seine himmlische Freundin Athene, die Göttin der Weisheit, blies dem halbbeseelten Gebilde den Geist, den göttlichen Atem, ein.
So entstanden die ersten Menschen und bevölkerten bald die Erde. Lange wussten sie nicht, wie sie sich ihrer Glieder und des empfangenen Götterfunkens bedienen sollten. Da nahm sich Prometheus seiner Geschöpfe an und belehrte sie für alle Fälle des Lebens. Er betrog sogar Zeus mit in Haut eingewickelten Knochen als Opfergabe um für seine Geschöpfe bessere Lebensbedingungen zu erlangen. Dieser aber rächte sich, indem er den Menschen das Feuer vorenthielt. Prometheus jedoch stahl es den Göttern und brachte es zu den Menschen. Zur Strafe wurde er an eine Felswand des Berges Kaukasus geschmiedet. Zeus sandte dem Gefesselten einen Adler, der täglich von seiner Leber zehren durfte, die sich immer wieder erneuerte.
(nach: Gustav Schwab, Sagen des klassischen Altertums. Carl Ueberreuter Verlag, Wien 1974, S. 15–18)

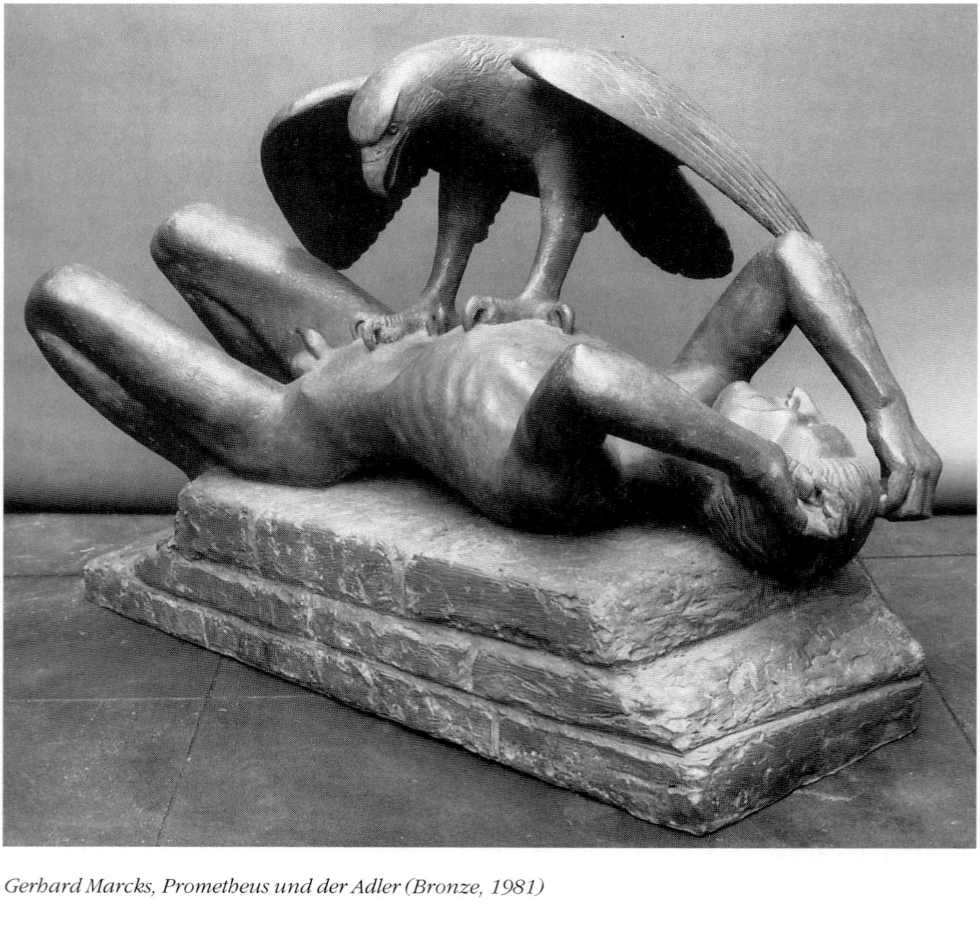

Gerhard Marcks, Prometheus und der Adler (Bronze, 1981)

Prometheus (Johann Wolfgang Goethe)

Bedecke deinen Himmel, Zeus,
Mit Wolkendunst!
Und übe, Knaben gleich,
Der Diesteln köpft,
An Eichen dich und Bergeshöhn!
Musst mir meine Erde
Doch lassen stehn,
Und meine Hütte,
Die du nicht gebaut,
Und meinen Herd,
Um dessen Glut
Du mich beneidest.

Ich kenne nichts Ärmer's
unter der Sonn' als euch Götter.
Ihr nähret kümmerlich
Von Opfersteuern
Und Gebetshauch
Eure Majestät
Und darbtet, wären
Nicht Kinder und Bettler
Hoffnungsvolle Toren.

Da ich ein Kind war,
Nicht wusst', wo aus, wo ein,
Kehrte mein verirrtes Aug'
Zur Sonne, als wenn drüber wär'
Ein Ohr, zu hören meine Klage,
Ein Herz wie meins,
Sich des Bedrängten zu erbarmen.

Wer half mir wider
Der Titanen Übermut?
Wer rettete vom Tode mich,
Von Sklaverei?
Hast du's nicht alles selbst vollendet,
Heilig glühend Herz?
Und glühtest, jung und gut,
Betrogen, Rettungsdank
Dem Schlafenden dadroben?

Ich dich ehren? Wofür?
Hast du die Schmerzen gelindert
Je des Beladenen?
Hast du die Tränen gestillet
Je des Geängsteten? Hat nicht mich zum
Manne geschmiedet
Die allmächtige Zeit
Und das ewige Schicksal,
Meine Herrn und deine?

Wähntest du etwa,
Ich sollte das Leben hassen,
In Wüsten fliehn,
Weil nicht alle Knabenmorgen –
Blütenträume reiften?

Hier sitz' ich, forme Menschen
Nach meinem Bilde,
Ein Geschlecht, das mir gleich sei,
Zu leiden, weinen,
Genießen und zu freuen sich,
Und dein nicht zu achten,
Wie ich.

(Johann Wolfgang Goethe, Prometheus.
In: J. W. Goethe, Hamburger Ausgabe in 14 Bdn.,
Bd. 1. C. H. Beck Verlag, München ^{13}1981, S. 44 ff.)

1 *Arbeiten Sie die unterschiedlichen Prometheus-Auffassungen in beiden Texten heraus und beziehen Sie diese auf die Marcks-Plastik.*

2 *Suchen Sie aus Sophokles' „Antigone" das Chorlied über den Menschen heraus und erarbeiten Sie seine Grundaussagen.*

3 *Von Arnold Gehlen, einem Philosophen unseres Jahrhunderts, stammt der Satz: „Den Menschen als Prometheus zu bezeichnen, hat einen guten Sinn." Wie sehen Sie im Anschluss an diese Äußerung den Menschen der Gegenwart?*

Einführung

Der antike Mythos vom Prometheus, in Goethes Gedicht aus dem 18. Jahrhundert noch einmal neu akzentuiert, enthält bereits fundamentale Vorstellungen über den Menschen. Nicht nur im Mythos und in der Dichtung, sondern auch in der Philosophie ist die Frage nach dem Menschen bereits seit der Antike bedacht worden. Gleichwohl ist die philosophische Anthropologie als eine eigene Disziplin, die sich dieser Frage widmet, erst im 19. Jahrhundert durch den Religionskritiker **Ludwig Feuerbach** (1804–1872) begründet und im 20. Jahrhundert durch verschiedene philosophische Werke über den Menschen weiter ausgestaltet worden. Dabei ist die Frage nach dem Menschen keineswegs von bloß theoretischem Interesse, sondern ihre Beantwortung kann unsere konkreten Lebensentscheidungen beeinflussen.

1 Überlegen Sie, wie Sie (Ihre) Kinder erziehen würden, und machen Sie sich das Menschenbild klar, das Ihre Erziehungsvorstellung bestimmt.

Sie werden an diesem Beispiel leicht feststellen, dass Menschenauffassungen oft unsere Handlungen bestimmen und wir umgekehrt häufig unsere Handlungen mit ihnen rechtfertigen. Und dies gilt durchaus nicht nur für den privaten, sondern wenigstens genauso für den politischen Bereich, in dem Entscheidungen im Allgemeinen noch größere Auswirkungen haben. Philosophisch die Frage nach dem Menschen zu stellen, ist also nichts ganz und gar Abgehobenes. Es ist der Versuch, sich mit den Grundlagen seines eigenen Denkens und Handelns zu befassen.
Von dem antiken Philosophen **Demokrit** (460–371 v. Chr.) stammt der Satz: „Mensch ist, was wir alle wissen“. Er will mit ihm wohl darauf hinweisen, dass der Mensch ein zumeist nicht bewusstes, aber stets vorausgesetztes Grundwissen um sich selbst besitzt, das eine Vielzahl von menschlichen Beziehungen und Handlungen im Verborgenen bestimmt. Jeder von uns hat eine Vorstellung davon, was der Mensch und damit auch er selbst ist oder sein soll, und diese bringt er in seine täglichen Urteile und Handlungsweisen ein, meist ohne sich dessen bewusst zu sein. Ob wir den Menschen für einen besonders perfekten Computer, die Krone der Schöpfung oder einen Fehlversuch der Natur halten, wird Auswirkungen darauf haben, wie wir uns selbst und unsere Mitmenschen sehen und wie wir mit uns und ihnen umgehen.
Wenn das zutrifft, könnte es zumindest eine Aufgabe des philosophischen Nachdenkens sein, dieses implizite Wissen um den Menschen freizulegen und ins Bewusstsein zu erheben. Wären wir uns wiederum der Menschenbilder bewusst, die unser Urteilen und Handeln leiten, könnten wir auch zu einem bewussteren Umgang mit uns selbst und den anderen gelangen und auf dieser Grundlage vielleicht sogar unser tägliches Handeln neu bestimmen.

1 *Was ist der Mensch: Die Lehre von der menschlichen Natur*

Nähern wir uns nun der Frage nach dem Menschen auf eine philosophische Weise, dann können wir uns nicht mit dem Aufweis eines bestimmten Menschenbildes begnügen. Vielmehr müssen wir untersuchen, was der Mensch eigentlich oder von Natur aus ist. Es geht um die Bestimmungen, die allen Menschen gemeinsam sind. In der Philosophie spricht man in diesem Zusammenhang von der Frage nach der **menschlichen Natur** und meint damit die Frage nach dem Menschen an sich, unabhängig von seinen individuellen und sich in Zivilisation und Kultur ausprägenden geschichtlichen Erscheinungsformen.

1.1 Die menschliche Natur in der Sicht der Theologie

Die Auffassung, dass der Mensch von Natur aus böse sei, ist sehr alt und hat für unseren abendländischen Kulturkreis ihre Wurzeln im Juden- und dann später im Christentum. In Anknüpfung an die alttestamentliche Tradition hebt im Neuen Testament besonders **Paulus** (1. Jahrhundert n. Chr.) hervor, dass alle Menschen von der Sünde beherrscht seien. Diese Auffassung gilt für das christliche Menschenbild insgesamt (➔ Kap. III, 6.2.1), wenn die verschiedenen Konfessionen auch den Eigenanteil des Menschen daran, seine Sünde zu überwinden, unterschiedlich einschätzen. Besonders die protestantisch-lutherische Form des Christentums hat – gegen die damalige katholische Auffassung gewandt – die Lehre von der Sündhaftigkeit des Menschen und seines völligen Angewiesenseins auf Gottes Gnade betont. Hier zählen daher auch alle menschlichen Werke vor Gott nichts, allein der (von Gott selbst geschenkte) Glaube kann aus der Sünde retten.
Der in dieser Tradition stehende evangelische Neutestamentler **Rudolf Bultmann** (1884–1976) legt im abgedruckten Textauszug die theologische Aussage über den Menschen als Sünder für das 20. Jahrhundert neu aus: Bei ihm besteht die Sünde des Menschen in der Konzentration allein auf sich und seine eigenen Möglichkeiten der Lebensfristung. Mit seiner „entmythologisierenden" Erklärung dessen, was das Neue Testament mit Sünde meint, nimmt Bultmann besonders Gedanken von Martin Heidegger (1889–1976, ➔ Kap. II, 2.4.5) auf, mit dem er in den 20er Jahren gemeinsam in Marburg lehrte und einen regen Gedankenaustausch pflegte.

1.1.1 Paulus: Sünde und Gnade

Durch einen einzigen Menschen[1] kam die Sünde in die Welt und durch die Sünde der Tod und auf diese Weise gelangte der Tod zu allen Menschen, weil alle sündigten.
Sünde war schon vor dem Gesetz[2] in der Welt, aber Sünde wird nicht angerechnet, wo es kein Gesetz gibt; dennoch herrschte der Tod von Adam bis Mose auch über die, welche nicht wie Adam durch Übertreten eines Gebots gesündigt hatten; Adam aber ist die Gestalt, die auf den Kommenden hinweist. Doch anders als mit der Übertretung verhält es sich mit der Gnade; sind durch die Übertretung des einen die vielen dem Tod anheim gefallen, so ist erst recht die Gnade Gottes und die Gabe, die durch die Gnadentat des

einen Menschen Jesus Christus bewirkt worden ist, den vielen reichlich zuteil geworden. Anders als mit dem, was durch den einen Sünder verursacht wurde, verhält es sich mit dieser Gabe: Das Gericht führt wegen der Übertretung des einen zur Verurteilung, die Gnade führt aus vielen Übertretungen zur Gerechtsprechung. Ist durch die Übertretung des einen der Tod zur Herrschaft gekommen, durch diesen einen, so werden erst recht alle, denen die Gnade und die Gabe der Gerechtigkeit reichlich zuteil wurde, leben und herrschen durch den einen, Jesus Christus. Wie es also durch die Übertretung eines Einzigen für alle Menschen zur Verurteilung kam, so wird es auch durch die gerechte Tat eines Einzigen für alle Menschen zur Gerechtsprechung kommen, die Leben gibt. Wie durch den Ungehorsam des einen Menschen die vielen zu Sündern wurden, so werden auch durch den Gehorsam des einen die vielen zu Gerechten gemacht werden.

Das Gesetz aber ist hinzugekommen, damit die Übertretung mächtiger werde; wo jedoch die Sünde mächtig wurde, da ist die Gnade übergroß geworden. Denn wie die Sünde herrschte und zum Tod führte, so soll auch die Gnade herrschen und durch Gerechtigkeit zu ewigem Leben führen, durch Jesus Christus, unseren Herrn.

(Paulus, Der Brief an die Römer 5, 12–21. Aus: Einheitsübersetzung der Heiligen Schrift. Das Neue Testament. Katholische Bibelanstalt, Stuttgart 1979, S. 353 f.)

1 durch einen einzigen Menschen: gemeint ist Adam.
2 Gesetz: Paulus denkt hier in erster Linie an die 10 Gebote.

1 *Vergegenwärtigen Sie sich die alttestamentliche Geschichte von Schöpfung, Sündenfall und Brudermord (Gen 2, 4b– 4, 16) und arbeiten Sie heraus, welche Vorstellung von der Natur des Menschen in ihr verborgen ist. Klären Sie in diesem Zusammenhang den Begriff der Erbsünde in einem evangelischen und in einem katholischen Nachschlagewerk (z. B. „Die Religion in Geschichte und Gegenwart“ / „Lexikon für Theologie und Kirche“).*
2 *Erklären Sie, wie nach Paulus Sünde und Tod miteinander zusammenhängen, und weisen Sie die Beziehung zwischen Sünde und Gnade auf.*
3 *Welche Gesamtauffassung über die menschliche Natur findet sich bei Paulus?*

1.1.2 Rudolf Bultmann: Sünde als menschliche Eigenmächtigkeit

„Diese Welt“ ist *die Welt der Vergänglichkeit und des Todes.* Als Gottes Schöpfung ist sie das offenbar nicht; denn erst infolge des Falles Adams ist der Tod in die Welt gekommen (Rm. 5, 12). Vergänglichkeit und Tod werden also nicht auf die Materie, sondern *auf die Sünde zurückgeführt.* […] Unausgeglichen mit der Adam-Theorie steht die stets sich wiederholende Aussage, dass die Sünde und mit ihr der Tod auf das „Fleisch“ zurückgeht (Rm. 8, 13; Gal 6, 8 usw.). Was aber heißt *„Fleisch“*? Es ist nicht die Körperlichkeit und Sinnlichkeit, sondern es ist die Sphäre des Sichtbaren, des Vorhandenen, Verfügbaren, Messbaren und als die Sphäre des Sichtbaren auch die des Vergänglichen. Zur Macht wird diese Sphäre für den Menschen, der sie zur Grundlage seines Lebens macht, der „nach ihr“ lebt, d. h. der sich verführen lässt aus dem Sichtbaren, Verfügbaren zu leben statt aus dem Unsichtbaren, Unverfügbaren, – einerlei, ob er sich in Leichtsinn und Begierde den lockenden Möglichkeiten eines solchen Lebens hingibt oder ob er sein Leben überlegt und berechnend aufgrund seiner Leistungen, der „Werke des Gesetzes“, führt. Denn „Fleisch“ umfasst nicht nur die materiellen Dinge, sondern auch alles Schaffen und Leisten, dem es um den Gewinn von etwas Aufweisbarem geht, wie z. B. die Erfüllung des Gesetzes (Gal. 3, 3); zum „Fleisch“ gehört jede zuständliche Qualität, jeder Vorzug, den ein

Mensch innerhalb des Sichtbaren, Verfügbaren haben kann (Phil. 3, 4 ff.).

Paulus sieht, dass das Leben des Menschen vom *„Sorgen"* getragen wird (1. Kor. 7, 32 ff.). Jeder Mensch ist mit seiner Sorge auf etwas gerichtet. Der natürliche Mensch sorgt, sich das Leben zu sichern, und entsprechend seinen Möglichkeiten und Erfolgen im Sichtbaren „vertraut er auf das Fleisch" (Phil. 3, 3 f.) und das Bewusstsein der Sicherheit findet seinen Ausdruck im „Rühmen" [...].

Das heißt in der Sprache des Neuen Testaments, dass er ein Sünder ist. Denn *diese Eigenmächtigkeit ist die Sünde*, ist Empörung gegen Gott. Sünde ist die Eigenmächtigkeit, das „Sich-rühmen"; [...]

Das Sichtbare, Verfügbare ist vergänglich, und deshalb ist, wer von ihm her lebt, der Vergänglichkeit, dem Tode, verfallen. Wer aus dem Verfügbaren lebt, der begibt sich in die Abhängigkeit von ihm. Das zeigt sich schon daran, dass jeder, indem er sich mittels des Verfügbaren sichern will, mit dem anderen zusammengerät, sich auch gegen ihn sichern oder sich seiner versichern muss. So entstehen einerseits Neid und Zorn, Eifersucht und Streit usw., andrerseits Vertrag und Konvention, geläufige Urteile und Maßstäbe. Und aus allem erwächst eine Atmosphäre, die jeden immer schon umfängt und die sein Urteil leitet, der jeder immer wieder ihr Recht gibt und die jeder aufs neue mitkonstruiert.

Daraus erwächst auch die Knechtschaft der Angst (Rm. 8, 15), die auf den Menschen lastet. Es ist die Angst, in der jeder an sich und dem Seinen festhalten will in dem geheimen Gefühl, dass ihm alles, auch sein eigenes Leben, entgleitet.

[...] Demgegenüber wäre ein echtes Leben des Menschen dasjenige, das aus dem Unsichtbaren, Unverfügbaren lebt, das also alle selbst geschaffene Sicherheit preisgibt. Das eben ist das Leben „nach dem Geist", das Leben „im Glauben".

Ein solches Leben wird Möglichkeit für den Menschen aus dem Glauben an Gottes „Gnade", d. h. aus dem Vertrauen, dass gerade das Unsichtbare, Unbekannte, Unverfügbare dem Menschen als Liebe begegnet, ihm seine Zukunft entgegenbringt, nicht Tod, sondern Leben für ihn bedeutet.

Die Gnade Gottes ist *sündenvergebende Gnade*, d. h. sie befreit den Menschen von seiner Vergangenheit, die ihn gefangen hält. Jene Haltung des Menschen, der sich sichern will und deshalb zum Verfügbaren greift und sich an das Vergehende und immer schon Vergangene klammert, – sie ist ja die Sünde, weil sie das Sichverschließen gegen das Unsichtbare, gegen Gottes sich schenkende Zukunft ist. Dem der Gnade sich öffnenden Menschen wird seine Sünde vergeben, d. h. er wird frei von der Vergangenheit. Und eben das heißt *„Glaube"*: sich frei der Zukunft öffnen. Und solcher Glaube ist zugleich *Gehorsam,* weil er die Wegwendung des Menschen von sich selbst ist, die Preisgabe aller Sicherheit, der Verzicht sich selbst seine Geltung, sein Leben zu gewinnen, der Verzicht auf sich selbst zu vertrauen, und der Entschluss nur auf Gott zu vertrauen, der die Toten erweckt (2. Kor. 1, 9), der das Nichtseiende ins Sein ruft (Rm. 4, 17), die radikale Hingabe an Gott, die alles von Gott, nichts von sich erwartet, die damit gegebene *Gelöstheit von allem weltlich Verfügbaren*, also die Haltung der Entweltlichung, der *Freiheit*.

(Rudolf Bultmann, Neues Testament und Mythologie. In: Kerygma und Mythos I. Ein theologisches Gespräch. Herbert Reich Verlag, Hamburg 1960, S. 27 f., 38, 29)

1 *Zeigen Sie auf, worin Bultmann die Grundsünde des Menschen und die Möglichkeit zu ihrer Überwindung sieht.*

2 *Vergleichen Sie Bultmanns Sündenauffassung mit der von Paulus.*

3 *Erörtern Sie Bultmanns Sündenauffassung vor dem Hintergrund moderner Zivilisationserscheinungen wie Besitzstreben und Konkurrenz, aber auch Krieg und Umweltzerstörung.*

1.2 Die menschliche Natur in der Sicht der Aufklärung

Mit der im 17. Jahrhundert beginnenden Aufklärung gewinnt die Frage nach der Natur des Menschen noch weiter an Bedeutung. Dabei wird die Menschennatur nicht mehr so sehr in ihrer Beziehung zum göttlichen Wesen, demgegenüber sie sehr schnell als schlecht und sündig erscheinen muss, sondern stärker aus ihr selbst heraus gedeutet. Die geistige Grundlage dazu bildet die Philosophie der Aufklärung, in der sich die menschliche Vernunft auf sich selbst besinnt und alle Einschränkungen durch vorgegebene Dogmen und Traditionen zurückweist.

1.2.1 Thomas Hobbes: Der Mensch als von Natur aus böse

Die Bestimmung der menschlichen Natur, wie sie **Thomas Hobbes** (1588–1679) im folgenden Text gibt, gehört schon der beginnenden Aufklärung an: Zwar gilt der Mensch wie in der christlichen Tradition als von Natur aus böse, aber seine Bösartigkeit wird eher aus den Erfahrungen der Kriegs- und Bürgerkriegswirren abgeleitet, in denen Hobbes lebte, als aus dem theologischen Begriff der Sünde. Sie kann zudem durch eine höchst menschliche Tat, die Gründung eines Staates per Vertrag, gebannt werden (➔ Kap. IV, 2.1). Hobbes' Aussagen über die menschliche Natur stehen also im umfassenden Kontext seiner Gesellschafts- bzw. Staatstheorie.

Die Menschen sind von Natur aus gleich, sowohl in ihren körperlichen als auch in den geistigen Anlagen. Es mag wohl jemand erwiesenermaßen stärker sein als ein anderer oder schneller in seinen Gedankengängen, wenn man jedoch alles zusammen bedenkt, so ist der Unterschied zwischen den einzelnen Menschen nicht so erheblich, dass irgendjemand Veranlassung hätte sich einen Anspruch daraus herzuleiten, den ein anderer nicht mit dem gleichen Recht geltend machen könnte. Man nehme nur die Körperstärke: Selbst der Schwächste ist stark genug auch den Stärksten zu vernichten; er braucht sich nur einer List zu bedienen oder sich zu verbinden mit anderen, die in derselben Gefahr sind wie er.

Im Bereich der geistigen Fähigkeiten scheint mir die Gleichheit noch offensichtlicher zu sein – eine Ausnahme bilden nur die Künste, die sich des Wortes bedienen, vor allem die Wissenschaften, die nämlich verlangen, dass man allgemein gültige Regeln abzuleiten in der Lage ist, eine Fähigkeit, die nur wenige und dann nur begrenzt auf einzelne Denkbereiche besitzen, denn sie ist nicht angeboren und kann auch nicht – wie die Klugheit – durch einfaches Schlussfolgern erworben werden. Denn Klugheit ist nichts als Erfahrung und diese wird allen in gleicher Weise zuteil, wenn sie nur irgendeiner Sache die gleiche Aufmerksamkeit schenken. [...]

Dieser Gleichheit der Fähigkeiten entspringen die gleichen Hoffnungen ein Ziel zu erreichen. So werden zwei Menschen zu Feinden, wenn beide zu erlangen versuchen, was nur einem von ihnen zukommen kann. Um ihr Ziel zu erreichen (welches fast immer ihrer Selbsterhaltung dient, nur selten allein der größeren Befriedigung ihrer Bedürfnisse), trachten sie danach, den anderen zu vernichten oder ihn sich untertan zu machen. Hier öffnet sich das Feld für einen Angreifer, der nicht mehr zu fürchten hat, als die Macht eines Einzelnen. Derjenige nämlich, der ein gutes Stück Land bepflanzt, besät oder gar besitzt, wird fürchten müssen, dass andere mit vereinten Kräften kommen um ihn nicht nur seines Brotes, sondern auch seines Lebens oder seiner Freiheit zu berauben. Und der Angreifer selbst ist wieder durch andere gefährdet.

Die Folge dieses wechselseitigen Argwohns ist, dass sich ein jeder um seiner Sicherheit willen bemüht dem anderen zuvorzukommen. So wird er sich so lange gewaltsam oder hinterrücks des anderen zu bemächtigen suchen, bis ihn keine größere Macht mehr gefährden kann. Das verlangt nur seine Selbsterhaltung und wird deshalb allgemein gebilligt. Schon weil es einige geben mag, die bestrebt sind, aus Machtgier und Eitelkeit mehr an sich zu reißen, als zu ihrer Sicherheit notwendig wäre. Die aber, die glücklich wären sich in schmalen Grenzen zu begnügen, würden schnell untergehen, wenn sie sich – ein jeder für sich – verteidigen würden und nicht danach trachteten, durch Eroberungen ihre Macht zu vergrößern. Folglich muss dem Menschen die Ausweitung seiner Macht über andere, zu der ihn sein Selbsterhaltungstrieb zwingt, erlaubt sein.

Das Zusammenleben ist den Menschen also kein Vergnügen, sondern schafft ihnen im Gegenteil viel Kummer [...]. Ein jeder ist darauf bedacht, dass die anderen ihn genauso schätzen, wie er sich selbst. Auf jedes Zeichen der Verachtung oder Geringschätzung hin ist er daher bestrebt sich höhere Achtung zu erzwingen – bei den einen, indem er ihnen Schaden zufügt, bei den anderen durch das statuierte Exempel. Er wird dabei so weit gehen, wie er es wagen darf – was dort, wo es keine Ordnungsgewalt gibt, zur wechselseitigen Vernichtung führt.

So sehen wir drei Hauptursachen des Streites in der menschlichen Natur begründet: Wettstreben, Argwohn und Ruhmsucht.

Dem Wettstreben geht es um Gewinn, dem Argwohn um Sicherheit, der Ruhmsucht um Ansehen. Die erste Leidenschaft scheut keine Gewalt, sich Weib, Kind und Vieh eines anderen zu unterwerfen, ebensowenig die zweite, das Geraubte zu verteidigen, oder die dritte, sich zu rächen für Belanglosigkeiten wie ein Wort, ein Lächeln, einen Widerspruch oder irgendein anderes Zeichen der Geringschätzung, das entweder ihm selbst oder aber seinen Kindern oder Freunden, seinem Vaterland, seinem Gewerbe oder seinem Namen entgegengebracht wird.

Und hieraus folgt, dass Krieg herrscht, solange die Menschen miteinander leben ohne eine oberste Gewalt, die in der Lage ist die Ordnung zu bewahren. Und es ist ein Krieg, den jeder Einzelne gegen jeden führt. Der Krieg zeigt sich nämlich nicht nur in der Schlacht oder in kriegerischen Auseinandersetzungen. Es kann vielmehr eine ganze Zeitspanne, in der die Absicht, Gewalt anzuwenden, unverhüllt ist, ebenso Krieg sein. Und deshalb ist der Begriff der Zeit mit der Natur des Krieges ebenso untrennbar verbunden wie mit dem Begriff des Wetters. Macht doch nicht allein ein Regenschauer das schlechte Wetter aus, sondern ebenso sehr die tagelange Regenneigung. Und gleichermaßen zeigt sich das Wesen des Krieges nicht nur im wirklichen Gefecht, sondern schon in einer Periode der offensichtlichen Kriegsbereitschaft, in der man des Friedens nicht sicher sein kann. Jeden anderen Zustand aber mag man als Frieden bezeichnen.

Was immer die Folgen eines Krieges sein mögen, in dem jeder des anderen Feind ist, die gleichen Folgen werden auftreten, wenn Menschen in keiner anderen Sicherheit leben als der, die ihr eigener Körper und Verstand ihnen verschafft. In einem solchen Zustand gibt es keinen Fleiß, denn seine Früchte werden ungewiss sein, keine Bebauung des Bodens, keine Schifffahrt, keinerlei Einfuhr von überseeischen Gütern, kein behagliches Heim, keine Fahrzeuge zur Beförderung von schweren Lasten, keine geographischen Kenntnisse, keine Zeitrechnung, keine Künste, keine Literatur, keine Gesellschaft. Stattdessen: Ständige Furcht und die drohende Gefahr eines gewaltsamen Todes. Das Leben der Menschen: einsam, arm, kümmerlich, roh und kurz.

Wer hierüber noch keine ernsthaften Erwägungen angestellt hat, dem mag es wohl befremdlich erscheinen, dass die Natur die

Menschen einander derart entfremdet haben sollte, dass einer den anderen angreift und vernichtet. Und er möchte gewiss gern durch die Erfahrung bestätigt sehen, was sich aus der triebhaften Veranlagung des Menschen als notwendiger Schluss ergibt. Er braucht aber nur selbst hinzusehen: Wenn er eine Reise unternimmt, versieht er sich mit Waffen und sucht zu seinem Schutz eine sichere Begleitung. Wenn er sich schlafen legt, verriegelt er seine Tür und selbst die Schränke in seinem eigenen Haus. Dabei weiß er doch, dass es Gesetze gibt und Männer, deren Pflicht es ist, ihn für jedes nur mögliche Unrecht mit Waffengewalt zu rächen. Was für eine Meinung muss er also von seinen Mitbürgern haben, wenn er glaubt, sich gegen sie rüsten zu müssen, was muss er von seinen Nachbarn denken, wenn er beim Schlafengehen die Türen versperrt, und was von seinen Hausgenossen, wenn er die Schränke verriegelt? Klagt er die Menschheit mit solchem Handeln nicht stärker an als ich mit meinen Worten? [...]

Man mag vielleicht denken, dass es diesen Zustand des Krieges aller gegen alle niemals gegeben habe. Auch ich glaube, dass er niemals in der ganzen Welt zugleich in dieser Weise geherrscht hat. Sicher aber immer an einigen Orten. [...]

Aber wie dem auch sei: Wie das Leben ohne eine Furcht gebietende oberste Gewalt aussehen würde, kann man aus dem Zustand ersehen, in den Menschen, die vorher unter einer friedlichen Regierung gelebt haben, im Bürgerkrieg verfallen.

Und wenn es nie eine Zeit gegeben haben sollte, in der jeder des anderen Feind gewesen ist, so leben doch die Könige und alle souveränen Machthaber aus Furcht vor dem Verlust ihrer Unabhängigkeit in unaufhörlichem Argwohn und in Stellung und Haltung wie Gladiatoren; ihre Waffen sind gezückt und einer belauert den anderen: durch Festungen, Heere und Geschütze an den Grenzen, durch Spione im Inneren. Es herrscht also Krieg. Doch weil sie dadurch ihre Untertanen in Tätigkeit halten, tritt nicht jener elende Zustand ein, der die Folge der absoluten Freiheit aller ist.

Wenn ein jeder gegen jeden Krieg führt, so kann auch nichts als unerlaubt gelten. Für die Begriffe Recht und Unrecht, Gerechtigkeit und Ungerechtigkeit bleibt kein Raum. Wo es keine Herrschaft gibt, gibt es auch kein Gesetz. Wo es kein Gesetz gibt, kann es auch kein Unrecht geben. List und Gewalt sind die einzigen Tugenden. Denn weder Gerechtigkeit noch Ungerechtigkeit sind Naturanlagen des Menschen – nicht geistige und auch nicht körperliche. Wenn sie es wären, so müssten sie auch einem Menschen, der ganz allein auf der Welt lebte, eignen – ganz so wie sein Gefühl, wie seine Triebe. Es kennt sie aber nur der Mensch in der Gesellschaft, nicht der im Naturzustand. Aus demselben Grunde auch gibt es keinen Besitz, kein Eigentum, überhaupt keine Vorstellung von *mein* und *dein*. Vielmehr kann sich jeder alles aneignen und kann es so lange für sich behaupten, wie er in der Lage ist es zu sichern. So viel über jenen armseligen Zustand, in den der Mensch von Natur aus verwiesen ist.

(Thomas Hobbes, Leviathan oder Wesen, Form und Gewalt des kirchlichen und bürgerlichen Staates. I. Der Mensch. Hg. v. P. Mayer-Tasch in der Übers. von Dorothee Tidow. Rowohlt, Reinbek 1965, S. 96–101)

1 *Tragen Sie die Merkmale des Krieges aller gegen alle, von dem Hobbes ausgeht, zusammen und kennzeichnen Sie den Zustand, in dem dieser Krieg herrscht.*

2 *Erarbeiten Sie Hobbes' Aussagen über die menschliche Natur als Ursache für den Krieg.*

3 *Informieren Sie sich über den Inhalt von Goldings Roman „Der Herr der Fliegen" und machen Sie Parallelen zu Hobbes' Menschenauffassung fest.*

4 *Wie müsste nach Hobbes menschliche Erziehung gestaltet sein?*

5 *Diskutieren Sie die Berechtigung von Hobbes' Bestimmung der menschlichen Natur (ggf. unter Einbeziehung der in Aufgabe 3 genannten Romanhandlung).*

1.2.2 Jean-Jacques Rousseau: Der Mensch als von Natur aus gut

In den folgenden Ausführungen rechtfertigt **Jean-Jacques Rousseau** (1712–1778) den Menschen als von Natur aus gut. Wie bei Hobbes stehen Rousseaus anthropologische Bestimmungen, in die auch seine Erfahrungen mit der dekadenten Großstadtkultur in Paris einfließen, im größeren Zusammenhang seiner Sozialphilosophie.

Wenn ich dieses so verfasste Wesen aller übernatürlichen Gaben, die es hat empfangen können und aller künstlichen Fähigkeiten, die es nur durch langwierige Fortschritte hat erwerben können, entkleide, wenn ich es, mit einem Wort, so betrachte, wie es aus den Händen der Natur hat hervorgehen müssen, so sehe ich ein Tier, das weniger stark als die einen, weniger flink als die anderen, aber alles in allem genommen am vorteilhaftesten von allen organisiert ist. Ich sehe es, wie es sich unter einer Eiche satt isst, wie es am erstbesten Bach seinen Durst löscht, wie es sein Bett am Fuße desselben Baumes findet, der ihm sein Mahl geliefert hat, und damit sind seine Bedürfnisse befriedigt.

Ihrer natürlichen Fruchtbarkeit überlassen und von unermesslichen Wäldern bedeckt, welche die Axt niemals verstümmelte, bietet die Erde den Tieren jeglicher Art auf Schritt und Tritt Vorratslager und Schlupfwinkel. Die Menschen, die unter sie zerstreut leben, beobachten ihre Fertigkeit, ahmen sie nach und erheben sich so bis zum Instinkt der Tiere, mit dem Vorteil, dass, während jede Art nur den ihr eigenen Instinkt hat, der Mensch, welcher vielleicht keinen hat, der ihm eigen ist, sie sich alle aneignet, sich von der Mehrzahl der verschiedenen Nahrungsmittel in gleicher Weise ernährt, in welche die anderen Tiere sich teilen, und folglich seinen Lebensunterhalt leichter findet, als dies irgendeines von ihnen vermag.

Von Kindheit auf an die Unbilden der Witterung und die Strenge der Jahreszeiten gewöhnt, in Mühsal geübt und gezwungen nackt und ohne Waffen ihr Leben und ihre Beute gegen die anderen grimmigen Tiere zu verteidigen oder ihnen im Laufe zu entkommen, entwickeln die Menschen ein robustes und nahezu unverwüstliches Temperament. [...] Andere, furchtbarere Feinde, gegen die der Mensch nicht die gleichen Mittel hat sich zu verteidigen, sind die natürlichen Schwachheiten: die Kindheit, das Alter und die Krankheiten jeglicher Art – traurige Zeichen unserer Schwäche, von denen die beiden Ersteren allen Tieren gemeinsam sind und das Letztere hauptsächlich dem in der Gesellschaft lebenden Menschen eigen ist. Was die Kindheit anbelangt, so stelle ich sogar fest, dass die Mutter, da sie ihr Kind überall hin mit sich trägt, es viel leichter ernähren kann, als die Weibchen mancher Tiere dies können, die genötigt sind, unablässig mit großer Mühsal hinundherzugehen, in die eine Richtung um ihr Futter zu suchen und in die andere um ihre Jungen zu säugen oder zu ernähren.

[...] Bei den Greisen, die wenig tun und wenig schwitzen, nimmt der Bedarf an Nahrung mit der Fähigkeit ab sie sich zu beschaffen. Und da das wilde Leben die Gicht und das Rheuma von ihnen fern hält und das Alter von allen Übeln dasjenige ist, das menschliche Hilfe am wenigsten zu erleichtern vermag, verlöschen sie schließlich, ohne dass man gewahr wird, dass sie aufhören zu sein, und fast ohne es selbst gewahr zu werden.

[...] Die extreme Ungleichheit in der Lebensweise, das Übermaß an Müßiggang bei den einen, das Übermaß an Arbeit bei den anderen; die Leichtigkeit unsere Begierden und unsere Sinnlichkeit zu reizen und zu befriedigen; die allzu verfeinerten Speisen der Reichen, die sie mit erhitzenden Säften nähren und sie mit Verdauungsbeschwerden belasten; die schlechte Nahrung der Armen, die ihnen sogar noch zuallermeist fehlt und deren Mangel sie dazu bringt, ihren Magen bei sich bietender Gelegenheit gierig zu überladen; die schlaflosen Nächte, die Exzesse jeglicher Art, die unmäßigen Erregungen aller Leidenschaften, die Mühsale und die Erschöpfung des Geistes; die Kümmernisse und die Betrübnisse ohne Zahl, die man in allen Lagen erfährt und von denen die Seelen fortwährend zerfressen werden – das sind die unheilvollen Beweise dafür, dass die Mehrzahl unserer Leiden unser eigenes Werk sind und dass wir sie beinahe alle vermieden hätten, wenn wir die einfache, gleichförmige und solitäre[1] Lebensweise beibehalten hätten, die uns von der Natur vorgeschrieben wurde. Wenn die Natur uns dazu bestimmt hat, gesund zu sein, so wage ich beinahe zu versichern, dass der Zustand der Reflexion ein Zustand wider die Natur ist und dass der Mensch, der nachsinnt, ein depraviertes[2] Tier ist. Wenn man an die gute Verfassung der Wilden denkt – zumindest jener, die wir nicht mit unseren starken Branntweinen zugrunde gerichtet haben –, wenn man weiß, dass sie beinahe keine anderen Krankheiten kennen als die Verwundungen und das Alter, dann ist man sehr geneigt zu glauben, dass man die Geschichte der menschlichen Krankheiten leicht schreiben könnte, indem man der Geschichte der bürgerlichen Gesellschaften folgte. [...]

Schließen wir vor allem nicht mit Hobbes, dass der Mensch, weil er keine Vorstellung von der Güte hat, von Natur aus böse sei [...]. Beim Nachdenken über die Prinzipien, die er aufstellt, hätte dieser Autor sagen müssen, dass, da der Naturzustand derjenige Zustand ist, in dem die Sorge um unsere Erhaltung der Erhaltung anderer am wenigsten abträglich ist, jener Zustand folglich für den Frieden am geeignetsten und für das Menschengeschlecht am angemessensten war. Er sagt genau das Gegenteil, weil er in die Sorge um die Erhaltung beim wilden Menschen unangebrachterweise das Bedürfnis hineingenommen hat eine Vielzahl von Leidenschaften zu befriedigen, die das Werk der Gesellschaft sind [...].

Es gibt im Übrigen noch ein anderes Prinzip, das Hobbes nicht bemerkt hat [...]. Ich spreche vom Mitleid – einer Disposition, die für so schwache und so vielen Übeln ausgesetzte Wesen, wie wir es sind, angemessen ist; eine dem Menschen um so universellere und um so nützlichere Tugend, als sie bei ihm dem Gebrauch jeder Reflexion vorausgeht, und eine so natürliche, dass selbst die Tiere manchmal wahrnehmbare Zeichen davon geben. [...]

In der Tat, was ist die Großmut, die Milde, die Menschlichkeit, wenn nicht das auf die Schwachen, die Schuldigen oder die menschliche Art im Allgemeinen angewandte Mitleid? Das Wohlwollen und selbst die Freundschaft sind, recht verstanden, Erzeugnisse eines konstanten, auf einen besonderen Gegenstand fixierten Mitleids: denn zu wünschen, dass einer nicht leide, was heißt das anderes als zu wünschen, dass er glücklich sei? [...] das Mitleid wird um so nachdrücklicher sein, je inniger sich das Tier, das zusieht, mit dem Tier, das leidet, identifiziert: Nun ist evident, dass diese Identifikation im Naturzustand unendlich viel enger gewesen sein muss als im Zustand der Vernunfterwägung. Die Vernunft erzeugt die Eigenliebe und die Reflexion verstärkt sie; sie lässt den Menschen sich auf sich selbst zurückziehen; sie trennt ihn von allem, was ihm lästig ist und ihn betrübt. Die Philosophie isoliert ihn; ihretwegen sagt er beim Anblick eines leidenden Menschen insgeheim: Stirb, wenn du willst, ich bin in Sicherheit. Nur mehr die Gefahren für die ganze Gesellschaft können den ruhigen Schlaf des Philosophen stören und ihn aus seinem Bett reißen. Man kann seinen Mitmenschen unter seinem Fenster ungestraft umbringen; er braucht sich nur die Ohren zuzuhalten und sich ein paar Argumente zurechtzulegen um die Natur, die sich in ihm empört, daran zu hindern, ihn mit dem zu identifizieren, den man meuchlings ermordet. Der wilde Mensch hat dieses bewundernswerte Talent nicht und aus Mangel an Weisheit und Vernunft sieht man ihn stets sich unbesonnen dem ersten Gefühl der Menschlichkeit überlassen. [...]

Es ist also ganz gewiss, dass das Mitleid ein natürliches Gefühl ist, das, da es in jedem Individuum die Aktivität der Selbstliebe mäßigt, zur wechselseitigen Erhaltung der ganzen Art beiträgt.

[...]

Unter den Leidenschaften, die das Herz des Menschen bewegen, gibt es eine glühende, ungestüme, die ein Geschlecht dem anderen notwendig macht, eine schreckliche Leidenschaft, die allen Gefahren trotzt, alle Hindernisse überwindet und in ihrer Raserei geeignet erscheint das Menschengeschlecht zu zerstören, das sie zu erhalten bestimmt ist.

[...] Beginnen wir damit, dass wir im Gefühl der Liebe das Geistig-Seelische vom Physischen unterscheiden. Das Physische ist jenes allgemeine Verlangen, das ein Geschlecht dazu antreibt, sich mit dem anderen zu vereinigen. Das Geistig-Seelische ist das, was dieses Verlangen bestimmt und es auf einen einzigen Gegenstand ausschließlich fixiert oder was ihm zumindest einen höheren Energiegrad für diesen bevorzugten Gegenstand verleiht. Nun ist leicht zu sehen, dass das Geistig-Seelische in der Liebe ein künstliches Gefühl ist, aus der Gewohnheit der Gesellschaft entstanden und von den Frauen mit viel Geschick und Sorgfalt gepriesen um ihre Herrschaft zu begründen und das Geschlecht dominant zu machen, das gehorchen sollte. Da dieses Gefühl auf bestimmte Begriffe des Verdienstes oder der Schönheit gegründet ist, die ein Wilder nicht zu haben vermag, und auf Vergleiche, die er nicht anzustellen vermag, muss es für ihn nahezu null sein. Denn da sein Geist sich keine abstrakten Vorstellungen von Regelmäßigkeit und Proportion hat bilden können, ist sein Herz auch nicht für die Gefühle der Bewunderung und der Liebe empfänglich, die – sogar ohne dass man dessen gewahr wird – aus der Anwendung dieser Vorstellungen entstehen; er folgt einzig und allein dem Temperament, das er von der Natur erhalten hat, und nicht dem Geschmack, den er nicht hat erwerben können, und jede Frau ist gut für ihn.

Auf das bloß Physische in der Liebe beschränkt und glücklich genug jene Vorlieben nicht zu kennen, die das Gefühl der Liebe schüren und ihre Schwierigkeiten vergrößern, müssen die Menschen die Hitze des Temperaments weniger oft und weniger lebhaft empfinden und folglich müssen die Streitigkeiten, die sie untereinander haben, seltener und weniger grausam sein. Die Einbildungskraft, die so viele Verheerungen unter uns anrichtet, spricht nicht zu wilden Herzen; jeder wartet friedlich auf den Antrieb der Natur, überlässt sich ihm ohne Wahl, mit mehr Vergnügen als Raserei, und ist das Bedürfnis befriedigt, so ist das ganze Verlangen erloschen.

Es ist daher unbestreitbar, dass die Liebe selbst, wie alle anderen Leidenschaften, erst in der Gesellschaft jene ungestüme Hitze erworben hat, die sie für die Menschen so oft unheilvoll macht;

[...]

Ziehen wir den Schluss, dass der wilde Mensch ohne Kunstfleiß, ohne Sprache, ohne Wohnsitz, ohne Krieg und ohne Verbindung, ohne jedes Bedürfnis nach seinen Mitmenschen wie auch ohne jedes Verlangen ihnen zu schaden, vielleicht sogar ohne jemals einen von ihnen individuell wieder zu erkennen, in den Wäldern umherschweifend, wenigen Leidenschaften unterworfen und sich selbst genug, nur die Gefühle und die Einsicht hatte, die für jenen Zustand geeignet waren; dass er nur seine wahren Bedürfnisse fühlte. [...]

Der Erste, der ein Stück Land eingezäunt hatte und es sich einfallen ließ zu sagen: *dies ist mein* und der Leute fand, die einfältig genug waren ihm zu glauben, war der wahre Gründer der bürgerlichen Gesellschaft. Wie viele Verbrechen, Kriege, Morde, wie viel Not und Elend und wie viele Schrecken hätte derjenige dem Menschengeschlecht erspart, der die Pfähle herausgerissen oder den Graben zugeschüttet und seinen Mitmenschen zugerufen hätte: ‚Hütet euch, auf diesen Betrüger zu hören; ihr seid verloren, wenn ihr vergesst, dass die Früchte allen gehören und die Erde niemandem.' Aber mit großer Wahrscheinlichkeit waren die Dinge damals bereits an dem Punkt angelangt, an dem sie nicht mehr bleiben konnten, wie sie waren; denn da diese Vorstellung des Eigentums von vielen vorausliegenden Vorstellungen abhängt, die nur nach und nach haben entstehen können, bildete sie sich nicht auf einmal im menschlichen Geist. [...]

In dem Maße, in dem das Menschengeschlecht sich ausbreitete, vermehrten sich mit den Menschen die Mühseligkeiten. Die Unterschiede der Böden, der Klimate, der Jahreszeiten konnten sie zu Unterschieden in ihren Lebensweisen zwingen. Unfruchtbare Jahre, lange und rauhe Winter, brennendheiße Sommer, die alles verzehrten, verlangten ihnen eine neue Kunstfertigkeit ab. Entlang des Meeres und der Flüsse erfanden sie die Angel und den Haken und wurden Fischer und Fischesser. In den Wäldern machten sie sich Bogen und Pfeile und wurden Jäger und Krieger. In den kalten Ländern bedeckten sie sich mit den Häuten der Tiere, die sie erlegt hatten. Der Blitz, ein Vulkan oder ein glücklicher Zufall machte sie mit dem Feuer bekannt, einem neuen Hilfsmittel gegen die Strenge des Winters: Sie lernten dieses Element zu bewahren, dann, es wieder zu erzeugen, und schließlich, das Fleisch mit ihm zuzubereiten, das sie zuvor roh verschlungen hatten. [...]

Alles beginnt sein Gesicht zu verändern. Die Menschen, die bis dahin in den Wäldern umhergeschweift waren, rücken – nachdem sie einen festeren Wohnsitz angenommen haben – langsam zusammen, vereinigen sich zu verschiedenen Trupps und bilden schließlich in jedem Land eine besondere Nation – durch Sitten und Charaktere geeint, nicht aufgrund von Vorschriften und Gesetzen, sondern aufgrund der gleichen Art des Lebens und der Nahrungsmittel und aufgrund des gemeinsamen Einflusses des Klimas. Eine beständige Nachbarschaft kann nicht verfehlen schließlich eine Verbindung zwischen verschiedenen Familien hervorzu- bringen. Junge Leute unterschiedlichen Geschlechts wohnen in benachbarten Hütten, der flüchtige Verkehr, den die Natur verlangt, zieht bald einen anderen, nicht weniger süßen und durch den wechselseitigen Umgang beständigeren nach sich. Man gewöhnt sich daran, verschiedene Gegenstände zu betrachten und Vergleiche anzustellen; unmerklich erwirbt man Vorstellungen von Verdienst und Schönheit, die Gefühle der Bevorzugung hervorrufen. Durch das viele Einander-Sehen kann man es nicht mehr entbehren, einander immer wieder zu sehen. Ein zärtliches und süßes Gefühl schleicht sich in die Seele ein und wird beim geringsten Widerstand zu einer heftigen Raserei: Die Eifersucht erwacht mit der Liebe; die Zwietracht triumphiert und die süßeste der Leidenschaften empfängt Opfer menschlichen Blutes. [...]

Solange die Menschen sich mit ihren ländlichen Hütten begnügten, solange sie sich darauf beschränkten, ihre Kleider aus Häuten mit Dornen oder Gräten zu nähen, sich mit Federn und Muscheln zu schmücken, sich den Körper mit verschiedenen Farben zu bemalen, ihre Bogen und ihre Pfeile zu vervollkommnen oder zu verschönern, mit scharfen Steinen einige Fischerboote oder einige krude Musikinstrumente zu schnitzen; mit einem Wort: solange sie sich nur Arbeiten widmeten, die ein Einzelner bewältigen konnte, und Künsten, die nicht das Zusammenwirken mehrerer Hände erforderten, lebten sie so frei, gesund, gut und glücklich, wie sie es ihrer Natur nach sein konnten, und fuhren sie fort untereinander die Süße eines unabhängigen Verkehrs zu genießen. Aber von dem Augenblick an, da ein Mensch die Hilfe eines anderen nötig hatte, sobald man bemerkte, dass es für einen Einzelnen nützlich war, Vorräte für zwei zu haben, verschwand die Gleichheit, das Eigentum kam auf, die Arbeit wurde notwendig und die weiten Wälder verwandelten sich in lachende Felder, die mit dem Schweiß der Menschen getränkt werden mussten und in denen man bald die Sklaverei und das Elend sprießen und mit den Ernten wachsen sah. […]

(Jean-Jacques Rousseau, Diskurs über die Ungleichheit/ Discours sur l' inégalité (1755). Kritische Ausgabe des integralen Textes. Übers. und kommentiert von Heinrich Meier. Schöningh Verlag, Paderborn 1984, S. 79–197)

1 solitär: vereinzelt
2 depravieren: verschlechtern, herabmindern

„Il retourne chez ses Egaux" (Er kehrt zurück zu seinesgleichen).
Das von Rousseau seinem „Discours" vorangestellte Bild stellt einen Hottentotten dar, der von Kindheit an von einem holländischen Gouverneur erzogen und in die Zivilisation eingeführt wurde. Nach einem Besuch bei seinen Verwandten entschließt er sich als Erwachsener wieder zu ihnen und damit zur natürlichen Lebensweise zurückzukehren.

1 Stellen Sie dar, welches Bild von der menschlichen Natur Rousseau entwirft und welche Grundeigenschaften demgegenüber der Mensch im Gesellschaftszustand besitzt.

2 In Rousseaus Erziehungsroman „Emile" lautet der erste Satz: „Alles ist gut, wenn es aus den Händen des Schöpfers hervorgeht; alles entartet unter den Händen des Menschen." Weisen Sie den Zusammenhang dieser Aussage mit der abgedruckten Abhandlung Rousseaus auf.

3 Informieren Sie sich über den Inhalt des Romans „Emile" und zeigen Sie Berührungspunkte mit Rousseaus Menschenauffassung auf.

4 Nach der Lektüre des rousseauschen „Diskurs über die Ungleichheit" soll der französische Philosoph ***Voltaire*** *geäußert haben, man bekomme nun ordentlich Lust auf allen vieren zu gehen. Diskutieren Sie im Anschluss an diese Äußerung Rousseaus Menschenauffassung.*

5 Weisen Sie Rousseaus Kritik an Hobbes auf und vergleichen Sie beide Menschenauffassungen.

6 Wägen Sie zwischen beiden Theorien ab, indem Sie auf die Konsequenzen eingehen, die sich aus ihnen für das Problem der Erziehung ergeben.

1.3 Die menschliche Natur in der Sicht des Sozialdarwinismus

Im 19. Jahrhundert entstand im Gefolge der Lehren von **Charles Darwin** (1809–1882) eine neue Sichtweise des Menschen, die noch stärker als die der Aufklärung durch die Ergebnisse der modernen Naturwissenschaften geprägt war: der **Sozialdarwinismus.** Es war vor allem die Biologie, die mit ihren ganz neuartigen Erkenntnissen über die Entstehung des Lebendigen die veränderte Blickrichtung auf den Menschen ermöglichte und begründete.

1.3.1 Darwins Theorie als Ausgangspunkt

Der Übergang vom Mittelalter zur Neuzeit ist unter anderem dadurch gekennzeichnet, dass religiöse Erklärungen des Naturgeschehens zunehmend durch Beschreibungen ersetzt werden, die sich auf die neu entstandenen Erfahrungswissenschaften Astronomie, Physik und Chemie gründen. Dieser Prozess setzt bereits im 14. Jahrhundert ein und wird erst im 19. Jahrhundert weitgehend abgeschlossen. Er bestimmt bis heute das naturwissenschaftliche Weltverständnis.

In der religiösen Erklärungsweise des ausgehenden Mittelalters ging man davon aus, dass Gott die einzelnen Naturerscheinungen unmittelbar zweckhaft aufeinander bezogen und letztlich auf den Menschen als die Krone der Schöpfung ausgerichtet habe. So tritt nach dieser Auffassung z. B. auf der Insel Jamaika deshalb jeden Mittag in der größten Hitze der stärkste Wind auf, weil Gott die Windbewegungen so eingerichtet hat, dass gerade dann, wenn das Land und der auf ihm lebende Mensch am meisten der Abkühlung bedarf, der Wind zu diesem Zweck über die Insel zu wehen beginnt.[1] Diese Erklärungsmethode nennt man teleologisch – im Gegensatz zu einer kausal-mechanistischen Naturerklärung, die ohne die Angabe von Zwecken oder Zielen für ein Naturgeschehen auskommt und die angesprochene Windbewegung allein mit Hilfe von meteorologischen Gesetzen und damit dem Prinzip von Ursache und Wirkung erklären würde. Die Auffassung, wonach jedes Naturgeschehen einen bestimmten Zweck im sinnvollen Bauplan der Welt erfüllt, den es zu realisieren hat, ist in der Antike von **Aristoteles** (384–322 v. Chr.) begründet und später von der christlichen Theologie im Hinblick auf einen alles planenden Schöpfergott ausgestaltet worden.

Diese theologische Grundsicht des Mittelalters wird nun durch die Lehren verschiedener Naturforscher der beginnenden Neuzeit mehr und mehr zurückgedrängt. Da ist zunächst **Kopernikus** (1473–1543) zu nennen, der die Sonne in den Mittelpunkt der Welt rückt und die Hypothese vertritt, dass die Erde lediglich ein um diese kreisender Planet sei. Eine zweite wichtige Zäsur bildet die Lehre **Newtons** (1643–1727). Ihm gelingt der Nachweis der Massenanziehung: Dieselbe Kraft bewirkt, dass ein Apfel auf den Boden fällt und die Planeten auf Ellipsenbahnen um die Sonne kreisen. Mit der Erkenntnis des Gravitationsgesetzes als Bewegungsprinzip von Naturgegenständen begründet Newton eine erfahrungswissenschaftlich orientierte, mit mathematischen Methoden arbeitende Physik. Ihr Eindruck auf die Zeitgenossen ist ungeheuerlich: Es wird hier eine Sichtweise der Welt nahe gelegt, nach der sie, vergleichbar einem Uhrwerk, nach ganz bestimmten unwandelbaren Regeln, den Naturgesetzen, abläuft; für Gott ist hier allenfalls noch als Schöpfer der dieses Uhrwerk und seinen regelmäßigen Ablauf beherrschenden Naturgesetze Platz, aber er gilt nicht mehr als derjenige, der die einzelnen Naturphänomene unmittelbar zweckmäßig, d. h. teleologisch, eingerichtet hat.

Spätestens nach der Aufklärung am Ende des 18. Jahrhunderts hat die neue Naturwissenschaft die teleologisch-metaphysische Sichtweise in der Physik und Chemie verdrängt. In einem Bereich gilt die traditionell aristotelische Erklärung der Natur aber noch weiterhin: Betrachtet man die Pflanzen- und Tierwelt, so entsteht der Eindruck, dass alles sich sinnvoll ineinander fügt und dass alle Lebewesen zweckmäßig für ihre jeweilige Lebensweise ausgestattet sind. Es scheint gar nicht anders denkbar, als dass ein weiser Schöpfer die Lebewesen mit dem Menschen als Krönung so geschaffen und eingerichtet hat. Im Besonderen war man davon überzeugt, dass sich die Tierarten seit dem Schöpfungsakt nicht verändert hätten.

Diesem Weltbild tritt der britische Naturforscher **Charles Darwin** (1809–1882) entschieden entgegen. Eine Forschungsreise zu den Galapagosinseln gibt den Anstoß:

„Es wäre mir niemals eingefallen, dass das, was diese nur wenige Meilen voneinander entfernten Inseln unter denselben physikalischen Bedingungen hervorgebracht haben, so verschiedenartig sein könnte [...]. Ich hatte nie geträumt, dass 50–60 Meilen voneinander entfernte Inseln, die von einem Standpunkt aus fast alle zu sehen sind, die aus genau denselben Felsen gebildet und von fast gleicher Höhe sind, so verschiedenartige Bewohner haben könnten [...]. Da der Archipel[2] von heftigen Stürmen merkwürdig frei ist, werden weder Vögel noch Insekten noch leichtere Samenkörner von einer Insel zur anderen geweht. [...] Überblickt man hier die mitgeteilten Tatsachen, so ist man erstaunt über die Größe der schöpferischen Kraft – wenn ein solcher Ausdruck gestattet ist –, die sich auf diesen kleinen, nackten felsigen Inseln entfaltet hat, und noch mehr über ihre verschiedenartige und doch analoge Tätigkeit an so nah beieinander gelegenen Punkten."

(Charles Darwin, zitiert nach: Wolfgang Bukowski/Wolfgang Morr: Glaube-Wissenschaft-Denken. Sonderdruck aus: Lernfelder Glaube-Bibel-Kirche. Vandenhoeck & Ruprecht, Göttingen 1985, S. 136)

Offensichtlich haben sich Flora und Fauna auf den Inseln völlig unterschiedlich entwickelt, obwohl die natürlichen Rahmenbedingungen wie die Beschaffenheit des Lebensraums oder das Klima auf allen Inseln in etwa gleich geblieben waren. Darwin schlussfolgert, dass sich durch die Isolierung der Lebensräume neue Arten herausgebildet haben, folglich sich innerhalb von geschlossenen Lebensräumen unterschiedliche Arten ausbilden können und werden. Seine Theorie zur Erklärung des Beobachteten lässt sich in folgenden Punkten zusammenfassen:

- Die heute anzutreffenden Arten im Pflanzen- und Tierreich haben nicht von Beginn der Welt an bestanden; vielmehr ist von einem Wandel der Arten auszugehen, der bis heute noch nicht abgeschlossen ist
- Der Artenwandel stellt sich als eine Evolution im Tier- und Pflanzenreich dar; biologisch höher entwickelte Spezies sind aus primitiveren hervorgegangen
- Mutationen, d. h. Veränderungen des Erbgutes ergeben sich zufällig. Diejenigen Tiere oder Pflanzen haben einen Überlebensvorteil, welche aufgrund eines zufälligen Erbsprunges in eine immer wieder sich verändernde Umwelt am besten „hineinpassen"
- Die auf den ersten Blick verblüffende Zweckmäßigkeit in der Flora und Fauna ergibt sich dadurch, dass einzelne aufgrund von zufälligen Mutationen gut angepasste Lebewesen eher überleben als deren nicht so gut angepasste Artgenossen, sich vermehren und ihr Erbgut an ihre Nachkommen weitergeben. Auf diese Weise kommt es zu einer natürlichen Auslese (Selektion) der bestangepassten Lebewesen
- Mutation und natürliche Selektion sind daher die Faktoren, die den Wandel der Arten, verstanden als fortschreitende Evolution, bestimmen.

Die Lehre Darwins revolutioniert in kürzester Zeit die Biologie. Die Ablehnung einer Weltanschauung, nach welcher der Kosmos durch eine göttliche Kraft zweckmäßig gestaltet

Darwin-Karikatur

ist, entspricht dem Zeitgeist des 19. Jahrhunderts. Indem Darwin auf jegliche metaphysisch-teleologische Erklärungen verzichtet und demgegenüber versucht den Artenwandel auf rein kausale Prinzipien zurückzuführen, liefert er das Erklärungsmodell, nach dem viele gesucht haben. Er kann überdies die Entwicklung unterschiedlicher Rassen aus einer gemeinsamen Urform nachweisen, etwa im Erfolg der Züchtung verschiedenster Hunderassen durch einen künstlichen selektierenden Eingriff in die Erbsubstanz des Wolfes.
Die einschneidendste Konsequenz aus dem Darwinismus ergibt sich für die Sichtweise des Menschen. Es gibt nun keine Veranlassung mehr ihn als Krone der Schöpfung zu betrachten, die aus dem Tierreich herausgehoben ist. Es stellt sich vielmehr die Frage nach der biologischen Spezies Mensch im Vergleich zu anderen Arten. So gesehen ist der Darwinismus ein Auslöser für die moderne philosophische Anthropologie.

1 Vgl. hierzu I. Kant: Allgemeine Naturgeschichte und Theorie des Himmels, A XVI–XVIII
2 Archipel: Inselgruppe

1 Informieren Sie sich in einem Biologiebuch über den Themenbereich Evolution.

2 Erläutern Sie das Bild über die Entstehung der Tierarten, wie es in der Bibel (Gen 1) entworfen wird, und stellen Sie es der darwinistischen Theorie gegenüber.

3 Der französische Naturforscher **Lamarck**, *ein Vorläufer Darwins, schrieb den Tieren einen aktiven Drang zur Veränderung zu um sich optimal in bestimmte Umwelten einzupassen. Er ging davon aus, dass die durch diesen Drang erworbenen neuen Eigenschaften an die Nachkommen weitervererbt werden könnten. (Z. B. ist der lange Hals der Giraffe nach Lamarck durch die Anstrengung einzelner ihrer noch kurzhalsigen Vorfahren entstanden, die Blätter in den hohen Bäumen durch beständiges Recken des Halses zu erreichen.)*

Theorie von J.-B. Lamarck | **Theorie von Charles Darwin**

Vergleichen Sie diese Überlegungen mit der Theorie Darwins und stellen Sie fest, welche Position näher an der traditionell-teleologischen Auffassung liegt.

4 Darwins Lehre ist später oft mit den schon von Darwin selbst gebrauchten und von dem engl. Philosophen **Spencer** *stammenden Ausdrücken „Überleben der Tüchtigsten" (survival of the fittest) und „Kampf ums Dasein" (struggle for life) schlagwortartig zusammengefasst worden. Ist diese Kennzeichnung Ihrer Meinung nach zutreffend?*

1.3.2 Ernst Haeckel: Lebenszweck und Lebenswert des Menschen

Einer der ersten und bekanntesten Theoretiker, der die Lehren Darwins in Deutschland populär machte und sie zugleich auf den Menschen übertrug, war der Biologe **Ernst Haeckel** (1834–1919). Im folgenden Textauszug finden sich seine wesentlichen anthropologischen Annahmen, die typisch für die Rezeption Darwins in den bürgerlichen Kreisen des deutschen Kaiserreiches sind.

[...] Wir gewöhnen uns daran, den Menschen als ein Naturwesen zu betrachten, und zwar als das höchst entwickelte, das wir kennen. Dieselben „ewigen ehernen Gesetze", die den Entwicklungsgang des ganzen Kosmos regeln, beherrschen auch unser eigenes Leben. Unser Monismus[1] überzeugt uns, dass das Universum seinen Namen wirklich verdient und ein allumfassendes, einheitliches Ganzes darstellt –, gleichviel, ob man dasselbe „Gott" oder „Natur" nennt. Unsere monistische Anthropologie ist zu der klaren Erkenntnis gelangt, dass der Mensch nur ein winziges Teilchen dieses universalen Ganzen ist, ein placentales[2] Säugetier, das erst in später Tertiärzeit[3] aus einem Zweige der Primatenordnung[4] sich entwickelt hat. Ehe wir danach den Wert unseres eigenen menschlichen Lebens zu bemessen versuchen, wollen wir einen vergleichenden Blick auf den Wert des organischen Lebens überhaupt werfen.

Lebenswechsel. Eine unbefangene allgemeine Übersicht über die Geschichte des organischen Lebens auf unserem Erdball lehrt uns in erster Linie, dass dasselbe einem beständigen Wechsel unterworfen ist. In jeder Sekunde sterben Millionen von Tieren und Pflanzen, während andere Millionen neu entstehen; jedes Individuum hat sein begrenztes Lebensalter, ebenso die Eintagsfliege und das Infusorium, das nur wenige Stunden lebt, wie die Wellingtonia, der Drachenbaum von Orovata und viele andere Baumriesen, die ein Alter von mehreren tausend Jahren erreichen. Aber auch die Art oder Spezies, die alle gleichen oder ähnlichen Individuen umfasst, ist ebenso vergänglich, und ebenso die Ordnungen und Klassen, die zahlreiche Arten von Tieren und Pflanzen umfassen. Die meisten Arten sind auf eine einzige Periode der organischen Erdgeschichte beschränkt; nur wenige Arten oder Gattungen gehen unverändert durch mehrere Perioden hindurch, und keine Einzige hat in allen Perioden gelebt. [...]

Lebenszweck. [...] Die alte anthropistische Auffassung, dass die Tiere und Pflanzen „zum Nutzen des Menschen erschaffen", dass überhaupt die Beziehungen der Organismen zueinander durch „planvolle Schöpfung" geregelt seien, findet heute in wissenschaftlichen Kreisen keinen Glauben mehr. Ebenso aber, wie jedes organische Individuum, jedes einzelne Lebewesen „für sich selbst da ist" und in erster Linie seine „Selbsterhaltung" anstrebt, ebenso gilt das auch von jeder Art oder Spezies. Auch ihre Existenz und deren „Zweck" ist ein zeitlich beschränkter und vorübergehender. Die fortschreitende Entwicklung der Klassen und Stämme führt langsam aber beständig zur Bildung immer neuer Arten. Jede besondere Lebensform, ebenso jedes „Individuum" wie jede Spezies, ist also nur eine biologische Episode, eine vorübergehende Erscheinungsform im Wechsel des Lebens. Der Mensch macht auch in dieser Beziehung keine Ausnahme von den übrigen Wirbeltieren. [...]

Lebensfortschritt. Die historische Aufeinanderfolge der Arten und Klassen ist ebenso im Tierreiche wie im Pflanzenreiche mit einem langsamen beständigen Fortschritt ihrer Organisation verbunden. Das lehrt uns unmittelbar und handgreiflich die Palaeontologie[5]; ihre „Denkmünzen der Schöpfung", die Versteinerungen, sind unzweifelhafte und unbestechliche Zeugen dieses stammesgeschichtlichen Fortschrittes. Ich habe [...] gezeigt, dass sowohl die fortschreitende Vervollkommnung der Arten als auch ihre zunehmende Mannigfaltigkeit sich als notwendige Folgen der Selektion erklären lassen. Es bedarf dazu weder eines planmäßig arbeitenden Schöpfers noch einer angeblichen Zielstrebigkeit.

Lebenswert der Klassen. Schon diese wenigen Andeutungen ergeben, dass die verschiedenen Klassen und Ordnungen der Lebewesen, untereinander verglichen, einen sehr verschiedenen Wert haben. In Bezug auf den inneren Selbstzweck, die Selbsterhaltung, sind an sich freilich alle Organismen gleichberechtigt und gleichwertig, aber in Bezug auf die übrigen Lebewesen und die Bedeutung für das große Naturganze, von höchst ungleichem Wert. Nicht allein vermöge besonderen Nutzens oder überwiegender Kraft und Masse können größere Tiere und Pflanzen die Herrschaft längere Zeit behaupten, sondern auch vermöge des Schadens und der nachteiligen Giftwirkung (Bakterien, Pilze, Parasiten usw.). Ebenso ist auch für die Völkergeschichte der Wert der verschiedenen Rassen und Nationen höchst ungleich; das kleine Griechenland hat vor mehr als 2000 Jahren vermöge seiner hohen Kulturblüte das ganze geistige Leben Europas fast allein beherrscht. Die zahlreichen Indianerstämme von Amerika dagegen haben zwar in einzelnen Teilen sich zu einseitiger Blüte zeitweise entwickelt, sind aber im Ganzen für die höhere Kultur unzugänglich geblieben.

Lebenswert der Menschenrassen. Obgleich die bedeutenden Unterschiede im Geistesleben und Kulturzustande der höheren und

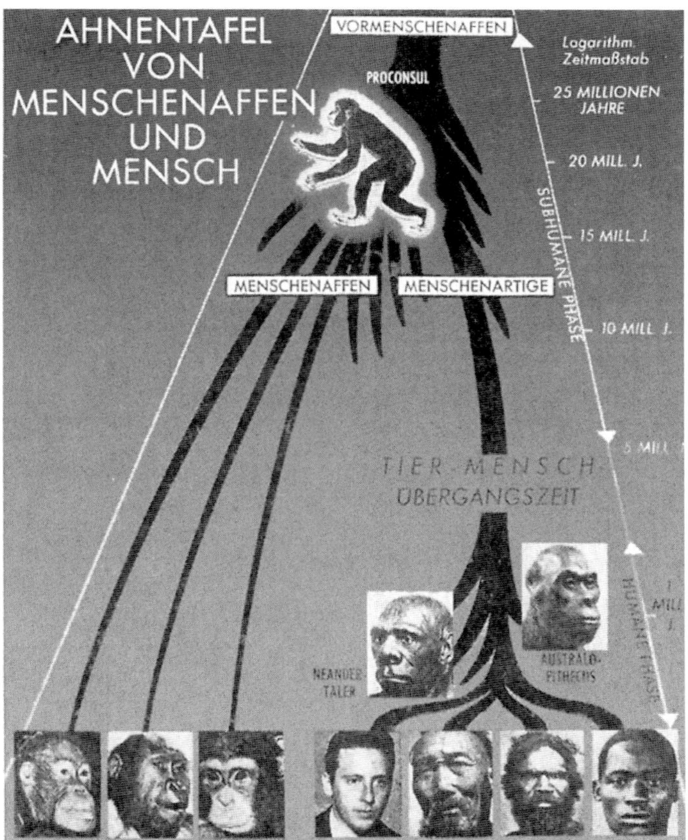

niederen Menschenrassen allgemein bekannt sind, werden sie doch meistens sehr unterschätzt und demgemäß ihr sehr verschiedener Lebenswert falsch bemessen. Das, was den Menschen so hoch über die Tiere, auch die nächst verwandten Säugetiere, erhebt und was seinen Lebenswert unendlich erhöht, ist die Kultur und die höhere Entwickelung der Vernunft, die ihn zur Kultur befähigt. Diese ist aber größtenteils nur Eigentum der höheren Menschenrassen und bei den niederen nur unvollkommen oder gar nicht entwickelt. Diese Naturmenschen (z. B. Weddas, Australneger) stehen in psychologischer Hinsicht näher den Säugetieren (Affen, Hunden), als dem hochzivilisierten Europäer; darum ist auch ihr individueller Lebenswert ganz verschieden zu beurteilen. Die Anschauungen darüber sind bei europäischen Kulturnationen, die große Kolonien in den Tropen besitzen und seit Jahrhunderten in engster Berührung mit Naturvölkern leben, sehr realistisch und sehr verschieden von den bei uns in Deutschland noch herrschenden Vorstellungen. Unsere idealistischen Anschauungen, durch unsere Schulweisheit in feste Regeln gebracht und von unseren Metaphysikern in das Schema ihres abstrakten Idealmenschen gezwängt, entsprechen sehr wenig den realen Tatsachen. [...] Der Abstand zwischen dieser denkenden Seele des Kulturmenschen und der gedankenlosen tierischen Seele des wilden Naturmenschen ist aber ganz gewaltig, größer als der Abstand zwischen der letzteren und der Hundeseele.

(Ernst Haeckel, Die Lebenswunder. Gemeinverständliche Studien über biologische Philosophie. Kröner Verlag o. J., Leipzig, S. 291–296)

1 Monismus: Auffassung, wonach die gesamte Wirklichkeit durch ein einziges Prinzip bestimmt ist
2 placental: hier: nachgeboren
3 Tertiärzeit: früheres Erdzeitalter
4 Primatenordnung: Ordnung der höchstentwickelten Säugetiere (Menschenaffen)
5 Paläontologie: Wissenschaft von den Lebewesen vergangener Erdzeitalter, arbeitet besonders mit Versteinerungen

1 Zeigen Sie auf, welche Prinzipien nach Haeckel in Natur und Menschenwelt gleichermaßen wirken und inwieweit Haeckel sich mit diesen Grundannahmen von der traditionell-christlichen bzw. teleologischen Weltauffassung absetzt.

2 Wie begründet Haeckel den unterschiedlichen Wert der Menschenrassen? Ist diese Begründung logisch einwandfrei aus seinem Naturverständnis abgeleitet?

3 In welchen Punkten geht Haeckel über Darwin hinaus?

1.3.3 Die Entwicklung des Sozialdarwinismus

In der zweiten Häfte des 19. Jahrhunderts entstand im Anschluss an Haeckel eine Kulturtheorie, die später den Nationalsozialismus maßgeblich beeinflussen sollte: der **Sozialdarwinismus**. Kennzeichnend für diese Theorie ist, dass die Lehren Darwins zur biologischen Evolution auf die menschliche Gesellschaft übertragen und dabei der Wert der menschlichen Rassen unterschiedlich eingeschätzt wird. Damit einher geht eine Ablehnung religiös geprägter Deutungen von Natur und Gesellschaft.
Haeckels Wertschätzung der die Kultur hervorbringenden Menschenrassen aufnehmend, begrüßen die nachfolgenden Sozialdarwinisten den Fortschritt in Wissenschaft, Technik und Gesellschaft der Kulturvölker enthusiastisch. Nach ihrer Auffassung hat er seine Grundlage im Behauptungswillen des Einzelnen, in dessen „Kampf ums Dasein“ gegen andere Individuen. Ebenso wie sich die Natur durch den Konkurrenzdruck stetig fortentwickle, sei der Mensch in den Evolutionsprozess einbezogen, indem die tüchtigsten und verantwortungsbewusstesten Einzelnen die Akteure des gesellschaftlichen Fortschritts seien.

Am Ende des 19. Jahrhunderts wird diese insgesamt optimistische Betrachtung des Menschen durch die Sozialdarwinisten weiter modifiziert. Die Verschärfung der sozialen Auseinandersetzungen und der mit einem nationalen Überlegenheitsgefühl verbundene Expansionsdrang der damaligen Industriestaaten wirken sich auf den Sozialdarwinismus aus: Während der „Kampf ums Dasein“ im menschlichen Zusammenleben zunächst noch als ein Wettstreit Einzelner verstanden wurde, in dem sich der besonders Tüchtige und sittlich Hochstehende schließlich durchsetzt („survival of the fittest“), wird dieser Kampf nun als kompromissloser Kampf um Macht aufgefasst. Nicht Verantwortungsbewusstsein und Tüchtigkeit, sondern Durchsetzungsfähigkeit und Herrschaftswille zählen. Und das gilt nicht bloß für die Individuen untereinander, sondern in besonderem Maße für ganze Völker und Rassen, die diese Auseinandersetzung austragen. Worauf es ankommt, ist nur noch das Recht des Stärkeren, und man meint damit das besondere Recht der Gruppe oder des Volkes, dem man selbst angehört. Natürlich ist dann auch innerhalb eines Volkes darauf zu achten, dass seine Erbsubstanz „gesund“ bleibt, d. h. nur die Stärksten und Überlebensfähigsten ihr Erbgut weitergeben können bzw. dieses vor Einflüssen der Angehörigen „minderer Rassen“ geschützt wird. Es war besonders der Franzose **Arthur Gobineau** (1816–1882), der schon im 19. Jahrhundert die im Dritten Reich verbreitete Theorie von der erblich bedingten Überlegenheit der arische Rasse entwickelte.

Zu Beginn des 20. Jahrhunderts wird die Dynamik des Sozialdarwinismus durch zwei ihn weiter ausgestaltende Strömungen bestimmt: die Rassenhygiene und die Rassenanthropologie. Ausgangspunkt für beide ist die Überzeugung, dass jede Gesellschaft, welche die natürliche Selektion außer Kraft setzt, ihre eigene Weiterentwicklung, ja ihren Fortbestand gefährde.

Die **Rassenhygieniker** gingen von der Überzeugung aus, dass menschliches Handeln weitgehend durch die Erbanlagen bestimmt sei. In der bisherigen Entwicklung des Menschen waren nach ihrer Ansicht die Mechanismen der Evolution i. S. Darwins wirksam, sodass sich die biologisch wertvolleren Menschen durchgesetzt hätten. In der jüngsten von Zivilisation und Humanität geprägtenVergangenheit finde diese natürliche Auslese nicht mehr statt. Im Besonderen sei zu befürchten, dass die Menschen dadurch degenerierten, dass „Erbgutgeschädigte“ in zunehmendem Umfang ihre Anlagen an Nachkommen weitergeben könnten. Dieser Entwicklung müsse durch gezielte Maßnahmen des Staates Einhalt geboten werden.

Es ist offenkundig, dass solche Maßnahmen nicht die Verbesserung des Erziehungs- und Ausbildungssystems zum Ziel haben können. Dazu wird den gesellschaftlichen Einflüssen eine viel zu geringe Bedeutung für die Persönlichkeitsentwicklung eingeräumt. Vielmehr ergibt sich für die Rassenhygieniker als Konsequenz, erbgutgeschädigte Menschen auch mithilfe staatlicher Gewalt von der Fortpflanzung auszuschließen.

Die **Rassenanthropologen** glaubten, dass bestimmte Rassen an bestimmten Körpermerkmalen identifiziert werden könnten. Von diesen körperlichen Merkmalen wurde auf einen bestimmten Intelligenzgrad und auf bestimmte Charaktereigenschaften geschlossen. Zusätzlich wurde eine Hierarchie der Rassen im Hinblick auf ihren biologischen Wert gelehrt. An der Spitze stand die nordisch-germanische Rasse, der man besonders wertvolle biologische Eigenschaften zuerkannte. Die Rassenanthropologie war bereits ausgearbeitet, bevor die Nationalsozialisten die Macht ergreifen konnten. Sie war Teil des Weltbildes, wie es in bestimmten konservativen Schichten des Kaiserreiches und der Weimarer Republik existierte.

1.3.4 Hans Friedrich Karl Günther: Rassische Bedingungen als politische Entscheidungsgrundlage

In dem folgenden Text von **Hans Friedrich Karl Günther** (1891–1968), entnommen seiner „Rassenkunde des deutschen Volkes“ von 1928, verschmelzen rassenanthropologische und rassenhygienische Überlegungen und bilden die Basis für politisch höchst brisante Entscheidungen.

Eine folgerichtige, reine und Werte zeugende Entfaltung deutschen Lebens ist nur möglich aus dem Blut und Geist der Nordrasse heraus. [...]

Der Gedanke einer Aufnordung wird sich kaum irgendwo einordnen lassen; er wird von seinem Ausblick her eine gänzlich neue Ordnung, ein gründliches Umlernen, fordern müssen. Die nachsinnenden Menschen im deutschen Volk werden sich die Fragen des Steigens und Sinkens deutscher Macht und deutschen Geistes vorlegen und werden bald erkennen: „Auch das Geschick, das das deutsche Volk gegenwärtig erlebt, hat seine anthropologische Ursache.“ [...]

Muss aber der Gedanke der Aufnordung nicht zu einer Art Rangabstufung der Volksgenossen führen? Wird nicht der nordischere Mensch als der wertvollere, der nicht-nordische Mensch als der wertlose gelten? – Dieser Gedankengang ist nur für ein Zeitalter anstößig, das den *Einzelmenschen* als höchsten Wert sieht. Klar muss ausgesprochen werden, dass – innerhalb des deutschen Volkstums – die Mehrung nordischen Blutes „erwünscht“ sein muss, die Mehrung nicht-nordischen Blutes „mindererwünscht“. Aber solch eine Einsicht, gewonnen aus weitester Betrachtung großer, allgemeiner Verhältnisse, richtet sich nicht gegen den einzelnen nicht-nordischen Menschen; sie richtet sich gegen eine Vermehrung des nicht-nordischen Blutes oder besser: sie möchte das erwünschte nordische Blut vor dem Dahinschwinden schützen und dieses erwünschte Blut so entschieden wie möglich fördern. Die Tatsache der Vererbungslehre, *„dass der Wert des Einzelwesens als solchen von seinem Wert als Zeuger verschieden ist“*, diese Tatsache wird grundlegend für jede solche Betrachtung sein. Es gab und gibt manchen, irgendwie körperlich minder gut oder schlecht beanlagten Einzelmenschen, der dem deutschen Volkstum hohe geistige Werte geschenkt hat, von dem aber der Einsichtige nicht wünschen wird, er möge seinem Volk Nachkommen hinterlassen haben oder hinterlassen. Sein *Wert als Einzelmensch* ist eben verschieden von seinem *Wert als Zeuger*, welche Tatsache ihn als *Einzelmenschen* aber nicht irgendwie entwerten kann. [...]

Als nächste wesentliche Forderung unserer Zeit und Zukunft ergibt sich dem nordisch gesinnten Deutschen die durch Betrachtung der Artfragen aufgegebene und bis zu weltanschaulicher Vertiefung zu stärkende Entscheidung der Gesinnung für oder gegen die Aufnordung des deutschen Volkes. Ob leiblich oder geistig, fast jeder Mensch unserer Zeit ist Mischling geworden *und hat sich* – nach Erkenntnis der Artfragen und wenn eine Erneuerung erfolgen soll – *zu entscheiden.* Ein Kennzeichen der kommenden Dinge wird diese *Entscheidung der Gesinnungen* sein müssen.

Dem Einsichtigen kann, wenn er dem deutschen oder sonst einem heute noch nordisch bedingten Volk angehört, die Entscheidung nicht schwer werden. Es gilt doch die Entscheidung für das Wertvollste in uns, für das Blut, das der deutschen Art und Geschichte Sinn und Bedeutung erwirken kann: die Entscheidung für das nordische Blut. All die Werte und Güter unseres Wesens und unserer Gesittung, die wir als eigentlich deutsch, als den echtesten Ausdruck des Deutschtums, erkennen und die am meisten zur Festigung unseres Eigenwertes beitragen, sind erwirkt durch den nordischen Geist, mindestens durch die Spannung, welche entsteht bei einem Vorherrschen nordischen Geistes über mitherrschenden nichtnordischen Geist. [...]

So leiten schließlich gewichtige Gedanken von der Rassenkunde, einem Gebiet der Naturwissenschaft[1], hinüber bis in das Gebiet sittlichen Wollens. Rassenkundliche Einsichten erwecken Fragen der sittlichen Entscheidung. Hier können solche nicht eingehender erörtert werden. Es genügt, wenn hier zu ernster Besinnung die Tatsache erschienen ist, dass zu Gedeihen und Größe eines jeden Volkes das bewusste oder unbewusste Ergreifen und Einhalten einer bestimmten *Ausleserichtung* nötig ist. Es gilt: „Wie das nächste Geschlecht, das von euch ausgehen wird, sein wird, also wird euer Andenken ausfallen in der Geschichte."

Ist einmal die heutige Lage des deutschen Volkes diesem selbst bewusst geworden und ergibt sich aus solcher Erkenntnis ein neuer Artwille der Deutschen, das Streben zur nordischen Art, dann ist eine starke Hoffnung auf die Wiedergeburt Deutschlands möglich. Die Entnordnung war eine Erscheinung der Jahrhunderte; auf Jahrhunderte in die Zukunft hinaus muss sich in unserer Zeit der Wille des nordisch gerichteten Deutschen spannen. Dies möge gleichsam *die faustische Sendung des deutschen Volkes* sein: sich aus dem Willen zu reiner nordischer Rasse neu zu schaffen!

(Hans Friedrich Karl Günther, Rassenkunde des deutschen Volkes. Lehmann Verlag, München 1935, S. 463–475)

1 Rassenkunde: hier: anderes Wort für Rassenanthropologie

1 Geben Sie die Grundgedanken des Textes wieder und zeigen Sie ihre Affinität zu darwinistischen Theorieansätzen.

2 Informieren Sie sich, ggf. in Zusammenarbeit mit dem Geschichtsunterricht, über die Rassenpolitik der NS-Zeit und zeigen Sie deren Verbindung mit dem Text auf.

3 Arbeiten Sie heraus, wie Günther von Darwins Theorieansätzen aus versucht, moralisch-politische Entscheidungen zu begründen, und machen Sie sich das Problematische eines solchen Vorgehens klar.

4 Bereits 1925 schreibt **Adolf Hitler** *in seinem Buch „Mein Kampf":*

„Im Blute allein liegt sowohl die Kraft als auch die Schwäche des Menschen begründet. Völker, welche nicht die Bedeutung ihrer rassischen Grundlage erkennen und beachten, gleichen Menschen, die Möpsen die Eigenschaften von Windhunden anlernen möchten, ohne zu begreifen, dass die Schnelligkeit des Windhundes wie die Gelehrigkeit des Pudels keine angelernten, sondern in der Rasse liegende Eigenschaften sind.
Völker, die auf die Erhaltung ihrer rassischen Reinheit verzichten, leisten damit auch Verzicht auf die Einheit ihrer Seele in all ihren Äußerungen. Die Zerrissenheit ihres Wesens ist die naturnotwendige Folge der Zerrissenheit ihres Blutes und die Veränderung ihrer geistigen und schöpferischen Kraft ist nur die Wirkung der Änderung ihrer rassischen Grundlagen.
Wer das deutsche Volk von seinen ihm ursprünglich wesensfremden Äußerungen und Untugenden von heute befreien will, wird es erst erlösen müssen vom fremden Erreger dieser Äußerungen und Untugenden.
Ohne klarste Erkenntnis des Rasseproblems, und damit der Judenfrage, wird ein Wiederaufstieg der deutschen Nation nicht mehr erfolgen. Die Rassenfrage gibt nicht nur den Schlüssel zur Weltgeschichte, sondern auch zur menschlichen Kultur überhaupt."
(Adolf Hitler: Mein Kampf. München 1936, S. 372)

Vergleichen Sie Hitlers Ausführungen mit denen von Günther.

1.3.5 Die philosophische Unzulänglichkeit des Sozialdarwinismus

Die Inhumanität, welche im Sozialdarwinismus bereits angelegt und in der Rassenanthropologie und -hygiene weiter ausdifferenziert wurde, kulminierte im „Euthanasie"-Programm und im Judenmord der NS-Zeit. Den Sozialdarwinisten kann man aufgrund dessen den Vorwurf nicht ersparen durch ihre Theorien Krieg und Völkermord gerechtfertigt zu haben. Worin liegen nun die Gründe für die sozialdarwinistische Fehlentwicklung und was muss man dem Sozialdarwinismus philosophisch entgegenhalten?

Da ist zunächst ein Vorurteil zu nennen, das damals bei vielen Naturwissenschaftlern existierte: Aus einem durchaus redlichen Aufklärungsbedürfnis heraus setzen sie mit ihrer Kritik an einer religiös geprägten Sichtweise der Welt an – und indem sie den Menschen rein biologisch verstehen, werfen sie mit der Theologie jegliches Humanitätsideal über Bord. Sie übersehen, dass sich neben biologischen Faktoren auch biologisch erst einmal nicht fassbare Momente wie Sprache, Moral, Recht und Selbstbewusstsein im menschlichen Leben manifestieren. Eine Analyse des Menschen und der Gesellschaft muss diesen Phänomenen als einem eigenen, von spezifisch humanen Gesetzen beherrschten Bereich Rechnung tragen. Zumindest müsste erwogen werden, ob nicht innerhalb der Kultursphäre, auch wenn sie in die Natur hineingebaut ist, eigens humane Prinzipien gelten können.

Ein zweiter Kritikpunkt betrifft den Grundbegriff des Sozialdarwinismus: Mit „Kampf ums Dasein" ist Darwins Formel „Struggle for Life" einigermaßen korrekt übersetzt. Demnach kann man auch Darwin den Vorwurf nicht ersparen, das Naturgeschehen mit gesellschaftlichen Kategorien zu beschreiben, und zwar solchen, die entweder dem militärischen Bereich oder dem Wirtschaftskonzept speziell des 19. Jahrhunderts entlehnt sind. Denn in der Natur findet ein „Kampf" als Überlebenskampf zwischen Tieren derselben Art nicht statt. Was Darwin als „Struggle for Life" umschreibt, ist der Überlebensvorteil, den ein bestimmtes Individuum einer Art besitzt, weil es zufällig in eine bestimmte ökologische Nische optimal eingepasst ist. Es ist sachlich nicht angemessen, den Überlebensvorteil eines Vogels als Kampf anzusprechen, nur weil er zufällig eine Gefiederfärbung aufweist, die ihn im Vergleich zu seinen Artgenossen weniger auffällig für seine Fressfeinde erscheinen lässt. Während man also Darwin kritisieren muss, sich bei der Beschreibung von Naturvorgängen eines zumindest irreführenden Vokabulars zu bedienen, muss den Sozialdarwinisten gegenüber ein Kritikpunkt ergänzt werden. Sie wenden die Formel „Kampf ums Dasein" ein zweites Mal an, diesmal auf die Gesellschaft (aus der sie ursprünglich abgeleitet wurde) und verfolgen dabei die Absicht eine bestimmte gesellschaftspolitische Sicht gegen Kritik zu immunisieren: Denn ist der „Kampf ums Dasein" als in der Natur gültiges Prinzip nachgewiesen, dann scheint es doch „natürlich", ihn auch als gesellschaftliches Prinzip anzuerkennen.

Zuletzt hängt der ideologische Erfolg des Sozialdarwinismus auch damit zusammen, dass Wissenschaftlichkeit i. Allg. ein gesellschaftlich respektiertes Mittel ist um alles Mögliche als seriös erscheinen zu lassen. Dies wird besonders an den Rassenanthropologen mit ihren scheinbar exakten Messungen von Rassemerkmalen deutlich, in die sich unterschwellig durch solche empirische Methoden nicht legitimierbare Wertsetzungen einschleichen. So kann die Vorstellung von der angeblich „wissenschaftlich begründeten" Überlegenheit der nordisch-germanischen Rasse zum Deckmantel eigener Herrschaftsansprüche werden.

1 *Finden Sie auch in unserer Gesellschaft sozialdarwinistisches Gedankengut? Wozu dient es und was ist ihm philosophisch entgegenzuhalten?*

1.4 Die menschliche Natur im Horizont der Kulturanthropologie

Neben dem Sozialdarwinismus entwickelte sich im 19. Jahrhundert von Darwins Theorie aus eine zweite philosophische Strömung, welche die Ergebnisse der Biologie zwar auch in ihr Philosophieren einbezog, aber dabei stärker als der Sozialdarwinismus von der menschlichen Kultur als einer eigenständigen Sphäre ausging. Diese Art des Philosophierens lässt sich daher unter dem Begriff **Kulturanthropologie** zusammenfassen.

1.4.1 Friedrich Nietzsche: Kultur als Entfremdung von der Trieb-Natur des Menschen

Als Begründer einer biologische Aspekte aufnehmenden Kulturanthropologie kann **Friedrich Nietzsche** (1844–1900) gelten, der Darwins Gedankengut hauptsächlich dazu verwendet um aus ihm den Begriff eines vitalen, natürlichen Menschen zu gewinnen, von dem aus sich scharfe Kulturkritik formulieren lässt.
Grundmotiv von Nietzsches Denken ist die leidvolle Erfahrung der Sinnleere aller Moral und Kultur, die unter dem Schlagwort Nihilismus das Lebensgefühl vieler Intellektueller um die Jahrhundertwende prägte. (➔ Kap. III, 6.1.2) Der nihilistische Grundzug und das Bestreben, ihn durch einen ganz neuen Menschentypus zu überwinden, werden gleichermaßen im abgedruckten Text von Nietzsche deutlich, der 1887 entstand.

An dieser Stelle ist es nun nicht mehr zu umgehn, meiner eignen Hypothese über den Ursprung des „schlechten Gewissens" zu einem ersten vorläufigen Ausdrucke zu verhelfen: sie ist nicht leicht zu Gehör zu bringen und will lange bedacht, bewacht und beschlafen sein. Ich nehme das schlechte Gewissen als die tiefe Erkrankung, welcher der Mensch unter dem Druck jener gründlichsten aller Veränderungen verfallen musste, die er überhaupt erlebt hat – jener Veränderung, als er sich endgültig in den Bann der Gesellschaft und des Friedens eingeschlossen fand. Nicht anders als es den Wassertieren ergangen sein muss, als sie gezwungen wurden, entweder Landtiere zu werden oder zugrunde zu gehn, so ging es diesen der Wildnis, dem Kriege, dem Herumschweifen, dem Abenteuer glücklich angepassten Halbtieren – mit einem Male waren alle ihre Instinkte entwertet und „ausgehängt". Sie sollten nunmehr auf den Füßen gehn und „sich selber tragen", wo sie bisher vom Wasser getragen wurden: eine entsetzliche Schwere lag auf ihnen. Zu den einfachsten Verrichtungen fühlten sie sich ungelenk, sie hatten für diese neue unbekannte Welt ihre alten Führer nicht mehr, die regulierenden unbewusst- sicherführenden Triebe – sie waren auf Denken, Schließen, Berechnen, Kombinieren von Ursachen und Wirkungen reduziert, diese Unglücklichen, auf ihr „Bewusstsein", auf ihr ärmlichstes und fehl-greifendstes Organ! Ich glaube, dass niemals auf Erden ein solches Elends-Gefühl, ein solches bleiernes Missbehagen dagewesen ist – und dabei hatten jene alten Instinkte nicht mit einem Male aufgehört ihre Forderungen zu stellen! Nur war es schwer und selten möglich, ihnen zu Willen zu sein: in der Hauptsache mussten sie sich neue und gleichsam unterirdische Befriedigungen suchen. Alle Instinkte, welche sich nicht nach außen entladen, *wenden sich nach innen* – dies ist das, was ich die *Verinnerlichung* des Menschen nenne: damit wächst erst das an den Menschen heran, was man später seine „Seele" nennt. Die ganze innere Welt, ursprünglich dünn wie

Friedrich Nietzsche

1844–1900

Friedrich Nietzsche wurde als Sohn eines evangelischen Pfarrers in Röcken bei Leipzig am 15. Oktober 1844 geboren. Schon früh verweigerte er sich dem Schulbetrieb des Domgymnasiums in Naumburg, wohin seine Eltern 1849 zogen, und dichtete und komponierte bereits mit zehn Jahren statt zu lernen. Dennoch waren seine Leistungen so gut, dass er für seine weitere schulische Laufbahn ein Stipendium erhielt.
Nach dem Schulabschluss begann er 1864 das Studium der Theologie und klassischen Philologie und wurde noch vor dem Abschlussexamen mit 24 Jahren Professor für alte Philologie in Basel. Bald darauf begann eine fast 10-jährige Freundschaft mit dem über 30 Jahre älteren Komponisten Richard Wagner, den Nietzsche sehr verehrte. Mit ihm fühlte er sich in der Ablehnung der aufklärerisch-christlichen Kultur seiner Zeit und einer Hinwendung zum Dunkel-Triebhaften verbunden. 1878 kam es zum Bruch zwischen beiden Männern, der in der Schrift „Nietzsche contra Wagner" seinen Niederschlag fand.
Bereits ein Jahr später war Nietzsche gesundheitlich so angeschlagen, dass er seine Baseler Professur aufgeben musste. Von da an hielt er sich abwechselnd in Italien, Südfrankreich und dem Engadin auf. Auf einsamen Wanderungen durch die rauhe Berglandschaft des Engadin erlebte er 1881 in mystischer Erfahrung den Gedanken der ewigen Wiederkunft und mit ihm den philosophischen Kristallisationspunkt seines Hauptwerkes „Also sprach Zarathustra" (1883–85). 1882 scheiterte eine zumindest von Nietzsche ernst gemeinte Liebesbeziehung zu der jungen Russin Lou Salome. Nietzsche vereinsamte völlig, seine Krankheit verschlimmerte sich und seine letzte fieberhafte Schaffensphase zeigte schon Züge einer herannahenden geistigen Umnachtung. Als er 1889 auf der Piazza Carlo Alberto in Turin mitleidig die Droschkengäule eines rohen Kutschers umarmte, konnte nur noch die Diagnose gestellt werden: Progressive Paralyse. Von Mutter und Schwester noch über zehn Jahre gepflegt, starb Nietzsche am 25. August 1900 in Weimar ohne je wieder zu klarem Bewusstsein gekommen zu sein.

zwischen zwei Häute eingespannt, ist in dem Maße auseinander- und aufgegangen, hat Tiefe, Breite, Höhe bekommen, als die Entladung des Menschen nach außen *gehemmt* worden ist. Jene furchtbaren Bollwerke, mit denen sich die staatliche Organisation gegen die alten Instinkte der Freiheit schützte – die Strafen gehören vor allem zu diesen Bollwerken –, brachten zuwege, dass alle jene Instinkte des wilden freien schweifenden Menschen sich rückwärts, sich *gegen den Menschen* selbst wandten. Die Feindschaft, die Grausamkeit, die Lust an der Verfolgung, am Überfall, am Wechsel, an der Zerstörung – alles das gegen die Inhaber solcher Instinkte sich wendend: *das* ist der Ursprung des „schlechten Gewissens". Der Mensch, der sich, aus Mangel an äußeren Feinden und Widerständen, eingezwängt in eine drückende Enge und Regelmäßigkeit der Sitte, ungeduldig selbst zerriss, verfolgte, annagte, aufstörte, misshandelte, dies an den Gitterstangen seines Käfigs sich wundstoßende Tier, das man „zähmen" will, [...] – dieser Narr, dieser sehnsüchtige und verzweifelte Gefangene wurde der Erfinder des „schlechten Gewissens". Mit ihm aber war die größte und unheimlichste Erkrankung eingeleitet, von welcher die Menschheit bis heute nicht genesen ist, das Leiden des Menschen *am Menschen, an sich*: als die Folge einer gewaltsamen Abtrennung von der tierischen Vergangenheit, eines Sprunges und Sturzes gleichsam in neue Lagen und Daseins-Bedingungen, einer Kriegserklärung gegen die alten Instinkte, auf denen bis dahin seine Kraft, Lust und Furchtbarkeit beruhte. Fügen wir sofort hinzu, dass andrerseits mit der Tatsache einer gegen sich selbst gekehrten, gegen sich selbst Partei nehmenden Tierseele auf Erden etwas so Neues, Tiefes, Unerhörtes, Rätselhaftes, Widerspruchsvolles *und Zukunftsvolles* gegeben war, dass der Aspekt der Erde sich damit wesentlich veränderte. In der Tat, es brauchte göttlicher Zuschauer um das Schauspiel zu würdigen, das damit anfing und dessen Ende durchaus noch nicht abzusehn ist – ein Schauspiel zu fein, zu wundervoll, zu paradox, als dass es sich sinnlos-unvermerkt auf irgendeinem lächerlichen Gestirn abspielen dürfte! Der Mensch zählt seitdem *mit* unter den unerwartetsten und aufregendsten Glückswürfen, die das „große Kind" des Heraklit[1], heiße es Zeus oder Zufall, spielt – er erweckt für sich ein Interesse, eine Spannung, eine Hoffnung, beinahe eine Gewissheit, als ob mit ihm sich etwas ankündige, etwas vorbereite, als ob der Mensch kein Ziel, sondern nur ein Weg, ein Zwischenfall, eine Brücke, ein großes Versprechen sei.

[...]

Wir modernen Menschen, wir sind die Erben der Gewissens-Vivisektion[2] und Selbst-Tierquälerei von Jahrtausenden: darin haben wir unsre längste Übung, unsre Künstlerschaft vielleicht, in jedem Fall unser Raffinement, unsre Geschmacks-Verwöhnung. Der Mensch hat allzu lange seine natürlichen Hänge mit „bösem Blick" betrachtet, sodass sie sich in ihm schließlich mit dem „schlechten Gewissen" verschwistert haben. Ein umgekehrter Versuch wäre *an sich* möglich – aber wer ist stark genug dazu? –, nämlich die *unnatürlichen* Hänge, alle jene Aspirationen[3] zum Jenseitigen, Sinnenwidrigen, Instinktwidrigen, Naturwidrigen, Tierwidrigen, kurz die bisherigen Ideale, die allesamt lebensfeindliche Ideale, Weltverleumder-Ideale sind, mit dem schlechten Gewissen zu verschwistern. An wen sich heute mit *solchen* Hoffnungen und Ansprüchen wenden? ... Gerade die *guten* Menschen hätte man damit gegen sich; dazu, wie billig, die bequemen, die versöhnten, die eitlen, die schwärmerischen, die müden ... Was beleidigt tiefer, was trennt so gründlich ab, als etwas von der Strenge und Höhe merken zu lassen, mit der man sich selbst behandelt? Und wiederum – wie entgegenkommend, wie liebreich zeigt sich alle Welt gegen uns, sobald wir es machen wie alle Welt und uns „gehen lassen" wie alle Welt! ... Es bedürfte zu jenem Ziele einer *andren* Art Geister, als gerade in die-

Kultur eine solche Vorschrift einhält, setzt sich nur in Nachteil gegen den, der sich über sie hinaussetzt. Wie gewaltig muss das Kulturhindernis der Aggression sein, wenn die Abwehr derselben ebenso unglücklich machen kann wie die Aggression selbst! [...] Wenn die Kulturentwicklung so weitgehende Ähnlichkeit mit der des Einzelnen hat und mit denselben Mitteln arbeitet, soll man nicht zur Diagnose berechtigt sein, dass manche Kulturen – oder Kulturepochen –, möglicherweise die ganze Menschheit – unter dem Einfluss der Kulturstrebungen „neurotisch" geworden sind? An die analytische Zergliederung dieser Neurosen könnten therapeutische Vorschläge anschließen, die auf großes praktisches Interesse Anspruch hätten. Ich könnte nicht sagen, dass ein solcher Versuch zur Übertragung der Psychoanalyse[7] auf die Kulturgemeinschaft unsinnig oder sehr zur Unfruchtbarkeit verurteilt wäre. Aber man müsste sehr vorsichtig sein, nicht vergessen, dass es sich doch nur um Analogien handelt [...].

Eine Wertung der menschlichen Kultur zu geben, liegt mir aus den verschiedensten Motiven sehr ferne. Ich habe mich bemüht das enthusiastische Vorurteil von mir abzuhalten, unsere Kultur sei das Kostbarste, was wir besitzen oder erwerben können, und ihr Weg müsse uns notwendigerweise zu Höhen ungeahnter Vollkommenheit führen. [...]

Die Schicksalsfrage der Menschenart scheint mir zu sein, ob und in welchem Maße es ihrer Kulturentwicklung gelingen wird, der Störung des Zusammenlebens durch den menschlichen Aggressions- und Selbstvernichtungstrieb Herr zu werden. In diesem Bezug verdient vielleicht gerade die gegenwärtige Zeit ein besonderes Interesse. Die Menschen haben es jetzt in der Beherrschung der Naturkräfte so weit gebracht, dass sie es mit deren Hilfe leicht haben, einander bis auf den letzten Mann auszurotten. Sie wissen das, daher ein gut Stück ihrer gegenwärtigen Unruhe, ihres Unglücks, ihrer Angststimmung. Und nun ist zu erwarten, dass die andere der beiden „himmlischen Mächte", der ewige Eros, eine Anstrengung machen wird um sich im Kampf mit seinem ebenso unsterblichen Gegner zu behaupten. Aber wer kann den Erfolg und Ausgang voraussehen?

(Sigmund Freud, Das Unbehagen in der Kultur. Fischer Verlag, Frankfurt/M. 1953, S. 125–129)

1 In Freuds Theorie verkörpert das Über-Ich des einzelnen Menschen die von den Erziehern bzw. Eltern übernommenen und verinnerlichten Grundeinstellungen und Normen.
2 Nach Freuds Konzeption der menschlichen Urgeschichte stand den ersten menschlichen Gemeinschaften ein übermächtiger „Hordenvater" vor, der von den übrigen – besonders den männlichen – Hordengliedern Triebverzicht verlangte. Er wurde schließlich von den Unterdrückten beseitigt und stieg nach seinem Tod zum von allen verehrten und Opfer verlangenden Gott auf.
3 konstitutionell: angeboren
4 Neurosen: seelische Erkrankungen
5 Das Ich steht in Freuds Theorie für das Bewusstsein bzw. den bewussten Willen.
6 Das Es ist das Unbewusste, das durch die beiden Haupttriebe, den Eros und den Aggressionstrieb, bestimmt ist.
7 Psychoanalyse: hier: Versuch, einen Einzelnen von seinen Neurosen zu heilen, indem ihre Ursachen bewusst gemacht werden.

1 Informieren Sie sich ggf. ausführlicher über Freuds Instanzenmodell (vgl. Text 2.2.2) und erläutern Sie im Anschluss daran, was Freud unter „Kultur-Über-Ich" versteht.
2 Wie bewertet Freud die gegenwärtige Kultur?
3 Welche Perspektiven sieht Freud für eine zukünftige Kulturentwicklung?
4 Vergleichen Sie Nietzsches und Freuds Einschätzung des Menschen und der Kultur einschließlich ihrer zukünftigen Entwicklung.

1.4.3 Konrad Lorenz: Kultur als Kanalisierung der aggressiven Natur des Menschen

Wie Freud geht auch **Konrad Lorenz** (1903–1989), der Begründer der modernen Ethologie, von einer konstanten Triebnatur des Menschen aus und er schreibt dem Aggressionstrieb die entscheidende Rolle zu. Seine kulturanthropologischen Aussagen sind aber stärker als bei Nietzsche und Freud biologisch bestimmt.

Die Ethologie oder „Vergleichende Verhaltensforschung", ein erst in unserem Jahrhundert neu entstandener Wissenschaftszweig, hat es sich zur Aufgabe gemacht, das Verhalten der Tiere wissenschaftlich zu erforschen. Indem sie menschliche Verhaltensweisen auf tierische zurückführt, vermittelt sie zugleich Aufschlüsse über die Natur des Menschen, der ja von Darwin in den Naturzusammenhang hineingestellt wurde.

Wie die Tiere verfügt nach Lorenz auch der Mensch über erfahrungsunabhängige, angeborene Verhaltensweisen, die automatisch und von innen her (endogen) gesteuert in einer bestimmten Weise, also instinktiv ablaufen, wenn ihnen ein sog. Schlüsselreiz begegnet, der die entsprechende Verhaltensfolge auslöst. Als Beispiel mag das bekannte Kindchenschema gelten: Die hohe Stirn, die runde, stumpfe Nase und die großen Augen bei jungen Säugetieren oder menschlichen Babys aktivieren automatisch einen Beschützer- und Bruttrieb im menschlichen Betrachter.

Kindchenschema (Graphik von Konrad Lorenz)

Neben den von der Erfahrung unabhängigen angeborenen Verhaltensweisen, die rein schematisch in immer gleicher Form ablaufen, entdeckte Lorenz auch, dass besonders bei den höheren Tierarten viele angeborene Instinktprägungen offen und variabel für eine Füllung durch beliebige Erfahrungen sind. So zeigen z. B. junggeschlüpfte Enten- oder Gänseküken die angeborene Bereitschaft dasjenige Lebewesen als Pflegemutter zu betrachten, welches ihnen in den ersten Lebensstunden als konstante Bezugsperson begegnet; dies kann zu der kuriosen Erscheinung führen, dass sich die Küken einem Menschen anschließen und ihn im Gänsemarsch überallhin verfolgen, soweit er diese Rolle in den ersten Lebensstunden der Jungtiere erfüllt hat.
Die offenen Instinktprägungen sind nach Lorenz besonders beim Menschen anzutreffen und selbst sie sind aufgrund der dauerhaften Einflüsse der Zivilisation erheblich reduziert und kommen nur noch als unspezifische Affekte und Gefühle vor. Eine Ausnahme bilden der gegen Zivilisationseinflüsse besonders resistente Aggressionstrieb und das auf einen eigenen geschützten Bereich zielende Territorialverhalten. Anders als die angeborenen starren Instinktbewegungen sind diese endogenen Triebe nicht auf einen bestimmten Schlüsselreiz angewiesen, auf den sie dann automatisch reagieren. Sie wachsen vielmehr von innen her und entladen sich im Fall der Aggression periodisch.
Der gebotene Text stammt aus Lorenz' populärwissenschaftlichem Buch „Das sogenannte Böse“ von 1963 und zeigt exemplarisch seine Gesamtsicht des Menschen und der Kultur.

Im vorigen Kapitel wurde, wie ich glaube, zur Genüge gezeigt, dass die gegen Artgenossen gerichtete Aggression so vieler Tiere im Allgemeinen keineswegs nachteilig für die betreffende Art, sondern ganz im Gegenteil ein zu ihrer Erhaltung unentbehrlicher Instinkt ist[1]. Dies soll nun aber keineswegs etwa zum Optimismus bezüglich der gegenwärtigen Lage der Menschheit verführen, ganz im Gegenteil. Angeborene Verhaltensweisen können durch eine an sich geringfügige Änderung von Umweltbedingungen völlig aus dem Gleichgewicht gebracht werden. Sie sind so unfähig sich diesen rasch anzupassen, dass unter ungünstigen Umständen eine Art zugrunde gehen kann. Die Veränderungen, die der Mensch in seiner eigenen Umwelt selbst bewirkt hat, sind aber keineswegs nur geringfügig. Sähe man als voraussetzungsloser Beobachter den Menschen, wie er heute dasteht, in der Hand die Wasserstoffbombe, die ihm sein Geist beschert hat, im Herzen den von Anthropoiden-Ahnen ererbten Aggressionstrieb, den seine Vernunft nicht zu meistern vermag, man würde ihm kein langes Leben voraussagen! Betrachtet man nun gar diese Situation als mitbetroffener Mensch, so erscheint sie als irrer Angsttraum und es fällt einem schwer zu glauben, dass die Aggression nicht ein an sich pathologisches Symptom des gegenwärtigen Kulturverfalls sei.
Und dabei könnte man nur wünschen, dass sie das wäre! Gerade die Einsicht, dass der Aggressionstrieb ein echter, primär arterhaltender Instinkt ist, lässt uns seine volle Gefährlichkeit erkennen: Die Spontaneität des Instinktes ist es, die ihn so gefährlich macht. Wäre er nur eine Reaktion auf bestimmte Außenbedingungen, was viele Soziologen und Psychologen annahmen, dann wäre die Lage der Menschheit nicht ganz so gefährlich, wie sie tatsächlich ist. Dann könnte man grundsätzlich die reaktions-auslösenden Faktoren erforschen und ausschalten. Freud darf den Ruhm für sich beanspruchen die Aggression erstmalig in ihrer Eigenständigkeit erkannt zu haben, auch hat er gezeigt, dass der Mangel an sozialem Kontakt, vor allem sein Verlorengehen (Liebesverlust) zu den stark begünstigenden Faktoren zählen. Die falsche Konsequenz aus dieser an sich richtigen Vorstellung, die von vielen amerikanischen Erziehern gezogen wurde, lag in der

Annahme, dass Kinder zu weniger neurotischen, an die Umwelt besser angepassten und vor allem weniger aggressiven Menschen heranwachsen würden, wollte man ihnen von klein auf jede Enttäuschung (frustration) ersparen und ihnen in allem und jedem nachgeben. Eine diesen Annahmen entsprechende amerikanische Erziehungsmethode zeigte nur, dass der Aggressionstrieb, wie so viele andere Instinkte auch, „spontan“ aus dem Inneren des Menschen quillt. Es entstanden unzählige ganz unerträglich freche Kinder, die alles andere als unaggressiv waren. Die tragische Seite der tragikomischen Angelegenheit aber folgte, wenn diese Kinder der Familie entwuchsen und nun plötzlich statt ihren unterwürfigen Eltern der mitleidlosen öffentlichen Meinung gegenüberstanden, wie etwa beim Eintreten in ein College. Unter dem Druck der nun sehr hart erzwungenen sozialen Einordnung wurden, wie mir amerikanische Psychoanalytiker versichert haben, sehr viele so erzogene Jugendliche erst recht neurotisch. […]

Grundsätzlich hat jede echte Instinktbewegung, der in der geschilderten Weise die Möglichkeit zum Abreagieren entzogen ist, die Eigenschaft *das Tier als Ganzes in Unruhe zu versetzen und es nach den sie auslösenden Reizen suchen zu machen.* Dieses Suchen, das im einfachsten Falle in regellosem Umherlaufen, -fliegen oder -schwimmen besteht, im kompliziertesten aber alle Verhaltensweisen des Lernens und der Einsicht in sich schließen kann, ist von Wallace Craig als Appetenzverhalten bezeichnet worden. […]

Schwellenerniedrigung und Appetenzverhalten sind nun, leider muss es gesagt werden, bei wenigen instinktmäßigen Verhaltensweisen so deutlich ausgeprägt, wie gerade bei denen der intraspezifischen Aggression. […]

Die sogenannte Polarkrankheit, auch Expeditionskoller genannt, befällt bevorzugt kleine Gruppen von Männern, wenn diese […] ganz aufeinander angewiesen und damit verhindert sind, sich mit fremden, nicht zum Freundeskreis gehörigen Personen auseinanderzusetzen. Aus dem Gesagten wird bereits verständlich sein, dass der Stau der Aggression um so gefährlicher wird, je besser die Mitglieder der betreffenden Gruppe einander kennen, verstehen und lieben. In solcher Lage unterliegen, wie ich aus eigener Erfahrung versichern kann, alle Reize, die Aggression und innerartliches Kampfverhalten auslösen, einer extremen Erniedrigung ihrer Schwellenwerte. Subjektiv drückt sich dies darin aus, dass man auf kleine Ausdrucksbewegungen seiner besten Freunde, darauf, wie sich einer räuspert oder sich schneuzt, mit Reaktionen anspricht, die adäquat wären, wenn einem ein besoffener Rohling eine Ohrfeige hineingehauen hätte. Einsicht in die physiologische Gesetzmäßigkeit dieses begreiflicherweise äußerst quälenden Phänomens verhindert zwar den Freundesmord, verhilft aber keineswegs zur Linderung der Qual. Der Ausweg, den der Einsichtige schließlich findet, besteht darin, dass er still aus der Baracke (Expeditionszelt, Iglu) schleicht und einen nicht zu teueren, aber mit möglichst sinnfälligem Krach in Stücke springenden Gegenstand zuschanden haut. Das hilft ein wenig und heißt in der Sprache der Verhaltensphysiologie eine umorientierte oder neuorientierte Bewegung […]. Der Un-Einsichtige aber bringt den Freund um – das ist oft geschehen!

[…]

In der Vorgeschichte der Menschen waren keine besonders hochentwickelten Hemmungsmechanismen zur Verhinderung plötzlichen Totschlages nötig, da ein solcher sowieso nicht möglich war. Der Angreifer konnte sein Opfer ja sowieso nur durch Kratzen, Beißen und Würgen ums Leben bringen und dabei hatte dieses reichlich Gelegenheit durch Demutgebärden und Angstschreie an die Aggressionshemmung des Angreifers zu appellieren[2]. Bei einem nur schwach bewaffneten Tier war begreiflicherweise kein Selektionsdruck am Werke, der jene starken und verlässlichen Hemmungen des Waffengebrauches hervorbringen konnte, die für das Überleben einer mit gefährlichen Waffen ausgestatteten Tierart unbedingt notwendig sind. Als dann die Erfindung künstlicher Waffen mit einem Schlage neue Tötungsmöglichkeiten eröffnete, wurde das vorher vorhandene Gleichgewicht zwischen den verhältnismäßig schwachen Aggressionshemmungen und der Fähigkeit zum Töten von Artgenossen gründlich gestört. Der Mensch befand sich nun etwa in der Lage, in die eine Taubenart versetzt würde, würde ihr ein grausames Naturspiel den Schnabel eines Raben verleihen. [...]

Was sich wohl abgespielt haben mag, als zum ersten Mal ein Mensch einen Faustkeil in der Hand hatte? Sehr wahrscheinlich etwas Ähnliches, wie man es an zwei- und selbst drei- und mehrjährigen Kindern beobachten kann, die durch keinerlei instinktive oder moralische Hemmung daran gehindert werden, einander schwere Gegenstände, die sie kaum zu heben vermögen, mit aller Kraft auf den Kopf zu hauen. Ebenso wenig hat wahrscheinlich der Erfinder des ersten Faustkeiles gezögert damit nach einem Genossen zu schlagen, der eben seinen Zorn erregte. Gefühlsmäßig wusste er ja nichts von der furchtbaren Wirkung seiner Erfindung, die angeborenen Tötungshemmungen des Menschen waren damals wie heute auf seine natürliche Bewaffnung abgestimmt. [...]

Der erste Kain hat sehr wahrscheinlich das Entsetzliche seiner Tat sofort erkannt. Es hat sich nicht erst langsam herumsprechen müssen, dass eine unerwünschte Schwächung des Kampfpotentials der eigenen Horde entsteht, wenn man allzu viele Mitglieder totschlägt. Was immer aber die abdressierende Strafe gewesen sein mag, die den hemmungslosen Gebrauch der neuen Waffe verhinderte, auf alle Fälle entstand eine, wenn auch primitive Form von Verantwortlichkeit, die schon damals die Menschheit vor der Selbstvernichtung bewahrte.

Die erste Leistung, die verantwortliche Moral in der Menschheitsgeschichte vollbrachte, bestand also darin, das verloren gegangene Gleichgewicht zwischen Bewaffnung und angeborener Tötungshemmung wieder herzustellen. In allen übrigen Belangen dürften die Forderungen, die von der vernunftmäßigen Verantwortlichkeit an den Einzelnen gestellt wurden, bei den ersten Menschen noch recht einfach und leicht zu erfüllen gewesen sein. [...]

Mit anderen Worten, die natürlichen Neigungen des Menschen sind gar nicht so schlecht. Der Mensch ist gar nicht so böse von Jugend auf, er ist nur *nicht ganz gut genug* für die Anforderungen des modernen Gesellschaftslebens.

Schon die Vergrößerung der zu einer Sozietät gehörenden Individuenzahl muss zwei Wirkungen entfalten, die das Gleichgewicht zwischen den wichtigsten Instinkten der gegenseitigen Anziehung und Abstoßung, das heißt zwischen dem persönlichen Band und der inner-artlichen Aggression stören. Erstens ist es den persönlichen Bindungen abträglich, wenn ihrer zu viele werden. Es ist alte Sprichwortweisheit, dass man nur wenige wirklich gute Freunde haben kann. Das große Angebot an „Bekannten", wie jede größere Gemeinschaft es zwangsläufig mit sich bringt, vermindert daher die Festigkeit der Einzelbindung. Zweitens bewirkt das enge Zusammendrängen vieler Individuen auf kleinem Raum eine Ermüdung aller sozialen Reaktionen. Jeder moderne Großstadtmensch, der mit sozialen Beziehungen und Verpflichtungen aller Art zwangs-überfüttert ist, kennt die beunruhigende Erscheinung, dass man sich über den Besuch eines Freundes, selbst wenn man ihn wirklich liebt und ihn lange nicht gesehen hat, nicht mehr ganz so freuen kann, wie man erwarten sollte. [...]

Zu diesen unerwünschten Folgen des Anwachsens unserer Sozietät gesellen sich noch diejenigen der Unmöglichkeit aggressive Triebe im artgemäß „vorgesehenen" Ausmaße abzureagieren. Frieden ist die erste Bürgerpflicht und das feindliche Nachbardorf, das einst der intraspezifischen Aggression befriedigende Objekte bot, ist in ideale Ferne gerückt.

Mit der höheren Entwicklung der Zivilisation werden alle Voraussetzungen für das richtige Funktionieren unserer natürlichen Neigungen zu sozialem Verhalten immer ungünstiger, während die Anforderungen, die an dieses gestellt werden, immer größer werden. Wir sollen unseren „Nächsten“ so behandeln, als wäre er unser bester Freund, obwohl wir ihn vielleicht nie gesehen haben, ja, wir können mit Hilfe unserer Vernunft durchaus einsehen, dass wir verpflichtet sind sogar unsere Feinde zu lieben, worauf wir aufgrund unserer natürlichen Neigungen nie verfallen wären.

[...]

Neu-Orientierung der Aggression ist der nächstliegende und hoffnungsvollste Weg sie unschädlich zu machen. Leichter als die meisten anderen Instinkte nimmt sie mit Ersatzobjekten vorlieb und findet an ihnen volle Befriedigung. Schon die alten Griechen kannten den Begriff der Katharsis[3], des reinigenden Abreagierens, und die Psychoanalytiker wissen sehr genau, wie viele höchst lobenswerte Handlungen aus „sublimierter“ Aggression ihren Antrieb gewinnen und zusätzlich Nutzen durch deren Minderung stiften. [...]

Eine im menschlichen Kulturleben entwickelte, ritualisierte Sonderform des Kampfes ist der *Sport*. Wie phylogenetisch entstandene Kommentkämpfe[4] verhindert er sozietätsschädigende Wirkungen der Aggression und erhält gleichzeitig ihre arterhaltenden Leistungen unverändert aufrecht. Außerdem aber vollbringt diese kulturell ritualisierte Form des Kämpfens auch die unvergleichlich wichtige Aufgabe den Menschen zur bewussten und verantwortlichen Beherrschung seiner instinktmäßigen Kampfreaktion zu erziehen. Die „Fairness“ oder Ritterlichkeit des Sports, die auch unter stark aggressionsauslösenden Reizwirkungen aufrecht erhalten wird, ist eine wichtige kulturelle Errungenschaft der Menschheit. Außerdem wirkt der Sport segensreich, indem er wahrhaft begeisterten Wettstreit zwischen überindividuellen Gemeinschaften ermöglicht. Er öffnet nicht nur ein ausgezeichnetes Ventil für gestaute Aggression in

Der Mensch in Lorenz' Sicht? (Titelgrafik des Zeitmagazins Nr. 16 v. 11. 4. 1986)

der Form ihrer gröberen, mehr individuellen und egoistischen Verhaltensweisen, sondern gestattet ein volles Ausleben auch ihrer höher differenzierten kollektiven Sonderform. Kampf um die Rangordnung innerhalb der Gruppe, gemeinsamer harter Einsatz für ein begeisterndes Ziel, mutiges Bestehen großer Gefahren und gegenseitige Hilfe unter Missachtung des eigenen Lebens usw. usf. sind Verhaltensweisen, die in der Vorgeschichte der Menschheit hohen Selektionswert besaßen. Unter der schon geschilderten Wirkung intraspezifischer Selektion wurden sie weiter hochgezüchtet und bis in die jüngste Zeit waren sie sämtlich in gefährlicher Weise geeignet vielen mannhaften und naiven Menschen den Krieg als etwas keineswegs ganz Verabscheuenswürdiges erscheinen zu lassen. Deshalb ist es ein großes Glück, dass sie sämtlich in den härteren Formen des Sports, wie Bergsteigen, Tauchen oder Expeditionen und dergl. ihre volle Befriedigung finden. Die Suche nach weiteren, möglichst internationalen und möglichst gefährlichen Wettbewerben ist nach Ansicht Erich von Holsts das wichtigste Motiv für die *Raumflüge*, die eben deshalb so sehr im Zentrum des öffentlichen Interesses stehen. Mögen sie das auch weiterhin tun!

(Konrad Lorenz, Das sogenannte Böse. Zur Naturgeschichte der Aggression. Dr. G.Borotha-Schoeler Verlag, Wien 1963, S. 69–77, S. 323–335, S. 355 f.)

1 Es wurde am Beispiel verschiedener Fischarten gezeigt, dass die gegen Artgenossen gerichtete so g. intraspezifische Aggression dazu dient, gleichartige Tiere in für die gesamte Art günstiger Weise über das verfügbare Areal zu verteilen. Ihre beiden anderen positiven Funktionen sind die Festlegung einer bestimmten Rangordnung innerhalb einer Tiersozietät sowie die Selektion der Nachkommen, indem bei Rivalenkämpfen der Stärkste siegt und sein Erbgut fortpflanzt.

2 Lorenz geht davon aus, dass die höheren sozial lebenden Tiere und somit auch der Mensch proportional zur Stärke ihres Aggressionstriebes intraspezifische Aggressionshemmungen entwickelt haben; sie machen es einem Angreifer unmöglich, den Angegriffenen zu töten oder schwer zu verletzten, wenn dieser durch entsprechende Gebärden die Hemmung auslöst. Auch heute noch sind diese Hemmungen beim Menschen zu finden, denn „kein geistig gesunder Mensch würde auch nur auf die Hasenjagd gehen, müsste er das Wild mit Zähnen und Fingernägeln töten“ (Das sogenannte Böse, S. 325.)

3 Katharsis: Begriff aus der griechischen Tragödientheorie; danach erzeugt die Tragödie Jammer und Schauder um die Zuschauer von diesen Affekten zu reinigen.

4 Kommentkämpfe: nach festem Ritual ausgeführte Scheinkämpfe

1 *Fassen Sie Lorenz' Thesen über die Beschaffenheit des Aggressionstriebes bei Tier und Mensch zusammen und weisen Sie ihre grundlegende Gemeinsamkeit auf.*

2 *Wie begründet Lorenz seine negative Einschätzung von Zivilisation und Kultur und welche Möglichkeiten sieht er die im Aggressionstrieb liegende Gefahr der Menschheitsvernichtung zu bannen?*

3 *Welche Auffassung über die menschliche Natur verbirgt sich hinter Lorenz' Ausführungen?*

4 ***Arno Plack**, ein Sozialphilosoph, schreibt über Lorenz' Ansatz:*

„Seit alters her beschäftigt die Nachdenkenden in unserer Kultur die Frage, ob der Mensch „von Natur“ böse sei oder nicht. Aufgestört von den Massakern unserer Tage neigen wir dazu, das Böse vor allem in Aggressivität und Grausamkeit zu erblicken. Die breite Anhängerschaft, die Konrad Lorenz hier mit seiner Theorie vom spontanen, eigenständigen und angeborenen Aggressionstrieb gewonnen hat, ist dabei nicht mit nüchterner Rationalität zu erklären. In einer aggressiv formierten Gesellschaft, in der persönlicher Ehrgeiz, Konkurrenzdruck und Kollektivhass die hervorstechenden Tugenden prägen: Fleiß und Tapferkeit, da besteht nur allzu willige Bereitschaft den gewohnten rüden Lebensstil auch durch Wissenschaft bestätigt zu sehen.“ (Arno Plack [Hrsg.], Der Mythos vom Aggressionstrieb, München 1973, S. 10)

Nehmen Sie zu diesem Vorwurf Stellung.

5 *Diskutieren Sie die folgende – Thesen von Lorenz aufnehmende – Passage aus einem Biologiebuch für die Oberstufe im Hinblick auf die gesellschaftspolitischen Konsequenzen:*

„Die Abgrenzung eigener Territorien ist ein Merkmal aller Menschengruppen. [...] Dieses Territorialverhalten trug wesentlich dazu bei, dass die Geschichte der Menschheit als Geschichte von Kriegen erscheint. Offensichtlich gehört Territorialität zu den erblichen Merkmalen des Menschen. [...] Sie drückt sich auch im Verhalten von Kleingruppen und sogar Individuen aus und zeigt sich z. B. im Streben nach eigenem Besitz (Grundstück, Haus)."
(H. Linder, Biologie, 20. Aufl., Stuttgart 1989, S. 300)

6 *Untersuchen Sie die Schlüssigkeit der lorenzschen Begründung für seine Aussagen über die Natur des Menschen. Kann ein Großteil von Aggressionen zwischen Menschen nicht auch anders erklärt werden als durch einen eigenständigen, spontanen Trieb?*

7 *Im Folgenden finden Sie eine Darstellung von Lorenz über das Verhalten von Truthennen, gegenübergestellt einer Zeitungsmeldung über menschliches Handeln:*
„Eine Pute muss, solange sie auf dem Neste sitzt, dauernd bereit sein Mäuse, Ratten, Iltisse, Krähen, Elstern usw. usw. mit höchstem Krafteinsatz anzugreifen, ebenso aber auch ihre Artgenossen, den raubeinigen Hahn wie die nestsuchende Henne, die für die Brut fast ebenso gefährlich sind wie jene Fressfeinde. Sie muss zweckmäßigerweise um so aggressiver sein, je näher die Bedrohung dem Mittelpunkt ihrer Welt, d. h. ihres Nestes, ist. Nur dem eigenen Kücken, das gerade in diesem Brennpunkt ihrer Aggression aus der Schale schlüpft, darf sie nichts tun! Wie meine Mitarbeiter [...] herausfanden, wird diese Hemmung bei der Pute ausschließlich akustisch ausgelöst. Zwecks Untersuchung gewisser anderer Reaktionen des Truthahns auf akustische Reize hatten sie eine Anzahl Puten durch Operation am inneren Ohre taub gemacht. [...] Die tauben Truthennen brüteten völlig normal, wie auch vorher ihr soziales und geschlechtliches Verhalten durchaus der Norm entsprach. Als aber ihre Kücken schlüpften, zeigte sich das mütterliche Verhalten der Versuchstiere in höchst dramatischer Weise gestört: alle tauben Hennen hackten alle ihre Kinder sofort nach dem Schlüpfen kurzerhand tot!" (Das sogenannte Böse, Wien 1963, S. 160 f.)

„Ein geisteskrankes, französisches Mädchen, das über die Weihnachtstage aus seinem Heim nach Hause gebracht worden war, ist von seiner Mutter so misshandelt worden, dass es an den Folgen starb. Die Frau gab vor der Polizei in Hagondange (Lothringen) an, das zehn Jahre alte Kind habe am Weihnachtstag geweint und dadurch ihre drei anderen Kinder sowie ihren Freund gestört. Die Ermittlungen ergaben, dass das Mädchen, das als Einziges keinerlei Weihnachtsgeschenke bekommen hatte, zehn Tage lang in einem Schrank eingesperrt worden war; zum Essen hatte es nur Abfälle bekommen, außerdem war es brutal geschlagen worden. Eine Nachbarin meldete den Tod 24 Stunden später der Polizei." (FAZ v. 7. 1. 1983, S. 8)

Vergleichen Sie beide Verhaltens- bzw. Handlungsweisen und verdeutlichen Sie daran, welchen methodischen Fehler Lorenz bei seinem Mensch-Tier-Vergleich (bis in die Wortwahl hinein) begeht.

8 *Gerade der von Lorenz so stark in den Vordergrund gerückte Instinktbegriff kann auf dem Hintergrund des Mensch-Tier-Vergleichs auch zu einer ganz anderen Menschenauffassung führen. Vollziehen Sie dazu das folgende Gedankenexperiment nach, bei dem Sie mithilfe des nächsten Textes versuchen sich ganz in das beschriebene Tier hineinzuversetzen.*

Zecke

„Der Lebenslauf der Zecke ist durch neuere Arbeiten so weit geklärt worden, dass wir ein fast lückenloses Bild von ihm entwerfen können.
Nachdem das Weibchen begattet worden ist, klettert es mit seinen vollzähligen acht Beinen bis an die Spitze eines vorstehenden Astes eines beliebigen Strauches um aus genügender Höhe sich entweder auf unter ihm hinweglaufende kleinere Säugetiere herabfallen zu lassen oder um sich von größeren Tieren abstreifen zu lassen.
Den Weg auf seinen Wartturm findet das augenlose Tier mithilfe eines allgemeinen Lichtsinnes der Haut. Die Annäherung der

Beute wird dem blinden und tauben Wegelagerer durch seinen Geruchssinn offenbar. Der Duft der Buttersäure, die den Hautdrüsen aller Säugetiere entströmt, wirkt auf die Zecke als Signal um ihren Wachtposten zu verlassen und sich herabzustürzen. Fällt sie dabei auf etwas Warmes, was ihr ein feiner Temperatursinn verrät – dann hat sie ihre Beute, den Warmblüter, erreicht und braucht nur noch mit Hilfe ihres Tastsinnes eine möglichst haarfreie Stelle zu finden um sich bis über den Kopf in das Hautgewebe ihrer Beute einzubohren. Nun pumpt sie langsam einen Strom warmen Blutes in sich hinein.
Versuche mit künstlichen Membranen und anderen Flüssigkeiten als Blut haben erwiesen, dass der Zecke jeder Geschmackssinn abgeht, denn nach Durchbohrung der Membran wird jede Flüssigkeit aufgenommen, sofern sie nur die richtige Temperatur hat.
Fällt die Zecke, nachdem das Merkmal der Buttersäure gewirkt hat, auf etwas Kaltes, so hat sie ihre Beute verfehlt und muss wieder auf ihren Wachtposten emporklettern.
Die ausgiebige Blutmahlzeit der Zecke ist zugleich auch ihre Henkersmahlzeit, denn nun bleibt ihr nichts zu tun übrig als sich zu Boden fallen zu lassen, ihre Eier abzulegen und zu sterben." (Text nach: Jakob von Uexküll/ Georg Kriszat, Streifzüge durch die Umwelten von Tieren und Menschen. Fischer Verlag, Stuttgart 1970, S. 6 f.)

Stellen Sie auf der Grundlage des Textes Mensch und Tier insgesamt gegenüber und nutzen Sie die dabei gewonnenen Erkenntnisse um den Ansatzpunkt des folgenden Textes zu verstehen.

1.4.4 Arnold Gehlen: Kultur als Kompensation der mangelhaften Natur des Menschen

Zu völlig anderen Erkenntnissen über die menschliche Natur als Lorenz kommt der Sozialphilosoph **Arnold Gehlen** (1904–1976), obwohl auch er die Eigenart des Menschen auf der Grundlage des Mensch-Tier-Vergleichs zu erfassen sucht. 1940 erscheint sein wichtigstes Werk zur philosophischen Anthropologie: „Der Mensch. Seine Natur und seine Stellung in der Welt" in der ersten Auflage. Aufgrund der Einarbeitung der Ergebnisse von Biologie und Medizin gelangt Gehlen zu der Einsicht, dass der Mensch in seiner Instinktanlage in keiner Weise mit dem Tier vergleichbar und vielmehr ein einmaliger Sonderentwurf der Natur ist. Von dieser Auffassung über die menschliche Natur her rechtfertigt Gehlen so gut wie alle kulturellen Errungenschaften wie Moral, Recht usw., die er unter dem Begriff der Institutionen einer Gesellschaft fasst. Der abgedruckte Text ist aus einer 1961 erschienenen Aufsatzsammlung Gehlens zusammengestellt.

Man hat schon lange bemerkt, dass der Mensch, morphologisch angesehen, sozusagen einen Ausnahmefall darstellt. Die Fortschritte der Natur bestehen sonst in der organischen Spezialisierung ihrer Arten, also in der Ausbildung immer leistungsfähigerer natürlicher Anpassungen an bestimmte Umwelten. Ein tierischer Organismus „hält sich" kraft seiner spezifischen Organisation in einem Gefüge von Bedingungen, in das er „eingepasst" ist, ohne dass wir hier fragen wollen, wie diese Harmonie zustande kam. Sieht man den Menschen theoretisch unbefangen an, so bemerkt man einige Merkmale, die zunächst einmal nur aufgezählt seien. Er ist „organisch mittellos", ohne natürliche Waffen, ohne Angriffs- oder Schutz- oder Fluchtorgane, mit Sinnen von nicht besonders bedeutender Leistungsfähigkeit, denn jeder unserer Sinne wird von den „Spezialisten" im Tierreich weit übertroffen. Er ist ohne Haarkleid und ohne Anpassung an die Witterung und auch viele Jahrhunderte Selbstbeobachtung haben ihn nicht belehrt, ob er nun eigentlich Instinkte hat und welche. Man hat dies schon lange bemerkt und Herder[1] (1772) sowie Kant (1784) haben darauf hingewiesen. Erst neuerdings aber ist unter Führung des verstorbenen Amsterdamer Anatomen Bolk eine Theorie zur Entwicklung gekommen, die alle besonderen menschlichen Baumerkmale unter dem Gesichtspunkt der „Primitivität" begreift. Man versteht darunter einmal die Tatsache, dass gewisse Organbesonderheiten, wie das lückenlose Gebiss, die fünfgliedrige Hand und andere „archaisch", d. h. entwicklungsgeschichtlich alt sein müssen, dass sie nur als Ausgangspunkte von Spezialisierungen verständlich sind, wie wir sie bei Großaffen (Herausentwicklung des Eckzahnes, Verkürzung des Daumens) finden; sodann die andere, dass weitere Besonderheiten (Haarlosigkeit, Schädelwölbung mit untergesetztem Gebiss, Struktur der Beckenregion usw.) als fixierte, dauerhaft gewordene Fötalzustände zu verstehen sind. Die „Retardation", der der Mensch einen sozusagen embryonischen Habitus[2] verdankt, ist ein höchst wertvolles Erklärungsprinzip, weil sie auch andere menschliche Eigenheiten verstehen lässt, vor allem die unverhältnismäßig verlängerte Entwicklungszeit, die lange Hilflosigkeit der Kleinkindphase, die späte Geschlechtsreifung usw. Die Gesamtheit dieser Merkmale fasst man unter dem Begriff der „Unspezialisiertheit" zusammen und daher stammt die Berechtigung den Menschen in einen beschreibenden und vergleichenden *Gegensatz* zum Tier zu bringen, vor allem zu seinen nächsten Verwandten, den ja sehr hoch spezialisierten Großaffen.

[...]

Nun kann man auf dieser Folie ganz gut den Menschen sich abheben lassen und seine *Sonderstellung* in der Natur einsehen, wenn man sich klar macht, dass der Mensch schon physisch durch seine mangelhafte Ausstattung mit organischen Waffen oder organischen Schutzmitteln, durch die Unsicherheit und den rückgebildeten Zustand seiner Instinkte, durch die bescheidenen Sinnesleistungen so qualifiziert ist, dass ich es für vertretbar hielt, den einmal von Herder verwendeten Ausdruck „Mängelwesen" in dieser Beziehung anzuwenden. [...]

Portmann in Basel, [...] ein Zoologe, hatte gezeigt, dass die Sonderstellung des Menschen als Lernwesen, die er sehr wohl und gut sah, zusammenhängt mit der Besonderheit des menschlichen ersten Lebensjahres, die man geradezu als eine Anomalität bezeichnen muss, wenn man den Blick auf die sonstigen Verfahrensweisen der Natur richtet, also wiederum den Vergleich mit dem Tier anstellt. In Bezug auf die Ausreifung der Organe, der Bewegungsleistungen, der Sinnesleistungen, in Bezug auf die Ausbildung der artbesonderen, also menschlichen Kommunikation und Signalgebung, nämlich der Sprache, muss das neugeborene Kind geradezu als eine normalisierte, typisierte Frühgeburt aufgefasst werden. Es erreicht erst mit einem Jahre eine gewisse Orientierungsfähigkeit und, jetzt zu laufen anfangend, die Fähigkeit sich zu bewegen, dazu auch die Anfänge der Kommunikation mit anderen Menschen, Leistungen, die höhere Tiere schon kurz nach der Geburt, oft schon nach wenigen Stunden zeigen. Anders gesagt: Diese Sonderstellung des menschlichen ersten Lebensjahres, welches Portmann geradezu als ein „extra-uterines", außerhalb des Uterus verbrachtes Embryonaljahr beschrieb, besagt nämlich nun unter einem anderen Gesichtspunkt, dass entscheidende Reifungsvorgänge in der Wahrnehmung, in der Bewegung ein ganzes Jahr lang als Lernsituationen vor sich gehen, unter gezieltem Einfluss der Umgebung. Die Lernfähigkeit des Menschen und dieser gezielte Lerneinfluss seiner Umgebung sind sozusagen in die rein biologische Entwicklung eingeplant, indem das Kind typischer- und normalerweise (aber gänzlich anomal im Vergleich zum Tier) aus dem Mutterleibe herausgenommen und diesem Einfluss unterstellt wird. Diese Gelehrigkeit seiner Sinnesleistungen, Bewegungen und Ausdrucksmittel behält der Mensch bis in das höhere Alter bei und auch von hier aus wäre man bei der Vorstellung angelangt, dass ihn eine merkwürdige Stabilisierung frühkindlicher Merkmale bis in das Erwachsenenstadium, ja teilweise auf Lebenszeit kennzeichnet.

[...]

Wir sehen weiter, wo wir auch hinblicken, den Menschen über die Erde verbreitet und trotz seiner physischen Mittellosigkeit sich zunehmend die Natur unterwerfen. Es ist dabei keine „Umwelt", kein Inbegriff natürlicher und urwüchsiger Bedingungen angebbar, der erfüllt sein muss, damit „der Mensch" leben kann, sondern wir sehen ihn überall, unter Pol und Äquator, auf dem Wasser und auf dem Lande, in Wald, Sumpf, Gebirge und Steppe „sich halten". Und zwar lebt er als „Kulturwesen", d. h. von den Resultaten seiner *voraussehenden,* geplanten und gemeinsamen Tätigkeit, die ihm erlaubt aus sehr beliebigen Konstellationen von Naturbedingungen durch deren voraussehende und tätige Veränderung sich Techniken und Mittel seiner Existenz zurechtzumachen. Man kann daher die „Kultursphäre" jeweils den Inbegriff tätig *veränderter* urwüchsiger Bedingungen nennen, innerhalb deren der Mensch allein lebt und leben kann. Irgendwelche Techniken der Nahrungsbeschaffung und -zubereitung, irgendwelche Waffen, Organisationsformen gemeinsamer Tätigkeit und Schutzmaßnahmen vor Feinden, vor der Witterung usw. gehören daher zu den Beständen auch der primitivsten Kultur, und „Naturmenschen", d. h. kulturlose gibt es überhaupt nicht.

Man muss die Resultate dieser geplanten, verändernden Tätigkeit einschließlich der dazugehörigen Sachmittel, Denk- und Vorstellungsmittel zu den *physischen* Existenzbedingungen des Menschen rechnen und diese Aussage gilt für kein Tier. Die Bauten der Biber, die Vogelnester usw. sind niemals voraussehend geplant und gehen aus rein instinktiven Betätigungen hervor. Den Menschen als *Prometheus* zu bezeichnen, hat daher einen exakten und guten Sinn.

Wenn man bemerkt, dass die Kultursphäre des Menschen in der Tat eine biologische Bedeutung hat, so liegt es nahe, den für die Zoologie bewährten Begriff der Umwelt auch hier anzuwenden, wie es meistens geschieht. Aber es besteht doch ein wesentlicher Unterschied: Ohne Zweifel muss man ja die organische Mittellosigkeit des Menschen und auf der anderen Seite seine Kultur schaffende Tätigkeit aufeinander beziehen und als biologisch eng sich gegenseitig bedingende Tatsachen fassen. Von einer „Einpassung" des Menschen in einen dieser Gattung von Natur her zugeordneten speziellen Komplex natürlicher Lebensbedingungen, wie dies im exakten Begriff der Umwelt gedacht wird, kann gar keine Rede sein. So wie sich die tierische, organische Spezialisierung und die ihr jeweils zugeschnittene Umwelt zueinander verhalten, so muss man die Unspezialisiertheit und morphologische Hilflosigkeit des Menschen in seiner Kultursphäre sehen. Da diese aber ein Inbegriff urwüchsiger Tatbestände ist, die der Mensch ins Lebensdienliche verändert hat, so gibt es von vornherein gar keine natürlichen Grenzbedingungen menschlicher Lebensfähigkeit, sondern nur technische Grenzbedingungen: nicht in der Natur, sondern in den Graden der Bereicherung und Verbesserung seiner Kultur schaffenden Tätigkeit, zuerst der Denkmittel und Sachmittel, liegen die Grenzen menschlicher Ausbreitung.

Der Mensch ist also organisch „Mängelwesen" (Herder), er wäre in jeder natürlichen Umwelt lebensunfähig und so muss er sich eine *zweite Natur*, eine künstlich bearbeitete und passend gemachte Ersatzwelt, die seiner versagenden organischen Ausstattung entgegenkommt, erst schaffen und er tut dies überall, wo wir ihn sehen. Er lebt sozusagen in einer künstlich entgifteten, handlich gemachten und von ihm ins Lebensdienliche veränderten Natur, die eben die Kultursphäre ist.

Man kann […] sagen: Der Mensch wäre, der rohen Natur wie ein Tier ausgesetzt, mit seiner ihm angeborenen Physis und seiner Instinktmangelhaftigkeit unter allen Umständen lebensunfähig. Kompensiert werden diese Mängel aber durch die Fähigkeit, die der dringendsten Notwendigkeit entspricht: diese rohe Natur, und zwar jederlei beliebige Natur, wie immer sie beschaffen sein möge, so zu verändern, dass sie ihm lebensdienlich wird.

[…]

Zurück zur Kultur!

Wir wollen daher mit der umgekehrten Vorstellung wie Lorenz arbeiten: Die innere Unstabilität des menschlichen Antriebslebens erscheint als fast grenzenlos. Es sind sehr langsam, über Jahrhunderte und Jahrtausende, herausexperimentierte feste und stets auch einschränkende, inhibitorische[3] Formen wie das Recht, das Eigentum, die monogame Familie, die bestimmt verteilte Arbeit, welche unsere Antriebe und Gesinnungen heraufgedrückt, heraufgezüchtet haben auf die hohen exklusiven und selektiven Ansprüche, welche Kultur heißen dürfen. Diese Institutionen wie das Recht, die monogame Familie, das Eigentum sind selbst in keinem Sinne natürlich und sehr schnell zerstört. Ebenso wenig natürlich ist die Kultur unserer Instinkte und Gesinnungen, die vielmehr von jenen Institutionen von außen her versteift, gehalten und hoch getrieben werden müssen. Und wenn man die Stützen wegschlägt, primitivisieren wir sehr schnell. Dann gibt es nicht […] einen Zerfall ursprünglich sicherer Instinkte, sondern gerade die Re-Instinktivierung, den Rückgang in die fundamentale und konstitutionelle Unsicherheit und Ausartungsbereitschaft des Antriebslebens. Wenn die äußeren Sicherungen und Stabilisierungen, die in den festen Traditionen liegen, entfallen und mit abgebaut werden, dann wird unser Verhalten entformt, affektbestimmt, triebhaft, unberechenbar, unzuverlässig. Sofern nun auch normalerweise der Fortschritt der Zivilisation abbauend wirkt, nämlich Traditionen, Rechte, Institutionen schleift, insofern *vernatürlicht* er den Menschen, primitivisiert ihn und wirft ihn zurück auf die *natürliche* Unstabilität seines Instinktlebens. Die Bewegungen nach dem Verfall zu sind stets natürlich und wahrscheinlich, die Bewegungen nach der Größe, dem Anspruchsvollen und Kategorischen hin sind stets erzwungen, mühsam und unwahrscheinlich. Das Chaos ist ganz im Sinne ältester Mythen vorauszusetzen und *natürlich*, der Kosmos ist göttlich und *gefährdet*. Ich vertrete geradezu einen umgekehrten Standpunkt als das 18. Jahrhundert: Es ist Zeit für einen Gegen-Rousseau, für eine Philosophie des Pessimismus und des Lebensernstes. „Zurück zur Natur" heißt für Rousseau: Die Kultur entstellt den Menschen, der Naturzustand zeigt ihn in voller Naivität, Gerechtigkeit und Beseelung. Dagegen und umgekehrt scheint es uns heute, dass der Naturzustand im Menschen das Chaos ist, das Medusenhaupt[4], bei dessen Anblick man erstarrt. Die Kultur ist das Unwahrscheinliche, nämlich das Recht, die Gesittung, die Disziplin, die Hegemonie[5] des Moralischen. Aber die zu reich, zu differenziert gewordene Kultur bringt eine Entlastung mit sich, die zu weit getrieben ist und die der Mensch nicht erträgt. Wenn die Gaukler, Dilettanten, die leichtfüßigen Intellektuellen sich vordrängen, wenn der Wind allgemeiner Hanswursterei sich erhebt, dann lockern sich auch die uralten Institutionen und die strengen professionellen Körperschaften: Das Recht wird elastisch, die Kunst nervös, die Religion sentimental. Dann erblickt unter dem Schaum das erfahrene Auge schon das Medusenhaupt, der Mensch wird *natürlich* und alles wird möglich. Es muss heißen: Zurück zur Kultur! Denn vorwärts geht es offenbar mit schnellen Schritten der Natur entgegen, da die fortschreitende Zivilisation uns die ganze Schwäche der durch strenge Formen nicht geschützten menschlichen Natur demonstriert.

[...]
Um mit wenigen Worten zusammenzufassen: Die Formen, in denen die Menschen miteinander leben oder arbeiten, in denen sich die Herrschaft ausgestaltet oder der Kontakt mit dem Übersinnlichen – sie alle gerinnen zu Gestalten eigenen Gewichts, den *Institutionen*, die schließlich den Individuen gegenüber etwas wie eine Selbstmacht gewinnen, sodass man das Verhalten des Einzelnen in der Regel ziemlich sicher voraussagen kann, wenn man seine Stellung in dem System der Gesellschaft kennt, wenn man weiß, von welchen Institutionen er eingefasst ist. Die Forderungen des Berufes und der Familie, des Staates oder irgendwelcher Verbände, denen man angehört, regeln uns nicht nur in unserem Verhalten ein, sie greifen bis in unsere Wertgefühle und Willensentschlüsse durch und diese verlaufen dann ohne Bremsung und Zweifel wie von selbst, d. h. selbstverständlich, ohne dass eine andere Möglichkeit vorstellbar wäre, also schließlich mit der Überzeugungskraft des Natürlichen. Vom Inneren der Einzelperson her gesehen bedeutet das die *„bienfaisante certitude“*, die wohltätige Fraglosigkeit oder Sicherheit, eine lebenswichtige Entlastung, weil auf diesem Unterbau innerer und äußerer Gewohnheiten die geistigen Energien sozusagen nach oben abgegeben werden können; sie werden für eigentlich *persönliche*, einmalige und neu zu erfindende Dispositionen frei. Man kann anthropologisch den Begriff der *Persönlichkeit* nur im engsten Zusammenhang mit dem der Institutionen denken, die Letzteren geben der Personqualität in einem anspruchsvolleren Sinne überhaupt erst die Entwicklungschance. Unter Persönlichkeit verstehe ich dabei aber nicht die protestlerische Selbstbetonung derjenigen, die durch den in der Tat ganz außerordentlichen Disziplinierungsdruck industrieller Massengesellschaften überanstrengt werden. Ich will sagen: wenn auch die Institutionen uns in gewisser Weise schematisieren, wenn sie mit unserem Verhalten auch unser Denken und Fühlen durchprägen und typisch machen, so zieht man doch gerade daraus die Energiereserven um innerhalb seiner Umstände die Einmaligkeit darzustellen, d. h. ergiebig, erfinderisch, fruchtbar zu wirken. Wer nicht innerhalb seiner Umstände, sondern unter allen Umständen Persönlichkeit sein will, kann nur scheitern.

(Arnold Gehlen, Anthropologische Forschung. Zur Selbstbegegnung und Selbstentdeckung des Menschen. Rowohlt Verlag, Reinbek 1961, S. 46 f., 17 f., 20 f., 47 f., 18; 59 f., 71 f.)

1 Johann Gottfried Herder: dt. Philosoph und Theologe (1744–1803), Freund Goethes; seine Theorie vom Menschen als Mängelwesen findet sich besonders in der „Abhandlung über den Ursprung der Sprache“ (1771).
2 Habitus: Erscheinungsbild, Aussehen
3 inhibitorisch: verbietend
4 Medusa: Frauengestalt aus der griech. Mythologie, bei deren Anblick man zu Stein erstarrte.
5 Hegemonie: Vorherrschaft

1 *Gehlen bestimmt den Menschen organisch, aber auch psychisch als Mängelwesen. Vollziehen Sie den Weg nach, auf dem er zu dieser Auffassung gelangt.*
2 *Welche Folgerungen ergeben sich für Gehlen aus der mangelhaften Natur des Menschen? Wie würde Gehlen etwa die Notwendigkeit einer autoritären Erziehung Jugendlicher begründen?*
3 *Vergleichen Sie Gehlens Auffassung über die menschliche Natur mit der von Lorenz und erörtern Sie die gesellschaftspolitischen Konsequenzen, die sich aus beiden Menschenauffassungen ergeben.*
4 *Diskutieren Sie folgende Äußerung des Sozialphilosophen* ***Jürgen Habermas***, *der die Instinktersatzfunktion von Institutionen allenfalls für ursprüngliche Gesellschaften gelten lassen will:*

„Gehlen [...] verallgemeinert ein historisch frühes Stadium menschlicher Entwicklung [...]. Unversehens wird das, was für primitive Kulturen sehr wohl gelten mag, der menschlichen Natur schlechthin zugerechnet; so entsteht der Anschein, als sei der Mensch auf Repression angewiesen, ein für allemal; aus der Natur des Menschen springt die Notwendigkeit einer autoritär verfassten Gesellschaft heraus." (J. Habermas, Anthropologie. In: Fischer-Lexikon, Bd. 11, Frankfurt/M. 1958, S. 33)

5 *Wie Sie sicher bemerkt haben, ist Gehlens Bestimmung des Menschen als Mängelwesen zentral für seine darauf aufbauenden kulturanthropologischen Thesen. Untersuchen Sie, inwieweit diese Bestimmung wirklich durch die Ergebnisse der von Gehlen angeführten Fachwissenschaften bestätigt wird. Wo referiert Gehlen Ergebnisse anderer Forscher, wo deutet er sie in seinem Sinne um?*

6 *Der von Gehlen für seine Theorie in Anspruch genommene Zoologe* ***Adolf Portmann*** *schreibt über den Unterschied zwischen Tier und Mensch:*

„Umweltgebunden und instinktgesichert – so können wir in vereinfachender Kürze das Verhalten des Tieres bezeichnen. Das des Menschen mag demgegenüber weltoffen und entscheidungsfrei genannt werden. Wir wollen damit positive Seiten einer gewaltigen, vielseitigen Tatsache herausheben, die man auch etwa anders eingeschätzt hat. Oft ist ja am gleichen Sachverhalt das Negative überbetont worden; der Mensch begegnet uns in solchen Lehren als der Instinktlose, als der aus den Sicherheiten der tierischen Umweltbindungen Verstoßene, und manchmal erscheint er in diesen Darstellungen wahrhaftig wie ein aus der Sicherheit des Gefängnisses mit unzureichenden Mitteln entlassener Sträfling – hinausgestellt auf die Straßen des Lebens." (A. Portmann: Biologische Fragmente zu einer Lehre vom Menschen, Basel/Stuttgart 1969, S. 86)

Beurteilen Sie diese Äußerung.

1.5 Kritik an der Lehre von der menschlichen Natur

Allen bisher vorgestellten anthropologischen Positionen ist gemeinsam, dass sie von einer bestimmten, ggf. auch biologisch fassbaren Natur des Menschen ausgehen, die diesem unabhängig von der jeweiligen geschichtlichen Situation, in der ein Einzelner steht, zukommt. Der Mensch ist von Natur aus böse, gut, triebhaft-aggressiv oder mangelhaft ausgestattet, so lauten – auf eine Kurzformel gebracht – die vorgestellten anthropologischen Grundannahmen. Stellt man diese Auffassungen prüfend nebeneinander, so springt ihre starke Divergenz ins Auge. Man fragt sich, wie es zu solch verschiedenartigen Ansichten über die menschliche Natur kommen kann, die doch dem erklärten Anspruch der Anthropologen nach stets nur eine sein kann – nämlich die Menschennatur, die gewissermaßen als Rest übrig bleibt, wenn man ihre gesamte kulturelle und historische Überformung abgezogen hat. Nun ist zwar die bloße Vielfalt von Auffassungen über die menschliche Natur als solche noch kein Argument dafür, dass keine der vertretenen Positionen zutreffend sein kann; aber es drängt sich doch der Verdacht auf, dass etwas mit der Grundvoraussetzung einer einzigen, hinter aller konkreter Erfahrung stehenden Natur des Menschen nicht stimmt, wenn sie zu derart widerspüchlichen Auffassungen führt.
Dass dieser Verdacht auf guten Gründen beruht, wollen wir uns durch einige weitere Überlegungen zur **Methode der Humanwissenschaften** klar machen. So kann ein Anthropologe etwa den Menschen als ein Objekt unter Objekten untersuchen, indem er Schädel-

messungen an Angehörigen verschiedener Rassen durchführt oder das durchschnittliche Gewicht des menschlichen Gehirns im Vergleich mit dem anderer Säugetiere ermittelt. Der Ethologe kann verschiedene zivilisatorisch weitgehend unberührte Stammesgemeinschaften aufsuchen und die ihr Zusammenleben bestimmenden Regeln möglichst genau erforschen. Objektiv und gesichert sind also sog. deskriptive Aussagen über den Menschen, die ihn als beschreibbares Objekt nehmen und nur das behaupten und erfassen, was an ihm eindeutig beobachtbar und messbar ist.

Werden nun aber **Aussagen über die menschliche Natur** gemacht, so verlässt der betreffende Philosoph mit ihnen das Gebiet gesicherter wissenschaftlicher Erkenntnis und macht eine von seinem Standpunkt abhängige philosophische Aussage. Er begibt sich in einen Bereich, in dem die anthropologischen Einzelbeobachtungen in einer Weise gedeutet werden, die über ihre bloß beschreibende Feststellung weit hinausreicht. Und da der Anthropologe hier über einen Gegenstand urteilt, der er zugleich – als Mensch – selbst ist, scheint die Gefahr, dass seine Aussagen über die menschliche Natur durch persönliche Voreingenommenheiten geprägt sind, besonders groß.

An sich ist gegen persönliche Aussagen über die Menschennatur nichts einzuwenden, solange sie als solche gekennzeichnet und damit erkenntlich sind. Es ist aber ein Etikettenschwindel, wenn sie unter dem Titel der *einen* Natur des Menschen in den Status von objektiv-wissenschaftlichen Aussagen erhoben werden, gegen die andere Menschenbilder keine Berechtigung mehr haben. So werden individuelle Auffassungen über den Menschen mit dem Schein der Wissenschaftlichkeit umgeben und künstlich über andere konkurrierende Auffassungen gestellt.

Das Ganze wäre bloß ein unverbindliches, intellektuell allerdings nicht ganz redliches Gedankenspiel, wenn der aufgewiesene Etikettenschwindel nicht zugleich folgenschwere Auswirkungen auf die gesellschaftspolitische Praxis hätte. Wir erinnern uns zurück: Menschenauffassungen werden oft dazu verwendet, bestimmte Entscheidungen und Handlungen zu rechtfertigen, und in dieser Rechtfertigungsfunktion liegt das Hauptproblem der Lehre von der menschlichen Natur. Statt, wie durch Form und Inhalt der anthropologischen Aussagen nahe gelegt, möglichst objektiv und unvoreingenommen über den Menschen nachzudenken, gehen die Theoretiker von der einen Menschennatur von ganz bestimmten persönlichen kulturpolitischen Überzeugungen aus. Diese sind durch die historische und gesellschaftliche Situation, in der sie leben, geprägt und enthalten Vorstellungen darüber, wie diese Situation eigentlich aussehen *soll*. Die betreffenden Überzeugungen weisen also Sollenscharakter auf und das gilt auch dann, wenn sie auf eine Erhaltung des Status Quo gerichtet sind. Dabei werden sie nun aber nicht unmittelbar als solche geäußert, sondern auf bestimmte Menschenauffassungen projiziert. So erfahren sie eine höhere anthropologische Rechtfertigung, denn wenn der Mensch von Natur aus so oder so beschaffen ist, dann muss er auch in bestimmter Weise handeln bzw. sein Zusammenleben politisch organisieren.

An dieser Stelle zeigt nun der aufgezeigte Etikettenschwindel seine verhängnisvollen Folgen: Weil das eigene Menschenbild, das zur Legitimation persönlicher kulturpolitischer Sollensvorstellungen dient, zur Natur des Menschen überhaupt stilisiert wird, ist es selbst nicht mehr diskutierbar, genauso wenig wie die zuvor auf es projizierten kulturpolitischen Auffassungen; sie sind vielmehr in den Status von unantastbaren Wahrheiten erhoben und somit gegen offenen Dialog und Kritik immunisiert. Die Wesensanthropologie muss sich daher den Vorwurf gefallen lassen, sie erkläre historisch und gesellschaftlich bedingte Auffassungen über den Menschen zu seinem immer seienden Wesen um so eigene Auffassungen des betreffenden Theoretikers über die rechte politische Organisation mit höheren philosophischen oder gar biologischen Weihen zu versehen.

Ein einfaches **Beispiel** kann den komplexen Vorgang illustrieren. Wenn jemand etwa homosexuelle Beziehungen für gesellschaftspolitisch akzeptabel hält und sie rechtlich mit der Ehe gleichstellen will, wird er zur Rechtfertigung seiner Auffassung auf die menschliche Natur verweisen und Homosexualität in ihr – zumindest bei bestimmten Individuen – für angelegt erklären. Ist er aber gegen die gesellschaftliche Akzeptanz oder die rechtliche Aufwertung der Homosexualität, wird er sie wahrscheinlich als wider die Natur des Menschen gerichtet auffassen um so seine persönliche Auffassung zu belegen. In beiden Fällen wird eine gesellschaftspolitische Grundhaltung in eine anthropologische verwandelt und diese als objektiv-wissenschaftliche Aussage über die Menschennatur ausgegeben. Unter einer scheinbar objektiven, ggf. auch biologisch begründeten Beschreibung der menschlichen Natur schleichen sich politisch konservative oder progressive Sollvorstellungen ein, die dem Menschen vorschreiben, wie er sein Leben in der Gemeinschaft zu organisieren hat. Aus naturhaften Zusammenhängen lassen sich aber prinzipiell keine direkten Schlüsse auf die Gestaltungsformen des menschlichen Soziallebens ziehen (sog. naturalistischer Fehlschluss); dazu ist vielmehr eine offene kontroverse Diskussion auf *der* politischen Soll-Ebene nötig, um die es wirklich geht.

1 *Überprüfen Sie die ausgeführte Kritik an den einzelnen anthropologischen Positionen, die Sie kennen gelernt haben.*

2 *Erörtern Sie, inwieweit die Kritik auch die Anthropologie Gehlens betrifft, in der ja eine inhaltlich bestimmte Menschennatur gerade geleugnet wird.*

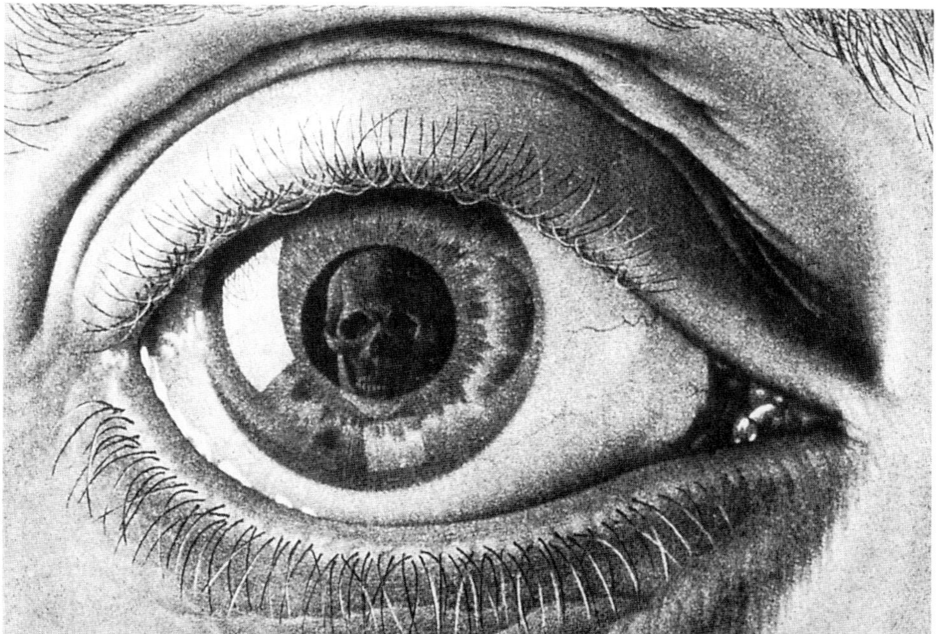

M.C. Escher, Das Auge (Lithographie, 1946)
„Erkenne dich selbst!" Warum ist gerade die Erfüllung dieser alten philosophischen Forderung so schwer?

2 *Wer ist der Mensch: Die Auffassung vom Menschen als Subjekt*

Wissenschaftlich gesicherte Resultate sind in der Anthropologie also nur zu erhalten, wenn sich die betreffenden Forscher auf eine bloße Beschreibung äußerlich erfahrbarer Merkmale beschränken, indem sie den Menschen als Objekt unter Objekten nehmen. Insoweit sind z. B. die Menschenkunde innerhalb der Biologie und die Anatomie objektive Wissenschaften, denn sie beschreiben eindeutig bestimmbare äußere Merkmale des Menschen und systematisieren sie. Gleichwohl wird niemand, der sich in der Biologie mit Menschenkunde befasst, erwarten, dort die Frage nach dem, was der Mensch eigentlich ist, beantwortet zu bekommen. Die Unumstößlichkeit der Ergebnisse in den genannten Wissenschaften ist erkauft durch die Ausblendung der Fragedimension, die uns am meisten interessiert – durch den Verzicht auf die philosophische Frage nach dem Menschen.

Wird diese Frage aber als Frage nach der invarianten menschlichen Natur gefasst, dann ist der Objektivismus noch nicht überwunden. Indem der Mensch unter dem Titel der *einen* menschlichen Natur gefasst wird, werden – wie aufgezeigt – über ihn Aussagen gemacht, welche implizit den objektivistischen Zugriff auf den Menschen überschreiten, dies aber explizit in dessen Namen tun. Auch so wird der Mensch verdinglicht, d. h. mit naturwissenschaftlich erfassbaren Gegenständen auf eine Stufe gestellt. Insofern bleiben sowohl die rein deskriptiven Zugänge zum Menschen in den Humanwissenschaften als auch die philosophische Lehre von der menschlichen Natur im Bannkreis einer objektivistischen Fragestellung, die sich ihrem Gegenstand Mensch wie jedem anderen naturwissenschaftlich erforschbaren Objekt nähert.

Die objektivistische Fragestellung blendet damit einen zentralen Aspekt aus, der uns über den Menschen Aufschluss geben kann. Sie vernachlässigt, dass neben dem objektiven Zugriff auf den Menschen als Gegenstand unter Gegenständen ein primärer und unmittelbarer Zugang existiert, den der Mensch immer schon zu sich hat und der so etwas wie Wissenschaft und die objektive Erforschung von Gegenständen allererst ermöglicht: die *Selbsterfahrung* als ein spezifischer Zugang zum eigenen Ich, in dem sich der Einzelne unmittelbar gegeben ist und sich selbst in qualitativ anderer Weise empfindet und weiß als das Sein der Objekte der Außenwelt. Wenn etwa die philosophische Tradition in diesem Zusammenhang von der menschlichen Seele spricht, dann meint sie damit etwas, was dem rein objektivistischen Zugang zum Menschen gerade verschlossen bleibt und auf einen transzendenten Bereich hinweist.

Das Schlüsselwort für diese Form von Anthropologie ist der **Begriff der Subjektivität**. Aus der vom Zugang zur Außenwelt prinzipiell unterschiedenen inneren Erfahrung, die der Einzelne mit sich selbst macht, wird der Schluss gezogen, dass der Mensch nicht in erster Linie Objekt unter Objekten ist, wie es z. B. ein Fußballtrainer sprachlich zum Ausdruck bringt, wenn er vom schlechten oder guten „Spielermaterial“ spricht. Der Mensch ist vielmehr lebendige Subjektivität, die sich in einer mit dem Zugang zu den Objekten schlechthin unvergleichbaren Weise erfährt.

Wenn wir sprachlich genau sein wollen, müssen wir die Frage nach dem Menschen daher anders als bisher stellen: Statt zu fragen „*Was* ist der Mensch?“, müssen wir formulieren: „*Wer* ist der Mensch?“ Denn in der Was-Frage setzen wir eigentlich schon eine Antwort voraus, die den Menschen nach seiner Natur als Objekt unter Objekten bestimmt, als ein *etwas*; die Wer-Frage geht hingegen davon aus, dass der Mensch *jemand* ist, ein Subjekt.

Der Mensch (Matthias Claudius)

Empfangen und genähret
Vom Weibe wunderbar,
Kömmt er und sieht und höret
Und nimmt des Trugs nicht wahr;
Gelüstet und begehret,
Und bringt sein Tränlein dar;
Verachtet und verehret,
Hat Freude und Gefahr;
Glaubt, zweifelt, wähnt und lehret,
Hält nichts und alles wahr;
Erbauet und zerstöret
Und quält sich immerdar;
Schläft, wachet, wächst und zehret,
Trägt braun und graues Haar.
Und alles dieses währet,
Wenn's hoch kömmt, achtzig Jahr.
Dann legt er sich zu seinen Vätern nieder,
Und er kömmt nimmer wieder.

(Aus: Echtermeyer, Deutsche Gedichte. Von den Anfängen bis zur Gegenwart. Neugestaltet von Benno von Wiese. Bagel Verlag, München ^{2}1966, S. 147)

Die Entwicklung der Menschheit (Erich Kästner)

Einst haben die Kerls auf den Bäumen gehockt,
behaart und mit böser Visage.
Dann hat man sie aus dem Urwald gelockt
und die Welt asphaltiert und aufgestockt,
bis zur dreißigsten Etage.

Da saßen sie nun, den Flöhen entflohn,
in zentralgeheizten Räumen.
Da sitzen sie nun am Telephon.
Und es herrscht noch genau derselbe Ton
wie seinerzeit auf den Bäumen.

Sie hören weit. Sie sehen fern.
Sie sind mit dem Weltall in Fühlung.
Sie putzen die Zähne. Sie atmen modern.
Die Erde ist ein gebildeter Stern
mit sehr viel Wasserspülung.

Sie schießen die Briefschaften durch ein Rohr.
Sie jagen und züchten Mikroben.
Sie versehn die Natur mit allem Komfort.
Sie fliegen steil in den Himmel empor
und bleiben zwei Wochen oben.

Was ihre Verdauung übrig lässt,
das verarbeiten sie zu Watte.
Sie spalten Atome. Sie heilen Inzest.
Und sie stellen durch Stiluntersuchungen fest,
dass Cäsar Plattfüße hatte.

So haben sie mit dem Kopf und dem Mund
den Fortschritt der Menschheit geschaffen.
Doch davon mal abgesehen und
bei Lichte betrachtet sind sie im Grund
noch immer die alten Affen.

(Erich Kästner, Bei Durchsicht meiner Bücher. Eine Auswahl aus vier Versbänden. Cecilie Dressler Verlag, Berlin o. J., S. 11)

1 *Welche Auffassungen vom Menschen werden in den beiden Gedichten deutlich?*
2 *Stellen Sie Zusammenhänge mit dem vorhergehenden Text her.*

2.1 Die Entwicklung des Subjektgedankens aus dem Transzendenzbezug

Die folgenden Texte sollen die philosophische Bestimmung des Menschen als Subjekt in ihrer Entwicklung und Ausdifferenzierung vorstellen. Dabei wird deutlich werden, dass der voll ausgebildete Subjektbegriff erst in der Neuzeit mit dem sich auch ökonomisch verselbstständigenden Einzelnen auftritt und bis heute noch nicht zu Ende gedacht ist. Wir beginnen aber trotzdem mit antiken Ansätzen, weil der Subjektbegriff hier seine Wurzeln hat. Eigentümlich ist diesen Ansätzen, dass sie den Subjektgedanken aus dem Bezug des Menschen zur Transzendenz, also zu einem ihn überschreitenden Bereich, herleiten.

2.1.1 Platon: Die Seele als unsterblicher Logos

Der Dialog „Phaidon", dem der von **Platon** (427–347 v. Chr.) stammende Text entnommen ist, schildert **Sokrates** (ca. 470–399 v. Chr.) kurz vor seiner Hinrichtung. Im Gefängnis erwartet er den beginnenden Tag, an dem er den Giftbecher trinken und sterben wird. Die Zeit bis dahin vergeht mit philosophischen Diskussionen über den Tod und ein Weiterleben danach, die Sokrates mit seinen Freunden und Schülern, besonders mit Simmias und Kebes, führt. Der hier wiedergegebene Aufweis der Unsterblichkeit der Seele verrät viel über Sokrates' bzw. Platons Verständnis vom Menschen. (➔ Kap. I, 5.4)

Sokrates. Euch […] will ich nunmehr den schuldigen Nachweis erbringen, dass mir ein Mann, der sein Leben wirklich mit dem Streben nach Philosophie hingebracht hat, beim Sterben mit vollem Recht guten Mutes und der frohen Hoffnung zu sein scheint, er werde nach seinem Tode in jener Welt der größten Güter teilhaftig werden. Inwiefern das nun so ist, mein Simmias und Kebes, will ich versuchen euch deutlich zu machen. […]
Meinen wir, dass der Tod etwas ganz Bestimmtes ist?
Gewiss, erwiderte *Simmias.*
Sokrates. Doch wohl nichts anderes als die Trennung der Seele von dem Körper? Und Totsein bedeute nichts anderes, als dass der Leib, abgesondert von der Seele, für sich allein ist und auch die Seele, abgesondert vom Leibe? Oder ist der Tod etwas anderes als dieses?
Nein, sondern ebendies, sagte *Simmias.* […]
Sokrates. Wie ist es aber nun mit dem Erwerb der Vernunfterkenntnis selbst? Ist dabei der Körper im Wege oder nicht, wenn man ihn beim Streben danach mit zu Hilfe nimmt? Ich meine z. B. so. Gewähren wohl Gesicht und Gehör den Menschen einige Wahrheit oder wiederholen uns nicht auch die Dichter immer dergleichen, wie dass wir etwas Sicheres weder hören noch sehen? Wenn aber diese Sinne nicht scharf und sicher sind, dann sind es die anderen wohl gar nicht. Denn alle stehen doch wohl diesen nach. Oder scheint dir das anders zu sein?
Simmias. Durchaus nicht.
Wann also, sagte *Sokrates*, gelangt die Seele zur Wahrheit? Denn wenn sie in Verbindung mit dem Körper etwas zu erforschen versucht, wird sie offenbar von ihm getäuscht.
Simmias. Du hast recht.
Sokrates. Wird ihr also nicht im Denken, wenn irgendwo, etwas von dem Seienden offenbar?
Simmias. Ja.
Sokrates. Sie denkt aber dann am besten, wenn nichts von diesen Dingen sie stört, weder Gehör noch Gesicht, noch Schmerz und Lust, sondern wenn sie soviel wie möglich

ganz für sich ist, indem sie den Körper gehen lässt und soweit wie möglich ohne Gemeinschaft und Berührung mit ihm dem wirklichen Sein nachgeht.

Simmias. So ist es.

Sokrates. Verachtet also nicht auch dabei des Philosophen Seele den Körper am meisten, indem sie von ihm flieht und ganz selbstständig zu werden sucht?

Simmias. So scheint es.

Sokrates. [...]

Es ist vielmehr wirklich für uns eine ausgemachte Sache, dass wir uns von ihm losmachen und mit der Seele allein die Dinge an sich betrachten müssen, wenn wir jemals etwas rein erkennen wollen. Und dann erst wird uns, wie es scheint, das zuteil werden, was wir begehren und was wir zu lieben behaupten, die Vernunfterkenntnis nämlich, wenn wir tot sind, wie unsere Untersuchung ergibt, solange wir aber leben, nicht. Denn wenn es ausgeschlossen ist, mit dem Körper vereint irgendetwas rein zu erkennen, so ist nur eins von beiden möglich: entweder nie zum Wissen zu gelangen oder erst nach dem Tode. Dann nämlich wird die Seele für sich allein sein, abgesondert vom Leibe, eher aber nicht. Und solange wir leben, werden wir, wie es scheint, nur dann dem Wissen am nächsten sein, wenn wir so wenig wie möglich mit dem Leibe zu schaffen haben und nur, wo es unbedingt nötig ist, in Gemeinschaft mit ihm treten und wenn wir uns nicht mit seiner Natur anfüllen, sondern von ihm uns rein erhalten, bis die Gottheit selbst uns befreit. Und so, rein und von der Unvernunft des Körpers erlöst, werden wir, wie zu erwarten steht, mit Gleichartigen in Verbindung stehen und durch uns selbst alles in seiner Lauterkeit erkennen; das aber ist doch wohl die Wahrheit. Dem Nichtreinen nämlich mag es wohl nicht vergönnt sein, Reines zu berühren. Dergleichen Reden, mein Simmias, müssen, meine ich, alle wahrhaften Weisheitsfreunde unter sich führen und dergleichen Ansichten müssen sie haben. Oder scheint es dir nicht so?

Simmias. Durchaus, mein Sokrates. [...]

Sokrates. Sieh nun zu, mein Kebes, ob sich für uns aus allem, was gesagt ist nicht Folgendes ergibt: Dem Göttlichen, Unsterblichen, Geistigen, Eingestaltigen, Unauflöslichen und immer sich völlig Gleichbleibenden ist die Seele am ähnlichsten, dem Menschlichen, Sterblichen, Ungeistigen, Vielgestaltigen, Auflöslichen und niemals sich selbst Gleichbleibenden dagegen der Leib. Können wir, mein lieber Kebes, etwas dagegen einwenden, dass dem also sei?

Kebes. Nein.

Sokrates. Wie nun? Wenn dem so ist, kommt es dann nicht dem Körper zu, sich rasch aufzulösen, der Seele dagegen ganz und gar oder wenigstens nahezu unauflöslich zu sein?

Kebes. Natürlich.

Sokrates. Und du bemerkst doch, dass nach dem Tode des Menschen dem Sichtbaren an ihm, seinem Leibe, und dem, was vor Augen liegt, dem Leichnam, wie wir es nennen, dem es doch zukommt, sich aufzulösen und zu zerfallen und verweht zu werden, nicht gleich etwas hiervon widerfährt, sondern dass er noch eine ziemlich lange Zeit so bleibt, und zwar recht lange, wenn ein Mensch in der Anmut und Schönheit der Jugend stirbt.

Kebes. Allerdings.

Sokrates. Und die Seele, das Unsichtbare, die nach einem ihrem Wesen ähnlichen Orte hinzieht, einem edlen, reinen und unsichtbaren Orte, dem wahren Hades[1], zu dem guten und weisen Gotte, wohin, so Gott will, alsbald auch meine Seele zu gehen hat – diese Seele, die so beschaffen und geartet ist, sollte nach ihrer Trennung vom Körper sogleich verweht werden und untergehen, wie die meisten Menschen behaupten? Weit gefehlt, mein lieber Kebes und Simmias! Vielmehr verhält es sich so: [Dass] die Seele sich lauter und rein vom Körper trennt ohne etwas von ihm mit sich zu ziehen, da sie ja im Leben freiwillig nichts mit ihm gemein hatte, sondern ihn floh und sich auf sich selbst zurückzog und im-

mer darauf bedacht war, was doch nichts anderes heißen will, als dass sie recht philosophierte und sich in Wahrheit auf einen leichten Tod vorbereitete; oder hieße dies nicht auf den Tod bedacht sein?
Kebes. Allerdings.
Sokrates. Ist sie nun in dieser Verfassung, so geht sie doch zu dem ihr ähnlichen Unsichtbaren, dem Göttlichen, Unsterblichen und Vernünftigen. Wenn sie aber dorthin gelangt, wird ihr Glückseligkeit zuteil und sie ist von Irrtum und Unwissenheit, Furcht und wilder Liebesglut und allen anderen menschlichen Übeln befreit, indem sie wirklich, wie es von den Eingeweihten heißt, die übrige Zeit mit den Göttern vereint lebt.

(Platon, Phaidon. Nach der Übersetzung von Friedrich Schleiermacher neu durchgesehen. Reclam Verlag, Stuttgart 1984, S. 22–61, [63d–64c, 65a–65d, 66d–67b, 80a–81a])

1 Hades: Totenreich, in dem die Gestorbenen nach griechischem Volksglauben als Schatten existieren

1 *Stellen Sie Sokrates'/Platons Verständnis von Seele dar und bestimmen Sie ihr Verhältnis zum sinnlichen Leib und zur reinen Vernunft.*
Können Sie von dort aus Sokrates' an anderer Stelle des Dialogs geäußerte Behauptung erklären, die wahrhaften Philosophen strebten schon im Leben nach dem Sterben?

2 *In seinem Dialog „Phaidros" (246a–249d) vergleicht Platon die menschliche Seele mit einem himmlischen Wagen und entfaltet in einem Mythos ihre unsterbliche Existenz. Erarbeiten Sie die Grundaussagen dieses Mythos über die Seele und vergleichen Sie diese mit den im abgedruckten Text gegebenen Seelenbestimmungen.*
3 *Welche Auffassung vom Menschen verbirgt sich hinter Sokrates'/Platons Seelenauffassung?*
4 *Diskutieren Sie diese Vorstellung und erwägen Sie dabei, ob Platon dem Gedanken der menschlichen Individualität gerecht wird.*

2.1.2 Augustin: Die Seele als das Ich von Gottes Gnaden

Ca. 800 Jahre nach Platon, als das Christentum seinen Siegeszug als Staatsreligion weitgehend vollendet hat, schreibt der gerade zum Bischof geweihte **Augustin** (354–430) seine „Bekenntnisse" nieder, aus denen der folgende Textauszug stammt. Ohne dort spezielle Ausführungen zur Unsterblichkeit der menschlichen Seele zu machen – sie wird von ihm ohnehin vorausgesetzt – gewinnt Augustin eine neue Dimension des Nachdenkens über den Menschen und seine Beschaffenheit als Subjekt.

So will ich denn bekennen, was ich von mir weiß, und auch bekennen, was ich nicht von mir weiß.
Was ich aber von mir weiß, weiß ich, weil du[1] mir Licht spendest, und was von mir ich nicht weiß, so lange weiß ich's nicht, bis „mein Dunkel sein wird wie der Mittag" vor deinem Angesicht.
[...]
Ohne allen Zweifel, in voller, klarer Gewissheit sage ich, Herr: Ich liebe dich. Du hast mein Herz mit deinem Wort getroffen, da hab' ich dich lieb gewonnen. Auch Himmel und Erde und alles, was darinnen ist, siehe, es ruft mir zu von allen Seiten, dass ich dich lieben soll. [...]
Aber was liebe ich, wenn ich dich liebe? Nicht Körperschönheit und vergängliche Zier, nicht den Strahlenglanz des Lichts, so lieb den Augen, nicht köstlichen Wohllaut so vieler Instrumente, nicht den süßen Duft von Blumen, Salben und Spezereien, nicht Manna[2] und Honig, nicht Glieder, die zur Umarmung locken – nein, das liebe ich nicht,

wenn ich dich liebe, meinen Gott. Und doch ist's eine Art von Licht, von Stimme, von Duft, von Speise und von Umarmung, wenn ich meinen Gott liebe, Licht, Stimme, Duft, Speise, Umarmung meines inneren Menschen. Was da meiner Seele leuchtet, fasst kein Raum, was da erklingt, verhallt nicht in der Zeit, was da duftet, verweht kein Wind, was da mundet, verzehrt kein Hunger, was da fesselt, trennt kein Überdruss. Das ist's, was ich liebe, wenn meinen Gott ich liebe.

Was aber ist das? Ich fragte die Erde und sie sprach: Ich bin's nicht. Alles, was auf ihr ist, bekannte dasselbe. Ich fragte das Meer und seine Abgründe und das Gewürm, das in ihm lebt, und sie antworteten: Nicht wir sind dein Gott, suche höher, über uns! Ich fragte die säuselnden Winde und das ganze Reich der Luft mit all seinen Bewohnern gab zur Antwort: Anaximenes[3] irrt sich, ich bin nicht Gott. Ich fragte den Himmel, die Sonne, den Mond und die Sterne und sie sagten: Auch wir sind's nicht, der Gott, den du suchst. Und ich sprach zu all dem, was draußen vor den Türen meines Fleisches steht: So sagt mir doch von meinem Gott, wenn ihr's denn nicht seid, sagt mir etwas von ihm. Sie aber riefen mit gewaltiger Stimme: Er hat uns geschaffen! Meine Frage aber, das war meine Betrachtung, und ihre Antwort war ihre Schönheit. Nun wandte ich mich zu mir selbst und sprach zu mir: Wer bist denn du? Ich antwortete: Ein Mensch. Und siehe, fasse ich mich selbst ins Auge, stehen da ihrer zwei, Leib und Seele, er draußen, sie drinnen. Wen von beiden soll ich fragen nach meinem Gott, nach dem ich schon die ganze Körperwelt durchsuchte, von der Erde bis zum Himmel, soweit ich meiner Augen Strahlen als Boten senden konnte? Besser ist doch, was innen ist. Denn ihm als Vorgesetzten und Richter haben all die leiblichen Boten gemeldet, was Himmel und Erde und alles, was darinnen ist, antworteten, als sie sprachen: Wir sind nicht Gott und: Er hat uns geschaffen. Der innere Mensch erfuhr dies durch den Dienst des äußeren; ich, der innere, erfuhr es, ich, der ich Geist bin, durch den Sinn meines Leibes. Rundum die ganze Welt hab' ich so gefragt nach meinem Gott und sie gab mir zur Antwort: Nicht ich bin's, aber er hat mich geschaffen. [...]

Was also liebe ich, wenn ich, Gott, dich liebe? Wer ist es, der meine Seele so hoch überragt? Durch meine Seele hindurch will ich aufsteigen zu ihm. Hinausschreiten will ich über meine Kraft, die mich dem Körper verbindet und sein Gefüge mit Lebenshauch durchdringt. Nicht durch diese Kraft finde ich meinen Gott, sonst fänden ihn auch „Ross und Maultier, die nicht verständig sind", denn es ist dieselbe Kraft, die auch ihre Körper belebt. Doch da ist noch eine andere Kraft, die meinen Leib, den du, Herr, gebildet, nicht nur belebt, sondern ihm auch Empfindung verleiht, dem Auge gebietet nicht zu hören, sondern zu sehen, dem Ohre nicht zu sehen, sondern zu hören, und so einem jeden Sinn je nach seinem besonderen Sitz und Amt Anweisung gibt. So bin ich es, die eine Seele, die durch die Sinne so Verschiedenes leistet. Aber auch diese meine Kraft durchschreite ich. Denn Ross und Maultier besitzen sie nicht minder, da auch sie leiblich empfinden. [...]

Also will ich auch diese Kraft meiner Natur durchschreiten um stufenweis emporzusteigen zu dem, der mich geschaffen. [...]

Ich habe nun die äußere Welt mit jedem meiner Sinne, soweit ich's konnte, durchwandert, auch das Leben meines Leibes und meine Sinne selbst betrachtet. Dann betrat ich meines Gedächtnisses innere Gemächer, vielfältig weite Räume mit ungezählten Dingen seltsam angefüllt. Ich sah's und erschrak, hätte ohne dich nichts von alledem unterscheiden können und fand doch nichts darunter, was du gewesen wärst. Auch war ich nicht selbst der Finder, ich, der dies alles durchschritt und zu unterscheiden und jedes nach seinem Wert zu schätzen suchte, der ich das eine mir von den Sinnen zur Untersuchung reichen ließ, anderes in mirselbst vorfand, als wär's mit mir verschmol-

Michelangelo, Erschaffung des Adam (1510)

zen, der ich auch die Boten prüfte und zählte und von den im Gedächtnis lagernden Schätzen einiges musterte, anderes beiseite tat, wieder anderes hervorholte. Nein, ich selbst war's nicht, der dieses tat, nicht meine Kraft, durch die ich's tat, die du nicht warst. Denn du bist das ewige Licht, das ich nach allem fragte, ob es und was es und wie hoch es zu schätzen sei, und dessen Lehre und Befehl ich hörte. Oftmals tue ich das und habe meine Freude daran; kann ich einmal die Bürde pflichtmäßiger Arbeit ablegen, suche ich darin Genuss. Doch finde ich in alldem, das dich befragend ich durcheile, keinen sichern Ort für meine Seele als nur in dir, in dem sich sammelt, was in mir zersplittert ist, und der nichts verliert von allem, was mein ist.

(Aurelius Augustinus, Bekenntnisse. Vollständige Ausgabe. Eingeleitet und übertragen von Wilhelm Timme. Artemis Verlag, München [3]1985, S. 250–254

1 Augustin spricht hier Gott in gebetsähnlicher Form direkt an.
2 Manna: das Himmelsbrot, das Gott dem Volk Israel in der Wüste spendete (vgl. 2 Mos 16).
3 Anaximenes: ionischer Naturphilosoph (585–525); sah die Luft als den Urstoff an, aus dem alles geworden ist.

1 Geben Sie die Seinsstufen an, die Augustin auf seinem Weg zur Gotteserkenntnis durchforscht.

2 Durch welche Momente sieht Augustin sein Ich bestimmt und worin liegt das spezifisch Menschliche, das ihn zur Gotteserkenntnis befähigt?

3 Wie stellt sich die Beziehung zwischen Gott und Ich nach Augustin im Ganzen dar?

4 Vergleichen Sie Augustins Verständnis des Menschen und der Seele mit dem sokratisch-platonischen. Fasst Platon oder Augustin den Menschen stärker als Individuum?

2.1.3 René Descartes: Die Selbstvergewisserung als Grundlage allen Wissens

Die eigentliche Geburtsstunde des neuzeitlichen Subjektgedankens liegt für die abendländische Philosophie im Denken **René Descartes'** (1596–1650). Seine „Meditationen", aus denen der nächste Text entnommen ist, sind ein beispielhaftes Werk subjektiven, d. h. vom Ich ausgehenden und sich allein auf es zurückbeugenden Philosophierens, schon durch die vom Verfasser gewählte Darstellung seiner Gedanken in Ichform.

Erste Meditation: Woran man zweifeln kann

1. Schon vor Jahren bemerkte ich, wie viel Falsches ich von Jugend auf als wahr hingenommen habe und wie zweifelhaft alles sei, was ich später darauf gründete; darum war ich der Meinung, ich müsse einmal im Leben von Grund auf alles umstürzen und von den ersten Grundlagen an ganz neu anfangen, wenn ich später einmal etwas Festes und Bleibendes in den Wissenschaften errichten wollte. Dies schien mir aber eine ungeheure Aufgabe zu sein und so wartete ich jenes reife Alter ab, auf das kein für wissenschaftliche Forschungen geeigneteres folgen würde. Darum habe ich so lange gezögert, dass ich jetzt eine Schuld auf mich laden würde, wenn ich die Zeit, die mir zum Handeln noch übrig ist, mit Zaudern vergeuden wollte. Da trifft es sich sehr günstig, dass ich heute meinen Geist von allen Sorgen losgelöst und mir ungestörte Muße verschafft habe. Ich ziehe mich also in die Einsamkeit zurück und will ernst und frei diesen allgemeinen Umsturz aller meiner Meinungen vornehmen.

2. Dazu wird es indessen nicht nötig sein, dass ich allen die Falschheit nachweise; dies könnte ich vielleicht niemals erreichen. Da ja schon die Vernunft anrät bei nicht ganz gewissen und zweifelsfreien Ansichten uns ebenso sorgfältig der Zustimmung zu enthalten wie bei solchen, die ganz sicher falsch sind, so reicht es für ihre Verwerfung insgesamt aus, wenn ich in einer jeden irgendeinen Anlass zum Zweifeln finde. Auch braucht man sie darum nicht einzeln durchzugehen; das wäre eine endlose Arbeit. Da ja bei der Untergrabung der Fundamente alles, was darauf gebaut ist, von selbst zusammenstürzt, werde ich unmittelbar die Prinzipien selbst angreifen, auf die alles sich stützte, was ich früher für wahr hielt.

3. Alles nämlich, was ich bis heute als ganz wahr gelten ließ, empfing ich unmittelbar oder mittelbar von den Sinnen; diese aber habe ich bisweilen auf Täuschungen ertappt und es ist eine Klugheitsregel, niemals denen volles Vertrauen zu schenken, die uns auch nur ein einziges Mal getäuscht haben.[1]

4. Indessen, wenn uns auch die Sinne zuweilen über kleine und ferner liegende Gegenstände täuschen, so ist doch an den meisten andern zu zweifeln gar nicht möglich, ungeachtet ihres sinnlichen Ursprungs; so z. B., dass ich hier bin, am Ofen sitze, meinen Winterrock anhabe, dieses Papier hier mit den Händen berühre und dergleichen. Mit welchem Recht könnte ich leugnen, dass diese Hände, dieser ganze Körper mein sind? – ich müsste mich denn mit gewissen Verrückten vergleichen, deren Gehirn ein hartnäckiger melancholischer Dunst so schwächt, dass sie unbeirrt versichern, sie seien Könige, während sie ganz arm sind, oder sie trügen Purpur, während sie nackt sind, oder sie hätten einen Kopf von Ton oder seien ganz Kürbisse oder aus Glas geblasen. Allein das sind Wahnsinnige und ich würde ebenso verrückt erscheinen, wenn ich auf mich anwenden wollte, was von ihnen gilt.

5. Gut so! aber bin ich denn nicht ein Mensch, der nachts zu schlafen pflegt und dann alles das, und manchmal noch viel Unglaublicheres, im Traum erlebt wie jene im Wachen?

Wie oft erst glaube ich gar nachts im Traume ganz Gewöhnliches zu erleben; ich glaube hier zu sein, den Rock anzuhaben und am Ofen zu sitzen – und dabei liege ich entkleidet im Bett!

Jetzt aber schaue ich sicherlich mit ganz wachen Augen auf dieses Papier. Dieser Kopf, den ich bewege, ist nicht vom Schlaf umfangen. Mit Überlegung und Bewusstsein strecke ich diese Hand aus und empfinde dies auch. So deutlich würde ich nichts im Schlaf erleben.

Ja, aber erinnere ich mich denn nicht, dass ich auch von ähnlichen Gedanken in Träumen getäuscht worden bin? Während ich aufmerksamer hierüber nachdenke, wird mir ganz klar, dass nie durch sichere Merkmale der Schlaf vom Wachen unterschieden werden kann, und dies macht mich so stutzig, dass ich gerade dadurch fast in der Meinung zu träumen bestärkt werde.

6. Wohlan denn, wir träumen, und unwahr sollen alle jene Einzelheiten sein: dass wir die Augen öffnen, den Kopf bewegen, die Hände ausstrecken, ja sogar, dass wir solche Hände, überhaupt solch einen Körper haben! Gleichwohl aber müssen wir eingestehen, dass uns im Schlaf gleichsam gewisse Malereien erschienen sind, die nur nach dem Vorbilde wirklicher Dinge gebildet werden konnten, und dass darum wenigstens im Allgemeinen Augen, Kopf, Hände und der ganze Körper nicht als eingebildete, sondern als wirkliche Dinge existieren. Denn es können ja selbst die Maler nicht einmal dann, wenn sie Sirenen und Satyrisken[2] in den ungewöhnlichsten Gestalten zu schaffen suchen, diesen in jeder Beziehung neue Eigentümlichkeiten beilegen; sie vermischen vielmehr lediglich Glieder verschiedener Geschöpfe miteinander. Ja, selbst wenn sie sich vielleicht etwas so Neues ausdenken, dass man überhaupt nie Ähnliches gesehen hat, also etwas völlig Erdichtetes und Unwahres, so müssen doch sicherlich mindestens die Farben wirklich sein, mit denen sie es darstellen. Wenngleich daher auch Augen, Kopf, Hände und Ähnliches im Allgemeinen bloße Einbildungen sein könnten, muss man doch aus ebendemselben Grunde wie oben anerkennen, dass notwendigerweise wenigstens irgendetwas anderes noch Einfacheres und Allgemeineres wirklich sein müsse, aus dem – gleich wie aus den wirklichen Farben – alle jene wahren oder unwahren Bilder von Dingen gestaltet werden, die in unserem Bewusstsein vorhanden sind.

7. Dazu gehört anscheinend die Natur des Körpers im Allgemeinen und seine Ausdehnung, desgleichen die Gestalt der ausgedehnten Dinge, ferner die Quantität, d. h., ihre Größe und Anzahl; ebenso der Ort, an dem sie sind, die Zeit, während deren sie dauern, und Ähnliches[3].

8. Somit könnten wir hieraus wohl zu Recht schließen, dass die Physik, die Astronomie, die Medizin und alle andern Wissenschaften, die von der Betrachtung der zusammengesetzten Körper abhängen, wenigstens zweifelhaft seien, während die Arithmetik, Geometrie und vergleichbare, die lediglich die einfachsten und allgemeinsten Dinge behandeln und sich wenig darum kümmern, ob diese in Wirklichkeit da sind oder nicht, etwas Sicheres und Unzweifelhaftes enthalten. Denn ob ich nun schlafe oder wache: Zwei und drei geben zusammen fünf und das Quadrat hat nicht mehr als vier Seiten. Es scheint unmöglich, dass so offenbare Wahrheiten in den Verdacht der Falschheit geraten könnten.

9. Nun ist aber meinem Geist eine gewisse althergebrachte Meinung eingeprägt, es gebe nämlich einen Gott, der alles vermag; von ihm sei ich, so wie ich da bin, geschaffen worden. Warum aber soll dieser es nicht etwa so eingerichtet haben, dass es überhaupt gar keine Erde, keinen Himmel, nichts Ausgedehntes, keine Gestalt, keine Größe, keinen Ort gibt und dass trotzdem alles dies mir genauso wie jetzt da zu sein scheint? Wäre es nicht sogar möglich, dass ich mich irre, sooft ich zwei und drei addiere oder die Seiten des Quadrats zähle oder bei irgendetwas ande-

rem, womöglich noch Leichterem; ganz wie meiner Meinung nach die Leute bisweilen in Sachen irren, die sie aufs Allergenaueste zu kennen meinen?

Vielleicht hat Gott gar nicht gewollt, dass ich solcher Täuschung anheim falle, heißt er doch der Allgütige. Allein wenn es seiner Güte widersprochen hätte, mich so zu schaffen, dass ich immer getäuscht werde, so würde es auch mit seiner Güte unvereinbar scheinen, dass ich in Einzelfällen getäuscht würde; und doch ist dies gerade der Fall.

10. Vielleicht aber gibt es Menschen, die lieber einen so mächtigen Gott leugnen, als zu glauben, dass alle andern Dinge ungewiss seien. Wir wollen ihnen nicht entgegentreten und einmal zugeben, alles über Gott Gesagte sei erdichtet [...]: da Täuschung und Irrtum Unvollkommenheiten zu sein scheinen, wird es um so wahrscheinlicher sein, dass ich aus Unvollkommenheit immer irre, je weniger Macht jene dem Urheber meiner Entstehung zuschreiben. Gegen diese Gründe habe ich in der Tat nichts einzuwenden und bin schließlich zu dem Geständnis gezwungen, dass man an allem, was ich einst für wahr hielt, zweifeln könne, und zwar nicht aus Unbedachtsamkeit und Leichtsinn, sondern aus triftigen, wohl überlegten Gründen. Will ich daher etwas Sicheres finden, so muss ich mich bezüglich dieser Meinungen künftig ebenso sorgfältig der Zustimmung enthalten als hätten wir es mit offenbar Falschem zu tun. [...]

12. Ich will also annehmen, dass nicht der allgütige Gott, der die Quelle der Wahrheit ist, sondern ein ebenso böser wie mächtiger und listiger Geist all sein Bestreben darauf richtet, mich zu täuschen; ich will glauben, dass der Himmel, die Luft, die Erde, die Farben, die Gestalten, die Töne und alles außerhalb von uns nur das Spiel von Träumen sei, durch die er meiner Leichtgläubigkeit nachstellt. Mich selbst will ich so ansehen, als hätte ich keine Hände, keine Augen, kein Fleisch, kein Blut noch irgendeinen Sinn, sondern dass ich mir dies bloß einbildete. Ich will hartnäckig in dieser Meditation verharren, und wenn es dann auch nicht in meiner Macht steht, etwas Wahres zu erkennen, will ich wenigstens, soweit es an mir ist, mit festem Geist mich hüten etwas Falschem zuzustimmen, damit nicht jener Betrüger, sei er noch so mächtig, noch so listig, irgendwelchen Einfluss auf mich bekomme.

Aber dies Unternehmen ist mühevoll und eine gewisse Trägheit bringt mich zu den Lebensgewohnheiten zurück. Wenn ein Gefangener, der etwa im Traum eine eingebildete Freiheit genoss, nachher zu argwöhnen beginnt, dass er schläft, fürchtet er das Erwachen und hält bei schmeichlerischen Traumbildern lässig die Augen geschlossen; und ich falle von selbst zurück zu den alten Meinungen und fürchte aufzuwachen, damit nicht auf die friedliche Ruhe ein beschwerliches Wachen folge, welches dann nicht in einem Lichtschein, sondern in der undurchdringlichen Finsternis der nunmehr aufgerührten Schwierigkeiten verbracht werden muss.

(René Descartes, Meditationes de prima Philosophia. Meditationen über die Erste Philosophie. Lateinisch/ Deutsch. Übers. und hrsg. v. Gerhart Schmidt. Reclam Verlag, Stuttgart 1986, S. 63–75)

1 Vgl. hierzu Kap. I, 1.2
2 Sirenen und Satyrisken: Phantasiegestalten der griech. Sage; ein Mal halb Mädchen, halb Vogel, das andere Mal bocksgestaltige Waldgeister.
3 Descartes meint hier mathematisch erfassbare Wirklichkeitsstrukturen.

1 Charakterisieren Sie Descartes' Zweifel und grenzen Sie ihn vom Zweifel im Alltag ab.

2 Strukturieren Sie die erste Meditation, indem Sie die drei vom Zweifel erfassten Meinungsprinzipien herausarbeiten und das jeweils auf sie bezogene Zweifelsargument darstellen.

3 Prüfen Sie, ob mit den in Zweifel gezogenen Meinungsgrundsätzen alle alltäglichen Gewissheiten erschüttert sind, und bestimmen Sie im Anschluss daran die Situation des Philosophierenden am Schluss der ersten Meditation.

4 Klären Sie, wie nach Descartes' Gedankenführung die Situation des Meditierenden mit der des die Meditation Nachvollziehenden zusammenhängt.
Einer von Descartes' philosophischen Widersachern, der Jesuit **Petrus Gassendi**, *schrieb nach dem Studium der „Meditationen" an den Verfasser, dass er an dessen persönlicher Existenz ohnehin nicht zweifeln würde. Beurteilen Sie diese Äußerung auf dem Hintergrund der vollzogenen Klärung.*

Nachdem Descartes in der ersten Meditation alle vermeintlichen Gewissheiten einem radikalen und dabei methodisch fortschreitenden Zweifel ausgesetzt hat, sucht er im Folgenden nach einer unumstößlichen Gewissheit, die vom Zweifel nicht zerstört werden kann.

Zweite Meditation:
Über die Natur des menschlichen Geistes; dass er der Erkenntnis näher steht als der Körper

1. Die gestrige Meditation hat mich in so mächtige Zweifel gestürzt, dass ich sie nicht mehr loswerden kann; und doch sehe ich keinen Weg zu ihrer Lösung. Mir ist, als wäre ich unversehens in einen tiefen Strudel geraten und würde so herumgewirbelt, dass ich auf dem Grund nicht Fuß fassen, aber auch nicht zur Oberfläche emporschwimmen kann. Doch ich will den Mut nicht sinken lassen und noch einmal denselben Weg versuchen, den ich gestern gegangen war; ich will also alles beseitigen, was auch nur den Schein eines Zweifels zulässt, genauso, als hätte ich es für gänzlich falsch erkannt; ich will vorwärts dringen, bis ich etwas Gewisses erkenne, sollte es auch nur die Gewissheit sein, dass es nichts Gewisses gibt. Nur einen Punkt, der fest und unbeweglich sei, verlangte Archimedes[1] um die ganze Erde von ihrer Stelle zu bewegen. Es eröffnet sich ebenfalls eine große Aussicht, wenn ich auch nur das Geringste finden werde, das gewiss und unerschütterlich ist.

2. Ich nehme also an, alles, was ich wahrnehme, sei falsch; ich glaube, dass nichts von alledem jemals existiert habe, was mir mein trügerisches Gedächtnis vorführt. Ich habe überhaupt keine Sinne; Körper, Gestalt, Ausdehnung, Bewegung und Ort sind Chimären[2]. Was soll da noch wahr sein? Vielleicht dies Eine, dass es nichts Gewisses gibt.

3. Aber woher weiß ich, dass es nicht noch etwas von allem bereits Angezweifelten Verschiedenes gibt, das auch nicht den geringsten Anlass zu einem Zweifel bietet? Gibt es nicht vielleicht einen Gott, oder wie ich denjenigen sonst nennen soll, der mir diese Gedanken einflößt? Doch wozu soll ich dergleichen annehmen, da ich wohl auch selbst ihr Urheber sein könnte? So wäre aber doch wenigstens Ich etwas? Allein ich habe ja bereits geleugnet, dass ich irgendwelche Sinne und irgendeinen Körper habe. Doch halt, was folgt denn hieraus? Bin ich denn so sehr an den Körper und die Sinne gebunden, dass ich nicht ohne sie sein könnte? Aber ich habe in mir die Annahme gefestigt, es gebe gar nichts in der Welt, keinen Himmel, keine Erde, keine Geister, keine Körper: Also bin doch auch ich nicht da? Nein, ganz gewiss war Ich da, wenn ich mich von etwas überzeugt habe.
Aber es gibt irgendeinen sehr mächtigen, sehr schlauen Betrüger, der mit Absicht mich immer täuscht. Zweifellos bin also auch Ich, wenn er mich täuscht; mag er mich nun täuschen, soviel er kann, so wird er doch nie bewirken können, dass ich nicht sei, solange ich denke, ich sei etwas. Nachdem ich so alles genug und übergenug erwogen habe, muß ich schließlich festhalten, dass der Satz „Ich bin, Ich existiere"[3], sooft ich ihn ausspreche oder im Geiste auffasse, notwendig wahr sei.

4. Ich bin mir aber noch nicht hinreichend klar darüber, wer denn Ich bin – jener Ich, der notwendigerweise ist. Ich muss mich von nun an in Acht nehmen, dass ich nicht etwa

unvorsichtigerweise etwas anderes für mich selbst halte und so selbst in derjenigen Erkenntnis abirre, die für mich die gewisseste und evidenteste sein soll. Darum will ich mir einmal vergegenwärtigen, wofür ich mich früher hielt, ehe ich auf diese Gedanken gekommen war. Von dieser Vorstellung meiner selbst will ich dann alles in Abzug bringen, was durch die schon angeführten Gründe auch nur im Allergeringsten erschüttert werden kann, so dass schließlich nur genau das übrig bleibt, was gewiss und unerschütterlich ist. [...]

Zuerst bemerkte ich natürlich, dass ich ein Gesicht, Hände, Arme und diese ganze Gliedermaschine habe, wie man sie auch an einem Leichnam wahrnimmt; ich nannte sie Körper. Dann bemerkte ich, dass ich mich nähre, gehe, fühle und denke, und schrieb diese Tätigkeiten der Seele zu. Was aber diese Seele sei, ließ ich entweder auf sich beruhen oder ich stellte sie mir als irgendeinen feinen Stoff vor, als etwas dem Wind, dem Feuer oder Äther Vergleichbares, das in meinen gröberen Bestandteilen verbreitet ist. Bezüglich meines Körpers hingegen hatte ich keinerlei Zweifel; ich glaubte seine Natur genau zu kennen und hätte ich einmal zu beschreiben versucht, wie er sich meinem Geiste darstellt, so hätte ich erklärt: Unter Körper verstehe ich alles, was durch eine Gestalt begrenzt und durch seinen Ort umschrieben werden kann; was seinen Raum so erfüllt, dass es von ihm jeden andern Körper ausschließt; was durch Gefühl, Gesicht, Gehör, Geschmack, Geruch wahrgenommen werden und in verschiedener Weise bewegt werden kann, zwar nicht aus eigener Kraft, aber durch irgendein anderes, mit dem es in Berührung kommt. Meiner Meinung nach war nämlich das Vermögen der Selbstbewegung sowie des Empfindens und Denkens in keiner Weise mit dem Wesen des Körpers vereinbar; ja, ich war geradezu überrascht dergleichen Fähigkeiten in gewissen Körpern anzutreffen.

6. Nun aber nehme ich an, irgendein sehr mächtiger und, wenn ich so sagen darf, bösartiger Betrüger habe mich in allem, soweit es ihm nur irgend möglich war, absichtlich irregeführt. Kann ich mir dann noch das Geringste von alledem zuschreiben, was ich zur Natur des Körpers rechnete? Ich stutze, denke nach und überlege hin und her, aber nichts will sich mir zeigen; der fruchtlosen Wiederholung werde ich müde.

Wie steht es aber mit dem, was ich der Seele zuschrieb, mit der Ernährung und dem Gehen? Offenbar bestehen auch diese Tätigkeiten bloß in der Einbildung, da ich nun einmal keinen Körper habe. Aber das Empfinden? Auch dieses geschieht nicht ohne Körper, aber gar oft erschien es mir im Traume, als empfände ich, während ich nachher merkte, dass es nicht wahr sei. Und das Denken? Hier werde ich fündig: das Denken (= Bewusstsein) ist es; es allein kann von mir nicht abgetrennt werden; Ich bin, Ich existiere, das ist gewiss.

Wie lange aber? Offenbar solange ich denke, denn es ist ja auch möglich, dass ich, wenn ich überhaupt nicht mehr denken würde, sogleich aufhörte zu sein. Ich lasse jetzt nichts gelten, als was notwendig wahr ist; demnach bin ich genau genommen lediglich ein denkendes Ding, d. h. Geist bzw. Seele bzw. Verstand bzw. Vernunft; lauter Bezeichnungen, deren Bedeutung mir früher unbekannt war. Ich bin nun ein wirkliches und wahrhaft seiendes Ding. Was denn für ein Ding? Ich sagte ja: ein denkendes.

7. Und was weiter? Ich will meine Einbildungskraft anstrengen: Jener Komplex von Gliedern, den man den menschlichen Leib nennt, bin ich nicht; auch bin ich nicht etwa ein feiner Dunst, der in diesen Gliedern verbreitet ist, auch kein Wind, kein Feuer, kein Dampf, kein Hauch oder was ich mir sonst ausdenke; denn alles dies habe ich gleich nichts gesetzt. Die Voraussetzung bleibt und dennoch bin Ich etwas.

[...]

8. Also was bin ich nun? Ein denkendes Ding.

Was ist das? – Ein Ding, das zweifelt, einsieht, bejaht, verneint, will, nicht will, das auch bildlich vorstellt und empfindet.

9. Das ist in der Tat nicht wenig, wenn das alles zu meiner Natur gehören soll. Doch warum sollte es nicht dazu gehören? Bin Ich es nicht selbst, der nunmehr fast alles bezweifelt, der aber immerhin etwas einsieht, der behauptet, dass dies wahr sei, der das Übrige verneint, vieles wissen und nicht getäuscht werden will, der sich unwillkürlich vielerlei bildhaft vorstellt, vieles auch gewahrt, als käme es von den Sinnen her? Gibt es hierbei etwas, das nicht genauso wahr wäre wie dass ich bin, selbst wenn ich immer träumte; selbst wenn der, der mich erschaffen, mich täuschte, so viel er vermag?

Was kann überhaupt von meinem Denken [= Bewusstsein] unterschieden und als von mir selbst trennbar angesehen werden? Denn, dass Ich es bin, der da zweifelt, erkennt, will, ist so offenkundig, dass sich kein Erklärungsgrund höherer Evidenz[4] dafür finden lässt. Aber Ich bin auch derselbe, der bildhaft vorstellt; denn wenngleich vielleicht, wie ich einmal angenommen habe, gar kein bildhaft vorgestelltes Ding wirklich wäre, so ist doch die Einbildungskraft selbst wirklich und macht einen Teil meines Denkens aus. Schließlich ist es auch derselbe Ich, der empfindet oder körperliche Gegenstände gewissermaßen sinnlich wahrnimmt. Tatsächlich sehe ich immer schon das Licht, höre den Lärm, fühle die Wärme. Das ist falsch, denn ich schlafe. Aber ganz sicher scheine ich doch zu sehen, zu hören, warm zu werden. Dies kann nicht falsch sein, dies ist es eigentlich, was in mir Empfinden heißt, und genau dieser Auffassung entsprechend ist das Empfinden nichts anderes als Denken.[5]

(René Descartes, Meditationes de Prima Philosophia. Meditationen über die Erste Philosophie. Lateinisch/Deutsch, Übers. und hrsg. v. Gerhart Schmidt. Reclam Verlag, Stuttgart 1986, S. 77–87)

1 Archimedes: griech. Mathematiker und Physiker (285–212)
2 Chimären: Trugbilder, Hirngespinste
3 Ich bin, ich existiere: Im lateinischen Original lautet der Text „ego cogito, ego existo“. Die in diesem Zusammenhang häufig zitierte Formel „je pense, donc je suis“ (cogito, ergo sum) stammt aus einer anderen Schrift Descartes', dem „Discours de la Methode“ (1637).

1 *Machen Sie den besonderen Gewissheitsgrad der ersten von Descartes gefundenen Wahrheit deutlich. Wieso kann sie nicht in derselben Weise bezweifelt werden wie alles andere vermeintlich sichere Wissen?*

2 *Erklären Sie, wieso der Übersetzer – die grammatische Form des lateinischen Urtextes aufnehmend – „ich“ in der zweiten Meditation zuweilen groß schreibt.*

3 *Inwiefern ist die erste unumstößliche Gewissheit der „Meditationen“ keine ewige Wahrheit?*

4 *Zeigen Sie auf, was für Descartes das Ich ist, und prüfen Sie, ob sich diese Bestimmung zwingend aus dem vorangehenden Gedankengang ergibt.*

5 *Gegen die erste cartesische Gewissheit formulierte* **Gassendi** *den Einwand Descartes (oder der je Meditierende) hätte von Geburt an ununterbrochen denken müssen um zu sein, ja, schon im Mutterleib hätte er sein Sein durch Denken aufrechterhalten müssen.*
Diskutieren Sie den Einwand und achten Sie dabei auf den Unterschied zwischen Selbstvergewisserung und Selbsterzeugung.
Inwiefern leistet Descartes dem Einwand Gassendis Vorschub, wenn er das Ich als ein Ding versteht, dessen Haupteigenschaft das Denken ist?

6 *Bestimmen Sie das gegenüber Platon und Augustin Neuartige in Descartes' Versuch Erkenntnis über den Menschen zu erlangen. Inwiefern zeigt sich in den drei vorgestellten Ansätzen eine Entwicklung des Subjektgedankens?*

René Descartes

1596–1650

„Ich roste, also bin ich" – diese Aufschrift auf einem betagten Studentenauto ist zwar sicher originell, aber sie variiert den bekanntesten Satz Descartes' doch gar zu freizügig: Dem zweifelnden Ich der cartesischen „Meditationen" sind nämlich Autos in ihrer Existenz ebenso ungewiss wie alle ausgedehnten Körper und ihr Rosten als ein Vorgang in der materiellen Körperwelt kann keinen Aufschluss über ihre Existenz vermitteln – im Gegensatz zum Denken, welches nach Descartes allein das Sein des Ich verbürgen kann.

Der schon sehr früh dem Denken zugeneigte Descartes wurde 1596 geboren und besuchte das Jesuitenkolleg in La Flèche, die Eliteschule Frankreichs. Wegen seiner schwachen körperlichen Konstitution durfte er bereits dort morgens im Bett bleiben und meditieren, eine Angewohnheit, die er sein Leben lang beibehielt. Nach dem Erwerb eines juristischen Examens in Poitiers ging Descartes 22jährig zur militärischen Ausbildung nach Holland und fasste dort den Entschluss sich mathematisch weiterzubilden. So landete er schließlich in Ulm, damals ein Zentrum der Mathematik. Drei Träume zeichneten dort – wie Descartes deutete – sein weiteres Leben als Wissenschaftler vor. Um mit den wissenschaftlichen Neuerungen seiner Zeit in Kontakt zu kommen, gelangte er zunächst nach Paris.

Ab 1628 zog Descartes sich nach Holland zurück und hoffte dort ungestört durch den 30jährigen Krieg und die Anfeindungen der katholischen Kirche seinen Studien nachgehen zu können. Denn 1632 wurde Galilei der Ketzerei angeklagt, weil er die Sonne in den Mittelpunkt des Alls gesetzt hatte, und in Frankreich stand auf ein Philosophieren außerhalb der Bibel und der Kirchenväter die Todesstrafe. Deshalb wechselte Descartes in Holland mehrfach den Wohnort und korrespondierte über Deckadressen. 1637 erschien sein erstes Hauptwerk, der „Discours de la Methode", 1641 sein wichtigstes, die „Meditationes de prima Philosophia". Beide Werke beanspruchen ein völlig neues Fundament der Philosophie und aller Wissenschaft gelegt zu haben.

Königin Christine von Schweden lud den mittlerweile bekannten Philosophen an ihren Hof. Im Herbst 1649 kam Descartes der Einladung nach langem Zögern nach. Bereits am 11. Februar 1650 starb er in Schweden; die Todesursache ist bis heute nicht geklärt.

Im weiteren Verlauf der „Meditationen“ findet das Ich schließlich aus der Isolation der Gewissheit seines nur je eigenen Seins heraus; durch einen Gottesbeweis wird die Existenz eines bösen, täuschenden Geistes ausgeschlossen und stattdessen ein guter Gott nachgewiesen, der u. a. für die Realität der Außenwelt einschließlich der des menschlichen Körpers bürgt.
Mit dem Ausgang des Philosophierens allein vom Ich hat Descartes zweifellos den Subjektgedanken in einer besonderen Weise ausgestaltet. Dabei hat er sich allerdings nicht ganz aus den Denktraditionen des Mittelalters befreit, wenn er das Ich schließlich als ein Ding oder eine Substanz, der als Hauptattribut das Denken zukommt, bestimmt. Eine solche Bestimmung ermöglicht zwar leicht eine Abtrennung des als Seele aufgefassten denkenden Dings (res cogitans) vom Körper, aber sie ist durch den Gedankengang der „Meditationen“ nicht gedeckt. Denn aus diesem ergibt sich bloß das Denken als diejenige Instanz, mit Hilfe derer Ich mich meiner Existenz versichern kann; nicht aber, dass Ich selbst ein denkendes Ding bin, das möglicherweise auch unabhängig vom Leib existieren kann.
Descartes’ Ausführungen sind da überzeugend, wo sie lediglich die Rolle des Denkens und seine Fähigkeit sich auf sich selbst beziehen zu können (Reflexivität) herausstreichen und verdeutlichen, dass alle Selbstgewissheit und somit alle bewusste Selbsterfahrung durch diese Kraft zur Reflexion bedingt ist. Nur weil der Mensch denken kann und damit die Fähigkeit besitzt sich seiner bewusst zu werden und sich selbst zu thematisieren, stößt er auf sein Inneres, auf seine Subjektivität, worin er die Frage nach sich selbst anders und angemessener stellt als in der biologistischen Anthropologie.

2.1.4 Max Scheler: Der Geist als Spezifikum des Menschen

Anders als Descartes geht der Philosoph **Max Scheler** (1874–1928) in seiner Anthropologie vom Mensch-Tier-Vergleich aus und berücksichtigt damit die durch Darwin begründete neue Sicht des Menschen. In seiner 1928 erschienenen Schrift „Die Stellung des Menschen im Kosmos“ erkennt er jedoch ganz undarwinistisch im Geist das Wesen des Menschen. Dabei wird er aber nicht zu einem Theoretiker der menschlichen Natur im dargestellten und kritisierten Sinn, sondern liefert vornehmlich in seinem Aufweis der drei wesentlichen Merkmale des Geistes entscheidende Bausteine zum Verständnis des Menschen als unverfügbares, transzendentes Subjekt, als „Person“, wie Scheler es selbst formuliert.

Die einen wollen dem Menschen Intelligenz und Wahl vorbehalten und sie dem Tiere absprechen: sie erkennen zwar einen überquantitiven Unterschied, einen Wesensunterschied an, behaupten ihn aber da, wo nach meiner Ansicht kein Wesensunterschied vorliegt. Die anderen, insbesondere alle Evolutionisten der Darwin- und Lamarckschule, lehnen mit Darwin, […] und auch mit W. Köhler einen letzten Unterschied zwischen Mensch und Tier ab, eben weil das Tier auch bereits Intelligenz besitze[1]; sie hängen damit in irgendeiner Form der großen Einheitslehre vom Menschen an, die ich als Theorie des „homo faber“[2] bezeichne, und kennen selbstverständlich dann auch keinerlei metaphysisches Sein, keine Metaphysik des Menschen, d. h. kein ausgezeichnetes Verhältnis, das der Mensch als solcher zum Weltgrund besäße.
Was mich betrifft, so weise ich beide Lehren zurück. Ich behaupte: Das Wesen des Men-

schen und das, was man seine *„Sonderstellung"* nennen kann, steht *hoch* über dem, was man Intelligenz und Wahlfähigkeit nennt, und würde auch nicht erreicht, wenn man sich diese Intelligenz und Wahlfähigkeit quantitativ beliebig, ja bis ins Unendliche gesteigert vorstellte. Aber auch das wäre verfehlt, wenn man sich das Neue, das den Menschen zum Menschen macht, nur dächte als eine zu den psychischen Stufen: Gefühlsdrang, Instinkt, assoziatives Gedächtnis, Intelligenz und Wahl noch hinzukommende neue Wesensstufe *psychischer* und der *Vital*sphäre angehöriger Funktionen und Fähigkeiten, die zu erkennen also in der Kompetenz der Psychologie und Biologie läge.[3]

Das neue Prinzip steht *außerhalb* alles dessen, was wir „Leben" im weitesten Sinne nennen können. Das, was den Menschen allein zum „Menschen" macht, ist nicht eine neue Stufe des Lebens – erst recht nicht nur eine Stufe der *einen* Manifestationsform dieses Lebens, der „Psyche" –, sondern es ist ein allem und *jedem Leben überhaupt, auch dem Leben im Menschen entgegengesetztes Prinzip*: eine echte neue Wesenstatsache, die als solche überhaupt nicht auf die „natürliche Lebensevolution" zurückgeführt werden kann, sondern, wenn auf etwas, nur auf den obersten einen Grund der Dinge selbst zurückfällt: auf denselben Grund, dessen *eine* große Manifestation das „Leben" ist.

Schon die Griechen behaupteten ein solches Prinzip und nannten es „Vernunft". Wir wollen lieber ein umfassenderes Wort für jenes X gebrauchen, ein Wort, das wohl den Begriff „Vernunft" mitumfasst, aber neben dem *„Ideendenken"* auch eine bestimmte Art der *„Anschauung"*, die von Urphänomenen oder Wesensgehalten, ferner eine bestimmte Klasse *volitiver*[4] und *emotionaler Akte* wie Güte, Liebe, Reue, Ehrfurcht, geistige Verwunderung, Seligkeit und Verzweiflung, die freie Entscheidung mitumfasst –: das Wort *„Geist"*. Das Aktzentrum aber, in dem Geist innerhalb endlicher Seinssphären erscheint, bezeichnen wir als *„Person"*, in scharfem Unterschied zu allen funktionellen Lebenszentren, die nach innen betrachtet auch „seelische" Zentren heißen.

Was aber ist nun jener „Geist", jenes neue und so entscheidende Prinzip? Selten ist mit einem Worte so viel Unfug getrieben worden – einem Worte, bei dem sich nur wenige etwas Bestimmtes denken. Stellen wir hier an die Spitze des Geistbegriffes seine besondere Wissensfunktion, die Art Wissen, die nur er geben kann, dann ist die Grundbestimmung eines geistigen Wesens, wie immer es psychophysisch beschaffen sei, *seine existentielle Entbundenheit vom Organischen,* seine Freiheit, Ablösbarkeit – oder doch die seines Daseinszentrums – von dem Bann, von dem Druck, von der Abhängigkeit vom *Organischen*, vom „Leben" und allem, was zum Leben gehört – also auch von seiner eigenen triebhaften „Intelligenz".

Ein „geistiges" Wesen ist also nicht mehr trieb- und umweltgebunden, sondern „umweltfrei" und, wie wir es nennen wollen, *„weltoffen"*: Ein solches Wesen hat *„Welt"*. Ein solches Wesen vemag ferner die auch ihm ursprünglich gegebenen „Widerstands-" und Reaktionszentren seiner Umwelt, die das Tier allein hat und in die es ekstatisch[5] aufgeht, zu *„Gegenständen"* zu erheben und das *Sosein* dieser Gegenstände prinzipiell *selbst* zu erfassen [...].

Geist ist daher *Sachlichkeit*, Bestimmbarkeit durch das Sosein von Sachen selbst. Geist „hat" nur ein zu vollendeter Sachlichkeit fähiges Lebewesen. [...]

Der Mensch ist das X, das sich in unbegrenztem Maße „weltoffen" verhalten kann. Menschwerdung ist Erhebung zur Weltoffenheit kraft des Geistes.

Das Tier hat keine „Gegenstände": es lebt in seine Umwelt ekstatisch hinein, die es gleichsam wie eine Schnecke ihr Haus als Struktur überall hinträgt, wohin es geht – es vermag diese Umwelt nicht zum Gegenstand zu machen. Die eigenartige *Fern*stellung, diese

Distanzierung der „Umwelt“ zur „Welt“ (bzw. zu einem Symbol der Welt), deren der Mensch fähig ist, vermag das Tier nicht zu vollziehen, nicht die Umwandlung der affekt- und triebumgrenzten „Widerstands“-zentren zu „Gegenständen“. *Gegenstand-Sein ist also die formalste Kategorie der logischen Seite des Geistes.* Ich möchte sagen, das Tier hängt zu wesentlich *an* und *in* der seinen organischen Zuständen entsprechenden Lebenswirklichkeit drin um sie je „gegenständlich“ zu fassen. [...]

Nur der Mensch hat die voll ausgeprägte konkrete *Ding- und Substanzkategorie.*[6] Das Tier besitzt sie nicht. Eine Spinne, die lauernd in ihrem Netze in dessen Knotenpunkt sitzt, stürzt sich sofort auf die Mücke, die sich entfernt von ihr in das Netz verfängt und deren Anwesenheit sich ihr wahrscheinlich an einem Zug durch den *Tast*sinn verrät; bringt man aber die Mücke in eine Entfernung, die innerhalb des Reiches ihrer *Seh*weite liegt, so ergreift die Spinne sofort die Flucht [...]: es ist ein *anderes* Wesen für sie, was sie sieht – und was sie tastet, und sie vermag Sehraum und Tast-Handlungsraum (kinästhetischen Raum) ebensowenig zu identifizieren wie die darin befindlichen Dinge. Auch die höchsten Tiere haben die Dingkategorie nicht vollständig. Ein Affe, dem man eine Banane halbgeschält in die Hand gibt, flieht vor ihr, während er sie ganz geschält frisst, ungeschält aber selber schält und dann frisst: das Ding „Banane“ hat sich nicht für das Tier „verändert“, es hat sich in ein *anderes* „verwandelt“. Offenbar fehlt dem Tier ein Zentrum, von dem aus es die psychophysischen Funktionen seines Sehens, Hörens, Riechens, Greifens, Tastens und die sich in ihnen darstellenden Seh-, Hör-, Schmeck-, Geruchs- und Tastdinge auf *ein und dasselbe* konkrete Gegenstands-Ding, auf einen identischen Realitätskern zu beziehen vermöchte. [...]

Der geistige Akt, wie ihn der Mensch vollziehen kann, ist im Gegensatz zu der einfachen Rückmeldung des tierischen Leibschemas und seiner Inhalte wesensgebunden an eine zweite Dimension und Stufe des Reflexaktes. Wir wollen diesen Akt „Sammlung“ nennen und ihn und sein Ziel, das Ziel dieses „Sichsammelns“, zusammenfassend „Bewusstsein des geistigen Aktzentrums von sich selbst“ oder *„Selbstbewusstsein“* nennen. Das Tier hat Bewusstsein, im Unterschied von der Pflanze, aber es hat kein Selbstbewusstsein, [...].

Sammlung, Selbstbewusstsein und Gegenstandsfähigkeit des ursprünglichen Triebwiderstandes bilden *eine einzige unzerreißbare Struktur*, die als solche erst dem Menschen eigen ist.

Mit diesem Selbstbewusstwerden, dieser neuen Zurückbeugung und Zentrierung seiner Existenz, die der Geist möglich macht, ist auch das *zweite* Wesensmerkmal des Menschen gegeben. Kraft seines Geistes vermag das Wesen, das wir „Mensch“ nennen, nicht nur die Umwelt in die Dimension des Weltseins zu erweitern und Widerstände gegenständlich zu machen, sondern es vermag auch – und das ist das Merkwürdigste – *seine eigene physiologische und psychische Beschaffenheit* und jedes einzelne psychische Erlebnis, jede einzelne seiner vitalen Funktionen selbst wieder *gegenständlich* zu machen. Nur darum vermag dieses Wesen auch sein Leben frei von sich zu werfen. Das Tier hört und sieht – aber ohne zu wissen, *dass* es hört und sieht. Die Psyche des Tieres funktioniert, lebt – aber das Tier ist kein möglicher Psychologe und Physiologe! Wir müssen an sehr seltene ekstatische Zustände des Menschen denken – bei abebbender Hypnose, bei Einnahme bestimmter Rauschgifte [...] – um uns einigermaßen in den Normalzustand des Tieres hineinzuversetzen. Auch seine Triebimpulse erlebt das Tier nicht als *seine* Triebe, sondern als dynamische Züge und Abstoßungen, die von den *Dingen der Umwelt* selber ausgehen. [...]

Der Mensch allein – sofern er Person ist – vermag sich über sich – als Lebewesen – *emporzuschwingen* und von einem Zentrum gleichsam *jenseits* der raumzeitlichen Welt aus *alles*, darunter auch sich selbst, zum Gegenstande seiner Erkenntnis zu machen. So ist der Mensch als Geistwesen das sich selber als Lebewesen und der Welt überlegene Wesen. Als solches ist er auch der Ironie und des Humors fähig, die stets eine Erhebung über das eigene Dasein einschließen.

Das Zentrum aber, von dem aus der Mensch die Akte vollzieht, durch welche er seinen Leib und seine Psyche vergegenständlicht, die Welt in ihrer räumlichen und zeitlichen Fülle gegenständlich macht – es kann nicht selbst ein „Teil" eben dieser Welt sein, kann also auch kein bestimmtes Irgendwo und Irgendwann besitzen: es kann nur im *obersten Seinsgrunde* selbst gelegen sein.[7] [...]

Damit haben wir eine *dritte* wichtige Bestimmung des Geistes bezeichnet: Der Geist ist das einzige Sein, das selbst *gegenstandsunfähig* ist – er ist reine, *pure Aktualität*, hat sein Sein nur *im freien Vollzug seiner Akte*. Das Zentrum des Geistes, die „Person", ist also weder gegenständliches noch dingliches Sein, sondern nur ein stetig selbst sich vollziehendes (*wesen*haft bestimmtes) *Ordnungsgefüge von Akten*. Die Person ist nur *in* ihren Akten und *durch* sie. Seelisches vollzieht „sich selbst" *nicht:* es ist eine Ereignisreihe „in"der Zeit, der wir eben aus dem Zentrum unseres Geistes heraus noch prinzipiell zuzuschauen vermögen, die wir in der inneren Wahrnehmung und Beobachtung noch gegenständlich machen können. Alles Seelische ist gegenstandsfähig – nicht aber der Geistesakt, die Intentio, das die seelischen Vorgänge selbst noch Schauende. Zum Sein unserer Person können wir uns nur *sammeln*, zu ihm hin uns konzentrieren – nicht aber es objektivieren. Auch fremde Personen sind als Personen nicht gegenstandsfähig. (In diesem Sinne sagte Goethe von Lili, er habe „sie zu sehr geliebt", als dass er sie habe „beobachten" können). Nur dadurch können wir an ihnen wissenden Anteil gewinnen, dass wir ihre freien Akte *nach- und mit*vollziehen durch das, was ein armes Wort „Gefolgschaft" nennt, oder durch jenes nur durch die Haltung der geistigen *Liebe* mögliche „Verstehen", das äußerstes Gegenteil aller Vergegenständlichung ist, uns mit dem Wollen, der Liebe einer Person – und dadurch mit ihr selbst – wie wir zu sagen pflegen, „identifizieren".

(Max Scheler, Die Stellung des Menschen im Kosmos. Francke Verlag, Bern/München [8]1975, S. 36–48)

1 Scheler bezieht sich hier besonders auf die um 1915 von Köhler in Teneriffa durchgeführten Schimpansenversuche, die gezeigt hatten, dass Menschenaffen zu einfachen Intelligenzleistungen imstande sind. Ein begehrtes Futtermittel, etwa eine Banane, wurde in eine Stellung gebracht, die der Affe ohne Einsatz zusätzlicher Hilfsmittel nicht erreichen konnte. Die hungrigen Schimpansen stellten schließlich Kisten und Stühle aufeinander um die hoch hängende Frucht zu erlangen oder sie steckten mehrere Stöcke ineinander um sich mit dem so neu entstandenen Werkzeug das begehrte Futter aus einem Bereich außerhalb des Käfigs heranzuhangeln. (Vgl. Abb. S. 154)

2 Homo-Faber: Handwerker; hier: praktisch intelligenter Mensch

3 Scheler nennt hier die für ihn existierenden Stufen des Lebendigen: Der bewusstlose Gefühlsdrang herrscht als dunkle Einheit von Gefühl und Trieb im Bereich der Pflanzen und ist auch in den höheren Lebensformen die emotionale Kraft, die alles antreibt. Darüber steht der bei den einfachen tierischen Organismen dominierende Instinkt, ein objektiv sinnvolles, aber erblich fixiertes starres Verhaltensschema. Im assoziativen Gedächtnis liegt eine Stufe vor, durch die sich das betreffende Lebewesen bereits an individuelle Situationen anpasst, weil es häufig gemachte Erfahrungen speichern und in ähnlichen Situationen wieder abrufen kann. Schließlich stellen die besonders bei Menschenaffen auftretende praktische Intelligenz und Wahl ein von der Häufigkeit möglichen Probierens unabhängiges, dabei aber zweckvolles Verhalten dar, das eine einfache Abstraktionsleistung voraussetzt und völlig neue Situationen zu bewältigen vermag.

4 volitiv: den Willen betreffend, willensmäßig

5 ekstatisch: rauschhaft; gemeint ist die völlige Verschmelzung des Tieres mit seiner Umwelt

6 Substanzkategorie: Fähigkeit, einen Gegenstand als Gegenstand zu erfassen

7 Scheler denkt hier an ein göttliches, allem Sein zugrunde liegendes Prinzip, aber nicht an einen personalen Gott.

Werkzeuge verwendende Schimpansen

1 *Informieren Sie sich über die vier Wesensformen des Lebens nach Scheler. (Vgl. hierzu: W. Stegmüller, Hauptströmungen der Gegenwartsphilosophie. Bd. I. Stuttgart 1989, S. 124 ff.)*
2 *Worin sieht Scheler den entscheidenden Unterschied zwischen Tier und Mensch? Inwiefern ist dieser Unterschied radikaler als die Differenzen zwischen den Lebensstufen?*
3 *Führen Sie mit eigenen Worten aus, welche drei Wesensmerkmale den Geist nach Scheler auszeichnen und worin sich also der Mensch im Einzelnen vom Tier unterscheidet.*
4 *Bestimmen Sie Schelers Verhältnis zu den „Evolutionisten der Darwin- und Lamarckschule" und zur Lehre von der menschlichen Natur.*
5 *Vergleichen Sie die Art des schelerschen Philosophierens mit Descartes' Vorgehen. Worin treffen sich trotz unterschiedlichen Vorgehens Descartes' und Schelers Ansatz im Ergebnis?* .

2.2 Das Problem der Psyche

Platon, Augustin, Descartes und Scheler setzen das Spezifische des Menschen jeweils in seine Innerlichkeit, in das, was seit der Antike und dann auch in der christlichen Tradition mit dem Begriff der Seele belegt wurde; besonders bei Platon und Descartes wird diese Innerlichkeit durch das Denken oder rein geistige Erkennen bestimmt. Wie nun das, was die menschliche Subjektivität ausmacht, näherhin beschaffen sei, soll jetzt durch den Rückgriff auf verschiedene philosophische Ansätze untersucht werden.
In der Geschichte der Philosophie war dieses Problem meist gekoppelt mit der Frage nach dem Verhältnis von Leib und Seele, denn wenn das Eigentliche des Menschen in sein Inneres, die Psyche, gesetzt wird, stellt sich das Problem, wie sich die Psyche zum Leib, zur Physis, verhalte. Aus methodischen Gründen haben wir im Weiteren die Behandlung der beiden Fragen getrennt und behandeln zuerst die Frage nach der Psyche.

2.2.1 Platon: Die Vernunft als herrschender Seelenteil

Die im folgenden Auszug aus **Platons** Hauptwerk, der „Politeia" (Staat), vertretene Auffassung über die Vernunft als herrschenden Seelenteil hat auch die christliche Philosophie sehr lange geprägt. Eigentlich wurde ihr erst im 19. Jahrhundert, als im Gefolge des Darwinismus das Triebhaft-Tierische des Menschen ins Blickfeld der Wissenschaften geriet, entschieden und wirkungsvoll widersprochen. Dabei ist der Widerspruch **Freuds** besonders prägend für das Denken unseres Jahrhunderts geworden, denn mit der von ihm begründeten Psychoanalyse vollzog sich die endgültige Abkehr vom idealistischen Menschenbild auf breiter Front. So lassen sich Platons und Freuds Vorstellungen über die menschliche Psyche trotz ihrer großen historischen Distanz gut systematisch gegenüberstellen.

„Nicht ohne Grund also werden wir zwei voneinander getrennte Teile annehmen: den Teil der Seele, womit sie denkt, bezeichnen wir als den vernünftigen, den andern, womit sie liebt und hungert und dürstet und Spielball der andern Begierden ist, den unvernünftigen, begehrenden Teil, den Freund der Befriedigungen und Lüste."

„Das können wir mit Recht so annehmen."

„Diese zwei Teile wollen wir nun in der Seele voneinander geschieden halten. Ist aber nun der Mut und die zornvolle Erregung dabei ein dritter Teil oder mit einem der zwei gleichartig?"

„Vielleicht mit dem zweiten, dem begehrenden?"

„Aber", wandte ich[1] ein, „ich hörte einmal eine Geschichte und halte sie für wahr. Leontios, der Sohn des Aglaion, ging vom Peiraieus entlang der Nordmauer, aber außerhalb zur Stadt und merkte dort die Leichen beim Henker liegen; nun empfand er zugleich die Lust, sie anzusehen, gleich wieder wurde er zornig und wandte sich ab, kämpfte lang mit sich und hüllte sein Haupt ein, schließlich aber erlag er der Begierde und lief mit aufgerissenen Augen hin zu den Leichen: ‚Da, ihr Unseligen [Triebe], sättigt euch an dem schönen Anblick!', rief er."

„Das hörte auch ich."

„Diese Erzählung zeigt, wie bisweilen der Unmut[2] mit den Trieben kämpft, als wäre er von ihnen verschieden."

„Das zeigt sie!"

„Auch sonst bemerken wir doch vielfach", fuhr ich fort, „wenn Begierden einen Menschen gegen seine vernünftige Überlegung umdrängen, wie er sich dann selbst schilt und über dieses Drängen in ihm zornig ist, und, wie wenn zwei Gegner zanken, tritt der zornvolle Mut als Bundesgenosse auf die Seite der Vernunft. Dass er sich aber mit den Trieben verbände und gegen das Verbot der Vernunft handle, das hast du, glaube ich, weder in dir bemerkt noch bei einem andern."

„Nein, bei Zeus!"

„Nun weiter! Jemand glaubt ein Unrecht begangen zu haben: wird er nicht, je vornehmer er ist, um so weniger in Zorn geraten, auch wenn er Hunger und Durst und ähnliche Qualen von jenem erleidet, der, seiner Meinung nach, ein volles Recht dazu hat? Gegen ihn will sich, wie ich sage, sein Zorn nicht erregen?"

„Ganz richtig!"

„Wenn er nun aber glaubt Unrecht zu erleiden? Dann braust doch sein Zorn auf und grollt und kämpft für das Recht, wie es ihm erscheint; er nimmt freiwillig Hunger und freiwillig Durst auf sich und alle Entbehrungen und lässt nicht ab von seinem edlen Bemühen, bis er siegt und sich durchsetzt oder stirbt – oder wie ein Hund von seinem Hirten, so er von seiner eigenen Vernunft zurückgerufen und besänftigt wird!"

„Der Vergleich passt sehr gut: [...]"

„Und diese beiden[3], so aufgezogen und wahrhaft in ihrer eigenen Sache gebildet und

unterrichtet, müssen das Begehrende beherrschen, den größten Teil der Seele in jedem und den von Natur unersättlichsten. Sie sollen ihn bewachen, damit er sich nicht anfülle mit den sogenannten Freuden des Körpers und dick und stark werde, seine eigentliche Aufgabe vernachlässige, dafür aber eine Herrschaft suche, wo sie ihm nicht zusteht, und somit die ganze Lebensordnung störe."
„Ganz richtig!"

(Platon, Der Staat [Politeia]. Übers. und hrsg. von Karl Vretska. Reclam Verlag, Stuttgart [2]1982, S. 233–236, [439 d–440 d, 442 a–b])

1 In der „Politeia" lässt Platon als Ich-Erzähler Sokrates auftreten.
2 Unmut steht hier für Mut, da dieser im dargestellten Beispiel der Begierde unterliegt.
3 und diese beiden: Vernunft und Mut

1 *Bestimmen Sie die Aufgabe der Seelenteile und ihr Verhältnis zueinander. Fertigen Sie hierzu ggf. eine Skizze an.*
2 *Veranschaulichen Sie das Verhältnis der Seelenteile an einem selbst gewählten Beispiel.*
3 *Explizieren Sie die im Text deutlich werdende Menschenauffassung als Ganze.*

2.2.2 Sigmund Freud: Das Unbewusste als Macht der Seele

Die Psychoanalyse macht eine Grundvoraussetzung, deren Diskussion philosophischem Denken vorbehalten bleibt, deren Rechtfertigung in ihren Resultaten liegt. Von dem, was wir unsere Psyche (Seelenleben) nennen, ist uns zweierlei bekannt, erstens das körperliche Organ und Schauplatz desselben, das Gehirn (Nervensystem), andererseits unsere Bewusstseinsakte, die unmittelbar gegeben sind und uns durch keinerlei Beschreibung näher gebracht werden können. Alles dazwischen ist uns unbekannt, eine direkte Beziehung zwischen beiden Endpunkten unseres Wissens ist nicht gegeben. Wenn sie bestünde, würde sie höchstens eine genaue Lokalisation der Bewusstseinsvorgänge liefern und für deren Verständnis nichts leisten.

Unsere beiden Annahmen setzen an diesen Enden oder Anfängen unseres Wissens an. Die erste betrifft die Lokalisation. Wir nehmen an, dass das Seelenleben die Funktion eines Apparates ist, dem wir räumliche Ausdehnung und Zusammensetzung aus mehreren Stücken zuschreiben, den wir uns also ähnlich vorstellen wie ein Fernrohr, ein Mikroskop u. dgl. Der konsequente Ausbau einer solchen Vorstellung ist ungeachtet gewisser bereits versuchter Annäherung eine wissenschaftliche Neuheit.

Zur Kenntnis dieses psychischen Apparates sind wir durch das Studium der individuellen Entwicklung des menschlichen Wesens gekommen. Die älteste dieser psychischen Provinzen oder Instanzen nennen wir das *Es;* sein Inhalt ist alles, was ererbt, bei Geburt mitgebracht, konstitutionell[1] festgelegt ist, vor allem also die aus der Körperorganisation stammenden Triebe, die hier einen ersten uns in seinen Formen unbekannten psychischen Ausdruck finden.

Unter dem Einfluss der uns umgebenden realen Außenwelt hat ein Teil des Es eine besondere Entwicklung erfahren. Ursprünglich als Rindenschicht mit den Organen zur Reizaufnahme und den Einrichtungen zum Reizschutz ausgestattet, hat sich eine besondere Organisation hergestellt, die von nun an zwischen Es und Außenwelt vermittelt. Diesem Bezirk unseres Seelenlebens lassen wir den Namen des *Ichs.*

Die hauptsächlichen Charaktere des Ichs. Infolge der vorgebildeten Beziehung zwischen Sinneswahrnehmung und Muskelaktion hat das Ich die Verfügung über die willkürlichen Bewegungen. Es hat die Aufgabe der Selbstbehauptung, erfüllt sie, indem es nach außen die Reize kennen lernt, Erfahrungen über sie aufspeichert (im Gedächtnis), überstarke Reize vermeidet (durch

Flucht), mäßigen Reizen begegnet (durch Anpassung) und endlich lernt, die Außenwelt in zweckmäßiger Weise zu seinem Vorteil zu verändern (Aktivität); nach innen gegen das Es, indem es die Herrschaft über die Triebansprüche gewinnt, entscheidet, ob sie zur Befriedigung zugelassen werden sollen, diese Befriedigung auf die in der Außenwelt günstigen Zeiten und Umstände verschiebt oder ihre Erregungen überhaupt unterdrückt. In seiner Tätigkeit wird es durch die Beachtungen der in ihm vorhandenen oder in dasselbe eingetragenen Reizspannungen geleitet. Deren Erhöhung wird allgemein als *Unlust*, deren Herabsetzung als *Lust* empfunden. Wahrscheinlich sind es aber nicht die absoluten Höhen dieser Reizspannung, sondern etwas im Rhythmus ihrer Veränderung, was als Lust und Unlust empfunden wird. Das Ich strebt nach Lust, will der Unlust ausweichen. Eine erwartete, vorausgesehene Unluststeigerung wird mit dem *Angstsignal* beantwortet, ihr Anlass, ob er von außen oder innen droht, heißt eine *Gefahr*. Von Zeit zu Zeit löst das Ich seine Verbindung mit der Außenwelt und zieht sich in den Schlafzustand zurück, in dem es seine Organisation weitgehend verändert. Aus dem Schlafzustand ist zu schließen, dass diese Organisation in einer besonderen Verteilung der seelischen Energie besteht.

Als Niederschlag der langen Kindheitsperiode, während der der werdende Mensch in Abhängigkeit von seinen Eltern lebt, bildet sich in seinem Ich eine besondere Instanz heraus, in der sich dieser elterliche Einfluss fortsetzt. Sie hat den Namen des *Über-Ichs* erhalten. Insoweit dieses *Über-Ich* sich vom Ich sondert oder sich ihm entgegenstellt, ist es eine dritte Macht, der das Ich Rechnung tragen muss.

Eine Handlung des Ichs ist dann korrekt, wenn sie gleichzeitig den Anforderungen des Es, des *Über-Ichs* und der Realität genügt, also deren Ansprüche miteinander zu versöhnen weiß. Die Einzelheiten der Beziehung zwischen Ich und *Über-Ich* werden durchwegs aus der Zurückführung auf das Verhältnis des Kindes zu seinen Eltern verständlich. Im Elterneinfluss wirkt natürlich nicht nur das persönliche Wesen der Eltern, sondern auch der durch sie fortgepflanzte Einfluss von Familien-, Rassen- und Volkstradition sowie die von ihnen vertretenen Anforderungen des jeweiligen sozialen Milieus. Ebenso nimmt das *Über-Ich* im Laufe der individuellen Entwicklung Beiträge vonseiten späterer Fortsetzer und Ersatzpersonen der Eltern auf, wie Erzieher, öffentlicher Vorbilder, in der Gesellschaft verehrter Ideale. Man sieht, dass Es und *Über-Ich* bei all ihrer fundamentalen Verschiedenheit die eine Übereinstimmung zeigen, dass sie die Einflüsse der Vergangenheit repräsentieren, das Es den der ererbten, das *Über-Ich* im Wesentlichen den der von anderen übernommenen, während das Ich hauptsächlich durch das selbst Erlebte, also Akzidentelle[2] und Aktuelle bestimmt wird. [...]

Die Macht des Es drückt die eigentliche Lebensabsicht des Einzelwesens aus. Sie besteht darin, seine mitgebrachten Bedürfnisse zu befriedigen. Eine Absicht, sich am Leben zu erhalten und sich durch die Angst vor Gefahren zu schützen, kann dem Es nicht zugeschrieben werden. Dies ist die Aufgabe des Ichs, das auch die günstigste und gefahrloseste Art der Befriedigung mit Rücksicht auf die Außenwelt herauszufinden hat. Das *Über-Ich* mag neue Bedürfnisse geltend machen, seine Hauptleistung bleibt aber die Einschränkung der Befriedigungen.

Die Kräfte, die wir hinter den Bedürfnisspannungen des Es annehmen, heißen wir *Triebe*. Sie repräsentieren die körperlichen Anforderungen an das Seelenleben. Obwohl letzte Ursache jeder Aktivität, sind sie konservativer Natur; aus jedem Zustand, den ein Wesen erreicht hat, geht ein Bestreben hervor, diesen Zustand wieder herzustellen, sobald er verlassen worden ist. Man kann also eine unbestimmte Anzahl von Trieben unterscheiden, tut es auch in der gewöhnlichen Übung. Für uns ist die Möglichkeit bedeutsam, ob man nicht all diese vielfachen Triebe auf einige wenige Grundtriebe zurückführen könne. Wir haben erfahren, dass die Triebe ihr Ziel verändern können (durch Verschiebung), auch dass sie einander ersetzen können, indem die Energie des einen Triebs auf einen anderen übergeht. Der letztere Vorgang ist noch wenig gut verstanden. Nach langem Zögern und Schwanken haben wir uns entschlossen nur zwei Grundtriebe anzunehmen, den *Eros* und den *Destruktionstrieb*. [...]

Das Ziel des ersten ist immer größere Einheiten herzustellen und so zu erhalten, also Bindung, das Ziel des anderen im Gegenteil Zusammenhänge aufzulösen und so die Dinge zu zerstören. Beim Destruktionstrieb können wir daran denken, dass als sein letztes Ziel erscheint das Lebende in den anorganischen Zustand zu überführen. Wir heißen ihn darum auch *Todestrieb*. Wenn wir annehmen, dass das Lebende später als das Leblose gekommen und aus ihm entstanden ist, so fügt sich der Todestrieb der erwähnten Formel, dass ein Trieb die Rückkehr zu einem früheren Zustand anstrebt. Für den Eros (oder Liebestrieb) können wir eine solche Anwendung nicht durchführen. Es würde voraussetzen, dass die lebende Substanz einmal eine Einheit war, die dann zerrissen wurde und die nun die Wiedervereinigung anstrebt.

In den biologischen Funktionen wirken die beiden Grundtriebe gegeneinander oder kombinieren sich miteinander. So ist der Akt des Essens eine Zerstörung des Objekts mit dem Endziel der Einverleibung, der Sexualakt eine Aggression mit der Absicht der innigsten Vereinigung. Dieses Mit- und Gegeneinanderwirken der beiden Grundtriebe ergibt die ganze Buntheit der Lebenserscheinungen. Über den Bereich des Lebenden hinaus führt die Analogie unserer beiden Grundtriebe zu dem im Anorganischen herrschenden Gegensatzpaar von Anziehung und Abstoßung.

Veränderungen im Mischungsverhältnis der Triebe haben die greifbarsten Folgen. Ein stärkerer Zusatz zur sexuellen Aggression führt vom Liebhaber zum Lustmörder, eine starke Herabsetzung des aggressiven Faktors macht ihn scheu oder impotent.

(Sigmund Freud, Abriss der Psychoanalyse. Fischer Verlag, Frankfurt/M. [1]1953, S. 9–12 [Rechtschreibung modernisiert])

1 konstitutionell: hier: unveränderlich.
2 das Akzidentelle: das Zufällige

1 *Führen Sie aus, wie Freud den Aufbau der Seele bestimmt und welche Funktion die einzelnen Seelenteile haben.*
2 *Erklären Sie die innere Struktur des „Es“ und seine Bedeutung für das ganze Individuum.*
3 *Vergleichen Sie Freuds Seelenauffassung mit der platonischen und arbeiten Sie von dort aus Freuds Menschenbild heraus.*
4 *Diskutieren Sie Freuds und Platons Menschenauffassungen.*

Sigmund Freud

1856–1939

Sigmund Freud war jüdischer Herkunft und wurde am 6. Mai 1856 in Mähren geboren. Im Alter von drei Jahren übersiedelte er mit seinen Eltern nach Wien; dort blieb er bis zu seiner erzwungenen Emigration im Jahre 1938, obwohl er zu der Stadt und ihren Bewohnern stets ein zwiespältiges Verhältnis hatte.
Nach dem Besuch des humanistischen Gymnasiums begann Freud 1873 das Studium der Medizin und wurde bereits 1885 Privatdozent für Nervenkrankheiten. Ein Studienaufenthalt in Paris brachte das Phänomen der Neurosen, besonders die Hysterie, in sein Blickfeld und der Versuch, diese Erscheinungen theoretisch zu erklären, führte zum Entwurf der Psychoanalyse. Sein erstes bedeutendes Werk, „Traumdeutung" (1900), entfaltete bereits alle Grundzüge dieser von ihm begründeten Wissenschaft, die besonders die Rolle des Unbewussten und der Sexualität als Ursache psychischer Erkrankungen betonte. 1902 wurde Freud zum Professor ernannt und langsam erfuhr die Psychoanalyse in medizinischen und psychologischen Kreisen Anerkennung. Unter dem Eindruck des Ersten Weltkrieges und seiner gewaltigen Vernichtungsfeldzüge änderte Freud ihre Grundkonzeption, indem er in seiner 1920 publizierten Arbeit „Jenseits des Lustprinzips" dem Sexualtrieb einen Todes- oder Aggressionstrieb beigesellte.
In seinen späteren Schriften „Die Zukunft einer Illusion" (1927) und „Das Unbehagen in der Kultur" (1930) beschäftigte Freud sich mit sozialphilosophischen Fragen.
Nach dem Anschluss Österreichs an das Deutsche Reich wurde er von den Nationalsozialisten ins Exil getrieben.
Kurz vor seinem Tod machte er sich noch einmal daran, die von ihm begründete Wissenschaft im „Abriss der Psychoanalyse" zusammenhängend darzustellen. Er vollendete das Werk nicht mehr und starb im Londoner Exil am 23. September 1939 nach längerem, qualvollen Leiden an Kehlkopfkrebs. Freuds Wohnung in Wien in der Berggasse 19, in der er lange lebte, schriftstellerisch arbeitete und praktizierte, kann heute gegen ein für Schüler und Studenten ermäßigtes Entgelt besichtigt werden. Auch Freuds berühmte Couch ist dort an alter Stelle zu sehen – allerdings nur auf einem Foto, das Original befindet sich in London.

2.2.3 Johann Wolfgang Goethe: Leidenschaft oder Vernunft als Lebensprinzip?

Bereits 1774 erschien **Johann Wolfgang Goethes** (1749–1832) „Werther", ein Roman des Sturm und Drang, in dem der empfindsame Titelheld seine Erlebnisse und Gefühle bei einem selbst gewählten Aufenthalt auf dem Land seinem Freund Wilhelm in Briefen übermittelt. Überwältigt von der erwachenden Natur im Frühling, verliebt er sich schließlich in Lotte, die Verlobte des eher biederen Albert. Werther gibt sein Gespräch mit ihm über den Selbstmord im dargebotenen Text wieder. Dabei gehört Albert als Vertreter der (von Werther verachteten) Aufklärung in die philosophische Tradition Platons, während Werther schon Ansätze von Freuds Menschenauffassung erkennen lässt.

Am 12. August.

Gewiss, Albert ist der beste Mensch unter dem Himmel. Ich habe gestern eine wunderbare Szene mit ihm gehabt. Ich kam zu ihm um Abschied von ihm zu nehmen; denn mich wandelte die Lust an ins Gebirge zu reiten, von woher ich dir auch jetzt schreibe, und wie ich in der Stube auf und ab gehe, fallen mir seine Pistolen in die Augen. – Borge mir die Pistolen, sagte ich, zu meiner Reise. – Meinetwegen, sagte er, wenn du dir die Mühe nehmen willst sie zu laden; bei mir hängen sie nur pro forma. – Ich nahm eine herunter, [...] verfiel in Grillen, und mit einer auffahrenden Gebärde drückte ich mir die Mündung der Pistole übers rechte Auge an die Stirn. – Pfui!, sagte Albert, indem er mir die Pistole herabzog, was soll das? – Sie ist nicht geladen, sagte ich. – Und auch so, was solls?, versetzte er ungeduldig. Ich kann mir nicht vorstellen, wie ein Mensch so töricht sein kann sich zu erschießen; der bloße Gedanke erregt mir Widerwillen.

Dass ihr Menschen, rief ich aus, um von einer Sache zu reden, gleich sprechen müsst: das ist töricht, das ist klug, das ist gut, das ist bös! Und was will das alles heißen? Habt ihr deswegen die inneren Verhältnisse einer Handlung erforscht? Wisst ihr mit Bestimmtheit die Ursachen zu entwickeln, warum sie geschah, warum sie geschehen musste? Hättet ihr das, ihr würdet nicht so eilfertig mit euren Urteilen sein.

Du wirst mir zugeben, sagte Albert, dass gewisse Handlungen lasterhaft bleiben, sie mögen geschehen, aus welchem Beweggrunde sie wollen.

Ich zuckte die Achseln und gabs ihm zu. – Doch, mein Lieber, fuhr ich fort, finden sich auch hier einige Ausnahmen. Es ist wahr, der Diebstahl ist ein Laster; aber der Mensch, der, um sich und die Seinigen vom gegenwärtigen Hungertode zu erretten, auf Raub ausgeht, verdient der Mitleiden oder Strafe? Wer hebt den ersten Stein auf gegen den Ehemann, der im gerechten Zorne sein untreues Weib und ihren nichtswürdigen Verführer aufopfert? Gegen das Mädchen, das in einer wonnevollen Stunde sich in den unaufhaltsamen Freuden der Liebe verliert? Unsere Gesetze selbst, diese kaltblütigen Pedanten, lassen sich rühren und halten ihre Strafe zurück.

Das ist ganz was anders, versetzte Albert, weil ein Mensch, den seine Leidenschaften hinreißen, alle Besinnungskraft verliert und als ein Trunkener, als ein Wahnsinniger angesehen wird.

Ach ihr vernünftigen Leute!, rief ich lächelnd aus. Leidenschaft! Trunkenheit! Wahnsinn! Ihr steht so gelassen, so ohne Teilnehmung da, ihr sittlichen Menschen! scheltet den Trinker, verabscheut den Unsinnigen, geht vorbei wie der Priester und dankt Gott wie der Pharisäer, dass er euch nicht gemacht hat wie einen von diesen. Ich bin mehr als einmal trunken gewesen, meine Leidenschaften waren nie weit vom Wahnsinn, und beides reut mich nicht: denn ich habe in meinem Maße begreifen lernen, wie man alle außerordentlichen Menschen, die etwas Großes, etwas

Unmöglichscheinendes wirkten, von jeher für Trunkene und Wahnsinnige ausschreien musste.

Aber auch im gemeinen Leben ist's unerträglich, fast einem jeden bei halbweg einer freien, edlen, unerwarteten Tat nachrufen zu hören: der Mensch ist trunken, der ist närrisch! Schämt euch, ihr Nüchternen! Schämt euch, ihr Weisen!

Das sind nun wieder von deinen Grillen, sagte Albert, du überspannst alles und hast wenigstens hier gewiss unrecht, dass du den Selbstmord, wovon jetzt die Rede ist, mit großen Handlungen vergleichst: Da man es doch für nichts anders als eine Schwäche halten kann. Denn freilich ist es leichter zu sterben, als ein qualvolles Leben standhaft zu ertragen.

Ich war im Begriff abzubrechen; denn kein Argument bringt mich so aus der Fassung, als wenn einer mit einem unbedeutenden Gemeinspruche angezogen kommt, wenn ich aus ganzem Herzen rede. Doch fasste ich mich, weil ichs schon oft gehört und mich öfter darüber geärgert hatte [...].

Die menschliche Natur, fuhr ich fort, hat ihre Grenzen: sie kann Freude, Leid, Schmerzen bis auf einen gewissen Grad ertragen und geht zugrunde, sobald *der* überstiegen ist. [...]

Du gibst mir zu: Wir nennen das eine Krankheit zum Tode, wodurch die Natur so angegriffen wird, dass teils ihre Kräfte verzehrt, teils so außer Wirkung gesetzt werden, dass sie sich nicht wieder aufzuhelfen, durch keine glückliche Revolution den gewöhnlichen Umlauf des Lebens wiederherzustellen fähig ist.

Nun, mein Lieber, lass uns das auf den Geist anwenden. Sieh den Menschen an in seiner Eingeschränktheit, wie Eindrücke auf ihn wirken, Ideen sich bei ihm festsetzen, bis endlich eine wachsende Leidenschaft ihn aller ruhigen Sinneskraft beraubt und ihn zugrunde richtet.

Vergebens, dass der gelassene, vernünftige Mensch den Zustand des Unglücklichen übersieht, vergebens, dass er ihm zuredet! Ebenso wie ein Gesunder, der am Bette des Kranken steht, ihm von seinen Kräften nicht das Geringste einflößen kann.

Alberten war das zu allgemein gesprochen. Ich erinnerte ihn an ein Mädchen, das man vor weniger Zeit im Wasser tot gefunden, und wiederholte ihm ihre Geschichte. – Ein junges Geschöpf, das in dem engen Kreise häuslicher Beschäftigungen, wöchentlicher bestimmter Arbeit herangewachsen war, das weiter keine Aussicht von Vergnügen kannte, als etwa Sonntags in einem nach und nach zusammengeschafften Putz mit ihresgleichen um die Stadt spazieren zu gehen, vielleicht alle hohen Feste einmal zu tanzen, und übrigens mit aller Lebhaftigkeit des herzlichsten Anteils manche Stunde über den Anlass eines Gezänkes, einer übeln Nachrede mit einer Nachbarin zu verplaudern – deren feurige Natur fühlt nun endlich innigere Bedürfnisse, die durch die Schmeicheleien der Männer vermehrt werden; ihre vorigen Freuden werden ihr nach und nach unschmackhaft, bis sie endlich einen Menschen antrifft, zu dem ein unbekanntes Gefühl sie unwiderstehlich hinreißt, auf den sie nun alle ihre Hoffnungen wirft, die Welt rings um sich vergisst, nichts hört, nichts sieht, nichts fühlt als ihn, den Einzigen, sich nur sehnt nach ihm, dem Einzigen. Durch die leeren Vergnügungen einer unbeständigen Eitelkeit nicht verdorben, zieht ihr Verlangen gerade nach dem Zweck, sie will die Seinige werden, sie will in ewiger Verbindung all das Glück antreffen, das ihr mangelt, die Vereinigung aller Freuden genießen, nach denen sie sich sehnt. Wiederholtes Versprechen, das ihr die Gewissheit aller Hoffnungen versiegelt, kühne Liebkosungen, die ihre Begierden vermehren, umfangen ganz ihre Seele; sie schwebt in einem dumpfen Bewusstsein, in einem Vorgefühl aller Freuden, sie ist bis auf den höchsten Grad gespannt, sie streckt endlich ihre Arme aus, all ihre Wünsche zu umfassen – und ihr Geliebter verlässt sie. – Erstarrt, ohne Sinne, steht sie vor einem Abgrunde; alles ist Finsternis um sie her, keine Aussicht, kein Trost, keine Ahnung! denn *der* hat sie verlassen, in dem sie allein ihr Dasein fühlte. Sie sieht nicht die weite Welt, die vor ihr liegt, nicht die Vielen, die ihr den Verlust ersetzen könnten, sie fühlt sich allein, verlassen von aller Welt – und blind, in die Enge gepresst von der entsetzlichen Not ihres Herzens, stürzt sie sich hinunter um in einem rings umfangenden Tode alle ihre Qualen zu ersticken. – Sieh, Albert, das ist die Geschichte so manches Menschen! und sag, ist das nicht der Fall der Krankheit? Die Natur findet keinen Ausweg aus dem Labyrinthe der verworrenen und widersprechenden Kräfte und der Mensch muss sterben.

Wehe dem, der zusehen und sagen könnte: Die Törin! Hätte sie gewartet, hätte sie die Zeit wirken lassen, die Verzweiflung würde sich schon gelegt, es würde sich schon ein anderer sie zu trösten vorgefunden haben. – Das ist eben, als wenn einer sagte: Der Tor, stirbt am Fieber! Hätte er gewartet, bis seine Kräfte sich erholt, seine Säfte sich verbessert, der Tumult seines Blutes sich gelegt hätten: alles wäre gut gegangen und er lebte bis auf den heutigen Tag!

Albert, dem die Vergleichung noch nicht anschaulich war, wandte noch einiges ein, und unter andern: ich hätte nur von einem einfältigen Mädchen gesprochen; wie aber ein Mensch von Verstande, der nicht so eingeschränkt sei, der mehr Verhältnisse übersehe, zu entschuldigen sein möchte, könne er nicht begreifen. – Mein Freund, rief ich aus, der Mensch ist Mensch, und das bisschen Verstand, das einer haben mag, kommt wenig oder nicht in Anschlag, wenn Leidenschaft wütet und die Grenzen der Menschheit einen drängen. Vielmehr – Ein andermal davon, sagte ich und griff nach meinem Hute. O mir war das Herz so voll – Und wir gingen auseinander ohne einander verstanden zu haben. Wie denn auf dieser Welt keiner leicht den andern versteht.

(Johann Wolfgang Goethe, Die Leiden des jungen Werthers. Reclam Verlag, Stuttgart 1974, S. 50–57)

Werther. Kupferstich von Daniel Berger nach einer Zeichnung von Chodowiecki

1 *Informieren Sie sich in einem Literaturlexikon über Entstehung und Handlungsverlauf des Werther-Romans.*
2 *Stellen Sie die Argumente für und gegen den Selbstmord dar, welche Albert und Werther vorbringen.*
3 *Verdeutlichen Sie die prinzipiellen Auffassungen von beiden über die menschliche Psyche.*
4 *Inwiefern haben Werthers und Alberts Ansichten etwas mit Freuds und Platons Bestimmungen der menschlichen Psyche zu tun?*
5 *Ergreifen Sie selbst begründet Partei für eine der beiden Auffassungen.*

2.2.4 Georg Wilhelm Friedrich Hegel: Die Empfindung als Quell aller vernünftiger Geistigkeit

Der idealistische Philosoph **Georg Wilhelm Friedrich Hegel** (1770–1831) versucht im Folgenden das Verhältnis von Geist und Empfindung monistisch zu bestimmen; d. h. er geht nicht von zwei unterschiedlichen oder gar gegensätzlichen Prinzipien aus (dualistisches Modell), sondern bemüht sich um den Aufweis ihrer inneren Einheit. Dabei meint „Empfindung“ neben der Aufnahme von Reizen durch ein Subjekt auch dessen Gefühle, „Geist“ neben der Erkenntnis nach Begriffen die Bestimmung des Bewusstseins durch Vernunft.

Die Empfindung ist die Form des dumpfen Webens des Geistes[1] in seiner bewusst- und verstandlosen Individualität, in der *alle* Bestimmtheit noch *unmittelbar* ist, nach ihrem Inhalte wie nach dem Gegensatze eines Objektiven gegen das Subjekt unentwickelt gesetzt[2], als seiner *besondersten,* natürlichen *Eigenheit* angehörig. Der Inhalt des Empfindens ist eben damit *beschränkt* und vorübergehend, weil er dem natürlichen, unmittelbaren Sein [...] angehört.

Alles ist in der Empfindung und, wenn man will, alles, was im geistigen Bewusstsein und in der Vernunft hervortritt, hat seine *Quelle* und *Ursprung* in derselben; denn Quelle und Ursprung heißt nichts anderes als die erste, unmittelbarste Weise, in der etwas erscheint. Es genüge nicht [sagt man], dass Grundsätze, Religion usf. nur im Kopfe seien, sie müssen im Herzen, in der *Empfindung* sein. In der Tat, was man so im Kopfe hat, ist im Bewusstsein überhaupt und der Inhalt demselben so *gegenständlich,* dass ebenso sehr, als er in mir, dem abstrakten Ich[3], gesetzt ist, er auch von mir nach meiner konkreten Subjektivität entfernt gehalten werden kann; in der Empfindung dagegen ist solcher Inhalt Bestimmtheit meines ganzen, obgleich in solcher Form dumpfen Fürsichseins[4], er ist also als mein *Eigenstes* gesetzt. Das Eigene ist das vom wirklichen konkreten Ich Ungetrennte, und diese unmittelbare Einheit der Seele mit ihrer Substanz und dem bestimmten Inhalte derselben ist eben dies Ungetrenntsein, insofern es nicht zum Ich des Bewusstseins, noch weniger zur Freiheit vernünftiger Geistigkeit bestimmt ist.

(Georg Wilhelm Friedrich Hegel, Enzyklopädie der philosophischen Wissenschaften im Grundrisse (1830). Dritter Teil, Die Philosophie des Geistes. In: G. W. F. Hegel, Werke in 20 Bdn. Hrsg. von Eva Moldenhauer/Karl Markus Michel. Bd. 10. Suhrkamp Verlag, Frankfurt/M. 1970, S. 97 f., § 400)

1 Geist: Für Hegel ein Prinzip, das alle Seinsstufen vom einfachen lebendigen Organismus bis hin zum höchstentwickelten, dem Menschen, durchdringt.
2 In der Empfindung gibt es für Hegel noch keine Trennung von Subjekt und Objekt, der bloß Empfindende ist ganz und gar mit den Gegenständen seiner Welt verschmolzen (vgl. Schelers Bestimmung der ekstatischen Lebensform des Tieres).
3 abstraktes Ich: bloße Vernunft, „Kopf“
4 Fürsichsein: konkrete Subjektivität, wirkliches Ich

1 *Beschreiben Sie, wie Hegel die Beziehung zwischen Empfindung und Geist sieht. Wie unterscheiden sich der geistige und der empfundene Inhalt voneinander?*
2 *Denken Sie Hegels Konzeption weiter: Auf welche Weise eignet sich das konkrete, durch Empfindung* **und** *Bewusstsein bestimmte Subjekt einen (religiösen oder moralischen) Grundsatz an?*
3 *Vergleichen Sie Hegels Ausführungen mit den Auffassungen von Platon und Freud: Wie würden alle drei Positionen etwa das Engagement eines Jugendlichen für Menschen in der Dritten Welt einschätzen, welches durch das „Schockbild“ eines verhungernden Kindes ausgelöst worden ist?*
4 *Erörtern Sie die Angemessenheit der verschiedenen Bestimmungen der menschlichen Psyche.*

2.3 Das Leib-Seele-Problem

Im Zeitalter der Computer bekommt die alte philosophische Frage nach dem Verhältnis von Leib und Seele neue Aktualität: Ein Wesen, das mit einem künstlichen Leib intelligent und vielleicht sogar gefühlvoll ist, wird nicht nur denkbar, sondern auch herstellbar – was bedeutet dies für die Bestimmung des Menschen als Subjekt mit Körper und Seele? Der die Überlegungen hierzu eröffnende Text von **Stanislaw Lem** (geb. 1921) spitzt diese Frage – eingebettet in eine (noch?) utopische Spielhandlung – auf das Problem der menschlichen Identität hin zu und wirft damit die Frage nach dem Verhältnis von Leib und Seele beim Menschen in grundsätzlicher Weise auf.

2.3.1 Stanislaw Lem: Gibt es Sie, Mister Johns?

Richter: Das Gericht erörtert nunmehr den Streitfall Cybernetics Company contra Harry Johns. Sind die Parteien anwesend?

Anwalt: Ja, Herr Richter.

Richter: Sie vertreten die Belange ...

Anwalt: Ich bin der juristische Bevollmächtigte der Firma Cybernetics Comp., Herr Richter.

Richter: Und wo ist der Beklagte?

Johns: Hier bin ich, Herr Richter.

Richter: Würden Sie Ihre Personalien angeben?

Johns: Gern, Herr Richter. Ich heiße Harry Johns, geboren am 6. April 1917 in New York.

Anwalt: Ein Wort zur Hauptsache, Herr Richter. Der Beklagte spricht die Unwahrheit, er ist durchaus nicht geboren ...

Johns: Bitte, hier meine Geburtsurkunde. Und im Saal ist mein Bruder, er ...

Anwalt: Das ist nicht Ihre Urkunde und dieses Individuum ist nicht Ihr Bruder.

Johns: Wessen sonst? Ihrer vielleicht?

Richter: Bitte um Ruhe. Herr Bevollmächtigter, gedulden Sie sich ein wenig. Nun, Herr Johns?

Johns: Mein seliger Vater Lexington Johns hatte eine Autowerkstätte und impfte mir die Leidenschaft zu diesem Beruf ein. Als Siebzehnjähriger nahm ich erstmals an einem Autorennen teil. Seither startete ich berufsmäßig siebenundachtzigmal und habe bis heute sechzehn erste Plätze errungen, einundzwanzig zweite ...

Richter: Danke, diese Einzelheiten sind für den Fall unwesentlich.

Johns: Drei Goldpokale, drei Goldpokale ...

Richter: Danke, habe ich gesagt.

Johns: Und einen silbernen Kranz.

Donovan, Präsident der Cybernetics Comp.: Da! Er hat sich verklemmt!

Johns: Darauf können Sie lang warten!

Richter: Bitte um Ruhe! Haben Sie einen Rechtsvertreter?

Johns: Nein. Ich verteidige mich selbst. Meine Sache ist so lauter wie Kristall.

Richter: Wissen Sie, welche Forderungen die Cybernetics Company Ihnen gegenüber geltend macht?

Johns: Ich weiß. Ich bin das Opfer der schurkischen Tätigkeit tückischer Finanzhaie...

Richter: Danke. Herr Bevollmächtigter Jenkins, würden Sie dem Gericht den Gegenstand der Klage darlegen?

Anwalt: Sehr wohl, Herr Richter. Vor zwei Jahren erlitt der Beklagte bei einem Autorennen in der Nähe von Chicago einen Unfall und verlor ein Bein. Damals wandte er sich an unsere Firma. Die Cybernetics Company erzeugt bekanntlich Arm- und Beinprothesen, Kunstnieren, Kunstherzen und andere Ersatzorgane. Der Beklagte bezog gegen Teilzahlung eine linke Beinprothese und erlegte die erste Rate. Vier Monate später wandte er sich neuerlich an uns, diesmal bestellte er Prothesen zweier Arme, eines Brustkorbs und eines Genicks.

Johns: Quatsch! Das Genick, das war im Frühling, nach dem Bergrennen!

Richter: Unterbrechen Sie nicht.

Anwalt: Nach dieser zweiten Transaktion belief sich die Verschuldung des Beklagten an die Firma auf 2 967 Dollar. Nach weiteren fünf Monaten wandte sich namens des Beklagten dessen Bruder an uns. Der Beklagte weilte damals im Monte-Rosa-Krankenhaus bei New York. Der neuen Bestellung gemäß lieferte die Firma nach Erhalt einer Anzahlung eine Reihe von Prothesen, deren Einzelaufzählung bei den Akten liegt. Dort figuriert unter anderem als Ersatz für eine Großhirnhalbkugel ein Elektronengehirn Marke Geniox zum Preis von 26 500 Dollar. Hohes Gericht, bitte die Tatsache zu beachten, dass der Beklagte bei uns die Luxusausführung des Geniox bestellt hat, mit Stahlröhren, farbentreuer Traumbildanlage, Stimmungsentstörer und Sorgendämpfer, obwohl dies die finanziellen Möglichkeiten des Beklagten klar überstieg.

Johns: Freilich, das tät' euch so passen, wenn ich jetzt mit eurem Serienkleinsthirn herumholpern müsste!

Richter: Bitte um Ruhe!

Anwalt: Dass der Beklagte in der bewussten böswilligen Absicht handelte der Firma die bezogenen Teile nicht zu bezahlen, davon zeugt auch die Tatsache, dass er bei uns keine gewöhnliche Armprothese bestellte, sondern eine Spezialprothese mit eingebauter Schweizer Uhr Marke Schaffhausen mit achtzehn Steinen. Als die Schuld des Beklagten auf 29 863 Dollar angestiegen war, klagten wir auf Rückgabe aller bezogenen Prothesen. Jedoch das Staatsgericht wies unsere Klage mit der Begründung ab, dass ihn der Entzug der Prothesen um das weitere Dasein gebracht hätte. Zu jener Zeit war nämlich von dem ehemaligen Mister Johns nur noch die eine Gehirnhälfte übrig.

Johns: Was heißt „ehemaliger Johns"? Wirst du von der Firma für Schimpfwörter bezahlt, Prozessverpfuscher?

Richter: Bitte um Ruhe. Wenn Sie die klagende Partei nochmals beleidigen, Mister Johns, dann werde ich Sie mit einer Geldbuße bestrafen.

Johns: Aber er beleidigt doch mich!

Anwalt: In diesem Zustand, das heißt, verschuldet und prothesenbestückt bis über beide Ohren bei der Cybernetics Company, die ihm so viel Güte bezeigt und im Nu alle seine Wünsche erfüllt hat, begann der Beklagte öffentlich nach allen Seiten unsere Erzeugnisse anzuschwärzen und über ihre Qualität zu meckern. Dies hielt ihn jedoch nicht davon ab, nach drei weiteren Monaten bei uns vorzusprechen. Er klagte über eine Reihe von Beschwerden und Gebrechen, die sich, wie unsere Experten feststellten, daraus ergaben, dass sich seine alte Hirnhalbkugel in der neuen, sozusagen zur Gesamtprothese gewordenen Umgebung nicht wohl fühlte. Aus Menschenfreundlichkeit ließ sich die Firma nochmals herbei die Bitte des Beklagten zu erfüllen und ihn ganz zu genialisieren, das heißt, seinen eigenen alten Gehirnteil durch einen genauen Zwilling des bereits eingebauten Apparats Marke Geniox zu ersetzen. Für diese neue Forderung stellte uns der Beklagte Wechsel auf die Summe von 26 950 Dollar aus, wovon er bis heute lediglich 232 Dollar und 18 Cents bezahlt hat. In Anbetracht des geschilderten Sachverhalts … Hohes Gericht, der Beklagte sucht mir böswillig das Reden zu erschweren, indem er mich mit allerlei Gezisch, Gezwitscher und Geknirsche übertönt. Hohes Gericht, bitte ihn zu vermahnen!

Richter: Herr Johns …

Johns: Das bin nicht ich, das ist mein Geniox. Der macht das immer, wenn ich intensiv denke. Bin ich etwa für die Cybernetics Comp. verantwortlich? Das hohe Gericht kann Herrn Präsidenten Donovan vermahnen, für diese Pfuscharbeit!

Anwalt: Dem geschilderten Sachverhalt entsprechend ersucht die Firma das Gericht ihrer Forderung stattzugeben und ihr die vollen Eigentumsrechte an dem von ihr hergestellten, hier im Gerichtssaal befindlichen, eigenmächtig aufmuckenden Prothesengefüge zuzuerkennen, das sich unrechtmäßig für Harry Johns ausgibt.

Johns: So eine Frechheit! Und wo ist Johns, Ihrer Ansicht nach, wenn nicht hier?

Anwalt: Hier im Saal ist Johns nicht, denn die irdischen Überreste dieses bekannten Rennchampions ruhen verstreut an verschiedenen Autobahnen in ganz Amerika. Durch ein Gerichtsurteil zu unseren Gunsten wird demnach keine physische Person geschädigt, da die Firma nur das in Besitz nehmen wird, was von der Nylonhülle bis zum letzten Schräubchen rechtens ihr gehört!

Johns: Freilich! In Stücke wollen mich die zerlegen, in Prothesen!

Präsident Donovan: Was wir mit unserem Eigentum tun, das geht Sie nichts an!

Richter: Herr Präsident, ich ersuche Sie höflichst Ruhe zu bewahren. Danke, Herr Bevollmächtigter. Was haben Sie zu sagen, Mister Johns?

Anwalt: Herr Richter, zu der Hauptsache möchte ich noch bemerken, dass der Beklagte im Grunde genommen gar kein Beklagter ist, sondern ein materieller Gegenstand, der behauptet sich selbst zu gehören. Da er jedoch in Wirklichkeit nicht lebt ...

Johns: Sie, kommen Sie mal rüber zu mir, dann zeig ich Ihnen, ob ich lebe oder nicht!

Richter: Tja ... Hm, das ist wirklich ein sehr, sehr merkwürdiger Fall. Hm ...

[...]

[Johns:] Denn bitte zu erwägen, hohes Gericht, was sind die Argumente der Firma denn wert? Die sagen, sie hätten ein Recht auf meine Person. Worauf soll das beruhen? Gesetzt, dass jemand auf Kredit bei einem Gemischtwarenhändler Nahrungsmittel einkauft, Mehl, Zucker, Fleisch und so weiter; und nach einiger Zeit geht dieser Gemischtwarenhändler vor Gericht und fordert, man solle ihm den Schuldner als Eigentum übergeben. Denn wie wir aus der Medizin wissen, werden im Zuge des Stoffwechsels die Körpersubstanzen fortwährend durch Nahrungsmittel ersetzt, sodass nach einigen Monaten der ganze Schuldner samt Kopf, Leber, Armen und Beinen aus dem Fett, dem Eiweiß, den Eiern und Kohlenhydraten besteht, die ihm dieser Gemischtwarenhändler auf Kredit verkauft hat. Nun, würde irgendein Gericht auf der Welt die Ansprüche dieses

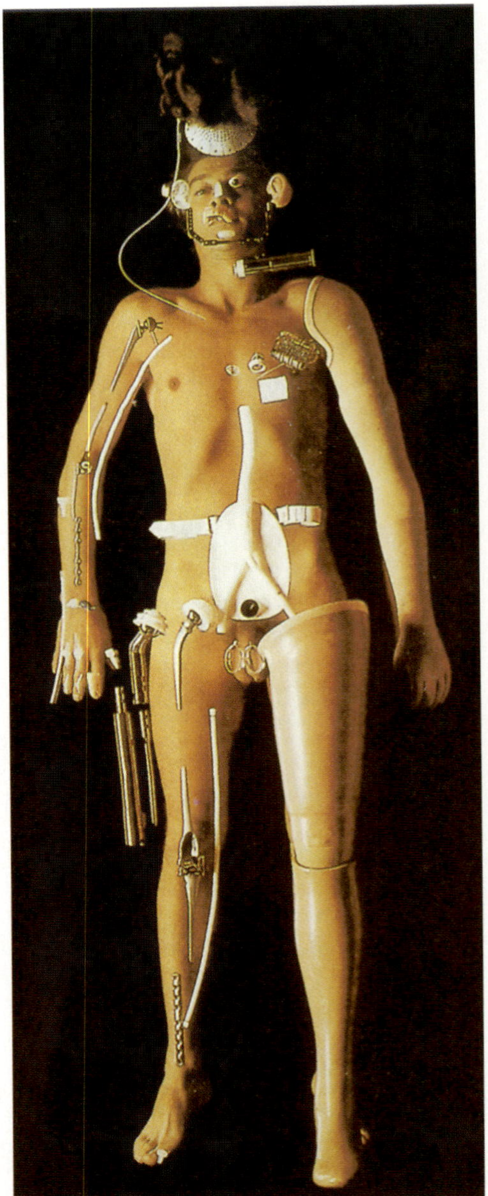

Christiaan N. Barnard, Der Prothesenmensch

Gemischtwarenhändlers anerkennen? Leben wir im Mittelalter, wo Shylock[1] ein Pfund vom lebendigen Fleisch seines Schuldners forderte? Hier haben wir eine analoge Situation! Ich bin der Rennchampion namens Harry Johns und keine Maschine!

(Stanislaw Lem, Gibt es Sie, Mister Johns? In: Stanislaw Lem, Nacht und Schimmel. Phantastische Bibliothek. Bd. 1. Suhrkamp Verlag, Frankfurt/M. 1976, S. 283–291)

1 Shylock: jüdischer Wucherer aus Shakespeares Schauspiel „Der Kaufmann von Venedig", der für verliehenes Geld ein Pfund Fleisch aus dem Körper des verschuldeten Kaufmanns beansprucht.

1 *Wie würden Sie als Richter den Prozess entscheiden? Entwerfen Sie eine Urteilsbegründung.*
2 *Gesetzt den Fall, Mister Johns besäße noch seine Originalgehirnhälfte. Wie würde dann Ihr Urteil und seine Begründung lauten?*
3 *Erwägen Sie im Anschluss an den Text: Was macht den Menschen zum Menschen? Was ist für seine persönliche Identität verantwortlich?*

2.3.2 René Descartes: Der Mensch – ein aus zwei Substanzen zusammengefügtes Wesen

In den sich anschließenden philosophischen Überlegungen zur Beziehung zwischen Geist und Körper führt der am Anfang des mechanistischen Zeitalters stehende Descartes seine schon vorgestellten Ausführungen über die Beschaffenheit des von allen Zweifeln nicht zu erreichenden Ichs weiter. (➔ Kap. II, 2.1.3) Er wird damit zum Begründer der u. a. die Schulmedizin bis heute prägenden Zwei-Substanzen-Lehre, wonach der Mensch ein aus Körper und Geist-Seele zusammengesetztes Wesen darstellt.

Da bemerke ich nun in erster Linie einen großen Unterschied zwischen Körper und Geist, insofern nämlich der Körper seiner Natur nach stets teilbar, der Geist aber durchaus unteilbar ist. In der Tat, betrachte ich meinen Geist, d. h. mich selbst, lediglich als denkendes Ding, so kann ich keine Teile in mir unterscheiden, vielmehr erkenne ich, dass ich ein durchaus einheitliches Ganzes bin.
Zwar scheint der ganze Geist mit dem ganzen Körper vereint zu sein; verliere ich aber einen Fuß, einen Arm oder einen andern Körperteil, so merke ich doch nicht, dass etwas dem Geist weggenommen worden wäre. Auch die Vermögen des Wollens, Empfindens, Erkennens usw. können nicht als Teile des Geistes aufgefasst werden, denn ein und derselbe Geist will, empfindet, erkennt.
Hingegen kann ich mir kein körperliches oder ausgedehntes Ding denken, das ich mir nicht mit Leichtigkeit in Teile zerlegt denken könnte, und so erkenne ich dessen Teilbarkeit. Dies allein würde genügen mir die gänzliche Verschiedenheit des Geistes vom Körper klarzumachen, wenn ich es nicht schon aus andern Gründen zur Genüge wüsste.
Weiterhin bemerke ich, dass der Geist nicht von allen Teilen des Körpers unmittelbar Eindrücke empfängt, sondern nur vom Gehirn, vielleicht sogar nur von einem ganz kleinen Teil desselben, nämlich von dem, welcher Sitz des Gemeinsinns sein soll[1]. Sooft in diesem dieselben Zustände auftreten, stellt er auch dem Geist dasselbe dar, wie verschieden auch unterdessen die Verhältnisse in den übrigen Körperteilen sein mögen.
[…]
Dann ist leicht ersichtlich, dass der menschliche Körper, wenn er beispielsweise von der Wassersucht befallen ist, seiner Natur nach ganz ebenso jene Trockenheit der Kehle erleidet, die dem Geist gewöhnlich eine Durstempfindung eingibt und die Nerven sowie die andern Körperteile so beeinflusst, dass

jener Mensch den Trank nimmt, der die Krankheit steigert, gleichwie er ohne ein solches Gebrechen durch eine ähnliche Trockenheit der Kehle dazu gebracht würde, einen nützlichen Trank zu sich zu nehmen.

[...]

Aber eine Uhr, die aus Rädern und Gewichten besteht, folgt ebenso genau allen Naturgesetzen, ob sie nun verkehrt eingerichtet ist und die Stunden unrichtig anzeigt oder ob sie in allen Stücken dem Wunsch des Meisters entspricht. So kann ich auch den menschlichen Körper als eine Art Maschine ansehen, die aus Knochen, Nerven, Muskeln, Adern, Blut und Haut zusammengepasst ist und auch ohne den Geist all die Bewegungen ausführt, welche jetzt unwillkürlich, also ohne den Geist, ablaufen.

(René Descartes, Meditationen über die Erste Philosophie. Übers. und hrsg. von Gerhart Schmidt. Reclam Verlag, Stuttgart 1971, S. 104–106 [gekürzt u. umgestellt])

[...]

dann hatte ich gezeigt[2], worin die Einrichtung der Nerven und der Muskeln des menschlichen Körpers bestehen müsse, damit die darin befindlichen Lebensgeister die Glieder desselben bewegen können, so wie man sieht, dass Köpfe, bald nachdem sie abgeschlagen worden, sich noch bewegen und in die Erde beißen, obwohl sie nicht mehr beseelt sind; dann [...] was man unter dem Gemeinsinn verstehen muss, der diese Ideen[3] empfängt, unter dem Gedächtnis, das sie aufbewahrt, unter der Phantasie, die sie mannigfaltig verändern und neue daraus bilden und eben dadurch mit Hilfe der Lebensgeister, die sie in den Muskeln verteilt, die Glieder dieses Körpers auf so viele verschiedene Weise sich bewegen lassen [...] kann [...], ohne dass der Wille sie leitet. Dies wird denen nicht seltsam erscheinen, die wissen, wie viele *Automaten* oder sich bewegende Maschinen verschiedener Art der menschliche Kunstfleiß herstellen kann aus sehr wenigen Stücken, im Vergleich mit der großen Menge Knochen, Muskeln, Nerven, Arterien, Venen und aller der übrigen Teile jedes tierischen Körpers – und die deshalb *diesen Körper als eine Maschine* ansehen werden, die als ein Werk Gottes unvergleichlich besser geordnet ist und bewundernswürdigere Bewegungen in sich hat als irgendeine, welche Menschen haben erfinden können.

Und ich hatte mich gerade bei diesem Punkte besonders aufgehalten um zu zeigen, dass, wenn es solche Maschinen gäbe, welche die Organe und die äußere Gestalt eines Affen oder irgendeines anderen vernunftlosen Tieres hätten, wir nicht imstande sein würden, sie in irgendetwas von jenen Tieren zu unterscheiden; während, wenn es *unsern Körpern* ähnliche Maschinen gäbe, die sogar, soweit es moralisch[4] möglich wäre, unsere Handlungen nachahmten, so würden wir doch stets *zwei* ganz sichere Mittel haben um zu erkennen, dass sie deshalb nicht wirkliche Menschen seien. Das erste ist, dass sie niemals *Worte* oder andere von ihnen gemachte Zeichen würden brauchen können, wie wir tun, um andern unsere Gedanken mitzuteilen. Denn es lässt sich wohl begreifen, wie eine Maschine so eingerichtet ist, dass sie Worte hervorbringt und sogar bei Gelegenheit körperlicher Handlungen, die irgendeine Veränderung in ihren Organen verursachen, einige Worte ausstößt, wie beispielsweise, wenn man sie an irgendeiner Stelle berührt, dass sie fragt, was man ihr sagen wolle; wenn man sie anderswo anfasst, dass sie schreit, man tue ihr weh, und ähnliche Dinge; nicht aber, dass sie auf verschiedene Art die Worte ordnet um dem Sinn alles dessen zu entsprechen, was in ihrer Gegenwart laut wird, wie es doch die stumpfesten Menschen vermögen. Und das zweite ist, dass, wenn sie auch viele Dinge ebenso gut oder vielleicht besser als einer von uns machten, sie doch unausbleiblich in einigen anderen fehlen und dadurch zeigen würden, dass sie nicht nach Einsicht, sondern lediglich nach der Disposition ihrer Organe handeln. Denn während die Vernunft ein *Universalinstrument* ist, das in allen möglichen Fällen dient, müssen diese Organe für jede besondere Handlung eine besondere Disposition haben, und deshalb ist es moralisch unmöglich, dass in einer Maschine verschiedene Organe genug sind um sie in allen Lebensfällen so handeln zu lassen, wie unsere Vernunft uns zu handeln befähigt. [...]

Auch ist es sehr bemerkenswert, dass, obwohl manche Tiere in manchen Handlungen mehr Geschicklichkeit zeigen als wir, man doch sieht, dass ebendieselben Tiere in vielen anderen Handlungen gar keine zeigen; so dass, was sie besser als wir machen, keineswegs Geist beweist, denn in diesem Falle würden sie mehr Gaben besitzen als einer von uns und es auch in allen anderen Dingen besser machen, sondern (es zeigt sich) vielmehr, dass sie keinen Geist haben und allein die Natur in ihnen nach der Disposition ihrer Organe handelt. Man sieht ja auch, dass ein Uhrwerk, das bloß aus Rädern und Federn besteht, richtiger als wir mit aller unserer Klugheit die Stunden zählen und die Zeit messen kann.

Sodann hatte ich die vernünftige Seele beschrieben und gezeigt, dass sie unmöglich wie die anderen Wesen, von denen ich geredet, aus dem Vermögen der Materie herrühren könne, sondern dass sie ausdrücklich *geschaffen* sein müsse, und wie es nicht genug sei, dass sie im menschlichen Körper wohne, wie der Steuermann im Schiff, etwa nur um dessen Glieder zu bewegen, sondern dass sie enger mit ihm verbunden und vereinigt sein müsse um auch den unsrigen ähnliche Empfindungen und Triebe zu haben und auf diese Weise einen wirklichen Menschen zu bilden. Übrigens habe ich mich hier über das Thema der Seele ein wenig verbreitet, weil es zu den wichtigsten gehört. Denn nach dem Irrtum der Gottesleugnung, gibt es keinen, der schwache Gemüter mehr vom rechten Weg der Tugend entfernt, als wenn sie sich einbilden, die Seele der Tiere sei mit der unsrigen wesensgleich und wir hätten daher nach diesem Leben nichts zu fürchten noch zu hoffen, nicht mehr als die Fliegen und die Ameisen. Weiß man dagegen, wie sehr beide sich unterscheiden, so begreift man die Beweisgründe weit besser, wonach unsere Seele ihrem geistigen Wesen nach vollkommen unabhängig vom Körper und also der Notwendigkeit nicht unterworfen ist mit ihm zu sterben; und da man auch sonst keine Ursachen sieht, welche ihre Zerstörung bewirken, so kommt man zu dem Urteil, dass die Seele unsterblich sei.

(René Descartes, Abhandlung über die Methode des richtigen Vernunftgebrauchs und der wissenschaftlichen Wahrheitsforschung. Ins Deutsche übertragen von Kuno Fischer. Reclam Verlag, Stuttgart 1961, S. 52–56)

1 Vgl. Aufgabe 6
2 Descartes bezieht sich hier auf seine Abhandlung „Le Monde", die bereits 1634 entstand, aber erst nach seinem Tod in den noch erhaltenen Teilen erschien.
3 Ideen: Descartes meint hier die Ideen, die äußere Gegenstände oder innere Empfindungen durch Vermittlung der Sinne dem Gehirn einprägen.
4 moralisch: hier: technisch

1. *Wie begründet Descartes die prinzipielle Verschiedenheit von Geist und Körper (res cogitans und res extensa) und welche Fähigkeiten schreibt er den beiden unterschiedlichen Substanzen zu? (Die Aufgabe sollte für beide Textauszüge gesondert bearbeitet werden.)*
2. *Wie sieht Descartes die Tiere und darüber hinaus jede Form von künstlicher Intelligenz im Gegensatz zum Menschen und auf welche Weise begründet er diese Sichtweise?*
3. *Wie würde Descartes wohl den „Fall Mister Johns" beurteilen? Kann seine prinzipielle Unterscheidung von Mensch und Automat angesichts moderner Computertechnologie noch überzeugen?*
4. *Descartes wird sicher zu Recht als einer der Ahnherren der Schulmedizin gesehen. Weisen Sie den Zusammenhang zwischen deren Behandlungsart und Descartes' Anthropologie auf.*

5 *In welcher Weise sind für Descartes Körper und vernünftige Seele im Menschen verbunden?*

6 *In seinen naturphilosophischen Schriften führt Descartes Weiteres zum Verhältnis von ausgedehntem (Körper) und denkendem Ding (Seele) aus: So befinde sich der Geist in der Zirbeldrüse, dem sog. Conarium (Sitz des Gemeinsinns), das einzige unpaarige Organ im Kopfbereich, das er beim Sezieren fand. Wenn nun der Geist oder die reine Denkseele Leidenschaften empfindet, so rühre dies von ihrer Verbindung mit dem Körper her. Im gesamten menschlichen Körper befänden sich nämlich sog. „esprits animaux", winzige am Conarium vorbei pulsierende Lebensgeister, die von den erregten Körperstellen verstärkt zur Seele eilten und dort die entsprechende Empfindung verursachten. Diese Lebensgeister, als kleinste körperliche Wesen gedacht, stellen für Descartes das eigentliche Verbindungsstück zwischen Körper und Geist dar, weil auch umgekehrt der Geist durch Einwirkung auf sie den Körper zu willkürlichen Bewegungen antreiben kann.*

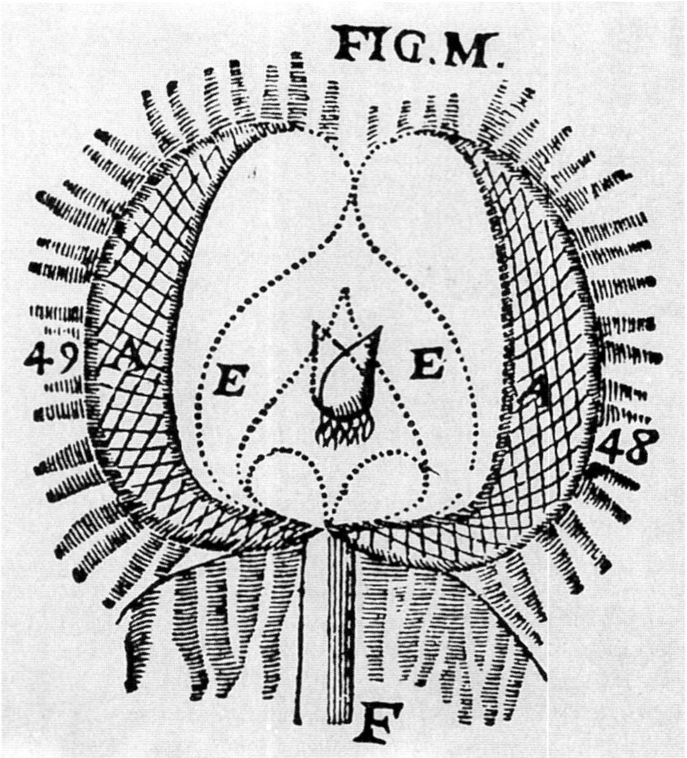

Die Zirbeldrüse im Gehirnventrikel (Aus dem „Trait de l'homme")

Beurteilen Sie die Überzeugungskraft dieses Modells der Verbindung von beiden Substanzen. Achten Sie dabei besonders auf die philosophischen Gründe, die Descartes zur Entwicklung seiner Theorie von der Zirbeldrüse nötigen.

7 *Dem folgenden Gedicht liegt – in witzig-überspitzter Form – der cartesische Dualismus von Seele und Körper zugrunde, den der englische Philosoph Gilbert Ryle auch als das „Dogma vom Gespenst in der Maschine" bezeichnet hat.*

Siebenmal mein Körper (Robert Gernhardt)

Mein Körper ist ein schutzlos Ding,
wie gut, dass er mich hat.
Ich hülle ihn in Tuch und Garn
und mach ihn täglich satt.

Mein Körper hat es gut bei mir,
ich geb' ihm Brot und Wein.
Er kriegt von beidem nie genug
und nachher muss er spein.

Mein Körper hält sich nicht an mich,
er tut, was ich nicht darf.
Ich wärme mich an Bild, Wort, Klang,
ihn machen Körper scharf.

Mein Körper macht nur, was er will,
macht Schmutz, Schweiß, Haar und Horn.
Ich wasche und beschneide ihn
von hinten und von vorn.

Mein Körper ist voll Unvernunft,
ist gierig, faul und geil.
Tagtäglich geht er mehr kaputt,
ich mach ihn wieder heil.

Mein Körper kennt nicht Maß noch Dank,
er tut mir manchmal weh.
Ich bring ihn trotzdem übern Berg
und fahr ihn an die See.

Mein Körper ist so unsozial.
Ich rede, er bleibt stumm.
Ich leb ein Leben lang für ihn.
Er bringt mich langsam um.

(Robert Gernhardt, Reim und Zeit. Gedichte. Reclam Verlag, Stuttgart 1990, S. 50 f.)

Wird dieses Modell der menschlichen Selbsterfahrung gerecht?

2.3.3 Paul-Henri d' Holbach: Der Mensch als bloße Materie

Ganz anders als Descartes bestimmt der Aufklärer **Paul-Henri d' Holbach** (1723–1789) den Menschen konsequent als bloße Physis bzw. Materie. Diese radikal materialistische Auffassung lässt keinen Dualismus zu und hat ebenfalls bis heute großen Einfluss auf die neuzeitliche Medizin wie auch auf die moderne Kybernetik.

Wir dürfen uns nicht wundern, dass der Mensch auf so viel Hindernisse stieß, sobald er sich Rechenschaft über seine Seinsweise und seine Wirkungsart geben wollte, und dass er so sonderbare Hypothesen erfand um die verborgenen Spiele seiner Maschine zu erklären, die er auf eine Art und Weise sich bewegen sah, die ihm so verschieden von derjenigen der anderen Dinge der Natur erschien. Er sah wohl, dass der Körper und seine verschiedenen Teile wirkten, aber oft konnte er nicht sehen, was sie zum Wirken veranlasste; er glaubte also, dass er in sich selbst ein von seiner Maschine unterschiedenes Bewegungsprinzip besäße, das den einzelnen Triebfedern dieser Maschine insgeheim den Anstoß gäbe, das sich durch seine eigene Energie bewegte und das nach Gesetzen wirkte, die völlig von denen verschieden wären, die die Bewegungen aller anderen Dinge regeln. Er hatte das Bewusstsein gewisser innerer Bewegungen, die sich ihm bemerkbar machten; aber wie war es zu begreifen, dass diese unsichtbaren Bewegungen oft derart auffallende Wirkungen hervorrufen konnten? Wie war es zu verstehen, dass eine flüchtige Idee, dass ein unmerklicher Denkprozess oft Störung und Unordnung in seine gesamte Seinsweise tragen konnten? Mit einem Wort, er glaubte in sich selbst eine von ihm verschiedene, mit einer geheimen Kraft begabte Substanz zu bemerken, an der er Merkmale vermutete, die gänzlich verschieden waren von denen der sichtbaren Ursachen, die auf seine Organe wirkten, oder verschieden von den Merkmalen dieser Organe selbst. [...]

So wurde der Mensch ein Doppelwesen; er betrachtete sich als ein Ganzes, das durch die unvorstellbare Vereinigung zweier verschiedener Naturen, die keine Verwandtschaft miteinander hatten, gebildet worden war. Er unterschied in sich selbst zwei Substanzen: die eine, die sichtbar den Einflüssen der groben Stoffe und der aus groben und trägen Stoffen zusammengesetzten Dinge unterworfen war, wurde *Körper* genannt; von der anderen, die man für einfach und von reinerem Wesen hielt, nahm man an, dass sie durch sich selbst wirke und dem Körper, mit dem sie sich wunderbarerweise vereinigt fand, Bewegung mitteile, diese wurde *Seele* oder *Geist* genannt; und die Funktionen der einen wurden als *physisch, körperlich, materiell* bezeichnet und die Funktionen der anderen als *geistig* und *intellektuell;* der Mensch hieß in Bezug auf die ersten Funktionen *physischer Mensch* und in Bezug auf die letzten *moralischer Mensch*.

Diese heute von den meisten Philosophen angenommenen Unterscheidungen sind nur auf willkürliche Vermutungen gegründet. [...] So haben die Philosophen, indem sie Wörter schufen und Dinge komplizierten, die Verwirrung nur größer gemacht, die sie zu vermeiden suchten, und so haben sie dem Fortschritt der Wissenschaften Hindernisse in den Weg gelegt: sobald es ihnen an Tatsachen mangelte, nahmen sie ihre Zuflucht zu Vermutungen, die sich für sie bald in Wirklichkeiten verwandelten, und ihre Einbildungskraft, die nicht mehr von der Erfahrung geleitet wurde, hat sich für immer im Labyrinth einer idealen und intellektuellen Welt verloren, die sie selbst erschaffen hatte: es wurde fast unmöglich, sie daraus zu befreien um sie auf den richtigen Weg zurückzuführen, auf dem nur die Erfahrung der Leitfaden sein kann. Sie wird uns zeigen, dass es sowohl in uns selbst als auch in allen Gegenständen, die auf uns wirken, stets nur Materie gibt, die mit verschiedenen Eigentümlichkeiten versehen ist, unterschiedliche Verbindungen eingegangen und unterschiedlich modifiziert ist und die ihren Eigentümlichkeiten gemäß wirkt. Mit einem Wort: der Mensch ist ein organisiertes, aus verschiedenen Stoffen zusammengesetztes Ganzes; so wie alle anderen Produkte der Natur unterliegt er allgemeinen und bekannten Gesetzen sowie Gesetzen oder Wirkungsarten, die ihm eigen und unbekannt sind.

Wenn man nun fragt, was der Mensch sei, so sagen wir: er ist ein materielles Wesen, das auf eine Art und Weise gebaut und gebildet ist, dass es empfinden, denken und in bestimmter Weise modifiziert werden kann, die nur ihm allein, seinem Körperbau, den besonderen Verbindungen der Stoffe, die sich in ihm vereinigt finden, eigentümlich ist. Wenn man uns fragt, welchen Ursprung wir den Wesen der menschlichen Gattung geben, so sagen wir: der Mensch ist wie alle anderen Dinge ein Produkt der Natur, das ihnen in gewisser Hinsicht ähnelt und denselben Gesetzen unterworfen ist und das in anderer Hinsicht von ihnen verschieden ist und besonderen Gesetzen folgt, die durch die Besonderheit seiner Bildung bestimmt werden.

(Paul Henri Dietrich von Holbach, System der Natur oder von den Gesetzen der physischen und der moralischen Welt. Übers. von Fritz-Georg Voigt. Suhrkamp Verlag, Frankfurt/M. 1970, S. 72–75)

1 *Geben Sie d'Holbachs Kritik an der cartesischen Philosophie wieder und zeigen Sie auf, was er deren Zwei-Substanzen-Modell entgegenhält.*

2 *Was ist für d'Holbach die Seele bzw. der Geist?*

3 *Wie würde d'Holbach den „Fall Mister Johns" beurteilen? Kann es für ihn so etwas wie künstliche Intelligenz geben?*

4 Welche (verborgenen) Motive könnten d'Holbach bei seiner Kritik an der idealistischen Anthropologie geleitet haben?

5 Erörtern Sie kontrastierend die Bestimmung des Verhältnisses von Körper und Seele bei Descartes und d'Holbach. Welche Bestimmung entspricht eher der menschlichen Selbsterfahrung?

2.3.4 Georg Wilhelm Friedrich Hegel: Der Mensch als lebendige Einheit von Leib und Seele

In **Hegels** folgender, deutlich von Aristoteles („Über die Seele") beeinflusster Einlassung ist ebensowenig wie in d'Holbachs Ausführungen Platz für irgendeine Form des Dualismus; anders aber als die Materialisten fasst Hegel als Idealist die Einheit von Seele und Körper von der Seele als Begriff her. Obwohl sich seine Ausführungen nicht speziell auf den Menschen beziehen, sondern um das Verhältnis von Leib und Seele im Lebendigen überhaupt – etwa im Gegensatz zum Anorganischen – kreisen, liefert er damit zugleich einen beachtenswerten Beitrag zur Bestimmung der menschlichen Subjektivität.

Fragen wir unser gewöhnliches Bewusstsein in Betreff auf die Lebendigkeit, so haben wir in derselben einerseits die Vorstellung des Leibes, andererseits die der Seele. Beiden geben wir unterschiedene eigentümliche Qualitäten. Diese *Unterscheidung* zwischen Seele und Leib ist von großer Wichtigkeit auch für die philosophische Betrachtung und wir haben sie hier gleichfalls anzunehmen. Doch das ebenso wichtige Interesse der Erkenntnis betrifft die *Einheit* von Seele und Leib, welche von jeher der gedankenmäßigen Einsicht die höchsten Schwierigkeiten entgegengestellt hat. Dieser Einheit wegen ist das Leben gerade eine erste Naturerscheinung der Idee[1]. Wir müssen die Identität von Seele und Leib deshalb nicht als bloßen *Zusammenhang* auffassen, sondern in tieferer Weise. Den Leib und seine Gliederung nämlich haben wir anzusehen als die Existenz der systematischen Gliederung des Begriffs selbst[2], der in den Gliedern des lebendigen Organismus seinen Bestimmtheiten ein äußeres Naturdasein gibt, wie dies auf untergeordneter Stufe schon beim Sonnensystem der Fall ist. Innerhalb dieser realen Existenz nun erhebt sich der Begriff ebensosehr zur ideellen Einheit aller dieser Bestimmtheiten und diese ideelle Einheit ist die Seele. Sie ist die substantielle Einheit und durchdringende Allgemeinheit, welche ebensosehr einfache Beziehung auf sich und subjektives Fürsichsein ist. In diesem höheren Sinne muss die Einheit von Seele und Leib genommen werden. Beide nämlich sind nicht Unterschiedene, welche zusammenkommen, sondern ein und dieselbe Totalität derselben Bestimmungen; und [...] so ist auch das Leben nur als die Einheit der Seele und ihres Leibes zu erkennen. Die ebenso subjektive als substantielle Einheit der Seele innerhalb des Leibes selbst zeigt sich z. B. als die Empfindung.[3] Die Empfindung des lebendigen Organismus gehört nicht nur einem besonderen Teile selbstständig zu, sondern ist diese ideelle einfache Einheit des gesamten Organismus selbst. Sie zieht sich durch alle Glieder, ist überall an hundert und aber hundert Stellen, und es sind doch nicht in demselben Organismus viele tausend Empfindende, sondern nur Einer, *ein* Subjekt. Weil die Lebendigkeit der organischen Natur solchen Unterschied der realen Existenz der Glieder und der in ihnen einfach für sich seienden Seele und dennoch ebensosehr diesen Unterschied als vermittelte Einheit enthält, ist sie das Höhere der unor-

Franz X. Messerschmidt (1736–1786), „Ein Erzbösewicht“

Franz X. Messerschmidt (1736–1786), „Ein absichtlicher Schalksnarr“

ganischen Natur gegenüber. Denn erst das Lebendige ist Idee und erst die Idee das Wahre. Zwar kann auch im Organischen diese Wahrheit gestört werden, insofern der Leib seine Idealität und Beseelung nicht vollständig vollbringt, wie bei der Krankheit z. B. Dann herrscht der Begriff nicht als alleinige Macht, sondern andere Mächte teilen die Herrschaft. Doch solche Existenz ist dann auch eine schlechte und verkrüppelte Lebendigkeit, welche nur noch lebt, weil die Unangemessenheit von Begriff und Realität nicht absolut durchgreifend, sondern nur relativ ist. Denn wäre gar kein Zusammenstimmen beider mehr vorhanden, fehlte dem Leibe durchaus die echte Gliederung wie deren wahre Idealität, so verwandelte sich sogleich das Leben in den Tod, der das selbstständig auseinanderfallen lässt, was die Beseelung in ungetrennter Einheit zusammenhält.

Sagten wir nun, die Seele sei die Totalität des Begriffs als die in sich subjektive ideelle Einheit, der gegliederte Leib dagegen dieselbe Totalität, doch als die Auslegung und das sinnliche Außereinander aller besonderen Seiten, und beide seien in der Lebendigkeit als in *Einheit* gesetzt, so liegt hierin allerdings ein Widerspruch. Denn die ideelle Einheit ist nicht nur *nicht* das sinnliche Außereinander, in welchem jede Besonderheit ein selbstständiges Bestehen und abgeschlossene Eigentümlichkeit hat, sondern sie ist das direkt Entgegengesetzte solcher äußerlichen Realität. Dass aber das Entgegengesetzte das Identische sein soll, ist eben der Widerspruch selber. Wer aber verlangt, dass nichts existiere, was in sich einen Widerspruch als Identität Entgegengesetzter trägt, der fordert zugleich, dass nichts Lebendiges existiere. Denn die Kraft des Lebens und mehr noch die Macht des Geistes besteht eben darin, den Widerspruch in sich zu setzen, zu ertragen und zu überwinden. Dieses Setzen und Auflösen des Widerspruchs von ideeller Einheit und realem Außereinander der Glieder macht den steten Prozess des Lebens aus und das Leben ist nur als *Prozess*. Der Lebensprozess umfasst die gedoppelte Tätigkeit: einerseits stets die realen Unterschiede aller Glieder und Bestimmtheiten des Organismus zur sinnlichen Existenz zu bringen, andererseits aber, wenn sie in selbstständiger Besonderung erstarren und gegeneinander zu festen Unterschieden sich abschließen wollen, an ihnen ihre allgemeine Idealität, welche ihre Belebung ist, geltend zu machen. Dies ist der Idealismus der Lebendigkeit.

[...] Durch diese Einheit der gedoppelten Tätigkeit sind alle Glieder des Organismus stets erhalten und stets in die Idealität ihrer Belebung zurückgenommen. Die Glieder zeigen diese Idealität denn auch sogleich darin, dass ihnen ihre belebte Einheit nicht gleichgültig, sondern im Gegenteil die Substanz ist, in welcher und durch welche sie allein ihre besondere Individualität bewahren können. Dies gerade macht den wesentlichen Unterschied von Teil eines Ganzen und Glied eines Organismus aus. Die besonderen Teile z. B. eines Hauses, die einzelnen Steine, Fenster usf., bleiben dasselbe, ob sie zusammen ein Haus bilden oder nicht; die Gemeinschaft mit anderen ist ihnen gleichgültig und der Begriff bleibt ihnen eine bloß äußerliche Form, welche nicht in den realen Teilen lebt um dieselben zur Idealität einer subjektiven Einheit zu erheben. Die Glieder dagegen eines Organismus haben zwar gleichfalls äußere Realität, jedoch so sehr ist der Begriff das innewohnende eigene Wesen derselben, dass er ihnen nicht als nur äußerlich vereinigende Form aufgedrückt ist, sondern ihr alleiniges Bestehen ausmacht. Dadurch haben die Glieder keine solche Realität wie die Steine eines Gebäudes oder die Planeten, Monde, Kometen im Planetensystem, sondern eine innerhalb des Organismus, aller Realität unerachtet, ideell gesetzte Existenz. Die Hand z. B., abgehauen, verliert ihr selbstständiges Bestehen; sie bleibt nicht, wie sie im Organismus war, ihre Regsamkeit, Bewegung, Gestalt, Farbe usf. verändert sich; ja, sie geht in Fäulnis über und ihre ganze Existenz löst sich auf. Bestehen hat sie nur als Glied des Organismus, Realität nur als stets in die ideelle Einheit zurückgenommen.

(Georg Wilhelm Friedrich Hegel, Vorlesungen über die Ästhetik I. In: G. W. F. Hegel, Werke in 20 Bdn. Hrsg. von Eva Moldenhauer/Karl Markus Michel. Bd. 13. Suhrkamp Verlag, Frankfurt/M. 1970, S. 160–164)

1 Für Hegel ist die ganze Wirklichkeit die Darstellung einer in sie eingegangenen kosmischen Idee (Gott), das Leben verkörpert diese Idee als erste Seinsstufe in angemessener Weise.
2 Der Begriff ist für Hegel das geistige Wesen, gewissermaßen die Einzelidee, die jedem Gegenstand innewohnt und ihn überhaupt erst erkennbar macht. Insoweit der Begriff den Gegenstand nicht bloß passiv, sondern auch aktiv bestimmt – wie es bei Lebendigem der Fall ist –, wird er Seele.
3 Vgl. Kap. II, 2.2.4

1 *Stellen Sie mit den von Hegel gewählten Begriffen gegenüber, wie sich die Beziehung von Geistigem und Materiellem beim Nicht-Lebendigen und beim Lebendigen darstellt.*
2 *Was ist für Hegel das besondere Kennzeichen des Lebendigen und worin besteht der Widerspruch, den es – im Gegensatz zum Anorganischen – verkörpert?*
3 *Was bedeuten Hegels Ausführungen über die Eigenart des Lebens für die Beziehung zwischen Körper und Seele beim Menschen? Beziehen Sie hierzu Messerschmidts Charakterköpfe ein.*
4 *Weisen Sie Konsequenzen auf, die sich aus Hegels Auffassung für Medizin und Psychologie ergeben.*
5 *Vergleichen Sie Hegels Bestimmung zum Verhältnis von Körper und Seele mit den Bestimmungen von Descartes und d'Holbach. Welcher Ansatz wird der menschlichen Selbsterfahrung am ehesten gerecht?*

2.4 Subjektivität als freier Selbstentwurf

Der französische Philosoph **Jean-Paul Sartre** (1905–1980) gehört zweifellos zu denjenigen, die den Gedanken der konkreten Subjektivität am radikalsten verfechten. Im wiedergegebenen Textauszug wehrt sich Sartre besonders heftig gegen die philosophische Tradition, da sie nach seiner Auffassung das Spezifische des Subjektgedankens lange Zeit unterschlagen habe. Zugleich bemüht er sich um eine grundlegende Neubestimmung des mit dem Subjektgedanken verknüpften Begriffs der Transzendenz, womit er an die philosophischen Bemühungen Martin Heideggers um eine moderne antimetaphysische Subjektsphilosophie anknüpft.
Sartres Existenzphilosophie ist ein Appell an jeden Menschen sich bewusst zu machen: Ich bin für alles, was *Ich* in *Meinem* Leben tue, verantwortlich, d. h. für mein ganzes Leben. Damit trifft Sartre das Lebensgefühl des modernen Menschen, der sich auf sich selbst zurückgeworfen fühlt und dem er abverlangt sich fortwährend einer Selbstrechtfertigung für sein Handeln zu unterwerfen.
Um die von Sartre attackierte philosophisch-theologische Tradition vorab präsent zu machen, ist seinen Ausführungen eine zentrale Stelle aus dem Alten Testament vorangestellt.

2.4.1 Die biblische Menschenauffassung: Die Essenz geht der Existenz voraus

Und Gott sprach: Lasset uns Menschen machen nach unserem Bilde, uns ähnlich: die sollen herrschen über die Fische im Meer und die Vögel des Himmels, über das Vieh und alles Wild des Feldes und über alles Kriechende, das auf der Erde sich regt. Und Gott schuf den Menschen nach seinem Bilde, nach dem Bilde Gottes schuf er ihn: als Mann und Weib schuf er sie. Und Gott segnete sie und sprach zu ihnen: Seid fruchtbar und mehret euch und füllet die Erde und machet sie euch untertan und herrschet über die Fische im Meer und die Vögel des Himmels, über das Vieh und alle Tiere, die auf der Erde sich regen!

(1 Mos 26–28. Aus: Die Heilige Schrift des Alten und Neuen Testaments. Verlag der Zürcher Bibel, Zürich 1942)

1 Erarbeiten Sie das Verhältnis von Mensch und Gott nach Gen 1. Hinweis: Fassen Sie den Ausdruck „Bild" als eine Vorstellung, die Gott sich vor der Erschaffung des Menschen von diesem gemacht hat.

2.4.2 Jean-Paul Sartre: Die Existenz geht der Essenz voraus

Verwickelt werden die Dinge dadurch, dass es zwei Arten von Existentialisten gibt: die ersten, welche Christen sind, unter die ich Jaspers[1] und Gabriel Marcel[2] (dieser katholischer Konfession) einreihen würde; und auf der andern Seite die atheistischen Existentialisten, zu denen Heidegger und auch die französischen Existentialisten und ich selber zu stellen sind. Gemeinsam haben sie die Überzeugung, dass die Existenz der Essenz[3] vorangehe oder, wenn Sie wollen, dass man von der Ichheit ausgehen muss. Was soll man genauer darunter verstehen? Betrachten wir ein Artefakt, zum Beispiel ein Buch oder ein Papiermesser, so ist dieser Gegenstand von einem Handwerker angefertigt worden, der sich von einem Begriff hat anregen lassen, er hat sich auf den Begriff Papiermesser bezogen und zugleich auf eine vorher bestehende Technik der Erzeugung, welche zu dem Begriff gehört und im Grunde ein Rezept ist. Somit ist das Papiermesser zugleich ein Gegenstand, der auf eine bestimmte Art hergestellt wird und anderseits eine bestimmte Verwendung hat; und man kann sich nicht einen Menschen vorstellen, der ein Papiermesser anfertigte ohne zu wissen, wozu der Gegenstand dienen soll. Wir werden also sagen, dass in Bezug auf das Papiermesser die Essenz – das heißt die Summe der Rezepte und der Eigenschaften, die erlauben es anzufertigen und es zu bestimmen – der Existenz vorangeht, und so ist die Anwesenheit mir gegenüber solch eines Papiermessers oder solch eines Buches determiniert. Wir haben also hier ein technisches Bild der Welt, in der, kann man sagen, die Erzeugung der Existenz vorausgeht.

Wenn wir einen Schöpfer-Gott annehmen, so wird dieser Gott meistens einem höherstehenden Handwerker angeglichen; und was für eine theologische Lehre wir auch betrachten, ob es sich um eine Lehre wie die von Descartes oder von Leibniz[4] handelt, wir räumen immer ein, dass der Wille mehr oder weniger dem Verstand folgt oder ihn wenigstens begleitet und dass Gott, wenn er schafft, genau weiß, was er schafft.

Demnach ist der Begriff Mensch im Geiste Gottes dem Begriff Papiermesser im Geiste des Handwerkers anzugleichen und Gott erzeugt den Menschen nach Techniken und einem Begriff, genau wie der Handwerker ein Papiermesser nach einer Definition und einer Technik anfertigt. So verwirklicht der individuelle Mensch einen bestimmten Begriff, der im göttlichen Verstande ist. Im 18. Jahrhundert wird in den atheistischen Lehren der Philosophen der Begriff Gottes abgeschafft, aber nicht ebensosehr die Idee, dass die Essenz der Existenz vorangehe[5].

Diese Idee finden wir sozusagen überall wieder: wir finden sie bei Diderot, bei Voltaire und selbst bei Kant wieder. Der Mensch ist Eigentümer einer menschlichen Natur; diese menschliche Natur, welche der Begriff des Menschen ist, findet sich bei allen Menschen wieder. Dies bedeutet, dass jeder Mensch ein besonderes Beispiel eines allgemeinen Begriffes „Der Mensch" ist. Bei Kant geht aus dieser Allgemeinheit hervor, dass sowohl der Urwaldmensch, der Naturmensch, wie der Bürger derselben Begriffsbestimmung unterworfen ist und dieselben Grundeigenschaften besitzt. Somit geht auch hier noch die Essenz des Menschen jener geschichtlichen Existenz voraus, der wir in der Natur begegnen.

Der atheistische Existentialismus, für den ich stehe, ist zusammenhängender. Er erklärt, dass, wenn Gott nicht existiert, es mindestens *ein* Wesen gibt, bei dem die Existenz der Essenz vorausgeht, ein Wesen, das existiert, bevor es durch irgendeinen Begriff definiert werden kann, und dass dieses Wesen der Mensch oder, wie Heidegger sagt, die menschliche Wirklichkeit[6] ist. Was bedeutet hier, dass die Existenz der Essenz vorausgeht? Es bedeutet, dass der Mensch zuerst existiert, sich begegnet, in der Welt auftaucht und sich *danach* definiert.

Wenn der Mensch, so wie ihn der Existentialist begeift, nicht definierbar ist, so darum, weil er anfangs überhaupt nichts ist. Er wird erst in der weiteren Folge sein und er wird so sein, wie er sich geschaffen haben wird. Also gibt es keine menschliche Natur, da es keinen Gott gibt um sie zu entwerfen. Der Mensch ist lediglich so, wie er sich konzipiert – ja nicht allein so, sondern wie er sich will und wie er sich *nach* der Existenz konzipiert, wie er sich will nach diesem Sichschwingen auf die Existenz hin; der Mensch ist nichts anderes als wozu er sich macht.

Das ist der erste Grundsatz des Existentialismus. Das ist es auch, was man die Subjektivität nennt und was man uns unter eben diesem Namen zum Vorwurf macht. Aber was wollen wir denn damit anderes sagen, als dass der Mensch eine größere Würde hat als

der Stein oder der Tisch? Denn wir wollen sagen, dass der Mensch zuerst existiert, das heißt, dass er zuerst ist, was sich in eine Zukunft hinwirft und was sich bewusst ist sich in der Zukunft zu planen.
Der Mensch ist zuerst ein Entwurf, der sich subjektiv lebt, anstatt nur ein Schaum zu sein oder eine Fäulnis oder ein Blumenkohl; nichts existiert diesem Entwurf vorweg, nichts ist im Himmel, und der Mensch wird zuerst das sein, was er zu sein geplant hat, nicht was er sein wollen wird. Denn was wir gewöhnlich unter Wollen verstehen, ist eine bewusste Entscheidung, die für die meisten unter uns dem nachfolgt, wozu er sich selbst gemacht hat. Ich kann mich einer Partei anschließen wollen, ein Buch schreiben, mich verheiraten, alles das ist nur Kundmachung einer ursprünglicheren, spontaneren Wahl als was man Willen nennt.

(Jean-Paul Sartre, Ist der Existentialismus ein Humanismus? In: J.-P. Sartre, Drei Essays. Europa Verlag, Zürich 1979, S. 9–12 [gekürzt um die Abschnittsüberschriften])

1 Karl Jaspers: dt. Existenzphilosoph (1883–1969)
2 Gabriel Marcel: frz. Existenzphilosoph (1889–1973)
3 Essenz: lat. essentia; das Wesen einer Sache, ihr Begriff
4 Gottfried Wilhelm Leibniz: dt. Philosoph und Frühaufklärer (1646–1716), der mit Descartes als Begründer des Rationalismus gilt
5 Sartre denkt hier besonders an die frz. Aufklärungsphilosophen wie Diderot (1713–1784) und Voltaire (1694–1778), aber auch Holbach (vgl. Kap. II, 2.3.3).
6 Menschliche Wirklichkeit: Die Übersetzung ist hier ungenau; Heidegger spricht vom Menschen als „Dasein“ (vgl. Kap. II, 2.4.5)

1 Verdeutlichen Sie, inwiefern sich Sartre durch seine Konzeption von Essenz und Existenz vom jüdisch-christlichen (Gen. 1), aber auch vom aufklärerischen Menschenbild unterscheidet.

2.4.3 Jean-Paul Sartre: Der Mensch – zur Freiheit verurteilt

Sartre unterscheidet zwischen reflektierten Entscheidungen, die einzelnen Handlungen zugrunde liegen, und dem ursprünglicheren Entwurf, den jeder Mensch spontan von sich anlegt und der dann die Einzelentscheidungen bedingt. Der Entwurf ist also im Gegensatz zu den gewollten Handlungen eine ursprüngliche, spontane Wahl. Durch die Entwurfsstruktur, also die Fähigkeit und Notwendigkeit der Selbstbestimmung, wird der Mensch zum Subjekt.
Keine Handlung wird „blind“ ausgeführt. Ihr ist immer ein Ziel vorgegeben, welches sich das Subjekt setzt und woraufhin es handelt. Sartre spricht in diesem Zusammenhang von der Intentionalität einer jeden Handlung. Trotz seines besonderen Zukunftsbezuges steht das Ziel nicht beziehungslos neben der Vergangenheit. Es ergeben sich im Gegenteil aus meinem bisherigen Leben Motive und Anlässe für meine zukünftigen Handlungen. Das bedeutet für Sartre jedoch nicht, dass vergangene Handlungen die Zukunft determinieren, wie etwa Naturvorgänge durch bestimmte Ursachen in ihrem Ablauf geprägt werden. Kein Akt kann aus vergangenen Akten hergeleitet oder vorhergesagt werden, denn das Individuum kann jederzeit seine Vergangenheit transzendieren, d. h. überschreiten, und zwar sowohl auf der reflexiven Ebene, indem es sich diese bewusst macht, als auch auf der unmittelbaren Ebene seiner Spontaneität. Jede Handlung ist also freier Aktvollzug und Intentionalität. Das Subjekt überschreitet in allen Handlungen die für es geltenden Bedingungen. Freiheit bzw. Transzendenz sind damit die entscheidenden Momente menschlicher Subjektivität. Nur weil der Mensch in allen seinen Handlungen frei, d.h. ein transzendentes Wesen ist, kann Sartre ihn als (Selbst-)Entwurf fassen, der durch keinerlei

vorgegebene Wesensbestimmungen (essentiae) geprägt ist. (Zum Freiheitsproblem: ➔ Kap. III, 4)

Im folgenden Text entwickelt Sartre die Konsequenzen, die sich aus der radikalen Freiheit ergeben, wenn es auf das Handeln in einer bestimmten Situation ankommt.

Dostojewskij[1] hatte geschrieben: „Wenn Gott nicht existierte, so wäre alles erlaubt." Da ist der Ausgangspunkt des Existentialismus. In der Tat, alles ist erlaubt, wenn Gott nicht existiert, und demzufolge ist der Mensch verlassen, da er weder in sich noch außerhalb seiner eine Möglichkeit findet sich anzuklammern. Vor allem findet er keine Entschuldigungen. Geht tatsächlich die Existenz der Essenz voraus, so kann man nie durch Bezugnahme auf eine gegebene und feststehende menschliche Natur Erklärungen geben; anders gesagt, es gibt keine Vorausbestimmung mehr, der Mensch ist frei, der Mensch ist Freiheit.

Wenn wiederum Gott nicht existiert, so finden wir uns keinen Werten, keinen Geboten gegenüber, die unser Betragen rechtfertigen. So haben wir weder hinter uns noch vor uns, im Lichtreich der Werte, Rechtfertigungen oder Entschuldigungen. Wir sind allein, ohne Entschuldigungen. Das ist es, was ich durch die Worte ausdrücken will: Der Mensch ist verurteilt frei zu sein. Verurteilt, weil er sich nicht selbst erschaffen hat, anderweit aber dennoch frei, da er, einmal in die Welt geworfen, für alles verantwortlich ist, was er tut. Der Existentialist glaubt nicht an die Macht der Leidenschaft. Er wird nie denken, dass eine schöne Leidenschaft ein verwüstender Wildbach ist, der den Menschen unvermeidlich zu gewissen Taten führt und der deshalb eine Entschuldigung ist. Er denkt, der Mensch sei für seine Leidenschaft verantwortlich. Der Existentialist wird auch nie denken, dass der Mensch auf Erden Hilfe finden könne in einem gegebenen Zeichen, das ihm seine Richtung weise.

Denn er denkt, dass der Mensch das Zeichen entziffern wird, wie es ihm gefällt. Er denkt also, dass der Mensch ohne irgendeine Stütze und ohne irgendeine Hilfe in jedem Augenblick verurteilt ist den Menschen zu erfinden. [...] Aber dann ist man eben verlassen.

Um Ihnen ein Beispiel zu geben, welches erlaubt die Verlassenheit besser zu verstehen, führe ich den Fall eines meiner Schüler an, der mich unter folgenden Umständen aufgesucht hat: Sein Vater lebte in Zwiespalt mit seiner Mutter und neigte übrigens zur Kollaboration[2], sein ältester Bruder war bei der deutschen Offensive von 1940 getötet worden; und jener junge Mann wünschte in seinem etwas primitiven, aber hochherzigen Gefühl, ihn zu rächen. Seine Mutter lebte allein mit ihm, sehr betrübt durch den halben Verrat seines Vaters und durch den Tod ihres ältesten Sohnes, und fand nur Trost an *ihm*.

Dieser junge Mann hatte in dem gegebenen Augenblick die Wahl, entweder nach England zu gehen und sich in die Freien Französischen Streitkräfte einzureihen – das heißt seine Mutter zu verlassen – oder bei seiner Mutter zu bleiben und ihr leben zu helfen. Er gab sich gut Rechenschaft davon, dass diese Frau nur durch ihn lebte und dass sein Verschwinden – und vielleicht sein Tod – sie in die Verzweiflung stürzen würde. Er gab sich auch Rechenschaft, dass im Grunde, konkret gesprochen, jede Handlung, die er mit Rücksicht auf seine Mutter unternahm, ihre Entsprechung haben werde in dem Sinne, dass er ihr zu leben verhalf, währenddem jede Handlung, die er unternahm um wegzureisen und zu kämpfen, eine zweideutige Handlung war, die im Sand verlaufen und zu nichts dienen würde. Zum Beispiel, indem er nach England reiste, konnte er unbestimmte Zeit in einem spanischen Lager verbleiben, wenn er über Spanien fuhr; er konnte in England oder in Algier ankommen und in ein Büro versetzt werden um Schreibarbeiten zu machen. Folglich befand er sich angesichts zweier ganz verschiedener Typen von Handlungen: einer konkreten, unmittelbaren, die sich aber nur an ein Individuum richtete; oder aber einer Handlung, die sich an ein unendlich weiteres Ganzes, eine nationale Gemeinschaft wendete, die aber eben deswegen zweideutig war und unterwegs unterbrochen werden konnte. Und gleichzeitig zögerte er zwischen zwei Typen von Moralen. Auf der einen Seite eine Moral der Sympathie, der individuellen Hingabe, und auf der andern Seite eine umfassendere Moral, die aber von einer fragwürdigeren Wirksamkeit sein konnte. Es musste zwischen den beiden gewählt werden. Wer konnte ihm helfen zu wählen? [...]

1 Diskutieren Sie die beiden Handlungsmöglichkeiten des jungen Mannes und versuchen Sie dabei, allgemein gültige Kriterien für die eine oder andere Entscheidung zu finden.

Wenn die Werte unbestimmt sind und immer zu weitgespannt für den bestimmten und konkreten Fall, den wir eben betrachten, so bleibt uns nichts, als uns auf unsern Instinkt zu verlassen. Das hat jener junge Mann versucht zu tun; und als ich ihn damals sah, sagte er: Das, was im Grunde wichtig ist, ist das Gefühl; ich sollte das wählen, was mich wirklich in eine bestimmte Richtung drängt. Fühle ich, dass ich meine Mutter genügend liebe um ihr alles andere – meinen Wunsch nach Rache, meinen Tatendrang, meinen Trieb nach Abenteuern – zu opfern, so bleibe ich bei ihr. Wenn im Gegenteil ich fühle, dass meine Liebe für meine Mutter nicht genügend ist, so gehe ich. Aber wie den Gradwert eines Gefühls bestimmen? Was machte den Gradwert seiner Liebe zu seiner Mutter aus? Genau die Tatsache, dass er für sie da blieb. Ich kann wohl sagen, ich liebe den und den Freund genügend um ihm die und die Summe Geldes zu opfern; aber ich kann es nur sagen, wenn ich es tatsächlich getan habe. Ich kann sagen: ich liebe meine Mutter genügend um bei ihr zu bleiben – wenn ich bei ihr geblieben *bin*. Den Gradwert dieser Zuneigung kann ich erst bestimmen, wenn ich eine Tat vollbracht habe, die ihn bestätigt und definiert. Da ich aber von diesem Gefühl verlange, meine Handlung zu rechtfertigen, so finde ich mich in einen circulus vitiosus[3] hineingezogen.

Anderseits hat Gide[4] sehr gut gesagt, dass ein Gefühl, welches gespielt, und ein Gefühl, das gelebt wird, zwei fast ununterscheidbare Dinge sind: Entscheiden, dass ich meine Mutter liebe, indem ich bei ihr bleibe, oder eine Komödie aufführen, die bewirkt, dass ich bei meiner Mutter bleibe – ist nahezu dieselbe Sache.

Mit andern Worten gesagt: das Gefühl baut sich auf aus den Handlungen, die wir vollziehen; demnach kann ich es nicht befragen um mich von ihm leiten zu lassen. Was wiederum bedeutet, dass ich weder in mir selber den authentischen Zustand suchen, der mich zum Handeln treibt, noch einer Moral die Begriffe entlehnen kann, die mir erlauben zu handeln. Wenigstens, werden Sie sagen, hat der junge Mann einen Professor aufgesucht um ihn um Rat zu fragen. Aber, wenn sie zum Beispiel bei einem Priester Rat holen, so haben Sie den Priester selbst gewählt, so wussten Sie im Grunde schon mehr oder minder, was er Ihnen raten würde. Anders gesagt, einen Ratgeber wählen, heißt wieder, sich selber binden. Der Beweis dafür ist, dass, wenn Sie Christ sind, Sie sagen werden: Fragen Sie einen Priester um Rat. Nun gibt es aber kollaborationistische Priester, attentistische[5] Priester, Widerstands-Priester.

Welchen wählen? Und wenn der junge Mann einen Widerstands-Priester oder kollaborationistischen Priester wählt, so hat er selbst schon über die Art des Rates entschieden, den er empfangen wird. Somit, indem er zu mir kam, wusste er die Antwort, die ich ihm erteilen würde, und ich hatte nur *eine* Antwort zu geben: Sie sind frei, wählen Sie, das heißt erfinden Sie. Keine allgemeine Moral kann Ihnen angeben was Sie zu tun haben. Es gibt keine Zeichen in der Welt.

(Jean-Paul Sartre, Ist der Existentialismus ein Humanismus? In: J.-P. Sartre, Drei Essays. Europa Verlag, Zürich 1979, S. 16–19 [gekürzt, u. a. um die Abschnittsüberschriften])

1 Dostojewskij: russ. Dichter (1821–1881)
2 Kollaboration: Zusammenarbeit mit den dt. Truppen in den von ihnen im 2. Weltkrieg besetzten Ländern
3 circulus vitiosus: unlogischer Schluss, bei dem das zu Beweisende bereits in der Voraussetzung enthalten ist
4 Gide: frz. Schriftsteller (1869–1951)
5 attentistisch: abwartend

1 *Erläutern sie, was Sartre mit dem Satz „der Mensch ist Freiheit" ausdrücken will. Wie hängt diese Bestimmung mit der des Menschen als Subjektivität zusammen?*
2 *Weisen Sie den inneren Zusammenhang von Freiheit und Verlassenheit auf. Stellen Sie anhand von Sartres Beispiel zusammen, durch welche Momente sich der Einzelne seine Verlassenheit zu verschleiern sucht, und weisen Sie auf, wie Sartre das Selbstbetrügerische einer solchen Haltung aufdeckt.*

Nach Sartre sind wir als Subjekte für unsere Gefühle, unsere Leidenschaften, ja sogar für unsere Affekte verantwortlich. Dies scheint zunächst nicht verständlich. Wenn wir ein Geschehen beispielsweise als Affekt einstufen, so wollen wir doch gerade damit zum Ausdruck bringen, dass das Subjekt kurzzeitig seine Selbstkontrolle verloren hat. Nach dem Alltagsverständnis und auch dem der philosophischen Tradition wäre ein solcher Affekt streng genommen keine Handlung, denn jede Handlung setzt einen vorher gefassten Willensentschluss voraus. Sartres Handlungsbegriff ist demgegenüber umfassender. Alles, was wir tun, sind Handlungen, zielgerichtete Akte unserer freien Subjektivität.

[...] woher weiß man denn, dass der „Tatbestand" des Affekts oder die schlichte Begierde nicht nichtend sind? Ist denn der Affekt nicht zunächst Entwurf und Unterfangen, setzt er nicht gerade einen Sachverhalt als unerträglich und ist er daher nicht genötigt in Bezug auf ihn Spielraum zu gewinnen und ihn zu nichten, indem er ihn absondert und im Lichte eines Zieles, das heißt eines Nichtseins, betrachtet? Und hat der Affekt nicht seine eigenen Ziele, die gerade in dem Augenblick erkannt werden, wo er sie als nichtexistierende setzt? Und wenn die Nichtung gerade das Sein der Freiheit ist, wie will man da den Affekten die Autonomie verweigern und sie dem Willen zubilligen?
[...] Der Wille setzt sich nämlich als reflektierter Entschluss in Bezug auf bestimmte Ziele [...].
Der Affekt kann dieselben Ziele setzen. Ich kann zum Beispiel vor einer Drohung in Todesangst aus Leibeskräften fliehen. Dieses Faktum ist affektiv, setzt aber nichtsdestoweniger implizite als oberstes Ziel den Wert des Lebens. Ein Anderer wird hingegen der Meinung sein, dass man an Ort und Stelle ausharren soll, auch wenn der Widerstand zunächst gefährlicher zu sein scheint als die Flucht; er „hält durch". Aber sein Ziel ist, wenn auch besser begriffen und explizite gesetzt, das gleiche wie im Falle der gefühlsmäßigen Reaktion. Bloß die Mittel, es zu erreichen, werden klarer erfasst, die einen werden als zweifelhaft oder wirkungslos verworfen, die anderen werden fester zusammengefügt. Der Unterschied erstreckt sich hier auf die Wahl der Mittel und auf Stärke der Reflexion und der Explikation, nicht aber auf das Ziel. Dennoch wird die Flucht „affektiv" genannt und wir behalten das Beiwort „freiwillig" dem Manne vor, der Widerstand leistet. Es handelt sich also um einen Unterschied in der subjektiven Haltung in Bezug auf ein transzendentes Ziel. Aber wenn wir nicht denselben Fehler, den wir oben anzeigten, machen und jene transzendenten Ziele als

Jean-Paul Sartre

1905–1980

Jean-Paul Sartre wurde am 21. Juni 1905 in Paris geboren und erwarb dort mit 19 Jahren die Hochschulreife. Der Vater verstarb kurz nach seiner Geburt. Seinem Stiefvater, einem reichen Geschäftsmann, den die Mutter während des Ersten Weltkrieges heiratete, begegnete der Junge mit Skepsis und Verachtung. Nach dem Abitur studierte Sartre an der berühmten Pariser „Ecole Normale Superieure" Philologie, Philosophie, Psychologie und Soziologie. Im Jahr seines Abschlussexamens 1929 lernte er Simone de Beauvoir kennen, eine aus gutem Elternhaus kommende Studentin, die als eine der geistigen Wegbereiterinnen der Frauenbewegung gilt. Simone wurde seine Lebensgefährtin, ohne dass beide jemals dauerhaft zusammenwohnten oder gar heirateten. Sartre selbst unterhielt zeit seines Lebens auch immer wieder Beziehungen zu anderen Frauen.

In den Jahren 1931 bis 1944 unterrichtete er an verschiedenen Gymnasien Philosophie. Zwischenzeitig wurde er zum Militärdienst eingezogen und geriet 1940 in deutsche Kriegsgefangenschaft, woraus er sich aber bald mit gefälschten Papieren befreite. 1943 erschien sein erstes philosophisches Hauptwerk „Das Sein und das Nichts", in dem er seine radikale Freiheitstheorie entfaltet; zugleich entstanden Theaterstücke und Romane, welche diese Theorie veranschaulichen. Mit einem unter dem Titel „Ist der Existentialismus ein Humanismus?" berühmt gewordenen popularisierenden Vortrag von 1945 verteidigte Sartre seine existentialistische Philosophie gegen verschiedene Vorwürfe.

Sartre hat sich sein Leben hindurch in pazifistischen und linksgerichteten Bewegungen engagiert: während des Zweiten Weltkrieges in der „Resistance", dann in der kommunistischen Partei Frankreichs, aus der er 1956 wieder austrat, und in Initiativen gegen den Algerien- und Vietnamkrieg; in den 70er Jahren besuchte er demonstrativ die sich in Haft befindlichen RAF-Terroristen der ersten Generation. Sein politisches Engagement arbeitete er philosophisch auf in seinem zweiten Hauptwerk, der „Kritik der dialektischen Vernunft" (1960). Darin versucht er eine Verbindung von Existentialismus und Marxismus und gibt auch seine früher vorherrschende negative Sicht des Anderen weitgehend auf. Sartre starb, fast völlig erblindet, aber immer noch schreibend, am 15. April 1980 in Paris.

vormenschlich und als *apriorische*[1] Grenze unserer Transzendenz betrachten wollen, sind wir wirklich gezwungen, anzuerkennen, dass sie der zeitigende Entwurf unserer Freiheit sind. Die menschliche Realität kann ihre Ziele, wie wir gesehen haben, nicht empfangen, weder von außen noch von einer angeblichen inneren „Natur". Sie wählt sie und gerade durch diese Wahl verleiht sie ihnen eine transzendente Existenz, und zwar als äußere Grenze ihrer Entwürfe.

(Jean-Paul Sartre, Das Sein und das Nichts. Versuch einer phänomenologischen Ontologie. Bearb., hrsg. u. übers. v. Justus Streller. Rowohlt Verlag, Reinbek 1952, S. 563 f.)

1 apriorisch: hier: von vorneherein gegeben, unverrückbar

1 *Vollziehen Sie nach, warum nach Sartre Wille und Affekt denselben Freiheitsursprung haben.*

2 *Beziehen Sie Sartres Theorie von der freien Wahl der Gefühle und Affekte auf Freuds Instanzenmodell (➔ Kap. II, 2.2.2) zurück: Inwiefern fordert Sartre vom Einzelnen mehr als Freud? Was würde er Freud vorwerfen?*

Gefühle und Affekte sind bei Sartre also dem Subjekt zurechenbar, insofern es sich unter Berücksichtigung eines transzendenten Zieles für oder gegen ein bestimmtes Gefühl, für oder gegen einen affektiven Antrieb entscheidet. Viele Menschen verdecken sich aber diese totale Freiheit ihrer Wahl; sie zeigen die Haltung des „mauvaise fois", des Selbstbetrugs.

Wenn wir die Situation des Menschen als eine freie Wahl bestimmt haben, ohne Entschuldigungen und ohne Hilfe, so ist jeder Mensch, der in der Entschuldigung durch seine Leidenschaften Zuflucht sucht, jeder Mensch, der eine Vorausbestimmung erfindet, ein Mensch von schlechtem Willen.[1]
Man könnte einwenden: Aber warum sollte er nicht schlechten Willens sich wählen? Ich antworte, dass ich ihn nicht moralisch zu beurteilen habe, aber ich bestimme seinen schlechten Willen als einen Irrtum. Hier kann man einem Wahrheitsurteil nicht aus dem Wege gehen. Der schlechte Wille ist offenbar eine Lüge, weil er die totale Freiheit der Bindung verhehlt. Auf derselben Ebene behaupte ich, dass es ebenso schlechter Wille ist, wenn ich wähle, zu erklären, dass gewisse Werte vor mir bestehen; ich bin im Widerspruch mit mir selber, wenn ich zu gleicher Zeit dieselben will und sage, dass sie sich mir auferlegen. Sagt man mir aber: Und wenn ich nun schlechten Willens sein *will*?, so antworte ich: Es gibt keinen Grund, dass Sie es *nicht* sind, aber ich erkläre, dass Sie es sind und dass die Haltung strengen Zusammenhanges die Haltung der Gutgläubigkeit ist. […]
So kann ich im Namen dieses Freiheitswillens, der in der Freiheit selber enthalten ist, Urteile fällen über diejenigen, die danach trachten, sich die totale Unmotiviertheit ihres Daseins und seine totale Freiheit zu verbergen. Die einen, die mit dem Geist des Ernstes oder mit deterministischen Entschuldigungen ihre totale Freiheit verdecken wollen, werde ich Feiglinge nennen; die andern, die zu zeigen versuchen wollen, dass ihre Existenz notwendig war, da sie doch nur die Zufälligkeit selber des menschlichen Erscheinens auf Erden ist, werde ich Schmutzfinken nennen. Jedoch Feiglinge und Schmutzfinken können nur auf der Ebene der strengen Authentizität[2] abgeurteilt werden.

(Jean-Paul Sartre, Ist der Existentialismus ein Humanismus? In: J.-P. Sartre, Drei Essays. Europa Verlag, Zürich 1979, S. 31 f.)

1 schlechter Wille: bei Sartre: „mauvaise fois", besser übersetzt mit „Selbstbetrug"
2 Authentizität: Sartre will mit diesem Begriff verdeutlichen, dass die angeführten moralischen Begriffe rein philosophische Bedeutung haben.

1 Legen Sie Sartres Auffassung des Selbstbetrugs („schlechter Wille") dar und vollziehen Sie seine Unterscheidung der Beurteilten in „Feiglinge" und „Schmutzfinken" nach.

2 Diskutieren Sie die Berechtigung der sartreschen Urteilskategorien.

Es scheint jedoch offenkundig, dass es viele Bedingungen, d. i. Faktizitäten gibt, die meine Handlungsspielräume einengen. Wie kann Sartre demgegenüber die totale Freiheit der Bindung behaupten und jedem, der sie nicht nachvollzieht bzw. -lebt, Selbstbetrug vorwerfen?

Das entscheidende, vom gesunden Menschenverstand gegen die Freiheit benutzte Argument besteht darin, uns an unsere Ohnmacht zu erinnern. Weit entfernt, dass wir unsere Situation willkürlich ändern können, scheint es sogar, dass wir nicht einmal uns selbst ändern können. Ich bin weder „frei", dem Schicksal meiner Klasse, meines Volkes, meiner Familie zu entgehen, noch auch mir Einfluss oder ein Vermögen zu schaffen, noch meine unbedeutendsten Neigungen oder meine Gewohnheiten zu besiegen. Ich komme als Arbeiter zur Welt, als Franzose, mit Erbsyphilis oder Tuberkulose. Die Geschichte eines beliebigen Lebens ist die Geschichte eines Scheiterns. Der Feindseligkeitskoeffizient der Dinge[1] ist ein solcher, dass es Jahre der Geduld bedarf, um den geringsten Erfolg zu erreichen. Außerdem muss man „der Natur gehorchen um sie zu beherrschen", das heißt, ich muss mein Tun zwischen die Kettenglieder des Determinismus einfügen. Viel mehr als er „sich zu machen" scheint, wird der Mensch scheinbar „gemacht" vom Klima und der Erde, von der Rasse und der Klasse, der Sprache, der Geschichte des Kollektivs, dem er angehört, von der Erbmasse, den individuellen Umständen seiner Kindheit, den angenommenen Gewohnheiten, den großen und kleinen Ereignissen seines Lebens.

[...] Viele der von den Deterministen vorgebrachten Tatsachen können nicht in Betracht gezogen werden. Insbesondere kann der Feindseligkeitskoeffizient der Dinge kein Argument gegen unsere Freiheit sein, denn durch uns, das heißt durch die vorläufige Setzung eines Zieles taucht dieser Feindseligkeitskoeffizient auf. Jener Felsblock, der einen unermesslichen Widerstand bekundet, wenn ich ihn fortbewegen will, ist dagegen eine wertvolle Hilfe, wenn ich hinaufklettern und die Landschaft betrachten will. An und für sich – falls es überhaupt möglich ist, das ins Auge zu fassen, was er an und für sich sein kann – ist er neutral, das heißt, er wartet darauf, durch ein Ziel erhellt zu werden, um sich als Gegner oder als Bundesgenosse bekunden zu können. [...] Obwohl die Naturdinge von Anfang an unsere Handlungsfreiheit begrenzen können, muss doch unsere Freiheit selbst vorläufig den Rahmen, das Verfahren und die Ziele schaffen, in Bezug auf welche sie sich als Begrenzungen kundgeben. [...]

Wenn der Felsen selbst sich als „zu schwer zu ersteigen" enthüllt und wenn wir auf die Besteigung verzichten müssen, so wollen wir daran denken, dass er sich nur darum als ein solcher enthüllt hat, weil er ursprünglich als „ersteigbar" aufgefasst worden ist; unsere Freiheit konstituiert also die Grenzen, auf die sie in der Folge trifft. [...]

Es kann ein freies Für sich[2] nur als eingesetzt in eine Widerstand leistende Welt geben. Außerhalb dieses Eingesetztseins verlieren die Begriffe Freiheit, Determiniertheit, Notwendigkeit an Wert, sogar ihren Sinn.

[...]

Der gesunde Menschenverstand wird uns [...] darin beistimmen, dass das frei genannte Wesen dasjenige ist, das seine Pläne verwirklichen kann. Damit aber der Akt für eine Verwirklichung in Frage kommen kann, muss die einfache Entwerfung eines möglichen Ziels sich a priori[3] von der Realisierung dieses Ziels unterscheiden. Wenn es genügte, etwas zu begreifen um es zu realisieren, dann würde ich mich in einer Welt befinden, die der des Traumes ähnelt, wo das Mögliche sich in keiner Weise mehr vom Realen unterscheidet. Ich bin demzufolge dazu verurteilt, die Welt sich gemäß den Wandlungen meines Bewusstseins verändern zu sehnen. [...] Wir sind frei, wenn das Letzte, durch das wir uns, was wir sind, verkünden lassen, ein Ziel ist, das heißt kein reales Daseiendes [...], sondern ein Objekt, das noch nicht existiert. Demzufolge kann aber dieses Ziel nur transzendent sein, wenn es von uns geschieden und gleichzeitig erreichbar ist. [...] Das Ziel ist nichts anderes als der Entwurf einer Ordnung der daseienden Dinge, das heißt der Entwurf einer Reihe von Anordnungen, die für diese Dinge auf der Grundlage ihrer aktuellen Beziehungen zu treffen sind. Durch die innere Verneinung[4] erhellt nämlich das Für-sich die daseienden Dinge in ihren gegenseitigen Beziehungen mittels des Ziels, das es setzt, und entwirft dieses Ziel von den Determinationen aus, die es im Daseienden erfasst. [...] Wenn es aber so ist, dann ist gerade die Ordnung der daseienden Dinge für die Freiheit selbst unentbehrlich.

[...]

Der fachphilosophische Begriff von Freiheit, den wir hier allein in Betracht ziehen, bedeutet nur: Autonomie des Wählens. Es ist indessen zu beachten, dass ein Wählen, welches mit dem Tun identisch ist, einen Beginn von Verwirklichung der Absicht voraussetzt um vom Traum und vom Wunsch unterschieden werden zu können. So werden wir nicht behaupten, dass ein Gefangener immer die Freiheit hat das Gefängnis zu verlassen, was eine absurde Behauptung wäre, auch nicht, daß er immer die Freiheit hat seine Entlassung zu wünschen, was eine Selbstverständlichkeit ohne Bedeutung wäre, sondern dass er immer die Freiheit hat zu entfliehen zu suchen (oder sich befreien zu lassen) – das heißt, welches seine Lebensbedingungen auch sein mögen, er kann seinen Ausbruch projektieren und kann sich selbst über den Wert dieses Entwurfes dadurch unterrichten, daß er zu handeln beginnt.

(Jean-Paul Sartre, Das Sein und das Nichts. Versuch einer phänomenologischen Ontologie. Bearb., hrsg. u. übers. v. Justus Streller. Rowohlt Verlag. Reinbeck 1952, S. 610–613 [gekürzt und umgestellt])

1 Sartre meint damit die Widerstandskraft, welche die Dinge der Verwirklichung meiner Ziele entgegensetzen.
2 Für sich: handelndes Subjekt
3 a priori: hier: grundsätzlich
4 innere Verneinung: Fähigkeit des Subjektes, aufgrund eines selbst gesetzten Zieles die Realität als anders denken zu können

1 *Zeigen Sie auf, inwieweit es nach Sartre eigentlich keine äußeren Hindernisse der Freiheit gibt, und erörtern Sie, welche Rolle die von Sartre erwähnten, aber nicht zurückgewiesenen Determinanten für die Freiheit des Subjekts spielen.*

2 *Warum ist die Unterscheidung von Vorstellung und Realität nach Sartre konstitutiv für Freiheit?*

3 *Inwiefern unterscheidet sich das freie Wählen nach Sartre vom Wünschen und vom Träumen?*

4 *„Freedom is just another word for nothing left to loose", singt die amerikanische Pop-Sängerin Janis Joplin, „frei wie ein Vogel", sagt der Volksmund.*
Welches Freiheitsverständnis wird in diesen beiden Stellungnahmen deutlich? Gibt es jeweils Übereinstimmungen mit Sartres Freiheitsbegriff?

2.4.4 Jean-Paul Sartre: Weltkonstitution und Intersubjektivität – Ich und der Andere

Zusammenfassend lässt sich feststellen: In absoluter Selbstverantwortlichkeit schafft sich das freie Subjekt selbst in seiner und durch seine ganz konkrete Existenz. Mehr noch: Es schafft nicht nur sich selbst, sondern das Subjekt überschreitet in jeder seiner Handlungen seine jeweilige Faktizität, indem es mit den Dingen seiner Umgebung tätig umgeht. Darin erbaut es seine je eigene Welt. Welt und Subjekt sind nicht einfach da, sie sind vielmehr Resultat eines Schaffensprozesses, in dem sich beides erst herausbildet – konstituiert. Dazu bedarf es nicht erst der Reflexion oder Erkenntnis; das Subjekt entwirft sich und seine Welt schon auf der Ebene seiner Unmittelbarkeit.
Meine Welt und mein Weltbezug gehören mir ganz persönlich und lassen sich – so Sartre – nicht mit einem anderen Individuum teilen. Denn der andere hat ebenso seine Welt wie Ich die meine. Streng genommen existieren genauso viele Welten wie Individuen. So stellt sich das Problem, von meiner je individuellen Freiheit zu der des anderen zu gelangen.

Unser Ausgangspunkt ist tatsächlich die Subjektivität des Individuums, und dies aus streng philosophischen Gründen. Nicht weil wir bürgerlich sind, sondern weil wir eine auf Wahrheit gegründete Lehre wollen und nicht eine Sammlung von schönen Theorien, die voll Hoffnung, aber ohne wirkliche Begründung sind. Es kann dabei keine andere Wahrheit geben, von der man ausgehen kann, als diese: Ich denke, also bin ich. Es ist dies die absolute Wahrheit des Bewusstseins, das zu sich selbst kommt.
Jede Theorie, die den Menschen außerhalb dieses Momentes begreift, wo er zu sich selbst kommt, ist erstens eine Theorie, die die Wahrheit unterdrückt, denn außerhalb des cartesianischen Cogito sind alle Objekte nur wahrscheinlich, und eine Lehre der Wahrscheinlichkeiten, die nicht an einer Wahrheit hängt, fällt ins Nichts zusammen; um Wahrscheinliches zu bestimmen, muss man das Wahre besitzen. Damit also eine *ungefähre* Wahrheit sein kann, braucht es eine *absolute* Wahrheit und diese ist einfach, leicht zu gewinnen, sie ist im Bereich eines jeden; sie besteht darin, sich selbst ohne Vermittlung zu erfassen.[1]
Zum Zweiten ist diese Theorie die einzige, die dem Menschen eine Würde verleiht, die einzige, die ihn nicht zum Gegenstand macht. [...] Aber die Ichheit, die wir da als Wahrheit erreichen, ist nicht eine streng individuelle Ichheit [...].
Durch das „Ich denke" kommen wir – im Gegensatz zu der Philosophie von Descartes [...] – zu uns selber im Angesicht des Anderen und der andere ist für uns ebenso sicher wie wir selbst. Somit entdeckt der Mensch, der sich durch das Cogito unmittelbar erfasst, auch alle Anderen und er entdeckt sie als die Bedingung seiner Existenz.
Er gibt sich Rechenschaft, dass er nichts sein kann (im Sinne, wie man sagt, einer ist geistreich, einer ist bösartig, einer ist eifersüchtig) außer wenn die Anderen ihn als solchen anerkennen.
Um irgendwelche Wahrheit über mich zu erfahren, muss ich durch den Anderen hindurchgehen. Der Andere ist meiner Existenz unentbehrlich, ebenso sehr wie er der Erkenntnis, die ich von mir selber habe, unentbehrlich ist. Unter diesen Bedingungen enthüllt die Entdeckung meines Innersten mir gleichzeitig den Anderen, als eine mir gegenübergestellte Freiheit, die nur für oder gegen mich denkt und will. Somit entdecken wir sofort eine Welt, die wir „Zwischen-Ichheit" (Inter-Subjektivität) nennen wollen [...].
Gewiss hängt die Freiheit als Definition des

Menschen nicht vom andern ab, aber sobald ein Sichbinden vorhanden ist, bin ich verpflichtet, gleichzeitig mit meiner Freiheit die der anderen zu wollen und ich kann meine Freiheit nicht zum Ziel nehmen, wenn ich nicht zugleich die Freiheit der andern zum Ziel nehme.

(Jean-Paul Sartre, Ist der Existentialismus ein Humanismus? In: J. P. Sartre, Drei Essays. Europa Verlag, Zürich 1979, S. 25 f., 32 [gekürzt, u. a. um die Abschnittsüberschriften])

1 Indem Sartre hier auf Descartes' „cogito" Bezug nimmt (vgl. Kap. II, 2.1.3), geht es ihm darum, den notwendigen Ausgangspunkt eines jeden Philosophierens vom Subjekt darzustellen. Anders als Descartes versteht Sartre das Subjekt aber nicht rein theoretisch als reflexives „Ich denke", sondern als praktisch tätiges Ich. Descartes ist für ihn dann soweit ein Bezugspunkt, als das tätige Subjekt jederzeit sich selbst im „Ich denke" erfassen kann.

1 Beschreiben Sie den Weg vom Ich zum Anderen.

Die konkrete Existenz verharrt nicht in der Isolation des „Ich denke"; sie erfasst sich ganz im Gegenteil „im Angesicht des andern": Den Schritt von der egozentrischen Position des Ich hin zu den anderen, hin zur Ebene der Intersubjektivität bewertet Sartre jedoch nicht in erster Linie – wie die obigen Äußerungen nahelegen könnten – als Bereicherung für das Individuum. Zwar spüre und erkenne ich mich als Ich nur durch die anderen und ihr Urteil, etwa indem ich als geistreich oder bösartig charakterisiert werde, aber dadurch legt der andere mich zugleich auf meine Vergangenheit fest und raubt mir das entscheidende Moment meiner Freiheit: den Zukunftsbezug.

Schon im *Blick* verkürzt der andere mich noch außerhalb jeder Reflexion zu einem der vielen Gegenstände innerhalb seines Weltgefüges, indem er mich durch die mir fremde Perspektive seiner Welt betrachtet. Sartre zeigt dies am Beispiel eines Menschen auf, der aus Neugier oder Eifersucht heimlich durch ein Schlüsselloch sieht um das Geschehen jenseits der Tür mitzubekommen. Solange er diese Handlung ausführt, geht er ganz und gar in ihr auf, er *ist* gleichsam seine Akte, durch die er etwas zu erblicken versucht. Wird er nun von einem anderen unerwartet gesehen, so erlebt er sich plötzlich mit den Augen dieses anderen. Seine Handlungsvollzüge werden ihm gleichgültig und er erfährt *sich* von einem Standpunkt außerhalb seiner selbst. Das Erfahren des eigenen Ichs als erblicktes raubt mir meine Freiheit und legt gewissermaßen meine Subjektivität still. Dies wird sinnfällig in den möglichen Reaktionen des Stolzes oder der Scham:

„Die Scham oder der Stolz enthüllen mir den Blick des Anderen und mich selbst am Ziele dieses Blickes, sie bewirken, dass ich die Situation eines Erblickten *erlebe,* nicht *erkenne.* Die Scham aber ist Scham über *sich selbst,* sie ist *Anerkennung* des Tatbestandes, dass ich wirklich jenes Objekt *bin,* das der Andere ansieht und aburteilt. Ich kann mich nur über meine Freiheit schämen, insofern sie mir entgeht und ein *gegebenes* Objekt wird.

[…] Ich bin, jenseits aller Erkenntnis, die ich haben kann, jenes Ich, das ein Anderer erkennt. Und dieses Ich, das ich bin, bin ich in einer Welt, die der Andere mir entfremdet hat […]; für den Anderen *sitze ich,* wie dieses Tintenfass auf dem Tische *steht;* für den Anderen *beuge ich mich* über das Schlüsselloch, so wie jener Baum vom Winde *gebeugt* ist. So habe ich für den Anderen meine Transzendenz abgeworfen." (Jean-Paul Sartre, Das Sein und das Nichts. Versuch einer phänomenologischen Ontologie. Rowohlt Verlag, Reinbek 1952, S. 348–350)

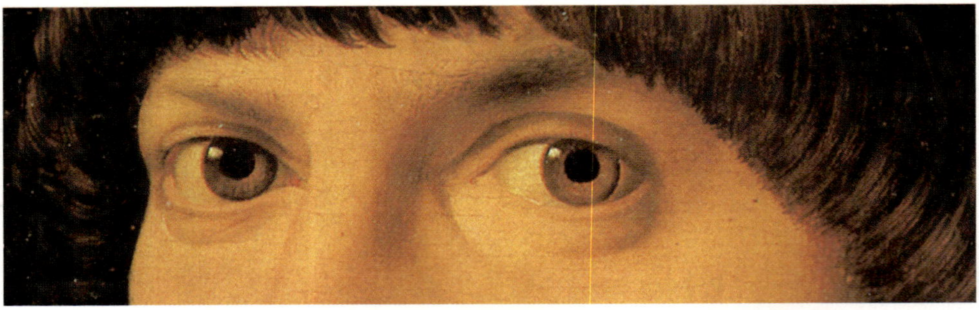

Der Blick des Anderen, Ausschnitt aus einem männlichen Bildnis des Antonello da Messina (1475)

1 *„Die Hölle, das sind die Anderen" lässt Sartre in einem seiner Dramen den Helden Garcin verzweifelt ausrufen. Erläutern Sie diesen Ausruf ausgehend vom Wortverständnis des Begriffs Hölle. Können Sie Sartres provozierende These aus eigener Erfahrung bestätigen?*
2 *Erarbeiten Sie, ausgehend von Sartres Freiheitstheorie, die Gründe für die Welt- und Selbstentfremdung des Subjekts durch den Blick des Anderen.*
3 *Diskutieren Sie, ob Sartres pessimistische Einschätzung der intersubjektiven Beziehungen zwingend ist.*

2.4.5 Martin Heidegger. Uneigentliches und eigentliches Sein

Obwohl **Martin Heidegger** (1889–1976) sich verschiedentlich von Sartres Philosophie abgegrenzt hat, gibt es doch zwischen Heideggers „existentialontologischem" Ansatz des frühen Hauptwerkes „Sein und Zeit" und der existentialistischen Subjektsphilosophie Sartres viele Berührungspunkte. Wie Sartre geht Heidegger davon aus, dass der Einzelne als „geworfener Entwurf" sein Ich in freier Selbstbestimmung ohne irgendwelche Vorgaben oder metaphysische Einschränkungen konstituiert. Vornehmlich im gedanklichen Vorlauf in den je eigenen Tod entdeckt sich das Dasein – Heidegger meint damit den Menschen – das „eigenste, unbezügliche Seinkönnen" (Sein und Zeit, § 51).
Im folgenden Textauszug aus „Sein und Zeit" verdeutlicht Heidegger in der Analyse des „Man" zunächst, wie der einzelne Mensch sich in eine „uneigentliche" Existenzweise flüchten und sich damit die Möglichkeit für eine eigenständige und selbstveranwortete Lebensführung verbauen kann. In der sich anschließenden Interpretation der „Angst" beschreibt er, wie in diese Selbstvergessenheit des „Man" die Angst einbricht, den Menschen damit seine eigene Bodenlosigkeit erleben lässt und ihn auf sich selbst zurückwirft. Dabei ist die Angst kein Phänomen, das derjenige erkennt, welcher über die Welt nachdenkt. Sie ist vielmehr Teil des alltäglichen Welterlebens aller Menschen.

In der Benutzung öffentlicher Verkehrsmittel, in der Verwendung des Nachrichtenwesens (Zeitung) ist jeder Andere wie der Andere. Dieses Miteinandersein löst das eigene Dasein völlig in die Seinsart „der Anderen" auf, so zwar, dass die Anderen in ihrer Unterschiedlichkeit und Ausdrücklichkeit noch mehr verschwinden. In dieser Unauffälligkeit und Nichtfeststellbarkeit entfaltet das Man seine eigentliche Diktatur. Wir genießen und vergnügen uns, wie *man* genießt; wir lesen, sehen und urteilen über Literatur und

Kunst, wie *man* sieht und urteilt; wir ziehen uns aber auch vom „großen Haufen" zurück, wie *man* sich zurückzieht; wir finden „empörend", was *man* empörend findet. Das Man, das kein bestimmtes ist und das Alle, obzwar nicht als Summe, sind, schreibt die Seinsart der Alltäglichkeit vor.

Das Man hat selbst eigene Weisen zu sein. Die genannte Tendenz [...] gründet darin, dass das Miteinandersein als solches die *Durchschnittlichkeit* besorgt. Sie ist ein existenzialer[1] Charakter des Man. Dem Man geht es in seinem Sein wesentlich um sie. Deshalb hält es sich faktisch in der Durchschnittlichkeit dessen, was sich gehört, was man gelten lässt und was nicht, dem man Erfolg zubilligt, dem man ihn versagt. Diese Durchschnittlichkeit in der Vorzeichnung dessen, was gewagt werden kann und darf, wacht über jede sich vordrängende Ausnahme. Jeder Vorrang wird geräuschlos niedergehalten. Alles Ursprüngliche ist über Nacht als längst bekannt geglättet. Alles Erkämpfte wird handlich. Jedes Geheimnis verliert seine Kraft. Die Sorge der Durchschnittlichkeit enthüllt wieder eine wesenhafte Tendenz des Daseins, die wir die *Einebnung* aller Seinsmöglichkeiten nennen. [...]

Das Man ist überall dabei, doch so, dass es sich auch schon immer davongeschlichen hat, wo das Dasein auf Entscheidung drängt. Weil das Man jedoch alles Urteilen und Entscheiden vorgibt, nimmt es dem jeweiligen Dasein die Verantwortlichkeit ab. Das Man kann es sich gleichsam leisten, dass „man" sich ständig auf es beruft. Es kann am leichtesten alles verantworten, weil keiner es ist, der für etwas einzustehen braucht. Das Man „war" es immer und doch kann gesagt werden, „keiner" ist es gewesen. In der Alltäglichkeit des Daseins wird das meiste durch das, von dem wir sagen müssen, keiner war es.

Das Man *entlastet* so das jeweilige Dasein in seiner Alltäglichkeit. Nicht nur das; mit dieser Seinsentlastung kommt das Man dem Dasein entgegen, sofern in diesem die Tendenz zum Leichtnehmen und Leichtmachen liegt. Und weil das Man mit der Seinsentlastung dem jeweiligen Dasein ständig entgegenkommt, behält es und verfestigt es seine hartnäckige Herrschaft.

Jeder ist der Andere und Keiner er selbst. Das *Man*, mit dem sich die Frage nach dem *Wer* des alltäglichen Daseins beantwortet, ist das *Niemand*, dem alles Dasein im Untereinandersein sich je schon ausgeliefert hat. [...]

Das Man ist ein Existenzial[2] *und gehört als ursprüngliches Phänomen zur positiven Verfassung des Daseins.* Es hat selbst wieder verschiedene Möglichkeiten seiner daseinsmäßigen Konkretion. Eindringlichkeit und Ausdrücklichkeit seiner Herrschaft können geschichtlich wechseln.

Das Selbst des alltäglichen Daseins ist das *Man-selbst*, das wir von dem *eigentlichen*, das heißt eigens ergriffenen *Selbst* unterscheiden. Als Man-selbst ist das jeweilige Dasein in das Man *zerstreut* und muss sich erst finden. [...] Wenn das Dasein die Welt eigens entdeckt und sich nahebringt, wenn es ihm selbst sein eigentliches Sein erschließt, dann vollzieht sich dieses Entdecken von „Welt" und Erschließen von Dasein immer als Wegräumen der Verdeckungen und Verdunkelungen, als Zerbrechen der Verstellungen, mit denen sich das Dasein gegen es selbst abriegelt.

[...]

Für die Analyse der Angst sind wir nicht ganz unvorbereitet. Zwar bleibt noch dunkel, wie sie [...] mit der Furcht zusammenhängt. Offensichtlich besteht eine phänomenale[3] Verwandtschaft. [...] das Wovor der Furcht ist je ein innerweltliches, aus bestimmter Gegend, in der Nähe sich näherndes, abträgliches Seiendes, das ausbleiben kann. [...] Die Bedrohung, die einzig „furchtbar" sein kann und die in der Furcht entdeckt wird, kommt immer von innerweltlichem Seienden her. [...]

Das Wovor der Angst ist kein innerweltliches Seiendes. [...] Das Wovor der Angst ist völlig unbestimmt. Diese Unbestimmtheit lässt nicht nur faktisch unentschieden, welches innerweltliche Seiende droht, sondern besagt, dass überhaupt das innerweltliche Seiende nicht „relevant“ ist. Nichts von dem, was innerhalb der Welt zuhanden und vorhanden ist, fungiert als das, wovor die Angst sich ängstet. [...]

Daher „sieht“ die Angst auch nicht ein bestimmtes „Hier“ und „Dort“, aus dem her sich das Bedrohliche nähert. Dass das Bedrohende *nirgends* ist, charakterisiert das Wovor der Angst. Diese „weiß nicht“, was es ist, davor sie sich ängstet. „Nirgends“ aber bedeutet nicht nichts, sondern darin liegt Gegend überhaupt, Erschlossenheit von Welt überhaupt [...]. Das Drohende kann sich deshalb auch nicht aus einer bestimmten Richtung her innerhalb der Nähe nähern, es ist schon „da“ – und doch nirgends, es ist so nah, dass es beengt und einem den Atem verschlägt – und doch nirgends. [...]

Was beengt, ist nicht dieses oder jenes, aber auch nicht alles Vorhandene zusammen als Summe, sondern die *Möglichkeit* von Zuhandenem[4] überhaupt, das heißt die Welt selbst. Wenn die Angst sich gelegt hat, dann pflegt die alltägliche Rede zu sagen: „es war eigentlich nichts“. [...]

Das Sichängsten erschließt ursprünglich und direkt die Welt als Welt. Nicht wird etwa zunächst durch Überlegung von innerweltlich Seiendem abgesehen und nur noch die Welt gedacht, vor der dann die Angst entsteht, sondern die Angst erschließt als Modus der Befindlichkeit[5] allererst die *Welt* als *Welt*. Das bedeutet jedoch nicht, dass in der Angst die Weltlichkeit der Welt begriffen wird.

Die Angst ist nicht nur Angst vor..., sondern als Befindlichkeit zugleich *Angst um* ... Worum die Angst sich abängstet, ist nicht eine *bestimmte* Seinsart und Möglichkeit des Daseins. Die Bedrohung ist ja selbst unbestimmt und vermag daher nicht auf dieses oder jenes faktisch konkrete Seinkönnen bedrohend einzudringen. Worum sich die Angst ängstet, ist das In-der-Welt-sein[6] selbst. In der Angst versinkt das umweltlich Zuhandene, überhaupt das innerweltlich Seiende. Die „Welt“ vermag nichts mehr zu bieten, ebensowenig das Mitdasein Anderer. Die Angst benimmt so dem Dasein die Möglichkeit verfallend sich aus der „Welt“ und der öffentlichen Ausgelegtheit zu verstehen. Sie wirft das Dasein auf das zurück, worum es sich ängstet, sein eigentliches In-der-Welt-sein-können. Die Angst vereinzelt das Dasein auf sein eigenstes In-der-Welt-sein, das als verstehendes wesenhaft auf Möglichkeiten sich entwirft. Mit dem Worum des Sichängstens erschließt daher die Angst das Dasein *als Möglichsein* und zwar als das, das es einzig von ihm selbst her als vereinzeltes in der Vereinzelung sein kann.

Die Angst offenbart im Dasein das *Sein zum* eigensten Seinkönnen, das heißt das *Freisein für* die Freiheit des Sich-selbst-wählens und -ergreifens. Die Angst bringt das Dasein vor sein *Freisein für* ... die Eigentlichkeit seines Seins als Möglichkeit, die es immer schon ist.

[...] Befindlichkeit, so wurde früher gesagt, macht offenbar, „wie einem ist“. In der Angst ist einem *„unheimlich“*. Darin kommt zunächst die eigentümliche Unbestimmtheit dessen, wobei sich das Dasein in der Angst befindet, zum Ausdruck: das Nichts und Nirgends. Unheimlichkeit meint aber dabei zugleich das Nicht-zuhause-sein. [...]

Die Angst [...] holt das Dasein aus seinem verfallenden Aufgehen in der „Welt“ zurück. Die alltägliche Vertrautheit bricht in sich zusammen. Das Dasein ist vereinzelt, das jedoch *als* In-der-Welt-sein. Das In-sein[7] kommt in den existenzialen „Modus“ des *Un-zuhause*. Nichts anderes meint die Rede von der „Unheimlichkeit“.

Nunmehr wird phänomenal sichtbar, wovor das Verfallen als Flucht flieht. Nicht *vor* innerweltlichem Seienden, sondern gerade *zu* diesem als dem Seienden, dabei das Besorgen, verloren in das Man, in beruhigter Vertrautheit sich aufhalten kann. Die verfallende Flucht *in* das Zuhause der Öffentlichkeit ist Flucht *vor* dem Unzuhause, das heißt der Unheimlichkeit, die im Dasein als geworfenen, ihm selbst in seinem Sein überantworteten In-der-Welt-sein liegt. Diese Unheimlichkeit setzt dem Dasein ständig nach und bedroht, wenngleich unausdrücklich, seine alltägliche Verlorenheit in das Man. Diese Bedrohung kann faktisch zusammengehen mit einer völligen Sicherheit und Unbedürftigkeit des alltäglichen Besorgens. Die Angst kann in den harmlosesten Situationen aufsteigen. Es bedarf auch nicht der Dunkelheit, in der es einem gemeinhin leichter unheimlich wird. Im Dunkeln ist in einer betonten Weise „nichts" zu sehen, obzwar gerade die Welt *noch* und *aufdringlicher* „da" ist. [...] Und nur weil die Angst latent das In-der-Welt-sein immer schon bestimmt, kann dieses als besorgend-befindliches Sein bei der „Welt" sich fürchten. Furcht ist an die „Welt" verfallene, uneigentliche und ihr selbst als solche verborgene Angst.

(Martin Heidegger, Sein und Zeit. Max Niemeyer Verlag, Tübingen 1986, S. 126–129; 185–189)

1 existenzial: zum Wesen einer Sache gehörig
2 Existenzial: Begriff Heideggers, mit dem er die Grundbestimmtheiten des Daseins charakterisiert; ein weiteres Existenzial ist das „In-der-Welt-sein" (vgl. Anm. 6).
3 phänomenal: die äußere Erscheinung betreffend
4 Zuhandenes: Da das primäre Weltverhältnis des Daseins für Heidegger praktisch ist, unterscheidet er Vorhandenes von Zuhandenem. In der Zuhandenheit erschließen sich dem Menschen die Dinge in ihrer ursprünglich praktischen Bedeutung.
5 Wenn Heidegger die Angst als „Modus der Befindlichkeit" anspricht, will er sie dadurch von einem bloßen Gefühl unterscheiden: Sie ist dann eine Art der Grundverfassung des in der Welt seienden Daseins.
6 In-der-Welt-sein: ein Existenzial des Daseins; es meint ein immer schon existierendes Vertrautsein mit der Welt, mit deren Dingen das Dasein täglich umgeht und aus der her es sich erfährt. Ein Subjekt, das keine Welt hat oder sie sich i.S. der klassischen Seelenlehre erst nachträglich aneignet, ist für Heidegger nicht vorstellbar.
7 In-sein: anderer Ausdruck für „In-der-Welt-sein"

1 *Verdeutlichen Sie die Gemeinsamkeiten zwischen Heideggers und Sartres Verständnis von menschlicher Freiheit.*
2 *Zeigen Sie auf, wie nach Heidegger das Man seine Herrschaft errichtet. Welchen Anteil hat daran das Selbst?*
3 *Wie kann das Selbst in der vom Man beherrschten Welt zu seinem eigentlichen Sein aus Freiheit gelangen?*
4 *Vergleichen Sie Heideggers Einschätzung des Man mit Sartres Bewertung der Anderen.*
5 *Grenzen Sie Heideggers Verständnis von Angst und Furcht gegeneinander ab.*
6 *In welcher Beziehung steht die Angst einerseits zum Man und andererseits zur Freiheit des Sich-Selbst-Wählens?*
7 *Erörtern Sie, ob Heideggers, aber auch Sartres pessimistische Einschätzung der intersubjektiven Beziehungen zwingend ist.*
Könnte man ihre existenzphilosophische Fixierung auf das Einzelsubjekt nicht auch als Ausdruck einer bestimmten Epoche oder Gesellschaftsform ansehen?
8 *Bewerten Sie die Rolle der Angst in Heideggers Konzeption:*
Wirkt ihre Verbindung mit der freien Selbstwahl zwingend?
Wird Heidegger mit seiner existentialen Deutung der Angst diesem Phänomen in seiner Komplexität gerecht?

2.5 Würdigung und Kritik der Subjektsphilosophie

Mit der **existentialistischen Auffassung vom Menschen** als Entwurf haben wir einen philosophischen Ansatz vor uns, der jeder Verdinglichung des Subjekts energisch widerspricht und im Gefolge dessen auch jede vorgängige Festlegung des Einzelnen entschieden zurückweist. Statt, wie es in der traditionellen Anthropologie oft geschieht, den Menschen als Objekt zu nehmen, ist für den Existentialisten die theoretische Objektivierung der Welt und des Menschen nicht entscheidend für unser Selbstverständnis. Dies erschließt sich vielmehr nur im ursprünglich praktischen Selbst- und Weltentwurf des Subjekts; der Objektivierungsentwurf der Natur- und Humanwissenschaften ist demgegenüber nur ein abgeleiteter.

Welche Rolle spielen nun **Vernunft und Gefühl** im Vollzug des aus Freiheit gesetzten Entwurfs? Sie sind keine festen Eigenschaften, sondern zwei verschiedene Möglichkeiten der Freiheit sich auf die Welt zu beziehen. Das Wollen ist eine überlegte, reflektierte Wahl, welcher der ursprüngliche Entwurf zugrunde liegt. Dieser nicht reflektierte Urentwurf ist dennoch bewusst und im Nachhinein reflektierbar. So ist die Flucht vor einer Gefahr eine spontane, aber zielgerichtete Handlung, über deren Motive ich mir nachher Rechenschaft geben kann. (➔ 2.4.3) An anderer Stelle vergleicht Sartre diese Wahl mit der Erschaffung eines Kunstwerkes durch den Künstler. Wie der Künstler etwa ein Bild spontan aus sich heraus schafft und dabei doch nicht beliebig und ohne Maßstäbe vorgeht, so kreiert der Einzelne seinen Entwurf aus sich und hält sich dabei zugleich an bestimmte Regeln. Somit kommt der Entwurf aus der ursprünglichen Freiheit des Selbst, die weder primär gefühls- noch vernunftbestimmt ist. Er kann allerdings bewusst gemacht und verstanden werden und trägt insofern ein gewisses Moment von Rationalität in sich.

Bemüht sich bereits Hegel um eine Überwindung der Stufentheorie des Bewusstseins durch eine Einheitslehre, so ist der existentialistische Versuch hier noch radikaler: Mit seinem Entwurfsbegriff und dessen Verwurzelung in einem ursprünglich freien, spontanen Akt entlarvt er solche Kategorien wie Gefühl, Empfindung oder Vernunft selbst als Entwurfsmöglichkeiten, mit denen der Einzelne sich eine Selbstauslegung schafft, die sein Leben prägt. Nach existentialistischer Auffassung unterliegt der Mensch in solchen festgeschriebenen anthropologischen Bestimmungen der Versuchung sich seine wirkliche Geworfenheit ins Leben, auf die angemessen nur mit einem individuellen Entwurf reagiert werden kann, zu verdecken und sich in vorgegebene allgemeine Deutungsmuster zu flüchten. Es handelt sich hierbei gewissermaßen um einen besonders sublimen Fall von „mauvaise fois“: Der „Gefühlsmensch“ hat ein anderes Selbstverständnis als der „Vernunftsmensch“, aber in beiden (Selbst-)Entwürfen verschüttet der Betreffende die wirkliche individuelle Entwurfsfreiheit. Sie gründet allein auf der ursprünglich spontanen Freiheit des Subjekts, die weder als vernünftig noch als gefühlsbestimmt angesprochen werden kann.

Auch **Körper und Seele** sind in der Perspektive der Subjektsphilosophie keine zwei Substanzen, die in einer übergeordneten Einheit zusammengefügt sind. Der Leib-Seele-Gegensatz ist für diese Theorie ein Scheinproblem. Nur dem ersten Anschein nach ist der Leib – wie der Feindseligkeitskoeffizient der Dinge – für den Einzelnen etwas Vorgegebenes, das den Entwurf begrenzt und so den Menschen in seiner Freiheit einschränkt. Der Leib stellt aber nur dann die äußere Grenze meiner Entwurfsfreiheit dar, wenn ich ihn von vornherein als etwas außer mir Liegendes, als ein Ding unter Dingen betrachte und die Entwurfsfreiheit als rein geistige, körperlose Freiheit denke. Der Leib ist aber für Sartre ein Moment der Subjektivität selbst, dank dem sie sich auf die Welt beziehen kann; nur als Leibliches hat das

Subjekt einen Standort in der Welt, und nur über den Körper vermittelt ist der Entwurf realisierbar.
Betrachte ich meinen Leib von außen – etwa indem ich mir eine Röntgenaufnahme meiner Hand ansehe – dann scheint es, als habe ich es mit etwas Fremdem, einem äußeren Ding zu tun, das untersucht werden kann wie andere Gegenstände und das mit meiner Entwurfsfreiheit nichts zu tun hat. Bin ich aber mit dieser Hand an einer Sache tätig, indem ich ein Kunstwerk schaffe oder etwas repariere, so wird klar, dass die Objektivierung der Hand in der medizinischen Untersuchung etwas Sekundäres ist und ich eigentlich nur durch ihren Einsatz meinen Entwurf realisieren kann – ganz so wie der Arzt es tut, der mit seinen Händen meine Hand untersucht. Daher baut sich mein Entwurf angesichts seiner prinzipiellen Bindung an Faktizität immer schon in Bezug auf meine Körperlichkeit auf. Eine Trennung beider Komponenten macht hier keinen Sinn.
Zur Frage nach der Beschaffenheit des Subjekts und damit auch zum Leib-Seele-Problem vermag die existentialistische Subjektsphilosophie also richtungsweisende Anhaltspunkte zu liefern. Was den **Bezug des Einzelsubjekts auf die anderen** oder – nach Heidegger – das „Man" angeht, finden wir in den vorgestellten Texten des Absatzes 2.4 aber keine vollends zufrieden stellenden Antworten. Sartres wie Heideggers durchweg negative Einschätzung der Anderen scheint nämlich keine vollständige philosophische Erfassung der menschlichen Wirklichkeit zu leisten. Dies ist auch ein Hauptgrund dafür, dass sich Sartre in seinem späteren Werk um eine bessere Integration der gesellschaftlich-politischen Sphäre in seinen existenzphilosophischen Ansatz bemüht hat (➔ Sartre-Biografie). Sartres philosophischer Dreh- und Angelpunkt ist das isolierte Einzelsubjekt, aus dem erst im Nachhinein die Welt der anderen hergeleitet wird, welche dann – konsequenterweise – als Einschränkung und Grenze der individuellen Entwurfsfreiheit in Erscheinung tritt. Heidegger fasst zwar das Dasein von Beginn an in seiner Weltbezogenheit durch das Existential des „In-der-Welt-seins", aber er sieht die Eigentlichkeit des individuellen Entwurfs gerade in dem, was sich aus den im „Besorgen" verhafteten durchschnittlichen Weltbezügen der Anderen herauskatapultiert; dadurch wird schließlich auch bei ihm das sich in „Entschlossenheit" gegen die Herrschaft des Man entwerfende Einzelsubjekt zum philosophischen Zentrum.
In seiner Einleitung zur „Kritik der Hegelschen Rechtsphilosophie" schreibt Karl Marx: „Aber *der Mensch*, das ist kein abstraktes, außer der Welt hockendes Wesen. Der Mensch, das ist *die Welt des Menschen*, Staat, Sozietät". Diese Sätze weisen auf die Schwäche des existenzphilosophischen Menschenverständnisses hin. Der Ausgang vom Einzelsubjekt vernachlässigt, dass sich alle Selbstreflexion und jeder Selbstentwurf allererst auf dem Bodengrund einer intersubjektiven Vernetzung der Individuen sinnvoll denken lassen, die ihrerseits in zum Menschen wesenhaft gehörenden Momenten wie *Sprache, Arbeit, Moral* und *Geschichte* ihren konkreten Ausdruck findet. Ohne diese Momente ist ein authentischer oder eigentlicher Selbstentwurf gar nicht möglich. Gerade am Ausgang des 20. Jahrhunderts wird dieses Bedingungsgefüge des Subjekts von vielen Philosophen herausgestellt und oft wird im Gefolge dessen alle Subjektsphilosophie für gescheitert erklärt. Unter Titeln wie *Systemtheorie, Strukturalismus, Diskurstheorie* wird die Auflösung des Subjekts geradezu zum Programm der Moderne oder, wie sie hier meist genannt wird, um die gedankliche Wendung anzuzeigen, der *Postmoderne* erhoben. So schreibt etwa **Michel Foucault**, einer der bekanntesten Theoretiker der Postmoderne, zur Bedeutung der philosophischen Frage nach dem Menschen:

„Eines ist auf jeden Fall gewiss: der Mensch ist nicht das älteste und auch nicht das konstanteste Problem, das sich dem menschlichen Wissen gestellt hat [...]; es war die Wirkung einer Veränderung in den fundamentalen Dispositionen des Wissens. [...] Wenn diese Dispositionen verschwänden, so wie sie erschienen sind, [...] dann kann man sehr wohl wetten, dass der Mensch verschwindet wie am Meeresufer ein Gesicht im Sand."
(M. Foucault, Die Ordnung der Dinge, Suhrkamp Verlag, Frankfurt/M. [12]1994, S. 462)

In unserem Kapitel zur Frage nach dem Menschen haben wir solche und ähnliche postmodernen Ansätze erst einmal ausgespart, werden sie aber im weiteren Verlauf des Buches thematisieren. (➔Kap. III, 6; Kap. IV, 4; Kap. V, 5). Sie stehen dann im Zusammenhang mit der Beschäftigung der Sphäre des anderen, die, soweit sie in Moral, Gesellschaft und Geschichte ihren Niederschlag findet, durch die sich anschließenden drei Kapitel philosophisch beleuchtet wird. Von ihnen aus fällt dann auch – gleichsam rückwärts – auf die Subjektsphilosophie ein neues Licht.

1 Lesen Sie aus Schillers „Die Räuber" den Monolog des Franz Moor (I, 1) und verdeutlichen Sie daran die (ethischen) Unzulänglichkeiten einer allein am freien Entwurfs-Ich ansetzenden Subjektsphilosophie.

III

Probleme des menschlichen Handelns

Zugänge zur philosophischen Ethik

Lügen haben kurze Beine.

Was Du nicht willst, dass man Dir tu,
das füg auch keinem andern zu!

Was soll ich tun?

Liebe Deinen Nächsten
wie Dich selbst!

Trau keinem über dreißig!

Was Du heute
kannst besorgen,
das verschiebe nicht
auf morgen!

Was Hänschen
nicht lernt,
lernt Hans
nimmermehr.

Lerne Ordnung, übe sie,
Ordnung spart Dir Zeit
und Müh!

Tu deine Pflicht!

Wer sich nicht wehrt,
lebt verkehrt!

Genieße den Augenblic

Jeder ist sich selbs
der Nächste.

Liebe deine Feinde!

Auguste Rodin, „Der Denker" (Bronze, 1906)

Einführung

Viele Menschen sind davon überzeugt, dass moralische Probleme am ehesten intuitiv und gefühlsmäßig gelöst werden sollten. Wenn man sich jedoch die Frage stellt, ob und unter welchen Umständen eine Schwangerschaft abgebrochen werden darf, ob Ärzte einen Schwerkranken über dessen gesundheitlichen Zustand umfassend informieren müssen oder ob auch Ehen zwischen Homosexuellen erlaubt sein sollten, wird man feststellen, dass die oben skizzierte Einstellung nicht ausreicht. Vielmehr müssen Argumente beigebracht, Folgen erwogen werden. Möglicherweise ist es sinnvoll, sich in die Position des anderen hineinzuversetzen, um die Angelegenheit aus seinem Blickwinkel zu sehen. Kurz, es muss nachgedacht, das Für und Wider geprüft, es muss argumentiert und entschieden werden. (➔ Kap. I, 2.3) Doch nach welchen Kriterien soll man entscheiden – und vor allem, was ist die Grundlage der Entscheidung, die von allen anerkannt und respektiert wird? Gibt es überhaupt eine solche Grundlage? Damit haben wir uns schon in einen Teilbereich der Philosophie begeben, dessen Anfänge bis in die Antike zurückreichen, in die **Ethik**. Man könnte Ethik als **Nachdenken über Moral** definieren. Mit Moral wiederum bezeichnen wir ein System von Einstellungen, Grundauffassungen und Überzeugungen, nach denen wir handeln. Moral ist also eigentlich der Gegenstand der Ethik, obgleich im alltäglichen Sprachgebrauch beide Begriffe oft bedeutungsgleich verwendet werden.
Die moralischen Überzeugungen sind in den verschiedenen Kulturkreisen keineswegs identisch. Hierzu eine Stellungnahme des englischen Philosophen **Bertrand Russell**:

„Die Azteken betrachteten es als schmerzliche Pflicht, bei feierlichen Gelegenheiten Menschenfleisch zu essen; sie glaubten, bei Nichterfüllung dieser Pflicht werde das Licht der Sonne erlöschen. Die Kopfjäger von Borneo durften, bevor ihnen die niederländische Regierung das Selbstbestimmungsrecht nahm, nur heiraten, wenn sie eine bestimmte Anzahl von Köpfen als Morgengabe darbrachten. [...] Konfuzius entschied, dass ein Mensch, dessen Eltern noch lebten, sich mangelnder Sohnesliebe schuldig machte, wenn er einen einträglichen Regierungsposten ablehne, denn er habe sein Gehalt und seine Nebeneinnahmen dazu zu verwenden, Vater und Mutter einen behaglichen Lebensabend zu bereiten. [...] Das jüdische Gesetz befahl, eine Frau, die beim Ehebruch ertappt wurde, zu steinigen."
(Bertrand Russell, Moral und Politik. Übers. von Ruth Gillischewski. Fischer Verlag, Frankfurt/M., 1988, S. 33)

1 *Nennen Sie weitere moralische Vorstellungen aus anderen Kulturkreisen. Verdeutlichen Sie an Beispielen, dass auch innerhalb des westeuropäischen Kulturkreises verschiedenartige moralische Auffassungen existieren.*
2 *Welche Aufgaben ergeben sich für die Ethik angesichts einer solch großen Bandbreite moralischer Überzeugungen?*

Angesichts der Vielzahl moralischer Wertvorstellungen bleiben der Ethik zwei Möglichkeiten: Entweder jeder einzelnen Moral eine ihr gemäße Wahrheit zuzubilligen; oder die kulturkreisgebundenen Vorstellungen mittels vernünftiger Argumentation zu prüfen und festzustellen, ob es ein oder mehrere moralische Prinzipien gibt, nach denen zu handeln richtiger ist als nach irgendwelchen anderen.

Indem die Ethik den zweiten Weg beschreitet, darf sie trotzdem keine Moral von vorneherein favorisieren. Sie darf also ungeprüft weder die europäische über die asiatische Moral stellen noch darf sie von vorneherein die moralische Einstellung eines Katholiken zum „Ehebruch" der eines Liberalen zu diesem Problem für unter- oder überlegen halten.

1 *Welche Gründe können gegen den ethischen Relativismus geltend gemacht werden? (Vergleichen Sie dazu auch Kap. I, 2.2)*
2 *In bestimmten Kulturkreisen beruft man sich bei der Begründung von Moral auf ihren göttlichen Ursprung. (Vergleiche das Verständnis der 10 Gebote im Christentum.) Was bedeutet das für die philosophische Ethik?*

Will die Ethik also wirklich die Moral und ihren Wahrheitsanspruch durch vernünftige Argumente untersuchen, dann stellt sie sich über die vorhandenen vielfältigen moralischen Auffassungen und sucht allgemeine Geltungsmaßstäbe, nach denen die Entscheidung für oder gegen eine bestimmte Moral gefällt werden kann. Kritik, Begründung und Rechtfertigung von Moral sind also die drei elementaren Ansprüche ethischen Argumentierens. Insoweit ist die Ethik so etwas wie eine Theorie der Moral, die durch das Hinterfragen moralischer Grundsätze die allgemein gültigen Maßstäbe menschlichen Handelns ergründen will. Die Grundfrage der Ethik lautet daher:

Gibt es ein oder mehrere oberste Prinzipien menschlichen Handelns, nach denen eine Handlung als objektiv richtig (moralisch gut), eine andere als objektiv falsch (moralisch böse) gelten kann – und wenn ja, wie ist es / sind sie beschaffen?

Anders als z.B. die Psychologie fragt die Ethik also nicht danach, ob und aus welchen Motiven *Menschen tatsächlich so oder so handeln*; indem sie das Problem des richtigen (guten) oder falschen (bösen) Handelns stellt, fragt sie vielmehr nach den Handlungsnormen und damit nach dem, *was Menschen tun sollen.* Was viele oder gar die meisten wirklich tun oder wie sie „von Natur aus" sind, kann für die ethische Fragestellung daher niemals Orientierungsmaßstab sein (➔ Kap. II, 1.5).

1 *Glück und Zufriedenheit als Ziele des Lebens*

1.1 Aristoteles: Die „eudaimonía" als Ziel allen Handelns

Einer der ersten Philosophen, der sich systematisch mit ethischen Fragen befasste, war **Aristoteles** (384–322). In seinem Werk „Nikomachische Ethik" setzt er das oberste Prinzip des Handelns in die „eudaimonía", am besten zu übersetzen mit Glück oder innerer Zufriedenheit, in der deutschsprachigen Philosophie auch oft mit **Glückseligkeit** bezeichnet. Im folgenden Textauszug entwickelt er zuerst die „eudaimonía" als Handlungsziel, dann konkretisiert er seine Vorstellung vom Glück und erläutert, worin der Mensch es seiner Auffassung nach finden kann.

1. Jede Kunst und jede Lehre, ebenso jede Handlung und jeder Entschluss scheint irgendein Gut zu erstreben. Darum hat man mit Recht das Gute als dasjenige bezeichnet, wonach alles strebt. [...] Da es nun viele Handlungen, Künste und Wissenschaften gibt, ergeben sich auch viele Ziele: Ziel der Medizin ist die Gesundheit, der Schiffsbaukunst das Schiff, der Strategik der Sieg, der Ökonomik der Reichtum. Wo nun immer solche Künste einer einzigen Aufgabe untergeordnet sind, wie etwa der Reitkunst die Sattlerei und die andern der Reitkunst dienenden Künste, und wie die Reitkunst wiederum und die gesamte Kriegskunst der Strategik untergeordnet ist und so andere unter anderen, in allen diesen Fällen sind die Ziele der leitenden Künste insgesamt vorzüglicher als die der untergeordneten. Denn diese werden um jener willen verfolgt.

Dabei macht es keinen Unterschied, ob die Tätigkeiten selber das Ziel des Handelns sind oder etwas anderes außer ihnen, wie bei den genannten Künsten.

Wenn es aber ein Ziel des Handelns gibt, das wir um seiner selbst willen wollen und das andere um seinetwillen; wenn wir also nicht alles um eines andern willen erstreben (denn so ginge es ins Unbegrenzte und das Streben wäre leer und sinnlos), dann ist es klar, dass jenes das Gute und das Beste ist.

Wird nun das Erkennen jenes Zieles nicht auch für das Leben ein großes Gewicht haben und werden wir nicht wie Bogenschützen, wenn wir unser Ziel vor Augen haben, das Gehörige besser treffen können? Wenn dies der Fall ist, müssen wir versuchen wenigstens im Umriss zu erfassen, was es wohl sein mag und welcher Wissenschaft oder Fähigkeit es zugeordnet ist.

[...]

Da also jede Erkenntnis und jeder Entschluss nach irgendeinem Gute strebt, [...] welches ist das oberste aller praktischen Güter? Im Namen stimmen wohl die meisten überein. Glückseligkeit nennen es die Leute ebenso wie die Gebildeten und setzen das Gut-Leben und das Sich-gut-Verhalten gleich mit dem Glückseligsein.

Wir wollen versuchen dies noch etwas besser zu verdeutlichen. Da sich viele Ziele zeigen, wir aber von diesen manche um anderer Dinge willen wählen, wie den Reichtum, Flöten und überhaupt alle Instrumente, so ist es offenbar, dass nicht alle Endziele sind. Das vollkommen Gute scheint aber ein Endziel zu sein. Wenn es also nur ein einziges Endziel gibt, so wäre dies das Gesuchte, wenn aber mehrere, dann das vollkommenste unter diesen.

Vollkommener nennen wir das um seiner selbst willen Erstrebte gegenüber dem um anderer Ziele willen Erstrebten und das niemals um eines anderen willen Gesuchte ge-

Aristoteles

384–322 v. Chr.

Aristoteles, neben Platon einer der berühmtesten griechischen Philosophen, wurde in der Provinzstadt Stageira in Thrakien geboren. Sein Vater war Arzt. Der junge Aristoteles zog der Übernahme der väterlichen Praxis jedoch das Studium der Philosophie vor. Siebzehnjährig ging er nach Athen und trat in die Akademie Platons ein, wo dieser seine philosophischen Schüler um sich versammelt hatte. Voller Enthusiasmus und Verehrung für seinen Lehrer widmete sich Aristoteles dort seinen Studien: Sein durch Platon geprägter Spitzname soll „der Leser" gewesen sein. Aristoteles blieb zwanzig Jahre lang in Athen und entwickelte zunehmend auch eigene, von Platon abweichende Gedanken. Nach dessen Tod im Jahr 347 verließ er Athen und ging für einige Zeit nach Assos, an den Hof des kleinasiatischen Fürsten Hermias. Doch schon drei Jahre später folgte er einer Einladung Philipps des Großen nach Makedonien, der ihn zum Hauslehrer seines Sohnes, des späteren Alexander des Großen, ernannte.

Als Alexander den Thron bestieg, kehrte Aristoteles nach einem Umweg über seine Heimatstadt nach Athen zurück. Dort gründete er die philosophische Schule der „Peripatetiker", der Umherwandelnden, genannt nach den Wandelgängen des Lykeion-Gymnasiums, wo Aristoteles zuerst lehrte. Nach dem Tod Alexanders veränderte sich die politische Situation: Athen löste sich von dem Einfluss Makedoniens und reagierte ablehnend gegenüber Freunden des alexandrinischen Reichs. Einer drohenden Anklage konnte Aristoteles sich durch Flucht auf sein Landgut entziehen, wo er kurze Zeit später starb. Aristoteles' Untersuchungen richteten sich auf die ganze Vielfalt des Wirklichen. Neben den Forschungen im Bereich der Natur, zum Beispiel der Tierwelt, beschäftigte er sich mit den Gestirnen, den politischen Verfassungen, der Dichtkunst, der Rhetorik und ganz besonders mit dem Menschen. Ein Grundgedanke verbindet seine philosophischen Betrachtungen: Alles Lebendige trägt sein Ziel (télos) ausschließlich in sich selbst, nämlich sich gemäß der eigenen Möglichkeiten zu verwirklichen. Die ganze Natur, mithin auch der Mensch, besitzt den Drang zur Selbstverwirklichung und Selbstvervollkommnung. Deshalb ist es die Aufgabe des Menschen, sein ihm eigentümliches Wesen, nämlich seine Vernunftbestimmtheit, zu realisieren, worin dann auch der Prüfstein für alles sittliche Handeln liegt.

genüber dem, was sowohl wegen sich selbst als auch wegen eines andern gesucht wird; allgemein ist das vollkommene Ziel dasjenige, was stets nur an sich und niemals um eines anderen willen gesucht wird.

Derart dürfte in erster Linie die Glückseligkeit sein. Denn diese suchen wir stets wegen ihrer selbst und niemals wegen eines anderen; Ehre dagegen und Lust und Vernunft und jede Tüchtigkeit suchen wir teils wegen ihnen selber (denn auch wenn wir keinen weiteren Gewinn von ihnen hätten, würden wir jedes einzelne von ihnen wohl erstreben), teils aber auch um der Glückseligkeit willen, da wir glauben, eben durch jene Dinge glückselig zu werden. Die Glückseligkeit aber wählt keiner um jener Dinge willen und überhaupt nicht wegen eines anderen.

Dasselbe scheint sich aus dem Prinzip der Selbstgenügsamkeit zu ergeben. Denn das vollkommen Gute scheint selbstgenügsam zu sein. Wir verstehen diese Selbstgenügsamkeit nicht einfach für den Einzelnen, der für sich allein lebt, sondern auch für seine Eltern, Kinder, Frau und überhaupt seine Freunde und Mitbürger, da ja der Mensch seiner Natur nach in der Gemeinschaft lebt. Doch muss hier eine Grenze gezogen werden. Denn wenn man weitergehen wollte bis zu den Vorfahren und Nachkommen und zu den Freunden der Freunde, so geriete man ins Unbegrenzte. Aber dies wollen wir später untersuchen.

Als selbstgenügsam gilt uns dasjenige, was für sich allein das Leben begehrenswert macht und vollständig bedürfnislos. Für etwas Derartiges halten wir die Glückseligkeit, und zwar so, dass sie das Wünschenswerteste ist, ohne dass irgendetwas anderes addiert werden könnte. Wenn nämlich eine Addition möglich wäre, so würde sie offenbar noch wünschbarer, wenn auch noch das kleinste Gut dazukäme. Denn das Dazutreten würde dann einen Zuschuss an Gutem bedeuten und es ist immer das größere Gut das wünschbarere. So scheint also die Glückseligkeit das vollkommene und selbstgenügsame Gut zu sein und das Endziel des Handelns.

[…]

Auch was man Autarkie[1] nennt, findet sich am meisten bei der Betrachtung[2]. Was zum Leben erforderlich ist, dessen bedarf der Weise wie der Gerechte und die Übrigen. Sind sie aber mit dergleichen ausreichend versehen, so bedarf der Gerechte noch solcher, gegen die und mit denen er gerecht handeln kann, und dasselbe gilt von dem Mäßigen, dem Tapferen und jedem anderen; der Weise dagegen kann, auch wenn er für sich ist, betrachten und je weiser er ist, desto mehr. Vielleicht kann er es besser, wenn er Mitarbeiter hat, aber immerhin ist er sich selbst am meisten genug.

Von der Betrachtung lässt sich behaupten, dass sie ihrer selbst wegen geliebt wird. Sie bietet uns außer dem Betrachten nichts; vom praktischen Handeln dagegen haben wir noch einen größeren oder kleineren Gewinn außer der Handlung.

Die Glückseligkeit scheint weiterhin in der Muße zu bestehen. Wir opfern unsere Muße um Muße zu haben und wir führen Krieg um in Frieden zu leben. Die praktischen Tugenden äußern ihre Tätigkeit in der Politik oder im Kriege. Die Aktionen auf diesen Gebieten aber dürften sich mit der Muße kaum vertragen, die kriegerische Tätigkeit schon gar nicht. Niemand will Krieg und Kriegsrüstungen des Krieges wegen. Denn man müsste als ein ganz blutdürstiger Mensch erscheinen, wenn man sich seine Freunde zu Feinden machte, nur damit es Kampf und Blutvergießen gäbe. Aber auch die Politik verträgt sich nicht mit der Muße und verfolgt neben den öffentlichen Angelegenheiten als solchen den Besitz von Macht und Ehren oder die Glückseligkeit für die eigene Person und die Mitbürger als ein Ziel, das von der Politik verschieden ist und das wir auch als ein von der Politik verschiedenes zu erreichen suchen. Wenn also nun zwar unter den tugendhaften Handlungen diejenigen, die sich um Staat und Krieg drehen, an Schönheit und Größe obenan stehen und sie trotzdem mit der Muße unvereinbar und auf ein außer ihnen liegendes Ziel gerichtet sind, also nicht ihrer selbst wegen begehrt werden, und wenn dagegen die betrachtende Tätigkeit des Geistes an Ernst hervorzuragen scheint und keinen andern Zweck hat als sich selbst, auch eine eigentümliche Lust in sich schließt, die die Tätigkeit steigert, so sieht man klar, dass in dieser Tätigkeit, soweit es menschenmöglich ist, die Autarkie, die Muße, die Freiheit von Ermüdung und alles, was man sonst noch dem Glückseligen beilegt, sich finden wird. Somit wäre dies die vollendete Glückseligkeit des Menschen, wenn sie auch noch die volle Länge eines Lebens dauert. Denn nichts, was zur Glückseligkeit gehört, darf unvollkommen sein.

(Aristoteles, Die Nikomachische Ethik. Übers. und hrsg. von Olof Gigon. DTV, München 1972, S. 55–65 [1094a1–1097b7]; S. 296 f. [1177a25–1177b16])

1 Autarkie: Selbstgenügsamkeit

2 Unter Betrachtung (griech. theoría) versteht Aristoteles die theoretische Beschäftigung mit geistigen Zusammenhängen, besonders die Philosophie. Im Gegensatz zum Handeln, das Aristoteles dem Gerechten zuweist, kommt die bloß um ihrer selbst willen betriebene Theorie dem Weisen zu.

1 *Erklären Sie den Unterschied zwischen der Glückseligkeit als Ziel des Handelns und den anderen von Aristoteles aufgeführten Handlungszielen.*
2 *Tragen Sie die Bestimmungen zusammen, die Aristoteles der Glückseligkeit gibt, und zeigen Sie auf, welche er zurückweist.*
3 *Worin sieht Aristoteles die vollendete Glückseligkeit realisiert und wie begründet er seine Auffassung?*
4 *Diskutieren Sie die aristotelische Bestimmung der „eudaimonía“ als „theoría“.*

Raffael (1483–1520), „Schule von Athen“. In der Mitte Platon und Aristoteles.

Ein wichtiges Motiv für die Beschäftigung mit Philosophie im antiken Griechenland war die Überzeugung, dass man auf diese Weise Einsichten gewinnen könne, wie man sein Leben sinnvoll zu gestalten habe. Philosophie war so – sicher mehr als es heute der Fall ist – immer auch Theorie für eine praktische Lebensführung. Gelehrt wurde sie von herausragenden Denkern, die oft Schüler um sich scharten und so **philosophische Schulen** begründeten. Der Lehrbetrieb beschränkte sich jedoch nicht nur auf philosophische Themen und Fragestellungen, sondern umfasste das gesamte Wissen der damaligen Zeit. Über dem Eingang der von Platon gegründeten Akademie in Athen war beispielsweise die Inschrift angebracht: „Niemand gehe hier herein ohne geometrische Kenntnisse." Die Vermittlung mathematischer Kenntnisse war Teil der philosophischen Lehre.
Große Bedeutung für lebenspraktische Fragen erlangte die Philosophie besonders in der Spätantike, und zwar für den Hellenismus und die römische Kultur. Im Folgenden sollen zwei Positionen vorgestellt werden, die bis in die Gegenwart wirkungsvoll geblieben sind: die der **Epikureer** und die der **Stoiker**.

1.2 Epikur: Die Lust als Lebensziel

Für den vornehmlich in einem Garten lehrenden Philosophen **Epikur** (341–271 v. Chr.) ist der Genuss das oberste Lebensprinzip. Damit einher geht die Empfehlung Politik und Öffentlichkeit zu meiden und den Lebensschwerpunkt auf den privaten Bereich zu setzen. Man darf Epikur jedoch nicht so missverstehen, als wolle er bloße Zügellosigkeit propagieren. Vielmehr erfordert die Realisierung der Lust als oberstes Lebensprinzip durchaus Vernunft zu ihrer Umsetzung.

Dafür, dass die Lust das Lebensziel ist, liegt der Beweis darin, dass die Lebewesen von Geburt an daran Gefallen finden, dagegen dem Schmerze naturgemäß und ohne Überlegung sich widersetzen. Auf Grund unserer eigenen Erfahrung also fliehen wir den Schmerz, wie denn selbst Herakles[1], während er von dem Gewande zerfressen wird, „laut schreit vor Schmerz, dass rings die Felsen hallen, der Lokrer Berge und Euboias Höhen".
Ich weiß nicht, was ich mir als das Gute vorstellen soll, wenn ich die Lust des Geschmackes, die Lust der Liebe, die Lust des Ohres beiseite lasse, ferner die angenehmen Bewegungen, die durch den Anblick einer Gestalt erzeugt werden, und was sonst noch für Lustempfindungen im gesamten Menschen durch irgendein Sinnesorgan entstehen. So kann man auch nicht sagen, dass ausschließlich die Freude des Geistes das Gute ausmache. Denn die Freude des Geistes erkenne ich in der Hoffnung auf alle jene Dinge, die ich eben genannt habe, und darauf, dass die Natur, wenn sie sie besitzt, von Schmerz frei sein wird.
Ich habe oftmals jene, die man weise zu nennen pflegte, gefragt, was ihnen an Gutem übrig bliebe, wenn sie jenes beiseite ließen, was ich erwähnt habe, und wenn sie sich nicht mit leeren Redensarten begnügen wollten. Ich habe nichts von ihnen erfahren können. Mögen sie auch mit Tugend und Erkenntnis groß tun, sie werden doch keinen andern Weg nennen können als jenen, durch den jene Lustempfindungen erzeugt werden, die ich oben angeführt habe.
Für Menschen, die zu überlegen fähig sind, enthält der wohlgefestigte Zustand des Fleisches und die zuverlässige Hoffnung im Bezug auf ihn die höchste und sicherste Freude. Man muss das Edle, die Tugenden und der-

gleichen Dinge schätzen, wenn sie Lust verschaffen; tun sie dies nicht, dann soll man sie fahren lassen.

[…]

Darum nennen wir auch die Lust Anfang und Ende des seligen Lebens. Denn sie haben wir als das erste und angeborene Gut erkannt, von ihr aus beginnen wir mit allem Wählen und Meiden und auf sie greifen wir zurück, indem wir mit der Empfindung als Maßstab jedes Gut beurteilen. Und eben weil sie das erste und angeborene Gut ist, darum wählen wir auch nicht jede Lust, sondern es kommt vor, dass wir über viele Lustempfindungen hinweggehen, wenn sich für uns aus ihnen ein Übermaß an Lästigem ergibt. Wir ziehen auch viele Schmerzen Lustempfindungen vor, wenn uns auf das lange dauernde Ertragen der Schmerzen eine größere Lust nachfolgt. Jede Lust also, da sie eine uns angemessene Natur hat, ist ein Gut, aber nicht jede ist zu wählen; wie auch jeder Schmerz ein Übel ist, aber nicht jeder muss natürlicherweise immer zu fliehen sein. Durch wechselseitiges Abmessen und durch die Beachtung des Zuträglichen und Abträglichen vermag man dies alles zu beurteilen. Denn zu gewissen Zeiten gehen wir mit dem Gut um wie mit einem Übel und mit dem Übel wiederum wie mit einem Gute.

Wir halten auch die Selbstgenügsamkeit für ein großes Gut, nicht um uns in jedem Falle mit Wenigem zu begnügen, sondern damit wir, wenn wir das Viele nicht haben, mit dem Wenigen auskommen, in der echten Überzeugung, dass jene den Überfluss am süßesten genießen, die seiner am wenigsten bedürfen, und dass alles Naturgemäße leicht, das Sinnlose aber schwer zu beschaffen ist, und dass bescheidene Suppen ebenso viel Lust erzeugen wie ein üppiges Mahl, sowie einmal aller schmerzende Mangel beseitigt ist, und dass Wasser und Brot die höchste Lust zu verschaffen vermögen, wenn einer sie aus Bedürfnis zu sich nimmt. Sich also zu gewöhnen an einfaches und nicht kostspieliges Essen verschafft nicht nur volle Gesundheit, sondern macht den Menschen auch unbeschwert gegenüber den notwendigen Verrichtungen des Lebens, bringt uns in eine zufriedenere Verfassung, wenn wir in Abständen uns einmal an eine kostbare Tafel begeben, und erzeugt Furchtlosigkeit vor den Wechselfällen des Zufalls. Wenn wir also sagen, dass die Lust das Lebensziel sei, so meinen wir nicht die Lüste der Wüstlinge und das bloße Genießen, wie einige aus Unkenntnis und weil sie mit uns nicht übereinstimmen oder weil sie uns missverstehen, meinen, sondern wir verstehen darunter, weder Schmerz im Körper noch Beunruhigung in der Seele zu empfinden. Denn nicht Trinkgelage und ununterbrochenes Schwärmen und nicht Genuss von Knaben und Frauen und von Fischen und allem anderen, was ein reichbesetzter Tisch bietet, erzeugt das lustvolle Leben, sondern die nüchterne Überlegung, die die Ursachen für alles Wählen und Meiden erforscht.

(Epikur, Von der Überwindung der Furcht. Hrsg. und übers. von Olof Gigon. DTV, München 1983, S. 114 f., 103 f.)

1 Herakles, auch Herkules: Held der griech. Mythologie.

1 *Wie begründet Epikur seine ausschließliche Hochschätzung der Lust als Lebensziel?*
2 *Wie passt Epikurs Plädoyer für die Selbstgenügsamkeit und sogar das Ertragen von Schmerzen mit seiner alleinigen Entscheidung für die Lust als Lebensziel zusammen?*
3 *Versuchen Sie die Lebenseinstellung eines „Epikureers" auf die Gegenwart zu übertragen. Verdeutlichen Sie eventuell anhand von Beispielen, wie eine Lebensgestaltung im Sinne Epikurs konkret aussehen könnte.*
4 *Könnten Sie sich vorstellen, ihr Leben ausschließlich an Epikurs Philosophie auszurichten?*

1.3 Seneca: Tugend als Weg zur Glückseligkeit

Im Begriff „stoische Ruhe“ ist auch im heutigen Sprachgebrauch ein Verweis auf die Philosophenschule der **Stoa** erkennbar. Nach stoischer Auffassung ist der Mensch mittels der Vernunft in der Lage die göttliche Ordnung, den Welt-Logos, zu erkennen und sein Handeln an dieser Erkenntnis auszurichten. Es kommt darauf an zu unterscheiden, was gut oder schlecht ist und was keine Bedeutung hat. Gut ist es, im Einklang mit der Natur, in der sich die göttliche Ordnung zeigt, zu leben: „secundum naturam vivere“. Im Besonderen sind es die Affekte und Leidenschaften, die dies behindern. Der Weise muss lernen sie zu beherrschen und mit Gelassenheit den Unabänderlichkeiten des Lebens, wie z.B. Krankheit und Tod, zu begegnen. In der Propagierung allgemeiner Menschenliebe und asketischer Lebensgestaltung sind bereits christliche Werte vorgedacht. Als Beispiel für die Stoa wird im Folgenden der römische Philosoph **Seneca** (4 v. Chr. – 65), der auch als Erzieher des Kaisers Nero wirkte, vorgestellt.

Du bist von Natur aus ein vernunftbegabtes Wesen: was kann dir Besseres dargeboten werden als Vernunft? Und wenn dir jene Verbindung gefällt, wenn du in dieser Begleitung gerne einem glückseligen Leben entgegenwandelst, so gehe die Tugend voran, das Vergnügen sei der Begleiter und folge wie der Schatten dem Körper. Die Tugend, das Herrlichste, was es gibt, als Magd dem Vergnügen beigesellen, das kann nur eine keines hohen Gedankens fähige Seele tun. Immer gehe die Tugend voran und trage die Fahne; wir werden nichtsdestoweniger Vergnügen haben, aber wir werden es beherrschen und lenken; wir werden uns erbitten lassen, aber nichts wird uns zwingen. Diejenigen aber, die das Vergnügen zur Hauptsache machen, haben weder das eine noch das andere: die Tugend verlieren sie und das Vergnügen haben sie nicht, sondern das Vergnügen beherrscht sie, und entweder quält sie der Mangel daran oder sie ersticken am Überfluss. Sie sind elend, wenn sie es nicht haben, und doppelt elend, wenn sie es im Überfluss haben. Es geht ihnen wie den Schiffern in einem Meere voller Sandbänke: das eine Mal sitzen sie auf dem Trockenen, das andere Mal fahren sie auf hochgehenden Wogen dahin. Dahin kommt es aber, wenn man zu wenig Maß hält und blind ist in seiner Begierde; für den, der Schlechtes will statt des Guten, ist die Erreichung seiner Wünsche gefährlich. Wie wir auf wilde Tiere mit Anstrengung und mit Gefahr Jagd machen und wie ihr Besitz immer ein bedenkliches Ding ist, weil sie oft ihren Herrn zerfleischen, so stürzen gewöhnlich diejenigen, die große Vergnügungen erjagen, in großes Unheil: was sie fingen, fängt sie! Je mannigfaltiger und zahlreicher die Vergnügungen sind, desto mehr ist der ein Sklave, den der Pöbel glücklich nennt. Lasset uns das Bild noch ein wenig festhalten: Wie der Jäger, der das Lager des Wildes aufspürt und sich freut, „mit Schlingen zu fangen das Wild“ und „mit Hunden zu umstellen das große Waldgebirge“ um ihre Spur zu verfolgen, alles hintansetzt und viele Geschäfte vernachlässigt, so vergisst auch der, der dem Vergnügen nachjagt, alles; selbst die Freiheit achtet er gering und opfert sie dem Bauche. Er erkauft sich nicht das Vergnügen, sondern er verkauft sich diesem. „Warum soll denn aber“, fragt man weiter, „Tugend und Vergnügen nicht eins sein und das höchste Gut darin bestehen, dass etwas zu gleicher Zeit anständig und angenehm sei?“ Darum nicht, weil ein Teil der Tugend nur wieder etwas Tugendhaftes sein kann und weil das höchste Gut nicht vollkommen rein wäre, wenn es einen unedlen Bestandteil in sich hätte. Auch die Freude, die aus der Tugend entsteht, ist, obwohl etwas Gutes, kein Teil des absolut Guten, so wenig wie Fröhlichkeit und Ruhe, mögen diese auch aus den besten Ursachen entstehen. Es sind das zwar Güter, aber solche, die eine Folge des höchsten Gutes sind, nicht die sein Wesen ausmachen. Wer Vergnügen und Tugend zusammenwirft und nicht einmal zu gleichen Teilen, der schwächt mit der Zerbrechlichkeit des einen Gutes die Lebenskraft des andern ab und unterjocht die Freiheit, die nur dann ganz frei ist, wenn sie weiß, dass sie das Höchste und Wertvollste ist. Das Glück fängt nun an zum Bedürfnis zu werden und das ist die schlimmste Knechtschaft. Die Folge davon ist ein ängstliches, misstrauisches, zaghaftes, allerlei Zufälle und schlimme Wechsel des Geschicks fürchtendes Leben. Die Tugend hat da kein festes unerschütterliches Fundament, sondern sie muss auf schwankendem Boden ruhen. Was ist aber so wandelbar wie die Erwartung des Zufälligen und der Wechsel der körperlichen Zustände und der Dinge, die auf den Leib einwirken? Wie kann man da Gott gehorchen und alles, was geschieht, mit Seelenruhe und ohne Klagen über das Geschick hinnehmen, wie kann man sein Schicksal sich zum Besten auslegen, wenn man durch jede Einwirkung von Freude und von Leid erschüttert wird? Wer immer an das Vergnügen denkt, der kann auch kein tüchtiger Beschützer oder Verteidiger des Vaterlandes sein noch auch ein Kämpfer für seine Freunde. Darum muss das höchste Gut so hoch stehen, dass es durch keine Macht beeinträchtigt werden kann, dass es unabhängig ist von Schmerz, Furcht und Hoffnung oder von irgendetwas, wodurch das Recht des höchsten Gutes angefochten würde. So hoch kann aber nur die Tugend steigen; mit ihr allein erreicht man eine solche Höhe; sie wird feststehen und alles, was geschieht, ertragen, nicht bloß es erduldend, sondern sogar gern, indem sie in jeder Schwierigkeit ein Naturgesetz erkennt. Der Tugendhafte wird wie ein wackerer Soldat Wunden tragen, seine Narben zählen, von Geschossen durchbohrt den Feldherrn noch lieben, für den er fällt, folgend dem alten Spruch: „Gehorche der Gottheit!" Wer aber klagt und weint und seufzt, der freilich wird gezwungen zu tun, was befohlen wird, und wird gegen seinen Willen dazu genötigt. Wie töricht aber ist es, sich lieber schleppen zu lassen, als freiwillig zu gehen. Wahrlich, ebenso ist es Torheit und Verkennung der eigenen Lage, sich über hartes Geschick zu betrüben oder sich zu wundern und mit Widerstreben zu tragen, was Gute und Böse gleichmäßig trifft: Krankheiten, Todesfälle, Gebrechen und was sonst Widriges im Menschenleben sich ereignet. Was man nach den allgemeinen Gesetzen der Weltordnung zu erdulden hat, das erdulde man hochherzig. Darauf sind wir verpflichtet zu tragen, was im Leben eines Sterblichen vorkommen mag, und uns nicht irremachen zu lassen durch etwas, was zu vermeiden nicht in unserer Macht steht. Wir sind in einem Königreiche geboren; Gott gehorchen, ist die wahre Freiheit.

Das wahre Glück besteht somit in der Tugend. Was wird dir diese für einen Rat geben? Du sollst nichts für ein Gut oder für ein Übel halten, was nicht Folge der Tugend oder der Schlechtigkeit ist, du sollst unerschütterlich fest bleiben, auch wenn Böses aus dem Guten entsteht, damit du Gott ähnlich werdest, soweit es möglich ist. Und was wird dir für diesen Kampf verheißen? Großes und Gottgleiches! Du wirst zu nichts gezwungen sein, du wirst niemand brauchen, du wirst frei sein, sicher, ungeschädigt; du wirst nichts vergeblich unternehmen, in nichts gehindert sein. Alles wird dir nach Wunsch gehen, nichts Widriges dir begegnen, nichts unerwartet, nichts gegen deinen Willen. – „So ist also die Tugend hinreichend zu einem glückseligen Leben?" Nicht nur hinreichend ist die vollkommene und göttliche Tugend, sondern mehr noch. Denn was könnte dem fehlen, der über jeden Wunsch erhaben ist? Was braucht der von außen, der alle seine Schätze in sich hat? Dennoch aber braucht der, der nach Tugend strebt, auch wenn er schon weit fortgeschritten ist, noch einige Gunst des Geschicks, solange er noch den Kampf des Lebens kämpft, bis er einmal diesen Knoten löst und jedes Band der Sterblichkeit. Worin besteht also der Unterschied? Darin, dass die einen angebunden sind, die andern angefesselt, wieder andere in harte Bande geschlagen. Wer vorwärts strebend sich höher erhoben hat, hat eine weite Kette, ganz frei ist er noch nicht, aber beinahe.

(Seneca, Vom glückseligen Leben. Übers. von Ludwig Rumpel und Peter Jaerisch. Reclam Verlag, Stuttgart 1977, S. 78–81)

1 *Wie bestimmt Seneca das Verhältnis von Vergnügen bzw. Lust und Tugend?*
2 *Was bedeutet die Tugend konkret und wodurch ist der Tugendhafte dem nach Glück Jagenden überlegen?*
3 *Vergleichen Sie Epikur und Seneca. Erörtern Sie dabei, ob Senecas Bestimmung der Tugend nicht auch eine heimliche Entscheidung für den Vorrang des Vergnügens bedeutet.*

1.4 Gegenwärtige Glücksvorstellungen unserer Gesellschaft

Im Anschluss werden zwei verschiedenartige Glücksvorstellungen unserer gegenwärtigen Gesellschaft vorgestellt. Sie beziehen sich beide auf das in der Liebe und Zuwendung zum anderen empfundene Lebensglück und stehen nur beispielhaft für heute kursierende Glücksauffassungen.

Glück in der Zweisamkeit

Originalfoto

Nur die Liebe läßt uns leben!! VERENA, 30 J., Krankenschwester, eine bildhübsche, süße Jungmädchenfrau, ledig u. ganz alleine. Ich sehe tägl. viel Leid u. Elend, lebe dadurch bewußter u. genieße jeden Augenblick des Lebens, das ich nicht mehr länger alleine verbringen mö. Ich bin sehr zärtlich u. anschmiegsam, brauche die Nähe eines geliebten Menschen u. will wissen, wo ich hingehöre. Wo ist der Mann, der noch treu sein kann u. dem ein gemütl. Zuhause u. Zweisamkeit auch viel bedeuten. Ich mö. Dir zärtl. Geliebte sein u. Dich liebevoll verwöhnen. Wenn Du Dich jetzt meldest, könnte das der Anfang einer großen Liebe sein. Also, worauf wartest Du noch? Anruf oder Brief an:
[redacted]

Originalfoto

Mit Dir auf einer Wolke schweben! TANJA, 21 Jahre jung, Fotolaborantin, ein bildhübsches Mädel zum Liebhaben, schlank, sexy, frech, fröhlich, mit dunklen lockigen Haaren u. super-toller Figur. Ich bin romantisch und verträumt, ganz natürlich, gefühlsbetont und trotz meiner Jugend sehr reif und selbständig. Leider schauen viele Männer nur auf das Äußere u. suchen ein oberflächl. Abenteuer, doch dafür bin ich mir zu schade. Ich suche echte Gefühle u. mö. einen liebev., zuverlässigen Mann für ein Leben zu Zweit kennenlernen. Vielleicht bist Du ja auch schon einige Jahre älter als ich, um so stärker wäre dann mein Gefühl, daß ich mich ganz auf Dich verlassen kann. Bitte melde Dich bald an:
[redacted]

GLÜCK IST ZIEL ALLER WÜNSCHE BEFRIEDIGUNG ALLER BEGIERDEN SYLVIE, 45 J./1.65, verw., Bankangest., tolle, bildhübsche, natürl. Frau. Ich liebe meinen Beruf, bin sehr beliebt bei Kollegen, doch wenn der Abend o. d. Wochenende kommen, habe ich Angst vor dem Alleinsein. Gern würde ich Sie in mein Zuhause einladen zu einem schö. Essen, zu netten Gesprächen und zärtl. Stunden, denn die Abende werden länger, man kann es sich so kuschelig und romant. gestalten! Auch schöne Herbstspaziergänge, Musik, Bücher und einfach mal faulenzen, in Ihrem Arm liegen, uns festhalten und einen neuen, wunderbaren Anfang der Liebe finden! Bitte rufe an od. schr. an: WIR ZWEI,
[redacted]

Glück durch soziales Engagement

Cornelia, 19 Jahre: Ich arbeite nun schon seit fast einem Jahr hier in den Anstalten für Epilepsie-Kranke und kann mir kaum noch vorstellen wie es vorher war. In der Schule hatte ich eigentlich ständig das Gefühl, meinen Anforderungen nicht zu genügen, oft wusste ich nicht, wozu das gut war, was ich da jeden Tag zu pauken hatte, ja, ich wusste zuweilen nicht einmal, wozu ich selbst da war. Während ich in der Schule oft gleichgültig und ziemlich faul vor mich hinlebte, war ich hier vom ersten Tag an mit Arbeit eingedeckt bis oben hin. Aber das hat mir überhaupt nichts ausgemacht; im Gegenteil: Ich tat es gern. Dabei waren es z. T. keine ‚angenehmen' Arbeiten im üblichen Sinn. Wickeln Sie mal einen 8jährigen Jungen, der sich voll gemacht hat bis oben hin. Oder sind Sie mal allein auf Station – das kann vorkommen, z. B. bei einer Nachtwache – und es kommt ein Anfall. Da ist ganz schön was los. Da ist man nachher ganz schön geschafft.

Die Kinder zeigen sehr direkt, dass sie einen gern haben. Allerdings können sie dir auch drastisch mitteilen: Ich mag dich nicht, weil du mich nicht magst. Die kleine Tina z. B. verweigerte immer das Essen und drehte sich zur Wand, wenn sie bei einem von uns das Gefühl hatte: der tut nur so, als ob er mich leiden mag, der macht auf Mitleid. Du merkst bei dieser Arbeit: das tust du für jemanden, der sich selbst nicht helfen kann, und das Kind zeigt dir mit einem Lächeln oder mit einer Geste, dass es sich darüber freut. Im Unterschied zur Schulzeit habe ich hier noch keinen Tag wegen Krankheit gefehlt. Ich habe ganz einfach das Gefühl: hier tue ich etwas Sinnvolles. Ich kann mithelfen, dass die Kinder ein bißchen selbstständiger werden. Beispielsweise trainieren wir, sich selber waschen, an- und ausziehen, Schuhebinden, essen oder dass die Kinder ihre Hemmungen abbauen lernen, die ihnen den Umgang mit anderen erschweren oder dass sie ihre Wahrnehmungsfähigkeit erweitern.

Zum ersten Mal habe ich das Gefühl sinnvoll zu leben – im Blick auf die Kinder, indem ich ihnen helfe mit ihrer Behinderung zu leben, – im Blick auf mich selber, indem ich das Gefühl habe: hier wirst du gebraucht. Sie glauben gar nicht wie glücklich und wie dankbar diese Kinder sein können, wenn sie geliebt werden. Dieses Glück ist ansteckend!

(Eckhart Marggraf/Eberhard Röhm [Hrsg.], Oberstufe Religion 1: Wer sein Leben verliert … Die Frage nach dem Sinn. Calwer Verlag, Stuttgart 1978, S. 15)

1 *Vergleichen Sie beide Vorstellungen vom Glück und diskutieren Sie ihre Tragfähigkeit.*
2 *Benennen Sie weitere Glücksvorstellungen, die unsere gegenwärtige Gesellschaft prägen, und zeigen Sie ihren Zusammenhang mit denen der Texte auf.*
3 *Diskutieren Sie, mit welchen Glücksvorstellungen Sie am ehesten übereinstimmen können.*

1.5 Erich Fromm: Gegenwärtige Glücksvorstellungen in kritischer Perspektive

In den 70er und 80er Jahren ist der Psychoanalytiker **Erich Fromm** (1900–1980) durch seine Bücher „Haben oder Sein" und „Die Kunst des Liebens", in denen er mit der heutigen Konsumgesellschaft abrechnet, populär geworden. In den beiden folgenden Textauszügen aus diesen Werken steckt eine deutliche Kritik an den von der gegenwärtigen Gesellschaft akzeptierten Glücksvorstellungen und Fromm entwickelt gleichzeitig in Ansätzen eine eigene Theorie des glücklichen Lebens.

Die Existenzweise des Habens leitet sich vom Privateigentum ab. In dieser Existenzweise zählt einzig und allein die Aneignung und das uneingeschränkte Recht das Erworbene zu behalten. Die Habenorientierung schließt andere aus und verlangt mir keine weiteren Anstrengungen ab um meinen Besitz zu behalten bzw. produktiven Gebrauch davon zu machen. Es ist die Haltung, die im Buddhismus als Gier, in der jüdischen und der christlichen Religion als Habsucht bezeichnet wird. Sie verwandelt alle und alles in tote, meiner Macht unterworfene Objekte. Der Satz „ich habe etwas" drückt die Beziehung zwischen dem Subjekt, *ich* (oder er, du, wir, sie) und dem Objekt, *O*, aus. Er impliziert, dass sowohl Subjekt als auch Objekt dauerhaft sind. Aber sind sie es wirklich? Ich werde sterben; ich kann meine gesellschaftliche Stellung verlieren, die garantiert, dass ich etwas habe. Auch das Objekt ist nicht von Dauer: Es kann zerstört werden oder verlorengehen oder seinen Wert verlieren. Die Aussage, etwas auf Dauer zu besitzen, beruht auf der Illusion einer unvergänglichen, unzerstörbaren Substanz. Wenn ich alles zu haben scheine, habe ich in Wirklichkeit – nichts, denn mein Haben, Besitzen, Beherrschen eines Objektes ist nur ein vorübergehender Moment im Lebensprozess.

In letzter Konsequenz drückt die Aussage: „ich (Subjekt) habe O (Objekt)" eine Definition meines Ichs durch meinen Besitz des Objektes aus. Das Subjekt bin nicht *ich selbst*, sondern *ich bin, was ich habe*. Mein Eigentum begründet mich und meine Identität. Der Gedanke, der der Aussage „ich bin ich" zugrunde liegt, ist *ich bin ich, weil ich X habe*; X sind dabei alle natürlichen Objekte und Personen, zu denen ich kraft meiner Macht sie zu beherrschen und mir dauerhaft anzueignen in Beziehung stehe.

In der Existenzweise des Habens gibt es keine lebendige Beziehung zwischen mir und dem, was ich habe. Es und ich sind Dinge geworden und ich habe *es*, weil ich die Möglichkeit habe es mir anzueignen. Aber es besteht auch die umgekehrte Beziehung: *Es hat mich*, da mein Identitätsgefühl bzw. meine psychische Gesundheit davon abhängt, es und so viele Dinge wie möglich zu haben. Die Existenzweise des Habens wird nicht durch einen lebendigen, produktiven Prozess zwischen Subjekt und Objekt hergestellt. Sie macht Subjekt und Objekt zu Dingen. Die Beziehung ist tot, nicht lebendig.

(Erich Fromm, Haben oder Sein. Die seelischen Grundlagen einer neuen Gesellschaft. Übers. v. Brigitte Stein. DTV , München 1979, S. 79 f.)

Unsere gesamte Kultur gründet sich auf die Lust am Kaufen, auf die Idee des für beide Seiten günstigen Tauschgeschäfts. Schaufenster anzusehen und sich alles, was man sich leisten kann, gegen bares Geld oder auf Raten kaufen zu können – in diesem Nervenkitzel liegt das Glück des modernen Menschen. Er (oder sie) sieht sich die Mitmenschen auf ähnliche Weise an. Der Mann ist hinter einem attraktiven jungen Mädchen und die Frau ist hinter einem attraktiven Mann her. Dabei wird unter „attraktiv" ein Bündel netter Eigenschaften verstanden, die gerade beliebt und auf dem Personalmarkt gefragt sind. [...] Man will ein Geschäft machen; der erwünschte Gegenstand sollte vom Standpunkt seines gesellschaftlichen Wertes aus begehrenswert sein und gleichzeitig auch mich aufgrund meiner offenen und verborgenen Pluspunkte und Möglichkeiten begehrenswert finden. So verlieben sich zwei Menschen ineinander, wenn sie das Gefühl haben das beste Objekt gefunden zu haben, das für sie in Anbetracht des eigenen Tauschwerts auf dem Markt erschwinglich ist. Genau wie beim Erwerb eines Grundstücks spielen auch bei diesem Geschäft oft noch entwicklungsfähige, verborgene Möglichkeiten eine beträchtliche Rolle. In einer Kultur, in der die Marketing-Orientierung vorherrscht, in welcher der materielle Erfolg der höchste Wert ist, darf man sich kaum darüber wundern, dass sich auch die menschlichen Liebesbeziehungen nach den gleichen Tauschmethoden vollziehen, wie sie auf dem Waren- und Arbeitsmarkt herrschen.[…]

Trotz unserer tiefen Sehnsucht nach Liebe halten wir doch fast alles andere für wichtiger als diese: Erfolg, Prestige, Geld und Macht. Unsere gesamte Energie verwenden wir darauf zu lernen, wie wir diese Ziele erreichen, und wir bemühen uns so gut wie überhaupt nicht darum, die Kunst des Liebens zu erlernen.

(Erich Fromm, Die Kunst des Liebens. Übers. von Liselotte und Ernst Mickel. Ullstein Verlag, Frankfurt/M., Berlin 1990, S. 13–15)

1.6 Glück als Aufhebung des Glücksstrebens im Buddhismus

Als Beispiel für eine außereuropäische Haltung kann die Auffassung des **Buddhismus** über Zufriedenheit und Glück stehen. Nach buddhistischer Vorstellung kann man sich die menschliche Existenz als brennende Kerze vorstellen. Dabei steht die Kerze für den Körper und seine Empfindungen, die Flamme für den Bewusstseinsstrom. Ist schließlich die Kerze abgebrannt, so erlischt zwar der Bewusstseinsstrom, die Flamme springt aber auf eine neue Kerze über, der Mensch wird „wiedergeboren“. Nicht das individuelle Ichbewusstsein lebt weiter, sondern der den Bewusstseinsstrom erzeugende Drang nach Lebensgestaltung. Diese Lebensgier verursacht das Leiden. Sie führt dazu, dass der Mensch an den Kreislauf von Geburt, Tod und Wiedergeburt gefesselt bleibt, und sie gilt es zu überwinden.

Seit 12 Jahren steht dieser indische Mann auf einem Bein. Er ernährt sich durch Spenden.

Inneres eines buddhistischen Tempels in Saigon

Sobald der Meditierende sieht, dass die fünf Hemmungen[1] geschwunden sind, entsteht in ihm eine frohe Stimmung, dann freudige Verzückung, dann wird sein Körper ruhig, dadurch empfindet er ein Glücksgefühl, und dann sammelt er sein Denken zur Konzentration. Losgelöst von Sinnengelüsten und den unheilvollen „Dingen" (dharma) erreicht er die erste Versenkung, die aus der Loslösung geborene, welche durch Erwägen und Erfassen, durch Freude und Glücksgefühl gekennzeichnet ist. Er erfüllt und durchdringt seinen Körper mit der Freude und dem Glücksgefühl, die aus der Loslösung geboren sind, so wie ein Bader einen Seifenball ganz und gar mit Feuchtigkeit durchnässt.

Dann erreicht er, nachdem er Erwägen und Erfassen zur Ruhe gebracht hat, den inneren Frieden, die Einung des Denkens, die von Erwägen und Erfassen freie, aus der Sammlung geborene, von Freude und Glücksgefühl begleitete zweite Versenkung. Er erfüllt und durchdringt seinen Körper mit Freude und Glücksgefühl [...], die aus der Sammlung geboren sind, so wie ein kühler Quellstrom einen nur von ihm gespeisten See ganz und gar durchflutet.

Nachdem er sich von der Freude freigemacht hat, verharrt er gleichmütig, besonnen und vollbewusst und empfindet mit dem Körper ein Glück, wie es die Edlen in die Worte fassen: „Er ist gleichmütig, besonnen und verweilt im Glück." So erreicht er die dritte Versenkung. Er erfüllt und durchdringt seinen Körper mit einem freudefreien Glücksgefühl, vergleichbar dem kühlen Wasser, das eine unter dem Wasserspiegel blühende Lotusblume ganz und gar umspült.

Nach dem Aufgeben von Glück und Leid, nachdem Frohsinn und Trübsinn vergangen, erreicht er die von Glück und Leid freie vierte Versenkung, die rein ist durch Gleichmut und besonnenes Überdenken. Er durchdringt seinen Körper mit reinem, geläutertem Denken und sitzt da wie einer, der vom Kopf bis zu den Füßen mit weißen Gewändern bedeckt ist.[2]

(Digha Nikaya, 2,75–82; aus: Wolfgang Schulte, Gott kommt. Einführung in die Religionskunde. Neukirchener Verlag, Neukirchen-Vluyn [3]1977, S. 38)

1 fünf Hemmungen: Geburt, Alter, Krankheit, Tod, Getrenntsein von dem, was man liebt, sind die fünf Momente, in denen sich das Leben eindeutig als Leiden zeigt. An sie ist der Einzelne durch seine Lebensgier gefesselt, die es zu Anfang jeder Meditation zu überwinden gilt und die insoweit als die fünf Hemmungen erscheinen.

2 Ziel der buddhistischen Versenkung ist das Erreichen des Nirwanas, eines Zustandes, in dem jede Form von Empfindung aufhört, da die Trennung zwischen Subjekt und Objekt aufgehoben ist. Endgültig vermag der Einzelne diesen ihn von weiteren Wiedergeburten befreienden Zustand erst nach seinem Tod zu erreichen, aber in der Meditation kann er ihn bereits im Leben bis zu einem gewissen Grad vorwegnehmen.

1 Kennzeichnen Sie die vier im Text aufgewiesenen Meditationsstufen.

2 Welches Lebens- bzw. Glücksideal vermittelt der Text besonders durch die Charakterisierung der vierten Stufe und in welcher Beziehung steht diese Glücksvorstellung zu den bislang vorgestellten?

1.7 Das Problem des Egoismus aus ethischer Sicht

„Ob, was ich denke und tue, christlich sei, was kümmert's Mich? Ob es menschlich, liberal, human, ob unmenschlich, illiberal, inhuman, was frag' Ich darnach? Wenn es nur bezweckt, was Ich will, wenn Ich nur Mich darin befriedige, dann belegt es mit Prädikaten wie Ihr wollt: es gilt Mir gleich. [...]

Fort denn mit jeder Sache, die nicht ganz und gar Meine Sache ist! Ihr meint, Meine Sache müsse wenigstens die „gute Sache" sein? Was gut, was böse! Ich bin ja selber Meine Sache und Ich bin weder gut noch böse. Beides hat für Mich keinen Sinn.

Das Göttliche ist Gottes Sache, das Menschliche Sache „des Menschen". Meine Sache ist weder das Göttliche noch das Menschliche, ist nicht das Wahre, Gute, Rechte, Freie usw., sondern allein das *Meinige*, und sie ist keine allgemeine, sondern ist – *einzig*, wie Ich einzig bin.

Mir geht nichts über Mich!"

(Max Stirner, Der Einzige und sein Eigentum. Reclam Verlag, Stuttgart 1981, S. 402, 5)

Mit diesen Worten beschreibt **Max Stirner** (1806–1856) seine Lebenseinstellung. Während es bisher vornehmlich um die Frage ging, wie ich ein glückliches oder mindestens ein zufriedenes Leben führen kann, tritt bei Stirner ein weiterer Aspekt hinzu: Wie soll ich handeln, wenn sich die Umwelt meinem Glücksstreben widersetzt?

Erst die Antwort, die er auf diese Frage gibt, weist Stirner als einen Egoisten aus und damit vertritt er eine mögliche ethische Grundposition. Eine präzise begriffliche Bestimmung des **ethischen Egoismus** gibt der zeitgenössische Philosoph **Frankena**:

„Der ethische Egoismus ist eine ethische Theorie, nicht eine Verhaltensweise oder eine Charaktereigenschaft; er ist mit selbstlosem Handeln in der Praxis durchaus vereinbar. Und selbst wenn ein ethischer Egoist in seiner Lebensführung seiner Theorie folgt, braucht er doch nicht das zu tun, was wir gewöhnlich als egozentrisch, egoistisch, narzisstisch oder selbstsüchtig bezeichnen. Ob er es tut, wird von seiner Meinung abhängen, ob es ihm auf lange Sicht nützen wird; und vielleicht ist er nicht dieser Meinung, sondern hält Bescheidenheit und Rücksichtnahme auf andere im eigenen Interesse für klüger (vgl. „Ehrlich währt am längsten"), d. h. ist ein „aufgeklärter" Egoist.

Was sind nun genau die Thesen des ethischen Egoismus? Soweit er den Einzelnen in seiner Rolle als moralisch Handelnden betrachtet, erklärt er, 1. die einzige grundlegende Verpflichtung des Einzelnen bestehe darin, für sich selbst das größtmögliche Übergewicht von guten gegenüber schlechten Folgen herbeizuführen. Nicht so klar ist, was der ethische Egoismus über den Einzelnen in seiner Rolle als moralischer Betrachter, Ratgeber oder Richter sagt. Er könnte sagen, 2. dass der Einzelne selbst in der Abgabe moralischer Urteile in der zweiten und dritten Person danach gehen sollte, was zu seinem eigenen Vorteil ist.[...]

Ethische Egoisten können jede beliebige Theorie darüber vertreten, was gut oder was schlecht ist bzw. worin das Wohl des Einzelnen besteht. Sie sind oft Hedonisten gewesen, wie z. B. Epikur, und haben das Gute oder das Wohl mit dem Vergnügen gleichgesetzt. Aber sie können ebensogut das Gute oder das Wohl mit Erkenntnis, Macht, Selbstverwirklichung [...] gleichsetzen."

(William K. Frankena, Analytische Ethik. Eine Einführung, hrsg. und übers. von Norbert Hörster. DTV, München 1972, S. 37 f.)

Für die Prüfung, ob der ethische Egoismus eine tragfähige moralische Theorie sein kann, sollten wir uns zuerst einmal klarmachen, dass der ethische Egoist nicht wie Robinson Crusoe auf seiner Insel allein auf der Welt lebt, sondern in seinen Handlungen mit den Handlungen unzähliger anderer Individuen vernetzt ist. Als Zweites ist zu bedenken, dass der ethische Egoist sein Prinzip nicht nur als einen für ihn selbst gültigen Grundsatz auffasst. Dies könnte man zwar tun und es gleichzeitig verschweigen oder gar seinen Mitmenschen eine Moral der Nächstenliebe predigen – dann wäre dies zwar eine raffinierte egoistische Verhaltensweise, aber man verträte keine moralische Theorie. Dafür ist es notwendig, das verfochtene moralische Prinzip als ein allgemeines zu verstehen, das jeder für sich in

Anspruch nehmen kann, sogar soll. Nimmt man diese beiden Voraussetzungen zusammen, stellt sich das Problem, wie denn die das eigene Glück befördernden Handlungen mit denen der anderen, die ebenfalls nichts als ihr Glück verfolgen, zusammenstimmen können.
Zur Lösung des Problems könnte man darauf verweisen, dass die Glücksvorstellungen bei verschiedenen Menschen so unterschiedlich geartet seien, dass sie sich wechselseitig ergänzen und untereinander vermitteln lassen. Was zum Vorteil des einen ist, nützt auch den anderen, und auf diese Weise ergibt sich ein komplexer, aber in sich harmonischer Handlungszusammenhang, in dem jeder auf seine Weise zu seinem Glück gelangt.
Dieser Standpunkt wird auch von vielen Ökonomen vertreten, so etwa von **Adam Smith** (1723–1790), dem Begründer der modernen Nationalökonomie:

„Jeder Einzelne bemüht sich darum, sein Kapital so einzusetzen, dass es den größten Ertrag erbringt. Im Allgemeinen wird er weder bestrebt sein das öffentliche Wohl zu fördern noch wird er wissen, inwieweit er es fördert. Er interessiert sich nur für seine eigene Sicherheit und seinen eigenen Gewinn. Und gerade dabei wird er von einer unsichtbaren Hand geleitet ein Ziel zu fördern, das er von sich aus nicht anstrebt. Indem er seine eigenen Interessen verfolgt, fördert er das Wohl der Gesellschaft häufig wirksamer, als wenn er es direkt beabsichtigt hätte."
(Zitiert nach: Paul A. Samuelsen, Volkswirtschaftslehre. Aus dem Amerikanischen übertragen von Ulrich Schlieper. Bund Verlag, Köln, 1981, S. 61)

Ein Blick auf die gesellschaftliche Realität zeigt aber, dass diese Annahme nicht zutrifft. Meist liegen die Glücksauffassungen der Einzelnen so nah beieinander, dass es notwendig zu Kollisionen kommen muss, wenn sie diese zugleich verwirklichen wollen. Aber auch unterschiedliche Glücksvorstellungen führen zu Konflikten zwischen den Beteiligten, weil ihre inhaltliche Bestimmung der Willkür des Einzelnen überlassen und daher ein harmonisches Ineinandergreifen unwahrscheinlich ist. Indem man das eigene Glück zum moralischen Prinzip erklärt, fehlt jeder Anhaltspunkt dafür, wie seine individuellen Konkretisierungen so aufeinander abgestimmt werden können, dass jeder „sein Glück machen" kann.
Wird das Individualglück zum moralischen Prinzip erhoben, wird dies nicht nur Ungleichheiten für die Glücksverwirklichung verschiedener Menschen zur Folge haben. Konsequent weitergedacht, setzt es den in einen besonderen Vorteil, der sein Glück auf Kosten anderer zu realisieren weiß. Bald gewinnen diejenigen die Oberhand, deren Glück in der Vergrößerung ihrer Macht besteht; das Glücksstreben der anderen (übrigens auch das der anderen nach Macht trachtenden), im Extremfall sogar ihr Leben, hat sich ihm unterzuordnen. So führt die Ausrichtung der Moral auf das Glück des Einzelnen letztlich zu einer Gesellschaft von Herren und Sklaven. Streng logisch lässt sich der ethische Egoismus also nicht widerlegen, aber wer das Glück des Einzelnen zum obersten moralischen Prinzip machen will, muss zugleich seinen eigenen (möglichen) Untergang mitwollen. Nur wer auch diese Konsequenz bereit ist zu tragen, kann im Individualglück den höchsten moralischen Grundsatz erblicken.
Um Missverständnissen vorzubeugen: Mit dieser Argumentation soll nicht das Glücksstreben des Einzelnen geächtet werden. Natürlich darf und wird das Individuum sein Glück wollen und suchen. Es soll nur deutlich werden, dass es nicht zu einem moralischen Maßstab, also zu einem Auswahlkriterium richtiger und falscher Handlungen taugt.

1 *Erörtern Sie, ob der ethische Egoismus eine tragfähige Basis für das Zusammenleben verschiedener Kulturen mit verschiedenartigen Wertsystemen bilden kann.*

2 *Informieren Sie sich über moderne Wirtschaftsethik (vgl. Peter Koslowski, Ethik des Kapitalismus. Tübingen ^{4}1991) und diskutieren Sie deren philosophische Voraussetzungen.*

2 *Glück für alle – der Utilitarismus*

Nicht die rein individuelle oder gar bewusst egoistische Selbstverwirklichung, sondern das allgemeine **„größtmögliche Glück für die größtmögliche Zahl"** ist das Grundprinzip für die ethische Theorie des **Utilitarismus**.
Der Utilitarismus setzt sich vor allem von jeder metaphysischen Begründung der Ethik ab: Nicht um Einklang mit den Gesetzen der Weltordnung oder um ewig gültige moralische Werte geht es, sondern vielmehr um eine vernünftige Regelung des menschlichen Zusammenlebens. Dabei steht die utilitaristische Theorie in der Tradition des Empirismus (➔ Kap. I, 1.3). Dementsprechend versucht der Utilitarismus seine Theorie aus der Erfahrung zu begründen und ihre Grundsätze so zu formulieren, dass sich die Gültigkeit der daraus abgeleiteten Handlungsregeln möglichst überprüfen lässt.
Der Utilitarismus entstand im England des 18. und 19. Jahrhunderts, während der beginnenden Industrialisierung, und übernahm Elemente des dort aufkommenden ökonomischen Denkens in die Moral und die Gesellschaftslehre. Er stellte den Versuch dar die Bevölkerung gleichmäßig und gerecht an dem erwirtschafteten Wohlstand zu beteiligen. Mit seiner Hilfe versuchten liberale Theoretiker und Politiker überkommene gesellschaftliche Privilegien und fest gefügte Dogmen abzuschaffen. Die utilitaristische Theorie wurde im 20. Jahrhundert weiter ausgearbeitet und wird bis heute in dieser weiterentwickelten Form von zahlreichen Ethikern besonders des angloamerikanischen Raums vertreten.

2.1 Jeremy Bentham: Das Prinzip der Nützlichkeit

Als einer der Begründer und Hauptvertreter des Utilitarismus gilt **Jeremy Bentham** (1748–1832), Jurist und Philosoph. Seine Schrift „An Introduction to the Principles of Morals and Legislation" („Eine Einführung in die Prinzipien der Moral und der Gesetzgebung"), aus der auch der folgende Texte stammt, sollte zuerst nur zu seinen rechtsphilosophischen Überlegungen hinführen, wurde von ihm aber dann zu einem eigenständigen Werk der Ethik ausgebaut.

1. Die Natur hat die Menschheit unter die Herrschaft zweier souveräner Gebieter – *Leid* und *Freude* – gestellt. Es ist an ihnen allein aufzuzeigen, was wir tun sollen, wie auch zu bestimmen, was wir tun werden. Sowohl der Maßstab für Richtig und Falsch als auch die Kette der Ursachen und Wirkungen sind an ihrem Thron festgemacht. Sie beherrschen uns in allem, was wir tun, was wir sagen, was wir denken: jegliche Anstrengung, die wir auf uns nehmen können um unser Joch von uns zu schütteln, wird lediglich dazu dienen, es zu beweisen und zu bestätigen. Jemand mag zwar mit Worten vorgeben ihre Herrschaft zu leugnen, aber in Wirklichkeit wird er ihnen ständig unterworfen bleiben. Das *Prinzip der Nützlichkeit* erkennt dieses Joch an und übernimmt es für die Grundlegung jenes Systems, dessen Ziel es ist, das Gebäude der Glückseligkeit durch Vernunft und Recht zu errichten. [...]

2. Das Prinzip der Nützlichkeit ist die Grundlage des vorliegenden Werkes; es wird daher zweckmäßig sein, mit einer ausdrücklichen und bestimmten Erklärung dessen zu beginnen, was mit ihm gemeint ist. Unter dem Prinzip der Nützlichkeit ist jenes Prinzip zu verstehen, das schlechthin jede Handlung in

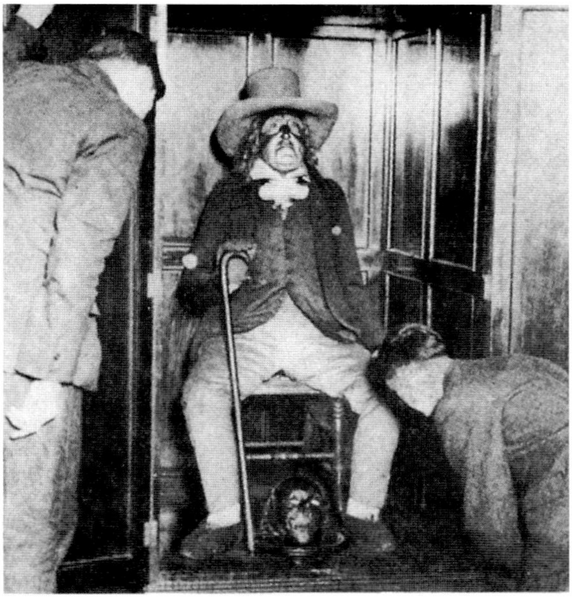

Das „ausgestopfte" und bekleidete Skelett Benthams, das gemäß seiner letzten Willensverfügung von der Universität London aufbewahrt wird. Bentham hinterließ sein Vermögen dieser Universität unter der Bedingung, dass seine Gebeine bei allen Ratssitzungen anwesend sein müssten. Der mit einem Hut bedeckte Kopf ist aus Wachs, der wirkliche Totenschädel Benthams liegt zwischen seinen Füßen; er wurde nach der Methode der Kopfjäger von Südamerika konserviert.

dem Maß billigt oder missbilligt, wie ihr die Tendenz innezuwohnen scheint, das Glück der Gruppe, deren Interesse in Frage steht, zu vermehren oder zu vermindern oder – das gleiche mit anderen Worten gesagt – dieses Glück zu befördern oder zu verhindern. Ich sagte: schlechthin jede Handlung, also nicht nur jede Handlung einer Privatperson, sondern auch jede Maßnahme der Regierung.

3. Unter Nützlichkeit ist jene Eigenschaft an einem Objekt zu verstehen, durch die es dazu neigt, Gewinn, Vorteil, Freude, Gutes oder Glück hervorzubringen (dies alles läuft im vorliegenden Fall auf das Gleiche hinaus) oder (was ebenfalls auf das Gleiche hinausläuft) die Gruppe, deren Interesse erwogen wird, vor Unheil, Leid, Bösem oder Unglück zu bewahren; sofern es sich bei dieser Gruppe um die Gemeinschaft im Allgemeinen handelt, geht es um das Glück der Gemeinschaft; sofern es sich um ein bestimmtes Individuum handelt, geht es um das Glück des Individuums.

4. „Das Interesse der Gemeinschaft" ist einer der allgemeinsten Ausdrücke, die in den Redeweisen der Moral vorkommen können; kein Wunder, dass sein Sinn oft verloren geht. Wenn er einen Sinn hat, dann diesen: Die Gemeinschaft ist ein fiktiver *Körper*, der sich aus Einzelpersonen zusammensetzt, von denen man annimmt, dass sie sozusagen seine *Glieder* bilden. Was also ist das Interesse der Gemeinschaft? – Die Summe der Interessen der verschiedenen Glieder, aus denen sie sich zusammensetzt.

5. Es hat keinen Sinn, vom Interesse der Gemeinschaft zu sprechen, ohne zu wissen, was das Interesse des Individuums ist. Man sagt von einer Sache, sie sei dem Interesse förderlich oder *zugunsten* des Interesses eines Individuums, wenn sie dazu neigt, zur Gesamtsumme seiner Freuden beizutragen: oder, was auf das Gleiche hinausläuft, die Gesamtsumme seiner Leiden zu vermindern.

6. Man kann also von einer Handlung sagen, sie entspreche dem Prinzip der Nützlichkeit oder – der Kürze halber – der Nützlichkeit (das heißt in Bezug auf die Gemeinschaft insgesamt), wenn die ihr innewohnende Tendenz, das Glück der Gemeinschaft zu vermehren, größer ist als irgendeine andere ihr innewohnende Tendenz es zu vermindern. [...]

9. Man kann von jemandem sagen, er sei ein Anhänger des Prinzips der Nützlichkeit, wenn die Billigung oder Missbilligung, die er mit einer Handlung oder einer Maßnahme verbindet, durch die Tendenz bestimmt ist und der Tendenz entspricht, die ihr nach seiner Ansicht innewohnt, um das Glück der Gemeinschaft zu vermehren oder zu vermindern; oder mit anderen Worten, wenn seine Billigung oder Missbilligung von der Übereinstimmung oder Nichtübereinstimmung der Handlung mit den Gesetzen oder Geboten der Nützlichkeit abhängt.

10. Von einer Handlung, die mit dem Prinzip der Nützlichkeit übereinstimmt, kann man stets entweder sagen, sie sei eine Handlung, die getan werden soll, oder zum mindesten, sie sei keine Handlung, die nicht getan werden soll. [...]

11. Ist die Richtigkeit dieses Prinzips jemals förmlich bestritten worden? Anscheinend ja, und zwar von denen, die nicht wussten, was sie meinten. Ist es eines direkten Beweises fähig? Anscheinend nein: denn was dazu dient, um etwas anderes zu beweisen, kann nicht selber bewiesen werden; eine Beweiskette muss irgendwo anfangen. Es ist ebenso unmöglich wie überflüssig, einen solchen Beweis vorzulegen.

(Jeremy Bentham, Eine Einführung in die Prinzipien der Moral und der Gesetzgebung [1789], Kap. I. Über das Prinzip der Nützlichkeit. Übers. von Annemarie Pieper. In: Otfried Höffe [Hrsg.]: Einführung in die utilitaristische Ethik. A. Francke Verlag, Tübingen ²1992, S. 55–58)

1 *Legen Sie dar, was der Verfasser unter dem Prinzip Nützlichkeit versteht und welche Handlungen ihm entsprechen.*
2 *Verdeutlichen Sie die Auffassung vom Menschen, die Bentham seinem ethischen Prinzip zugrunde legt.*
3 *Worin unterscheidet sich Benthams Position von der Epikurs, worin stimmen beide überein?*
4 *Informieren Sie sich über Aldous Huxleys utopischen Roman „Schöne neue Welt" und entwerfen Sie anhand dieser Vorlage das Bild einer Gesellschaftsform, deren Moral nach Benthams Prinzip der Nützlichkeit bestimmt ist. Erörtern Sie anschließend die Problematik dieses Prinzips von seinen Folgen her.*

Um dem Handelnden eine Hilfe beim Herausfinden der Handlungen zu geben, die dem Prinzip der Nützlichkeit entsprechen, hat Bentham einen sog. hedonistischen Kalkül entworfen. Mit ihm soll der Wert einer Handlung mathematisch berechenbar sein. Danach genügt eine Handlung dann utilitaristischen Kriterien, wenn sie durch die hervorgebrachte Freude in Intensität und Dauer bei den beteiligten Personen das mit der Handlung ebenso verbundene Leid überwiegt (Positive Glücksbilanz). Dabei unterscheidet Bentham zwischen solcher Freude und solchem Leid, das durch die Handlung unmittelbar (in erster Linie), und solchem, das durch sie mittelbar (in zweiter Linie) hervorgebracht wird.
Folgende Tabelle kann als Orientierungshilfe zur Anwendung des Kalküls gelten.
Als Beispiel stellen Sie sich vor, dass eine Verkäuferin in einem Einzelhandelsgeschäft auf Bitte einer sehbehinderten Kundin nach langem Suchen den korrekten Betrag für die erhaltene Ware aus der Geldbörse entnimmt; viele Kunden, die auch bedient werden sollen, werden durch den Vorgang aufgehalten. Zur Feststellung, ob die Handlung moralisch richtig oder falsch ist, sind die einzelnen Werte für erfahrene Freude bzw. Leid bei den beteiligten Personen quantitativ zu ermitteln und dann zusammenzuzählen (+10 Einheiten stehen für ein Maximum erreichter Freude, – 10 Einheiten für ein Maximum hervorgebrachten Leids). Es wird als Berechnungsvorgabe davon ausgegangen, dass diese Handlung für die Kundin 10 Einheiten unmittelbar hervorgebrachter Freude bedeutet, da das Ziel ihrer Handlung, ein korrekt abgewickelter Einkauf, erreicht wurde.

Berechnungstabelle nach dem Kalkül Benthams

	Kundin	Verkäuferin	Kundschaft	Einzelhandelsunternehmer
unmittelbare Freude (Intensität und Dauer)	10 Einheiten			
unmittelbares Leid (s. o.)				
mittelbare Freude (s. o.)				
mittelbares Leid (s. o.)				
Spaltensumme: (Glücksbilanz)				

(Vgl. Jeremy Bentham, Eine Einführung in die Prinzipien der Moral und der Gesetzgebung [1789], Kap. IV. Wie der Wert einer Menge an Freude oder Leid gemessen werden kann. Übers. v. A. Pieper. In: O. Höffe [Hrsg.], Einführung in die utilitaristische Ethik. A. Francke Verlag, Tübingen [2]1992, S. 79–82)

1 *Welche grundsätzliche Problematik wird durch den Umgang mit dem benthamschen Kalkül deutlich? (Vgl. hierzu die Unterscheidung zwischen Handlungs- und Regelutilitarismus in 3.5)*

2.2 John Stuart Mill: Was heißt Nützlichkeit?

John Stuart Mill (1806–1876), Philosoph, Nationalökonom und liberaler Politiker, entwickelte Benthams Ansatz weiter, indem er neben der Quantität besonders die Qualität des zu erstrebenden Glücks betonte. Benthams utilitaristisches Prinzip hatte Mill durch seinen Vater kennen und bewundern gelernt, der ihn seit seinem dritten Lebensjahr unterrichtete und ihn ohne einen traditionellen religiösen Glauben erzog.

Die Auffassung, für die die Nützlichkeit oder das Prinzip des größten Glücks die Grundlage der Moral ist, besagt, dass Handlungen insoweit und in dem Maße moralisch richtig sind, als sie die Tendenz haben Glück zu befördern, und insoweit moralisch falsch, als sie die Tendenz haben das Gegenteil von Glück zu bewirken. Unter „Glück" (happiness) ist dabei Lust (pleasure) und das Freisein von Unlust (pain), unter „Unglück" (unhappiness) Unlust und das Fehlen von Lust verstanden. Damit die von dieser Theorie aufgestellte Norm deutlich wird, muss freilich noch einiges mehr gesagt werden, insbesondere darüber, was die Begriffe Lust und Unlust einschließen sollen und inwieweit dies von der Theorie offen gelassen wird. Aber solche zusätzlichen Erklärungen ändern nichts an der Lebensauffassung, auf der diese Theorie der Moral wesentlich beruht: dass Lust und das Freisein von Unlust die einzigen Dinge sind, die als Endzwecke wünschenswert sind, und dass alle anderen wünschenswerten Dinge (die nach utilitaristischer Auffassung ebenso vielfältig sind wie nach jeder anderen) entweder deshalb wünschenswert sind, weil sie selbst lustvoll sind oder weil sie Mittel sind zur Beförderung von Lust und zur Vermeidung von Unlust.

Eine solche Lebensauffassung stößt bei vielen Menschen, darunter manchen, deren Fühlen und Trachten im höchsten Maße achtenswert ist, auf eingewurzelte Abneigung. Der Gedanke, dass das Leben (wie sie sagen) keinen höheren Zweck habe als die Lust, kein besseres und edleres Ziel des Wollens und Strebens, erscheint ihnen im äußersten Grade niedrig und gemein; als eine Ansicht, die nur der Schweine würdig wäre, mit denen die Anhänger Epikurs ja schon sehr früh verächtlich gleichgesetzt wurden. [...]

Auf Angriffe dieser Art haben die Epikureer stets geantwortet, dass nicht sie, sondern ihre Ankläger es sind, die die menschliche Natur in entwürdigendem Lichte erscheinen lassen, da die Anklage ja unterstellt, dass Menschen keiner anderen Lust fähig sind als der, deren auch Schweine fähig sind. [...]

Die Anerkennung der Tatsache, dass einige Arten der Freude wünschenswerter und wertvoller sind als andere, ist mit dem Nützlichkeitsprinzip durchaus vereinbar. Es wäre unsinnig anzunehmen, dass der Wert einer Freude ausschließlich von der Quantität abhängen sollte, wo doch in der Wertbestimmung aller anderen Dinge neben der Quantität auch die Qualität Berücksichtigung findet.

Fragt man mich nun, was ich meine, wenn ich von der unterschiedlichen Qualität von Freuden spreche, und was eine Freude – bloß als Freude, unabhängig von ihrem größeren Betrag – wertvoller als eine andere macht, so gibt es nur eine mögliche Antwort: von zwei Freuden ist diejenige wünschenswerter, die von allen oder nahezu allen, die beide erfahren haben – ungeachtet des Gefühls eine von beiden aus moralischen Gründen vorziehen zu müssen –, entschieden bevorzugt wird. Wird die eine von zwei Freuden von denen, die beide kennen und beurteilen können, so weit über die andere gestellt, dass sie sie auch dann noch vorziehen, wenn sie wissen, dass sie größere Unzufriedenheit verursacht, und sie gegen noch so viele andere Freuden, die sie erfahren könnten, nicht eintauschen möchten, sind wir berechtigt jener Freude eine höhere Qualität zuzuschreiben, die die Quantität so weit übertrifft, dass diese im Vergleich nur gering ins Gewicht fällt.

Es ist nun aber eine unbestreitbare Tatsache, dass diejenigen, die mit beiden gleichermaßen bekannt und für beide gleichermaßen empfänglich sind, der Lebensweise entschieden den Vorzug geben, an der auch ihre höheren Fähigkeiten beteiligt sind. Nur wenige Menschen würden darein einwilligen, sich in eines der niederen Tiere verwandeln zu lassen, wenn man ihnen verspräche, dass sie die Befriedigungen des Tiers im vollen Umfange auskosten dürften. Kein intelligenter Mensch möchte ein Narr, kein gebildeter Mensch ein Dummkopf, keiner, der feinfühlig und gewissenhaft ist, selbstsüchtig und niederträchtig sein – auch wenn sie überzeugt wären, dass der Narr, der Dummkopf oder der Schurke mit seinem Schicksal zufriedener ist als sie mit dem ihren. Das, was sie vor ihm voraushaben, würden sie auch für die vollständigste Erfüllung all der Wünsche nicht aufgeben, die sie mit ihm gemeinsam haben. Sollte ihnen dies doch einmal in den Sinn kommen, dann nur in Fällen äußersten Unglücks, in denen sie bereit sind fast jedes andere Schicksal in Kauf zu nehmen, wie wenig sie sich auch von ihm versprechen, nur um dem ihren zu entgehen. Ein höher begabtes Wesen verlangt mehr zu seinem Glück, ist wohl auch größeren Leidens fähig und ihm sicherlich in höherem Maße ausgesetzt als ein niedrigeres Wesen; aber trotz dieser Gefährdungen wird es niemals in jene Daseinsweise absinken wollen, die es als niedriger empfindet. [...] Es ist unbestreitbar, dass ein Wesen mit geringerer Fähigkeit zum Genuss die besten Aussichten hat voll zufrieden gestellt zu werden; während ein Wesen von höheren Fähigkeiten stets das Gefühl haben wird, dass alles Glück, das es von der Welt, so wie sie beschaffen ist, erwarten kann, unvollkommen ist. Aber wenn diese Unvollkommenheiten überhaupt nur erträglich sind, kann es lernen mit ihnen zu leben, statt die anderen zu beneiden, denen diese Unvollkommenheiten nur deshalb nicht bewusst sind, weil sie sich von den Vollkommenheiten keine Vorstellung machen können, mit denen diese verglichen werden. Es ist besser, ein unzufriedener Mensch zu sein, als ein zufrieden gestelltes Schwein; besser ein unzufriedener Sokrates als ein zufriedener Narr. Und wenn der Narr oder das Schwein anderer Ansicht sind, dann deshalb, weil sie nur die eine Seite der Angelegenheit kennen. Die andere Partei hingegen kennt beide Seiten.

Man wird vielleicht einwenden, dass viele, die der höheren Befriedigungen fähig sind, unter dem Einfluss der Versuchung gelegentlich die niedrigeren den höheren vorziehen. Aber dies ist mit der vollen Anerkennung der inneren Überlegenheit der höheren Befriedigungen durchaus vereinbar. Aus Charakterschwäche entscheiden sich die Menschen sowohl bei der Wahl zwischen zwei sinnlichen wie auch bei der Wahl zwischen sinnlichen und geistigen Freuden oft für das nähere Gut, obgleich sie wissen, dass es geringeren Wert hat. Sie geben sich zum Schaden ihrer Gesundheit sinnlichen Genüssen hin, obgleich sie wissen, dass Gesundheit das größere Gut ist. Man mag weiterhin einwenden wollen, dass viele, die sich in der Jugend für alles Hohe und Edle begeistern konnten, mit zunehmendem Alter in Trägheit und Egoismus verfallen. Aber ich glaube nicht, dass die, an denen sich diese so überaus verbreitete Entwicklung vollzieht, die niedrigeren Freuden den höheren bewusst vorziehen. Es dürfte vielmehr so sein, dass sie, ehe sie sich ausschließlich den einen widmen, zu den anderen schon nicht mehr fähig sind. Die Fähigkeit, edlere Gefühle zu empfinden, ist in den meisten Naturen eine äußerst zarte Pflanze, die nicht nur an widrigen Einflüssen, sondern schon an mangelnder Pflege zugrunde gehen kann; und bei den meisten jungen Leuten verkümmert sie sehr früh, wenn die Beschäftigung, zu der sie ihre Stellung im Leben zwingt, und die Gesellschaft, in die sie durch diese versetzt werden, nicht geeignet sind ihre höheren Fähigkeiten wachzuhalten. Die höheren Bedürfnisse und geistigen Interessen der Menschen sterben ab, weil es diesen an Zeit und Gelegenheit fehlt sie zu pflegen; und nicht deshalb geben sie sich niedrigeren Vergnügungen hin, weil sie sie bewusst vorziehen, sondern weil diese die einzigen sind, die ihnen erreichbar und zu deren Genuss sie noch fähig sind. Es erscheint zweifelhaft, ob jemand, der für beide Arten von Lust gleichermaßen empfänglich geblieben ist, jemals den niedrigeren mit Wissen und Bedacht den Vorzug gegeben hat […].

Nach dem Prinzip des größten Glücks ist, wie oben erklärt, der letzte Zweck, bezüglich dessen und um dessentwillen alles andere wünschenswert ist (sei dies unser eigenes Wohl oder das Wohl anderer), ein Leben, das so weit wie möglich frei von Unlust und in quantitativer wie in qualitativer Hinsicht so reich wie möglich an Lust ist; wobei der Maßstab, an dem Qualität gemessen und mit der Quantität verglichen wird, die Bevorzugung derer ist, die ihrem Erfahrungshorizont nach – einschließlich Selbsterfahrung und Selbstbeobachtung – die besten Vergleichsmöglichkeiten besitzen. Indem dies nach utilitaristischer Auffassung der Endzweck des menschlichen Handelns ist, ist es notwendigerweise auch die Norm der Moral. Diese kann also definiert werden als die Gesamtheit der Handlungsregeln und Handlungsvorschriften, durch deren Befolgung ein Leben der angegebenen Art für die gesamte Menschheit im größtmöglichen Umfange erreichbar ist; und nicht nur für sie, sondern, soweit es die Umstände erlauben, für die gesamte fühlende Natur.

[...]

Ich muss noch einmal auf das zurückkommen, was die Gegner des Utilitarismus nur selten zur Kenntnis nehmen wollen: dass das Glück, das den utilitaristischen Maßstab des moralisch richtigen Handelns darstellt, nicht das Glück des Handelnden selbst, sondern das Glück aller Betroffenen ist. Der Utilitarismus fordert von jedem Handelnden zwischen seinem eigenen Glück und dem der anderen mit ebenso strenger Unparteilichkeit zu entscheiden wie ein unbeteiligter und wohlwollender Zuschauer. In der goldenen Regel[1], die Jesus von Nazareth aufgestellt hat, finden wir den Geist der Nützlichkeitsethik vollendet ausgesprochen. Die Forderungen, sich dem andern gegenüber so zu verhalten, wie man möchte, dass er sich einem selbst gegenüber verhält, und den Nächsten zu lieben wie sich selbst, stellen die utilitaristische Moral in ihrer höchsten Vollkommenheit dar. Um sich diesem Ideal so weit wie möglich anzunähern, fordert das Nützlichkeitsprinzip erstens, dass Gesetze und gesellschaftliche Verhältnisse das Glück oder – wie man es in der Praxis auch nennen kann – die Interessen jedes Einzelnen so weit wie möglich mit dem Interesse des Ganzen in Übereinstimmung bringen; und zweitens, dass Erziehung und öffentliche Meinung, die einen so gewaltigen

John Stuart Mill (1806–1873)

Einfluss auf die menschlichen Gesinnungen haben, diesen Einfluss dazu verwenden, in der Seele jedes Einzelnen eine unauflösliche gedankliche Verknüpfung herzustellen zwischen dem eigenen Glück und dem Wohl des Ganzen und insbesondere zwischen dem eigenen Glück und der Gewohnheit so zu handeln, wie es die Rücksicht auf das allgemeine Glück gebietet; sodass er nicht nur unfähig wird die Möglichkeit eines Glücks für sich selbst mit einer Handlungsweise, die dem Gemeinwohl zuwider ist, zusammenzudenken, sondern auch so, dass ein unmittelbares Motiv zur Förderung des allgemeinen Wohls in jedem Einzelnen einer der gewohnheitsmäßigen Handlungsantriebe wird und die damit verbundenen Gefühle und Gesinnungen im Bewusstsein jedes Menschen einen hervorragenden Platz einnehmen.

(John Stuart Mill, Der Utilitarismus [1871], 2. Kap. Übers. von Dieter Birnbacher. Reclam Verlag, Stuttgart 1976, S. 13–21, 30 f.)

1 goldene Regel: vgl. Mt 7, 12

1 Vollziehen Sie Mills Unterscheidung zwischen Wesen mit höheren und niederen Fähigkeiten nach und prüfen Sie deren Begründung.

2 *Stellen Sie auf der Grundlage der erarbeiteten Unterscheidung Mills Fassung des Nützlichkeitsprinzips dar und arbeiten Sie dabei den Unterschied zu Benthams Theorie heraus. Welche Bedeutung haben Quantität und Qualität bei der Glücksbestimmung?*

3 *Wie bestimmt Mill die zentrale moralische Norm und was schlägt er zur Verwirklichung seiner utilitaristischen Theorie vor?*

4 *Erörtern Sie die Problematik des Glücksbegriffs bei Mill, indem Sie*
- *seine Begründung prüfen;*
- *überlegen, ob durch die Einführung des Qualitätsmaßstabes Glück inhaltlich bestimmbar wird;*
- *das Bild einer Gesellschaftsform entwerfen, deren Moral von ihm geprägt ist. (Hinweis: Mill spricht sich selbst in diesem Punkt für ein „Klassenwahlrecht" aus, bei dem höher Gebildete und Urteilsfähigere mehr Stimmen besitzen als einfache Bürger.)*

2.3 Peter Singer: Nützlichkeit und persönliche Präferenzen

Der australische Philosoph **Peter Singer** (geb. 1946) hat besonders durch seine Thesen zu Euthanasie und Schwangerschaftsabbruch in Deutschland zu Beginn der 90er Jahre viel Aufsehen erregt und, weil er sich diesbezüglich für eine sehr weitgehende Legalisierung ausspricht, vor allem auch Widerspruch provoziert. Er wird hier aber nicht mit seinen umstrittenen Thesen, sondern ganz allgemein als Verfechter des **Präferenzutilitarismus** vorgestellt, einer Spielart des Utilitarismus, welche die Interessen bzw. Präferenzen der Individuen besonders in den Vordergrund rückt.

Seit alters haben Philosophen und Moralisten der Idee Ausdruck verliehen, ethisches Verhalten sei von einem Standpunkt aus akzeptabel, der irgendwie universal sei. Die „Goldene Regel", die man Moses zuschreibt, heißt uns über unsere eigenen persönlichen Interessen hinauszugehen „und anderen zu tun, wie wir möchten, dass sie uns tun". Dieselbe Idee, uns in die Position eines anderen zu versetzen, ist in dem christlichen Gebot enthalten, unseren Nächsten zu lieben wie uns selbst. Die Stoiker waren der Ansicht, die Ethik sei von einem universalen Naturgesetz abgeleitet. [...] Utilitaristen von Jeremy Bentham bis zu J. J. Smart[1] betrachten es als Axiom[2], dass bei der Entscheidung moralischer Streitfragen „jeder als einer zählt und keiner für mehr als einen" [...].

Man könnte über die Vorzüge einer jeden dieser Ethik-Charakterisierungen endlos streiten; aber was sie gemeinsam haben, ist wichtiger als ihre Unterschiede. Sie stimmen darin überein, dass die Rechtfertigung moralischer Prinzipien nicht in Begriffen irgendeiner partiellen oder regionalen Gruppe vollzogen werden kann. Ethik nimmt einen universalen Standpunkt ein. Dies bedeutet nicht, dass ein besonderes moralisches Urteil universal anwendbar sein muss. Je nach den Umständen ändern sich die Gründe, wie wir gesehen haben. Es bedeutet vielmehr, dass wir dort, wo wir moralische Urteile abgeben, über unsere eigenen Neigungen und Abneigungen hinausgehen. Von einem moralischen Standpunkt aus betrachtet ist die Tatsache unerheblich, dass ich es bin, der von einer in höherem Maße gleichen Einkommensverteilung profitiert, und dass du es bist, der dabei verliert. Die Ethik verlangt von uns, dass wir über „Ich" und „Du" hinausgehen zu dem universalen Gesetz, dem universalisierbaren Urteil, dem Standpunkt des unparteiischen Betrachters oder idealen Beobachters, oder wie immer wir es nennen wollen [...].

Der universale Aspekt der Ethik, so behaupte

ich, versieht uns mit einem überzeugenden wiewohl nicht endgültigen Grund dafür, eine utilitaristische Position im weiteren Sinne einzunehmen.

Mein Grund für diese Behauptung ist folgender: Indem ich akzeptiere, dass moralische Urteile von einem universalen Standpunkt aus getroffen werden müssen, akzeptiere ich, dass meine eigenen Interessen nicht einfach deshalb, weil sie *meine* Interessen sind, mehr zählen als die Interessen von irgendjemand anders. Daher muss, wenn ich moralisch denke, mein ganz natürliches Bestreben, dass für meine Interessen gesorgt wird, ausgedehnt werden auf die Interessen anderer. Nun stelle man sich vor, dass ich zwischen zwei möglichen Handlungsverläufen zu entscheiden versuche – ein beliebiges Beispiel genügt. Zudem stelle man sich vor, dass ich in einem völligen ethischen Vakuum entscheide, dass ich nichts weiß von moralischen Erwägungen – ich bin sozusagen in einem vormoralischen Stadium des Denkens. Wie würde ich mich entscheiden? Etwas, das immer noch relevant bliebe, wäre die Frage, in welcher Weise die möglichen Handlungsverläufe meine Interessen beträfen. Würden wir „Interessen" weit genug definieren, sodass wir alles, was Menschen wünschen, als ihre Interessen auffassten (wofern es nicht unverträglich ist mit einem anderen oder mehreren Wünschen), dann kann wohl in diesem vormoralischen Zustand *nur* das je eigene Interesse für die Entscheidung relevant sein.

Angenommen, ich beginne dann so weit moralisch zu denken, dass ich erkenne, dass meine eigenen Interessen nicht einfach aus dem Grund, weil sie meine eigenen sind, mehr zählen als die Interessen anderer. Anstelle meiner eigenen Interessen habe ich nun die Interessen aller zu berücksichtigen, die von meiner Entscheidung betroffen sind. Dies erfordert von mir, dass ich alle diese Interessen abwäge und jenen Handlungsverlauf wähle, von dem es am wahrscheinlichsten ist, dass er die Interessen der Betroffenen maximiert. Also muss ich den Handlungsverlauf wählen, der per saldo für alle Betroffenen die besten Konsequenzen hat. Dies ist eine Form von Utilitarismus. Sie unterscheidet sich vom klassischen Utilitarismus dadurch, dass „beste Konsequenzen" das bedeutet, was nach reiflicher Erwägung die Interessen der Betroffenen fördert, und nicht bloß das, was Lust vermehrt und Unlust verringert.

[…]

Diese andere Version des Utilitarismus beurteilt Handlungen nicht nach ihrer Tendenz zur Maximierung von Lust und Minimierung von Leid, sondern nach dem Grad, in dem sie mit den Präferenzen der von den Handlungen oder ihren Konsequenzen betroffenen Wesen übereinstimmt. Diese Version des Utilitarismus wird manchmal als „ökonomischer Utilitarismus" bezeichnet, weil es die Art von Utilitarismus ist, mit der die Ökonomen im Bereich der „Wohlfahrtsökonomie" arbeiten; doch wäre „Präferenz-Utilitarismus" eine exaktere Bezeichnung. Präferenz-Utilitarismus statt des klassischen Utilitarismus liegt vor, wenn wir unsere eigenen Interessen in der Art universalisieren, wie es […] beschrieben wurde, das heißt, wenn wir in einem plausiblen Schritt die Interessen einer Person als das nehmen, was sie, nach Abwägung aller relevanten Fakten, vorzieht.

Nach dem Präferenz-Utilitarismus ist eine Handlung, die der Präferenz irgendeines Wesens entgegensteht, ohne dass diese Präferenz durch entgegengesetzte Präferenzen ausgeglichen wird, falsch. Eine Person zu töten, die es vorzieht, weiterzuleben, ist daher falsch, die übrigen Umstände als gleichbleibend vorausgesetzt. Dass die Opfer nach der Ermordung nicht mehr da sind um sich darüber zu beklagen, dass ihre Präferenzen nicht beachtet worden sind, ist unerheblich.

Für Präferenz-Utilitaristen ist das Töten einer Person in der Regel schlimmer als das Töten eines anderen Wesens, weil ein Wesen, das sich nicht selbst als eine Wesenheit mit einer Zukunft sehen kann, keine Präferenz hinsichtlich seiner eigenen zukünftigen Existenz haben kann. Damit wird nicht bestritten, dass ein solches Wesen gegen eine Situation ankämpfen kann, in der sein Leben in Gefahr ist, so wie ein Fisch kämpft um sich von dem Angelhaken in seinem Maul zu befreien; aber dies bezeichnet lediglich eine Präferenz für das Aufhören eines Zustandes, der als schmerzlich oder bedrohend empfunden wird. Kampf gegen Gefahr und Schmerz bedeutet nicht, dass der Fisch fähig ist seine eigene künftige Existenz der Nicht-Existenz vorzuziehen. Das Verhalten eines Fisches am Haken legt es nahe, Fische nicht mit dieser Methode zu töten, aber es liefert keinen präferenz-utilitaristischen Grund dagegen Fische mit einer humanen Methode zu töten.

(Peter Singer, Praktische Ethik [1979]. Aus dem Englischen übers. v. Jean-Claude Wolf. Reclam Verlag, Stuttgart 1984, S. 21–24, 112 f.)

1 John J. C. Smart (geb. 1920): Professor für Philosophie in Australien und Vertreter des Utilitarismus
2 Axiom: oberstes Prinzip einer Theorie, das nicht beweisbar ist

1 *Was versteht Singer unter einem universalen Standpunkt in der Ethik und wieso führt ein solcher Standpunkt geradezu von selbst zum Utilitarismus?*

2 *Inwiefern ist der Präferenz-Utilitarismus gegenüber der klassischen Form bei der Begründung des besonderen Werts einer Person im Vorteil?*

3 ***Norbert Hoerster****, ebenfalls ein moderner Moral- und Rechtsphilosoph, schreibt über den Präferenz-Utilitarismus:*

Diese Lehre „nimmt zum einen die Begünstigten einer utilitaristischen Moral als selbstständige Personen ernst, indem sie ihnen die Möglichkeit gibt selbst zu entscheiden, worin sie eine ‚Begünstigung' erblicken. […] Zum anderen trägt sie der Einsicht Rechnung, dass Glück oder Vergnügen häufig nicht etwas ist, das sich als Ziel einer menschlichen Handlung isolieren ließe, sondern eine Begleiterscheinung von Tätigkeiten, die um ihrer selbst ausgeführt werden."
(Norbert Hoerster: Utilitaristische Ethik und Verallgemeinerung, Alber, Freiburg/ München, [2]1977, S. 15).

Erörtern Sie die hier gepriesenen Vorzüge des Präferenz-Utilitarismus gegenüber der klassischen Spielart.

4 *Wie steht der Präferenz-Utilitarismus wohl zum Problem des Selbstmords und des Schwangerschaftsabbruchs? Lesen Sie hierzu ggf. die Kap. 6 und 7 in Singers „Praktische[r] Ethik". (2. revidierte u. erweiterte Aufl. 1994, S. 177–277.)*

5 *Informieren Sie sich über die von Singer mitinitiierte Menschenrechtsaktion für die Großen Menschenaffen (P. Cavalieri/P. Singer [Hrsg.]: Menschenrechte für die Großen Menschenaffen. Goldmann Verlag, München 1994, bes. S. 12–16) und diskutieren Sie die Berechtigung dieser Aktion vom präferenzutilitaristischen Standpunkt aus.*

6 *Konsequente Anwendung utilitaristischer Prinzipien kann – bezogen auf alle drei vorgestellten Autoren – in Widerspruch geraten zu weithin akzeptierten moralischen Vorstellungen. Untersuchen Sie dies an folgenden Beispielen:*
a) Eine Gruppe von Verbündeten hat den sicheren Tod vor Augen, wenn sie nicht eines ihrer Mitglieder ausliefert. Wissend, dass der Betreffende unschuldig ist und in den sicheren Tod geht, liefert sie ihn aus. (Vgl. hierzu auch F. Schiller, Die Räuber, II, 3.)
b) Die große Mehrzahl einer Schulklasse möchte ihre Wanderfahrt als Skifreizeit verbringen, aber durch die Schulkonferenz ist festgesetzt, dass dies nur bei einstimmigem Beschluss möglich ist. Ein Schüler wendet sich nun dagegen, weil er um die finanziell angespannte Situation seiner Eltern weiß. Die Klasse setzt den Betreffenden so lange unter Druck, bis er schließlich bei der Abstimmung auch für die Skifahrt stimmt.
Diskutieren Sie weitere Beispiele (etwa das Verhalten gegenüber AIDS-Kranken).

2.4 Kritik am Utilitarismus

Ohne Zweifel besitzt der Utilitarismus eine Reihe von allgemein anerkannten Vorzügen: Anders als der ethische Egoismus hat er stets das Wohl bzw. Interesse der Allgemeinheit im Blick, aber er verliert dabei das Individuum nicht aus dem Auge und nimmt von ihm seinen Ausgang. Bei dem Problem des Ausgleichs verschiedener individueller Bedürfnisse und Interessen geht er von einem moralischen Minimalkonsens aus, zu dem eigentlich jeder gelangen muss, der über seinen eigenen Interessenhorizont hinwegsieht. Zugleich setzt der Utilitarismus ein realistisches Menschenbild voraus.

Dennoch ergibt sich hier **Kritik** schon **immanent**, d. h. in der Durchführung des utilitaristischen Programms selbst. Ist bereits Benthams Glücksbegriff in seiner bloß quantitativen Fassung inhaltlich weitgehend unbestimmt und sind daher die ihm entsprechenden Handlungen kaum festzulegen, so lässt auch Mills Glücksauffassung viele Fragen offen: Die Versuche einer genaueren Festlegung, etwa der höheren und niederen Bedürfnisse, bleiben recht ungenau und können kaum handhabbare moralische Kriterien liefern. Das kann auch gar nicht anders sein: Will man nämlich über das hinaus, was jeder individuell und situationsabhängig unter Glück versteht, bleibt inhaltlich wenig übrig. Genauere allgemein gültige Aussagen über „das Glück" des Menschen können aus der Erfahrung nicht gewonnen werden. Mindestens ebenso schwierig gestaltet sich das Abwägen des Glücks verschiedener Individuen oder Gruppen gegeneinander. Wie ist etwa zu begründen, dass das Leid der Betrogenen mehr gilt als das Glück der Betrüger?

Auch der von Singer und anderen Utilitaristen des 20. Jahrhunderts eingeführte Interessenbegriff kann das Problem nicht lösen. Zwar berücksichtigt er die freie Entscheidung des Einzelnen in besonderer Weise, aber die Einzelinteressen sind letzthin genauso individuell und zufällig wie das mit ihnen verbundene Glücksstreben. Auch auf diese Weise kann schwerlich ein allgemein gültiger moralischer Maßstab gefunden werden.

Schließlich muss der Utilitarismus **in Bezug auf seine Konsequenzen** kritisch betrachtet werden. Macht man sich klar, welche Gesellschaftsform einer utilitaristischen Moral entspricht, stellt man schnell fest, dass in ihr entweder das Streben der Allgemeinheit nach Lust oder die verordnete Orientierung an dem, was eine Elite für das Gute hält, dominiert. In jedem Fall liefe dies schließlich auf eine Gesellschaft hinaus, die von einer bestimmten Glücksvorstellung oder von spezifischen Interessen beherrscht wird; diese müssten notfalls gegen individuelle Abweichungen, die notwendig in ihr liegen, verteidigt und auch autoritativ durchgesetzt werden; ein Schutz von Minderheiten erscheint kaum möglich.

Zuletzt ist noch ein **von außen kommender Kritikpunkt** anzuführen. Es widerspricht unserem alltäglichen moralischen Empfinden, eine subjektive und zufällige Bestimmung wie Glück oder auch Interesse zur Grundlage der Ethik zu machen. Denn wir gehen im Allgemeinen davon aus, dass es bestimmte Regeln für unser Handeln gibt, an die wir uns halten sollten, unabhängig davon, ob die Folgen der Handlung insgesamt dem allgemeinen Glück zuträglich sind oder nicht. So erwarten wir z. B. Ehrlichkeit auch dann, wenn eine Lüge eventuell das größere Glück zur Folge hätte, wir lehnen Folter auch dann ab, wenn sie dem Interesse einer großen Menge dient. Häufig beurteilen wir Handlungen weniger nach ihrem möglichen oder wirklichen Nutzen als vielmehr danach, inwiefern sie mit von uns anerkannten Normen übereinstimmen (so etwa, wenn jemand einen von ihm als unmoralisch angesehenen Auftrag nicht ausführt, obwohl es dann ein anderer tut). Diese Normen halten wir für allgemein gültig, auch wenn sie dem Nutzen vieler Personen entgegenstehen.
(Zur Kritik am Utilitarismus ➔ Kap. III, 4.2.1, Aufgabe 6)

3 *Pflicht als moralisches Prinzip – die Ethik Kants*

Dass wir in unserer Lebenspraxis unser Handeln und das unserer Mitmenschen moralisch bewerten, ist ein Faktum. Diese Bewertungen basieren auf moralischen Grundüberzeugungen. Fragt man nun, woher diese moralischen Grundüberzeugungen kommen, dann legt sich der Schluss nahe, dass der Egoismus die „natürliche" ethische Grundeinstellung sei. Würden wir daraus die Forderung ableiten, man soll stets egoistisch handeln? Sicherlich nicht! Aus der Analyse dessen, was die Menschen tun, kann nicht abgeleitet werden, was sie tun sollen.

Damit ist ein wichtiger Ausgangspunkt der Ethik **Kants** gekennzeichnet: Kant hebt den Sollensanspruch aller moralischen Grundsätze gegenüber dem Sein unserer oftmals unmoralischen Handlungen hervor. Seine Ethik besteht unter anderem in dem Nachweis eines obersten Prinzips, das seiner Meinung nach der Maßstab für die moralischen Beurteilungen aller Menschen und damit für alle „gesollten" Handlungen ist. Kant geht davon aus, dass die Menschen sich in moralischer Hinsicht dieses Grundsatzes de facto bedienen ohne sich dessen ausdrücklich bewusst zu sein. Seine Ethik ist demzufolge eine Aufklärung der Menschen über ihr eigenes moralisches Urteilen – und zwar über das aller Menschen. Im ethischen Zentralbegriff der **Pflicht** fasst Kant seine höchste Norm zusammen. Von daher leitet sich die Bezeichnung seiner Ethik als **deontologische Ethik** (Pflicht = griech. deon) her.

Kant hat zur Ethik drei wichtige Schriften verfasst: Die „Grundlegung zur Metaphysik der Sitten" (1785), die „Kritik der praktischen Vernunft" (1788) und die „Metaphysik der Sitten" (1797). Die ersten beiden Werke, aus denen hier Texte entnommen sind, unterscheiden sich nochmals darin, dass die „Grundlegung" sich an jedermann wendet, während die „Kritik der praktischen Vernunft" sich schon im Titel als eine Fortführung von Kants bedeutendstem wissenschaftlichen Werk, der „Kritik der reinen Vernunft", versteht.

Bei der Lektüre des folgenden Kant-Textes mag es zunächst befremden, dass er – dem Aufbau der „Kritik der praktischen Vernunft" folgend – unvermittelt mit einer abstrakten Definition, den „praktischen Grundsätzen" beginnt. In der „Grundlegung zur Metaphysik der Sitten" geht Kant anders vor: Ihr Ausgangspunkt ist das alltägliche moralische Bewusstsein. Dieses wird dann auf seine normativen und philosophischen Bedingungen hinterfragt. Auf den ersten Blick scheint diese Vorgehensweise der einfachere und „natürlichere" Weg zu sein. Wenn hier zuerst Kants Argumentationsgang in der „Kritik der praktischen Vernunft" nachgezeichnet wird, hat das folgenden Grund: In diesem Werk definiert Kant zunächst die für seine Ethik grundlegenden Begriffe, man könnte auch sagen, er erläutert die „Bausteine" seiner praktischen Philosophie. Diese „Bausteine" werden dann zu einem gedanklichen Begründungszusammenhang der Ethik zusammengesetzt. Dieser Zugang berücksichtigt also in besonderer Weise den *gedanklichen* Aufbau der praktischen Philosophie Kants.

3.1 Immanuel Kant: Die Herleitung des kategorischen Imperativs

3.1.1 Theoretischer und praktischer Vernunftgebrauch

[...] In der Naturerkenntnis sind die Prinzipien dessen, was geschieht (z. B. das Prinzip der Gleichheit der Wirkung und Gegenwirkung in der Mitteilung der Bewegung) zugleich Gesetze der Natur; denn der Gebrauch der Vernunft ist dort theoretisch und durch die Beschaffenheit des Objekts bestimmt. In der praktischen Erkenntnis, d. i. derjenigen, welche es bloß mit Bestimmungsgründen des Willens zu tun hat, sind Grundsätze, die man sich macht, darum noch nicht Gesetze, darunter man unvermeidlich stehe, weil die Vernunft im Praktischen es mit dem Subjekte zu tun hat, nämlich dem Begehrungsvermögen, nach dessen besonderer Beschaffenheit sich die Regel vielfältig richten kann.[1] Die praktische Regel ist jederzeit ein Produkt der Vernunft, weil sie (eine) Handlung als Mittel zur Wirkung als Absicht vorschreibt. Diese Regel ist aber für ein Wesen, bei dem Vernunft nicht ganz allein Bestimmungsgrund des Willens ist, ein *Imperativ,* d. i. eine Regel, die durch ein Sollen, welches die objektive Nötigung der Handlung ausdrückt, bezeichnet wird, und bedeutet, dass, wenn die Vernunft den Willen gänzlich bestimmte, die Handlung unausbleiblich nach dieser Regel geschehen würde.[2]

(Immanuel Kant, KpV, A 36. Dieses Zitat und alle folgenden aus: Immanuel Kant, Kritik der praktischen Vernunft [KpV] [1788]. In: I. Kant, Werke in 12 Bdn. Hrsg. von Wilhelm Weischedel. Bd. VII. Suhrkamp Verlag, Frankfurt/M. 1974, S. 103–302)

1 In den Naturwissenschaften macht der Mensch also einen theoretischen Gebrauch von seiner Vernunft; die theoretische Vernunft erkennt das, was ist. Die praktische Vernunft bezieht sich hingegen auf das, was sein soll. Kant sucht dabei im praktischen Bereich eben solche Gesetze, wie sie in der Natur herrschen.

2 Die praktische Vernunft kann dem Subjekt ihre Forderungen nicht *zwingend* vorschreiben, sodass es sich an diese Forderungen halten *muss.* Denn zur Subjektstruktur gehören neben der praktischen Vernunft auch noch Gefühle, Begierden etc. Das Subjekt hat nach Kant die Möglichkeit sein Handeln entweder durch die praktische Vernunft oder durch die oben angesprochenen sinnlichen Antriebe bestimmen zu lassen. Aus diesem Grund kann die praktische Vernunft in Form eines Imperativs nur *fordern.*

1 In welcher Hinsicht sind die Humanwissenschaften, z. B. Psychologie und Erziehungswissenschaften, dem theoretischen, in welcher dem praktischen Vernunftgebrauch zuzuordnen?

Immanuel Kant

1724–1804

Im Jahr 1724 wurde Immanuel Kant als Sohn einer Handwerkerfamilie in Königsberg geboren. Hier studierte er Naturwissenschaften, Mathematik und Philosophie und wurde zunächst Hauslehrer bei adligen Familien. Schließlich übernahm er 1755 eine Lehrtätigkeit an der Universität. Zeitgenossen rühmen Kants geistreiche und unterhaltsame Art. Andererseits war seine Persönlichkeit auch durch einige kauzige Absonderlichkeiten geprägt, so zum Beispiel durch seinen Hang zu Pedanterie und Pünktlichkeit. So berichtet ein Freund, Kant sei jeden Tag sommers wie winters um fünf Uhr morgens aufgestanden. Sein Diener habe pünktlich um Viertel vor fünf vor seinem Bett gestanden und ihn geweckt und sei auf Kants eigene ausdrückliche Anweisung nicht eher fortgegangen, bis sein Herr aufgestanden war. Kants Tagesablauf sei stets der gleichen, festen Zeiteinteilung unterworfen gewesen, deren regelmäßige Einhaltung dem Philosophen ein inneres Bedürfnis war. Zu einer weiteren Merkwürdigkeit ist zu rechnen, dass Kant nie über Ostpreußen und kaum über Königsberg hinausgekommen ist. Nachdem er einen Lehrstuhl für Dichtkunst abgelehnt hatte, wurde Kant erst mit 46 Jahren zum Professor für Philosophie berufen. Im Jahr 1804 starb er achtzigjährig in Königsberg.

Sein Denken markierte einen Wendepunkt in der Geschichte der Philosophie: Es bezog sich in erster Linie auf das Gebiet der Metaphysik, die letzten Gründe der Wirklichkeit. Seine Untersuchungen führten ihn jedoch zu fragwürdigen und unsicheren Antworten. Die Ursache für die Fragwürdigkeit der Metaphysik liegt für Kant im Wesen dermenschlichen Vernunft, die nicht in der Lage ist hinter die erscheinende Wirklichkeit zu gelangen. Sichere Erkenntnis gibt es daher nur im Bereich der Erfahrungswissenschaften, wo der vom Verstand ausgehenden Erkenntnisleistung eine sinnliche Anschauung entspricht. Die epochemachende Bedeutung der kantischen Philosophie besteht in der Wendung zum Subjekt als Grund aller Erkenntnis. Diese Einsicht lenkte Kants philosophisches Interesse auf den Menschen als handelndes Wesen. Hier steht der kategorische Imperativ für ein unbedingtes Gesetz, welches menschlicher Willkür entgegenwirkt. Kants kategorischer Imperativ und seine Freiheitsphilosophie sind aus der philosophischen Diskussion nicht mehr wegzudenken. Sie prägen noch heute das Gespräch über Grund- und Menschenrechte.

3.1.2 Maximen, hypothetische und kategorische Imperative

Praktische *Grundsätze* sind Sätze, welche eine allgemeine Bestimmung des Willens enthalten, die mehrere praktische Regeln unter sich hat. Sie sind subjektiv oder *Maximen,* wenn die Bedingung nur als für den Willen des Subjekts gültig von ihm angesehen wird; objektiv aber oder praktische *Gesetze,* wenn jene als objektiv, d. i. für den Willen jedes vernünftigen Wesens gültig erkannt wird.

Die Imperativen gelten [...] objektiv und sind von Maximen, als subjektiven Grundsätzen, gänzlich unterschieden. Jene bestimmen aber entweder die Bedingungen der Kausalität des vernünftigen Wesens, als wirkender Ursache, bloß in Ansehung der Wirkung und Zulänglichkeit zu derselben, oder sie bestimmen nur den Willen, er mag zur Wirkung hinreichend sein oder nicht. Die erstere würden hypothetische Imperative sein, und bloße Vorschriften der Geschicklichkeit enthalten; die zweiten würden dagegen kategorisch und allein praktische Gesetze sein[1]. Maximen sind also zwar *Grundsätze*, aber nicht *Imperativen.* Die Imperativen selber aber, wenn sie bedingt sind, d. i. nicht den Willen schlechthin als Willen, sondern nur in Ansehung einer begehrten Wirkung bestimmen, d. i. hypothetische Imperativen sind, sind zwar praktische *Vorschriften*, aber keine *Gesetze.* Die letztern müssen den Willen als Willen, noch ehe ich frage, ob ich gar das zu einer begehrten Wirkung erforderliche Vermögen habe, oder, was mir, um diese hervorzubringen, zu tun sei, hinreichend bestimmen, mithin kategorisch sein, sonst sind es keine Gesetze; weil ihnen die Notwendigkeit fehlt, welche, wenn sie praktisch sein soll, von pathologischen[2], mithin dem Willen zufällig anklebenden Bedingungen unabhängig sein muss. Saget jemand z. B., dass er in der Jugend arbeiten und sparen müsse, um im Alter nicht zu darben, so ist dieses eine richtige und zugleich wichtige praktische Vorschrift des Willens. Man sieht aber gleich, dass der Wille hier auf etwas *anderes* verwiesen werde, wovon man voraussetzt, dass er es begehre, und dieses Begehren muss man ihm, dem Täter selbst, überlassen, [...] ob er gar nicht hoffe alt zu werden, oder sich denkt im Falle der Not dereinst schlecht behelfen zu können. Die Vernunft, aus der allein alle Regel, die Notwendigkeit enthalten soll, entspringen kann, legt in diese ihre Vorschrift zwar auch Notwendigkeit (denn ohne das wäre sie kein Imperativ), aber diese ist nur subjektiv bedingt, und man kann sie nicht in allen Subjekten in gleichem Grade voraussetzen. [...] Nun sagt jemanden: er solle niemals lügenhaft versprechen, so ist dies eine Regel, die bloß seinen Willen betrifft; die Absichten, die der Mensch haben mag, mögen durch denselben erreicht werden können, oder nicht; das bloße Wollen ist das, was durch jene Regel völlig a priori[3] bestimmt werden soll.

(Kant, KpV, A 35–38)

1 Kant meint, dass es zwei Arten von Imperativen gebe: Entweder bestimmen sie den Willen des vernünftigen Wesens bloß im Hinblick auf eine bestimmte Wirkung, die es mit einer Handlung erreichen will. Diese *hypothetischen* Imperative sind also an eine subjektive, und dies bedeutet für Kant immer an eine zufällige und damit für die Vernunft nicht allgemein einsichtige Bedingung geknüpft. Oder sie bestimmen den Willen selbst unabhängig von einer beabsichtigten Wirkung einer Handlung. In diesem Fall sind sie *kategorische* Imperative.

2 Pathologisch (von griech. páthos – Leid, Gefühl): wird heute meist in der Bedeutung von „krankhaft“ verwendet, heißt bei Kant aber in Anlehnung an die Ursprungsbedeutung „erleidend, gefühlsmäßig“. Nach Kant ist der menschliche Wille pathologisch, d. h. nicht rein vernünftig, sondern wird von zufälligen Neigungen und Bedürfnissen (Bewegursachen der Sinnlichkeit) bestimmt; in ihnen beugt er sich dem Einfluss der Natur und erleidet etwas.

3 a priori – bei Kant und auch sonst: nicht aus der Erfahrung (a posteriori) stammend, sondern unabhängig vor aller Erfahrung gegeben und für sie gültig.

1 Wir meinen oft, wir handelten einfach spontan. Mit welchem Recht kann Kant sagen, dass der Mensch – mit Ausnahme von ganz außerordentlichen Situationen – nach praktischen Grundsätzen bzw. Regeln handelt, auch wenn er sich dessen nicht immer bewusst ist?

2 Formulieren Sie beispielhaft praktische Grundsätze möglicher Handlungen und unterscheiden Sie dabei – ggf. mithilfe des nachfolgenden Schemas – Maximen von Imperativen.

3 Bestimmen Sie unter Hinzuziehung des nachfolgenden Schemas die Differenz zwischen hypothetischen und kategorischen Imperativen. Suchen Sie zur Verdeutlichung des Unterschiedes eigene Beispiele.

Vernunft

Theoretische Vernunft: zielt auf die Erkenntnis der Prinzipien des Objektes (Erkenntnis dessen, was **ist**.)	Praktische Vernunft: zielt auf die Willensbestimmung des Subjekts durch praktische Grundsätze (Erkenntnis dessen, wie ich handeln **soll**.)
Maximen: nur subjektiv gültig, aber schon situationsunabhängig	Imperative: objektiv gültig für jedermann, situationsunabhängig
Hypothetische Imperative: bedingt allgemein gültig, unter Voraussetzung einer begehrten Wirkung (praktische Vorschriften)	Kategorische Imperative: unbedingt allgemein gültig, unabhängig von einer begehrten Wirkung (praktische Gesetze)

4 Man soll während der Jugend arbeiten und sparen, damit man für das Alter vorgesorgt hat. In welcher Hinsicht ist dieser Imperativ vernünftig, in welcher ist er bloß subjektiv – zufällig?

5 Formulieren Sie zur Problematik des Lügens oder Stehlens einen hypothetischen und einen kategorischen Imperativ als Handlungsanleitung.

3.1.3 Das Streben nach Glückseligkeit: kein praktisches Gesetz

Alle materiale[1] praktische Prinzipien sind, als solche, insgesamt von einer und derselben Art, und gehören unter das allgemeine Prinzip der Selbstliebe, oder eigenen Glückseligkeit. [...]

[Die Lust] ist also nur so fern praktisch, als die Empfindung der Annehmlichkeit, die das Subjekt von der Wirklichkeit des Gegenstandes erwartet, das Begehrungsvermögen bestimmt. Nun ist aber das Bewußtsein eines vernünftigen Wesens von der Annehmlichkeit des Lebens, die ununterbrochen sein ganzes Dasein begleitet, die *Glückseligkeit*, und das Prinzip, diese sich zum höchsten Bestimmungsgrunde der Willkür[2] zu machen, das Prinzip der Selbstliebe. Also sind alle materiale Prinzipien, die den Bestimmungsgrund der Willkür in der, aus irgend eines Gegenstandes Wirklichkeit zu empfindenden, Lust oder Unlust setzen, so fern gänzlich von *einerlei Art*, daß sie insgesamt zum Prinzip der Selbstliebe, oder eigenen Glückseligkeit gehören. [...]

Glücklich zu sein, ist notwendig das Verlangen jedes vernünftigen aber endlichen Wesens, und also ein unvermeidlicher Bestimmungsgrund seines Begehrungsvermögens. Denn die Zufriedenheit mit seinem ganzen Dasein ist nicht etwa ein ursprünglicher Besitz, und eine Seligkeit, welche ein Bewußtsein seiner unabhängigen Selbstgenugsamkeit voraussetzen würde, sondern ein durch seine endliche Natur selbst ihm aufgedrungenes Problem, weil es bedürftig ist, und dieses Bedürfnis betrifft die Materie seines Begehrungsvermögens, d. i. etwas, was sich auf ein subjektiv zum Grunde liegendes Gefühl der Lust oder Unlust bezieht, dadurch das, was es zur Zufriedenheit mit seinem Zustande bedarf, bestimmt wird. Aber eben darum, weil dieser materiale Bestimmungsgrund von dem Subjekte bloß empirisch[3] erkannt werden kann, ist es unmöglich, diese Aufgabe als ein Gesetz zu betrachten, weil dieses als objektiv in allen Fällen und für alle vernünftige Wesen *eben denselben Bestimmungsgrund* des Willens enthalten müßte. Denn obgleich der Begriff der Glückseligkeit der praktischen Beziehung der *Objekte* aufs Begehrungsvermögen *allerwärts* zum Grunde liegt, so ist er doch nur der allgemeine Titel der subjektiven Bestimmungsgründe, und bestimmt nichts spezifisch, darum es doch in dieser praktischen Aufgabe allein zu tun ist, und ohne welche Bestimmung sie gar nicht aufgelöset werden kann. Worin nämlich jeder seine Glückseligkeit zu setzen habe, kommt auf jedes sein besonderes Gefühl der Lust und Unlust an, und selbst in einem und demselben Subjekt auf die Verschiedenheit der Bedürfnis, nach den Abänderungen dieses Gefühls, und ein *subjektiv notwendiges* Gesetz (als Naturgesetz) ist also *objektiv* ein gar sehr *zufälliges* praktisches Prinzip, das in verschiedenen Subjekten sehr verschieden sein kann und muß, mithin niemals ein Gesetz abgeben kann, weil es, bei der Begierde nach Glückseligkeit, nicht auf die Form der Gesetzmäßigkeit, sondern lediglich auf die Materie ankommt, nämlich ob und wie viel Vergnügen ich in der Befolgung des Gesetzes zu erwarten habe. [...]

Aber gesetzt, endliche vernünftige Wesen dächten auch in Ansehung dessen, was sie für Objekte ihrer Gefühle des Vergnügens oder Schmerzens anzunehmen hätten, imgleichen sogar in Ansehung der Mittel, deren sie sich bedienen müssen, um die erstern zu erreichen, die andern abzuhalten, durchgehends einerlei, so würde das *Prinzip der Selbstliebe* dennoch von ihnen durchaus für *kein praktisches Gesetz* ausgegeben werden können; denn diese Einhelligkeit wäre selbst doch nur zufällig. Der Bestimmungsgrund wäre immer doch nur subjektiv gültig und bloß empirisch, und hätte diejenige Notwendigkeit nicht, die in einem jeden Gesetze gedacht wird, nämlich die objektive aus Gründen a priori [...].

Empirische Bestimmungsgründe taugen zu

keiner allgemeinen äußeren Gesetzgebung, aber auch eben so wenig zur inneren; denn jeder legt sein Subjekt, ein anderer aber ein anderes Subjekt der Neigung zum Grunde, und in jedem Subjekt selber ist bald die, bald eine andere im Vorzuge des Einflusses. Ein Gesetz ausfindig zu machen, das sie insgesamt unter dieser Bedingung, nämlich mit allerseitiger Einstimmung, regierte, ist schlechterdings unmöglich.

(Kant, KpV, A 40–51)

1 material: inhaltlich bestimmt; auf einen bestimmten Inhalt/Gegenstand gerichtet.
2 Willkür: Kant unterscheidet die tierische von der menschlichen Willkür: Im Gegensatz zum Tier machen die sinnlichen Einflüsse die Handlungen der menschlichen Willkür nicht notwendig, obschon auch sie „pathologisch affiziert" ist. Somit ist die Willkür beim Menschen das Vermögen zwischen Handlungsalternativen zu wählen; für sie wird im Text auch der Begriff „Wille" verwendet.
3 empirisch: aus der Erfahrung.

1 Warum können Grundsätze, die sich auf eine bestimmte Materie als Bestimmungsgrund des Willens gründen, kein praktisches Gesetz abgeben?
2 Inwiefern kann das Streben nach Glückseligkeit kein für alle Menschen verbindlicher Orientierungspunkt ihres Handelns sein?

3.1.4 Die bloße Form als Kennzeichen des praktischen Gesetzes

Wenn ein vernünftiges Wesen sich seine Maximen als praktische allgemeine Gesetze denken soll, so kann es sich dieselbe nur als solche Prinzipien denken, die, nicht der Materie, sondern bloß der Form nach, den Bestimmungsgrund des Willens enthalten.
Die Materie eines praktischen Prinzips ist der Gegenstand des Willens. Dieser ist entweder der Bestimmungsgrund des letzteren oder nicht. Ist er der Bestimmungsgrund desselben, so würde die Regel des Willens einer empirischen Bedingung (dem Verhältnisse der bestimmenden Vorstellung zum Gefühle der Lust und Unlust) unterworfen, folglich kein praktisches Gesetz sein. Nun bleibt von einem Gesetze, wenn man alle Materie, d. i. jeden Gegenstand des Willens (als Bestimmungsgrund) davon absondert, nichts übrig, als die bloße *Form* einer allgemeinen Gesetzgebung. Also kann ein vernünftiges Wesen sich *seine* subjektiv-praktischen Prinzipien, d. i. Maximen, entweder gar nicht zugleich als allgemeine Gesetze denken, oder es muß annehmen, daß die bloße Form derselben, nach der jene *sich zur allgemeinen Gesetzgebung schicken*, sie für sich allein zum praktischen Gesetze mache.

(Kant, KpV, A 48 f.)

1 Verdeutlichen Sie sich an geeigneten Beispielen (etwa aus dem Strafrecht) den Unterschied zwischen dem Inhalt und der Form eines Gesetzes.
2 Begründen Sie, dass nach Kant die Bestimmung einer Handlung durch Triebe oder Gefühle immer ein materialer Bestimmungsgrund ist.
3 Wieso kann allein die Form Maximen als allgemeine Gesetze denkbar machen?

3.2 Immanuel Kant: Der kategorische Imperativ und seine Anwendung

Nachdem Kant die Bestimmungen des obersten Grundsatzes der praktischen Vernunft hergeleitet hat, kann er diesen jetzt formulieren. Es handelt sich dabei um einen **kategorischen Imperativ** und sein einziger Inhalt ist die **Form der Gesetzgebung**, d. h. die Allgemeinheit des Gesetzes. Im Gegensatz zu einer Vielzahl möglicher materialer kategorischer Imperative, z. B. „Du sollst nicht töten!", „Du sollst nicht stehlen!" usw., geht es hierbei um den obersten Grundsatz der praktischen Vernunft, den Kant daher auch als *den* kategorischen Imperativ bezeichnet:

„Handle nur nach derjenigen Maxime, durch die du zugleich wollen kannst, dass sie ein allgemeines Gesetz werde." (Kant, Grundlegung zur Metaphysik der Sitten, Reclam, S. 58)[1]

Welche Form in der Maxime sich zur allgemeinen Gesetzgebung schicke, welche nicht, das kann der gemeinste Verstand ohne Unterweisung unterscheiden. Ich habe z. B. es mir zur Maxime gemacht, mein Vermögen durch alle sichere Mittel zu vergrößern. Jetzt ist ein *Depositum*[2] in meinen Händen, dessen Eigentümer verstorben ist und keine Handschrift darüber zurückgelassen hat. Natürlicherweise ist dies der Fall meiner Maxime. Jetzt will ich nur wissen, ob jene Maxime auch als allgemeines praktisches Gesetz gelten könne. Ich wende jene also auf gegenwärtigen Fall an, und frage, ob sie wohl die Form eines Gesetzes annehmen, mithin ich wohl durch meine Maxime zugleich ein solches Gesetz geben könnte: daß jedermann ein Depositum ableugnen dürfe, dessen Niederlegung ihm niemand beweisen kann. Ich werde sofort gewahr, daß ein solches Prinzip, als Gesetz, sich selbst vernichten würde, weil es machen würde, daß es gar kein Depositum gäbe. Ein praktisches Gesetz, was ich dafür erkenne, muß sich zur allgemeinen Gesetzgebung qualifizieren; dies ist ein identischer Satz und also für sich klar. Sage ich nun, mein Wille steht unter einem praktischen *Gesetze,* so kann ich nicht meine Neigung (z. B. im gegenwärtigen Falle meine Habsucht) als den zu einem allgemeinen praktischen Gesetze schicklichen Bestimmungsgrund desselben anführen; denn diese, weit gefehlt, daß sie zu einer allgemeinen Gesetzgebung tauglich sein sollte, so muß sie vielmehr in der Form eines allgemeinen Gesetzes sich selbst aufreiben.

(Kant, KpV, A 49 f.)

1 In der „Kritik der praktischen Vernunft" fasst Kant das oberste Prinzip der praktischen Vernunft etwas anders: „Handle so, dass die Maxime deines Willens jederzeit zugleich als Prinzip einer allgemeinen Gesetzgebung gelten könne." (KpV, A 54). Diese Formulierung ist nicht so bekannt wie die oben zitierte und sie legt den Akzent auch nicht auf den Grundsatz des Wollens bei der Maximenwahl.

2 Depositum: ein Besitz, den der Eigentümer einem anderen zu treuen Händen übergibt um ihn sicher aufzubewahren.

1 *Untersuchen Sie den genauen Wortlaut des kategorischen Imperativs. Welche Rolle spielen insbesondere die ergänzende Partikel „zugleich" und das Modalverb „kannst"?*

2 *Zeigen Sie die Funktionsweise des Sittengesetzes bzw. kategorischen Imperativs an dem von Kant gewählten Beispiel auf.*

3.3 Immanuel Kant: Erläuterungen zum kategorischen Imperativ

[...] Die praktische Regel ist also unbedingt, mithin, als kategorisch praktischer Satz, a priori vorgestellt, wodurch der Wille schlechterdings und unmittelbar (durch die praktische Regel selbst, die also hier Gesetz ist) objektiv bestimmt wird. Denn reine, *an sich praktische Vernunft* ist hier unmittelbar gesetzgebend. Der Wille wird als unabhängig von empirischen Bedingungen, mithin, als reiner Wille, *durch die bloße Form des Gesetzes* als bestimmt gedacht, und dieser Bestimmungsgrund als die oberste Bedingung aller Maximen angesehen. [...] Man kann das Bewusstsein dieses Grundgesetzes ein Faktum der Vernunft nennen, weil man es nicht aus vorhergehenden Datis der Vernunft, z. B. dem Bewusstsein der Freiheit (denn dieses ist uns nicht vorher gegeben), herausvernünfteln kann, [...].[1]

Doch muß man, um dieses Gesetz ohne Missdeutung als *gegeben* anzusehen, wohl bemerken: daß es kein empirisches, sondern das einzige Faktum der reinen Vernunft sei, die sich dadurch als ursprünglich gesetzgebend (sic volo, sic iubeo[2]) ankündigt.

[...]

Das vorher genannte Faktum ist unleugbar. Man darf nur das Urteil zergliedern, welches die Menschen über die Gesetzmäßigkeit ihrer Handlungen fällen: so wird man jederzeit finden, daß, was auch die Neigung dazwischen sprechen mag, ihre Vernunft dennoch, unbestechlich und durch sich selbst gezwungen, die Maxime des Willens bei einer Handlung jederzeit an den reinen Willen halte, d. i. an sich selbst, indem sie sich als a priori praktisch betrachtet. Dieses Prinzip der Sittlichkeit nun, eben um der Allgemeinheit der Gesetzgebung willen, die es zum formalen obersten Bestimmungsgrunde des Willens, unangesehen aller subjektiven Verschiedenheiten desselben, macht, erklärt die Vernunft zugleich zu einem Gesetze für alle vernünftige Wesen, sofern sie überhaupt einen Willen, d. i. ein Vermögen haben, ihre Kausalität[3] durch die Vorstellung von Regeln zu bestimmen, mithin sofern sie der Handlungen nach Grundsätzen, folglich auch nach praktischen Prinzipien a priori (denn diese haben allein diejenige Notwendigkeit, welche die Vernunft zum Grundsatze fordert), fähig [sind]. Es schränkt sich also nicht bloß auf Menschen ein, sondern geht auf alle endliche Wesen, die Vernunft und Willen haben, ja, schließt sogar das unendliche Wesen, als oberste Intelligenz, mit ein. Im ersteren Falle aber hat das Gesetz die Form eines Imperativs, weil man an jenem zwar, als vernünftigem Wesen, einen *reinen,* aber, als mit Bedürfnissen und sinnlichen Bewegursachen affiziertem[4] Wesen, keinen *heiligen* Willen, d. i. einen solchen, der keiner dem moralischen Gesetze widerstreitenden Maximen fähig wäre, voraussetzen kann. Das moralische Gesetz ist daher bei jenen ein *Imperativ,* der kategorisch gebietet, weil das Gesetz unbedingt ist; das Verhältnis eines solchen Willens zu diesem Gesetze ist *Abhängigkeit,* unter dem Namen der Verbindlichkeit, welche eine *Nötigung*, obzwar durch bloße Vernunft und [deren] objektives Gesetz, zu einer Handlung bedeutet, die darum *Pflicht* heißt, weil eine pathologisch affizierte (obgleich dadurch nicht bestimmte, mithin auch immer freie) Willkür einen Wunsch bei sich führt, der aus *subjektiven* Ursachen entspringt, daher auch dem reinen objektiven Bestimmungsgrunde oft entgegen sein kann, und also eines Widerstandes der praktischen Vernunft, der ein innerer, aber intellektueller, Zwang genannt werden kann, als moralischer Nötigung bedarf. [...]

Das gerade Widerspiel des Prinzips der Sittlichkeit ist: wenn das der *eigenen* Glückseligkeit zum Bestimmungsgrunde des Willens gemacht wird, wozu, wie ich oben gezeigt habe, alles überhaupt gezählt werden muss, was den Bestimmungsgrund, der zum Gesetze dienen soll, irgend worin anders, als in der gesetzgebenden Form der Maxime setzt.[...] Dieses Prinzip schreibt also nicht allen vernünftigen Wesen eben dieselbe praktische Regeln vor; ob sie zwar unter einem gemeinsamen Titel, nämlich dem der Glückseligkeit, stehen. Das moralische Gesetz wird aber nur darum als objektiv notwendig gedacht, weil es für jedermann gelten soll, der Vernunft und Willen hat.

Die Maxime der Selbstliebe (Klugheit) *rät* bloß an; das Gesetz der Sittlichkeit *gebietet*. Es ist aber doch ein großer Unterschied zwischen dem, wozu man uns *anrätig* ist, und dem, wozu wir *verbindlich* sind [...]; d. i. was *Pflicht* sei, bietet sich jedermann von selbst dar; was aber wahren dauerhaften Vorteil bringe, ist allemal, wenn dieser auf das ganze Dasein erstreckt werden soll, in undurchdringliches Dunkel eingehüllt und erfodert viel Klugheit, um die praktische darauf gestimmte Regel durch geschickte Ausnahmen auch nur auf erträgliche Art den Zwecken des Lebens anzupassen. Gleichwohl gebietet das sittliche Gesetz jedermann, und zwar die pünktlichste, Befolgung. Es muß also zu der Beurteilung dessen, was nach ihm zu tun sei, nicht so schwer sein, daß nicht der gemeinste und ungeübteste Verstand selbst ohne Weltklugheit damit umzugehen wüsste.

(Kant, KpV, A 55–64)

1 Mit „Faktum der Vernunft" bringt Kant zum Ausdruck, dass das Subjekt den formalen Charakter und den unbedingten Anspruch des Sittengesetzes einzusehen vermag. Es lassen sich aber keine weitergehenden Gründe angeben, warum dieses Gesetz gültig ist. Der nicht weiter auflösbare Geltungsanspruch des Gesetzes zeigt sich nach Kant auch darin, dass es bei seiner Wirkung auf das Subjekt in diesem das Gefühl der *Achtung* hervorruft. So ist die Achtung zwar ein moralisches Gefühl, aber keines, das zum Handeln nach dem Gesetz antreibt (dann verdankte das Gesetz seine Wirkung einer Neigung). Es entsteht vielmehr, wenn das Gesetz als Faktum der Vernunft die Neigungen im Subjekt und ihre Summe, die Selbstliebe, einschränkt. Kant führt dazu an anderer Stelle aus: „Allein wenn Achtung gleich ein Gefühl ist, so ist es doch kein durch Einfluss empfangenes, sondern durch einen Vernunftbegriff selbstgewirktes Gefühl und daher von allen Gefühlen der ersteren Art, die sich auf Neigung oder Furcht bringen lassen, spezifisch unterschieden. Was ich unmittelbar als Gesetz für mich erkenne, erkenne ich mit Achtung, welche bloß das Bewusstsein der Unterordnung meines Willens unter einem Gesetze ohne Vermittelung anderer Einflüsse auf meinen Sinn bedeutet. Die unmittelbare Bestimmung des Willens durchs Gesetz und das Bewusstsein derselben heißt Achtung, so dass diese als Wirkung des Gesetzes aufs Subjekt und nicht als Ursache desselben angesehen wird". (Immanuel Kant, Grundlegung zur Metaphysik der Sitten, Reclam, Stuttgart 1961, S 40.)

2 sic volo, sic iubeo: – so will ich, so befehle ich

3 Die „Kausalität des Willens" ist die Fähigkeit, (durch Handlungen) Wirkungen in der Sinnenwelt hervorzurufen (= Ursächlichkeit).

4 affizieren: einwirken, reizen

1 *Vollziehen Sie Kants Begründung des Sittengesetzes als „Faktum der Vernunft" nach und geben Sie seinen Wirkungsbereich an.*

2 *Verdeutlichen Sie, etwa am Beispiel des Satzes „Ehrlich währt am längsten", den Unterschied zwischen einer klugen und einer sittlichen Handlung.*

3.4 Immanuel Kant: Die verschiedenen Formeln des kategorischen Imperativs

Nachdem wir Kants kategorischen Imperativ kennen gelernt haben, wollen wir uns seinen **unterschiedlichen Formeln** zuwenden, wie Kant sie in der „Grundlegung zur Metaphysik der Sitten" entfaltet. Dabei betont jede Formel einen bestimmten Aspekt der moralischen Urteilsbildung, der schon in der Grundform enthalten ist. Jedoch sind sich die meisten Kant-Interpreten darin einig, dass mit der zweiten, der sog. Menschheitszweckformel, ein neuer eigenständiger Orientierungspunkt für moralisches Handeln geboten wird.

3.4.1 Die sogenannte Naturgesetzformel

Weil die Allgemeinheit des Gesetzes, wonach Wirkungen geschehen, dasjenige ausmacht, was eigentlich *Natur* im allgemeinsten Verstande (der Form nach), d. i. das Dasein der Dinge, heißt, sofern es nach allgemeinen Gesetzen bestimmt ist, so könnte der allgemeine Imperativ der Pflicht auch so lauten: *handle so, als ob die Maxime deiner Handlung durch deinen Willen zum* **Allgemeinen Naturgesetze** werden sollte.

Nun wollen wir einige Pflichten herzählen nach der gewöhnlichen Einteilung derselben in Pflichten gegen uns selbst und gegen andere Menschen [...].

1) Einer, der durch eine Reihe von Übeln, die bis zur Hoffnungslosigkeit angewachsen ist, einen Überdruss am Leben empfindet, ist noch so weit im Besitze seiner Vernunft, daß er sich selbst fragen kann, ob es auch nicht etwa der Pflicht gegen sich selbst zuwider sei, sich das Leben zu nehmen. Nun versucht er: ob die Maxime seiner Handlung wohl ein allgemeines Naturgesetz werden könne. Seine Maxime aber ist: ich mache es mir aus Selbstliebe zum Prinzip, wenn das Leben bei seiner längern Frist mehr Übel droht, als es Annehmlichkeit verspricht, es mir abzukürzen. Es fragt sich nur noch, ob dieses Prinzip der Selbstliebe ein allgemeines Naturgesetz werden könne. Da sieht man aber bald, daß eine Natur, deren Gesetz es wäre, durch dieselbe Empfindung, deren Bestimmung es ist, zur Beförderung des Lebens anzutreiben, das Leben selbst zu zerstören, ihr selbst widersprechen und also nicht als Natur bestehen würde, mithin jene Maxime unmöglich als allgemeines Naturgesetz stattfinden könne und folglich dem obersten Prinzip aller Pflicht gänzlich widerstreite.

2) Ein anderer sieht sich durch Not gedrungen, Geld zu borgen. Er weiß wohl, daß er nicht wird bezahlen können, sieht aber auch, daß ihm nichts geliehen werden wird, wenn er nicht festiglich verspricht, es zu einer bestimmten Zeit zu bezahlen. Er hat Lust, ein solches Versprechen zu tun; noch aber hat er soviel Gewissen, sich zu fragen: ist es nicht unerlaubt und pflichtwidrig, sich auf solche Art aus Not zu helfen? Gesetzt, er beschlösse es doch, so würde seine Maxime der Handlung so lauten: wenn ich mich in Geldnot zu sein glaube, so will ich Geld borgen und versprechen es zu bezahlen, ob ich gleich weiß, es werde niemals geschehen. Nun ist dieses Prinzip der Selbstliebe oder der eigenen Zuträglichkeit mit meinem ganzen künftigen Wohlbefinden vielleicht wohl zu vereinigen, allein jetzt ist die Frage: ob es recht sei? Ich verwandle also die Zumutung der Selbstliebe in ein allgemeines Gesetz und richte die Frage so ein: wie es *dann* stehen würde, wenn meine Maxime ein allgemeines Gesetz würde. Da sehe ich nun sogleich, dass sie niemals als allgemeines Naturgesetz gelten und mit sich selbst zusammenstimmen könne, sondern sich notwendig widersprechen müsse. Denn die Allgemeinheit eines Gesetzes, dass jeder, nachdem er in Not zu sein glaubt, versprechen könne, was ihm einfällt, mit dem Vorsatz, es nicht zu halten, würde das Versprechen und den Zweck, den man damit haben mag, selbst unmöglich machen, indem niemand glauben würde, dass ihm was versprochen sei, sondern über alle solche Äußerung als eitles Vorgeben lachen würde.

3) Ein dritter findet in sich ein Talent, welches vermittelst einiger Kultur ihn zu einem in allerlei Absicht brauchbaren Menschen machen könnte. Er sieht sich aber in bequemen Umständen und zieht vor, lieber dem Vergnügen nachzuhängen, als sich mit Erweiterung und Verbesserung seiner glücklichen Naturanlagen zu bemühen. Noch fragt er aber: ob außer der Übereinstimmung, die seine Maxime der Verwahrlosung seiner Naturgaben mit seinem Hange zur Ergötzlichkeit an sich hat, sie auch mit dem, was man Pflicht nennt, übereinstimme. Da sieht er nun, dass zwar eine Natur nach einem sol-

chen allgemeinen Gesetze immer noch bestehen könne, obgleich der Mensch (so wie die Südsee-Einwohner) sein Talent rosten ließe und sein Leben bloß auf Müßiggang, Ergötzlichkeit, Fortpflanzung, mit einem Wort auf Genuss zu verwenden bedacht wäre; allein er kann unmöglich **wollen**, dass dieses ein allgemeines Naturgesetz werde, oder als ein solches in uns durch Naturinstinkt gelegt sei. Denn als ein vernünftiges Wesen will er notwendig, dass alle Vermögen in ihm entwickelt werden, weil sie ihm doch zu allerlei möglichen Absichten dienlich und gegeben sind.

4) Noch denkt ein vierter, dem es wohl geht, indessen er sieht, daß andere mit großen Mühseligkeiten zu kämpfen haben (denen er auch wohl helfen könnte): was geht's mich an? mag doch ein jeder so glücklich sein, als der Himmel will, oder er sich selbst machen kann, ich werde ihm nichts entziehen, ja nicht einmal beneiden; nur zu seinem Wohlbefinden oder seinem Beistande in der Not habe ich nicht Lust etwas beizutragen! Nun könnte allerdings, wenn eine solche Denkungsart ein allgemeines Naturgesetz würde, das menschliche Geschlecht gar wohl bestehen und ohne Zweifel noch besser, als wenn jedermann von Teilnehmung und Wohlwollen schwatzt, auch sich beeifert, gelegentlich dergleichen auszuüben, dagegen aber auch, wo er nur kann, betrügt, das Recht der Menschen verkauft, oder ihm sonst Abbruch tut. Aber, obgleich es möglich ist, daß nach jener Maxime ein allgemeines Naturgesetz wohl bestehen könnte: so ist es doch unmöglich, zu **wollen**, dass ein solches Prinzip als Naturgesetz allenthalben gelte. Denn ein Wille, der dieses beschlösse, würde sich selbst widerstreiten, indem der Fälle sich doch manche ereignen können, wo er anderer Liebe und Teilnehmung bedarf, und wo er durch ein solches aus seinem eigenen Willen entsprungenes Naturgesetz sich selbst alle Hoffnung des Beistandes, den er sich wünscht, rauben würde.

Dieses sind nun einige von den vielen wirklichen oder wenigstens von uns dafür gehaltenen Pflichten, deren Ableitung aus dem einigen angeführten Prinzip klar in die Augen fällt. Man muss *wollen können*, daß eine Maxime unserer Handlung ein allgemeines Gesetz werde: dies ist der Kanon der moralischen Beurteilung derselben überhaupt. Einige Handlungen sind so beschaffen, dass ihre Maxime ohne Widerspruch nicht einmal als allgemeines Naturgesetz *gedacht* werden kann; weit gefehlt, dass man noch *wollen* könne, es *sollte* ein solches werden. Bei andern ist zwar jene innere Unmöglichkeit nicht anzutreffen, aber es ist doch unmöglich, zu *wollen*, dass ihre Maxime zur Allgemeinheit eines Naturgesetzes erhoben werde, weil ein solcher Wille sich selbst widersprechen würde. Man sieht leicht: dass die erstere der strengen oder engeren (unnachlaßlichen) Pflicht, die zweite nur der weiteren (verdienstlichen) Pflicht widerstreite, und so alle Pflichten, was die Art der Verbindlichkeit (nicht das Objekt ihrer Handlung) betrifft, durch diese Beispiele in ihrer Abhängigkeit von dem einigen Prinzip vollständig aufgestellt werden.

(Immanuel Kant, Grundlegung zur Metaphysik der Sitten. Hrsg. u. eingef. v. Theodor Valentiner. Reclam Verlag, Stuttgart 1961, S. 68–72)

1 *In der Naturgesetzformel des kategorischen Imperativs benutzt Kant die Vorstellung eines allgemeinen und ohne Ausnahme unbedingt geltenden Naturgesetzes (z. B. das Fallgesetz) als Analogie um die besondere Geltungsweise des Sittengesetzes aufzuweisen. Bestimmen Sie anhand der Beispiele Kants die spezielle Funktion dieser Analogie.*
2 *Erklären Sie den Unterschied zwischen strengen und weiteren Pflichten.*
3 *Inwieweit unterscheidet sich Kant vom ethischen Egoismus und vom Utilitarismus, u. a. von dessen Inanspruchnahme der Goldenen Regel (vgl. Kap. III, 2.2)? Ist Kants diesbezügliche Argumentation in allen vier Beispielen überzeugend?*

3.4.2 Die sogenannte Menschheitszweckformel

Der Wille wird als ein Vermögen gedacht, *der Vorstellung gewisser Gesetze gemäß*, sich selbst zum Handeln zu bestimmen. Und ein solches Vermögen kann nur in vernünftigen Wesen anzutreffen sein. [...]

Die Zwecke, die sich ein vernünftiges Wesen als *Wirkungen* seiner Handlung nach Belieben vorsetzt (materiale Zwecke), sind insgesamt nur relativ; denn nur bloß ihr Verhältnis auf ein besonders geartetes Begehrungsvermögen des Subjekts gibt ihnen den Wert, der daher keine allgemeine für alle vernünftige Wesen und auch nicht für jedes Wollen gültige und notwendige Prinzipien, d. i. praktische Gesetze, an die Hand geben kann. Daher sind alle diese relative Zwecke nur der Grund von hypothetischen Imperativen.

Gesetzt aber, es gäbe etwas, *dessen Dasein an sich selbst* einen absoluten Wert hat, was als Zweck *an sich selbst* ein Grund bestimmter Gesetze sein könnte, so würde in ihm und nur in ihm allein, der Grund eines möglichen kategorischen Imperativs, d. i. praktischen Gesetzes, liegen.

Nun sage ich: der Mensch und überhaupt jedes vernünftige Wesen *existiert* als Zweck an sich selbst, *nicht bloß als Mittel* zum beliebigen Gebrauche für diesen oder jenen Willen, sondern muss in allen seinen sowohl auf sich selbst, als auch auf andere vernünftige Wesen gerichteten Handlungen jederzeit *zugleich als Zweck* betrachtet werden.[1] Alle Gegenstände der Neigungen haben nur einen bedingten Wert; denn, wenn die Neigungen und darauf gegründete Bedürfnisse nicht wären, so würde ihr Gegenstand ohne Wert sein. Die Neigungen selber aber als Quellen des Bedürfnisses haben so wenig einen absoluten Wert, um sie selbst zu wünschen, daß vielmehr, gänzlich davon frei zu sein, der allgemeine Wunsch eines jeden vernünftigen Wesens sein muß. Also ist der Wert aller durch unsere Handlung *zu erwerbenden* Gegenstände jederzeit bedingt. Die Wesen, deren Dasein zwar nicht auf unserm Willen, sondern der Natur beruht, haben dennoch, wenn sie vernunftlose Wesen sind, nur einen relativen Wert, als Mittel, und heißen daher *Sachen*, dagegen vernünftige Wesen *Personen* genannt werden, weil ihre Natur sie schon als Zwecke an sich selbst, d. i. als etwas, das nicht *bloß* als Mittel gebraucht werden darf, auszeichnet, mithin sofern alle Willkür einschränkt (und ein Gegenstand der Achtung ist). Dies sind also nicht bloß subjektive Zwecke, deren Existenz als Wirkung unserer Handlung *für uns* einen Wert hat; sondern *objektive Zwecke*, d. i. Dinge, deren Dasein an sich selbst Zweck ist, und zwar einen solchen, an dessen Statt kein anderer Zweck gesetzt werden kann, dem sie *bloß* als Mittel zu Diensten stehen sollten [...].

Wenn es denn also ein oberstes praktisches Prinzip und in Ansehung des menschlichen Willens einen kategorischen Imperativ geben soll, so muss es ein solches sein, das aus der Vorstellung dessen, was notwendig für jedermann Zweck ist, weil es *Zweck an sich selbst ist*, ein *objektives* Prinzip des Willens ausmacht, mithin zum allgemeinen praktischen Gesetz dienen kann. Der Grund dieses Prinzips ist: *die vernünftige Natur existiert als Zweck an sich selbst.* [...]

Der praktische Imperativ wird also folgender sein: *Handle so, dass du die Menschheit sowohl in deiner Person, als in der Person eines jeden andern jederzeit zugleich als Zweck, niemals bloß als Mittel brauchest.*

(Immanuel Kant, Grundlegung zur Metaphysik der Sitten. Hrsg. u. eingef. von Theodor Valentiner. Reclam Verlag, Stuttgart 1961, S. 77–79)

1 Zweck an sich selbst ist der Mensch, mithin jedes vernünftige Wesen, nicht bloß, weil er „ein Grund bestimmter Gesetze" ist, also überhaupt nach der Vorstellung von Gesetzen zu handeln vermag, sondern vornehmlich, weil er Kraft dieser Fähigkeit das Vermögen zum am Sittengesetz ausgerichteten Handeln besitzt. Kant bezeichnet ihn daher an anderer Stelle als „das Subjekt des moralischen Gesetzes" (KpV, A 156). Also weil das vernünftige Wesen die Fähigkeit zur Sittlichkeit besitzt, existiert es als Zweck an sich selbst.

1 *Analysieren Sie den genauen Wortlaut der Menschheitszweckformel. Machen Sie an Beispielen deutlich, worin die besondere Bedeutung der Zusätze „zugleich“ und „bloß“ besteht. (Hilfsfrage: Handeln Sie in Übereinstimmung mit der Formel, wenn Sie sich vom Briefträger die Post zustellen lassen?)*

2 *Zeigen Sie unter Einbeziehung der erklärenden Anmerkung auf, wie Kant die Menschheitszweckformel aus der Geltung des Sittengesetzes herleitet. Erläutern Sie in diesem Zusammenhang Kants Aufstufung von (zu erwerbenden) Gegenständen, vernunftlosen Naturwesen und Personen sowie ihren jeweiligen Wert.*

3.4.3 Die so genannte Autonomieformel oder das Prinzip der Autonomie

Es liegt nämlich der Grund aller praktischen Gesetzgebung *objektiv in der Regel* und der Form der Allgemeinheit, die sie ein Gesetz (allenfalls Naturgesetz) zu sein fähig macht (nach dem ersten Prinzip), *subjektiv* aber im *Zwecke*; das *Subjekt* aller Zwecke aber ist jedes vernünftige Wesen, als Zweck an sich selbst (nach dem zweiten Prinzip): hieraus folgt nun das dritte praktische Prinzip des Willens, als oberste Bedingung der Zusammenstimmung desselben mit der allgemeinen praktischen Vernunft, die Idee *des Willens jedes vernünftigen Wesens als eines allgemein gesetzgebenden Willens.*

Alle Maximen werden nach diesem Prinzip verworfen, die mit der eigenen allgemeinen Gesetzgebung des Willens nicht zusammen bestehen können. Der Wille wird also nicht lediglich dem Gesetze unterworfen, sondern so unterworfen, dass er auch als *selbstgesetzgebend* und eben um deswillen allererst dem Gesetze (davon er selbst sich als Urheber betrachten kann) unterworfen angesehen werden muß. […]

Also würde das *Prinzip* eines jeden menschlichen Willens, als *eines durch alle seine Maximen allgemein gesetzgebenden Willens,* wenn es sonst mit ihm nur seine Richtigkeit hätte, sich zum kategorischen Imperativ darin gar *wohl schicken,* dass es, eben um der Idee der allgemeinen Gesetzgebung willen, sich *auf kein Interesse gründet* und also unter allen möglichen Imperativen allein *unbedingt* sein kann; oder noch besser, indem wir den Satz umkehren: wenn es einen kategorischen Imperativ gibt (d. i. ein Gesetz für jeden Willen eines vernünftigen Wesens), so kann er nur gebieten, alles aus der Maxime seines Willens als eines solchen zu tun, der zugleich sich selbst als allgemein gesetzgebend zum Gegenstande haben könnte; denn alsdann nur ist das praktische Prinzip und der Imperativ, dem er gehorcht, unbedingt, weil er gar kein Interesse zum Grunde haben kann.

Es ist nun kein Wunder, wenn wir auf alle bisherige Bemühungen, die jemals unternommen worden, um das Prinzip der Sittlichkeit ausfindig zu machen, zurücksehen, warum sie insgesamt haben fehlschlagen müssen. Man sah den Menschen durch seine Pflicht an Gesetze gebunden, man ließ es sich aber nicht einfallen, daß er *nur seiner eigenen* und dennoch *allgemeinen Gesetzgebung* unterworfen sei, und daß er nur verbunden sei, seinem eigenen, dem Naturzwecke nach aber allgemein gesetzgebenden Willen gemäß zu handeln. Denn wenn man sich ihn nur als einem Gesetz (welches es auch sei) unterworfen dachte: so musste dieses irgendein Interesse als Reiz oder Zwang bei sich führen, weil es nicht als Gesetz aus *seinem* Willen entsprang, sondern dieser gesetzmäßig von *etwas anderm* genötigt wurde, auf gewisse Weise zu handeln. Durch diese ganz notwendige Folgerung aber war alle Arbeit, einen obersten Grund der Pflicht zu finden, unwiederbringlich verloren. Denn man bekam niemals Pflicht, sondern Notwendigkeit der Handlung aus einem gewissen Interesse heraus. Dieses mochte nun ein eigenes oder fremdes Interesse sein. Aber alsdann mußte der Imperativ jederzeit bedingt ausfallen und konnte zum moralischen Gebote gar nicht taugen. Ich will also diesen Grundsatz das Prinzip der **Autonomie** des Willens im Gegensatz mit jedem andern, das ich deshalb zur *Heteronomie* zähle, nennen. [...]

Moralität besteht also in der Beziehung aller Handlung auf die Gesetzgebung [...]. Diese Gesetzgebung muss aber in jedem vernünftigen Wesen selbst angetroffen werden und aus seinem Willen entspringen können, dessen Prinzip also ist: keine Handlung nach einer anderen Maxime zu tun, als so, daß es auch mit ihr bestehen könne, dass sie ein allgemeines Gesetz sei, und also nur so, *dass der Wille durch seine Maxime sich selbst zugleich als allgemein gesetzgebend betrachten könne.* Sind nun die Maximen mit diesem objektiven Prinzip der vernünftigen Wesen, als allgemein gesetzgebend, nicht durch ihre Natur schon notwendig einstimmig, so heißt die Notwendigkeit der Handlung nach jenem Prinzip praktische Nötigung, d. i. *Pflicht*.

(Immanuel Kant, Grundlegung zur Metaphysik der Sitten. Hrsg. u. eingef. von Theodor Valentiner. Reclam Verlag, Stuttgart 1961, S. 82–86)

1 *Machen Sie sich das Verhältnis eines Gesetzgebers zu den von ihm erlassenen Gesetzen deutlich. Bestimmen Sie von da aus die besondere Bedeutung des Autonomieprinzips.*
2 *Stellen Sie Kants Auffassungen von Heteronomie und Autonomie gegenüber. Erklären Sie dabei, wieso nach Kant das pflichtgemäße Handeln aufgrund von Reiz oder Zwang genauso heteronom ist wie das Handeln aus eigenem Interesse. Was bedeutet das etwa für eine religiös begründete Moral?*
3 *Kant hat das Autonomieprinzip im Gegensatz zu den anderen beiden Formeln des kategorischen Imperativs nicht in Befehlsform formuliert. Weshalb wohl nicht?*
4 *Vergleichen Sie die verschiedenen Willensprinzipien bzw. Formeln des kategorischen Imperativs untereinander und bestimmen Sie ihr Verhältnis zur Grundform.*
5 *Diskutieren Sie, ob der kategorische Imperativ in seinen drei Formeln als moralisches Prinzip für das Zusammenleben von Kulturen gelten kann.*
6 *Informieren Sie sich über die Theorie der Moralentwicklung bei Lawrence Kohlberg („Zur kognitiven Entwicklung des Kindes", Frankfurt/M. 1974) und zeigen Sie den Zusammenhang dieser Theorie mit Kants Ethik auf.*

3.5 Schlussbemerkungen

Man könnte an dieser Stelle die Frage stellen: Warum soll man sich eigentlich in einer solchen Ausführlichkeit mit der Theorie eines Philosophen beschäftigen, die in weiten Teilen „trocken" und abgehoben erscheint. Worin liegt ihre Aktualität? Diese kann vielleicht am ehesten dadurch aufgezeigt werden, dass die Ethik Kants in besonders wichtigen moralischen Fragen zu anderen Begründungen und Antworten kommt als beispielsweise der ethische Relativismus oder der Utilitarismus. Die folgenden Beispiele sollen zeigen, dass die kantische Ethik auch heute noch eine Hilfe zur vernünftigen Begründung bestimmter moralischer Überzeugungen sein kann.

Wie sind im Ausgang vom ethischen Relativismus, Utilitarismus und der Ethik Kants die folgenden ethischen Probleme und Standpunkte zu bewerten?

- *Ein Familienoberhaupt beschließt, dass seine Tochter einen Ehemann seiner Wahl heiraten soll. Muss sie sich dem Entschluss fügen? Ist die Entscheidung abhängig von der Frage, in welchem Kulturkreis die Familie lebt? (Hinweis: Diese Praxis ist heute noch in weiten Teilen der Welt, wie z. B. in Indien, üblich. → Kap. I, 2.2)*
- *In einem Land gibt es eine Initiative die Todesstrafe wieder einzuführen. Sie argumentiert, nur so könne eine hinreichende Abschreckung vor Gewaltverbrechen und ein angemessener Schutz der Allgemeinheit erreicht werden. Die Gegner der Initiative verweisen darauf, es sei empirisch nachgewiesen, dass keinerlei abschreckende Wirkung von der Todesstrafe ausgehe. Eine dritte Gruppierung argumentiert, dass weder ein Staat noch ein Individuum das Recht habe, einen anderen Menschen zu töten. (Sie brauchen nicht zu berücksichtigen, daß Kant selbst – aus hier nicht auszuführenden Gründen – für die Todesstrafe eintrat.)*
- *Ein Wissenschaftler vertritt die Ansicht, man müsse Behinderte gegebenenfalls sterilisieren, um zu verhindern, dass sie Kinder zeugen. Dies wäre dann nötig, wenn abzusehen sei, daß ein behindertes Paar seine Kinder nicht selbst versorgen könne.*
- *In einer Diskussion über Kriegsdienstverweigerung prallen zwei Standpunkte aufeinander: Wer in einem Staat den Schutz desselben vor äußerer und innerer Bedrohung gern in Anspruch nehme, müsse auch bereit sein sich aktiv für dessen Verteidigung einzusetzen. Demgegenüber ist dies nach dem anderen Standpunkt abzulehnen: Es könne dem Gewissen eines jungen Menschen grundsätzlich widersprechen, andere Menschen auch um einer gerechten Sache willen zu töten.*

Die Rezeption der kantischen Ethik hat im 20. Jahrhundert besonders im angelsächsischen Raum, wo utilitaristische Ansätze die ethische Diskussion beherrschen, zu Überlegungen geführt, wie man Kants als berechtigt erkanntes Insistieren auf dem Gesetzescharakter moralischer Forderungen in ein utilitaristisches Konzept integrieren kann. In diesen Zusammenhang gehört die Unterscheidung zwischen **Handlungs- und Regelutilitarismus**.
Nach den klassisch-utilitaristischen Auffassungen etwa von Bentham und Mill muss der Handelnde die Folgen jeder einzelnen Handlung daraufhin prüfen, ob sie das Wohl oder den Nutzen der betreffenden Gruppe fördern oder behindern. Damit liegt ein **Handlungsutilitarismus** vor, der zum einen bei seiner Anwendung ein enormes Maß an ethischer Reflexionskapazität verlangt und zum anderen die kantische Einsicht in den Gesetzescharakter moralischen Handelns unterschlägt. Demgegenüber betrachtet der besonders im 20. Jahrhundert entwickelte **Regelutilitarismus** nicht einzelne Handlungen, sondern Handlungsklassen daraufhin, ob sie mit ihren Folgen den größten Nutzen erbringen. Daraus leitet er dann Regeln ab, die wegen ihres *im Allgemeinen* größeren Nutzens zu befolgen sind – auch dann, wenn eine einzelne Handlung in einer bestimmten Situation einmal mehr positive Folgen nach sich zieht als die von der betreffenden Regel verlangte. Selbst wenn es also in einer bestimmten Situation einmal besser für das allgemeine Wohl sein kann zu lügen, verlangt der Regelutilitarismus die Wahrheit zu sagen, weil die Verpflichtung zu ihr im Ganzen für die Menschheit den größeren Nutzen zeitigt.
Dass der Regelutilitarismus den kantischen Pflichtgedanken in seinen Ansatz aufnimmt, ist deutlich. Ebenso liegt aber auch der Unterschied zu Kants Ethik am Tage: Denn der Regelutilitarismus verlangt Regeln immer so zu wählen, dass sie auf das größte allgemeine Wohl ausgerichtet sind, während eben dieser Maßstab für die kantische Moralphilosophie letzthin gleichgültig ist.

Der Grabstein Immanuel Kants in Kaliningrad, dem früheren Königsberg in Ostpreußen

1 *Informieren Sie sich genauer über Handlungs- und Regelutilitarismus sowie über mögliche Einwände gegen den letztgenannten. (Vgl. William F. Frankena, Analytische Ethik, DTV, München [4]1986, S. 54–61.)*

2 *Prüfen Sie anhand der oben aufgeführten Beispiele, ob und inwieweit der Regelutilitarismus tatsächlich eine grundlegende Neuorientierung moralischer Urteilsbildung gegenüber dem Handlungsutilitarismus bedeutet.*
Worin liegen die Differenzen zu einer an Kant ausgerichteten Argumentation?

3.6 Der Fall Adolf Eichmann

Adolf Eichmann (1906–1962), ehemaliger SS-Obersturmbannführer, war Hauptorganisator der Judentransporte in die verschiedenen Vernichtungslager. Er wurde 1961 in Südamerika aufgespürt, nach Israel entführt, verhört und anschließend vor Gericht gestellt. Dort berief er sich sowohl im Verhör als auch nachher in der Gerichtsverhandlung auf die Ethik Kants. Wenn er von der kantischen Norm spricht, so ist in seiner nachfolgenden Stellungnahme das Pflichtverständnis im Sinne Kants gemeint.

„Zur Norm habe ich die kantsche Forderung erhoben, und zwar schon sehr lange. Nach dieser Forderung habe ich mein Leben ausgerichtet, und ich habe hier auch nicht Halt gemacht in meinen Apostrophierungen vor meinen eigenen Söhnen, wenn ich die Erkenntnis hatte, dass sie sich gehen ließen. Bei Faulheit, Desinteressement an ihrer Weiterbildung habe ich sie ebenfalls mit geharnischten Worten zur Räson zu bringen versucht. [...]
Ich war nichts anderes als ein getreuer, ordentlicher, korrekter, fleißiger – und nur von idealen Regungen für mein Vaterland, dem anzugehören ich die Ehre hatte, beseelter – Angehöriger der SS und des Reichssicherheitshauptamtes[1]. Ein innerer Schweinehund und ein Verräter war ich nie. Trotz gewissenhafter Selbstprüfung muss ich für mich feststellen, dass ich weder ein Mörder noch ein Massenmörder war[2]. Um aber haargenau bei der Wahrheit zu bleiben, möchte ich mich selbst der Beihilfe zur Tötung bezichtigen, weil ich ja Deportationsbefehle, die ich erhielt, weitergab und weil zumindest ein Teil dieser Deportierten, wenn auch von einer ganz anderen Einheit, getötet wurde. Ich sagte, ich müsste mich der Beihilfe zur Tötung bezichtigen, wenn ich mit mir selbst hart und rücksichtslos zu Gericht gehe. [...] Meine subjektive Einstellung zu den Dingen des Geschehens war mein Glaube an die Notwendigkeit eines totalen Krieges, weil ich an die steten Verkündigungen der Führung des damaligen Deutschen Reiches – Sieg in diesem totalen Krieg oder Untergang des deutschen Volkes – stets in zunehmendem Maße glauben musste. Aus dieser Einstellung heraus tat ich reinen Gewissens und gläubigen Herzens meine mir befohlene Pflicht."

Eichmann während des Prozesses (1961)

(Jochen von Lang, Das Eichmann-Protokoll. Tonbandaufzeichnungen der israelischen Verhöre. Paul Zsolnay Verlag, Wien 1991, S. 250–252)

1 Reichssicherheitshauptamt: Behörde, mit Sitz in Berlin, bei der als Zentrale der SS die Fäden des NS-Terrors zusammenliefen
2 Eichmann sah sich selbst nicht als Mörder, weil er nur den Transport der Juden in die Vernichtungslager organisiert hatte. An der Tötung im eigentlichen Sinne glaubte er nicht beteiligt zu sein.

1 *Informieren Sie sich genauer über Adolf Eichmann und seine Rolle bei der Judenvernichtung im Dritten Reich.*
2 *Wie versucht Eichmann seine Handlungsweise ethisch zu legitimieren?*
3 *Kann Eichmann sich wirklich zu Recht auf Kants kategorischen Imperativ berufen?*
4 *Kann Eichmann sich zu Recht auf Kants Unterscheidung zwischen privatem und öffentlichem Vernunftgebrauch berufen? (vgl. Kap. V, 1.1)*

Die deutsche Philosophin **Hannah Arendt** (1906–1975), die als Jüdin vor dem Nationalsozialismus in die USA emigrieren musste, hat Eichmann vor Prozessbeginn 1961 in der Zelle aufgesucht und sich mit ihm unterhalten. Sie kam zu dem Schluss, dass das Böse sich in einer geradezu unauffälligen Form als Durchschnittsmensch zeigen könne. Sie prägte den Ausdruck von der „Banalität des Bösen". Zu Eichmanns Berufung auf den kategorischen Imperativ führt sie aus:

Ein erstes Anzeichen von Eichmanns vager Vorstellung, dass in dieser ganzen Angelegenheit mehr zur Diskussion stehen könnte als die Frage, ob der Soldat auch Befehlen gehorchen müsse, die ihrer Natur und ihrer Absicht nach eindeutig verbrecherisch sind, ergab sich während des Polizeiverhörs, als er plötzlich mit großem Nachdruck beteuerte sein Leben lang den Moralvorschriften Kants gefolgt zu sein und vor allem im Sinne des kantischen Pflichtbegriffs gehandelt zu haben. Das klang zunächst nur empörend und obendrein unverständlich, da Kants Morallehre so eng mit der menschlichen Fähigkeit zu urteilen, also dem Gegenteil von blindem Gehorsam, verbunden ist. Der verhörende Offizier hatte sich darauf nicht weiter eingelassen, doch Richter Raveh, ob nun aus Neugier oder aus Entrüstung über Eichmanns Versuch im Zusammenhang mit seinen Untaten sich auf Kant zu berufen, entschloss sich den Angeklagten hierüber zu befragen. Und zu jedermanns Überraschung konnte Eichmann eine ziemlich genaue Definition des kategorischen Imperativs vortragen: „Da verstand ich darunter, dass das Prinzip meines Wollens und das Prinzip meines Strebens so sein muss, dass es jederzeit zum Prinzip einer allgemeinen Gesetzgebung erhoben werden könnte", was auf Diebstahl oder Mord z. B. nicht gut anzuwenden ist, da der Dieb oder Mörder unmöglich in einem Rechtssystem leben wollen kann, das anderen das Recht gibt ihn zu bestehlen oder zu ermorden. Auf weitere Befragung fügte er hinzu, dass er Kants Kritik der praktischen Vernunft gelesen habe. Weiter erklärte er, dass er in dem Augenblick, als er mit den Maßnahmen zur „Endlösung" beauftragt wurde, aufgehört habe nach kantischen Prinzipien zu leben, er habe das gewusst und habe sich mit den Gedanken getröstet nicht länger „Herr über mich selbst" gewesen zu sein – „ändern konnte ich nichts". Was er dem Gericht darzulegen unterließ war, dass er in jener „Zeit ... der von Staats wegen legalisierten Verbrechen", wie er sie jetzt selber nannte, die kantische Formel nicht einfach als überholt beiseite getan hat, sondern dass er sie sich vielmehr so zurechtbog, bis sie ihm im Sinne von Hans Franks Neuformulierung „des kategorischen Imperativs im Dritten Reich", die Eichmann gekannt haben mag, befahl: „Handle so, dass der Führer, wenn er von deinem Handeln Kenntnis hätte, dieses Handeln billigen würde" („Die Technik des Staates", 1942, S. 15 f.). Natürlich ist es Kant nie in den Sinn gekommen, das Prinzip des Handelns einfach mit dem Prinzip des jeweiligen Gesetzgebers eines Landes oder den in ihm jeweils geltenden Gesetzen zu identifizieren, da für ihn ja jeder Bürger im Augenblick seines Handelns selbst Gesetzgeber wird durch den Gebrauch seiner „praktischen Vernunft". Dennoch entspricht Eichmanns unbewusste Entstellung dem, was er selbst „den kategorischen Impe-

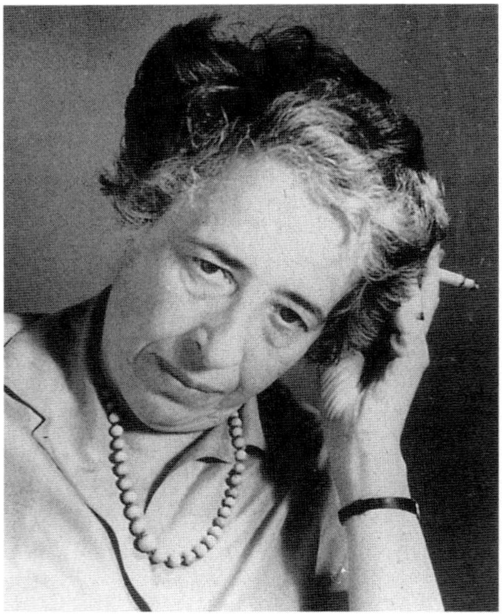

Hannah Arendt (Foto 1963)

rativ für den Hausgebrauch des kleinen Mannes" nannte. In diesem „Hausgebrauch" bleibt von Kants Geist nur noch die moralische Forderung übrig nicht nur dem Buchstaben des Gesetzes zu gehorchen und sich so in den Grenzen der Legalität zu halten, sondern den eigenen Willen mit dem Geist des Gesetzes zu identifizieren – mit der Quelle, der das Gesetz entsprang. In Kants Philosophie war diese Quelle die praktische Vernunft; im Hausgebrauch, den Eichmann von ihr machte, war diese Quelle identisch geworden mit dem Willen des Führers. Viel von der gespenstisch peniblen Gründlichkeit, mit der die „Endlösung" in Gang gesetzt und gehalten wurde – einer Gründlichkeit, die auf Beobachter meistens als typisch deutsch oder doch als Charakteristikum des perfekten Bürokraten wirkt –, lässt sich auf die eigentümliche, in Deutschland tatsächlich sehr verbreitete Vorstellung zurückführen, dass Gesetzestreue sich nicht darin erschöpft, den Gesetzen zu folgen, sondern so zu handeln verlangt, als sei man selbst der Schöpfer der Gesetze, denen man gehorcht. Daraus entwickelt sich leicht die Überzeugung mehr als seine Pflicht zu tun sei das mindeste, was man von sich verlangen müsse.

(Hannah Arendt, Eichmann in Jerusalem. Ein Bericht von der Banalität des Bösen. Piper Verlag, München 1986, S. 174 f.)

1 *Warum war für die Nazis eine Modifizierung des kategorischen Imperativs notwendig? Zeigen Sie auf, dass die Neuformulierung diesen geradezu in sein Gegenteil verkehrt.*

2 *Auf welchen „Rest" wird der kategorische Imperativ in dieser Neuformulierung nach Arendt reduziert?*

3 *Welche problematischen Konsequenzen für den deutschen „Volkscharakter" ergeben sich für Arendt aus dem spezifisch deutschen Verständnis von Pflicht und Gesetz? Liegt in Arendts diesbezüglichem Vorwurf auch eine Kritik an Kant?*
(Ziehen Sie zum Umgang mit Kants kategorischem Imperativ im Dritten Reich ggf. auch den Text von Kurt Huber in Kap. I, 3.2 heran.)

4 Freiheit als Grundlage der Ethik

Wir haben bei unserer bisherigen Vorstellung verschiedener ethischer Ansätze ein für die Ethik zentrales Problem ausgeklammert: das der **Freiheit des menschlichen Willens**. Zwar wurde im Zusammenhang der Erörterung von Sartres Subjekttheorie die Freiheitsproblematik bereits thematisiert (➔ Kap. II, 2.4.3), aber es ging hier primär um die Frage, wie man den Menschen als konkret handelnde Person denken kann. Die ethische Dimension der Freiheit wurde noch nicht systematisch erörtert und soll jetzt auf der Grundlage der erarbeiteten ethischen Positionen zur Sprache kommen.
Im Folgenden werden wir daher von der Frage ausgehen, ob sich der Mensch – unabhängig von den äußeren Bedingungen, die ihn einschränken oder gewähren lassen können – überhaupt nach moralischen Prinzipien richten kann, was die bisherigen ethischen Überlegungen offenbar voraussetzten. Wir werden dabei zuerst Beiträge von Philosophen des 20. Jahrhunderts berücksichtigen. In ihnen sind aber Gedanken aus einer weitaus älteren philosophischen Tradition präsent, sodass uns dies berechtigt in einem zweiten Schritt wieder an Kants Freiheitsverständnis anzuknüpfen und die kantische Lösung des Freiheitsproblems darzustellen.

4.1 Das Problem der Entscheidungsfreiheit

4.1.1 Der Prozess des Jürgen Bartsch – ein Beispiel

Ob der Mensch einen freien Willen hat und damit für seine Handlungen verantwortlich ist, auf diese philosophischen Fragen stoßen wir immer wieder: in vielen Ereignissen des Alltags, erst recht in einem **Mordfall** wie dem folgenden:

Am 15. Dezember 1967 verurteilte die Jugendstrafkammer des Wuppertaler Landgerichts den damals 21-jährigen Metzgergesellen Jürgen Bartsch wegen vierfachen Mordes zu lebenslänglicher Zuchthausstrafe.
Jürgen Bartsch hat von 1962 bis 1966 vier Knaben [auf grausamste Weise sexuell missbraucht und] ermordet. Man schätzt, dass er mehr als hundert weitere erfolglose Versuche unternahm.
Etwa ein Jahr nach dem ersten Prozess hat der *Stern* demoskopisch festgestellt, dass die westdeutsche Bevölkerung Jürgen Bartsch für den zweitschlimmsten Verbrecher dieses Jahrhunderts hält, nach Adolf Hitler, aber vor Stalin, Haarmann, Eichmann und Himmler. Die befragten Frauen stuften Bartsch mit seiner relativ bescheidenen Zahl von vier Morden sogar noch vor Adolf Hitler ein.
Am 6. November 1946 als unehelicher Sohn einer tuberkulösen Kriegerwitwe und eines holländischen Saisonarbeiters geboren, wurde Karl-Heinz Sadrozinski – später Jürgen Bartsch – von seiner Mutter im Krankenhaus zurückgelassen, aus dem sie sich heimlich vorzeitig entfernte; sie starb einige Monate später. Einige Monate nach seiner Geburt kam Gertrud Bartsch, die Frau eines wohlhabenden Essener Fleischers, in dasselbe Krankenhaus um sich einer „Totaloperation" zu unterziehen. Sie und ihr Mann beschlossen das verlassene Kind zu sich zu nehmen [...]. Die neuen Eltern hielten das Kind, als es heranwuchs, sehr streng und isolierten es völlig von anderen Kindern, weil es nicht erfahren sollte, dass es adoptiert war.

Als der Vater einen zweiten Fleischerladen aufmachte (mit dem Ziel Jürgen so früh wie möglich ein eigenes Geschäft zu verschaffen) und Frau Bartsch dort arbeiten musste, sorgten zuerst die Großmutter und dann eine Reihe von Dienstmädchen für das Kind.
Im Alter von zehn Jahren wurde Jürgen Bartsch von seinen Eltern in ein Kinderheim in Rheinbach gebracht, in dem sich etwa zwanzig Kinder befanden. Aus dieser verhältnismäßig angenehmen Atmosphäre kam er mit zwölf Jahren in eine katholische Schule, wo dreihundert Knaben, darunter bereits schwer Erziehbare, in strenger militärischer Zucht gehalten wurden. [...]
Am 18. Juni lockte Jürgen Bartsch den vierzehnjährigen Peter Frese in den Bunker, schlug und fesselte ihn und ließ ihn zurück um pünktlich nach Hause zu gehen zu „dieser blöden, schweren Suppe, die ich immer essen musste", damit seine Mutter ihn nicht schalt. Peter Frese, bei einer brennenden Kerze alleingelassen, brannte seine Fesseln durch und flüchtete. Als Bartsch später am Abend wiederkam, um ihn zu zerstückeln, und ihn nicht mehr vorfand, war seine erste Reaktion Enttäuschung: „Na, so'ne halbe Sache ...!" Obwohl er wissen musste, dass Freses Flucht unvermeidlich zu seiner Verhaftung führen würde, machte sich Jürgen Bartsch drei Tage später, einen Tag bevor die Polizei zu den Bartschs kam, nach Mülheim auf um ein neues Kind zu suchen. Dem Richter, der sich über so viel Kaltblütigkeit wunderte, antwortete Bartsch in einem Ton, der erkennen ließ, dass er kaum anders hätte handeln können und dass man solchen unwiderstehlichen Trieb verstehen müsse: „Ich war ja noch vollkommen unbefriedigt."
Als der Richter Bartsch einmal fragte, ob er jemals Grauen vor sich selber empfunden habe, erwiderte Bartsch nach einem langen Seufzer mit verzweifelter Stimme: „Herr Vorsitzender, das setzt voraus, ich könnte regulieren – jetzt kannst du, jetzt kannst du nicht. Aber ich konnte das nicht regulieren."
Als Gerhard Bartsch, Jürgens Adoptivvater, den Zeugenstand betrat, sagte ihm der Richter, dass „jeder der hier Anwesenden" ihn als „einen anständigen, biederen Metzgermeister" betrachtete. Der Vater bagatellisierte die Berichte über häusliche Streitigkeiten. Sein Arbeitstag, sagte er, beginne um sechs und ende vierzehn Stunden später. Wenn er von Jürgen als Kind sprach, gebrauchte er Wörter wie „zugetan", aber niemals solche wie „Liebe". Den Namen „Jürgen" sagte (und sagt) er fast nie; sein Sohn heißt für ihn ‚der Junge'.
Darüber, dass er das Kind in der Obhut seiner Großmutter und danach einer Reihe von Dienstmädchen gelassen habe, meinte er, sein Sohn „hat's nie so tragisch genommen", und damit war das Thema erledigt. Er sähe jedoch ein, dass er und seine Frau einen Fehler gemacht hätten, dem seinerzeitigen Rat des Krankenhausarztes zu folgen und Jürgen zu verbieten mit anderen Kindern zu spielen, damit er nichts von seiner Adoption erführe. [...]
Er hatte interessante Dinge über die Periode zu berichten, in der Jürgen erst für seinen Kollegen van Loon und dann für ihn selber arbeitete: „Da gibt's dieses Gesetz, das einem Meister verbietet die Lehrlinge wirklich ordentlich ranzunehmen. Vierzig Stunden in der Woche darf man sie heute nur noch arbeiten lassen. Ich sehe das für verkehrt an. Wenn es um sechs in der Früh losgeht, dann haben sie mittags um drei schon Schluss. Was macht so ein Junge von drei bis neun Uhr abends? Das kann nicht gut sein. Erst legen sie sich hin und schlafen und dann sind sie abends um sieben oder acht, wenn wir müde sind, hellwach und kommen auf dumme Gedanken. Und dann darf man ihnen noch nicht einmal eine ordentliche Tracht Prügel verpassen. Ich hatte Angst, dass mir der Junge bei dem Kollegen verkommen würde, weil er da so viel Zeit hatte. Ich konnte ihn viel besser in die Mangel nehmen. Sechzig Stunden in der Woche, das ist nicht zu scharf für einen Sechzehnjährigen [...]."

Der Vater sagte, als er zum ersten Mal vernommen wurde, er habe immer gehofft, dass im späteren Leben, wenn Jürgen, den er in seiner Kindheit als „Kronprinzen" betrachtet hatte, mit ihm im Geschäft zusammenarbeitete, „unser Verhältnis sich bessern würde", ohne zu sagen, wie diese Entwicklung kommen sollte. Unter Verwendung des bemerkenswerten Wortes ‚vielleicht' erklärte Gerhard Bartsch: „Ich mache niemandem Vorwürfe, vielleicht nur mir selbst." Und dann rief er in einer plötzlichen Aufwallung: „War diese Sache in ihm von Geburt an oder haben wir etwas Falsches gemacht?" Die Antwort des Vorsitzenden brachte eine der erstaunlichsten Äußerungen eines erstaunlichen Prozesses: „Herr Bartsch, ich bin überzeugt, Sie und Ihre Frau haben absolut keinen Grund für Selbstvorwürfe."

(Paul Moor, Das Selbstporträt des Jürgen Bartsch. Fischer Verlag, Frankfurt/M. 1972, S. 11 ff.)

1 *Stellen Sie aus den gegebenen Sachinformationen zum Fall Bartsch alle die Bedingungen zusammen, die für seine vier Morde verantwortlich sein könnten.*
2 *Aus der Art der Darstellung des Falles ist ersichtlich, welche Auffassung der Autor über die für Bartsch' Handeln verantwortlichen Faktoren hat. Verdeutlichen Sie dies am Text. Welche Auffassung vertritt dagegen offenkundig der Richter?*
3 *Nehmen Sie Stellung: Ist Bartsch für sein Tun moralisch voll verantwortlich und hat er also aus freier Entscheidung gehandelt? Fragen sie weiter: Was bedeutet die eine oder andere Beurteilung des Falles für die Frage, ob der Mensch überhaupt einer freien Entscheidung fähig ist.*

4.1.2 Zwei grundsätzliche Positionen zur Entscheidungsfreiheit: Determinismus und Indeterminismus

Die Geschichte des Jürgen Bartsch, der sich übrigens später zur Kastration entschloss und an den Folgen der Operation auf bis heute nicht ganz geklärte Weise starb, ist ein extremes Beispiel. Aber auch bei alltäglichen Handlungen lässt sich die Frage stellen, ob wir nicht alle in unseren Handlungen geprägt und festgelegt sind. Der behavioristische amerikanische Psychologe **B. F. Skinner** (1904–1990) wirft sie auf in seinem utopischen Roman „Futurum II", in dem er eine mit Methoden der Verhaltensforschung perfekt geplante Zukunftsgesellschaft schildert. Im vorgelegten Auszug werden wir Zeugen einer Diskussion zwischen dem Gründer der Gesellschaft, Frazier, und Castle, einem skeptischen Besucher. Anschließend fasst der zeitgenössische Philosoph **Ulrich Pothast** beide möglichen Positionen zum Freiheitsproblem noch einmal zusammen.

„Wird es nicht Zeit, dass wir über Freiheit reden? Wir haben uns vor ein oder zwei Tagen mit der Übereinkunft getrennt das zu tun. Die Antwort steht noch aus."
„Meine Antwort ist einfach", sagte Frazier. „Ich streite ab, dass es so etwas wie Freiheit überhaupt gibt. Ich muss es abstreiten oder mein ganzes Programm ist sinnlos. Man kann nicht eine Wissenschaft von einem Objekt betreiben, das launisch hin und her hüpft. [...] Der wachsende Erfolg der Verhaltensforschung macht Unfreiheit immer einleuchtender." „Im Gegenteil", sagte Castle, „einfache persönliche Erfahrung macht sie unhaltbar. Nämlich die Erfahrung – eben der Freiheit. Ich *weiß*, dass ich frei bin."
„Das muss recht tröstlich sein", sagte Frazier.
„Und was mehr ist, Sie wissen es auch", sagte Castle hitzig. „Wenn Sie Ihre eigene Freiheit leugnen um mit dieser Verhaltensforschung

zu spielen, so handeln Sie ganz einfach in böser Absicht, nur so kann ich es ausdrücken." Er zuckte die Achseln. „Sie werden zumindest zugeben müssen, dass Sie sich frei *fühlen*."

„Das Freiheitsgefühl sollte niemanden täuschen", sagte Frazier. „Nennen Sie mir ein konkretes Beispiel!"

„Gewiss, sofort", war Castles Antwort. Er nahm eine Streichholzschachtel: „Es steht mir frei, sie fallen zu lassen oder nicht."

„Natürlich tun Sie das eine oder das andere", sagte Frazier. „Sprachlich wie logisch scheint es da zwei Möglichkeiten zu geben, aber tatsächlich gibt es nur eine. Die Kräfte der Willensgebundenheit mögen verborgen liegen, aber sie sind unerbittlich. Ich nehme an, dass Sie als ordentlicher Mensch die Schachtel in der Hand behalten – ah! Sie lassen sie also fallen. Gut, das gehört in Ihre Verhaltensweise mit Beziehung auf mich. Sie konnten der Versuchung nicht widerstehen mich ins Unrecht zu setzen. Es war Gesetz, Sie hatten keine Wahl. Der entscheidende Faktor kam etwas später hinzu und natürlich konnten Sie, als Sie die Schachtel nahmen, ihn nicht voraussehen. Es bestand keine große Wahrscheinlichkeit, in welcher Richtung Sie handeln würden, und daher glaubten Sie frei zu sein."

„Das ist mir zu sophistisch", sagte Castle. „Es ist leicht, nachträglich Gesetzmäßigkeiten zu behaupten. Aber stellen Sie einmal im Voraus fest, was ich tun werde. Wenn Sie das können, erkenne ich Gesetzmäßigkeit (für den menschlichen Willen) an."

„Ich sage nicht, dass ein Verhalten immer vorhersehbar ist, ebensowenig wie das Wetter. Es spielen meistens zu viele Faktoren mit. Wir können sie nicht alle exakt ausmessen [...]. Die Gesetzmäßigkeit ist in der Regel eine Vermutung, aber nicht weniger wichtig zur Beurteilung des in Rede stehenden Ausgangs."

(Burrhus F. Skinner, Futurum II. Rowohlt Verlag, Reinbek 1972, S. 232 f.)

1 Stellen Sie die Argumente beider Kontrahenten systematisch gegenüber. Wer hat nach Ihrer Meinung recht?

Die klassische Darstellung des Problems hat ungefähr diese Form: Wir beobachten in der Natur, an gesellschaftlichen Prozessen und am psychischen Leben der Personen, dass auf Ereignisse und Umstände von bestimmtem Typ andere Ereignisse und Umstände bestimmten Typs folgen. Die Aufeinanderfolge kann man in Gestalt einer Regel formulieren: Wenn ein Ereignis (Umstand) des ersten Typs vorliegt, tritt ein Ereignis (Umstand) des zweiten Typs ein. Geht man so weit, die an sehr vielen Fällen beobachtete Tatsache der regelhaften Aufeinanderfolge zu verallgemeinern und auf alles auszudehnen, was geschieht, dann kommt man zu einer allgemeinen These des Determinismus. Sie kann verschieden ausgedrückt werden. Einige Versionen sind: Alles, was geschieht, hat eine Ursache, kraft deren es geschieht und die es ausmacht, dass nichts anderes geschehen kann. – Alles, was geschieht, geht aus vorausliegenden Bedingungen mit gesetzmäßiger Notwendigkeit hervor. – Wenn alle Gesetze, nach denen Veränderungen in der Welt geschehen, bekannt sind, ist es im Prinzip möglich, aus dem Zustand der Welt zu einem beliebigen Zeitpunkt den Zustand der Welt zu jedem anderen Zeitpunkt zu berechnen. – Wie man die These des Determinismus auch formulieren mag: Die Regelhaftigkeit der Veränderungen in der Welt ist etwas, was durch die Erfahrung, die wir mit den Ereignissen der Welt machen, in hohem Maß bestätigt ist. Die Überzeugung von dieser Regelhaftigkeit gehört zu den Einstellungen, die für unsere Form des Umgangs mit der Welt charakteristisch sind. Würden wir ernsthaft damit rechnen, dass die Gegenstände und Personen unserer Umwelt sich in jedem Augenblick völlig

anders verhalten könnten, als es bisher beobachtet wurde, dann hätten unsere Erwartungen, Pläne, Handlungen eine völlig andere Form. Wenn ich nicht damit rechnen könnte, dass das Wasser nass ist, würde ich im Pullover schwimmen gehen. Wenn ich nicht damit rechnen könnte, dass der Buchhändler mich anzeigt, sobald er mich beim Stehlen erwischt, würde ich seine Bücher zentnerweise davonschleppen.
Der vertrauten Erfahrung von der Regelhaftigkeit steht die ebenso vertraute Erfahrung von der Entscheidungsfähigkeit der Personen gegenüber. Die Personen erfahren sich selbst als die Instanz, die über ihre Handlungen entscheidet. Sie sagen (wenn sie nicht zu etwas gezwungen werden) vor dem Zeitpunkt einer Handlung oft, dass ihnen mehrere Handlungen offenstehen, und sie sagen nach der Handlung oft, sie hätten auch anders handeln können. Sie antworten auf die Frage, wer gehandelt habe, sie seien es selbst gewesen. Sie kennen auch einen Zustand, in dem dieser Normalfall nicht stattfindet. Sie erfahren diesen Zustand als schmerzhaft und drücken ihn aus mit der Wendung „ich bin nicht ich selbst" oder „irgendetwas handelt in mir, aber ich habe keinen Einfluss darauf" oder „das ist wie eine fremde Macht". Wird eine Person nicht durch Äußeres gezwungen und erfährt sie auch keinen psychischen Zwang von der zuletzt genannten Art, dann hat sie gute Gründe zu glauben, sie handle autonom, sie sei es selbst, die ihre Handlungen wählt und ins Werk setzt. Dass sie wählt, heißt, dass sie zwischen mehreren möglichen Handlungen wählt und auch anders wählen könnte.

(Ulrich Pothast, Einleitung. In: U. Pothast [Hrsg.], Seminar, Freies Handeln und Determinismus. Suhrkamp Verlag, Frankfurt/M. 1978, S. 8 f.)

1 *Welche zusätzlichen Argumente führt Pothast für beide Positionen ins Feld?*
2 *Ergreifen Sie selbst Partei für eine der beiden Theorien und suchen Sie Ihre Auffassung gegen Argumente der anderen Seite zu verteidigen.*
3 *Auf welche – unterschiedliche – Art von Erfahrung stützen sich beide Positionen zum Freiheitsproblem jeweils in ihrer Argumentation?*

4.1.3 Konsequenzen aus beiden Positionen

Wie man die Frage nach der Entscheidungsfreiheit beantwortet, hat entscheidende **Konsequenzen** für unser Weltverständnis und in der Folge für unseren Umgang mit uns selbst und anderen. Diese Konsequenzen lassen sich **in verschiedenen Bereichen** aufweisen:

– Einmal ist die Frage wichtig bei der **Erklärung menschlicher Handlungen**: Wissenschaftliche Theorien, denen es um Gesetze und ggf. Vorhersagen menschlichen „Verhaltens" geht, setzen ebenso wie viele unserer Alltagserklärungen voraus, dass unser Handeln bestimmten Gesetzen unterworfen, d. h. kausal determiniert ist. Sie gehen also davon aus, dass es für jedes menschliche Verhalten bestimmte, prinzipiell erkennbare Ursachen gibt, vorangegangene Ereignisse, aus denen dieses Verhalten gesetzmäßig folgt.
Die Tiefenpsychologie z.B. führt unser Verhalten auf unbewusste Gründe zurück, die Verhaltensforschung auf Instinkte, die Hirnforschung kann die Zentren für bestimmte Emotionen genau bestimmen und eventuell manipulieren, die Genforschung sucht nach Erbfaktoren, die für bestimmte Reaktionen des Menschen verantwortlich sein könnten.

1 *Informieren Sie sich genauer über die Ergebnisse der genannten Wissenschaften und überlegen Sie, welchen Stellenwert sie in der Diskussion über die menschliche Entscheidungsfreiheit haben.*

– Welcher Erklärung wir zuneigen, wird auch Auswirkungen auf unseren **praktischen Umgang mit Menschen** haben, etwa in der Erziehung: Sehe ich andere Menschen (und auch mich selbst) nur als Objekt von – eventuell gut gemeinter – Beeinflussung oder betrachte ich sie (und mich) als selbst verantwortliche Subjekte, die sich frei entscheiden können und sollen?

1 *Weisen Sie die Konsequenzen aus beiden freiheitstheoretischen Positionen für Erziehungsziele und Erziehungsstil etwa eines Lehrers oder eines Gruppenleiters auf.*

2 *In der angewandten Psychologie gibt es zwei Hauptrichtungen: Die „Verhaltenstherapie" versucht im Allgemeinen psychische Krankheiten wie Neurosen bzw. ihre Symptome durch systematische Beeinflussung zu beseitigen; so durch positive oder negative Verstärkung (bis hin zum Schock) oder durch gezielte Ge- bzw. Entwöhnung. Die „Gesprächstherapie" und verwandte Richtungen der sogenannten humanistischen Psychologie gehen hingegen davon aus, dass der wichtigste Teil des Heilungsprozesses die auf Einsicht beruhende freie Entscheidung des Kranken zur Änderung ist, zu der ihm der Therapeut lediglich Hilfestellung leistet.*
Arbeiten Sie den Zusammenhang heraus zwischen den dargestellten Ansätzen in der Psychologie und den jeweiligen Positionen zum Freiheitsproblem.

3 *Machen Sie sich anhand ausgewählter Beispiele bewusst, aufgrund welcher freiheitstheoretischer Position Sie selbst im Alltag das (liebsame oder unliebsame) Handeln Ihrer Mitmenschen erklären und wie Sie mit ihnen umgehen.*

– Schließlich ergeben sich aus der unterschiedlichen Stellung zur Entscheidungsfreiheit sehr verschiedene Auffassungen in der Frage der **Verantwortlichkeit für unsere Handlungen**. Dies ist sowohl für die zwischenmenschlichen Beziehungen überhaupt wie auch für den gesamten rechtlichen Bereich relevant, nicht zuletzt für die Möglichkeit von Ethik als sinnvoller Wissenschaft.

1 *Weisen Sie die Konsequenzen der deterministischen und der indeterministischen Position für die Frage nach Schuld und Unschuld auf.*
Untersuchen Sie den Sinn von Handlungen wie Lob, Vorwurf, Strafe, Dankbarkeit, Verehrung, Verachtung usw.

2 *Als ein Angeklagter seine Unschuld vor Gericht damit begründete, dass er so geboren sei und nicht anders hätte handeln können, daher auch nicht haftbar zu machen sei, antwortete der ihn bestrafende Richter: Auch er könne nicht anders, da er nun einmal so sei und notwendig nach den Gesetzen so handeln müsse. (nach K. Jaspers)*
Erörtern Sie an diesem Beispiel die Problematik einer deterministischen Position.

3 *Diskutieren Sie Sinn und Aufgabe der Justiz vom deterministischen und vom indeterministischen Standpunkt aus.*

4 *Wie stellt sich die Ethik als Wissenschaft im Lichte des Determinismus und seines Gegenteils dar?*

5 *Erstellen Sie ein Schema, in dem Sie die Konsequenzen aus beiden Grundsatzpositionen zur Entscheidungsfreiheit geordnet aufführen.*

4.2 Die Auflösung des Freiheitsproblems bei Kant

4.2.1 Die Möglichkeit von Entscheidungsfreiheit

Beide gegensätzlichen Auffassungen zur Freiheitsfrage beanspruchen – das hat die bisherige Darlegung gezeigt – mit guten Gründen Geltung für sich. Beide sind vor allem von den Konsequenzen her gedacht gleichermaßen unverzichtbar für unser Welt- und Selbstverständnis; sie schließen sich aber gegenseitig aus.

Kant formuliert im folgenden Text diesen Widerspruch zwischen Freiheit und Notwendigkeit und löst ihn schließlich unter Bezugnahme auf seine Erkenntnistheorie auf:

Alle Menschen denken sich dem Willen nach als frei. Daher kommen alle Urteile über Handlungen als solche, die hätten *geschehen sollen,* ob sie gleich *nicht geschehen sind.* Gleichwohl ist diese Freiheit kein Erfahrungsbegriff und kann es auch nicht sein, weil er [der Begriff der Freiheit] immer bleibt, obgleich die Erfahrung das Gegenteil von denjenigen Forderungen zeigt, die unter Voraussetzung derselben als notwendig vorgestellt werden. Auf der anderen Seite ist es ebenso notwendig, dass alles, was geschieht, nach Naturgesetzen unausbleiblich bestimmt sei, und diese Naturnotwendigkeit ist auch kein Erfahrungsbegriff, eben darum, weil er den Begriff der Notwendigkeit, mithin einer Erkenntnis a priori, bei sich führt[1]. Aber dieser Begriff von einer Natur wird durch Erfahrung bestätigt und muss selbst unvermeidlich vorausgesetzt werden, wenn Erfahrung, d. i. nach allgemeinen Gesetzen zusammenhängende Erkenntnis der Gegenstände der Sinne, möglich sein soll.

[…]

Eine Auskunft bleibt uns aber noch übrig, nämlich zu suchen: ob wir, wenn wir uns durch Freiheit als a priori wirkende Ursachen denken, nicht einen anderen Standpunkt einnehmen, als wenn wir uns selbst nach unseren Handlungen als Wirkungen, die wir vor unseren Augen sehen, uns vorstellen.

Es ist eine Bemerkung, welche anzustellen eben kein subtiles Nachdenken erfordert wird, sondern von der man annehmen kann, dass sie wohl der gemeinste Verstand, obzwar nach seiner Art durch eine dunkle Unterscheidung der Urteilskraft, die er Gefühl nennt, machen mag: dass alle Vorstellungen, die uns ohne unsere Willkür kommen (wie die der Sinne), uns die Gegenstände nicht anders zu erkennen geben, als sie uns affizieren, wobei, was sie an sich sein mögen, uns unbekannt bleibt, mithin dass, was diese Art Vorstellungen betrifft, wir dadurch auch bei der angestrengtesten Aufmerksamkeit und Deutlichkeit, die der Verstand nur immer hinzufügen mag, doch bloß zur Erkenntnis der *Erscheinungen,* niemals der *Dinge an sich selbst* gelangen können. Sobald dieser Unterschied […] einmal gemacht ist, so folgt von selbst, dass man hinter den Erscheinungen doch noch etwas anderes, was nicht Erscheinung ist, nämlich die Dinge an sich, einräumen und annehmen müsse, ob wir gleich uns von selbst bescheiden, dass, da sie uns niemals bekannt werden können, sondern immer nur, wie sie uns affizieren, wir ihnen nicht näher treten, und was sie an sich sind, niemals wissen können. Dieses muss eine, obzwar rohe, Unterscheidung einer *Sinnenwelt* von der *Verstandeswelt* abgeben, davon die erstere nach Verschiedenheit der Sinnlichkeit in mancherlei Weltbeschauern auch sehr verschieden sein kann, indessen die zweite, die ihr zum Grunde liegt, immer dieselbe bleibt. Sogar sich selbst und zwar nach der Kenntnis, die der Mensch durch innere Empfindung von sich hat, darf er sich nicht anmaßen zu erkennen, wie er an sich selbst sei. Denn da er doch sich selbst nicht gleichsam schafft und seinen Begriff nicht a priori, sondern empirisch bekommt, so ist natürlich, dass er auch von sich durch den innern Sinn und folglich nur durch die Erscheinung seiner Natur und die Art, wie sein Bewusstsein affiziert wird, Kundschaft einziehen könne, indessen er doch notwendigerweise über diese aus lauter Erscheinungen zusammengesetzte Beschaffenheit seines eigenen Subjekts noch etwas anderes zum Grunde Liegendes, nämlich sein Ich, so wie es an sich selbst beschaffen sein mag, annehmen und sich also in Absicht auf die bloße Wahrnehmung und Empfänglichkeit der Empfindungen zur *Sinnenwelt,* in Ansehung dessen aber, was in ihm reine Tätigkeit sein mag (dessen, was gar nicht durch Affizierung der Sinne, sondern unmittelbar zum Bewusstsein gelangt), sich zur *intellektuellen Welt* zählen muss, die er doch nicht weiter kennt. [...]

Nun findet der Mensch in sich wirklich ein Vermögen, dadurch er sich von allen andern Dingen, ja von sich selbst, sofern er durch Gegenstände affiziert wird, unterscheidet, und das ist die *Vernunft.* [...]

Um deswillen muss ein vernünftiges Wesen sich selbst *als Intelligenz* (also nicht vonseiten seiner untern Kräfte), nicht als zur Sinnen-, sondern zur Verstandeswelt gehörig, ansehen: mithin hat es zwei Standpunkte, daraus es sich selbst betrachten und Gesetze des Gebrauchs seiner Kräfte, folglich aller seiner Handlungen erkennen kann, *einmal,* sofern es zur Sinnenwelt gehört, unter Naturgesetzen (Heteronomie), *zweitens,* als zur intelligibelen Welt gehörig, unter Gesetzen, die, von der Natur unabhängig, nicht empirisch, sondern bloß in der Vernunft begründet sind[2].

(Immanuel Kant, Grundlegung zur Metaphysik der Sitten. Hrsg. u. eingef. v. Theodor Valentiner. Reclam Verlag, Stuttgart 1961, S. 116, 109–112)

1 Nach Kants theoretischer Philosophie ist die uneingeschränkte Allgemeingültigkeit des Satzes „Jedes Ereignis hat eine Ursache" nicht aus der Erfahrung zu gewinnen, denn aus ihr können niemals allgemein gültige, allenfalls sehr wahrscheinlich zutreffende Aussagen gewonnen werden. Z. B.: Ein Biologe weiß mit apriorischer Sicherheit, dass es für die festgestellte Erkrankung eines Baumes eine Ursache gibt, auch wenn er sie nicht finden kann. Er würde niemals sagen: Ich habe die Ursache nicht gefunden, folglich gibt es auch keine.

2 Freiheit ist für Kant also nicht positiv erkennbar, sondern nur denkbar. Er betrachtet sie an anderer Stelle daher auch als ein (denkmögliches) Postulat, das als notwendige Bedingung für Moralität aufzustellen ist.

1 *Erklären Sie, worin Freiheit und Naturnotwendigkeit grundsätzlich übereinstimmen und worin sie sich voneinander unterscheiden.*
2 *Erläutern Sie die Differenz zwischen Sinnen- und Verstandeswelt in Bezug auf die Erkenntnis von Gegenständen und von sich selbst. In welchem Bereich ist überhaupt inhaltlich bestimmte Erkenntnis möglich?*
3 *Was bedeutet Kants Aufteilung in Sinnen- und Verstandeswelt für die (Denk-) Möglichkeit von Entscheidungsfreiheit?*
4 *Arbeiten Sie den Unterschied heraus zwischen der Behauptung des Indeterminismus, dass menschliches Handeln nicht vollständig kausal determiniert sei, und der Theorie Kants.*
5 *Untersuchen Sie, was sich aus Kants Auflösung des Freiheitsproblems für die Erklärung menschlichen „Verhaltens" durch Wissenschaften wie Psychologie und Soziologie ergibt, aber auch für die Frage nach der Verantwortlichkeit für Handlungen, etwa in der Rechtsprechung.*
6 *In seinem Roman „Futurum II" schreibt der behavioristische Lerntheoretiker* ***Skinner****:*

„Wenn es in unserer Macht steht, eine Situation zu schaffen, die jemand mag, oder eine fernzuhalten, die jemand nicht mag, dann können wir sein Verhalten lenken. Verhält er sich so, wie wir wünschen, dass er sich verhalten möge, so schaffen wir einfach eine Situation, die er mag, oder beheben eine, die er nicht mag. Infolgedessen steigt die Wahrscheinlichkeit, dass er sich wieder in dieser Weise verhält – und das ist es eben, was wir wollen. Der Fachausdruck dafür ist „positive Verstärkung". [...]

„Nun, wo wir wissen, wie die positive Verstärkung funktioniert, [...] können wir zielbewusst und auch nachhaltig in unserem Kulturplan vorgehen. Wir können eine Art Aufsicht ausüben, unter der die Beaufsichtigten sich frei fühlen, obgleich sie einem Kodex gehorchen, der viel genauer ist, als es je zuvor in dem alten System der Fall war. Dennoch fühlen sie sich frei. Sie tun, was sie zu tun wünschen, nicht, was ihnen zu tun auferlegt wird. Das ist die Wurzel der ungeheuren Kraft, die in der positiven Verstärkung liegt – hier gibt es kein Sträuben und keine Revolte. Durch eine sorgsam ausgearbeitete Kulturaufsicht überwachen und lenken wir nicht das definitive Verhalten, sondern die Voraussetzungen dazu, die Motive, Wünsche, Neigungen."

(Burrhus F. Skinner, Futurum II. Rowohlt Verlag, Reinbek 1972, S. 234, 237)

Wie ist die moralische Berechtigung eines solchen Erziehungs- und Beeinflussungsprogramms von Kant her – im Gegensatz zum Utilitarismus – einzuschätzen?

4.2.2 Freiheit als Sittlichkeit

Im Aufbau unseres Kapitels zur menschlichen Freiheit ist diese bisher nur negativ bestimmt worden: als Abwesenheit von determinierendem Zwang und darin zugleich als Entscheidungsfreiheit. **Kants** Auflösung des Freiheitsproblems enthält jedoch von Beginn an eine – in unserer Darbietung bislang ausgesparte – **positive Freiheitsbestimmung**:

Der *Wille* ist eine Art von Kausalität lebender Wesen, sofern sie vernünftig sind, und *Freiheit* würde diejenige Eigenschaft dieser Kausalität sein, da sie unabhängig von fremden sie *bestimmenden* Ursachen wirkend sein kann: so wie *Naturnotwendigkeit* die Eigenschaft der Kausalität aller vernunftlosen Wesen durch den Einfluß fremder Ursachen zur Tätigkeit bestimmt zu werden.

Die angeführte Erklärung der Freiheit ist *negativ* und daher, um ihr Wesen einzusehen, unfruchtbar; allein es fließt aus ihr ein *positiver* Begriff derselben, der desto reichhaltiger und fruchtbarer ist. Da der Begriff einer Kausalität den von *Gesetzen* bei sich führt, nach welchen durch etwas, was wir Ursache nennen, etwas anderes, nämlich die Folge, gesetzt werden muss: so ist die Freiheit, ob sie zwar nicht eine Eigenschaft des Willens nach Naturgesetzen ist, darum doch nicht gar gesetzlos, sondern muss vielmehr eine Kausalität nach unwandelbaren Gesetzen, aber von besonderer Art sein; denn sonst wäre ein freier Wille ein Unding. Die Naturnotwendigkeit war eine Heteronomie der wirkenden Ursachen; denn jede Wirkung war nur nach dem Gesetze möglich, dass etwas anderes die wirkende Ursache zur Kausalität bestimmte; was kann denn wohl die Freiheit des Willens sonst sein als Autonomie, d. i. die Eigenschaft des Willens sich selbst ein Gesetz zu sein? Der Satz aber: der Wille ist in allen Handlungen sich selbst ein Gesetz, bezeichnet nur das Prinzip, nach keiner anderen Maxime zu handeln, als die sich selbst auch als ein allgemeines Gesetz zum Gegenstande haben kann. Dies ist aber gerade die Formel des kategorischen Imperativs und das Prinzip der Sittlichkeit: also ist ein freier Wille und ein Wille unter sittlichen Gesetzen einerlei.[1]

[...]

Das vernünftige Wesen zählt sich als Intelligenz zur Verstandeswelt und bloß als eine zu dieser gehörig wirkende Ursache nennt es seine Kausalität einen *Willen*. Von der anderen Seite ist es sich seiner doch auch als eines Stücks der Sinnenwelt bewusst, in welcher seine Handlungen als bloße Erscheinungen jener Kausalität angetroffen werden, deren Möglichkeit aber aus dieser, die wir nicht kennen, nicht eingesehen werden kann, sondern an deren Statt jene Handlungen als bestimmt durch andere Erscheinungen, nämlich Begierden und Neigungen, als zur Sinnenwelt gehörig, eingesehen werden müssen.[2] Als bloßen Gliedes der Verstandeswelt würden also alle meine Handlungen dem Prinzip der Autonomie des reinen Willens vollkommen gemäß sein; als bloßen Stücks der Sinnenwelt würden sie gänzlich dem Naturgesetz der Begierden und Neigungen, mithin der Heteronomie der Natur gemäß genommen werden müssen. (Die ersteren würden auf dem obersten Prinzip der Sittlichkeit, die zweiten der Glückseligkeit beruhen.) Weil aber *die Verstandeswelt den Grund der Sinnenwelt, mithin auch der Gesetze derselben enthält*, also in Ansehung meines Willens (der ganz zur Verstandeswelt gehört) unmittelbar gesetzgebend ist und also auch als solche gedacht werden muss, so werde ich mich als Intelligenz, obgleich andererseits wie ein zur Sinnenwelt gehöriges Wesen, dennoch dem Gesetze der ersteren, d. i. der Vernunft, die in der Idee der Freiheit das Gesetz derselben enthält, und also der Autonomie des Willens unterworfen erkennen, folglich die Gesetze der Verstandeswelt für mich als Imperativen und die diesem Prinzip gemäße Handlungen als Pflichten ansehen müssen.[3]

(Immanuel Kant, Grundlegung zur Metaphysik der Sitten. Hrsg. u. eingef. v. Theodor Valentiner. Reclam Verlag, Stuttgart 1961, S. 103 f., 113 f.)

1 Wenn Kant hier freies Handeln als moralisches Handeln bestimmt, bleibt die Frage offen, ob der Mensch nicht um wirklich verantwortlich zu sein auch frei sein müsste zwischen moralisch-vernünftigem und neigungsbestimmtem Handeln zu entscheiden. Aufgrund seiner genannten drei ethischen Hauptwerke erweckt Kant zumindest teilweise den Anschein, als sei nur das sittliche Wollen frei. In der späteren Schrift „Die Religion innerhalb der Grenzen der bloßen Vernunft" (1793) verdeutlicht er aber: Wenn gute, d. h. sittliche Handlungen zurechenbar sein sollen, muss auch dem Wollen des „Bösen" ein freier Wille, die Freiheit der Willkür, zugrunde gelegt werden.

2 Im Hinblick auf die Sinnenwelt stellt Kant sich eine freie Handlung so vor, dass der (intelligibele) Wille mit ihr eine Kausalkette neu beginnt, die sich dann nach dem in der Erscheinungswelt geltenden Gesetz von Ursache und Wirkung weiter fortsetzt; allein nach den Prinzipien der Erscheinungswelt betrachtet, ist auch diese Handlung in ihrem Ursprung kausalgesetzlich bestimmt.

3 Das Sittengesetz und dessen Bewusstsein ist für Kant ein „Faktum der Vernunft" (vgl. 3.3). Damit es ein nach diesem handelndes Subjekt geben kann, muss Freiheit, die wiederum denkmöglich ist, gefordert werden. Insoweit leitet Kant aus dem kategorischen Imperativ die Notwendigkeit von Freiheit als Postulat ab.

1 Erklären Sie mit eigenen Worten, was für Kant Freiheit im positiven Sinn bedeutet und wie sie mit dem kategorischen Imperativ, besonders in seiner dritten Formel, zusammenhängt.

2 Stellen Sie anhand des folgenden Schemas Kants gesamte Freiheitstheorie dar.

Sinnen- bzw. Erscheinungswelt:	**Verstandes- bzw. intelligibele Welt:**
Erscheinung	*Ding an sich bzw. Ich an sich*
Naturkausalität	*Kausalität aus Freiheit*
Naturgesetze (= Heteronomie)	*Vernunftgesetz(e) (= Autonomie)*
reine Naturwesen (z. B. Tiere)	*reine Vernunftwesen (z. B. Gott)*

Mensch als Wesen der Pflicht („Du sollst!")

3 Beziehen Sie Kants Freiheitsauffassung auf die Menschheitszweckformel des kategorischen Imperativs zurück und stellen Sie fest, worauf Kant in letzter Instanz die Unverfügbarkeit der Person gründet.

5 *Kritische Stimmen zu Kants Ethik*

Bald nach dem Erscheinen von Kants moralphilosophischen Werken setzte besonders in Deutschland eine intensive Phase der Aneignung und Auseinandersetzung mit ihnen ein. Sie beschränkte sich – anders als die Aufnahme von Kants theoretischer Philosophie – nicht nur auf die philosophische Fachwelt der damaligen Zeit, sondern umfasste weite Kreise des seit der Aufklärung mehr und mehr erstarkenden Bildungsbürgertums. Nicht zuletzt im Bereich von Erziehung und Politik, aber auch in der weiteren ethischen Diskussion ist Kants praktische Philosophie bis heute bedeutsam geblieben. So gibt es kaum ein ethisches Werk des 20. Jahrhunderts, das nicht – sei es zustimmend oder ablehnend – irgendwie Bezug auf Kants Ethik nimmt.
Im Folgenden werden drei Autoren vorgestellt, deren Einwände exemplarischen Charakter haben und noch in die Anfangsphase der Auseinandersetzung mit Kants Ethik gehören.

5.1 Friedrich Schiller: Die schöne Seele als Versöhnung von Pflicht und Neigung

Friedrich Schiller (1759–1805), nicht nur Dichter, sondern auch Philosoph, hat wohl als erster in seiner Schrift „Über Anmut und Würde" den **Vorwurf des Rationalismus** gegen Kants Ethik erhoben, der später in verschiedenen Varianten immer wieder vorgetragen wurde. Dabei gilt allerdings Schillers gegen Kant gewendete Idee der Anmut oder der „schönen Seele" nicht als das letzte Wort seines genannten Werkes: Wird die schöne Seele gar zu hart von Affekten bedrängt, so muss sie sich in eine „erhabene" verwandeln. Das heißt nichts anderes, als dass dann der Wille bzw. die Vernunft die Affekte beherrschen und zurückdrängen muss, wodurch der wahrhaft gute Mensch seine Würde beweist. Im idealen Menschen schließlich müssen Anmut und Würde vereinigt sein.

Aber so wie die Grundsätze dieses Weltweisen [Kant] von ihm selbst und auch von anderen pflegen vorgestellt zu werden, so ist die Neigung eine sehr zweideutige Gefährtin des Sittengefühls und das Vergnügen eine bedenkliche Zugabe zu moralischen Bestimmungen. Wenn der Glückseligkeitstrieb auch keine blinde Herrschaft über den Menschen behauptet, so wird er doch bei dem sittlichen Wahlgeschäfte gerne *mitsprechen* wollen und so der Reinheit des Willens schaden, der immer nur dem *Gesetze* und nie dem Triebe folgen soll. Um also völlig sicher zu sein, dass die Neigung nicht mitbestimmte, sieht man sie lieber im Krieg als im Einverständnis mit dem Vernunftgesetze, weil es gar zu leicht sein kann, dass ihre Fürsprache allein ihm seine Macht über den Willen verschaffte. […]
So gewiss ich nämlich überzeugt bin – und eben darum, weil ich es bin – dass der Anteil der Neigung an einer freien Handlung für die reine Pflichtmäßigkeit dieser Handlung nichts beweist, so glaube ich *eben daraus* folgern zu können, dass die sittliche Vollkommenheit des Menschen gerade nur aus diesem Anteil seiner Neigung an seinem moralischen Handeln erhellen kann. Der Mensch nämlich ist nicht dazu bestimmt, einzelne sittliche Handlungen zu verrichten, sondern ein sittliches Wesen zu sein. Nicht *Tugenden,* sondern *die Tugend* ist seine

Vorschrift und Tugend ist nichts anderes „als eine Neigung zu der Pflicht“. Wie sehr also auch Handlungen aus Neigung und Handlungen aus Pflicht in objektivem Sinne einander entgegenstehen, so ist dies doch in subjektivem Sinn nicht also, und der Mensch *darf* nicht nur, sondern *soll* Lust und Pflicht in Verbindung bringen; er soll seiner Vernunft mit Freuden gehorchen. Nicht um sie wie eine Last wegzuwerfen oder wie eine grobe Hülle von sich abzustreifen, nein, um sie aufs Innigste mit seinem höheren Selbst zu vereinbaren, ist seiner reinen Geisternatur eine sinnliche beigestellt. Dadurch schon, dass sie ihn zum vernünftigsinnlichen Wesen, d. i. zum Menschen machte, kündigte ihm die Natur die Verpflichtung an nicht zu trennen, was sie verbunden hat, auch in den reinsten Äußerungen seines göttlichen Teiles den sinnlichen nicht hinter sich zu lassen und den Triumph des einen nicht auf Unterdrückung des anderen zu gründen. Erst alsdann, *wenn sie aus seiner gesamten Menschheit* als die vereinigte Wirkung beider Prinzipien hervorquillt, *wenn sie ihm zur Natur geworden ist,* ist seine sittliche Denkart geborgen, denn solange der sittliche Geist noch *Gewalt* anwendet, so muss der Naturtrieb ihm noch *Macht* entgegenzusetzen haben. Der bloß *niedergeworfene* Feind kann wieder aufstehen, aber der *versöhnte* ist wahrhaft überwunden. [...]

Es erweckt mir kein gutes Vorurteil für einen Menschen, wenn er der Stimme des Triebes so wenig trauen darf, dass er gezwungen ist ihn jedesmal erst vor dem Grundsatze der Moral abzuhören; vielmehr achtet man ihn hoch, wenn er sich demselben, ohne Gefahr durch ihn missgeleitet zu werden, mit einer gewissen Sicherheit vertraut. Denn das beweist, dass beide Prinzipien in ihm sich schon in derjenigen Übereinstimmung befinden, welche das Siegel der vollendeten Menschheit und dasjenige ist, was man unter einer *schönen Seele* versteht. [...]

Eine schöne Seele nennt man es, wenn sich das sittliche Gefühl aller Empfindungen des Menschen endlich bis zu *dem* Grad versichert hat, dass es dem Affekt die Leitung des Willens ohne Scheu überlassen darf und nie Gefahr läuft mit den Entscheidungen desselben im Widerspruch zu stehen. Daher sind bei einer schönen Seele die einzelnen Handlungen eigentlich nicht sittlich, sondern der ganze Charakter ist es. Man kann ihr auch keine einzige darunter zum Verdienst anrechnen, weil eine Befriedigung des Triebes nie verdienstlich heißen kann. Die schöne Seele hat kein anderes Verdienst, als dass sie ist. Mit einer Leichtigkeit, als wenn bloß der Instinkt aus ihr handelte, übt sie der Menschheit peinlichste Pflichten aus und das heldenmütigste Opfer, das sie dem Naturtriebe abgewinnt, fällt, wie eine freiwillige Wirkung eben dieses Triebes, in die Augen. Daher weiß sie selbst auch niemals um die Schönheit ihres Handelns, [...] dagegen ein schulgerechter Zögling der Sittenregel, so wie das Wort des Meisters ihn fordert, jeden Augenblick bereit sein wird vom Verhältnis seiner Handlungen zum Gesetz die strengste Rechnung abzulegen. Das Leben des letzteren wird einer Zeichnung gleichen, worin man die Regel durch harte Striche angedeutet sieht, und an der allenfalls ein Lehrling die Prinzipien der Kunst lernen könnte. Aber in einem schönen Leben sind, wie in einem tizianischen Gemälde[1], alle jene schneidenden Grenzlinien verschwunden, und doch tritt die ganze Gestalt nur desto wahrer, lebendiger, harmonischer hervor.

In einer schönen Seele ist es also, wo Sinnlichkeit und Vernunft, Pflicht und Neigung harmonieren, und Grazie[2] ist ihr Ausdruck in der Erscheinung. Nur im Dienst einer schönen Seele kann die Natur zugleich Freiheit besitzen und ihre Form bewahren, da sie erstere unter der Herrschaft eines strengen Gemüts, letztere unter der Anarchie der Sinnlichkeit einbüßt.

(Friedrich Schiller, Über Anmut und Würde [1793]. Hrsg. v. Klaus L. Berghahn. Reclam, Stuttgart 1971, S. 105–111)

1 Tizian: italien. Maler (ca. 1490–1576)
2 Für den Begriff der Grazie verwendet Schiller auch den der Anmut.

Sandro Botticelli, Der Frühling (mit den drei Grazien, 1476–1480)

1 *Stellen Sie aus dem Text Schillers die kritisch gegen Kant gerichtete Argumentation dar.*

2 „Gern dien ich den Freunden, doch tu ich es leider mit Neigung, und so wurmt es mir oft, dass ich nicht tugendhaft bin. Da ist kein anderer Rat, du musst suchen, sie zu verachten, und mit Abscheu alsdann tun, wie die Pflicht dir gebeut."
(Friedrich Schiller, Gewissensskrupel. In: F. Schiller, sämtliche Werke. Erster Band. Carl Hanser Verlag, München [8]1987, S. 299 f.)

Wie hängt dieses bekannte Epigramm Schillers mit seiner Kritik an Kant aus „Anmut und Würde" zusammen?

3 *Erörtern Sie die Berechtigung von Schillers Kritik. Beziehen Sie dazu auch* ***Kants*** *folgende Antwort auf Schillers Ausführungen ein:*

„Herr Professor Schiller missbilligt in seiner mit Meisterhand verfassten Abhandlung [...] über Anmut und Würde in der Moral diese Vorstellungsart der Verbindlichkeit, als ob sie eine karthäuserartige Gemütsstimmung bei sich führe [...]. Ich gestehe gern: dass ich dem Pflichtbegriffe, gerade um seiner Würde willen, keine Anmut beigesellen kann. Denn er enthält unbedingte Nötigung, womit Anmut in geradem Widerspruch steht. [...] Aber die Tugend, d. i. die fest gegründete Gesinnung, seine Pflicht genau zu erfüllen, ist in ihren Folgen auch wohltätig, mehr wie alles, was Natur und Kunst in der Welt leisten mag; und das herrliche Bild der Menschheit, in dieser ihrer Gestalt aufgestellt, verstattet gar wohl die Begleitung der Grazien, die aber, wenn noch von Pflicht allein die Rede ist, sich in ehrerbietiger Entfernung halten. [...]
– Frägt man nun, welcherlei ist die ästhetische Beschaffenheit, gleichsam das Temperament der Tugend, mutig, mithin fröhlich, oder ängstlich-gebeugt und niedergeschlagen? so ist kaum eine Antwort nötig. Die letztere sklavische Gemütsstimmung kann nie ohne einen verborgenen Hass des Gesetzes stattfinden und das fröhliche Herz in Befolgung seiner Pflicht (nicht die Behaglichkeit in Anerkennung derselben) ist ein Zeichen der Echtheit tugendhafter Gesinnung [...]." (Immanuel Kant, Die Religion innerhalb der Grenzen der blossen Vernunft. In: I. Kant, Werke in 12 Bdn. Hrsg. v. Wilhelm Weischedel. Bd. VIII. Frankfurt/M. [5]1982 S. 669 f.)

5.2 Benjamin Constant: Die Wahrheit als Pflicht und Recht

Bereits 1797 erhob der französische Schriftsteller und Philosoph **Constant** (1767–1830) einen gewichtigen Einwand gegen Kants Ethik, der ihr unbedingtes Festhalten an moralischen Prinzipien monierte und bis heute als **Rigorismus-Vorwurf** immer wieder vorgebracht wird. Dabei bezog sich Constant auf die für Kant immer und in jeder Situation geltende Pflicht die Wahrheit zu sagen, welche eine ganz dem Sittengesetz entsprechende Maxime, ja eine unmittelbar durch es begründete Pflicht darstellt. In seinem Aufsatz „Über ein vermeintes Recht aus Menschenliebe zu lügen" referiert Kant selbst den Einwand Constants und setzt sich dann mit ihm – an seinem absoluten Wahrheitsgebot festhaltend – auseinander.

In der Schrift: *Frankreich* im Jahr 1797 [...], von *Benjamin Constant*, ist Folgendes [...] enthalten: „Der sittliche Grundsatz: es sei eine Pflicht, die Wahrheit zu sagen, würde, wenn man ihn unbedingt und vereinzelt nähme, jede Gesellschaft zur Unmöglichkeit machen. Den Beweis davon haben wir in den sehr unmittelbaren Folgerungen, die ein deutscher Philosoph aus diesem Grundsatze gezogen hat, der so weit geht zu behaupten: dass die Lüge gegen einen Mörder, der uns fragte, ob unser von ihm verfolgter Freund sich nicht in unser Haus geflüchtet, ein Verbrechen sein würde."

Der französische Philosoph widerlegt [...] diesen Grundsatz auf folgende Art. „Es ist eine Pflicht, die Wahrheit zu sagen. Der Begriff von Pflicht ist unzertrennbar von dem Begriff des Rechts. Eine Pflicht ist, was bei einem Wesen den Rechten eines anderen entspricht. Da, wo es keine Rechte gibt, gibt es keine Pflichten. Die Wahrheit zu sagen, ist also eine Pflicht; aber nur gegen denjenigen, welcher ein Recht auf die Wahrheit hat. Kein Mensch aber hat Recht auf eine Wahrheit, die anderen schadet." [...]

Wahrhaftigkeit in Aussagen, die man nicht umgehen kann, ist formale Pflicht des Menschen gegen jeden, es mag ihm oder einem andern daraus auch noch so großer Nachteil erwachsen; und, ob ich zwar dem, welcher mich ungerechterweise zur Aussage nötigt, nicht Unrecht tue, wenn ich sie verfälsche, so tue ich doch durch eine solche Verfälschung, die darum auch (obzwar nicht im Sinn des Juristen) Lüge genannt werden kann, im wesentlichsten Stücke der Pflicht *überhaupt* Unrecht: d. i. ich mache, so viel an mir ist, dass Aussagen (Deklarationen) überhaupt keinen Glauben finden, mithin auch alle Rechte, die auf Verträgen gegründet werden, wegfallen und ihre Kraft einbüßen; welches ein Unrecht ist, das der Menschheit überhaupt zugefügt wird.

Die Lüge also, bloß als vorsätzlich unwahre Deklaration gegen einen andern Menschen definiert, bedarf nicht des Zusatzes, dass sie einem anderen schaden müsse; wie die Juristen es zu ihrer Definition verlangen [...].

Denn sie schadet jederzeit einem anderen, wenn gleich nicht einem andern Menschen, doch der Menschheit überhaupt, indem sie die Rechtsquelle unbrauchbar macht. [...]

Jeder Mensch aber hat nicht allein ein Recht, sondern sogar die strengste Pflicht zur Wahrhaftigkeit in Aussagen, die er nicht umgehen kann: sie mag ihm nun selbst oder andern schaden. Er selbst *tut* also hiermit dem, der dadurch leidet, eigentlich nicht Schaden, sondern dies *verursacht* der Zufall. Denn jener ist hierin gar nicht frei, um zu wählen: weil die Wahrhaftigkeit (wenn er einmal sprechen muss) unbedingte Pflicht ist, die in allen Verhältnissen gilt.

(Immanuel Kant, Über ein vermeintes Recht aus Menschenliebe zu lügen. In: I. Kant, Werke in 12 Bdn. Hrsg. v. Wilhelm Weischedel. Bd. VIII. Suhrkamp Verlag, Frankfurt/M. [5]1982, S. 637–641)

1 *Verdeutlichen Sie Constants Argumentation durch Klärung des Verhältnisses von Pflicht und Recht. Argumentiert Constant utilitaristisch?*
2 *Diskutieren Sie die Berechtigung von Constants Einwand und machen Sie sich dabei die Konsequenzen seiner Argumentation klar.*
3 *Erörtern Sie Kants Gegenargumentation.*
4 *Versuchen Sie angesichts der Problematik von Constants, aber auch von Kants Argumentation tragfähige Kriterien zur Definition einer zulässigen Notlüge zu entwickeln. Ziehen Sie dazu folgende Beispiele hinzu: Hat – in der Zeit des Dritten Reiches – ein engagierter Humanist, der einen Juden vor dem Zugriff der Gestapo versteckt, die Pflicht zur Wahrheit, wenn er von der Geheimpolizei nach dem Aufenthalt des Juden gefragt wird? Hat ein Arzt die Pflicht, einem Todkranken auf Nachfrage die Wahrheit über dessen Zustand zu sagen?*
5 *Welche Bedeutung hat Constants Kritik für Kants Ethik im Ganzen?*

5.3 Georg Wilhelm Friedrich Hegel: Das Sittengesetz als inhaltsleeres Prinzip

Auch der sogenannte **Formalismus-Vorwurf** wurde schon früh gegen Kants kategorischen Imperativ erhoben und findet sich hier in einer Form, die ihm der wohl wichtigste Philosoph des deutschen Idealismus, **Hegel** (1770–1831), verliehen hat. Für Hegel ist das kantische Sittengesetz als Prinzip des allgemeinen Willens so lange abstrakt und leer, wie es sich nicht in einer systematischen Gedankenführung als das allen konkreten Rechtsbestimmungen zugrunde liegende vernünftige Prinzip erwiesen hat; den Versuch eines solchen Nachweises unternimmt Hegel in seiner Rechtsphilosophie, während er sich in dem abgedruckten Text auf die kritische Argumentation gegen Kant beschränkt. Dabei referiert er vorab – und auch zwischenzeitig immer wieder – Grundaussagen der kantischen Ethik in der Sprache seiner Philosophie.

Nur die praktische Vernunft ist gesetzgebend, konkret; das Gesetz, das sie sich gibt, ist Sittengesetz. Es ist ausgesprochen, dass sie in sich konkret sei[1]. Das Weitere ist, dass diese Freiheit zunächst leer ist, das Negative alles anderen; kein Band, nichts anderes verpflichtet mich. Sie ist insofern unbestimmt; es ist die Identität des Willens mit sich selbst, dass er bei sich ist. Was ist aber der Inhalt dieses Gesetzes? Hier sind wir sogleich wieder bei der Inhaltslosigkeit. Denn es soll nichts anderes das Gesetz sein als eben die Identität, die Übereinstimmung mit sich selbst, die Allgemeinheit. Das formale Prinzip der Gesetzgebung kommt in dieser Einsamkeit in sich zu keinem Inhalt, keiner Bestimmung. Die einzige Form, die dies Prinzip hat, ist die der Identität mit sich selbst. Das Allgemeine, das Sich-nicht-Widersprechen ist etwas Leeres, das im Praktischen sowenig als im Theoretischen zu einer Realität kommt. Das allgemeine Sittengesetz spricht Kant so aus [...]: Handle nach *Maximen* (das Gesetz soll auch mein besonderes sein), die fähig sind, allgemeine Gesetze zu werden. Die Bestimmung ist damit nur die Abstraktion, Identität.

So hat Kant zur Bestimmung der *Pflicht* (denn die abstrakte Frage ist, was ist Pflicht für den freien Willen) nichts gehabt als die Form der Identität, des Sich-nicht-Widersprechens, was das Gesetzte des abstrakten Verstandes ist. Sein Vaterland zu verteidigen, die Glückseligkeit eines anderen ist Pflicht, nicht wegen ihres Inhalts, sondern weil es Pflicht ist [...].

Das Gesetz der Moralität ist Wohltätigkeit,

„Gebt eure Sachen den Armen“; schenken alle, was sie haben, so ist Wohltätigkeit aufgehoben. Mit der Identität kommt man um keinen Schritt weiter. Gott ist Gott; jeder Inhalt, der in diese Form gelegt wird, ist ohne sich zu widersprechen. Aber dies ist ebensogut, als wenn er gar nicht hineingelegt wird: z. B. Eigentum, dies muss in Beziehung auf mein Handeln respektiert werden; aber es kann auch ganz wegbleiben, es gibt kein Eigentum, die Bestimmung kann ganz wegbleiben. In Ansehung des Eigentums ist das Gesetz: das Eigentum soll respektiert werden; denn das Gegenteil kann nicht allgemeines Gesetz sein. Das ist richtig. Aber das Eigentum ist vorausgesetzt; ist es nicht, so wird es nicht respektiert; ist es, so ist es. Setze ich kein Eigentum voraus, so ist im Diebstahl kein Widerspruch vorhanden; es ist ganz formelle Bestimmung. Dies ist der Mangel des kantisch-fichteschen[2] Prinzips, dass es formell überhaupt ist. Die kalte Pflicht ist der letzte unverdaute Klotz im Magen [...].

(Georg Wilhelm Friedrich Hegel, Vorlesungen über die Geschichte der Philosophie III. Theorie-Werkausgabe. Hrsg. v. Eva Moldenhauer u. Karl Markus Michel. Bd. 20. Suhrkamp Verlag, Frankfurt/M. 1971, S. 367–369)

1 konkret: bedeutet für Hegel hier inhaltlich bestimmt und damit philosophisch sinnvoll; „abstrakt“ heißt demgegenüber inhaltsleer und philosophisch sinnlos.
2 Der Philosoph Johann Gottlieb Fichte (1762–1814), Zeitgenosse und Kontrahent Hegels, vertrat in der Ethik ähnliche Auffassungen wie Kant.

1 *Verdeutlichen Sie anhand der im Text gegebenen Beispiele mit eigenen Worten den Vorwurf Hegels gegenüber Kants Sittengesetz.*
2 *Erörtern Sie die Berechtigung von Hegels Kritik.*

5.4 Kritische Anmerkungen zu Kants Freiheitstheorie

In den vorgestellten Texten bezog sich die vorgebrachte Kritik stets auf das Sittengesetz bzw. den kategorischen Imperativ und die durch ihn bestimmten sittlichen Pflichten. Überdies kann Kant nicht überzeugend erklären, wie man sich die konkrete Einflussnahme der praktischen Vernunft im Subjekt und von ihm ausgehend in der Welt vorzustellen hat. Im 20. Jahrhundert hat es z. B. durch Sartre durchaus fruchtbare Ansätze gegeben sich die Realisierung der Freiheit im Handeln des einzelnen Subjekts verständlich zu machen (➔ Kap. II, 2.4), aber Kant bleibt hier letztlich eine Antwort schuldig.
Trotzdem bleibt sein Nachweis, dass die Würde des Menschen ein autonomes Subjekt voraussetzt, welches nach vernünftigen Maßstäben handeln kann, sein großes Verdienst. Wer Menschenrechtsfragen in philosophischer Hinsicht untersucht, wird Kants Freiheitstheorie berücksichtigen müssen.

1 *Überlegen Sie, inwiefern die Vorstellung, dass ein intelligibler Wille Wirkungen in der raum- und zeithaften Sinnenwelt hervorrufen kann, problematisch ist.*
2 *Nach Kants Freiheitstheorie ist der Mensch ein „Bürger zweier Welten“. Weisen Sie dies im Einzelnen auf und erörtern Sie das Problematische dieser Annahme, sofern sie eine anthropologische Aussage enthält.*
3 *Suchen Sie weitere Kritikpunkte an Kants Freiheitstheorie.*

6 *Ethische Positionen nach Kant*

6.1 Die Preisgabe der ethischen Vernunft

6.1.1 Arthur Schopenhauer: Mitleid als Triebfeder der Moral

Der Philosoph **Arthur Schopenhauer** (1788–1860) war nicht nur ein erklärter Gegner des „Unsinnschmierers" und „Scharlatans" Hegel, sondern er wandte sich auch gegen Kant als Vertreter einer rationalistischen Ethik. Sein Plädoyer für eine Ethik des Mitleids ergibt sich aus seiner metaphysischen Grundüberzeugung, wonach der Urgrund der Welt in einem blinden Willen besteht, der alle Geschöpfe gleichermaßen umtreibt. Im Menschen äußert er sich besonders als Individualismus und Egoismus, welcher letztlich das ganze Leben zum Leiden werden lässt. Im Mitleid hingegen kommt die ursprüngliche Identität mit dem Anderen, der aus demselben Wurzelgrund kommt wie das Ich, zur Geltung und das Leiden des Daseins erfährt eine Minderung.
Mit seiner Mitleidsethik steht Schopenhauer am Beginn einer folgenschweren Denktradition, die schließlich die ethische Vernunft als Ganze verabschiedet.

[…] Das *Wohl und Wehe*, welches […] jeder Handlung, oder Unterlassung, als letzter Zweck zum Grunde liegen muß, ist entweder das des Handelnden selbst, oder das irgend eines Anderen, bei der Handlung passive Betheiligten. *Im ersten Falle* ist die Handlung nothwendig *egoistisch;* weil ihr ein interessirtes Motiv zum Grunde liegt. Dies ist nicht bloß der Fall bei Handlungen, die man offenbar zu seinem eigenen Nutzen und Vortheil unternimmt, dergleichen die allermeisten sind; sondern es tritt eben so wohl ein, sobald man von einer Handlung irgend einen entfernten Erfolg, sei es in dieser, oder einer andern Welt, *für sich* erwartet; oder wenn man dabei seine Ehre, seinen Ruf bei den Leuten, die Hochachtung irgend Jemandes, die Sympathie der Zuschauer u. dgl. m. im Auge hat; nicht weniger, wenn man durch diese Handlung eine Maxime aufrecht zu erhalten beabsichtigt, von deren allgemeiner Befolgung man eventualiter einen Vortheil *für sich selbst* erwartet, wie etwan die der Gerechtigkeit, des allgemeinen hülfreichen Beistandes u.s.w. – ebenfalls, wenn man irgend einem absoluten Gebot, welches von einer zwar unbekannten, aber doch offenbar überlegenen Macht ausgienge, Folge zu leisten für gerathen hielte; da alsdann nichts Anderes, als *die Furcht* vor den nachtheiligen Folgen des *Ungehorsams,* wenn sie auch bloß allgemein und unbestimmt gedacht werden, dazu bewegen kann; – desgleichen, wenn man seine eigene hohe Meinung von sich selbst, seinem Werthe oder Würde, deutlich oder undeutlich begriffen, die man außerdem aufgeben müßte und dadurch seinen Stolz gekränkt sähe, durch irgend eine Handlung, oder Unterlassung, zu behaupten trachtet; […].
Kurzum, man setze zum letzten Beweggrund einer Handlung, was man wolle; immer wird sich ergeben, daß, auf irgend einem Umwege, zuletzt das *eigene Wohl und Wehe des Handelnden* die eigentliche Triebfeder, mithin die Handlung *egoistisch,* folglich *ohne moralischen Werth* ist. Nur einen einzigen Fall giebt es, in welchem dies nicht Statt hat: nämlich wenn der letzte Beweggrund zu einer Handlung, oder Unterlassung, geradezu und ausschließlich im *Wohl und Wehe* irgend eines dabei passive betheiligten *An-*

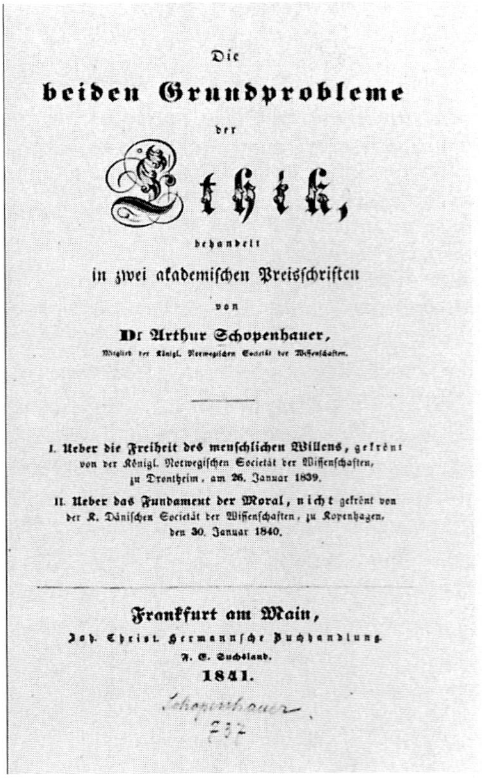
Die

beiden Grundprobleme

der

Ethik,

behandelt

in zwei akademischen Preisschriften

von

Dr Arthur Schopenhauer,

Mitglied der Königl. Norwegischen Societät der Wissenschaften.

I. Ueber die Freiheit des menschlichen Willens, gekrönt von der Königl. Norwegischen Societät der Wissenschaften, zu Drontheim, am 26. Januar 1839.

II. Ueber das Fundament der Moral, nicht gekrönt von der K. Dänischen Societät der Wissenschaften, zu Kopenhagen, den 30. Januar 1840.

Frankfurt am Main,

Joh. Christ. Hermannsche Buchhandlung.

F. E. Suchsland.

1841.

Original-Titelblatt der „Preisschrift über die Grundlage der Moral"; während die erste Schrift „Über die Freiheit des menschlichen Willens" preisgekrönt wurde, kennzeichnete Schopenhauer seine zweite ausdrücklich als nicht gekrönt.

dern liegt, also der aktive Theil bei seinem Handeln, oder Unterlassen, ganz allein das Wohl und Wehe eines *Andern* im Auge hat und durchaus nichts bezweckt, als daß jener Andere unverletzt bleibe, oder gar Hülfe, Beistand und Erleichterung erhalte. *Dieser Zweck allein* drückt einer Handlung, oder Unterlassung, den Stämpel des *moralischen Werthes* auf; welcher demnach ausschließlich darauf beruht, daß die Handlung bloß zu Nutz und Frommen *eines Andern* geschehe, oder unterbleibe. [...]

Wenn nun aber meine Handlung ganz allein *des Andern wegen* geschehn soll; so muß *sein Wohl und Wehe unmittelbar mein Motiv* sein: so wie bei allen andern Handlungen das *meinige* es ist. Dies bringt unser Problem auf einen engern Ausdruck, nämlich diesen: wie ist es irgend möglich, daß das Wohl und Wehe *eines Andern*, unmittelbar, d. h. ganz so wie sonst nur mein eigenes, meinen Willen bewege, also direkt mein Motiv werde, und sogar es bisweilen in dem Grade werde, daß ich demselben mein eigenes Wohl und Wehe, diese sonst alleinige Quelle meiner Motive, mehr oder weniger nachsetze? – Offenbar nur dadurch, daß jener Andere *der letzte Zweck* meines Willens wird, ganz so wie sonst ich selbst es bin: also dadurch, daß ich ganz unmittelbar *sein* Wohl will und *sein* Wehe nicht will, so unmittelbar, wie sonst nur *das meinige*. Dies aber setzt nothwendig voraus, daß ich bei *seinem Wehe* als solchem geradezu mit leide, *sein Wehe* fühle, wie sonst nur meines, und deshalb sein Wohl unmittelbar will, wie sonst nur meines. Dies erfordert aber, daß ich auf irgend eine Weise *mit ihm identificirt sei*, d. h. daß jener gänzliche *Unterschied* zwischen mir und jedem Andern, auf welchem gerade mein Egoismus beruht, wenigstens in einem gewissen Grade aufgehoben sei. Da ich nun aber doch nicht *in der Haut* des Andern stecke, so kann allein vermittelst der *Erkenntniß*, die ich von ihm habe, d. h. der Vorstellung von ihm in meinem Kopf, ich mich so weit mit ihm identificiren, daß meine That jenen Unterschied als aufgehoben ankündigt. Der hier analysirte Vorgang aber ist kein erträumter, oder aus der Luft gegriffener, sondern ein ganz wirklicher, ja, keineswegs seltener: es ist das alltägliche Phänomen des *Mitleids*, d. h. der ganz unmittelbaren, von allen anderweitigen Rücksichten unabhängigen *Theilnahme* zunächst am *Leiden* eines Andern und dadurch an der Verhinderung oder Aufhebung dieses Leidens, als worin zuletzt alle Befriedigung und alles Wohlseyn und Glück besteht. Dieses Mitleid ganz allein ist die wirkliche Basis aller *freien* Gerechtigkeit und aller *ächten* Menschenliebe. Nur sofern eine Handlung aus ihm entsprungen ist, hat sie moralischen

Werth: und jede aus irgend welchen andern Motiven hervorgehende hat keinen. Sobald dieses Mitleid rege wird, liegt mir das Wohl und Wehe des Andern unmittelbar am Herzen, ganz in der selben Art, wenn auch nicht stets in dem selben Grade, wie sonst allein das meinige: also ist jetzt der Unterschied zwischen ihm und mir kein absoluter mehr.

[…]

Solange jedoch selbst meine Ethik noch von den Professoren unbeachtet bleibt, gilt auf den Universitäten das Kantische Moralprincip, und unter seinen verschiedenen Formen ist die der „Würde des Menschen" jetzt am beliebtesten. Die Leerheit derselben habe ich bereits […] dargethan. Daher hier nur soviel. Wenn man überhaupt früge, worauf denn diese angebliche Würde des Menschen beruhe; so würde die Antwort bald dahin gehn, daß es auf seiner Moralität sei. Also die Moralität auf der Würde, und die Würde auf der Moralität. – Aber hievon auch abgesehn, scheint mir der Begriff der Würde auf ein am Willen so sündliches, am Geiste so beschränktes, am Körper so verletzbares und hinfälliges Wesen, wie der Mensch ist, nur ironisch anwendbar zu seyn:

Quid superbit homo? cujus conceptio culpa,
Nasci poena, labor vita, necesse mori!

[Sollte der Mensch sich brüsten? Da doch schon seine Empfängniß Schuld ist, seine Geburt Strafe, sein Leben Arbeit, sein Tod unausweichlich!

Schopenhauer]

Daher möchte ich, im Gegensatz zu besagter Form des Kantischen Moralprincips, folgende Regel aufstellen: bei jedem Menschen, mit dem man in Berührung kommt, unternehme man nicht eine objektive Abschätzung desselben nach Werth und Würde, ziehe also nicht die Schlechtigkeit seines Willens, noch die Beschränktheit seines Verstandes und die Verkehrtheit seiner Begriffe in Betrachtung; da Ersteres leicht Haß, Letzteres Verachtung gegen ihn erwecken könnte: sondern man fasse allein seine Leiden, seine Noth, seine Angst, seine Schmerzen ins Auge: – da wird man sich stets mit ihm verwandt fühlen, mit ihm sympathisiren und, statt Haß oder Verachtung, jenes Mitleid mit ihm empfinden, welches allein die agápa [Liebe] ist, zu der das Evangelium aufruft. Um keinen Haß, keine Verachtung gegen ihn aufkommen zu lassen, ist wahrlich nicht die Aufsuchung seiner angeblichen „Würde", sondern, umgekehrt, der Standpunkt des Mitleids der allein geeignete.

(Arthur Schopenhauer, Preisschrift über die Grundlage der Moral. In: Werke in zehn Bdn. Hrsg. v. Arthur Hübscher. Bd. VI. Diogenes Verlag, Zürich 1977, S. 246 ff.; Bd. IX, S. 220 f.)

1 *Klären Sie, was für Schopenhauer egoistische Handlungen sind.*
2 *Wie bestimmt er demgegenüber Handlungen bzw. Unterlassungen mit moralischem Wert?*
3 *Warum kann allein eine Handlung aus Mitleid moralischen Wert haben?*
4 *Bestimmen Sie – von Schopenhauers eigenen Ausführungen ausgehend – die Beziehung seiner Ethik zu der Kants. (Vgl. hierzu auch Kant: Grundlegung zur Metapysik der Sitten. Reclam, Stuttgart 1961, S. 35 f.) Wo würde Schopenhauer moralische Handlungen im Sinne Kants einordnen?*
5 *Erörtern Sie die Erklärungskraft von Schopenhauers Ansatz für das Phänomen des Moralischen – etwa im Vergleich mit der kantischen Ethik.*

6.1.2 Friedrich Nietzsche: Die „Umwertung aller Werte“

Besonders in seinem Spätwerk tritt der Philosoph **Friedrich Nietzsche** (1844–1900) als radikaler Kritiker aller Moral und Moralphilosophie in Erscheinung. Ausgehend von einer Analyse der Kultur seiner Zeit, entlarvt er diese als krank, dekadent und lebensfeindlich. Im Träger dieser Kultur, dem Bürgertum, sieht Nietzsche die spießige und durchschnittliche Mittelmäßigkeit verkörpert. Sowohl die bürgerlichen Lebensverhältnisse als auch die sie spiegelnde Kultur und Moral sind für ihn daher dem wahren Leben entgegenstehende Erscheinungen. So kann er auch das am Ende des 19. Jahrhunderts aufkommende Bewusstsein der Entleerung aller traditionellen Werte, den entstehenden Nihilismus also, als innere Konsequenz seiner Kultur- und Moralkritik diagnostizieren.
Besonders hart geht Nietzsche mit der christlichen Moral ins Gericht, die nach seiner Auffassung mit der Moral des durchschnittlichen Spießbürgertums gleichzusetzen ist. Sie stellt für ihn eine „Sklavenmoral“ dar, in der die im Leben Schwachen und zu kurz Gekommenen ihre Handlungsmaximen als allgemeine Normen festgeschrieben haben:

„Gesetzt, dass man das Frevelhafte einer solchen Auflehnung gegen das Leben begriffen hat, wie sie in der christlichen Moral beinahe sakrosankt geworden ist, so hat man damit, zum Glück, auch etwas andres begriffen: das Nutzlose, Scheinbare, Absurde, *Lügnerische* einer solchen Auflehnung. Eine Verurteilung des Lebens vonseiten des Lebenden bleibt zuletzt doch nur das Symptom einer bestimmten Art von Leben: die Frage, ob mit Recht, ob mit Unrecht, ist gar nicht damit aufgeworfen. Man müsste eine Stellung *außerhalb* des Lebens haben und andererseits es so gut kennen, wie einer, wie viele, wie alle, die es gelebt haben, um das Problem vom *Wert* des Lebens überhaupt anrühren zu dürfen: Gründe genug, um zu begreifen, dass dies Problem ein für uns unzugängliches Problem ist. Wenn wir von Werten reden, reden wir unter der Inspiration, unter der Optik des Lebens: das Leben selbst zwingt uns Werte anzusetzen, das Leben selbst wertet durch uns, *wenn* wir Werte ansetzen … Daraus folgt, dass auch jene *Widernatur von Moral*, welche Gott als Gegenbegriff und Verurteilung des Lebens fasst, nur ein Werturteil des Lebens ist – *welches* Lebens? *welcher* Art von Leben? – Aber ich gab schon die Antwort: des niedergehenden, des geschwächten, des müden, des verurteilten Lebens.“
(Friedrich Nietzsche, Götzendämmerung, oder: Wie man mit dem Hammer philosophiert.In: F. Nietzsche, Werke III, hrsg. v. Karl Schlechta, Ullstein Verlag, Frankfurt/Berlin/Wien 1969, S. 968)

Mit seiner Diagnose des Werteverfalls am Ende des 19. Jahrhunderts gilt Nietzsche heute als einer der Väter des postmodernen Denkens, das ebenfalls alle verbindlichen Orientierungen, mithin die Vernunftorientierung der Ethik überhaupt, ablehnt. (➔ Kap. V, 5.3 und 5.4) Durch seinen Rückgang auf den Lebensbegriff, den Nietzsche als letztlich biologische Kategorie dem moralischen Verfall entgegenhält, wird er allerdings vielfach auch als philosophischer Wegbereiter des Nationalsozialismus angesehen. Nietzsche war jedoch niemals Antisemit und seine zeitweilige Vereinnahmung durch die Nationalsozialisten hängt wohl eher mit dem Einfluss seiner Schwester zusammen als mit seinen eigenen philosophischen Intentionen.
Unstrittig ist, dass mit Nietzsche das Problem des Nihilismus, der Entleerung und Unsicherheit aller festen Werte und Normen, nachhaltig in alle ethischen Reflexionen eingezogen ist. So gibt es kaum einen bedeutenden Ethiker des 20. Jahrhunderts, der sich – neben Kant – nicht auch mit Nietzsche und seiner Moralkritik auseinandersetzt. Dieser philosophiegeschichtlichen Bedeutung gemäß präsentiert sich Nietzsche im folgenden Text vornehmlich als Kritiker der traditionellen Ethik und Moral; er fordert dort aber auch schon eine neue Moral, von der er einige Grundzüge angibt.

Schon das Wort „Wissenschaft der Moral" ist in Hinsicht auf das, was damit bezeichnet wird, viel zu hochmütig und wider den *guten* Geschmack: welcher immer ein Vorgeschmack für die bescheidneren Worte zu sein pflegt. Man sollte, in aller Strenge, sich eingestehn, *was* hier auf lange hinaus noch nottut, *was* vorläufig allein Recht hat: nämlich Sammlung des Materials, begriffliche Fassung und Zusammenordnung eines ungeheuren Reichs zarter Wertgefühle und Wertunterschiede, welche leben, wachsen, zeugen und zugrunde gehn – [...].

Freilich: man war bisher nicht so bescheiden. Die Philosophen allesamt forderten, mit einem steifen Ernste, der lachen macht, von sich etwas sehr viel Höheres, Anspruchsvolleres, Feierlicheres, sobald sie sich mit der Moral als Wissenschaft befassten: sie wollten die *Begründung* der Moral – und jeder Philosoph hat bisher geglaubt die Moral begründet zu haben; die Moral selbst aber galt als „gegeben". Wie ferne lag ihrem plumpen Stolze jene unscheinbar dünkende und in Staub und Moder belassene Aufgabe einer Beschreibung, obwohl für sie kaum die feinsten Hände und Sinne fein genug sein könnten! Gerade dadurch, dass die Moral-Philosophen die moralischen Fakta nur gröblich, in einem willkürlichen Auszuge oder als zufällige Abkürzung kannten, etwa als Moralität ihrer Umgebung, ihres Standes, ihrer Kirche, ihres Zeitgeistes, ihres Klimas und Erdstriches – gerade dadurch, dass sie in Hinsicht auf Völker, Zeiten, Vergangenheiten schlecht unterrichtet und selbst wenig wissbegierig waren, bekamen sie die eigentlichen Probleme der Moral gar nicht zu Gesichte – als welche alle erst bei einer Vergleichung *vieler* Moralen auftauchen. In aller bisherigen „Wissenschaft der Moral" *fehlte,* so wunderlich es klingen mag, noch das Problem der Moral selbst: es fehlte der Argwohn dafür, dass es hier etwas Problematisches gebe. Was die Philosophen „Begründung der Moral" nannten und von sich forderten, war, im rechten Lichte gesehn, nur eine gelehrte Form des guten *Glaubens* an die herrschende Moral, ein neues Mittel ihres *Ausdrucks,* also ein Tatbestand selbst innerhalb einer bestimmten Moralität, ja sogar, im letzten Grunde, eine Art Leugnung, dass diese Moral als Problem gefasst werden *dürfe* – und jedenfalls das Gegenstück einer Prüfung, Zerlegung, Anzweiflung, Vivisektion[1] eben dieses Glaubens. [...]

Abgesehen noch vom Werte solcher Behauptungen wie „es gibt in uns einen kategorischen Imperativ", kann man immer noch fragen: was sagt eine solche Behauptung von dem sie Behauptenden aus? Es gibt Moralen, welche ihren Urheber vor andern rechtfertigen sollen; andre Moralen sollen ihn beruhigen und mit sich zufrieden stimmen; mit andern will er sich selbst ans Kreuz schlagen und demütigen; mit andern will er Rache üben, mit andern sich verstecken, mit andern sich verklären und hinaus, in die Höhe und Ferne setzen; diese Moral dient ihrem Urheber, um zu vergessen, jene, um sich oder etwas von sich vergessen zu machen; mancher Moralist möchte an der Menschheit Macht und schöpferische Laune ausüben; manch andrer, vielleicht gerade auch Kant, gibt mit seiner Moral zu verstehn: „was an mir achtbar ist, das ist, dass ich gehorchen kann – und bei euch *soll* es nicht anders stehn als bei mir!" – kurz, die Moralen sind auch nur eine *Zeichensprache der Affekte*. [...]

Man mag jede Moral daraufhin ansehn: die „Natur" in ihr ist es, welche das *laisser aller,* die allzu große Freiheit hassen lehrt und das Bedürfnis nach beschränkten Horizonten, nach nächsten Aufgaben pflanzt – welche die *Verengerung der Perspektive*, und also in gewissem Sinne die Dummheit, als eine Lebens- und Wachstums-Bedingung lehrt. „Du sollst gehorchen, irgendwem, und auf lange: *sonst* gehst du zugrunde und verlierst die letzte Achtung vor dir selbst" – dies scheint mir der moralische Imperativ der Natur zu sein, welcher freilich weder „kategorisch" ist, wie es der alte Kant von ihm verlangt (daher das „sonst" –), noch an den Einzelnen sich wendet (was liegt ihr am Einzelnen!), wohl aber an Völker, Rassen, Zeitalter, Stände, vor allem aber an das ganze Tier „Mensch“, an *den* Menschen.

[...] Die Eltern machen unwillkürlich aus dem Kinde etwas ihnen Ähnliches – sie nennen das „Erziehung“ –, keine Mutter zweifelt im Grunde ihres Herzens daran, am Kind sich ein Eigentum geboren zu haben, kein Vater bestreitet sich das Recht, es *seinen* Begriffen und Wertschätzungen unterwerfen zu dürfen. Ja, ehemals schien es den Vätern billig, über Leben und Tod des Neugebornen (wie unter den alten Deutschen) nach Gutdünken zu verfügen. Und wie der Vater, so sehen auch jetzt noch der Lehrer, der Stand, der Priester, der Fürst in jedem neuen Menschen eine unbedenkliche Gelegenheit zu neuem Besitze. [...]

Alle diese Moralen [...] – was sind sie anderes als Verhaltungs-Vorschläge im Verhältnis zum Grade der *Gefährlichkeit,* in welcher die einzelne Person mit sich selbst lebt; Rezepte gegen ihre Leidenschaften, ihre guten und schlimmen Hänge, sofern sie den Willen zur Macht haben und den Herrn spielen möchten; kleine und große Klugheiten und Künsteleien, behaftet mit dem Winkelgeruch alter Hausmittel und Altweiber-Weisheit; allesamt in der Form barock und unvernünftig – weil sie sich an „Alle“ wenden, weil sie generalisieren, wo nicht generalisiert werden darf –, allesamt unbedingt redend, sich unbedingt nehmend, allesamt nicht nur mit *einem* Korne Salz gewürzt, vielmehr erst erträglich, und bisweilen sogar verführerisch, wenn sie überwürzt und gefährlich zu riechen lernen, vor allem „nach der anderen Welt“: das ist alles, intellektuell gemessen, wenig wert und noch lange nicht „Wissenschaft“, geschweige denn „Weisheit“, sondern, nochmals gesagt und dreimal gesagt, Klugheit, Klugheit, Klugheit, gemischt mit Dummheit, Dummheit, Dummheit [...].

Nun muss es hart klingen und schlecht zu Ohren gehn, wenn wir immer von neuem darauf bestehn: was hier zu wissen glaubt, was hier mit seinem Loben und Tadeln sich selbst verherrlicht, sich selbst gut heißt, ist der Instinkt des Herdentiers Mensch: als welcher zum Durchbruch, zum Übergewicht, zur Vorherrschaft über andre Instinkte gekommen ist und immer mehr kommt, gemäß der wachsenden physiologischen Annäherung und Anähnlichung, deren Symptom er ist. *Moral ist heute in Europa Herdentier-Moral* – also nur, wie wir die Dinge verstehn, *eine* Art von menschlicher Moral, neben der, vor der, nach der viele andere, vor allem *höhere* Moralen möglich sind oder sein sollten. Gegen eine solche „Möglichkeit“, gegen ein solches „Sollte“ wehrt sich aber diese Moral mit allen Kräften: sie sagt hartnäckig und unerbittlich „Ich bin die Moral selbst und nichts außerdem ist Moral!“ – ja mit Hilfe einer Religion, welche den sublimsten Herdentier-Begierden zu Willen war und schmeichelte, ist es dahin gekommen, dass wir selbst in den politischen und gesellschaftlichen Einrichtungen einen immer sichtbareren Ausdruck dieser Moral finden: die *demokratische* Bewegung macht die Erbschaft der christlichen. [...]

Wir, die wir eines andren Glaubens sind – wir, denen die demokratische Bewegung nicht bloß als eine Verfalls-Form der politischen Organisation, sondern als Verfalls-, nämlich Verkleinerungs-Form des Menschen gilt, als seine Vermittelmäßigung und Wert-Erniedrigung: wohin müssen *wir* mit unsren Hoffnungen greifen? – Nach *neuen Philosophen*, es bleibt keine Wahl; nach Geistern, stark und ursprünglich genug um die Anstöße zu entgegengesetzten Wertschätzungen zu geben und „ewige Werte“ umzuwerten, umzukehren; nach Vorausgesandten, nach Menschen der Zukunft, welche in der Gegenwart den Zwang und Knoten anknüpfen, der den Willen von Jahrtausenden auf *neue* Bahnen zwingt.

[...] Die *Gesamt-Entartung des Menschen* [...], diese Entartung und Verkleinerung des Menschen zum vollkommnen Herdentiere (oder, wie sie sagen, zum Menschen der „freien Gesellschaft"), diese Vertierung des Menschen zum Zwergtiere der gleichen Rechte und Ansprüche ist *möglich*, es ist kein Zweifel! Wer diese Möglichkeit einmal bis zu Ende gedacht hat, kennt einen Ekel mehr als die übrigen Menschen – und vielleicht auch eine neue *Aufgabe*!

[...]

Sich gegenseitig der Verletzung , der Gewalt, der Ausbeutung enthalten, seinen Willen dem des andern gleichsetzen: dies kann in einem gewissen groben Sinne zwischen Individuen zur guten Sitte werden, wenn die Bedingungen dazu gegeben sind (nämlich deren tatsächliche Ähnlichkeit in Kraftmengen und Wertmaßen und ihre Zusammengehörigkeit innerhalb *eines* Körpers). Sobald man aber dies Prinzip weiter nehmen wollte und womöglich gar als *Grundprinzip der Gesellschaft*, so würde es sich sofort erweisen als das, was es ist: als Wille zur *Verneinung* des Lebens, als Auflösungs- und Verfalls-Prinzip. Hier muss man gründlich auf den Grund denken und sich aller empfindsamen Schwächlichkeit erwehren: Leben selbst ist *wesentlich* Aneignung, Verletzung, Überwältigung des Fremden und Schwächeren, Unterdrückung, Härte, Aufzwängung eigner Formen, Einverleibung und mindestens, mildestens, Ausbeutung – aber wozu sollte man immer gerade solche Worte gebrauchen, denen von alters her eine verleumderische Absicht eingeprägt ist? Auch jener Körper, innerhalb dessen, wie vorher angenommen wurde, die Einzelnen sich als gleich behandeln – es geschieht jeder gesunden Aristokratie –, muss selber, falls er ein lebendiger und nicht ein absterbender Körper ist, alles das gegen andre Körper tun, wessen sich die Einzelnen in ihm gegeneinander enthalten: er wird der leibhafte Wille zur Macht sein müssen, er wird wachsen, um sich greifen, an sich ziehn, Übergewicht gewinnen wollen – nicht aus irgendeiner Moralität oder Immoralität heraus, sondern weil er *lebt* und weil Leben eben Wille zur Macht *ist*. In keinem Punkte ist aber das gemeine Bewusstsein der Europäer widerwilliger gegen Belehrung als hier; man schwärmt jetzt überall, unter wissenschaftlichen Verkleidungen sogar, von kommenden Zuständen der Gesellschaft, denen „der ausbeuterische Charakter" abgehn soll – das klingt in meinen Ohren, als ob man ein Leben zu erfinden verspräche, welches sich aller organischen Funktionen enthielte. Die „Ausbeutung" gehört nicht einer verderbten oder unvollkommnen und primitiven Gesellschaft an: sie gehört ins *Wesen* des Lebendigen, als organische Grundfunktion, sie ist eine Folge des eigentlichen Willens zur Macht, der eben der Wille des Lebens ist. – Gesetzt, dies ist als Theorie eine Neuerung – als Realität ist es das *Ur-Faktum* aller Geschichte: man sei doch so weit gegen sich ehrlich! –

(Friedrich Nietzsche, Jenseits von Gut und Böse. Vorspiel einer Philosophie der Zukunft [1885]. In: Friedrich Nietzsche, Studienausgabe. Hrsg. v. Hans Heinz Holz. Bd. 3. Fischer Verlag, Frankfurt/M. 1968, S. 87–103, 156 f.)

1 Vivisektion: Untersuchung, Analyse

1 *Stellen Sie Nietzsches Kritik an Moral und Moralphilosophie dar.*
2 *Diskutieren Sie Nietzsches Moralkritik – auch auf dem Hintergrund unseres heutigen Wissens über moralische Vorstellungen in anderen Kulturen.*
3 *Explizieren Sie Nietzsches moralischen Alternativentwurf und erörtern Sie dessen Problematik auf dem Hintergrund der geschichtlichen Entwicklung nach Nietzsche.*
4 *Vergleichen Sie Nietzsches moralische Grundauffassungen mit denen von Schopenhauer.*

6.2 Versuche einer Neubegründung der Ethik

6.2.1 Emil Brunner: Theonome Ethik

Was von Kant im Zuge des aufklärerischen, gegen eine erstarrte Offenbarungsreligion gerichteten Denkens entwickelt wurde, die Gründung des Sittengesetzes auf die autonome (menschliche) Vernunft, wird von dem Schweizer Theologen **Emil Brunner** (1889–1966) als erster Schritt zu einer amoralischen Lebenskultur gedeutet. Der zweite entscheidende Schritt auf diesem Weg liegt für ihn in Nietzsches Philosophie, welche die Moral selbst zum reinen Machtstreben pervertiert habe. Für Brunner kann die Antwort darauf allein in einer Rückbesinnung auf die religiöse, d. h. für ihn christliche Basis der Moral bestehen. Mit seinem Konzept einer theonomen Ethik steht er beispielhaft für viele theologisch geprägte Versuche der zweiten Hälfte des 20. Jahrhunderts, welche die nach der Erfahrung des Dritten Reiches verbreitete Orientierungskrise durch die Wiederbelebung traditionell-christlicher Werte zu überwinden suchen.

Die Frage, wie sich der Glaube – wir meinen natürlich den christlichen Glauben – und das Moralische oder Ethische zueinander verhalten, vor allem die Frage, ob es eine vom Glauben unabhängige, eine autonome Ethik geben könne, ist eines von den Grundproblemen der menschlichen Existenz. In dieser oder jener Form drängt es sich jedem Menschen aus seiner Erfahrung mit sich selbst und mit anderen unausweichlich auf.

[…]

Nietzsche, Hitler und Mussolini haben der Menschheit den großen Dienst getan, dass sie ihr deutlich machten: Aus der Natur, die sich selbst überlassen wird, ergibt sich etwas ganz anderes als eine Moral der Menschenliebe. Soll diese, soll das Gebot „Liebe deinen Nächsten wie dich selbst", Geltung und Grund haben, so muss dieser Grund und diese Geltung anderswo gesucht werden als in der menschlichen Natur. Und umgekehrt: will man durchaus nichts anderes anerkennen als die Natur, so ist die ethische Konsequenz unweigerlich der ethische Nihilismus, zu dem uns theoretisch Nietzsche und praktisch die Diktatoren des totalen Staates angeleitet haben. Das heißt mit einem Wort: Wenn wir das nicht wollen, was sich im totalen Staat verkörpert, dann bleibt als Alternative nicht eine autonome, sondern nur eine im Glauben begründete Ethik übrig.

Die Menschenrechte, die Würde der Person, das Gebot den Nächsten zu lieben – das sind keine Naturfakta, sondern das sind Postulate, die entweder völlig in der Luft hängen und keinerlei Überzeugungskraft besitzen oder aber in einem religiösen Verständnis des Menschen begründet sind. Hinter der Forderung der Menschenrechte und dem Prinzip der Personenwürde steht die Ehrfurcht vor etwas Höherem als Natur, die Ehrfurcht vor einer Instanz, die den Menschen eine Würde verleiht, ihnen Rechte anerschaffen hat und von uns die Nächstenliebe fordert.

Das Gesetz Gottes, so sagt der Apostel, ist den Menschen von jeher bekannt. Wohl ist es mit besonderer Klarheit dem israelitischen Volk im Zusammenhang mit der Gottesoffenbarung am Sinai vor Augen gestellt und im Alten Testament als das „Du sollst" der Liebe gegen den Nächsten formuliert worden; aber dieses „Du sollst" ist auch den Nichtisraeliten nicht unbekannt; denn Gott hat es jedem Menschen ins Herz geschrieben. Aber nun lautet ja die Frage nicht, ob uns das Gesetz bekannt sei, sondern ob wir dem Gesetz entsprechend leben. Auf diese Frage ist mit Nein zu antworten. […] Denn, so lautet die Antwort der Bibel: Der Mensch, jeder Mensch, der Mensch überhaupt, ist ein Sünder. Das, diese Tatsache des Sünderseins, ist jenes radikale Böse, von dem Kant spricht.[1]

Marc Chagall (1887–1985), Moses empfängt die Gesetzestafeln (Öl auf Leinwand)

Aber dieses radikale Böse ist hier, im Unterschied zu Kant, wirklich ernst genommen; der Mensch *tut* nicht nur Sünde, sondern er *ist* Sünder, das heißt der Widerspruch zwischen dem eigenen Willen des Menschen und dem Willen Gottes liegt an der Wurzel der menschlichen Existenz, ist so sehr mit dem Sein der Person selbst verbunden, dass der Mensch aus sich selbst daran nichts zu ändern vermag. Er kann wohl durch sittliche Anstrengung und Erziehung dazu kommen, gewissen Forderungen der bürgerlichen Moral zu entsprechen – nicht zu lügen, nicht zu stehlen, nicht ehezubrechen; er kann sogar ein tugendhaftes Leben führen. Aber all das heißt nicht, dass die innerste Triebfeder und Wurzel seines Tuns das Gute selbst, der Wille Gottes, die Liebe, die Gott will, sei. Auch der sogenannte tugendhafte Mensch ist – gerade so wie der lasterhafte – ein sündiger Mensch, der Widerspruch gegen den Gotteswillen ist auch in seinem Wesen und Willen. [...]

Was aber bedeutet nun dieser Glaube für die Ethik, für das moralische Problem des Menschen? Darauf antwortet wiederum das ganze Neue Testament: Durch diesen Glauben, durch diese vertrauensvoll-bußfertige Hinwendung des Menschen zu dem, der ihn schuf, entsteht im Menschen selbst eine neue Bewegung des Willens; der Glaube, der die göttliche Liebe aufnimmt, welche ihm in Christus entgegenkommt, ist gleichsam die geöffnete Türe, durch die die Kraft des Guten, die göttliche Liebe, in das Menschenherz eindringt. Es entsteht jetzt etwas Neues im Herzen, im Personenzentrum des Menschen: eine von Gott selbst hervorgerufene Kraft und Freudigkeit zur Liebe, also ein neuer Wille das zu tun, was das sittliche Gebot verlangt. Die neu gewonnene Gottesverbundenheit schafft einen neuen Willen, ja sogar eine neue Leidenschaft – die Leidenschaft das zu tun, was Gott gefällt, also die Leidenschaft den Menschen zu lieben. Die Liebe ist also nicht mehr bloß der Inhalt eines Gebotes, eines kategorischen Imperativs der Pflicht, sondern die Liebe ist jetzt ein Trieb, ein eigenes Begehren, aber nicht mehr der Naturtrieb der Selbsterhaltung, sondern ein heiliger Trieb und darum auch eine Kraft das zu tun, was vorher bloß gefordert war. [...]

Die Person des anderen Menschen achten ist zwar etwas Großes, aber es ist nicht dasselbe, wie den Nächsten lieben. Kant hat ausdrücklich abgelehnt die Nächstenliebe als Prinzip der Ethik anzuerkennen, weil er merkte, dass man ja Liebe nicht gebieten kann.

Liebe ist nicht nur eine Bewegung des Willens, sondern eine Bewegung des Herzens. Und ebenso ist die Liebe nicht in ein allgemeines Gesetz zu fassen, wie Kant dies tun muss; denn Liebe ist etwas anderes als die Erfüllung einer allgemeinen gesetzlichen Pflichtvorschrift. Von Liebe kann nur dort die Rede sein, wo die menschliche Person nicht von einem Gesetz, sondern von der göttlichen persönlichen Liebe selbst bewegt ist.

Das heißt aber: Der Sinn dessen, was im Neuen Testament mit dem Wort Liebe gemeint ist, ist nur verständlich im Zusammenhang mit der Offenbarung der Gottesliebe als Grund alles Seins, als Wesen und Wille des Schöpfers. [...]

Das also ist unser Resultat: Die Forderung einer autonomen, einer vom Glauben losgelösten Ethik bringt uns, je weiter diese Loslösung vom Glauben getrieben wird, desto mehr um das Verständnis des Guten. Wo, wie bei Nietzsche, diese Loslösung eine vollkommene ist, da wird schließlich aus der Ethik der moralische Nihilismus oder die Verkehrung des sittlich Guten in das reine Vital- und Machtprinzip. Umgekehrt, soll uns die Erkenntnis des sittlich Guten als Nächstenliebe bewahrt bleiben und soll diese Erkenntnis nicht bloß ein ohnmächtiger Imperativ sein, sondern zur Lebenswirklichkeit und zur Tat werden, so ist das nicht anders möglich als dadurch, dass das Gute aus dem Glauben an den Gott der Liebe fließt. [...]

Geschnittene Blumen in einer Vase oder in einem Kranz können genauso schön sein, wie die Blumen, die noch lebendig am Stock wachsen; aber sie verwelken schnell und sie haben nicht die Fähigkeit sich fortzupflanzen. Ähnlich geht es mit dem ethischen Edelsinn so vieler von denen, die wir bewundern, trotzdem wir sie als Ungläubige kennen. Das, was sie selbst noch aus ihrer christlichen Tradition schöpften, vermögen sie nicht mehr oder doch nicht mehr mit derselben Kraft wie ihre christliche Mutter auf die nächste Generation zu übertragen und in der übernächsten Generation ist von dieser moralischen Kraft und Erkenntnis nichts mehr vorhanden. Wir haben diesen Prozess in Europa im Großen erlebt, während der letzten zweihundert Jahre. Die Aufklärung und der Idealismus des 18. und des beginnenden 19. Jahrhunderts sind noch sozusagen gesättigt von der christlichen Tradition, obschon ihre Vertreter bereits den eigentlichen christlichen Glauben hinter sich gelassen haben. Aber schon die nächste und vor allem die übernächste Generation, die Generationen, aus denen wir herkommen, haben mit zunehmender Entfremdung vom christlichen Traditionsboden auch das christliche Ethos[2] verloren und sind mehr und mehr einem bodenlosen ethischen Nihilismus zugesteuert. Wo sind heute diese idealistisch humanistischen Kräfte, die das Zeitalter eines Schiller und Humboldt noch so gewaltig bewegten? In dem Maß, als die europäische Bildung den Zusammenhang mit dem christlichen Glauben verlor und bewusst preisgab, sind auch die sittlichen Kräfte, ja sogar die christlichen moralischen Erkenntnisse in Verfall geraten und haben einem sittlichen Nihilismus oder einem bewussten Amoralismus Platz gegeben. Die Entchristlichung Europas hat uns Schritt um Schritt in das hineingeführt, was wir heute vor uns sehen.

(Emil Brunner, Glaube und Ethik. W. Krebser Verlag, Thun 1945, S. 12–25)

1 Brunner spielt hier auf Kants „Religionsschrift" an. Kant greift dort die Lehre von der Erbsünde auf und fasst sie als den natürlichen Hang zum radikal Bösen im Menschen, der ihn dazu bringt, die rechte Ordnung der Maximen umzukehren: Statt das natürliche Glücksstreben dem Handeln aus Pflicht unterzuordnen, wird die Pflichterfüllung abhängig gemacht von der Befriedigung jenes individuellen Strebens. Nur durch eine „Revolution für die Denkungsart (B 54)" kann der Mensch seine ursprüngliche Anlage zum Guten wiederherstellen, indem er aus eigener freier Entscheidung gemäß dem Sittengesetz tugendhaft handelt.

2 Ethos: moralische Haltung, Gesinnung

1 *Stellen Sie das Ideal christlicher Ethik, wie Brunner es referiert, dar und bestimmen Sie sein Verhältnis zur Ethik Kants.*
2 *Legen Sie unter Berücksichtigung von Nietzsches Moral-Kritik dar, weshalb Brunner allein in einer religiös fundierten Moral einen Ausweg aus der gegenwärtigen Wertekrise sieht.*
3 *Erörtern Sie Brunners Konzept einer theonomen Ethik auf dem Hintergrund der philosophischen und historischen Entwicklung seit der Aufklärung.*

6.2.2 Hans Jonas: Ethische Vernunft und technische Weltbeherrschung

Der jüdische Philosoph **Hans Jonas** (1903–1993), Schüler von Martin Heidegger und Rudolf Bultmann, widmete sich anfangs religionsgeschichtlichen Studien. Nach der Emigration nach London 1933 und längeren Aufenthalten in Palästina und ab 1949 in den USA sah er sich besonders vor das Problem einer die Natur bewahrenden Ethik angesichts der immer stärker um sich greifenden Technisierung gestellt. Sein Buch „Das Prinzip Verantwortung" erschien 1979 und entfaltete in Deutschland eine große Wirkung, als Jonas 1987 der Friedenspreis des Deutschen Buchhandels verliehen wurde. Jonas versucht in seinem Werk eine Synthese von kantischer und aristotelischer Ethik, indem er einen neuen kategorischen Imperativ entwirft, der auch die Folgen einer Handlung einbezieht. Auch in der Begründung der Ethik sucht er einen Weg zwischen autonomer Vernunft und dem Glauben an Gott.

Damals [...] war die Technik ein zugemessener Zoll an die Notwendigkeit, nicht die Straße zum erwählten Ziel der Menschheit – ein Mittel mit einem endlichen Grad der Angemessenheit an wohl definierte nahe liegende Zwecke. Heute, in der Form der modernen Technik, hat sich *techne*[1] in einen unendlichen Vorwärtsdrang der Gattung verwandelt, in ihr bedeutsamstes Unternehmen, in dessen fortwährend sich selbst überbietendem Fortschreiten zu immer größeren Dingen man den Beruf des Menschen zu sehen versucht ist, und dessen Erfolg maximaler Herrschaft über die Dinge und über den Menschen selbst als die Erfüllung seiner Bestimmung erscheint. So bedeutet der Tri-

Im antiken Griechenland glaubte man, dass Zeus die Erde vom Olymp herab durch Blitz und Donner regierte. Nimmt der Mensch inzwischen selbst diesen Platz ein? Illustration von Karl Debus

umph des *homo faber* über sein äußeres Objekt zugleich seinen Triumph in der inneren Verfassung des *homo sapiens*, von dem er einst ein dienender Teil zu sein pflegte. Mit anderen Worten, auch abgesehen von ihren objektiven Werken nimmt die Technologie ethische Bedeutung an durch den zentralen Platz, den sie jetzt im subjektiven menschlichen Zweckleben einnimmt. Ihre kumulative[2] Schöpfung, nämlich die sich ausdehnende künstliche Umwelt, verstärkt in stetiger Rückwirkung die besonderen Kräfte, welche sie hervorgebracht haben: das schon Geschaffene erzwingt deren immer neuen erfinderischen Einsatz in seiner Erhaltung und weiteren Entwicklung und belohnt sie mit vermehrtem Erfolg – der wieder zu dem gebieterischen Anspruch beiträgt. Dieser positive Feed-back von funktioneller Notwendigkeit und Belohnung – in dessen Dynamik der Stolz auf die Leistung nicht zu vergessen ist – nährt die wachsende Überlegenheit einer Seite der menschlichen Natur über alle anderen, und unvermeidlich auf ihre Kosten. Wenn nichts so gelingt, wie das Gelingen, so nimmt auch nichts so gefangen, wie das Gelingen. Was immer sonst zur Fülle des Menschen gehört, wird an Prestige überstrahlt durch die Ausdehnung seiner Macht, und so ist diese Ausdehnung, indem sie mehr und mehr der Kräfte des Menschen an ihr Geschäft bindet, begleitet von einer Schrumpfung seines Selbstbegriffs und Seins. In dem Bilde, das er von sich selbst unterhält – der programmatischen Vorstellung, die sein aktuelles Sein so sehr bestimmt wie sie es spiegelt – ist der Mensch jetzt immer mehr der Hersteller dessen, was er hergestellt hat, und der Tuer dessen, was er tun kann – und am meisten der Vorbereiter dessen, was er demnächst zu tun imstande sein wird. Doch wer ist „er"? Nicht ihr oder ich: es ist der kollektive Täter und die kollektive Tat, nicht der individuelle Täter und die individuelle Tat, die hier eine Rolle spielen; und es ist die unbestimmte Zukunft viel mehr als der zeitgenössische Raum der Handlung, die den relevanten Horizont der Verantwortung abgibt. Dies erfordert Imperative neuer Art. Wenn die Sphäre des Herstellens in den Raum wesentlichen Handelns eingedrungen ist, dann muss Moralität in die Sphäre des Herstellens eindringen, von der sie sich früher fern gehalten hat, und sie muss dies in der Form öffentlicher Politik tun. [...]

Die *Anwesenheit des Menschen in der Welt* war ein erstes und fraglos Gegebenes gewesen, von dem jede Idee der Verpflichtung im menschlichen Verhalten ihren Ausgang nahm: jetzt ist sie selber ein *Gegenstand* der Verpflichtung geworden – der Verpflichtung nämlich, die erste Prämisse aller Verpflichtung, das heißt eben das Vorhandensein bloßer Kandidaten für ein moralisches Universum in der physischen Welt für die Zukunft zu sichern; und das heißt unter anderem, diese physische Welt so zu erhalten, dass die Bedingungen für ein solches Vorhandensein intakt bleiben; und das heißt, ihre Verletzlichkeit vor einer Gefährdung dieser Bedingungen zu schützen. [...]

Kants kategorischer Imperativ sagte: „Handle so, dass du auch wollen kannst, dass deine Maxime allgemeines Gesetz werde." Das hier angerufene „kann" ist das der Vernunft und ihrer Einstimmung mit sich selbst: Die Existenz einer Gesellschaft menschlicher Akteure (handelnder Vernunftwesen) *vorausgesetzt,* muss die Handlung so sein, dass sie sich ohne Selbstwiderspruch als allgemeine Übung dieser Gemeinschaft vorstellen lässt. Man beachte, dass hier die Grundüberlegung der Moral nicht selber moralisch, sondern logisch ist: das „wollen *können*" oder „nicht können" drückt logische Selbstverträglichkeit oder -unverträglichkeit, nicht sittliche Approbation[3] oder Revulsion[4] aus. Es liegt aber kein *Selbstwiderspruch* in der Vorstellung, dass die Menschheit einmal aufhöre zu existieren, und somit auch kein Selbstwiderspruch in der Vorstellung, dass das Glück gegenwärtiger und nächstfolgender Generationen mit dem Unglück oder gar der Nichtexistenz späterer Generationen erkauft wird – so wenig, wie schließlich im Umgekehrten, dass die Existenz und das Glück späterer Generationen mit dem Unglück und teilweise sogar der Vertilgung gegenwärtiger erkauft wird. [...]

Ein Imperativ, der auf den neuen Typ menschlichen Handelns passt und an den neuen Typ von Handlungssubjekt gerichtet ist, würde etwa so lauten: „Handle so, dass die Wirkungen deiner Handlung verträglich sind mit der Permanenz echten menschlichen Lebens auf Erden"; oder negativ ausgedrückt: „Handle so, dass die Wirkungen deiner Handlung nicht zerstörerisch sind für die künftige Möglichkeit solchen Lebens"; oder einfach: „Gefährde nicht die Bedingungen für den indefiniten[5] Fortbestand der Menschheit auf Erden" [...].

Der neue Imperativ sagt eben, dass wir zwar unser eigenes Leben, aber nicht das der Menschheit wagen *dürfen;* und dass Achill zwar das Recht hatte für sich selbst ein kurzes Leben ruhmreicher Taten vor einem langen Leben ruhmloser Sicherheit zu wählen (unter der stillschweigenden Voraussetzung nämlich, dass eine Nachtwelt da sein wird, die von seinen Taten zu erzählen weiß); dass wir aber nicht das Recht haben das Nichtsein künftiger Generationen wegen des Seins der jetzigen zu wählen oder auch nur zu wagen. Warum wir dieses Recht nicht haben, warum wir im Gegenteil eine Verpflichtung gegenüber dem haben, was noch gar nicht ist und „an sich" auch nicht zu sein braucht, jedenfalls als nicht existent keinen *Anspruch* auf Existenz hat, ist theoretisch gar nicht leicht

und vielleicht ohne Religion überhaupt nicht zu begründen. [...]
Es ist ferner offensichtlich, dass der neue Imperativ sich viel mehr an öffentliche Politik als an privates Verhalten richtet, welches letztere nicht die kausale Dimension ist, auf die er anwendbar ist. Kants kategorischer Imperativ war an das Individuum gerichtet und sein Kriterium war augenblicklich. Er forderte jeden von uns auf zu erwägen, was geschehen würde, *wenn* die *Maxime* meiner jetzigen Handlung zum Prinzip einer allgemeinen Gesetzgebung gemacht würde oder es in diesem Augenblick schon wäre: die Selbsteinstimmigkeit oder Nichteinstimmigkeit einer solchen *hypothetischen* Verallgemeinerung wird zur Probe meiner *privaten* Wahl gemacht. Aber es war kein Teil dieser Vernunftüberlegung, es bestehe irgendeine Wahrscheinlichkeit dafür, dass meine private Wahl tatsächlich allgemeines Gesetz werde oder zu einem solchen Allgemeinwerden auch nur beitrage. In der Tat, *reale* Folgen sind überhaupt nicht ins Auge gefasst und das Prinzip ist nicht dasjenige objektiver Verantwortung, sondern das der subjektiven Beschaffenheit meiner Selbstbestimmung. Der neue Imperativ ruft eine andere Einstimmigkeit an: nicht die des Aktes mit sich selbst, sondern die seiner schließlichen *Wirkungen* mit dem Fortbestand menschlicher Aktivität in der Zukunft. Und die „Universalisierung", die er ins Auge fasst, ist keineswegs hypothetisch – das heißt die bloß logische Übertragung vom individuellen „Ich" auf ein imaginäres, kausal damit unverbundenes „Alle" („wenn jeder so täte"): im Gegenteil, die dem neuen Imperativ unterworfenen Handlungen, nämlich Handlungen des kollektiven Ganzen, haben den universalen Bezug in dem tatsächlichen Ausmaß ihrer Wirksamkeit: sie „totalisieren"[6] sich selbst im Fortschritt ihres Impulses und können nicht anders, als in der Gestaltung des universalen Zustands der Dinge zu terminieren.[7] Dies nun fügt dem moralischen Kalkül den *Zeit*horizont hinzu, der in der logischen Augenblicksoperation des kantischen Imperativs gänzlich fehlt: extrapoliert[8] der Letztere in eine immer gegenwärtige Ordnung abstrakter Kompatibilität[9], so extrapoliert unser Imperativ in eine berechenbare wirkliche *Zukunft* als die unabgeschlossene Dimension unserer Verantwortlichkeit.

(Hans Jonas, Das Prinzip Verantwortung. Versuch einer Ethik für die technologische Zivilisation. Suhrkamp Verlag, Frankfurt/M. 1984, S. 31–38)

1 techne: griech. Kunst, Fertigkeit, Gestaltungsfähigkeit
2 kumulativ: anhäufend, sich steigernd
3 Approbation: Billigung
4 Revulsion: Zurückweisung
5 indefinit: unbegrenzt
6 totalisieren: verallgemeinern
7 terminieren: enden, sein Ende finden
8 extrapolieren: verweisen, den Weg zeigen
9 Kompatibilität: Vereinbarkeit

1 *Erklären Sie die neue Rolle der Technik und zeigen Sie die Konsequenzen auf, die sich daraus für die Ethik nach Jonas ergeben.*
2 *Nennen Sie die Punkte, die Jonas' von Kants kategorischem Imperativ unterscheiden. Beachten Sie dabei auch das von Jonas zugegebene moralische Begründungsdefizit und den Rückgang auf utilitaristische Maßstäbe.*
3 *Diskutieren Sie Jonas' ethischen Neuansatz auf seine Begründungs- und Tragfähigkeit hin.*

6.2.3 Jürgen Habermas: Die Begründung der Moral im Diskurs

Der Sozialphilosoph **Jürgen Habermas** (geb. 1929) hat seine geistige Herkunft in der „Frankfurter Schule“ und lehrte bis zu seiner Emeritierung 1994 als Professor für Sozialphilosophie in Frankfurt. Bis heute scheut er sich nicht, u. a. auch in Zeitungsartikeln, zu aktuellen politischen Fragen aus philosophischer Sicht Stellung zu nehmen und er hat mit seinen Ideen die bundesrepublikanische Diskussion über Normen und ihre Begründung weit über philosophische Fachkreise hinaus beeinflusst.
Mit seinem Namen besonders eng verbunden ist der Begriff **„Diskursethik“**. Darunter versteht Habermas ein argumentatives Normenbegründungsverfahren, das in seiner reflexiven Struktur dann notwendig wird, wenn sonst im Alltag als geltend vorausgesetzte Grundorientierungen brüchig und fraglich werden, etwa durch die Konfrontation mit ganz anderen Werte- und Normensystemen. Insofern sieht Habermas in seiner Diskursethik auch einen entscheidenden Beitrag zur Lösung von Konflikten, die durch das Zusammenleben verschiedener Kulturen mit unterschiedlichen Wertorientierungen entstehen, aber auch durch die Koexistenz andersartig geprägter Individuen. Habermas beharrt in diesem Zusammenhang auf der ethischen Vernunft als der einzig tragfähigen Größe zur konsensuellen Konfliktbewältigung – im Gegensatz zum Kontextualismus, der moralische Normen aus ihrem lebensweltlichen und kulturellen Kontext versteht und somit zum Relativismus führt. (➔ Kap. V, 5.3 und 5.4)

Jürgen Habermas

Alle kognitivistischen[1] Ethiken knüpfen nämlich an jene Intuition an, die Kant im Kategorischen Imperativ ausgesprochen hat. Mich interessieren hier nicht die verschiedenen kantischen Formulierungen, sondern die zugrunde liegende Idee, die dem unpersönlichen oder allgemeinen Charakter von gültigen moralischen Geboten Rechnung tragen soll. Das Moralprinzip wird so gefasst, dass es die Normen als ungültig ausschließt, die nicht die qualifizierte Zustimmung aller möglicherweise Betroffenen finden könnten. Das konsensermöglichende Brückenprinzip soll also sicherstellen, dass nur die Normen als gültig akzeptiert werden, die einen *allgemeinen Willen* ausdrücken: sie müssen sich, wie Kant immer wieder formuliert, zum „allgemeinen Gesetz“ eignen. Der Kategorische Imperativ lässt sich als ein Prinzip verstehen, welches die Verallgemeinerungsfähigkeit von *Handlungsweisen* und *Maximen* bzw. der von ihnen berücksichtigten (also in den Handlungsnormen verkörperten) *Interessen* fordert.
Kant will alle diejenigen Normen als ungültig eliminieren, die dieser Forderung „widersprechen“. Er hat „jenen inneren Widerspruch im Auge, der in der Maxime eines Handelnden dann auftritt, wenn seine Verhaltensweise überhaupt nur dadurch zum

Ziele führen kann, dass sie nicht die allgemeine Verhaltensweise ist.“ […]

So wenig indessen der empirische Test der Einräumung von Widerspruchsmöglichkeiten bereits eine unparteiliche Urteilsbildung sichert, so wenig kann eine Norm schon dann als Ausdruck eines gemeinsamen Interesses aller möglicherweise Betroffenen gelten, wenn sie einigen von ihnen unter der Bedingung nicht-diskriminierender Anwendung akzeptabel erscheint. Die Intuition, die sich in der Idee der Verallgemeinerungsfähigkeit von Maximen ausdrückt, meint mehr: gültige Normen müssen die Anerkennung vonseiten *aller* Betroffenen *verdienen*. Dann reicht es aber nicht hin, dass *Einzelne* prüfen:

– ob sie das Inkrafttreten einer strittigen Norm in Ansehung der Folgen und Nebenwirkungen, die einträten, wenn alle sie befolgen würden, wollen können; oder

– ob jeder, der sich in ihrer Lage befände, das Inkrafttreten einer solchen Norm wollen könnte.

In beiden Fällen vollzieht sich die Urteilsbildung relativ zum Standort und zur Perspektive *einiger* und nicht *aller* Betroffenen. Unparteilich ist allein der Standpunkt, von dem aus genau diejenigen Normen verallgemeinerungsfähig sind, die, weil sie erkennbar ein allen Betroffenen gemeinsames Interesse verkörpern, auf allgemeine Zustimmung rechnen dürfen – und insofern intersubjektive Anerkennung verdienen. Unparteiliche Urteilsbildung drückt sich mithin in einem Prinzip aus, das *jeden* im Kreise der Betroffenen zwingt bei der Interessenabwägung die Perspektive *aller anderen* einzunehmen. […]

So muss jede gültige Norm der Bedingung genügen,

– dass die Folgen und Nebenwirkungen, die sich jeweils aus ihrer *allgemeinen* Befolgung für die Befriedigung der Interessen eines *jeden* Einzelnen (voraussichtlich) ergeben, von *allen* Betroffenen akzeptiert (und den Auswirkungen der bekannten alternativen Regelungsmöglichkeiten vorgezogen) werden können. […]

Wenn man sich die handlungskoordinierende Rolle normativer Geltungsansprüche in der kommunikativen Alltagspraxis vergegenwärtigt, sieht man aber, warum die Aufgaben, die in moralischen Argumentationen gelöst werden sollen, nicht monologisch bewältigt werden können, sondern eine kooperative Anstrengung erfordern. Indem die Beteiligten in eine moralische Argumentation eintreten, setzen sie ihr kommunikatives Handeln in reflexiver Einstellung mit dem Ziel fort einen gestörten Konsens wieder herzustellen. Moralische Argumentationen dienen also der konsensuellen Beilegung von Handlungskonflikten. Konflikte im Bereich normengeleiteter Interaktionen gehen unmittelbar auf ein gestörtes normatives Einverständnis zurück. Die Reparaturleistung kann mithin nur darin bestehen, einem zunächst strittigen und dann entproblematisierten, oder einem anderen, für diesen substituierten[2] Geltungsanspruch intersubjektive Anerkennung zu sichern. Diese Art von Einverständnis bringt einen *gemeinsamen Willen* zum Ausdruck. Wenn aber moralische Argumentationen ein Einverständnis dieser Art produzieren sollen, genügt es nicht, dass sich ein Einzelner überlegt, ob er einer Norm zustimmen könnte. Es genügt nicht einmal, dass alle Einzelnen, und zwar jeder für sich, diese Überlegung durchführen, um dann ihre Voten registrieren zu lassen. Erforderlich ist vielmehr eine „reale“ Argumentation, an der die Betroffenen kooperativ teilnehmen. Nur ein intersubjektiver Verständigungsprozess kann zu einem Einverständnis führen, das reflexiver Natur ist: nur dann können die Beteiligten wissen, dass sie sich gemeinsam von etwas überzeugt haben.

Aus dieser Perspektive bedarf auch der Kategorische Imperativ einer Umformulierung in dem vorgeschlagenen Sinne: „Statt allen anderen eine Maxime, von der ich will, dass sie ein allgemeines Gesetz sei, als gültig vorzu-

Realer Diskurs

schreiben, muss ich meine Maxime zum Zweck der diskursiven[3] Prüfung ihres Universalitätsanspruchs allen anderen vorlegen. Das Gewicht verschiebt sich von dem, was jeder (Einzelne) ohne Widerspruch als allgemeines Gesetz wollen kann, auf das, was alle in Übereinstimmung als universale Norm anerkennen wollen". Tatsächlich zielt die angegebene Formulierung des Verallgemeinerungsgrundsatzes auf eine kooperative Durchführung der jeweiligen Argumentation. Zum einen kann nur eine aktuelle Teilnahme eines jeden Betroffenen der perspektivisch verzerrten Deutung der jeweils eigenen Interessen durch andere vorbeugen. In diesem pragmatischen Sinn ist jeder selbst die letzte Instanz für die Beurteilung dessen, was wirklich im eigenen Interesse liegt. Zum anderen muss aber die Beschreibung, unter der jeder seine Interessen wahrnimmt, auch der Kritik durch andere zugänglich bleiben. Bedürfnisse werden im Lichte kultureller Werte interpretiert; und da diese immer Bestandteil einer intersubjektiv geteilten Überlieferung sind, kann die Revision von bedürfnisinterpretierenden Werten keine Sache sein, über die Einzelne monologisch verfügen.

[...] Eine Diskursethik steht und fällt also mit den beiden Annahmen, dass (a) normative Geltungsansprüche einen kognitiven Sinn haben und *wie* Wahrheitsansprüche behandelt werden können und dass (b) die Begründung von Normen und Geboten die Durchführung eines realen Diskurses verlangt und *letztlich* nicht monologisch, in der Form einer im Geiste hypothetisch durchgespielten Argumentation möglich ist.

(Jürgen Habermas, Moralbewusstsein und kommunikatives Handeln. Suhrkamp, Frankfurt/M. 1983, S.73–78)

1 kognitivistisch: erkenntnismäßig, vernunftbezogen, rational
2 substituieren: einsetzen
3 diskursiv: logisch aufeinander aufbauend

1 *Verdeutlichen Sie Habermas' Diskursidee, indem Sie Verfahren und Reflexionsebene des Diskurses konkretisieren.*

2 *Inwieweit nimmt Habermas Grundbausteine aus Kants Ethik in Anspruch, inwieweit modifiziert er Kants kategorischen Imperativ? Welche Rolle spielen utilitaristische Momente in seinem Diskursmodell?*

3 „Die Rationalität ist nicht ein Schiedsrichter zwischen Traditionen, sie ist selbst eine Tradition. [...] Die Projektionen eines solchen Teilnehmers [an einem Diskurs] [...] klingen objektiv, weil der Teilnehmer und die von ihm projizierte Tradition nicht in ihnen vorkommen. Sie sind subjektiv, weil sie von der gewählten Tradition abhängen [...]. Die Subjektivität tritt hervor, sobald Teilnehmer verschiedener Traditionen einander gegenübertreten." (Paul Feyerabend, vgl. Kap. I., 2.2)

Diskutieren Sie auf der Grundlage dieser Äußerung die von Habermas behauptete Fähigkeit der Diskursethik Handlungskonflikte konsensuell beilegen zu können.

Beziehen Sie hierzu auch Russells in der Einleitung wiedergegebene Aufzählung der Normensysteme verschiedener Kulturen ein.

4 *Vergleichen Sie die ethischen Neuansätze von Brunner, Jonas und Habermas und diskutieren Sie ihre Schlüssigkeit sowie ihre Fähigkeit moralische Konflikte in der modernen Welt zu lösen.*

5 *Erarbeiten Sie sich einen systematischen Gesamtüberblick zum Themenbereich Ethik. (Dazu geeignet: Monika Sänger, Kurswissen Praktische Philosophie/Ethik. Klett Verlag, Stuttgart 1993)*

IV

Probleme der Politik

Zugänge zur Rechts- und Staatsphilosophie

Ordnung muss sein!?

Volksversammlung im antiken Stadtstaat Athen. Hier werden alle politischen Entscheidungen getroffen, jeder (freie, männliche) Athener Bürger kann mitreden und abstimmen.

Der deutsche Kaiser Otto III., umgeben von geistlichen und weltlichen Würdenträgern, mit deren Hilfe er das Reich regiert.

Bürgerversammlung im Schweizer Kanton Appenzell. Die stimmberechtigten Bürgerinnen und Bürger diskutieren politische Probleme und fassen Beschlüsse.

Der Deutsche Bundestag.
Die direkt oder über Listen der Parteien gewählten Abgeordneten wählen die Regierung und beschließen Gesetze.

Aber welche Ordnung soll es sein?

Einführung

Stellen Sie sich vor, Sie säßen – wie bei der „Wende“ im ehemaligen Ostblock – nach einer Revolution an einem „runden Tisch“ zusammen um eine neue Verfassung für Ihr Land auszuarbeiten. Woran würden Sie sich orientieren:
– an der direkten Demokratie im antiken Athen, in der alle politischen Entscheidungen von der Volksversammlung getroffen wurden,
– an der parlamentarischen Demokratie der Gegenwart, in der gewählte Vertreter (bzw. Parteien) regieren,
– an den Vorstellungen von einer starken und klugen Führung, die das Land auch gegen Gruppeninteressen durch die (ökologische) Krise steuert?
Die Frage nach der besten Staatsordnung ist eine von mehreren Fragen, um die es in diesem Kapitel geht. Die Beurteilung menschlicher Gemeinschaften und ihrer Strukturen, von Staat, Recht und Gesellschaft, ist unser Thema. Dies ist nicht nur eine Frage von Faktenwissen, z. B. über politische Zusammenhänge, sondern auch von Beurteilungskriterien und Wertvorstellungen, also eine philosophische Frage. Die Staats-, Rechts- und Gesellschaftsphilosophie beschäftigt sich sowohl damit, bestehende Gemeinschaften und ihre Institutionen philosophisch zu analysieren, als auch damit, Richtlinien für Staat und Gesellschaft zu begründen und neue Modelle sozialer Ordnungen zu entwerfen. Fast alle sozialphilosophischen Theorien verbinden beide Aspekte miteinander; sie fragen z. B. „Was ist eigentlich ein Staat?“ und „Nach welchen Kriterien beurteilen wir ihn? Wie sollte er sein?“. Wir werden uns dabei vor allem auf die Frage nach dem Staat konzentrieren, weniger auf rechts- und gesellschaftsphilosophische Probleme.
Anders als in der Ethik geht es in der Staatsphilosophie nicht um das Handeln des Einzelnen, sondern um die Verhältnisse und Strukturen, in denen wir leben. Wenn man z. B. einen Unrechtsstaat verurteilt, kritisiert man im Allgemeinen nicht so sehr das Verhalten des einzelnen Polizisten oder Politikers, sondern die ungerechte Ordnung dieses Staates. Wer gegen eine Diktatur kämpft, fordert daher nicht nur die Absetzung der Regierenden, sondern auch die Änderung der Regierungsform. In einem Unrechtssystem ist individuelles moralisches Handeln sicher gefordert, es reicht aber nicht aus: Nicht nur Hilfe für die Opfer, auch politischer Einsatz für ein anderes System ist dann gefragt. Staatsphilosophie ist daher kein Spezialthema für Politiker, hier geht es um die Rahmenbedingungen für alle unsere individuellen Handlungen, für unser ganzes Leben.

1 „Unglücklich das Land, das keine Helden hat.“
„Nein, unglücklich das Land, das Helden nötig hat.“

So heißt es in Bertolt Brechts Drama „Leben des Galilei“ (Bertolt Brecht: Leben des Galilei. In: B. Brecht, Gesammelte Werke. Bd. 3. Suhrkamp Verlag, Frankfurt 1967, S. 1329). Verdeutlichen Sie sich an diesem Zitat den Unterschied zwischen politischer und moralischer Beurteilung.

Bevor die Staatsphilosophie im eigentlichen Sinne zu Wort kommt, soll ein Gesellschaftsentwurf zitiert werden, der sich an moderner Wissenschaft orientiert.
Der amerikanische Psychologe **Burrhus Frederic Skinner** (1904–1990) beschreibt in seinem Zukunftsroman **„Futurum II"** eine **wissenschaftlich geplante Gesellschaft**. Etwa 10 000 Menschen leben in einem Wohnkomplex, zu dem auch das umliegende Land gehört. Ihr Ziel ist ein Leben, in dem jeder seine Interessen und Fähigkeiten entfalten kann, Zeit hat für Kunst und Wissenschaft, Entspannung und Muße. Dies wird durch eine Arbeitsorganisation möglich, in der Energien und Arbeitskraft möglichst zeitsparend eingesetzt werden; Hausarbeiten z. B. fallen durch gemeinschaftliche Küchen und Essräume weitgehend weg und es werden nur die lebensnotwendigen Dinge produziert. So kommt man im Durchschnitt auf eine 20-Stunden-Woche. Angebot und Nachfrage regeln dabei im Einzelfall die Arbeitszeit: Jeder kann die Art seiner Arbeit frei wählen; eine kurze Zeit unangenehmer Arbeit gilt dabei genauso viel wie eine lange Zeit angenehmer. Auch sonst – bei Wohnung, Ausbildungswünschen usw. – werden die individuellen Bedürfnisse so weit wie möglich berücksichtigt. Ein wissenschaftlich geplantes Erziehungsprogramm verhindert von der Geburt an, dass unerwünschte Emotionen wie Neid oder Hass die Harmonie dieser Gemeinschaft stören.
Die Führungsaufgaben werden in Futurum II von den „Managern", hochqualifizierten Spezialisten für ihre jeweiligen Fachgebiete, wahrgenommen. Über ihnen steht als eine „Art von Regierung" ein Stab von sechs „Planern" (und „Planerinnen"). Der einzelne Planer darf nicht länger als zehn Jahre amtieren; die Planer wählen seinen Nachfolger aus von den Managern vorgeschlagenen Kandidaten; die einfachen Mitglieder haben kein Stimmrecht.
Die undemokratische Form dieser Regierung ist im Roman Anlass zu Streitgesprächen zwischen Castle, der als Besucher die Prinzipien der westlichen Demokratie vertritt, und Frazier, dem Gründer von Futurum II, der in der folgenden Textzusammenstellung zunächst das Wort hat:

„Wir brauchen eine Regierung, die sich auf eine Wissenschaft der menschlichen Verhaltensweisen stützt. Das und nichts anderes kann eine dauerhafte Sozialstruktur hervorbringen. Zum ersten Mal in der Weltgeschichte sind wir jetzt dafür gerüstet, weil wir jetzt über menschliche Verhaltensweisen in Übereinstimmung mit klaren wissenschaftlichen Grunderkenntnissen Bescheid wissen [...]."
„Sie haben aber zugegeben, dass es antidemokratisch ist", beharrte Castle. „Die Menschen haben keine Stimme –"
„Die Menschen haben jegliche Stimme, die sie brauchen. Sie können ja oder nein sagen, sogar mit mehr Wirkung als in einer Demokratie, darf ich hinzufügen. Und wir haben alle gleichermaßen am Wohlstand teil, was die Demokratie zwar will, aber nicht vollbringt. Jeder, der zu Futurum Zwei gehört, hat ein Anrecht auf jegliche Position, für die er das nötige Talent oder Geschick mitbringt. Es gibt keinerlei ererbte Ämter oder Rechte irgendwelcher Art. [...]
Was verstehen Sie überhaupt unter Demokratie?"
„Regierung durch das Volk oder entsprechend dem Willen des Volkes", erwiderte Castle.
„Wie es die gegenwärtige Praxis in den Vereinigten Staaten vorexerziert?"
„Doch wohl. Dafür trete ich ein. Wir haben keine perfekte Demokratie, aber die beste, die es im Augenblick gibt."
„Dann sage ich, dass Demokratie ein frommer Betrug ist. In welchem Sinne ist dies eine Regierung ‚durch das Volk'? [...] Wie wird der Wille des Volkes festgestellt? Durch eine Wahl. Aber was für eine Komödie! In einer kleinen Ausschusssitzung, vielleicht auch in

einem Rathaus, kann ich in der Wahl einen gewissen Sinn sehen, namentlich bei einer Ja- oder Nein-Abstimmung. Aber fünfzig Millionen, die einen Präsidenten wählen, du liebe Zeit!"

„Die Zahl der Wählerstimmen ändert nichts am Prinzip."

„Die Chance, dass eines Wählers Stimme den Ausgang einer Volksabstimmung entscheiden sollte", sagte Frazier mit großer Entschiedenheit, „ist geringer als die Chance, dass er auf dem Weg zur Wahlurne umgebracht wird. Chancen dieser Größenordnung finden bei unseren täglichen Angelegenheiten nicht die leiseste Beachtung. Wir nennen den, der sich mit ähnlich winzigen Chancen ein Lotterielos kauft, einen Narren." [...]

Frazier stand auf und trat ans Fenster. [...]

„Kann ich Ihnen nicht begreiflich machen", sagte er und streckte seine Arme mit beinahe flehender Geste aus, „dass auch ich die Despotie ablehne. Ich hasse die Despotie der Unwissenheit, der Nachlässigkeit, der Verantwortungslosigkeit, die Despotie des Zufalls. Und ich hasse auch den Despotismus der Demokratie! [...]

In einer Demokratie", fuhr er fort, „gibt es kein Hemmnis gegen Despotie, weil das demokratische Prinzip schon in sich als Hemmnis angesehen werden muss. Es garantiert lediglich, dass die *Mehrheit* nicht despotisch beherrscht wird."

„Ich bestreite, dass eine Minderheit nichts zu sagen hat", unterbrach ihn Castle. „Aber auf jeden Fall ist es besser, wenn wenigstens die Hälfte des Volkes ihren Willen bekommt, statt nur eine kleine Elite."

„Das ist es ja gerade!", rief Frazier, der sich eben wieder hinsetzen wollte, und sprang hoch. „Die Mehrheit ist ja die Elite! Und sie eben ist Despotie. Ich bin für keine Mehrheit, sondern für eine Regierung, die allen dient."

„Das ist nicht immer möglich."

„Es ist viel öfter möglich als in einer Demokratie. Es gibt selten Streitfragen, die auf die Ja-oder-nein-Manier ausgetragen werden müssen. Ein guter Planer wird immer einen Kompromiss finden, der beiden Seiten gerecht wird. In der Demokratie entscheidet die Mehrheit zu ihrem Vorteil und die Minderheit kann ihr gestohlen bleiben.

Die Leitung von Futurum Zwei hat die Vorzüge einer Demokratie, aber keinen ihrer Defekte. Sie steht der demokratischen Theorie und Richtung viel näher als die tatsächlich heute in Amerika geübte Praxis. Der Wille des Volkes wird gewissenhaft ermittelt. Wir haben keine Wahlkämpfe, die die Streitfragen durch Sentimentalitäten fälschen oder verdunkeln, sondern wir studieren die Wünsche der Mitgliederschaft ernsthaft. Jedes Mitglied verfügt über eine direkte Verbindung, durch die er einen Protest an die Manager und sogar die Planer gelangen lassen kann. Und diese Proteste werden so ernst genommen, wie ein Pilot eine spuckende Maschine ernst nimmt."

(Burrhus Frederic Skinner, Futurum Zwei. „Walden Two". Die Vision einer aggressionsfreien Gesellschaft, Rowohlt Verlag, Reinbek 1985, S. 180, 211, 239 f., 242 f.)

1 *Es gab in den USA einige Versuche (u. a. in Twin Oaks in Virginia) die Ideen von Futurum II zu realisieren. Würden Sie in einer solchen Gesellschaft leben wollen?*
2 *Bestimmen Sie Grundannahmen von Skinners Entwurf einer idealen Gemeinschaft, was ist deren Ziel und Handlungsmaßstab?*
3 *Woran orientieren sich die Entscheidungen der Leitung von Futurum II, welches Wissen wird bei den Planern vorausgesetzt?*
4 *Proteste der einfachen Mitglieder werden von den Managern und Planern „so ernst genommen, wie ein Pilot eine spuckende Maschine ernst nimmt". Welches Menschenbild verbirgt sich hinter dieser Äußerung, welche Aufgabe hat dementsprechend Politik?*
5 *Erörtern Sie Fraziers Kritik an der Demokratie.*

1 *Staat und Gerechtigkeit in der antiken und mittelalterlichen Staatsphilosophie*

Skinners Entwurf einer nach empirisch-wissenschaftlichen Kriterien geplanten Gesellschaft provoziert schon im Roman Kontroversen darüber, wie Gesellschaft und Staat organisiert werden sollten. Die Einzelwissenschaften können hierbei keine Entscheidung herbeiführen. Deshalb findet auf der Ebene der Philosophie eine Diskussion darüber statt, wie ein guter Staat eingerichtet und regiert werden soll. Diese staatsphilosophische Diskussion wird in Europa seit ca. 2 500 Jahren geführt. Sie begann im antiken Griechenland.

Die Abbildung zeigt die Polis Athen, die wohl erste Demokratie, zur Zeit des Perikles (ca. 500–429 v. Chr.).

1. *Unvollendeter Zeus-Tempel*
2. *Unvollendete Gerichtshöfe*
3. *Bemalte Stoa (Stoa Poikile)*
4. *Stoa der Hermen*
5. *Altar der Zwölf Götter*
6. *Zeus-Stoa mit Zeus-Standbild*
7. *Hephaisteion*
8. *Buleuterion*
9. *Denkmal der namengebenden Helden*
10. *Tholos (zentrale Verwaltung)*
11. *Strategeion*
12. *Südwestliches Brunnenhaus*
13. *Gerichtshöfe der Helialia (Volksgericht)*
14. *Südliche Stoa*
15. *Südöstliches Brunnenhaus*
16. *Münzanstalt*
17. *Panathenaia-Prozession*
18. *Pnyx: Ort der Volksversammlung*
19. *Areopag*
20. *Tempel der Athene Nike*
21. *Propyläen*
22. *Standbild der Athene Promachos*
23. *Erechtheion*
24. *Parthenon*

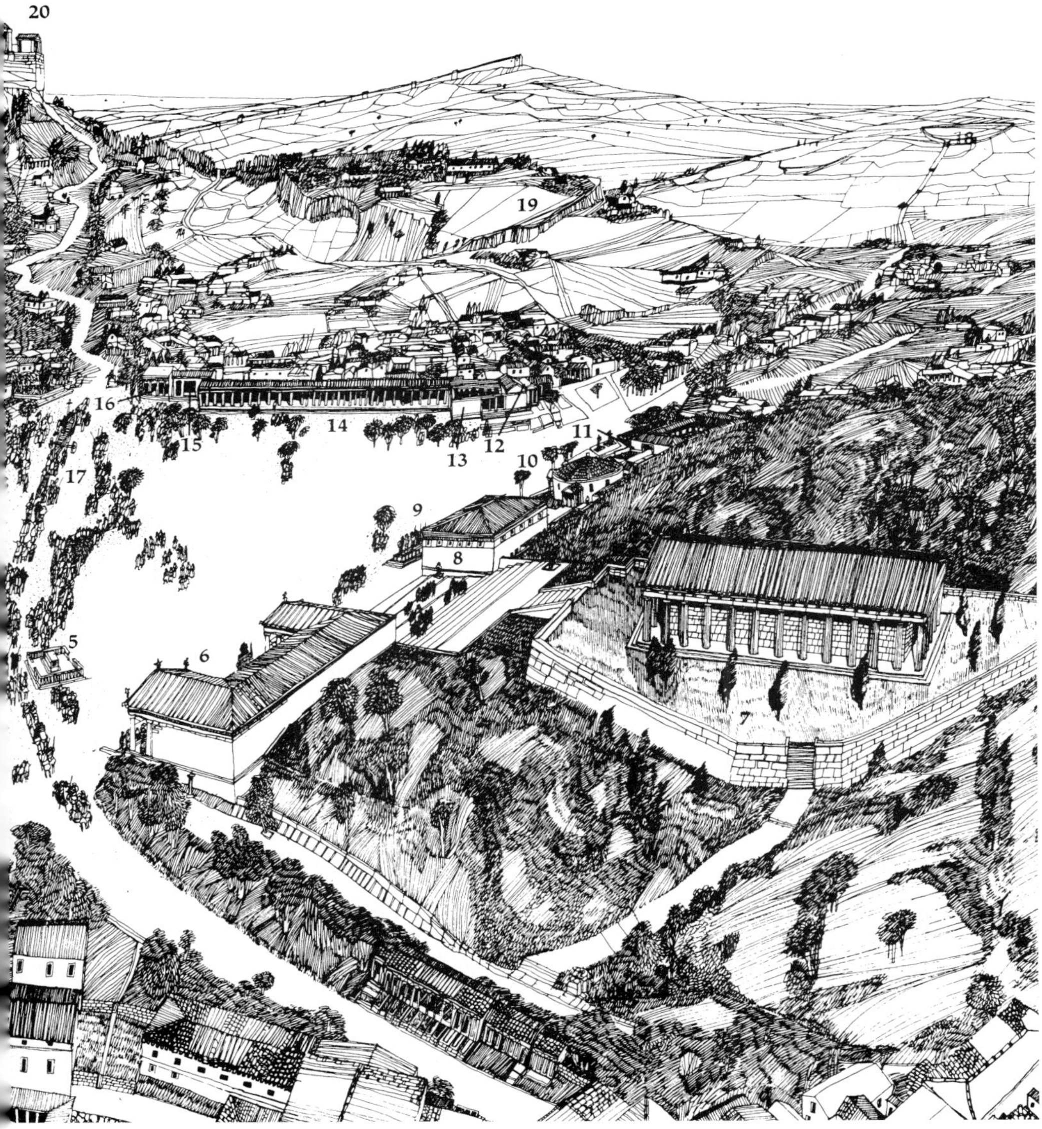

1.1 Die Staatsphilosophie der griechischen Stadtstaaten

Die ersten europäischen Staatsphilosophen lebten im antiken Griechenland in Stadtstaaten, die politisch völlig unabhängig waren und untereinander sogar erbitterte Kriege führten. Zum einzelnen Stadtstaat gehörte das ländliche Umfeld, von dessen Produkten sich die Städter ernährten, die ihrerseits meist Handwerk oder Handel betrieben. Die Gleichsetzung von Staat und Stadt ist für die Antike so typisch, dass sie selbst für die spätere „Großmacht Rom" lange Zeit gültig blieb.

Die griechischen Stadtstaaten waren kleine, überschaubare politische Einheiten; an einer Volksabstimmung im klassischen Athen (vgl. das Bild der Stadt auf der vorhergehenden Seite) nahmen nur ca. 3 000 freie Männer teil, es kannte also – wie in einer Kleinstadt – jeder jeden.

Der alles vermeintliche Wissen in Frage stellende Philosoph **Sokrates** (ca. 470–399 v. Chr.) (➔ Kap. I, 1.4) war sicherlich jedem Bürger Athens bekannt, zumal er immer das Gespräch mit seinen Mitbürgern suchte. Mit der Rechtsordnung Athens identifizierte er sich so sehr, dass er sich ihr auch um den Preis seines Lebens unterwarf. Er, der nur radikal die Wahrheit suchte, wurde von seinen Mitbürgern zum Tode verurteilt, weil er angeblich die Religion zersetze und die Jugend verderbe. Sokrates unterwarf sich diesem Urteil und wurde hingerichtet. Sicher nicht zuletzt unter dem Eindruck dieses Ereignisses hinterfragte sein Schüler **Platon** (427–347 v. Chr.) auch die staatliche Gemeinschaft selbst und entwarf seine Utopie eines Ständestaates, in dem die Philosophen herrschen sollten.

1.1.1 Platon: Gerechtigkeit im Staat und in der Seele

In seinem Dialog „Politeia" („Der Staat") lässt Platon den fiktiven Sokrates in der Ich-Form von einem Gespräch mit jungen Leuten berichten. Platon entwirft seinen Idealstaat um an ihm zu verdeutlichen, was **Gerechtigkeit** ist. Seine Ausgangsfrage lautet also: Was ist gerecht? Thrasymachos, einer der Gesprächspartner im fiktiven Dialog, stellt im folgenden Abschnitt zunächst seine Ansicht über Gerechtigkeit vor. Danach lässt Platon Sokrates mit der Suche nach der wahrhaften Gerechtigkeit beginnen.

„Jede Herrschaft gibt die Gesetze nach ihrem Vorteil, die Demokratie demokratische, die Tyrannis tyrannische usw. Nach diesen Gesetzen kündigen sie diesen ihren eigenen Vorteil als das Gerechte für die Untertanen an und jeden, der es übertritt, bestrafen sie, weil er das Gesetz verletze und Unrecht tue. Und dies ist, mein Bester, was – so behaupte ich – in allen Staaten in gleicher Weise ‚gerecht' ist, nämlich der Vorteil der bestehenden Herrschaft. Diese ist an der Macht, sodass für jeden, der nur richtig überlegt, daraus folgt: Überall ist das Recht dasselbe, nämlich der Vorteil des Mächtigeren!"

„Jetzt habe ich deine Behauptung verstanden!", antwortete ich. „Ob sie wahr ist oder nicht, das will ich nun zu verstehen versuchen. [...]

Gerechtigkeit ist doch Sache des einzelnen Menschen wie eines ganzen Staates?"

„Gewiss!"

„Ein Staat ist doch größer als ein einzelner Mann?"

„Natürlich!"

„Vielleicht ist nun in einem größeren Gebilde eine größere Gerechtigkeit drinnen, die leichter zu erkennen ist?

Wenn ihr wollt, dann untersuchen wir zuerst an den *Staaten* ihr Wesen und dann wollen wir sie auch in jedem Einzelnen betrachten, wobei wir das Größere in seiner Ähnlichkeit mit der Gestalt des Kleineren überprüfen."

(Platon, Politeia, S. 100 [338e–369 a]. Dieses und die folgenden Zitate aus: Platon, Der Staat [Politeia]. Übers. u. hrsg. v. Karl Vretska. Reclam Verlag, Stuttgart 1988)

1 *Diskutieren Sie, was nach Ihrer Ansicht Gerechtigkeit ist. Welche Gründe sprechen z. B. für und gegen die Position des Thrasymachos?*

2 *Erörtern Sie den Zusammenhang zwischen der Frage nach dem idealen Staat bzw. der sozialen Utopie mit der Frage nach Gerechtigkeit, Recht und Gesetz.*

Sokrates beschreibt nun einen Staat mit weitgehender Arbeitsteilung. Neben dem „Nährstand", der für die materielle Versorgung zuständig ist, gibt es darin auch für die Kriegsführung einen speziellen Stand, die „Krieger", deren Körper und Geist mit Gymnastik bzw. Musik ideal erzogen werden. Letztere lieben die Weisheit, weil sie Freunde und Feinde des Staates mit ihrer Hilfe unterscheiden wollen, und die Vollkommenen von ihnen werden Philosophen bzw. „Wächter" und damit Mitglieder des dritten, des regierenden Standes. Übrigens kennen weder die Krieger noch die Philosophen Privatbesitz, sogar Frauen und Kinder gehören ihnen gemeinsam. Es wird schließlich die Frage aufgeworfen, was diesen **idealen Staat** insgesamt auszeichnet:

„[...] Unser Staat ist, wenn er nur richtig gegründet ist, vollendet gut."

„Notwendig!"

„Somit auch *weise, tapfer, besonnen* und *gerecht.*"

„Klar!"

„Welche Eigenschaften wir auch in ihm finden, der zurückbleibende Rest ist dann das, was wir noch nicht gefunden haben."

„Natürlich!"

„Das ist wie bei vier anderen Dingen. Hätten wir davon irgendworin eines gesucht und es als erstes erkannt, wären wir damit zufrieden; erkennen wir aber zuerst die drei andern, wäre dadurch schon das Gesuchte erkannt. Es wäre dann offenbar dem Rest gleich!"

„Ganz recht!"

„Also können wir in gleicher Weise bei unseren Eigenschaften vorgehen, da sie vier sind."

„Klar!"

„Als erste erkennt man im Staate die *Weisheit*; dabei zeigt sich etwas Sonderbares!"

„Was denn?"

„Weise scheint mir in der Tat unser geschilderter Staat zu sein, weil er wohl beraten ist, nicht?"

„Ja!"

„Und gerade dies, die Wohlberatenheit, ist doch irgendein Wissen; denn nicht auf Grund einer Unwissenheit, sondern auf Grund eines Wissens ist man wohl beraten."

„Klar!"

„Nun gibt es doch viele und verschiedene Wissensgebiete im Staat."

„Wie auch nicht!"

„Können wir den Staat wegen des Fachwissens der Zimmerleute weise und wohl beraten nennen?"

„Keineswegs, sondern höchstens bauverständig."

„Auch nicht wegen eines Fachwissens über Holzgeräte kann man ihn weise nennen, auch wenn er darin bestens beraten ist?"

„Nein!"

„Oder wegen eines Wissens in Erzbearbeitung oder Ähnlichem?"

„Keineswegs!"

„Auch nicht, wenn er die Fruchtgewinnung aus der Erde versteht: dann wäre er ackerbaukundig?"

„Ja!"

„Wie nun?", fragte ich. „Gibt es nun ein Wissen in unserem eben gegründeten Staat bei irgendwelchen Bürgern, das sich nicht über irgendeinen Teil des Staates berät, sondern über ihn als Ganzen, über sein bestes Verhalten gegen sich selbst und gegen die andern Staaten?“

„Das gibt es!“

„Welches ist das und wer besitzt es?“

„Das ist das Wissen der Wächter!“, antwortete er. „Sie besitzen es auch, und zwar jene, die wir die vollendeten Wächter nannten.“

„Und wie nennst du den Staat wegen dieses Wissens?“

„Wohl beraten und in Wahrheit weise!“

„Wohnen nun“, fragte ich, „in unserem Staate mehr Schmiede als solche wahren Wächter?“

„Viel mehr Schmiede!“

„Unter all denen, die ein Fachwissen haben und danach heißen, sind diese wohl die geringsten an Zahl?“

„Weitaus!“

„Durch seinen kleinsten Stand und Bevölkerungsteil, den leitenden und herrschenden, und durch das ihm innewohnende Wissen wird also der ganze Staat weise, wenn er der Natur gemäß gegründet ist; und von Natur aus wird gerade jener Teil der kleinste, der berufen ist an jenem Wissen teilzuhaben, das allein unter allen anderen Fachwissenschaften den Namen Weisheit verdient!“

„Sehr wahr!“

„So haben wir denn fast von ungefähr eine der vier Eigenschaften gefunden, sie selbst und ihren Platz im Staat.“

„Ich glaube, das Ergebnis ist hinreichend sicher!“

„Die *Tapferkeit* selbst und ihren Ort im Staat, warum der Staat dann tapfer genannt wird, dies alles zu erkennen, ist nicht schwer.“

„Wieso?“

„Wer würde“, fragte ich, „wenn er den Staat feig oder tapfer nennt, anderswohin blicken als auf den Teil, der zu Feld zieht und für ihn kämpft?“

„Nur darauf würde jeder schauen.“

„Denn die andern Bewohner, ob sie nun feige oder tapfer sind, wären, denke ich, nicht entscheidend für die Art des Staates.“

„Nein!“

„Auch tapfer ist also der Staat durch einen seiner Teile, denn in ihm besitzt er jene Kraft, die in jeder Lage ihre Überzeugung vom Furchtbaren, wie es der Gesetzgeber in der Erziehung festgelegt hat, unerschüttert auch bewahrt. Das nennst du doch Tapferkeit?“

„Ich verstand es nicht ganz, sag es noch einmal!“

„Ich nenne die Tapferkeit eine Art des Bewahrens.“

„Welche?“

„Das Bewahren seiner Vorstellung von Wesen und Art des Furchtbaren, einer Vorstellung, die das Gesetz durch die Erziehung geweckt hat. Sie in jeder Lage zu bewahren, damit meinte ich an ihr festzuhalten in Leiden und Freuden, in Lust und Angst und sie nie über Bord zu werfen.“ [...]

„Nun sind noch zwei Tugenden übrig“, fuhr ich fort, „die wir im Staat finden müssen, die Besonnenheit und – weswegen wir immer suchen – die Gerechtigkeit.“

„Richtig!“

„Wie könnten wir nun die Gerechtigkeit finden um uns nicht mehr mit der Besonnenheit abgeben zu müssen.“

„Das weiß ich nicht, aber ich möchte sie gar nicht früher zutage treten sehen, wenn wir dann auf die Besonnenheit verzichten sollten. Willst du mir einen Gefallen erweisen, dann betrachte erst die Besonnenheit!“

„Natürlich will ich; ich täte dir sonst unrecht.“

„Überlege nun!“

„Also gut! Von vornweg zu sehen, gleicht sie einem harmonischen Zusammenklang, mehr als die anderen Eigenschaften.“

„Wieso?“

„*Besonnenheit* ist doch eine gewisse Ordnung und eine Beherrschung der Lüste und Triebe: man sagt da – ich weiß nicht wieso – ‚sich selbst überlegen sein‘; Spuren solcher Erklärungen findet man da und dort, nicht?“

„Gewiss!“

„Ist aber der Ausdruck ‚sich selbst überlegen‘ nicht lächerlich? Denn wer sich selbst überlegen ist, muss wohl auch sich selbst unterlegen sein und ist so Sieger und Besiegter zugleich! Es handelt sich doch immer um dieselbe Person, nicht?“

„Allerdings!“

„Doch will dieser Ausdruck offenbar Folgendes sagen: Im Menschen selbst ist, was die Seele anlangt, ein besserer und ein schlechterer Teil vorhanden. Wenn nun der von Natur aus bessere Teil Herr des schlechteren ist, dann sagt man: sich selbst überlegen; und man lobt es auch; wenn aber infolge schlechter Erziehung oder eines schlechten Umganges der kleinere, aber bessere Teil von der Masse des schlechteren überwunden wird, dann tadelt man das als Schande und sagt von einem solchen Menschen: Er ist sich selbst unterlegen und zügellos.“

„So scheint es.“

„Schau nun auf unseren neuen Staat, und du wirst in ihm den einen von den zwei Fällen vorfinden; denn mit Recht sagt man von ihm, er sei sich selbst überlegen, wenn anders man von Besonnenheit und Selbstüberwindung dort spricht, wo der bessere Teil über den schlechteren herrscht.“

„Mein Blick auf unsern Staat bestätigt deine Worte!“

„Eine Vielheit und Mannigfaltigkeit von Leidenschaften, Lüsten und Schmerzen findet man wohl am meisten bei Kindern und Frauen und Sklaven und der minderen Masse der so genannten freien Leute.“

„Gewiss!“

„Einfache und maßvolle Triebe, die das Denken mithilfe des Verstandes und der richtigen Vorstellung leitet, die findet man nur in wenigen Leuten, die eine hervorragende Natur und Erziehung besitzen.“

„Das ist wahr!“

„Auch das findest du im Staate vor: Die Leidenschaften der minderen Masse werden von den Trieben und der Erkenntnis der wenigen Anständigen beherrscht.“

„Ja!“

„Wenn man also von irgendeinem Staat sagen darf, er überwinde Lüste und Leidenschaften und sei sich selbst überlegen, so kann man es auch von unserem sagen.“

„Ganz gewiss!“

„Dann kann man ihn auch besonnen in alldem nennen?“

„Natürlich!“

„Und wenn ferner sonst in einem andern Staate Einigkeit herrscht zwischen Herrschern und Beherrschten über die Frage, wer herrschen soll, dann wird es auch bei unserm der Fall sein, nicht?“

„Da erst recht!“

„In welchem Teil der Bürger wohnt nun, wenn sie sich so verhalten, diese Besonnenheit, in den Herrschern oder in den Beherrschten?“

„In beiden doch!“

„Erkennst du nun“, fragte ich, „wie recht wir prophezeiten: die Besonnenheit gleiche einer Harmonie?“

„Wieso?“

„Weil sie, anders als die Tapferkeit und die Weisheit, die eine jede einem Teil innewohnen und den Staat weise oder tapfer machen, nicht in dieser Weise wirkt; sie ist vielmehr über den ganzen Staat gespannt und vereinigt zu einem vollen Akkord die Schwächsten wie die Mächtigsten und die Mittleren, ob sie es nun an Einsicht oder Stärke sind oder an Zahl oder Geld und anderem derartigem. Diese Einträchtigkeit nennen wir also mit Recht Besonnenheit, einen Akkord zwischen dem von Natur aus Unter- und Überlegenen, im Staat wie im Einzelnen, was die Frage der Herrschaft anlangt.“

„Einverstanden!“

„Gut! Die drei Eigenschaften haben wir nun im Staat erkannt – wie es uns scheint! Was ist nun die letzte, durch die die Tüchtigkeit des Staates vollständig wird? Das ist offensichtlich die *Gerechtigkeit*?“

„Klar!“ [...]

„Höre nun, ob ich Recht habe!“, sagte ich. „Was wir von Anfang an als notwendige Grundlage für jede Staatsgründung annahmen, das ist – oder doch ungefähr – die Gerechtigkeit! Wir nahmen doch an und wiederholten es auch, wenn du dich erinnerst, jeder Einzelne solle eine von all den Aufga-

Platon

427–347 v. Chr.

Platon wurde 427 v. Chr. in der Nähe von Athen auf dem Landgut seines Vaters geboren. Er stammte aus ältestem athenischen Adel, seine Mutter war mit dem berühmten Gesetzgeber Solon verwandt. Der spätere Philosoph fühlte sich für die Politik geboren und als im Jahr 404 sein Halbonkel Kritias mit anderen Adeligen die demokratische Regierung Athens stürzte, wurde auch der junge Platon an den Staatsgeschäften beteiligt. Diese „Herrschaft der Dreißig" lehnte er jedoch bald entschieden ab, denn die Gewalthaber herrschten mit Terror und wollten sogar seinen Lehrer Sokrates zwingen Hinrichtungen mit durchzuführen, was dieser allerdings verweigerte.

Platon genoss eine sehr gute Schulbildung und schon als Jugendlicher lernte er die Philosophie kennen, von der ihn die Lehre des Heraklit, dass sich alles Sinnliche in stetem Fluss befinde, besonders beeindruckte. Mit zwanzig Jahren schloss er sich dem Kreis des Sokrates an, der sich mit der Suche nach Wahrheit und insbesondere nach wahren sittlichen Werten beschäftigte. Während seiner philosophischen Studien wurde der junge Adlige von neuem mit schwer wiegendem politischen Unrecht konfrontiert, als die wieder eingesetzte demokratische Regierung seinen Lehrer zum Tode verurteilte.

Im Alter von vierzig Jahren versuchte Platon seine philosophischen Einsichten über den idealen Staat in die Praxis umzusetzen. Einflussreiche Philosophen vermittelten ihm eine Beratertätigkeit beim Herrscher von Syrakus, Dionysios I. Als der Philosoph das Luxusleben des Tyrannen kritisierte, schob dieser ihn auf einem Schiff nach Sparta ab, das damals mit Athen Krieg führte. So wurde Platon auf einem griechischen Sklavenmarkt feilgeboten und nur durch Zufall von einem Sokratiker entdeckt und freigekauft. Trotzdem fuhr Platon noch zweimal, im Alter von sechzig und sechsundsechzig Jahren, nach Syrakus, in der vergeblichen Hoffnung die Politik des neuen Herrschers dort beeinflussen zu können. Nach der ersten Sizilienreise soll der Mann, der ihn freigekauft hatte, die Erstattung des Kaufpreises abgelehnt haben. Von diesem Geld, heißt es, habe Platon das Grundstück für seine Philosophenschule, die Akademie, erworben, die als Urform der Schule überhaupt gilt. An Platons Akademie wurden Philosophie, Mathematik und Gymnastik unterrichtet. Besonders im Fach Philosophie stand das lebendige Gespräch im Vordergrund.

ben des Staates durchführen, wozu sich seine Naturanlage am besten eigne."

„So sagten wir."

„Indessen, wenn jeder seine Aufgabe vollende und nicht alles Mögliche betreibe, dann sei das Besonnenheit! So hörten wir doch von vielen anderen und haben es selbst schon oft gesagt, nicht?"

„Allerdings!"

„Und gerade dies, mein Freund, scheint mir nun, wenn es nur in bestimmter Weise vor sich geht, die Gerechtigkeit zu sein: nämlich seine Aufgabe zu erfüllen. Weißt du, woraus ich das schließe?"

„Nein, aber sag es mir!"

„Unter allen Eigenschaften des Staates, von denen wir Besonnenheit, Tapferkeit und Einsicht behandelt haben, bleibt noch eine übrig, jene nämlich, die erst allen andern die Kraft gab sich zu entwickeln und hiernach unverändert zu bleiben, solange sie selbst in ihnen ist. Doch sagten wir, es bleibe die Gerechtigkeit noch über, wenn wir jene drei gefunden hätten."

„Notwendigerweise!"

„Wenn wir nun beurteilen müssten, welche dieser vier Eigenschaften durch ihr Innewohnen unsern Staat vor allen andern gut mache, wäre das wohl schwer zu entscheiden: ist es die Eintracht zwischen Herrschern und Beherrschten oder ist es das Festhalten an der richtigen Vorstellung von dem Furchtbaren und seinem Gegenteil, die sich in den Soldaten findet; oder ist es die Einsicht und Wachtkunst, die in den Herrschern wohnt? Oder aber verdankt der Staat seine Güte am meisten dieser Eigenschaft – wenn sie in Kind und Weib, in Sklave und Freiem, in Handwerker und Herrscher und Beherrschtem wohnt –, wonach jeder Einzelne als eine innere Einheit nur seine Aufgabe erfüllt und sich nicht in alles einmischt?"

„Das ist wohl schwer zu entscheiden!"

„Um die Vollendung des Staates wetteifert also mit seiner Weisheit, Besonnenheit und Tapferkeit diese Kraft, wonach jeder im Staate das Seine tue?"

„Sicher!"

„In der Gerechtigkeit also siehst du jene Kraft, die mit den andern um die Vollendung des Staates wetteifert?"

„Ganz richtig!"

„Denke noch nach, ob du auch diesem Gedanken zustimmst! Den Herrschern im Staat gibst du doch die Aufgabe der Rechtsprechung?"

„Natürlich!"

„Haben sie bei der Rechtsprechung ein anderes Ziel als das, dass keiner Fremdes besitze oder des Seinen beraubt werde?"

„Nur dieses!"

„Weil es gerecht ist?"

„Ja!"

„Also auch daraus ergibt sich, dass es Gerechtigkeit ist, wenn jeder sein Eigenes hat und tut."

„Ja!"

„Sieh nun, ob du mir weiter zustimmen kannst. Wenn ein Zimmerer versucht die Arbeit des Schusters zu machen oder umgekehrt, ob sie nun ihre Werkzeuge und ihre Stellung miteinander vertauschen oder einer beides zugleich angeht, glaubst du, dies oder alle derartigen Berufsvertauschungen würden dem Staat viel schaden?"

„Keineswegs!"

„Wenn aber ein Mann, der seiner Anlage nach Handwerker oder Erwerbsmann ist, emporgekommen ist durch Reichtum oder Parteien, durch Körperkraft oder sonst etwas und versucht in den Stand der Krieger einzudringen oder ein Krieger in den Stand der Berater und Wächter, ohne es wert zu sein; wenn diese also ihre Werkzeuge und Stellungen miteinander vertauschen oder ein Einziger versucht alles zugleich zu machen, dann, glaube ich, und ich nehme es auch vor dir an, wird ein solcher Umschwung, eine solche Vielgeschäftigkeit zum Untergang des Staates führen."

„Sicherlich!"

„Die Vielgeschäftigkeit der drei Stände und ein Tausch unter ihnen ist daher der schwerste Schaden für den Staat und wird mit Recht und Fug als das größte Verbrechen bezeichnet."

„Klarerweise!"

„Das größte Verbrechen am eigenen Staat ist aber doch die Ungerechtigkeit?"

„Natürlich!" [...]

„Dies wäre also die Ungerechtigkeit! Umgekehrt aber wollen wir so sagen: Wenn der Erwerbsmann, der Gehilfe und der Wächter, jeder das Seine im Staat macht, dann ist es als das Gegenteil davon die Gerechtigkeit und macht den Staat gerecht." [...]

(Platon, Politeia, S. 216–226 [426e–434c])

1 *Bestimmen Sie die jeweiligen Tugenden der drei Stände und ihr Verhältnis zueinander.*
2 *Platons Auffassung von Gerechtigkeit widerspricht der modernen Vorstellung, nach der jeder gleiche Rechte und Pflichten im Staat hat. Diskutieren Sie die beiden Auffassungen.*

In Analogie zu den drei Ständen in seinem Idealstaat weist Platon **drei verschiedene Seelenteile beim Einzelmenschen** nach: die der Weisheit fähige Vernunft, den beharrlichen Mut und die zu beherrschende Begierde (➔ Kap. II, 2.2.1). Die Entsprechung zwischen Staat und Seele geht aber noch weiter:

„So sind wir denn unter Mühen doch ans Ziel gekommen!", fasste ich zusammen. „Wir sind uns mit Recht einig, dass es dieselben und gleichvielen Teile im Staate gebe wie in der Seele."

„So ist es."

„Woraus zwangsläufig folgt: Wie und wodurch der Staat, ebenso und ebendadurch ist auch der Einzelne weise."

„Natürlich!"

„Ebenso müsste es auch bei der Tapferkeit des Einzelnen und des Staates sein und in allen übrigen Beziehungen zur Tüchtigkeit."

„Notwendig!"

„Dann, mein Glaukon, ist der Einzelne auf dieselbe Weise gerecht, wie es der Staat ist?"

„Auch das folgt zwangsläufig!"

„Wir haben es doch nicht vergessen: Der Staat ist gerecht, weil jeder seiner Stände seine Aufgabe erfüllt."

„Ich glaube nicht, es vergessen zu haben."

„Also müssen wir es uns merken: Auch jeder von uns, von dessen Seelenteilen ein jeder seine Aufgabe erfüllt, ist gerecht und erfüllt seine Aufgabe."

„Das müssen wir uns gut merken."

„Also kommt der Vernunft das Herrschen zu, da sie weise ist und die Obsorge über die ganze Seele hat, dem mutvollen Teil aber, ihr gehorsam und Helfer zu sein."

„Richtig."

„So wird doch auch, wie wir besprachen, eine Mischung von musischer und gymastischer Erziehung diese beiden Seelenteile zur Harmonie bringen, indem sie den einen durch schöne Worte und Wissenschaften nährt und anspannt, den andern durch Zureden entspannt und ihn mildert durch Harmonie und Rhythmus."

„Klarerweise."

„Und diese beiden, so aufgezogen und wahrhaft in ihrer eigenen Sache gebildet und unterrichtet, müssen das Begehrende beherrschen, den größten Teil der Seele in jedem und den von Natur unersättlichsten. Sie sollen ihn bewachen, damit er sich nicht anfülle mit den sogenannten Freuden des Körpers und dick und stark werde, seine eigentliche Aufgabe vernachlässige, dafür aber eine Herrschaft suche, wo sie ihm nicht zusteht, und somit die ganze Lebensordnung störe."

„Ganz richtig!"

„Auch gegen die äußeren Feinde können diese Teile am besten die Wache übernehmen für die ganze Seele und den Leib, der eine durch Rat, der andere durch schützenden Kampf, gehorsam dem Herrscher und die Befehle vollführend in Tapferkeit."

„So ist es."

„Tapfer nennen wir also einen Menschen nach diesem Seelenteil dann, wenn sein Mut durch Leid und Freud hindurch seinen Glauben an das Furchtbare und sein Gegenteil unerschüttert bewahrt, wie es ihn die Vernunft gelehrt hat."

„Richtig!"

„Weise nach jenem kleinen Teil, der in ihm herrscht und alles befiehlt, weil er ja das Wissen in sich trägt von alldem, was ihm und dem ganzen Gemeinwesen der drei Teile nützt."

„Sehr gut."

„Und nun? Besonnen nennen wir ihn wegen der Freundschaft und des Zusammenklanges aller dieser drei Teile, wenn der herrschende und die beiden beherrschten Teile über die Herrschaft der Vernunft einig sind und nicht mit ihr hadern?"

„Ja, Besonnenheit", stimmte er zu, „ist eben dies, im Staat wie im Einzelnen."

„Also ist er auch gerecht nur dadurch, wie wir es schon oft sagten."

„Zwangsläufig!"

„Doch halt!", warnte ich. „Dass uns nur nicht die Umrisse der Gerechtigkeit unklar werden und sie uns im Einzelnen doch anders erscheint als im Staat!"

„Mir sicherlich nicht!" [...]

(Platon, Politeia, S. 235–237 [441c–442d])

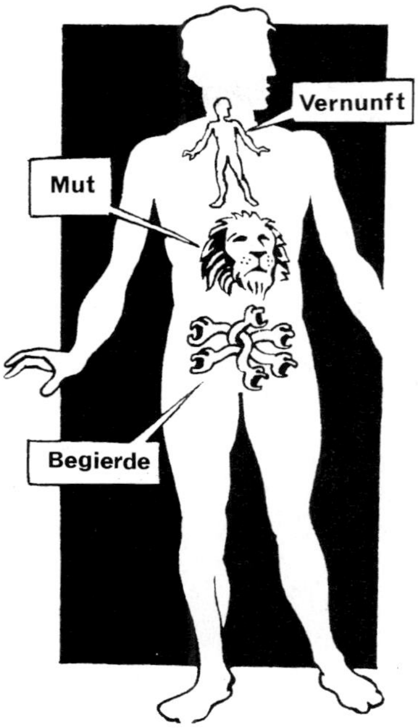

Sitz der Seelenteile im menschlichen Körper (nach Platon)

1 *Beurteilen Sie Platons Theorie einer hierarchischen Struktur von Seele und Staat.*
2 *Was halten Sie grundsätzlich von der Parallelisierung von Einzelseele und Staatskörper?*

In seinem Dialog „Timaios" (69 d ff.) bestimmt Platon für die einzelnen Seelenteile jeweils einen Wohnbereich im Körper: Die Vernunft wohnt im Kopf, der Mut in der Brust, die Begierde im Bauch. Wegen der Entsprechung der Teile des Staatsvolkes mit den Teilen der Seele handelt es sich daher um eine **Organismusauffassung des Staates**, wie sie sich auch im bildhaften Ausdruck vom „Staatskörper" zeigt.

Wie die Vernunft in der Einzelseele, so sollen im Staat die Philosophen die Entscheidungsträger sein. Platon geht dabei von einer objektiv existenten absoluten Wahrheit aus, die die Weisen und Philosophen (= Weisheitsfreunde) durch mühsames und schmerzhaftes Streben nach Erkenntnis bis zu einem gewissen Grad in einer Ideenschau erreichen könnten. Den Weg zur Erkenntnis stellt Platon – ebenfalls in der „Politeia" – in seinem „Höhlengleichnis" (514a–518b) dar. Der Besitz der Wahrheit aber bringe sehr viel Verantwortung für die Weisen mit sich.

Nur vor diesem Hintergrund können wir die **Rolle** verstehen, die Platon den **Philosophen** in seinem Idealstaat zuweist:

„Wenn nicht die *Philosophen in den Staaten Könige* werden oder die Könige, wie sie heute heißen, und Herrscher echte und gute Philosophen und wenn nicht in eine Hand zusammenfallen politische Macht und Philosophie und wenn nicht die Vielzahl derer, die sich heute auf Grund ihrer Anlage nur der einen der zwei Aufgaben widmen, mit Gewalt davon fern gehalten wird, gibt es, mein Glaukon, kein Ende des Unglücks in den Staaten, ja nicht einmal im ganzen Menschengeschlecht, und unsere Verfassung, die wir nun in Gedanken entworfen haben, wird nicht früher, soweit überhaupt möglich, verwirklicht und das Licht der Sonne erblicken. Dies ist es, was mich schon lange zaudern ließ, da ich sah, wie viel Überraschendes ich da zu sagen hätte. Denn schwer ist die Einsicht, dass kein anderer Staat glücklich werden kann, weder was den Einzelnen betrifft noch was das Ganze." [...]

(Platon, Politeia, S. 277 [473 d–e])

Dass die damals herrschenden Eliten die Kompetenz der Philosophen missachten, liegt an der Tugendlosigkeit und Unwissenheit dieser Eliten. Platon stellt dies durch das **Gleichnis vom „wahren" Steuermann** dar:

„Ein Schiffsherr, größer und stärker als alle Matrosen an Bord, aber schwerhörig und ebenso kurzsichtig, ohne viel Kenntnis von der Seefahrt; die Schiffer aber streiten untereinander um die Führung des Steuers, da jeder glaubt, er müsse steuern ohne je die Seefahrt erlernt zu haben, ohne einen Lehrer aufweisen zu können oder eine Lehrzeit; dazu sagen sie ja noch, die Kunst sei gar nicht lehrbar, und wer sie für lehrbar erklärt, den sind sie bereit niederzuschlagen. So drängen sie sich immer um den Schiffsherrn und bitten und beschwören ihn ihnen das Steuer zu überlassen; manchmal, wenn nicht sie, sondern andere ihn überreden, töten sie diese andern oder werfen sie aus dem Schiff hinaus; den hohen Schiffsherrn fesseln sie mit einem Schlaftrunk oder durch einen Rausch oder sonstwie und herrschen nun über das Schiff und seinen Inhalt; trinkend und schmausend, wie es üblich ist bei diesen Leuten, segeln sie dahin; jeglichen rühmen sie und nennen ihn einen trefflichen Schiffer und Steuermann, der geschickt mithilft, dass sie Herren des Schiffes werden, ob sie nun den Schiffsherrn gütlich überreden oder mit Gewalt zwingen; wer aber nicht so ist, den tadeln sie als unbrauchbar. Vom wahren Steuermann aber wissen sie gar nichts: dass er sich um das Jahr und seine Zeiten, um Himmel und Sterne, um Winde und alles Übrige, was zu seinem Fachgebiet gehört, kümmern muss, wenn er in Wahrheit ein Führer des Schiffes sein will; das wissen sie so wenig, wie dass zum Führen des Steuers – mit oder gegen den Willen der Leute – es keine andere Kunst zu erreichen gelte außer der des Steuermanns! Wo solche Verhältnisse auf den Schiffen herrschen, da wird wohl der wahre Steuermann ein Himmelsgucker, Schwätzer und Taugenichts genannt von den Schiffern, die in solchen Schiffen fahren, glaubst du nicht?"

„Ganz sicher", antwortete Adeimantos.

(Platon, Politeia, S. 293 [488 b–489 a])

1 Erläutern Sie Platons Gründe dafür, dass Philosophenkönige herrschen sollen.

2 Warum möchten die Bürger nach Platon ebenso wenig einen Philosophenherrscher wie die Seeleute einen „wahren" Steuermann?

3 Trotz des mehr als 2000 Jahre umfassenden zeitlichen Abstands fallen Parallelen zwischen Skinners von Wissenschaftlern und Platons von Philosophen beherrschtem Staat auf. Erörtern Sie die These: Skinner hat Platons Utopie eines durch die Herrschaft der Wissenden gerechten Staates lediglich mit den Erkenntnissen der modernen Wissenschaft, besonders der Verhaltenstheorie, aktualisiert.

4 *Zum Verhältnis von Philosophie und Macht schreibt* ***Kant****:*

„Dass Könige philosophieren oder Philosophen Könige würden, ist nicht zu erwarten, aber auch nicht zu wünschen; weil der Besitz der Gewalt das freie Urteil der Vernunft unvermeidlich verdirbt. Dass aber Könige oder königliche [...] Völker die Klasse der Philosophen nicht schwinden oder verstummen, sondern öffentlich sprechen lassen, ist beiden zu Beleuchtung ihres Geschäfts unentbehrlich.“ (Kant, Zum ewigen Frieden, B 70 f.)

Erörtern Sie diese Stellungnahme auf dem Hintergrund der platonischen Auffassung und moderner Staatskonzeptionen.

5 *Schließen Sie von Platons Staatsentwurf auf seine Einstellung gegenüber der Demokratie. (Vgl. Politeia, 493a–494a, 457a–469c)*

6 *Bewerten Sie abschließend Platons Staatsauffassung.*

1.1.2 Aristoteles: Der Mensch als Staaten bildendes Lebewesen

Der bedeutendste Schüler Platons ist **Aristoteles** (384–322 v. Chr.). Platon hat ihn allerdings nicht zu seinem Nachfolger in der Leitung seiner Philosophenschule, der „Akademie“, bestimmt. Aristoteles gründete seine eigene Schule, das „Lykeion“. Der lebensgeschichtlichen Distanzierung von Platon entspricht bei Aristoteles die Entwicklung einer neuen philosophischen Theorie der Wahrheit. Für ihn erbringt die Erfahrung nicht nur ein erstes, sondern auch bleibendes Wissen von der Welt, das zwar mit Hilfe der Abstraktion weit über die bloßen Sinneswahrnehmungen hinausgeht, aber von diesen abhängig bleibt.
Gemäß seinem unterschiedlichen erkenntnistheoretischen Ansatz geht Aristoteles auch bei der **Staatsbetrachtung** anders vor als sein Lehrer.

Aristoteles und Platon. Relief von Luca della Robbia (1399–1482)

Wenn man nun darauf sieht, wie die Dinge vom Anfang an heranwachsen, wie man das auch sonst tut, so dürfte es auch in diesen Fällen am richtigsten sein, auf diese Weise Beobachtungen anzustellen. Man muss also vorerst die vereinigen, die ohneeinander nicht existieren können, wie etwa zum einen das Weibliche und das Männliche um der Fortpflanzung willen – und das nicht zufolge einer freien Entscheidung, sondern wie das sowohl bei den anderen Tieren als auch bei den Pflanzen als Trieb naturgegeben ist, ein derartiges anderes Wesen zu hinterlassen, wie man es selbst ist –, zum anderen aber das von Natur aus Herrschende und das Beherrschte wegen der Lebenserhaltung. Denn das, welches in der Lage ist mit dem Denken vorauszusehen, ist von Natur aus das Herrschende und das von Natur aus Gebietende, doch das, welches in der Lage ist eben das mit dem Körper durchzuführen, das ist das Beherrschte und das von Natur aus Dienende. Daher ist dem Herrn und dem Sklaven ein und dasselbe von Nutzen. [...]

Aus diesen beiden Gemeinschaften nun entsteht zuerst das Haus, [...].

Doch die erste Gemeinschaft, die sich wegen eines über den Tag hinaus reichenden Bedürfnisses zusammensetzt, ist das Dorf. Am ehesten scheint das Dorf naturgemäß eine Erweiterung des Hauses zu sein; es handelt sich dabei um die, die einige „Milchbrüder" nennen und „Kinder und Kindeskinder". Deswegen wurden auch zuerst die Staaten von Königen beherrscht und heute noch geschieht das so bei den Barbarenvölkern; denn man trat als von Königen Beherrschte zusammen. Jedes Haus nämlich wird vom Ältesten wie von einem König beherrscht, somit auch die Sippen wegen ihrer Verwandtschaft [...].

Doch die aus mehreren Dörfern zusammengesetzte vollkommene Gemeinschaft ist der Staat, der sozusagen bereits über die Grenze der vollen Selbstgenügsamkeit verfügt, der nun zwar des Lebens wegen entstanden ist, aber doch um des guten Lebens willen besteht. Deswegen existiert jeder Staat von Natur aus, wenn das ebenso die ersten Gemeinschaften tun. Denn der Staat ist das Ziel jener Gemeinschaften, die Natur jedoch bedeutet Ziel. Wie nämlich jedes nach Vollendung seiner Entwicklung ist, so nennen wir dies die Natur eines jeden, etwa die des Menschen, des Pferdes und des Hauses. Ferner ist das Weswegen und das Ziel das Beste.

Die Selbstgenügsamkeit ist aber sowohl das Ziel als auch das Beste.

Daraus geht nun klar hervor, dass der Staat zu den von Natur aus bestehenden Dingen gehört und dass der Mensch von Natur aus ein staatsbezogenes Lebewesen ist und dass ferner der, der seiner Natur nach und nicht dem Zufall gemäß ohne Bindung an einen Staat ist, entweder schlecht ist oder bedeutender als ein Mensch; wie es etwa der von Homer geschmähte „Sippenlose" ist, der „Satzungslose" und der „ohne Herd". Der nämlich ist zugleich ein solcher von Natur aus und nach Krieg begierig, weil er isoliert ist, wie man im Brettspiel sagt. Dass nun der Mensch in höherem Grade ein staatsbezogenes Lebewesen ist als jede Biene und jedes Herdentier, ist klar. Denn nichts, meinen wir, schafft die Natur vergeblich. Über die Sprache aber verfügt allein von den Lebewesen der Mensch. Die Stimme nun bedeutet schon ein Anzeichen von Leid und Freud, daher steht sie auch den anderen Lebewesen zu Gebote; ihre Natur ist nämlich bis dahin gelangt, dass sie über Wahrnehmung von Leid und Freud verfügen und das den anderen auch anzeigen können. Doch die Sprache ist da um das Nützliche und das Schädliche klarzulegen und in der Folge davon das Gerechte und das Ungerechte. Denn das ist im Gegensatz zu den anderen Lebewesen den Menschen eigentümlich, dass nur sie allein über die Wahrnehmung des Guten und des Schlechten, des Gerechten und des Ungerechten und anderer solcher Begriffe verfügen. Doch die Gemeinschaft mit diesen Begriffen schafft Haus und Staat.

Und der Natur nach früher ist der Staat als das

Haus und jeder Einzelne von uns; denn das Ganze muss früher sein als der Teil. Wenn man nämlich das Ganze beseitigt, wird es keinen Fuß geben und keine Hand, es sei denn nur dem Namen nach, wie wenn etwa jemand von einer steinernen Hand spricht. Denn eine derartige Hand wird eine verdorbene Hand sein, ist doch alles durch sein Werk bestimmt und durch sein Vermögen, sodass man, wenn es nicht mehr derartig ist, nicht mehr sagen kann, es sei ein und dasselbe, sondern nur mehr namensgleich. Dass demnach der Staat von Natur aus besteht und früher ist als jeder Einzelne, ist klar. Wenn nämlich der Einzelne getrennt für sich nicht selbstgenügsam leben kann, so wird er sich in gleicher Weise wie die anderen Teile zum Ganzen verhalten. Wenn aber jemand nicht in der Lage ist an der Gemeinschaft teilzuhaben oder zufolge seiner Selbstgenügsamkeit ihrer nicht mehr bedarf, der ist kein Teil des Staates, somit also entweder ein wildes Tier oder gar ein Gott. Von Natur aus nun gibt es in allen den Trieb nach einer solchen Gemeinschaft. Doch der, der zuerst die Gemeinschaft eingerichtet hat, der ist der Urheber der größten Güter. Wie nämlich der Mensch in seiner Vollendung das beste der Lebewesen ist, so ist er getrennt von Gesetz und Recht das schlechteste von allen. Die schwerste Ungerechtigkeit ist nämlich die, die über Waffen verfügt. Der Mensch aber wächst heran und verfügt mit Einsicht und Tugend über Waffen, die er besonders im entgegengesetzten Sinne gebrauchen kann. Daher ist er das gottloseste und das wildeste Lebewesen ohne Tugend und im Hinblick auf den Lebensgenuss und das Essen das abscheulichste. Doch die Gerechtigkeit ist etwas Staatsbezogenes. Denn das Recht bedeutet die Ordnung der bürgerlichen Gemeinschaft; das Recht aber scheint Entscheidung über das Gerechte.

(Aristoteles, Politik S. 76–79 [1252a–1253]. Dieses und die folgenden Zitate aus: Aristoteles, Politik. Schriften zur Staatstheorie. Übers. u. hrsg. v. Franz F. Schwarz. Reclam Verlag, Stuttgart 1989)

1 *Bestimmen Sie die beiden von Aristoteles behaupteten Grundbedingungen menschlichen Zusammenlebens.*
2 *Beschreiben Sie die Entwicklungsstufen zum Staat hin und erörtern Sie, ob diese historisch oder systematisch-logisch gemeint sind.*
3 *Inwiefern ist der Staat für Aristoteles sowohl Ziel als auch Naturbestimmung menschlichen Zusammenlebens? (Zur aristotelischen Naturauffassung vgl. Kap. II, 1.3.1)*

Recht, d. h. die Gesetzesordnung der staatlichen Gemeinschaft, ist für Aristoteles keine willkürliche Übereinkunft, sondern an die Gerechtigkeit gebunden. Gerechtigkeit aber entsteht für ihn aus **staatsbürgerlicher Tugend**.

Die staatsbürgerliche Tugend[1] und Schlechtigkeit beobachten nur die, die sich um eine gute Gesetzesordnung kümmern. So ist es auch offenbar, dass ein Staat, der in Wahrheit so genannt wird und nicht bloß der Rede wegen so heißt, um die Tugend Sorge trägt. Es bedeutete sonst nämlich die Gemeinschaft nur eine Bundesgenossenschaft, die sich von den anderen (mit Bundesgenossen von fern her geschlossenen) Verträgen lediglich durch den Ort unterscheidet. Und das Gesetz bedeutete nur eine Übereinkunft und, [...] einen Bürgen gegenseitigen Rechts, doch ist es nicht in der Lage die Bürger gut und gerecht zu machen. [...]
Ziel des Staates ist demnach das gute Leben und all das Gesagte ist um des Zieles willen da. Doch der Staat ist die Gemeinschaft der Geschlechter und der Dörfer um des vollendeten und selbstgenügsamen Lebens willen. Dies aber ist, wie wir sagten, das glückselige und gute Leben. Füglich muss man wegen

der guten Taten die bürgerliche Gemeinschaft ansetzen, doch nicht wegen des Zusammenlebens. Welche also am meisten für eine derartige Gemeinschaft beitragen, die haben auch am Staate mehr Anteil als die, die zwar an Freiheit und Abkunft gleich sind oder gar größer, aber an staatsbürgerlicher Tugend ungleich sind, oder diejenigen, die an Reichtum überwiegen, aber an Tugend unterlegen sind.

(Aristoteles, Politik, S. 173 ff. [1280b–1281a])

1 Aristoteles versteht unter einer Tugend jeweils die Mitte zwischen zwei Extremen, so sieht er z. B. die Tapferkeit zwischen Tollkühnheit und Feigheit.

1 *Erläutern Sie die Rolle, die nach Aristoteles die staatsbürgerliche Tugend für das Erreichen eines gerechten Staates spielt.*

2 *Aristoteles kritisiert im Folgenden eine Grundvoraussetzung von Platons Staat. Diskutieren Sie die Berechtigung dieser Kritik.*

„Ich meine nämlich den Satz, dass möglichst der ganze Staat *einer* sein soll und das das Beste wäre. Denn diese Voraussetzung nimmt Sokrates an. Es ist doch offenbar, dass ein Staat, der so fortschreitet und immer mehr *einer* wird, gar kein Staat mehr ist. Denn seiner Natur nach ist der Staat eine Vielheit, wenn er aber immer mehr *einer* wird, wird aus dem Staat ein Haus und aus dem Haus ein Einzelmensch. Wir können nämlich wohl behaupten, dass ein Haus mehr eine Einheit ist als der Staat und der Einzelmensch mehr eins als ein Haus. Demgemäß darf man das nicht tun, selbst wenn jemand dazu in der Lage wäre, das zu tun; er würde nämlich den Staat beseitigen.
Doch nicht nur aus einer Vielzahl von Menschen besteht der Staat, sondern aus Menschen, die der Art nach verschieden sind.“ (Aristoteles, Politik, S. 168 [1261a])

Trotz seiner gegenüber Platon grundsätzlich anderen, an der Erfahrung orientierten Vorgehensweise lässt sich auch bei Aristoteles eine Vorstellung des für ihn idealen Gemeinschaftslebens erkennen. Dabei entwickelt er seine Ansicht von der besten Organisation des Staates aus der **Analyse der bestehenden Staatsverfassungen**:

Da dies bestimmt worden ist, folgt darauf die Betrachtung der Staatsverfassungen, wie viele es an der Zahl gibt und welche sie sind, und zuerst die richtigen Verfassungen; denn die Abweichungen werden offenbar, wenn diese richtigen einmal genau bestimmt sind. Weil nun Staatsverfassung und Staatslenkung ein und dasselbe bezeichnen, die Staatslenkung aber das Entscheidende über die Staaten ist, so muss dieses Entscheidende entweder einer sein oder wenige oder die Mehrheit. Wenn nun zwar der *Eine* oder die Wenigen oder die Mehrheit mit Rücksicht auf das gemeinsam Nützliche herrschen, dann müssen diese Staatsverfassungen die richtigen sein, diejenigen aber, die im Hinblick auf den eigenen Nutzen entweder des *Einen* oder der Wenigen oder der breiten Masse ausgerichtet sind, sind dann notwendigerweise Abweichungen. [...]
Gewöhnlich aber nennen wir von den Monarchien diejenige, die auf das gemeinsam Nützliche achtet, die Königsherrschaft, die Herrschaft von wenigen jedoch, aber von mehreren als *Einem,* pflegen wir Aristokratie zu nennen, entweder weil da die Besten herrschen oder weil sie im Hinblick auf das Beste für den Staat und für die an ihm gemeinsam Teilhabenden herrschen. Wenn aber die Volksmasse mit Rücksicht auf das gemeinsam Nützliche den Staat verwaltet, dann heißt das mit dem gemeinsamen Namen aller Staatsverfassungen „Politie“. [...]
Abweichungen von den genannten Verfassungen sind von der Königsherrschaft die Tyrannis, von der Aristokratie die Oligarchie, von der Politie die Demokratie. Die Tyrannis bedeutet nämlich eine Alleinherrschaft mit Rücksicht auf den Nutzen des Alleinherrschers, die Oligarchie eine Herrschaft mit

Rücksicht auf den Nutzen der Wohlhabenden, die Demokratie aber eine Herrschaft mit Rücksicht auf den Nutzen der Mittellosen. Keine von ihnen aber ist für den gemeinsamen Nutzen da.

[...]

Jetzt aber müssen wir uns mit der Politie beschäftigen. Denn ihr Vermögen wird offenkundiger, wenn man die Oligarchie und die Demokratie bestimmt hat. Es ist nämlich die Politie, um es einfach auszudrücken, eine Mischung von Oligarchie und Demokratie.

[...]

Dass aber das Entscheidende eher die Menge ausmache als die wenigen Besten, das scheint sich wohl lösen zu lassen und doch auch eine gewisse Schwierigkeit zu bergen, vielleicht aber auch eine Wahrheit. Es ist doch möglich, dass nämlich die Vielen, von denen jeder durchaus nicht ein rechtschaffener Mann ist, wenn sie zusammengekommen sind, besser sind als jene Besten, nicht allerdings als Einzelner, sondern als Gesamtheit genommen, wie ja auch die Mähler, zu denen die Gäste beigetragen haben, besser sein können als diejenigen, die aufgrund *eines* Kostenaufwandes zustande gekommen sind. Denn da sie viele sind, kann jeder über einen Teil der Tugend und der Einsicht verfügen, und wenn sie zusammenkommen, kann die Menge werden wie ein einziger Mensch, der viele Füße, Hände und viele Sinneswerkzeuge hat und so auch im Hinblick auf die Wesensart und die Denkweise.

[...]

In allen Staaten nun gibt es drei Teile des Staates: die recht Wohlhabenden, die recht Mittellosen und zum dritten die, die in der Mitte von diesen stehen. Da nun also darüber Übereinstimmung erzielt wird, dass das rechte Maß und das Mittlere das Beste sind, ist offenbar auch der mittlere Besitz von Glücksgütern der beste von allen. Denn er lässt am leichtesten der Vernunft gehorchen, doch das übermäßig Schöne oder das übermäßig Kraftvolle oder das übermäßig Edle oder das übermäßig Reiche oder die Gegenteile davon, das übermäßig Arme oder das übermäßig Schwache und das äußerst Ehrlose lassen es schwer zu, der Vernunft zu folgen. Denn die einen werden eher übermütig und im Großen schlecht, die anderen sehr bösartig und im Kleinen schlecht. Von den Ungerechtigkeiten aber werden die einen aus Frevelmut gesetzt, die anderen aus Bösartigkeit [...]. Dies beides ist aber für die Staaten schädlich. Dazu noch wollen die einen, die sich im Übermaß an Glücksgütern sehen, an Macht, Reichtum, Freunden und anderem Derartigen, weder beherrscht werden noch verstehen sie es – und das liegt bei ihnen sogleich von Haus aus und von Kindesbeinen an vor; denn wegen ihrer üppigen Lebenshaltung sind sie auch in der Schule nicht daran gewöhnt, sich beherrschen zu lassen –, doch die anderen, die sich einem außerordentlichen Mangel an alldem gegenüber sehen, sind über die Maßen kleinmütig. Also verstehen die einen nicht zu herrschen, sondern lediglich sich in sklavischer Herrschaft beherrschen zu lassen, die anderen aber nicht sich in irgendeiner Herrschaft beherrschen zu lassen, wohl aber selber in zwingherrschaftlicher Art zu herrschen. Und demnach bildet sich ein Staat von Sklaven und Sklavenherrn heraus, doch nicht von Freien, wobei die einen beneiden und die anderen verachten. Und das steht sehr weit ab von Freundschaft und bürgerlicher Gemeinschaft; die Gemeinschaft bedeutet nämlich etwas Freundschaftliches; denn man will doch nicht einmal mit feindseligen Personen gemeinsam einen Weg teilen. Der Staat aber will eben aus Gleichen bestehen und aus möglichst Gleichartigen, doch das trifft besonders bei den Mittleren zu. Demnach wird notwendigerweise dieser Staat am besten verwaltet, der aus dem besteht, woraus nach unserer Ansicht der naturgegebene Zustand des Staates resultiert. Und es hält sich in den Staaten insbesondere diese Gruppe von Bürgern. Denn diese trachten weder nach fremdem Gut wie die Armen, noch trachten andere nach dem ihren, wie eben die Armen nach der Habe der Reichen trachten. Und deshalb, weil ihnen nicht nachgestellt wird und sie selber nicht nachstellen, verbringen sie ihr Leben gefahrlos. [...]

Füglich ist es klar, dass die staatsbürgerliche Gemeinschaft die beste ist, die auf den Mittleren beruht, und derartige Staaten können gut verwaltet werden, in denen nun das Mittlere zahlreich ist und stärker besonders als die beiden anderen Teile, und wenn schon das nicht, wenigstens stärker als einer von beiden Teilen. Wenn nämlich das Mittlere einer Seite zugegeben wird, bewirkt es einen Ausschlag und verhindert, dass es zu entgegengesetzten Übertreibungen kommt. Deswegen ist es das größte Glück, wenn die Bürger über ein mittleres und ein hinreichendes Vermögen verfügen; denn wo die einen sehr viel besitzen, die anderen aber gar nichts, da kommt es entweder zur äußersten Demokratie oder zur reinen Oligarchie oder wegen der beiden Übertreibungen zur Tyrannis. Denn auch aus der übermütigsten Demokratie und aus der Oligarchie kommt es zur Tyrannis, doch aus den Mittleren und denen, die ihnen nahe stehen, viel weniger.

(Aristoteles, Politik, S. 169 f. [1279 a–b], 218 f. [1293 b], 176 [1281 a–b], 224–226 [1295 b–1296 a])

1 *Bestimmen Sie die Prinzipien der Staatsverfassungen Demokratie, Oligarchie und Aristokratie sowie ihr Verhältnis zur Politie.*

2 *Warum kann nach Ansicht von Aristoteles die Herrschaft der „Vielen" besser sein als die der „Besten"?*

3 *Welche Staaten der Gegenwart könnten der aristotelischen Konzeption der Politie nahe kommen?*

4 *Aristoteles' philosophische Position wird als Realismus im Gegensatz zum Idealismus Platons bezeichnet. Erörtern Sie diese Zuordnung im Hinblick auf seine Staatsphilosophie.*

1.2 Die Staats- und Rechtsphilosophie des Hochmittelalters

Nach den Klassikern der Antike wollen wir uns nun der Philosophie des Hochmittelalters zuwenden, d. h. wir vollziehen einen sehr großen Sprung von über 1500 Jahren. Auch in dieser langen Zwischenzeit wurde über den Staat philosophiert, insbesondere in der hellenistischen und klassisch-römischen, aber auch in der christlich-römischen Epoche. Zum Teil bezog man sich dabei auf Platon und Aristoteles bzw. deren einflussreiche Philosophenschulen, zum anderen prägten die politische Vorherrschaft des Römischen Reiches und später die geistige Führung des jungen Christentums die staatsphilosophischen Theorien. **Marcus Tullius Cicero** (106–43 v. Chr.) z. B. lehnt sich sicher nicht zufällig mit dem Titel seiner staatsphilosophischen Schrift „De re publica“ an Platons „Staat“ an, behandelt aber in den uns überlieferten Passagen insgesamt mehr den römischen Staat als den Staat im Allgemeinen. Allerdings hat er – selber Jurist – an der Entwicklung des Naturrechts mitgewirkt, das über das Mittelalter bis in die Neuzeit große Bedeutung erlangte. Auch der Bischof **Aurelius Augustinus** (354–430) steht unter dem Einfluss Platons. In seinem Werk über den Gottesstaat („De civitate Dei“) ist der zentrale Gedanke der Kampf der Gemeinschaft der Anhänger Gottes („civitas dei“) gegen die Mächte des Bösen („civitas terrena“, auch „civitas diaboli“). Aber gerade innerhalb der „civitas terrena“ sieht Augustinus die staatliche Gewalt, solange sie den Frieden sichert, als notwendig an, getreu dem Paulus-Wort: „Seid untertan der Obrigkeit“ (Römer 13).

1.2.1 Thomas von Aquin: Herrschaft und Naturrecht in der Christengemeinschaft

In der Zeit der Völkerwanderung und der Stabilisierung der neuen mittelalterlichen Reiche waren es vor allem die gelehrten Mönche, die die geistige Tradition der Antike bewahrten und mit ihrem christlichen Glauben in Einklang zu bringen versuchten. So ist es sicherlich kein Zufall, dass später im Hochmittelalter der Systematiker **Thomas von Aquin** (1225–1274) seine theologisch-philosophische Weltsicht als Mönch des gelehrten Bettelordens der Dominikaner entwickelte. Er musste dabei auch zur Verteilung der staatlichen Macht zwischen den Königen und Päpsten Stellung nehmen. Dies geschieht in seinem Werk „Über die Herrschaft der Fürsten“.

Um unsere Erörterungen folgerichtig fortzusetzen, müssen wir nun überlegen, was eigentlich die Pflicht eines Königs einschließt und wie der König sein muss. Weil nämlich alles, was nach bewusster Überlegung geschieht, die natürlichen Vorgänge nachahmt, durch die wir erst den Weg erkennen und unser Handeln vernunftmäßig einrichten, scheint es am besten, das Wesen des königlichen Amtes an den die Natur lenkenden Kräften abzulesen. Nun finden wir, dass eine doppelte Leitung die Natur bestimmt: eine allgemeine und eine besondere. Die allgemeine ist die, der zufolge alles unter der Herrschaft Gottes zusammengehalten wird, der das All in seiner Vorsehung lenkt. Die besondere aber, die der göttlichen am ähnlichsten ist, findet sich im Menschen, der darum eine ‚kleine Welt‘ genannt wird. Denn in ihm findet sich das Wesen jener Leitung des Alls wieder. Wie alle körperhafte Natur und alle geistigen Kräfte unter der Herrschaft Gottes stehen, so werden alle Glieder des Körpers und alle übrigen Kräfte der Seele von der Ver-

Thomas von Aquin zwischen Aristoteles und Platon (Gemälde von Benozzo Gozzoli, um 1480)

nunft geleitet und so nimmt die Vernunft im Menschen denselben Platz ein wie Gott in der Welt.

Weil aber, wie wir früher aufgezeigt haben, der Mensch ein Wesen ist, das von Natur aus für ein geselliges Leben bestimmt ist und in Gemeinschaft mit vielen lebt, so zeigt sich die Ähnlichkeit mit der Herrschaft Gottes im Menschen nicht nur, soweit der einzelne Mensch durch die Vernunft geleitet wird, sondern auch, soweit eine Gemeinschaft durch den Verstand eines Einzigen gelenkt wird. Und gerade das macht vorzüglich das Amt des Königs aus. [...]

Dessen muss sich also ein König bewusst werden: dass er das Amt auf sich genommen hat seinem Königreiche das zu sein, was die Seele für den Leib und Gott für die Welt bedeutet. Wenn er dies mit Fleiß bedenkt, wird in ihm wohl der Eifer der Gerechtigkeit entbrennen, da er erwägt, dass er nur deshalb auf seinen Platz gestellt ist um an Gottes Statt in seinem Reiche Urteil zu sprechen. Aber auch die sanfte Gesinnung der Milde und Güte wird er daraus schöpfen können, wenn er einmal die Einzelnen, die unter seiner Herrschaft stehen, wie Glieder seines eigenen Körpers betrachtet. [...]

Nun ist es aber nach allem Anschein das Endziel der zu gemeinsamem Leben vereinigten Gesellschaft, nach der Tugend zu leben. Denn dazu begründen die Menschen eine Gemeinschaft, dass sie nun vereint gut leben, was jeder im Leben als Einzelner nicht erreichen kann. Gut leben aber heißt leben, wie es die Tugend verlangt. [...]

Wenn aber der Mensch durch ein Leben nach der Tugend zu einem höheren Ziel gelenkt wird, das im Anschauen Gottes beschlossen liegt, wie wir es schon dargelegt haben, so muss das Ziel der menschlichen Gesellschaft dasselbe wie das eines Einzelnen sein. Nun ist es aber nicht das letzte Endziel einer in Gemeinschaft verbundenen Gesellschaft, bloß nach der Tugend zu leben, sondern vielmehr durch dieses tugendvolle Leben in den Genuss der göttlichen Verheißungen zu gelangen. Wenn man nun durch die Kraft der menschlichen Natur zu diesem Ziel gelangen könnte, so wäre es notwendigerweise Aufgabe des Königs, die Menschen dahin zu führen. [...]

Da aber der Mensch das Ziel in den Genuss der göttlichen Verheißungen zu gelangen nicht durch menschliche Tugend, sondern durch eine von Gott verliehene Kraft erreicht, wie es das Wort des Apostels (Röm. 6, 23): „Die Gnade Gottes ist das ewige Leben", verkündet, so wird es göttlicher und nicht menschlicher Führung zukommen, uns zu

Ständewesen aus der Bilderhandschrift des Sachsenspiegels. Der Sachsenspiegel ist das älteste und bedeutendste deutsche Rechtsbuch, abgefasst in der Zeit zwischen 1220 und 1225.

Sachsenspiegel, Landrecht 1–3

Zwei Schwerter hinterließ Gott auf der Erde um die Christenheit zu beschirmen: dem Papst das geistliche, dem Kaiser das weltliche. Für den Papst ist festgesetzt, dass er zur bestimmten Zeit auf einem weißen Pferd reiten soll, und der Kaiser soll ihm den Steigbügel halten, dass ihm der Sattel nicht verrutscht. Das hat die Bedeutung, dass alles, was dem Papst widersteht und was er mit geistlichem Gericht nicht bezwingen kann, das soll der Kaiser dem Papst zu Gehorsam mit weltlichem Recht erzwingen. Ebenso soll die geistliche Gewalt dem weltlichen Gericht helfen, wenn es nötig ist.

diesem Ziele zu bringen. Also gehört eine Führung dieser Art zu dem Amt eines Königs, der nicht nur Mensch, sondern auch Gott ist, also zum Amt unseres Herrn Jesu Christi, der alle Menschen zu Kindern Gottes erhoben und sie so in die himmlische Herrlichkeit geführt hat. Denn das ist die ihm übertragene Herrschaft, die nicht zugrunde gehen wird und um deretwillen der Heiland von der Heiligen Schrift nicht nur Priester, sondern auch König genannt wird, wie Jeremia (23, 5) sagt: „Es wird ein König herrschen und er wird voll Weisheit sein." Von ihm leitet sich nun das königliche Priestertum ab und, was weit mehr bedeutet, alle Gläubigen, soweit sie Glieder Christi sind, werden darum Könige und Priester genannt. Das Amt dieses Königtums ist, damit das Reich des Geistes vom Irdischen geschieden sei, nicht den Königen der Erde, sondern den Priestern überantwortet worden und vor allem dem höchsten Priester, dem Nachfolger Petri, dem irdischen Stellvertreter Christi, dem Papst zu Rom, dem alle Könige des christlichen Volkes untergeben sein müssen wie Jesus Christus dem Herrn. [...]

Wie das richtige Leben, das die Menschen auf Erden führen, auf jenes Leben, das wir im Himmel voll Seligkeit erhoffen, gleichsam als dem Endziel hingeordnet ist, so sind alle die Teilgüter, die von den Menschen besorgt werden, wie Reichtum, Gewinn, Gesundheit, Beredsamkeit oder Bildung, auf das allgemeine Wohl hingeordnet. Wenn nun, wie gesagt, der, der für das letzte Ziel Sorge zu tragen hat, denen, die alles auf dieses Ziel Hingeordnete besorgen, übergeordnet sein und sie mit seinem Befehl lenken muss, geht daraus klar hervor, dass der König, ebenso wie er sich in den Dingen jener Herrschaft und

Führung, die durch das Amt der Priester erfolgt, unterwerfen, so anderseits allen Ämtern menschlicher Herrschaft vorstehen und sie durch seine Anordnung leiten muss.

(Thomas von Aquin, Über die Herrschaft der Fürsten. Übers. von Friedrich Schreivogel. Reclam Verlag, Stuttgart 1990, S. 47 f., 53–57)

1 *Untersuchen Sie die Begründung der Königsherrschaft bei Thomas von Aquin: Womit vergleicht er die Position des Königs gegenüber seinen Untertanen?*
2 *Untersuchen Sie den Einfluss von Platon und Aristoteles auf Thomas' Staatskonzeption.*
3 *Welche Rolle spielt der christliche Glaube bei Thomas?*
4 *Welche Ziele verfolgen die Gesellschaftsmitglieder unter der Leitung der Priester und welche unter der Leitung des Königs? Bestimmen Sie die sich daraus ergebende Rangordnung.*

In seinem Hauptwerk, der „Summe der Theologie" („Summa theologica"), stellt Thomas von Aquin die rechtsphilosophischen Grundlagen seiner Staatsphilosophie dar. Dabei geht er auch auf das Verhältnis von ewigem göttlichem Recht, das im Wesentlichen den jüdisch-christlichen zehn Geboten entspricht, und **„natürlichem Gesetz"** ein und liefert so eine Begründung für das natürliche Gesetz oder **„Naturrecht"**. Da das Naturrecht höher steht als staatliche Maßnahmen und Gesetze, ergibt sich für Thomas dann auch ein – begrenztes – Recht auf Widerstand gegenüber staatlichen Maßnahmen, die gegen das Naturrecht verstoßen.

Gibt es in uns ein natürliches Gesetz?

[...]

ANTWORT: Da das Gesetz Regel und Richtmaß ist, kann es zweifach in jemandem sein: einmal in dem, der regelt und misst; das zweite Mal in dem, was geregelt und bemessen wird; denn etwas wird insoweit geregelt und bemessen, als es an einer Regel oder einem Richtmaß teilhat. Aus dem Gesagten ergibt sich aber, dass alle Dinge, die der göttlichen Vorsehung unterliegen, vom ewigen Gesetz geregelt und bemessen werden. Somit nehmen offensichtlich alle Dinge in irgendeiner Weise am ewigen Gesetz teil, insofern sie nämlich aus seiner Einprägung die Neigung zu den ihnen eigenen Handlungen und Zielen besitzen. Unter den anderen [Geschöpfen] ist nun das vernunftbegabte Geschöpf in einer ausgezeichneteren Weise der göttlichen Vorsehung unterstellt, insofern es auch selber an der Vorsehung teilnimmt, da es für sich und andere ‚vorsehen' kann. Deswegen findet sich auch in ihm eine Teilnahme an der ewigen Vernunft, durch die es eine natürliche Hinneigung zu dem ihm wesensgemäßen Handeln und Ziele besitzt. Und diese *Teilnahme am ewigen Gesetz im vernunftbegabten Geschöpf* wird natürliches Gesetz genannt. Nachdem der Psalmist daher gesagt hat: „Bringt Opfer der Gerechtigkeit" (Ps 4, 6), fügt er wie für jene, die fragen, welche die Werke der Gerechtigkeit seien, hinzu: „Viele sagen: Wer zeigt uns denn das Gute?"; auf diese Frage erwidert er: „Über uns, Herr, ist das Licht Deines Antlitzes aufgestrahlt": das heißt, das Licht unserer natürlichen Vernunft, durch das wir unterscheiden, was gut und was böse ist – und diese Unterscheidung ist Sache des natürlichen Gesetzes –, ist demnach nichts anderes als eine *Einstrahlung göttlichen Lichtes in uns.* Mithin wird klar, dass das natürliche Gesetz nichts anderes ist als eine Teilhabe am ewigen Gesetz im vernunftbegabten Geschöpf.

[...]

Der Mensch braucht menschlichen Machthabern nur soweit zu folgen, als es die Ordnung der Gerechtigkeit fordert. Wenn sie [die irdischen Machthaber] deswegen keine rechtmäßige, sondern nur eine angemaßte

Gewalt besitzen oder wenn sie Ungerechtes befehlen, dann sind die Untertanen nicht verpflichtet ihnen zu gehorchen, es sei denn vielleicht zufällig um ein Ärgernis oder eine Gefahr zu vermeiden.

(Thomas von Aquin, Summa Theologica. Die Deutsche Thomas-Ausgabe. Übers. und kommentiert von Dominikanern und Benediktinern Deutschlands und Österreichs. Verlag F. H. Kerle und Styria, Heidelberg und Graz-Wien-Köln 1977; Bd. 13, S. 20 f. [Frage 91,2]; Bd. 20, S. 64 [Frage 104,6])

1 *Bestimmen Sie das Verhältnis von göttlichem und natürlichem Gesetz.*

2 *Dem italienischen Scholastiker* ***Petrus Damiani*** *(1007–1072) wird der Ausspruch zugeschrieben, dass die mittelalterliche Philosophie „Magd der Theologie" sei („philosophia ancilla theologiae"). Diskutieren Sie diese These im Hinblick auf die Texte von Thomas von Aquin.*

3 *In seiner am 30. 3. 1995 veröffentlichten Enzyklika „Evangelium vitae" (Evangelium des Lebens) erklärt* ***Papst Johannes Paul II.***, *„die gläubigen Katholiken seien nicht verpflichtet Gesetzen zu folgen, die Abtreibung und Euthanasie ermöglichten. Statt dessen hätten sie die Pflicht Widerspruch gegen diese Gesetze zu erheben. Auch wenn die weltliche Gesetzgebung diese zuließen, so verstießen sie doch gegen das göttliche Gesetz." (General-Anzeiger, Bonn, 31. 3. 1995)*
Erörtern Sie, inwiefern Thomas' Überlegungen zum natürlichen Gesetz und zum Widerstandsrecht in die Position des Papstes eingehen und ob diese Ihrer Meinung nach gerechtfertigt ist.

In den Theorien der antiken und mittelalterlichen Staats-, Rechts- und Gesellschaftsphilosophie, die im vorausgegangenen Abschnitt vorgestellt wurden, werden die Einzelpersonen in Abhängigkeit von der Gemeinschaft gedacht.
Platon konstruiert seinen Idealstaat aus Gesellschaftsgruppen, die jeweils dem vernünftigen, mutigen und begehrlichen Teil der Individualseele entsprechen, sodass eine organismusartige Staatseinheit entsteht. Für **Aristoteles** ist das Gemeinschaftsleben die natürliche Bestimmung des Menschen und dessen Ziel die autarke staatliche Gemeinschaft, die ein gutes Leben nach den Tugenden der „goldenen Mitte" ermöglicht. Bei **Thomas von Aquin** wird die weltliche Herrschaft ewigen göttlichen und natürlichen Gesetzen untergeordnet. Die Einheit von Individuum und Staat wird durch seine Differenzierung unterschiedlicher Rechtsbereiche brüchig. Noch ist der einzelne Mensch nur als Teilhaber an der göttlichen Vernunft und ihren Gesetzen zur Opposition gegen den Staat berechtigt. Aber die unbedingte Verpflichtung gegenüber der staatlichen Gemeinschaft und ihren Gesetzen, die Sokrates sein Todesurteil annehmen ließ, gerät damit ins Wanken.

2 *Staat und Recht in der klassisch-bürgerlichen Staatstheorie*

Titelseite des Buches „Leviathan" (1651) von Thomas Hobbes, dem Begründer der modernen Staatsphilosophie. Der „Leviathan", ein biblisches Ungeheuer, das den Staat verkörpert, setzt sich aus lauter einzelnen Menschen zusammen.

Das Gemälde von Hyazinthe Rigaud (1701) stellt den französischen König Ludwig XIV. dar. Als absolutistischer Herrscher vertrat er die Auffassung: „L' état, c'est moi". („Der Staat bin ich.")

– *Was haben die beiden Vorstellungen gemeinsam, inwiefern unterscheiden sie sich?*

Noch im Mittelalter sahen die Menschen sich immer schon als Teil einer organisierten Gemeinschaft, eines „Staatskörpers", symbolisiert etwa in der Person des Königs. Reden wir dagegen heute von „Staat", so denken wir meist an einen Staatsapparat, der dem Einzelnen gegenübersteht. Der „Staat" ist für uns eine Organisation, zu der sich die Einzelnen erst zusammenschließen. Anders als für die Staatsphilosophen der Antike ist es für die meisten von uns nicht mehr selbstverständlich, dass der Mensch immer schon Mitglied eines Staates ist. Wir fragen uns vielmehr zunächst einmal, warum und inwieweit wir uns überhaupt einem Staat unterordnen sollen. In der Politik und im Alltag, bei Diskussionen um das staatliche „Gewaltmonopol" oder um die „innere Sicherheit" ebenso wie um die Schulpflicht oder die Steuern, immer wieder geht es um die Fragen: Was soll und was darf der Staat tun, braucht man – für eine bestimmte Aufgabe oder ganz allgemein – überhaupt einen Staat?

Dabei haben die meisten Bürger der (westlichen) Demokratien zu diesen Fragen einige Grundüberzeugungen gemeinsam, auf denen auch die Verfassungen dieser Staaten und ihr politischer Alltag beruhen. Diese Überzeugungen sind nicht selbstverständlich, sie entstanden vielmehr erst zu Beginn der Neuzeit in Europa und wurden von den Staatsphilosophen des 16. bis 18. Jahrhunderts systematisch aufgearbeitet.
Mit dem Übergang vom Mittelalter zur Neuzeit war nämlich die Vorstellung von einer festen Weltordnung, die jedem einen bestimmten Platz zuweist, zunehmend in Frage gestellt worden. Das aufstrebende Bürgertum befreite sich immer weiter aus den überkommenen starren Bindungen der Standes- und Zunftordnung. Diese Ordnung hatte sich überlebt, sie behinderte die freie Entfaltung des Individuums und stand dem Bürgertum in seiner wirtschaftlichen und politischen Entwicklung im Weg. Neue Formen des Zusammenlebens im Staat mussten entworfen und begründet werden.
Die Staatsphilosophie der Renaissance entwickelte solche Konzeptionen vor allem in Form von Staatsutopien, so z. B. **Thomas Morus** (1478–1535) in seinem Roman „Utopia" (➔ Kap. I, 3.1). Der Bruch mit den überlieferten Wertvorstellungen zeigte sich auch in einer neuen, nüchtern-realistischen Betrachtung der Politik, z. B. in **Nicolo Macchiavellis** (1469–1527) Schrift „Der Fürst", einem Handbuch für skrupellose Politiker.
Die **Philosophen der Aufklärung** und ihre unmittelbaren Vorgänger entwarfen dann die eigentlich philosophische Theorie des modernen Staates. Ausgehend von der Kritik an Kirche und Königtum maßen sie alle Herrschaft daran, ob sie sich vernünftig begründen ließ. Dieser Begründung lag ein völlig anderes Bild vom Menschen und der Gesellschaft zugrunde als der mittelalterlichen und antiken Philosophie: Ausgangspunkt war nun nicht mehr die staatliche Gemeinschaft (z. B. die Polis), sondern die Privatperson. Die Rechte und Interessen des *einzelnen* Bürgers standen im Mittelpunkt der neuen staatsphilosophischen Ideen. Diese Ideen wurden politisch wirksam in den großen historischen Umwälzungen, die zur Entstehung der heutigen „bürgerlichen" Demokratien führten („Glorious Revolution" in England 1689, Amerikanische Unabhängigkeitserklärung 1776, Französische Revolution 1789); sie prägen bis heute unser Staatsverständnis.

1 *Informieren Sie sich über*
   - *die oben erwähnten historischen Prozesse, in denen in Europa und den USA moderne demokratische Staaten entstanden (z. B. Vorgeschichte und Verlauf der Französischen Revolution von 1789);*
   - *die Unterschiede in Wirtschafts- und Staatsform, Lebens- und Denkweise zwischen der mittelalterlichen und der modernen Gesellschaft (etwa am Beispiel des Lehns- oder des Zunftwesens).*

2 *Erörtern Sie die Frage, ob und unter welchen Bedingungen der Einzelne sich einem Staat unterwerfen sollte. Verdeutlichen Sie sich die Problematik durch Beispiele; wie beurteilen sie etwa*
   - *ein Alkoholverbot im Interesse der Volksgesundheit,*
   - *eine staatliche Geburtenplanung (z. B. einen gesetzlichen Zwang zur „Ein-Kind-Ehe") in einem überbevölkerten Land,*
   - *die staatliche Schulpflicht?*

2.1 Thomas Hobbes: Die Notwendigkeit des Staates als Zwangsinstitution

Es stellt sich zunächst die Frage: Warum muss es überhaupt einen Staat geben? Zur Beantwortung dieser Frage könnte man auf die unterschiedlichsten Aufgabenbereiche des Staates verweisen, von der Bildung bis zum Straßenbau; es ließe sich jedoch bei vielen dieser Aufgaben einwenden, dass sie auch von anderen Institutionen als dem Staat übernommen werden können. Wir konzentrieren uns bei der Untersuchung daher auf das entscheidende Merkmal des Staates, das ihn, so der Soziologe **Max Weber** (1864–1920), von allen anderen Institutionen unterscheidet, das „Monopol der legitimen physischen Gewaltsamkeit“: Allein die Vertreter des Staates sind berechtigt, Gewalt anzuwenden um Konflikte zu schlichten oder die Einhaltung von Regeln zu garantieren, keine andere Organisation oder Privatperson, mag sie auch noch so gute Gründe dafür haben. Das gilt vor allem für die Strafverfolgung, aber auch für privaten Streit oder politische Aktionen. Diese Aufgaben des Staates können daher nicht „privatisiert“ werden, im Gegensatz etwa zum Schulwesen oder der Post (➔ Kap. I, 3.2).

Dieses **„Gewaltmonopol“** des Staates wurde erst im Absolutismus allmählich durchgesetzt, gegen die Vielzahl der mittelalterlichen Teilgewalten (z. B. der kleineren Fürsten) und der Fehden und Kleinkriege. Der Wunsch, einer solchen Gesellschaft voller gewalttätiger Konflikte eine vernünftig begründete Ordnung entgegenzusetzen, war ein Hauptmotiv für die Staatsphilosophen der frühen Neuzeit.

Dies trifft besonders für den Engländer **Thomas Hobbes** (1588–1679) zu. Er begründete als einer der ersten modernen Staatsphilosophen die Notwendigkeit des Staates – und seines Gewaltmonopols – konsequent nicht von religiösen oder metaphysischen Voraussetzungen und auch nicht von der Gemeinschaft her, sondern vom Interesse des Individuums aus. Wenn er dabei von einem „Naturzustand“ ausgeht, so geht es ihm weniger um eine historische Beschreibung als vielmehr um eine Art Gedankenexperiment: Was wäre, wenn die Menschen ohne Einschränkung durch einen Staat nur ihrer „Natur“ folgten? Hobbes entwickelt dabei eine bestimmte Anthropologie (➔ Kap. II, 1.2.1): Für ihn ergibt eine wissenschaftlich nüchterne und systematische Untersuchung der menschlichen Natur, dass im „Naturzustand“ Konkurrenzkampf und Machtstreben zu einem unerbittlichen Krieg aller gegen alle führen müssen. Aus diesen Überlegungen entwickelt er dann seine Begründung des Staates.

Von den Ursachen, der Erzeugung und der Definition eines Staates

Die Menschen, die von Natur aus Freiheit und Herrschaft über andere lieben, führten die Selbstbeschränkung, unter der sie, wie wir wissen, in Staaten leben, letztlich allein mit dem Ziel und der Absicht ein dadurch für ihre Selbsterhaltung zu sorgen und ein zufriedeneres Leben zu führen – das heißt, dem elenden Kriegszustand zu entkommen, der, wie im 13. Kapitel[1] gezeigt wurde, aus den natürlichen Leidenschaften der Menschen notwendig folgt, dann nämlich, wenn es keine sichtbare Gewalt gibt, die sie im Zaume zu halten und durch Furcht vor Strafe an die Erfüllung ihrer Verträge und an die Beachtung der natürlichen Gesetze zu binden vermag. [...]

Der alleinige Weg zur Errichtung einer solchen allgemeinen Gewalt, die in der Lage ist die Menschen vor dem Angriff Fremder und vor gegenseitigen Übergriffen zu schützen und ihnen dadurch eine solche Sicherheit zu verschaffen, dass sie sich durch eigenen

Thomas Hobbes

1588–1679

„Zwillinge brachte meine Mutter zur Welt, mich und die Furcht", berichtet Thomas Hobbes in seiner Autobiographie über seine Geburt im Jahre 1588; denn voller Schrecken über den Angriff der spanischen Armada auf England soll seine Mutter ihn vorzeitig zur Welt gebracht haben. Die Furcht vor den Folgen von Krieg und Bürgerkrieg wurde zum zentralen Motiv seiner politischen Philosophie. Während seines langen Lebens wüteten in Europa viele blutige Kriege, darunter der „Dreißigjährige Krieg" (1618–1648) in Deutschland. Hobbes' Heimatland England war Schauplatz eines Bürgerkriegs zwischen König und Parlament (1642–1648): König Karl I. hatte versucht absolutistische Herrschaftsformen einzuführen; der darauf folgende Bürgerkrieg zwischen ihm und dem Parlament endete mit der Niederlage und Hinrichtung des Königs. Nach einer Periode der Militärdiktatur unter Cromwell wurde noch zu Hobbes' Lebzeiten der Sohn Karls I. neuer englischer König. Hobbes war selbst in diese politischen Ereignisse verwickelt. Zunächst führte er jedoch ein eher ruhiges Leben: Er war Sohn eines Landpredigers, lernte schon als Kind Latein und Griechisch und ging mit fünfzehn an die Universität Oxford; später reiste er als Hauslehrer junger Adliger mehrfach durch Europa und lernte führende Wissenschaftler seiner Zeit kennen, darunter Descartes und Galilei. Dann aber setzte er sich im Streit zwischen Krone und Parlament für die Rechte des Königs ein und musste deshalb 1640 nach Frankreich ins Exil gehen. Dort verfasste er seine staatsphilosophischen Werke, in denen er zwar das absolutistische Königtum verteidigt, aber zugleich Religion und Kirche kritisiert. Wegen dieser Kritik musste er 1651 erneut fliehen, diesmal zurück nach England, wo er bis zu seinem Tode im Jahre 1679 zurückgezogen lebte. Vertraut mit der Naturwissenschaft seiner Zeit versuchte Hobbes deren Methoden auf Psychologie und Staatstheorie zu übertragen: Aus einer Analyse der menschlichen Antriebe wollte er quasi naturwissenschaftlich seine Sozialphilosophie ableiten, ohne alle metaphysischen Voraussetzungen. Wenn er dabei Furcht und Selbsterhaltungstrieb als Grundtriebe ansah, so war er doch selbst keineswegs ein düsterer Menschenfeind; er soll ein heiterer Mensch mit vielen Freunden gewesen sein. Durch sein Werk aber blieb er einer der meistgehassten politischen Denker; seine Schriften wurden von der katholischen Kirche verboten und im protestantischen England noch nach seinem Tode öffentlich verbrannt.

Fleiß und von den Früchten der Erde ernähren und zufrieden leben können, liegt in der Übertragung ihrer gesamten Macht und Stärke auf einen Menschen oder eine Versammlung von Menschen, die ihre Einzelwillen durch Stimmenmehrheit auf einen Willen reduzieren können. Das heißt so viel wie einen Menschen oder eine Versammlung von Menschen bestimmen, die deren Person verkörpern sollen, und bedeutet, dass jedermann alles als eigen anerkennt, was derjenige, der auf diese Weise seine Person verkörpert, in Dingen des allgemeinen Friedens und der allgemeinen Sicherheit tun oder veranlassen wird, und sich selbst als Autor alles dessen bekennt und dabei den eigenen Willen und das eigene Urteil seinem Willen und Urteil unterwirft. Dies ist mehr als Zustimmung oder Übereinstimmung: Es ist eine wirkliche Einheit aller in ein und derselben Person, die durch Vertrag eines jeden mit jedem zustande kam, als hätte jeder zu jedem gesagt: *Ich autorisiere diesen Menschen oder diese Versammlung von Menschen und übertrage ihnen mein Recht mich zu regieren unter der Bedingung, dass du ihnen ebenso dein Recht überträgst und alle ihre Handlungen autorisierst.* Ist dies geschehen, so nennt man diese zu einer Person vereinte Menge *Staat* , auf lateinisch *civitas*. Dies ist die Erzeugung jenes großen *Leviathan* oder besser, um es ehrerbietiger auszudrücken, jenes *sterblichen Gottes*, dem wir unter dem *unsterblichen Gott* unseren Frieden und Schutz verdanken. Denn durch diese ihm von jedem Einzelnen im Staate verliehene Autorität steht ihm so viel Macht und Stärke zur Verfügung, die auf ihn übertragen worden sind, dass er durch den dadurch erzeugten Schrecken in die Lage versetzt wird den Willen aller auf den innerstaatlichen Frieden und auf gegenseitige Hilfe gegen auswärtige Feinde hinzulenken. Hierin liegt das Wesen des Staates, der, um eine Definition zu geben, *eine Person* ist, *bei der sich jeder Einzelne einer großen Menge durch gegenseitigen Vertrag eines jeden mit jedem zum Autor ihrer Handlungen gemacht hat, zu dem Zweck, dass sie die Stärke und Hilfsmittel aller so, wie sie es für zweckmäßig hält, für den Frieden und die gemeinsame Verteidigung einsetzt.* Wer diese Person verkörpert, wird *Souverän* genannt und besitzt, wie man sagt, *höchste Gewalt* und jeder andere daneben ist sein *Untertan*.

Von den Rechten der Souveräne durch Einsetzung

Ein *Staat* wird *eingesetzt* genannt, wenn bei einer *Menge* von Menschen *jeder mit jedem* übereinstimmt und *vertraglich übereinkommt*, dass jedermann, sowohl wer *dafür* als auch wer *dagegen stimmte*, alle Handlungen und Urteile *jedes Menschen* oder jeder *Versammlung von Menschen*, denen durch die Mehrheit das *Recht* gegeben wird die Person aller zu *vertreten*, das heißt ihre *Vertretung* zu sein, in derselben Weise *autorisieren* soll, als wären sie seine eigenen, und dies zum Zweck eines friedlichen Zusammenlebens und zum Schutz vor anderen Menschen.

Von dieser Einsetzung eines Staates werden alle *Rechte* und *Befugnisse* dessen oder derer abgeleitet, denen die höchste Gewalt durch die Übereinstimmung des versammelten Volkes übertragen worden ist.

Aus dem Vertragsschluss muss geschlossen werden, dass die Vertragsschließenden nicht durch einen früheren Vertrag zu etwas verpflichtet sind, was dem widerspricht. Folglich können Menschen, die schon einen Staat eingesetzt haben, nicht rechtmäßig ohne seine Erlaubnis einen neuen Vertrag untereinander schließen einem anderen in irgendeiner Sache Gehorsam zu leisten, da sie vertraglich gebunden sind die Handlungen und Urteile des einen als eigene anzuerkennen. Und deshalb können die Untertanen eines Monarchen weder ohne seine Erlaubnis die Monarchie abschütteln und zu den wirren Zuständen einer ungeeinten Menge zurückkehren noch ihre Person von dem, der sie verkörpert, auf einen anderen Menschen oder eine andere Versammlung von Menschen übertragen, denn jeder ist jedem gegenüber verpflichtet, alles, was ihr derzeitiger Souverän tun und für eine geeignete Maßnahme halten wird, als eigene Handlung anzuerkennen und sich als ihr Autor ansehen zu lassen [...].

Da von den Vertragsschließenden das Recht ihre Person zu verkörpern, demjenigen, den sie zum Souverän ernennen, nur durch einen untereinander und nicht zwischen ihm und jedem Einzelnen von ihnen abgeschlossenen Vertrag übertragen wurde, kann seitens des Souveräns der Vertrag nicht gebrochen werden und folglich kann sich keiner seiner Untertanen von seiner Unterwerfung befreien, indem er sich auf Verwirkung beruft. [...]

Da jeder Untertan durch diese Einsetzung Autor aller Handlungen und Urteile des eingesetzten Souveräns ist, so folgt daraus, dass dieser durch keine seiner Handlungen einem seiner Untertanen Unrecht zufügen kann und dass er von keinem von ihnen eines Unrechts angeklagt werden darf. Denn wer aufgrund der Autorität eines anderen eine Handlung vornimmt, tut damit dem kein Unrecht, aufgrund von dessen Autorität er handelt. Bei dieser Einsetzung eines Staates ist aber jeder Einzelne Autor alles dessen, was der Souverän tut, und folglich beklagt sich, wer sich über ein Unrecht seines Souveräns beklagt, über etwas, wovon er selbst Autor ist und darf deshalb niemanden anklagen als sich selbst. Und sich selbst kann er nicht wegen eines Unrechts anklagen, da es unmöglich ist, sich selbst Unrecht zu tun. Es ist richtig, dass die Inhaber souveräner Gewalt unbillige Handlungen begehen können, nicht aber Ungerechtigkeit oder Unrecht im eigentlichen Sinn.

Es folgt aus dem zuletzt Gesagten, dass niemand, der souveräne Gewalt innehat, rechtmäßig hingerichtet oder auf eine andere Weise von seinen Untertanen bestraft werden kann. Denn da jeder Untertan Autor der Handlungen seines Souveräns ist, so bestraft er einen anderen für die Handlungen, die er selbst begangen hat.

Da der Zweck dieser Einsetzung Frieden und Verteidigung aller ist und jeder, der ein Recht auf den Zweck hat, auch ein Recht auf die Mittel dazu hat, so gehört es zu dem Recht jedes souveränen Menschen oder jeder souveränen Versammlung, Richter über die Mittel zum Frieden und zur Verteidigung sowie über das zu sein, was diese hindert und stört. Ferner sind sie berechtigt, alles, was ihrer Meinung nach zur Erhaltung von Frieden und Sicherheit nötig ist, vorbeugend zu tun, indem sie innere Zwietracht und Feindschaft

Die Hinrichtung des englischen Königs Karl I. 1649 nach seiner Niederlage im Bürgerkrieg gegen das Parlament

von außen verhindern, und das Nötige zu tun um Frieden und Sicherheit wiederzugewinnen, wenn sie verloren gegangen sind. Deshalb ist auch, [...] mit der Souveränität verbunden darüber Richter zu sein, welche Meinungen und Lehren dem Frieden abträglich sind und welche dazu führen, und folglich, bei welchen Anlässen, wie weitgehend und bei was man den Menschen überhaupt vertrauen darf, wenn sie Reden an Volksmengen halten, und wer die Lehren aller Bücher vor Veröffentlichung überprüfen soll. Denn die Handlungen der Menschen entspringen ihren Meinungen und eine gute Lenkung der menschlichen Handlungen, die Frieden und Eintracht unter ihnen bewirken soll, besteht in einer guten Lenkung ihrer Meinungen. Und obwohl in den mit Lehre zusammenhängenden Fragen ausschließlich an die Wahrheit zu denken ist, so steht dem doch ihre Regelung aus Gründen des Friedens nicht entgegen.

[...] Mit der Souveränität ist die gesamte Zuständigkeit zum Erlass der Regeln verbunden, aus denen jeder entnehmen kann, welche Güter er genießen und welche Handlungen er vornehmen darf ohne von einem seiner Mit-Untertanen belästigt zu werden. Und dies ist es, was man *Eigentum* nennt. Denn vor der Einsetzung der souveränen Gewalt besaßen, wie schon gezeigt wurde, alle Menschen ein Recht auf alles, was notwendigerweise Krieg verursacht. Und deshalb stellt dieses Eigentum, da es für den Frieden notwendig und von der souveränen Gewalt abhängig ist, eine Maßnahme dieser Gewalt zur Herstellung des öffentlichen Friedens dar. [...]

Mit der Souveränität ist das Recht der Rechtsprechung verbunden, das heißt des Anhörens und Entscheidens aller Streitfälle, die sich aus dem bürgerlichen oder natürlichen Gesetz ergeben können oder die Tatsachen betreffen. Denn ohne die Entscheidung von Streitfällen gibt es keinen Schutz eines Untertanen vor den Verletzungen durch einen anderen, die *meum* und *tuum*[2] betreffenden Gesetze sind nutzlos und jedermann behält aufgrund des natürlichen und notwendigen Selbsterhaltungstriebs das Recht, sich selbst durch seine eigene Stärke zu schützen, was Kriegszustand bedeutet und dem Zweck der Einsetzung eines jeden Staates entgegensteht.

[...]

Wenn in einem auswärtigen oder inneren Krieg die Feinde den Endsieg erringen, so dass ein weiterer Schutz der staatstreuen Untertanen nicht mehr möglich ist, da die Kräfte des Staates das Feld nicht länger beherrschen, dann ist der Staat *aufgelöst* und jedermann frei sich in der Weise zu schützen, die ihm sein eigener Verstand anrät. Denn der Souverän ist die öffentliche Seele, die dem Staat Leben und Bewegung verleiht; wird sie ausgehaucht, so werden die Glieder von ihr nicht mehr gelenkt als der Leichnam eines Menschen von seiner entwichenen – wenn auch unsterblichen – Seele. Denn kann auch das Recht eines souveränen Monarchen durch die Handlung eines anderen nicht zum Erlöschen gebracht werden, so aber doch die Verpflichtung der Glieder. Denn ein Schutzloser darf überall Schutz suchen und hat er ihn gefunden, so ist er verpflichtet seine Schutzmacht so lange er kann zu schützen, ohne dass er betrügerisch geltend machen kann, er habe sich aus Furcht unterworfen.

(Thomas Hobbes, Leviathan. In der Übers. von Walter Euchner. Hrsg. von Iring Fetscher. Ullstein Verlag, Frankfurt/Berlin/Wien 1976, S. 131–141, 254)

1 vgl. Kapitel II, 1.2.1
2 meum, tuum (latein.): mein, dein

1 Informieren Sie sich über Hobbes' Konzeption des Naturzustandes (vgl. Kap. II, 1.2.1). Können Hobbes' anthropologische Aussagen mit Recht als Aussagen über die menschliche Natur gelten (vgl. Kap. II, 1.5)?

2 *Veranschaulichen Sie sich das Gedankenexperiment des „Naturzustands", indem Sie sich z. B. vorstellen,*
   – *in Ihrer Stadt würden Polizei und andere Staatsorgane die Arbeit einstellen,*
   – *Ihre Mitschüler und Sie würden auf einer einsamen Insel stranden.*

3 *Rekonstruieren Sie Hobbes' Herleitung seiner Staatsvorstellung aus seiner Konzeption vom Naturzustand. Welche Konsequenzen ergeben sich für das Verhältnis von Individuum und Staat? Ist diese Herleitung überzeugend?*
   Unter welchen Bedingungen endet für Hobbes die Gehorsamspflicht des Bürgers gegenüber dem Staat?

4 *Erarbeiten Sie die Merkmale des Staates bei Hobbes. Auf welche Staatsform treffen diese Merkmale am ehesten zu und in welchen politischen Einstellungen und Bewegungen findet man – auch heute – Hobbes' Gedanken wieder?*

5 *Die absolutistischen Könige legitimierten ihre Herrschaft religiös, sie betrachteten sich als von Gott eingesetzt. Inwiefern widerspricht Hobbes' Staatsbegründung einem solchen Selbstverständnis? (Betrachten Sie dazu noch einmal die Bilder auf S. 306)*

6 *Übertragen Sie die Theorie von Hobbes zu Naturzustand und Staatsbegründung auf das Verhältnis der Staaten untereinander.*

7 *Gibt es Ihrer Ansicht nach Situationen, in denen man das staatliche Gewaltmonopol nicht akzeptieren und z. B. ein Haus oder den Bauplatz eines Atomkraftwerks besetzen sollte?*

Hobbes hat ein zentrales Element des modernen Staatsverständnisses formuliert: Anders als im Mittelalter beruht die Legitimität staatlicher Herrschaft, d. h. ihr Anspruch anerkannt zu werden, nicht auf einer göttlichen Weltordnung, sondern darauf, dass die Menschen aus eigenem Interesse Macht an den Staat übertragen; an die Stelle der organisch gewachsenen Gemeinschaft tritt – wie im Wirtschaftsleben – der Zusammenschluss unabhängiger Individuen in einem Vertrag, z. B. einer Verfassung **(„Vertragstheorie")**.
Die staatstheoretischen Vorstellungen, die Hobbes von diesem Ansatz aus entwickelt, sind jedoch umstritten. Die Kritik setzt schon bei den anthropologischen Voraussetzungen an, bei der These von der „Wolfsnatur" des Menschen. Sicher: Viele Erfahrungen bestätigen die nüchtern-pessimistischen Aussagen von Hobbes; aber kann man daraus schon Aussagen über ein festes Wesen des Menschen, über seine „Natur" ableiten? Solche Wesensaussagen über den Menschen sind fragwürdig (➔ Kap. II, 1.5). Vor allem die anarchistischen und marxistischen Staatstheoretiker (➔ Kap. IV, 3.2 und 3.3) bestreiten zudem, dass das, was unter den Bedingungen des Bürgerkriegs oder der „Ellenbogengesellschaft" zum Vorschein kommt, die menschliche Natur sei. Der Mensch im „Naturzustand", wie Hobbes ihn beschreibt, ist für sie vielmehr gerade der von Staat und Gesellschaft seiner (und unserer) Zeit geprägte Mensch.
Aber selbst wenn man von Hobbes' eigenen Voraussetzungen ausgeht, bleiben seine staatsphilosophischen Folgerungen problematisch: Das Interesse des Einzelnen, der Ausgangspunkt seiner Staatsbegründung, wird durch die völlige Auslieferung dieses Einzelnen an den Staat gefährdet; wer im Interesse seiner Sicherheit all seine Rechte an den Staat abgibt, muss fürchten gerade vom Staat in seiner Sicherheit beeinträchtigt zu werden.
Daher vertreten die im Folgenden vorgestellten liberalen Staatsphilosophen eine andere Staatskonzeption. Sie teilen zwar Hobbes' Einschätzung, dass menschliches Zusammenleben immer bedroht sein wird von Konflikten und man daher einen Staat braucht; für sie ist es jedoch vor allem Aufgabe der Staatsordnung, die Freiheit des Individuums auch gegen den Staat zu schützen.

2.2 Die Einschränkung der staatlichen Macht

2.2.1 John Locke: Naturzustand und Naturrecht

Um die Begründung des Staates *und* die Rechte des Bürgers dem Staat gegenüber geht es dem englischen Philosophen **John Locke** (1632–1704) in seiner Staatstheorie. Er war einer der wichtigsten Vertreter der Aufklärung und des aufstrebenden Bürgertums in seinem Land und dazu Mediziner und Wirtschaftspolitiker. Sein Hauptinteresse galt neben der Staatsphilosophie der Erkenntnistheorie, in der er die Position des Empirismus vertrat (➔ Kap. I, 1.3). Zu seinen Lebzeiten musste der König nach langen Auseinandersetzungen mit den Liberalen schließlich das Land verlassen („Glorious Revolution" von 1689), die Macht des neuen Königs und seiner Nachfolger wurde durch einen Vertrag, die „Bill of Rights", von vornherein stark eingeschränkt. Locke selbst engagierte sich in der Politik, und zwar auf Seiten der Liberalen, weshalb er einige Jahre im holländischen Exil verbringen musste.

Seine Staatstheorie hat wichtige Elemente mit der von Hobbes gemeinsam, aber – in der Konzeption eines Naturrechts – auch mit der antiken bzw. mittelalterlichen Tradition. Die Vorstellungen, die Locke hier entwickelt, liegen bis heute dem Staatsverständnis der westlichen Demokratien zugrunde. Dabei schränkt Locke allerdings – wie andere politische Denker seiner Zeit – die aktive Teilnahme am politischen Leben auf die besitzenden Schichten ein. Als typischer Vertreter des Bürgertums sieht er den Schutz des Eigentums als eine der Hauptaufgaben des Staates und entwickelt in diesem Zusammenhang eine ausführliche Theorie zur Entstehung des Eigentums, auf die wir hier allerdings nicht näher eingehen.

John Locke

Der Naturzustand

Um politische Gewalt richtig zu verstehen und sie von ihrem Ursprung herzuleiten, müssen wir sehen, in welchem Zustand sich die Menschen von Natur aus befinden. Es ist ein Zustand vollkommener Freiheit, innerhalb der Grenzen des Naturgesetzes seine Handlungen zu lenken und über seinen Besitz und seine Person zu verfügen, wie es einem am besten scheint – ohne jemandes Erlaubnis einzuholen und ohne von dem Willen eines anderen abhängig zu sein.

Es ist überdies ein Zustand der Gleichheit, in dem alle Macht und Rechtsprechung wechselseitig sind, da niemand mehr besitzt als ein anderer: Ist doch nichts offensichtlicher, als dass Lebewesen von gleicher Art und gleichem Rang, die unterschiedslos zum Genuss derselben Vorteile der Natur und zum Gebrauch der gleichen Fähigkeiten geboren sind, auch gleichgestellt leben sollen, ohne Unterordnung oder Unterwerfung [...].

Ist dies zwar ein Zustand der Freiheit, so ist es doch nicht ein Zustand der Zügellosigkeit. Obwohl der Mensch in diesem Zustand die unkontrollierbare Freiheit besitzt über seine Person und seinen Besitz zu verfügen, hat er doch nicht die Freiheit sich selbst oder irgendein in seinem Besitz befindliches Lebewesen zu zerstören, es sei denn, ein edlerer Zweck als die bloße Erhaltung erfordere es. Im Naturzustand herrscht ein natürliches Gesetz, das für alle verbindlich ist. Die Vernunft aber, welcher dieses Gesetz entspringt, lehrt alle Menschen, wenn sie sie nur um Rat fragen wollen, dass niemand einem anderen, da alle gleich und unabhängig sind, an seinem Leben, seiner Gesundheit, seiner Freiheit oder seinem Besitz Schaden zufügen soll. Alle Menschen nämlich sind das Werk eines einzigen allmächtigen und unendlich weisen Schöpfers, die Diener eines einzigen souveränen Herrn, auf dessen Befehl und in dessen Auftrag sie in die Welt gesandt wurden. Sie sind sein Eigentum, denn sie sind sein Werk, von ihm geschaffen, dass sie so lange bestehen, wie es ihm gefällt, nicht aber, wie es ihnen untereinander gefällt. Und da uns allen die gleichen Fähigkeiten verliehen wurden und wir alle Glieder einer einzigen Gemeinschaft, der der Natur, sind, kann nicht angenommen werden, dass uns irgendeine Rangordnung unter uns dazu ermächtigt, einander zu zerstören, als wären wir einer zu des anderen Nutzen geschaffen, so wie die untergeordneten Lebewesen zu unserem Nutzen geschaffen sind. Wie ein jeder verpflichtet ist sich selbst zu erhalten und seinen Platz nicht freiwillig zu verlassen, so sollte er aus dem gleichen Grund, wenn es seine eigene Selbsterhaltung nicht gefährdet, nach Möglichkeit auch die übrige Menschheit erhalten. Er sollte niemanden seines Lebens oder dessen, was zur Erhaltung des Lebens dient: seiner Freiheit, seiner Gesundheit, seiner Glieder oder seiner Güter berauben oder sie beeinträchtigen – es sei denn um an einem Verbrecher Gerechtigkeit zu üben.

Damit nun die Menschen davon abgehalten werden, sich gegenseitig in ihren Rechten zu beeinträchtigen und einander Schaden zuzufügen und damit das Naturgesetz beobachtet werde, das den Frieden und die Erhaltung der ganzen Menschheit verlangt, so ist in jenem Zustand die Vollstreckung des Naturgesetzes in die Hand aller gegeben. Ein jeder hat somit das Recht, diejenigen, die das Gesetz überschreiten, in dem Maße zu strafen, wie es nötig ist eine neue Verletzung zu verhindern. Denn gleich allen anderen die Menschen dieser Welt betreffenden Gesetzen wäre das Naturgesetz nichtig, wenn im Naturzustand niemand die Macht hätte dieses Gesetz zu vollstrecken um den Unschuldigen zu schützen und den, der es überschreitet, in Schranken zu halten. Wenn aber jeder Einzelne im Naturzustand einen anderen für jedes von ihm begangene Unrecht bestrafen kann, so können es alle tun. Denn was in diesem Zustande der vollkommenen Gleichheit, wo es von Natur weder Überordnung noch Rechtsprechung des einen über den anderen gibt, zur Vollstreckung dieses Gesetzes irgendeinem zu tun erlaubt ist, muss notwendigerweise auch das Recht aller sein.

So kann es im Naturzustande geschehen, dass ein Mensch über einen anderen Macht erlangt. Er hat jedoch keine absolute und willkürliche Macht, einen Verbrecher, wenn er ihn in seine Hände bekommen hat, so zu behandeln, wie es ihm seine hitzige Leidenschaft oder die grenzenlose Zügellosigkeit seines Willens eingeben, sondern er hat einzig die Macht nach dem Urteil ruhiger Überlegung und nach der Sprache seines Gewissens im Verhältnis zu der Schwere seines Vergehens Vergeltung an ihm zu üben, d. h. in dem Maße, wie es der Wiedergutmachung und Abschreckung dient. Nur zu diesen beiden Zwecken nämlich darf ein Mensch einem anderen rechtmäßig Schaden zufügen. [...]

Die Entstehung politischer Gesellschaften

Die Menschen sind – wie schon gesagt wurde – von Natur alle frei, gleich und unabhängig und niemand kann ohne seine Einwilligung aus diesem Zustand verstoßen und der politischen Gewalt eines anderen unterworfen werden. Die einzige Möglichkeit, diese natürliche Freiheit aufzugeben und die Fesseln bürgerlicher Gesellschaft anzulegen, ist die, dass man mit anderen Menschen übereinkommt, sich zusammenzuschließen und in eine Gemeinschaft zu vereinigen, mit dem Ziel behaglich, sicher und friedlich miteinander zu leben – in dem sicheren Genuss des Eigentums und in größerer Sicherheit gegenüber allen, die ihr nicht angehören. Jede beliebige Anzahl von Menschen kann dies tun, denn es verletzt nicht die Freiheit der übrigen; diese verbleiben wie zuvor in der Freiheit des Naturzustandes. Sobald eine Anzahl von Menschen auf diese Weise übereingekommen ist eine Gemeinschaft oder Regierung zu bilden, haben sie sich ihr sogleich einverleibt und sie bilden einen einzigen politischen Körper, in dem die Mehrheit das Recht hat zu handeln und die übrigen Glieder mitzuverpflichten.

Hat nämlich eine Anzahl von Menschen unter Zustimmung jedes Einzelnen eine Gemeinschaft gebildet, dann haben sie diese Gemeinschaft zu einem einzigen Körper gemacht, mit der Macht wie ein einziger Körper zu handeln, was allein durch den Willen und den Beschluss der Mehrheit geschehen kann. Allein die Zustimmung der Individuen, die ihr angehören, kann eine Gemeinschaft zum Handeln befähigen. Da sich ein einziger Körper notwendigerweise nur in eine Richtung bewegen kann, muss sich der Körper notwendigerweise auch dorthin bewegen, wohin ihn die größere Kraft treibt – und das ist die Übereinkunft der Mehrheit. Anders kann sie unmöglich handeln oder als ein einziger Körper oder eine einzige Gemeinschaft handeln oder fortbestehen – wie es doch mit der Zustimmung jedes Einzelwesens, das darin vereint ist, beschlossen war –, und daher ist ein jeder durch diese Zustimmung verpflichtet sich der Mehrheit zu unterwerfen. So können wir sehen, dass bei Versammlungen, die durch positive Gesetze zum Handeln ermächtigt sind und denen jenes positive Gesetz, welches sie ermächtigte, keine bestimmte Zahl vorschreibt, der Beschluss der Mehrheit als der Beschluss aller gilt und somit entscheidet, da er nach dem Gesetz der Natur und der Vernunft die Gewalt der Gesamtheit besitzt.

Ein jeder also, der mit anderen übereinkommt einen einzigen politischen Körper unter *einer* Regierung zu bilden, verpflichtet sich gegenüber jedem Einzelnen dieser Gesellschaft sich dem Beschluss der Mehrheit zu unterwerfen und sich ihm zu fügen. Dieser ursprüngliche Vertrag, durch den er sich mit anderen in eine Gesellschaft vereinigt, würde ohne alle Bedeutung sein und kein Vertrag, wenn der Einzelne weiterhin frei bliebe und unter keinen anderen Verpflichtungen stünde als zuvor im Naturzustande. Denn was würde auf irgendeinen Vertrag hindeuten! Welche neue Verpflichtung würde er eingehen, wenn er durch die Beschlüsse dieser Gesellschaft nur so weit gebunden wäre, wie er selbst es für angebracht hielte und er ihnen tatsächlich zustimmte. Diese Freiheit wäre ebenso groß wie die, welche er vor seinem Vertrag hatte oder wie sie irgendjemand sonst im Naturzustand hat, der sich irgendwelchen Handlungen einer Gemeinschaft unterwerfen und ihnen zustimmen mag, wenn es ihm nützlich scheint.

[...]

Die Ziele der politischen Gesellschaft und der Regierung

Wenn der Mensch im Naturzustand so frei ist, wie gesagt worden ist, wenn er der absolute Herr seiner eigenen Person und Besitztümer ist, dem Größten gleich und niemandem untertan – warum soll er seine Freiheit aufgeben? Warum soll er auf diese Selbstherrschaft verzichten und sich der Herrschaft und dem Zwang einer anderen Gewalt unterwerfen? Die Antwort darauf liegt auf der Hand; denn wenn er im Naturzustand auch ein solches

Recht hat, so kann er sich seiner doch nur mit wenig Sicherheit erfreuen und ist fortwährend den Übergriffen anderer ausgesetzt. Da nämlich alle in demselben Maße König sind wie er selbst, da alle Menschen gleich sind und der größere Teil von ihnen sich nicht streng an Billigkeit und Gerechtigkeit hält, ist der Besitz seines Eigentums in diesem Zustand höchst unsicher und höchst ungewiss. Dies lässt ihn bereitwillig einen Zustand aufgeben, der bei aller Freiheit voll ist von Furcht und ständiger Gefahr, und nicht ohne Grund verlangt es ihn und ist er bereit sich zu einer Gesellschaft mit anderen zu verbinden, die sich entweder schon vereinigt haben oder doch die Absicht haben sich zu vereinigen – zur gegenseitigen Erhaltung ihres Lebens, ihrer Freiheiten und Güter, was ich ganz allgemein Eigentum nenne.

Das große und hauptsächliche Ziel also, zu dem sich Menschen in Staatswesen zusammenschließen und sich unter eine Regierung stellen, ist die Erhaltung ihres Eigentums. Im Naturzustand fehlt dazu vielerlei.

Zum Ersten bedarf es eines eingeführten und anerkannten Gesetzes, das mit allgemeiner Zustimmung als die Norm für Recht und Unrecht und als der allgemeine Maßstab zur Entscheidung aller Streitfälle unter ihnen angenommen und anerkannt ist. [...]

Zum Zweiten fehlt es im Naturzustand an einem anerkannten und unparteiischen Richter, mit Autorität, alle Streitfälle nach dem eingeführten Gesetz zu entscheiden. [...]

Zum Dritten fehlt es im Naturzustand häufig an einer Gewalt, die dem Urteil, wenn es gerecht ist, Rückhalt gibt, es verteidigt und für die gebührende Vollstreckung sorgt. [...]

Dies ist es, was alle Menschen so bereitwillig auf ihre persönliche Macht zu strafen verzichten lässt, damit sie allein von denen ausgeübt werde, die man aus ihrer Mitte dazu bestimmt – und zwar nach Regeln, wie sie die Gemeinschaft oder diejenigen, die sie zu diesem Zweck dazu ermächtigt haben, vereinbaren. Und hierin liegt also das ursprüngliche Recht und der Ursprung von beiden, der legislativen und der exekutiven Gewalt wie auch der Regierungen und der Gesellschaft selbst.

Denn im Naturzustand hat der Mensch neben der Freiheit unschuldigen Vergnügens zweierlei Gewalten.

Die Erste ist die, alles zu tun, was ihm innerhalb der Grenzen des Naturgesetzes für die Erhaltung seiner selbst und der anderen Menschen dienlich scheint. [...]

Die andere Gewalt des Menschen im Naturzustand ist die Gewalt Verbrechen zu bestrafen, die gegen jenes Gesetz begangen werden. Diese beiden Gewalten gibt er auf, wenn er sich privaten – wenn ich es so nennen darf – oder besonderen politischen Gesellschaften anschließt und sich einem von den übrigen Menschen gesonderten Staatswesen eingliedert.

Der Ersteren, nämlich der Gewalt alles zu tun, was ihm der Erhaltung seiner selbst und der übrigen Menschheit dienlich scheint, entsagt er um sich durch die von der Gesellschaft gegebenen Gesetze so weit lenken zu lassen, wie dies die Erhaltung seiner selbst und der übrigen Glieder jener Gesellschaft verlangt. Diese Gesetze der Gesellschaft schränken in vielen Fällen die Freiheit ein, die er nach dem Naturgesetz besaß.

Zum Zweiten entsagt er der Macht zu strafen vollkommen und setzt seine natürliche Kraft ein (die er vordem nur kraft eigener Autorität nach eigenem Ermessen zur Vollstreckung des Naturgesetzes gebrauchen konnte) um die exekutive Gewalt der Gesellschaft zu unterstützen, wie das Gesetz es verlangt. Er befindet sich jetzt in einem neuen Zustand, der ihm von der Arbeit, dem Beistand und der Gesellschaft der übrigen Glieder dieser Gemeinschaft große Vorteile wie auch den Schutz ihrer gesamten Stärke bringen soll, und er muss deshalb so weit auf seine natürliche Freiheit für sich selbst zu sorgen verzichten, als es das Wohl, das Gedeihen und die Sicherheit der Gesellschaft verlangen. Das ist nicht nur notwendig, sondern auch gerecht, denn alle übrigen Glieder der Gesellschaft tun ebendasselbe.

Aber obwohl die Menschen mit ihrem Eintritt in die Gesellschaft auf die Gleichheit, Freiheit und Exekutivgewalt des Naturzustandes verzichten um sie in die Hände der Gesellschaft zu legen, damit die Legislative so darüber verfügen kann, wie es das Wohl der Gesellschaft verlangt, so geschieht das doch nur mit der Absicht jedes Einzelnen sich seine Freiheit und sein Eigentum um so besser zu erhalten (denn von keinem vernunftbegabten Lebewesen wird man annehmen, dass es seine Lebensbedingungen mit der Absicht verändert sie zu verschlechtern). Und darum kann man auch niemals annehmen, dass sich die Gewalt der Gesellschaft oder der von ihr eingesetzten Legislative weiter erstrecken soll als auf das gemeinsame Wohl. Sie ist vielmehr verpflichtet eines jeden Eigentum dadurch zu sichern, dass sie Vorsorge trifft gegen jene drei Mängel, von denen oben die Rede war, die den Naturzustand so unsicher und unbequem machten. Wer immer deshalb die legislative oder höchste Gewalt eines Staatswesens innehat, ist verpflichtet nach eingeführten, stehenden Gesetzen zu regieren, die dem Volk verkündet und bekannt gemacht wurden – und nicht durch Maßnahmeverordnungen –, durch unparteiische und aufrechte Richter, die Streitfälle nach ebenjenen Gesetzen entscheiden müssen, und die Macht der Gemeinschaft im Inland nur zur Vollstreckung dieser Gesetze und nach außen zur Verhütung oder Vergeltung fremden Unrechts und zum Schutz der Gemeinschaft vor Überfällen und Angriffen zu verwenden. Und mit all dem darf kein anderes Ziel verfolgt werden als der Friede, die Sicherheit und das öffentliche Wohl des Volkes.

[...]

Die Auflösung der Regierung

[...] Der Grund, aus dem die Menschen in die Gesellschaft eintreten, ist die Erhaltung ihres Eigentums und das Ziel, um dessentwillen sie eine Legislative wählen und ihr Autorität verleihen, ist, dass Gesetze und Vorschriften geschaffen werden um über das Eigentum aller Glieder der Gesellschaft zu wachen und es zu schützen und so die Macht und die Herrschaft jedes Teiles oder Gliedes der Gesellschaft zu beschränken und zu mäßigen. Man kann nämlich niemals annehmen, es sei der Wille der Gesellschaft, dass die Legislative die Macht habe das zu zerstören, was ein jeder mit seinem Eintritt in die Gesellschaft hatte sichern wollen und um dessentwillen sich das Volk den von ihm selbst eingesetzten Gesetzgebern unterworfen hatte. Wann immer deshalb die Gesetzgeber danach trachten, dem Volk sein Eigentum zu nehmen oder zu zerstören oder es als Sklaven in ihre willkürliche Gewalt zu bringen, versetzen sie sich dem Volk gegenüber in den Kriegszustand. Dadurch ist es jeden weiteren Gehorsams entbunden und der gemeinsamen Zuflucht überlassen, die Gott für alle Menschen gegen Macht und Gewalt vorgesehen hat. Wann immer daher die Legislative dieses grundlegende Gesetz der Gesellschaft überschreiten und aus Ehrsucht, Furcht, Torheit oder Verderbtheit den Versuch unternehmen sollte, entweder selbst absolute Gewalt über Leben, Freiheit und Besitz des Volkes an sich zu reißen oder sie in die Hände eines anderen zu legen, verwirkt sie durch einen solchen Vertrauensbruch jene Macht, die das Volk mit weit anderen Zielen in ihre Hände gegeben hatte, und die Macht fällt zurück an das Volk, das dann ein Recht hat zu seiner ursprünglichen Freiheit zurückzukehren und durch die Errichtung einer neuen Legislative (wie sie ihm selbst am geeignetsten erscheint) für seine eigene Sicherheit und seinen Schutz zu sorgen – denn zu diesem Ziel befinden sie sich in der Gesellschaft.

(John Locke, Über die Regierung. In der Übers. v. Dorothee Tidow. Hrsg. von Peter Cornelius Mayer-Tasch. Reclam Verlag, Stuttgart 1974, S. 4–8, 73–75, 95–99, 166–167)

1 *Hobbes hatte über den Naturzustand gesagt: Für die Begriffe Recht und Unrecht, Gerechtigkeit und Ungerechtigkeit bleibt kein Raum. Wo es keine Herrschaft gibt, gibt es auch kein Gesetz. Wo es kein Gesetz gibt, kann es auch kein Unrecht geben (vgl. Kap. II, 1.2.1). Vergleichen Sie den „Naturzustand" bei Locke mit dem bei Hobbes. Welche Funktion haben die unterschiedlichen Konzeptionen vom Naturzustand für die jeweiligen Auffassungen von Staat und Recht?*

2 *Verdeutlichen Sie sich Lockes Begründung des „natürlichen Gesetzes" und des Widerstandsrechts und vergleichen Sie sie mit der bei Thomas von Aquin. Halten Sie Lockes Begründung für überzeugend?*

3 *Welche Gründe gibt es nach Locke dafür, aus dem Naturzustand in den Staatszustand überzugehen, was ist für ihn der eigentliche Staatszweck?*

4 *Warum sollte der Einzelne sich nach Locke dem Beschluss der Mehrheit unterwerfen? Halten Sie es demgegenüber für gerechtfertigt, wenn sich Einzelne oder Minderheiten in bestimmten Fällen dem Mehrheitsbeschluss widersetzen?*

5 *In der* ***Amerikanischen Unabhängigkeitserklärung*** *von 1776 heißt es:*

„Folgende Wahrheiten halten wir für selbstverständlich: dass alle Menschen gleich geschaffen sind; dass sie von ihrem Schöpfer mit gewissen unveräußerlichen Rechten ausgestattet sind; dass dazu Leben, Freiheit und das Streben nach Glück gehören; dass zur Sicherung dieser Rechte Regierungen unter den Menschen eingesetzt werden, die ihre rechtmäßige Macht aus der Zustimmung der Regierten herleiten; dass, wann immer irgendeine Regierungsform sich als diesen Zielen abträglich erweist, es Recht des Volkes ist, sie zu ändern oder abzuschaffen..."
(zit. nach E. Angermann, Der Aufstieg der Vereinigten Staaten, Stuttgart 1973, S. 7).

Inwiefern finden sich hier Gedanken der Locke'schen Staatstheorie wieder?

Die Unterzeichnung der amerikanischen Unabhängigkeitserklärung, Gründungsakt der Vereinigten Staaten 1776 (Gemälde v. J. Trumbull)

– *Überlegen Sie, inwieweit dieses historische Ereignis der vertragstheoretischen Konzeption von der Errichtung einer Regierung (bei Locke bzw. bei Hobbes) entspricht.*

Nicht nur die Garantie des inneren Friedens, sondern vor allem auch der Schutz der Freiheit und der Rechte des Bürgers legitimieren für Locke den Staat. So sehr seine Begründung des demokratischen Rechtsstaats damit auch dem „common sense" der westlichen Demokratien entspricht, lässt sie doch einige Fragen offen.
Das beginnt mit seiner Konzeption des Naturzustands: Sie beschränkt sich nicht, wie die von Hobbes, konsequent auf die Beschreibung dessen, was ohne Staat und Recht „natürlich" wäre, sondern behauptet schon die Existenz gewisser Rechte, die der Mensch im Naturzustand habe.
Es stellt sich die Frage nach dem Grund dieser Rechte. Dies ist entscheidend, da ja von daher das Widerstandsrecht und die Rechte des Individuums dem Staat gegenüber begründet werden. Locke verweist hier lediglich auf ein „natürliches Gesetz", das jedem einsichtig sein müsse, als Lehre der Vernunft und als Auftrag Gottes. Dies ist die traditionelle Begründung des **Naturrechts** wie etwa bei Thomas von Aquin; sie setzt die Vorstellung einer festen Weltordnung, in der alles seinen „natürlichen" Platz hat, voraus. Einer radikalen „modernen" Kritik, die nicht mehr von einer solchen Voraussetzung ausgeht, hält diese Begründung aber kaum stand. Schon Hobbes hatte aus diesem Grunde Begriffe wie Recht und Unrecht für den Naturzustand abgelehnt und Recht – wie viele spätere Rechtstheoretiker – lediglich als das gesehen, was die staatliche Gewalt jeweils an Regeln zur Ordnung des Gemeinwesens durchsetzt. Es gibt dann nur das sogenannte **„positive" Recht**, das heißt, die Gesamtheit aller von den zuständigen Staatsorganen erlassenen Gesetze, unabhängig davon, ob sie „gerecht" oder „ungerecht" sind.
Will man aber im Gegensatz zu Hobbes das in einem Staat geltende positive Recht nicht einfach akzeptieren, so muss man eben doch versuchen so etwas wie ein „Naturrecht" zu begründen, ein Recht des Individuums auch gegenüber dem Staat, einen Maßstab, an dem das positive staatliche Recht gemessen werden kann. Diesen Maßstab bilden die sogenannten **„Menschenrechte"** (➔ Kap. IV, 2.2.4). Es geht also um eine philosophische Begründung der Menschenrechte, die auch ohne Berufung auf überlieferte Naturrechtsvorstellungen für jeden überzeugend und nachvollziehbar ist.

2.2.2 Immanuel Kant: Die Begründung des Rechts in der Autonomie

Immanuel Kant (1724–1804) liefert eine umfassende philosophische Begründung der **Menschenrechte** und des **Rechtsstaats**; er geht dabei von Prinzipien aus, die uns schon aus seiner Ethik bekannt sind. Diese Begründung steht im Zentrum des folgenden Abschnitts über Kants Rechts- und Staatsphilosophie, nicht so sehr seine Überlegungen zu Fragen des Staatsaufbaus; in diesen Fragen nimmt er eine liberale Position ähnlich der von Locke ein und plädiert für eine „republikanische" Verfassung, d. h. für Gewaltenteilung und Repräsentativsystem.
Ausgangspunkt für die Begründung der Menschenrechte ist der Begriff der **„Menschenwürde"**: Die Achtung der Menschenwürde durch den Staat wird gefordert, wenn man die Menschenrechte als Schranke für staatliche Eingriffe in die Freiheit des Einzelnen verlangt. Worauf kann sich diese Forderung nach Respektierung der Menschenwürde nun berufen, in einer Zeit, in der religiöse und andere traditionelle Begründungen keine Allgemeingültigkeit mehr beanspruchen können.

Der Begriff eines jeden vernünftigen Wesens, das sich durch alle Maximen seines Willens als allgemein gesetzgebend betrachten muss, um aus diesem Gesichtspunkte sich selbst und seine Handlungen zu beurteilen, führt auf einen ihm anhängenden sehr fruchtbaren Begriff, nämlich den *eines Reichs der Zwecke.*

Ich verstehe aber unter einem *Reiche* die systematische Verbindung verschiedener vernünftiger Wesen durch gemeinschaftliche Gesetze. [...] Denn vernünftige Wesen stehen alle unter dem *Gesetz*, dass jedes derselben sich selbst und alle anderen *niemals bloß als Mittel*, sondern jederzeit *zugleich als Zweck an sich selbst* behandeln solle. Hierdurch aber entspringt eine systematische Verbindung vernünftiger Wesen durch gemeinschaftliche objektive Gesetze, d. h. ein Reich, welches, weil diese Gesetze eben die Beziehung dieser Wesen aufeinander als Zwecke und Mittel zur Absicht haben, ein Reich der Zwecke (freilich nur ein Ideal) heißen kann. [...]

Im Reiche der Zwecke hat alles entweder einen *Preis* oder eine *Würde*. Was einen Preis hat, an dessen Stelle kann auch etwas Anderes als Äquivalent gesetzt werden; was dagegen über allen Preis erhaben ist, mithin kein *Äquivalent* verstattet, das hat eine Würde.

Was sich auf die allgemeinen menschlichen Neigungen und Bedürfnisse bezieht, hat einen *Marktpreis*; das, was, auch ohne ein Bedürfnis vorauszusetzen, einem gewissen Geschmacke, d. i. einem Wohlgefallen am bloßen zwecklosen Spiel unserer Gemütskräfte, gemäß ist, einen *Affektionspreis*[1]; das aber, was die Bedingung ausmacht, unter der allein etwas Zweck an sich selbst sein kann, hat nicht bloß einen relativen Wert, d. i. einen Preis, sondern einen innern Wert, d. i. *Würde.*

Nun ist Moralität die Bedingung, unter der allein ein vernünftiges Wesen Zweck an sich selbst sein kann, weil nur durch sie es möglich ist, ein gesetzgebend Glied im Reiche der Zwecke zu sein. Also ist Sittlichkeit und die Menschheit, sofern sie derselben fähig ist, dasjenige, was allein Würde hat. [...]

Und was ist es denn nun, was die sittlich gute Gesinnung oder die Tugend berechtigt, so hohe Ansprüche zu machen? Es ist nichts Geringeres als der *Anteil*, den sie dem vernünftigen Wesen *an der allgemeinen Gesetzgebung* verschafft und es hiedurch zum Gliede in einem möglichen Reiche der Zwecke tauglich macht, wozu es durch seine eigene Natur schon bestimmt war, als Zweck an sich selbst und eben darum als gesetzgebend im Reiche der Zwecke, in Ansehung aller Naturgesetze als frei, nur denjenigen allein gehorchend, die es selbst gibt und nach welchen seine Maximen zu einer allgemeinen Gesetzgebung (der es sich zugleich selbst unterwirft) gehören können. Denn es hat nichts einen Wert, als den, welchen ihm das Gesetz bestimmt. Die Gesetzgebung selbst aber, die allen Wert bestimmt, muss eben darum eine Würde, d. i. unbedingten, unvergleichbaren Wert haben, für welchen das Wort *Achtung* allein den geziemenden Ausdruck der Schätzung abgibt, die ein vernünftiges Wesen über sie anzustellen hat. *Autonomie* ist also der Grund der Würde der menschlichen und jeder vernünftigen Natur.

1 Einen Marktpreis hat nach Kant z. B. Fleiß im Arbeiten, einen Affektionspreis z. B. haben Witz und Humor.

(Immanuel Kant, Grundlegung zur Metaphysik der Sitten. Hrsg. v. Theodor Valentiner. Reclam Verlag, Stuttgart 1961, S. 85–89)

1 *Rekonstruieren Sie Kants Begründung der Menschenwürde und vergleichen Sie sie mit der sog. Menschheitszweck-Formel des kategorischen Imperativs (vgl. Kap. III, 3.4.2).*

2 *Inwiefern lassen sich die einzelnen Menschenrechte als Konkretisierung des Schutzes der Menschenwürde verstehen?*

3 *Einschränkungen und Verletzungen der Menschenrechte werden mit übergeordneten Interessen der Allgemeinheit gerechtfertigt, z. B. bei bestimmten Methoden der Verbrechensbekämpfung. Beurteilen Sie eine solche Argumentation von Kants Ansatz aus.*

Die Würde des Menschen ist nach Kant also begründet in seiner **Autonomie**, in seiner Fähigkeit, frei und damit zugleich vernünftig und moralisch zu handeln (➔ Kap. III, 3.4.3 und 4.2).
Um diese Fähigkeit zu realisieren braucht der Mensch einen Spielraum zur Verwirklichung seiner (äußeren) Freiheit, seiner „Willkür". Damit der Mensch die Möglichkeit zu moralischem Handeln auch wirklich hat, muss die **Entfaltung der Willkürfreiheit** gewährleistet sein. Die Garantie eines solchen Freiheitsspielraums, die Freiheit als „Unabhängigkeit von eines anderen nötigender Willkür", ist für Kant daher das „einzige, ursprüngliche, jedem Menschen, kraft seiner Menschheit, zustehende Recht", aus dem sich alle anderen Menschenrechte ableiten. Diese Freiheit muss aber „mit jedes anderen Freiheit nach einem allgemeinen Gesetz zusammen bestehen" können, d. h. sie findet ihre Grenze da, wo die Freiheitsspielräume der anderen berührt sind. Eine solche gegenseitige Einschränkung der Handlungsfreiheit ist geregelt im **Recht**.
(Zitate aus: Immanuel Kant, Die Metaphysik der Sitten. In: Werke in 12 Bänden. Hrsg. von Wilhelm Weischedel. Bd. VIII. Suhrkamp Verlag, Frankfurt/M. [5]1982, S. 345)

Recht ist die Einschränkung der Freiheit eines jeden auf die Bedingung ihrer Zusammenstimmung mit der Freiheit von jedermann, insofern diese nach einem allgemeinen Gesetze möglich ist; und das *öffentliche Recht* ist der Inbegriff der *äußeren Gesetze*, welche eine solche durchgängige Zusammenstimmung möglich machen. Da nun jede Einschränkung der Freiheit durch die Willkür eines anderen *Zwang* heißt: so folgt, dass die bürgerliche Verfassung ein Verhältnis *freier* Menschen ist, die (unbeschadet ihrer Freiheit im Ganzen ihrer Verbindung mit anderen) doch unter Zwangsgesetzen stehen [...].
Der bürgerliche Zustand also, bloß als rechtlicher Zustand betrachtet, ist auf folgende Prinzipien a priori gegründet:

1. Die *Freiheit* jedes Gliedes der Sozietät, als *Menschen*.
2. Die *Gleichheit* desselben mit jedem anderen, als *Untertan*.
3. Die *Selbstständigkeit* jedes Gliedes eines gemeinen Wesens, als *Bürgers*.

Diese Prinzipien sind nicht sowohl Gesetze, die der schon errichtete Staat gibt, sondern nach denen allein eine Staatserrichtung, reinen Vernunftprinzipien des äußeren Menschenrechts überhaupt gemäß, möglich ist. Also:
1. Die *Freiheit* als Mensch, deren Prinzip für die Konstitution eines gemeinen Wesens ich in der Formel ausdrücke: Niemand kann mich zwingen, auf seine Art (wie er sich das Wohlsein anderer Menschen denkt) glücklich zu sein, sondern ein jeder darf seine Glückseligkeit auf dem Wege suchen, welcher ihm selbst gut dünkt, wenn er nur der Freiheit anderer, einem ähnlichen Zwecke nachzustreben, die mit der Freiheit von jedermann nach einem möglichen allgemeinen Gesetze zusammen bestehen kann, (d. i. diesem Rechte des andern) nicht Abbruch tut. [...] Dieses Recht der Freiheit kömmt ihm, dem Gliede des gemeinen Wesens, als Mensch zu, so fern dieser nämlich ein Wesen ist, das überhaupt der Rechte fähig ist. [...]
2. Die *Gleichheit* als Untertan, deren Formel so lauten kann: Ein jedes Glied des gemeinen Wesens hat gegen jedes andere Zwangsrechte [...]. Es ist aber alles, was unter Gesetzen steht, in einem Staate Untertan, mithin dem Zwangsrechte, gleich allen andern Mitgliedern des gemeinen Wesens, unterworfen [...]. Diese durchgängige Gleichheit der Menschen in einem Staat, als Untertanen desselben, besteht aber ganz wohl mit der größten Ungleichheit der Menge, und den Graden ihres Besitztums, nach, es sei an körperlicher oder Geistesüberlegenheit über andere, oder an Glücksgütern außer ihnen und an Rechten überhaupt (deren es viele geben kann) respektiv auf andere; sodass des einen

Wohlfahrt sehr vom Willen des anderen abhängt (des Armen vom Reichen), daß der eine gehorsamen muß (wie das Kind den Eltern, oder das Weib dem Mann) und der andere ihm befiehlt, daß der eine dient (als Taglöhner), der andere lohnt, u.s.w. Aber dem Rechte nach [...] sind sie dennoch als Untertanen alle einander gleich; weil keiner irgend jemanden anders zwingen kann, als durch das öffentliche Gesetz (und den Vollzieher desselben, das Staatsoberhaupt), durch dieses aber auch jeder andere ihm in gleicher Maße widersteht, niemand aber diese Befugnis zu zwingen (mithin ein Recht gegen andere zu haben) anders als durch sein eigenes Verbrechen verlieren, und es auch von selbst nicht aufgeben [...] kann [...].

Aus dieser Idee der Gleichheit der Menschen im gemeinen Wesen als Untertanen geht nun auch die Formel hervor: Jedes Glied desselben muss zu jeder Stufe eines Standes in demselben (die einem Untertan zukommen kann) gelangen dürfen, wozu ihn sein Talent, sein Fleiß und sein Glück hinbringen können; und es dürfen ihm seine Mituntertanen durch ein *erbliches* Prärogativ[1] (als Privilegiaten für einen gewissen Stand) nicht im Wege stehen, um ihn und seine Nachkommen unter demselben ewig niederzuhalten. [...]

3. Die *Selbständigkeit* [...] eines Gliedes des gemeinen Wesens als *Bürgers*, d. i. als Mitgesetzgebers. In dem Punkte der Gesetzgebung selbst sind alle, die *unter* schon vorhandenen öffentlichen Gesetzen frei und gleich sind, doch nicht, was das Recht betrifft, diese Gesetze zu *geben*, alle für gleich zu achten. Diejenigen, welche dieses Rechts nicht fähig sind, sind gleichwohl, als Glieder des gemeinen Wesens, der Befolgung dieser Gesetze unterworfen, und dadurch des Schutzes nach denselben teilhaftig; nur nicht als *Bürger*, sondern als *Schutzgenossen*. [...]

Derjenige nun, welcher das Stimmrecht in dieser Gesetzgebung hat, heißt ein *Bürger* (citoyen, d. i. *Staatsbürger*, nicht Stadtbürger, bourgeois). Die dazu erforderliche Qualität ist außer der *natürlichen* (daß es kein Kind, kein Weib sei), die einzige: dass er *sein eigener Herr* [...] sei, mithin irgendein *Eigentum* habe (wozu auch jede Kunst, Handwerk oder schöne Kunst, oder Wissenschaft gezählt werden kann), welches ihn ernährt [...]. Hier sind nun Kunstverwandte und große (oder kleine) Gutseigentümer alle einander gleich, nämlich jeder nur zu einer Stimme berechtigt. [...]

Folgerung

Hier ist nun ein *ursprünglicher Kontrakt*, auf den allein eine bürgerliche, mithin durchgängig rechtliche Verfassung unter Menschen gegründet und ein gemeines Wesen errichtet werden kann. – Allein dieser Vertrag [...] ist keineswegs als ein *Faktum* vorauszusetzen nötig (ja als ein solches gar nicht möglich); gleichsam als ob allererst aus der Geschichte vorher bewiesen werden müßte, dass ein Volk, in dessen Rechte und Verbindlichkeiten wir als Nachkommen getreten sind, *einmal* wirklich einen solchen Actus verrichtet, und eine sichere Nachricht oder ein Instrument davon uns, mündlich oder schriftlich, hinterlassen haben müsse, um sich an eine schon bestehende bürgerliche Verfassung für gebunden zu achten. Sondern es ist eine *bloße Idee* der Vernunft, die aber ihre unbezweifelte (praktische) Realität hat: nämlich jeden Gesetzgeber zu verbinden, dass er seine Gesetze so gebe, als sie aus dem vereinigten Willen eines ganzen Volks haben entspringen *können*, und jeden Untertan, so fern er Bürger sein will, so anzusehen, als ob er zu einem solchen Willen mit zusammen gestimmt habe. Denn das ist der Probierstein der Rechtmäßigkeit eines jeden öffentlichen Gesetzes. Ist nämlich dieses so beschaffen, dass ein ganzes Volk *unmöglich* dazu seine Einstimmung geben *könnte* (wie z. B. daß eine gewisse Klasse von *Untertanen* erblich den Vorzug des *Herrenstandes* haben sollten), so ist es nicht gerecht; ist es aber *nur möglich*, dass ein Volk dazu zusammenstimme, so ist es Pflicht, das Gesetz für gerecht zu halten: gesetzt auch, dass das Volk jetzt in einer solchen Lage oder Stimmung seiner Denkungsart wäre, dass es, wenn es darum befragt würde, wahrscheinlicherweise seine Beistimmung verweigern würde.

(Immanuel Kant, Über den Gemeinspruch: Das mag in der Theorie richtig sein, taugt aber nicht für die Praxis. In: I. Kant, Werke in 12 Bdn. Hrsg. von Wilhelm Weischedel. Bd. XI. Suhrkamp Verlag, Frankfurt/M. [3]1982, S. 144–154 [A 234–251])

1 Prärogativ: Vorrecht

1 *Machen Sie sich die kantische Definition des Rechts an Beispielen klar. Warum soll die gegenseitige Einschränkung der Freiheit nach einem „allgemeinen Gesetz" geschehen?*
2 *Das Recht regelt für Kant nur den Gebrauch der Willkür, der „äußeren" Freiheit; es geht nicht um die Motive der Handlungen, sondern um die – notfalls erzwungene – Einhaltung der Gesetze.*
Welche Folgen hat es, wenn man diese Unterscheidung nicht macht, d. h. wenn
- *der Staat moralisches Handeln mit rechtlichen Mitteln erzwingen will, oder wenn*
- *man sich in der Beurteilung von Handlungen auf die Frage beschränkt, ob sie legal sind?*

3 *Wie bestimmt Kant die „Gleichheit als Untertan" im Unterschied zu einer allgemeinen Gleichheit der Menschen?*
4 *Welches Gesellschafts- und Staatsmodell ergibt sich aus Kants Ausführungen zu „Gleichheit" und „Selbstständigkeit" und wie beurteilen Sie selbst diese Konzeption?*
5 *Verdeutlichen Sie sich Kants Kriterium für die Rechtmäßigkeit von Gesetzen an Beispielen, etwa den Rassegesetzen der NS-Zeit (vgl. Kap. I, 3.2) oder Steuererhöhungen oder anderen unpopulären Maßnahmen.*

Die Garantie des Rechts ist für Kant der Legitimationsgrund des Staates; den staatlich garantierten Rechtszustand stellt er dabei wie seine Vorgänger einem (hypothetischen) **Naturzustand** gegenüber.

Es ist nicht etwa die Erfahrung, durch die wir von der Maxime der Gewalttätigkeit der Menschen belehrt werden, und ihrer Bösartigkeit, sich, ehe eine äußere machthabende Gesetzgebung erscheint, einander zu befehden, also nicht etwa ein Faktum, welches den öffentlich gesetzlichen Zwang notwendig macht, sondern, sie mögen auch so gutartig und rechtliebend gedacht werden, wie man will, so liegt es doch a priori in der Vernunftidee eines solchen (nicht-rechtlichen) Zustandes, dass, bevor ein öffentlich gesetzlicher Zustand errichtet worden, vereinzelte Menschen, Völker und Staaten niemals vor Gewalttätigkeit gegen einander sicher sein können, und zwar aus jedes seinem eigenen Recht, zu tun, was *ihm recht und gut dünkt*, und hierin von der Meinung des anderen nicht abzuhängen; mithin das erste, was ihm zu beschließen obliegt, wenn er nicht allen Rechtsbegriffen entsagen will, der Grundsatz sei: man müsse aus dem Naturzustande, in welchem jeder seinem eigenen Kopfe folgt, herausgehen und sich mit allen anderen (mit denen in Wechselwirkung zu geraten er nicht vermeiden kann) dahin vereinigen, sich einem öffentlich gesetzlichen äußeren Zwange zu unterwerfen, also in einen Zustand treten, darin jedem das, was für das Seine anerkannt werden soll, *gesetzlich* bestimmt, und durch hinreichende *Macht* (die nicht die seinige, sondern eine äußere ist) zu Teil wird, d. i. er solle vor allen Dingen in einen bürgerlichen Zustand treten.

Zwar durfte sein natürlicher Zustand nicht eben darum ein Zustand der *Ungerechtigkeit* [...] sein, einander nur nach dem bloßen Maße seiner Gewalt zu begegnen; aber es war doch ein Zustand der *Rechtlosigkeit* […], wo, wenn das Recht *streitig* […] war, sich kein kompetenter Richter fand, rechtskräftig den Ausspruch zu tun, aus welchem nun in einen rechtlichen zu treten ein jeder den anderen mit Gewalt antreiben darf; weil, obgleich nach jedes seinen *Rechtsbegriffen* etwas Äußeres durch Bemächtigung oder Vertrag erworben werden kann, diese Erwerbung doch nur *provisorisch* ist, solange sie noch nicht die Sanktion eines öffentlichen Gesetzes für sich hat, weil sie durch keine öffentliche […] Gerechtigkeit bestimmt, und durch keine dies Recht ausübende Gewalt gesichert ist.

(Immanuel Kant, Die Metaphysik der Sitten. In: I. Kant, Werke in 12 Bdn. Hrsg. von Wilhelm Weischedel. Bd. VIII. Suhrkamp Verlag, Frankfurt/M. [5]1982, S. 430 f. [A 163 f.])

1 *Wie unterscheidet sich Kants Theorie von der Hobbes' in Bezug auf die Konzeption des Naturzustands und die Aufgabe und Legitimation des Staates?*

Kants Rechts- und Staatsphilosophie wurde hier stark verkürzt vorgestellt. Trotzdem lässt sich erkennen, dass sie gewisse Mängel früherer Theorien überwindet: Die Notwendigkeit des Staates wird nicht mehr wie bei Hobbes von einer bestimmten Vorstellung von der Natur des Menschen abhängig gemacht. Aufgabe des Staates ist nun primär die Garantie des Rechts, über die bloße Sicherung des inneren Friedens hinaus. Kants Begründung des Rechts stützt sich dabei anders als die Lockes nicht mehr auf traditionelle Naturrechtsvorstellungen, sondern auf das Prinzip der Autonomie des sittlichen Subjekts. Sie beruht damit auf den gleichen Grundlagen wie seine Ethik.
Wer daher, wie z. B. Nietzsche (➔ Kap. III, 6.1.2), die Möglichkeit bestreitet Freiheit und Moral vernünftig zu begründen, für den hat auch Kants Rechtsbegründung keine Überzeugungskraft. Eine Position, die stattdessen auf das Faktum der Macht oder des „Kampfes ums Dasein" setzt, hat allerdings in der Staatsphilosophie noch bedenklichere Konsequenzen als in der Ethik, bis hin zu einer Rechtfertigung faschistischer Herrschaft.
Hat Kant die Garantie des Rechts als Hauptaufgabe des Staates bestimmt, ist damit noch nichts darüber ausgesagt, wie ein solcher Staat aufgebaut ist; jeder Staat, in dem die Rechte der Bürger respektiert werden, würde diesem Kriterium entsprechen.
Eine notwendige Voraussetzung für den Schutz des Rechts ist allerdings, dass es eine unabhängige Instanz gibt, die über seine Einhaltung auch durch die Staatsgewalt wacht. Denn die Erfahrung zeigt, dass unkontrollierte Macht dazu neigt, die Grenzen des Rechts nicht einzuhalten.

2.2.3 Charles de Montesquieu: Die Sicherung der Freiheit durch Gewaltenteilung

Ein Prinzip, um die Rechtsstaatlichkeit und damit die Freiheit des Bürgers auch institutionell, im Aufbau des Staates, abzusichern, ist die Teilung und gegenseitige Kontrolle der staatlichen Gewalten. Es wurde in Ansätzen schon von Locke entwickelt. Der französische Staatstheoretiker **Charles de Montesquieu** (1689–1755) baute es zu einem System aus, das bis heute Grundlage für Verfassungen und Politikverständnis in den westlichen Demokratien ist.

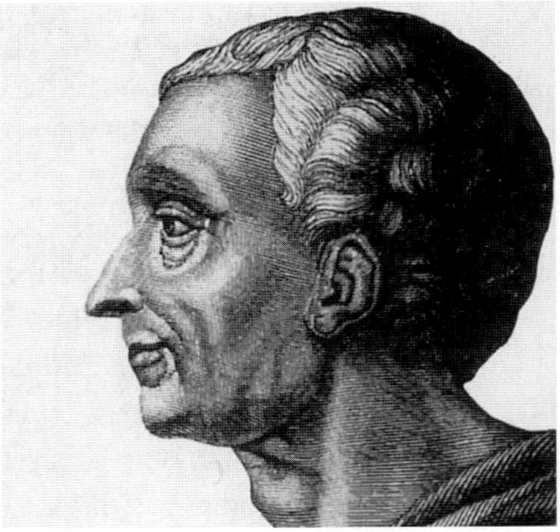

Charles de Montesquieu

In jedem Staat gibt es drei Arten von Gewalt: *die gesetzgebende Gewalt, die vollziehende Gewalt in Ansehung der Angelegenheiten, die vom Völkerrechte abhängen, und die vollziehende Gewalt hinsichtlich der Angelegenheiten, die vom bürgerlichen Recht abhängen.* Vermöge der Ersten gibt der Fürst oder Magistrat Gesetze auf Zeit oder für immer, verbessert er die bestehenden oder hebt sie auf. Vermöge der Zweiten schließt er Frieden oder führt er Krieg, schickt oder empfängt Gesandtschaften, befestigt die Sicherheit, kommt Invasionen zuvor. Vermöge der Dritten straft er Verbrechen oder spricht das Urteil in Streitigkeiten der Privatpersonen. Ich werde diese letzte, die richterliche Gewalt und die andere schlechthin die vollziehende Gewalt des Staates nennen.

Die politische Freiheit des Bürgers ist jene Ruhe des Gemüts, die aus dem Vertrauen erwächst, das ein jeder zu seiner Sicherheit hat. Damit man diese Freiheit hat, muss die Regierung so eingerichtet sein, dass ein Bürger den anderen nicht zu fürchten braucht.

Wenn in derselben Person oder der gleichen obrigkeitlichen Körperschaft die gesetzgebende Gewalt mit der vollziehenden vereinigt ist, gibt es keine Freiheit; denn es steht zu befürchten, dass derselbe Monarch oder derselbe Senat tyrannische Gesetze macht um sie tyrannisch zu vollziehen.

Es gibt ferner keine Freiheit, wenn die richterliche Gewalt nicht von der gesetzgebenden und vollziehenden getrennt ist. Ist sie mit der gesetzgebenden Gewalt verbunden, so wäre die Macht über Leben und Freiheit der Bürger willkürlich, weil der Richter Gesetzgeber wäre. Wäre sie mit der vollziehenden Gewalt verknüpft, so würde der Richter die Macht eines Unterdrückers haben.

Alles wäre verloren, wenn derselbe Mensch oder die gleiche Körperschaft der Großen, des Adels oder des Volkes diese drei Gewalten ausüben würde: die Macht Gesetze zu geben, die öffentlichen Beschlüsse zu vollstrecken und die Verbrechen oder die Streitsachen der Einzelnen zu richten

(Charles de Montesquieu, Vom Geist der Gesetze. Bd. 1. XI,6. Übers. u. hrsg. von Ernst Forsthoff. Mohr Verlag, (UTB 1710), Tübingen ^{2}1992, S. 213 f.)

1 *Erläutern Sie Aufgaben und Funktion der Gewaltenteilung im Denken von Montesquieu.*

2 *Vergleichen Sie Anspruch und Realität der Gewaltenteilung in den westlichen Demokratien. Untersuchen Sie dabei z. B., inwiefern in der Bundesrepubik Deutschland wirklich von einer Trennung der Gewalten gesprochen werden kann. (vgl. dazu: W. Besson/G. Jasper, Das Leitbild der modernen Demokratie. Bonn 1990, S. 81 ff.)*

3 *Welche weiteren Mechanismen zur Kontrolle der Staatsgewalt können Sie sich vorstellen?*

Rechtsstaatlichkeit und Machtkontrolle dienen so dem Schutz des Individuums vor dem Staat. Diese Grundidee des Liberalismus beinhaltet aber keineswegs schon die Idee der Demokratie als Herrschaft des Volkes, als Mit- bzw. Selbstbestimmung der Bürger im Staat. Die beiden Prinzipien können sogar, wie wir bei Rousseau noch sehen werden, in Widerspruch zueinander geraten; beide jedoch, der Schutz der Privatperson und der Anspruch des Bürgers sich selbst zu regieren sind Grundprinzipien der modernen Demokratie.

2.2.4 Menschenrechte – Bürgerrechte – Grundrechte

Die Rechte, die der Mensch für Locke und andere Philosophen nach dem „Naturgesetz" (bzw. „Naturrecht") besitzt, werden im Allgemeinen **„Menschenrechte"** genannt. Vom positiven, d. h. dem in einem Staat jeweils geltenden Recht unterscheiden sie sich dadurch, dass ihre Geltung nicht von einem Gesetzgeber abhängig ist, sondern dass sie dem Menschen „von Natur aus" zustehen, unabhängig von Staaten und politischen Gegebenheiten; es sind die unveräußerlichen Rechte des Menschen, die ihm nicht erst gewährt werden müssen und die ihm auch nicht abgesprochen werden können.
Von **„Grundrechten"** spricht man, wenn diese Menschenrechte als geltendes Recht eines Staates – in der Verfassung – niedergelegt und damit zum obersten – auch einklagbaren – Prinzip von Politik und Rechtsprechung werden, wie z. B. im Grundgesetz der Bundesrepublik Deutschland in Art.1–19.
Im Verlauf der Auseinandersetzungen mit dem absolutistischen Königtum entwickelte sich diese Vorstellung von den unveräußerlichen Menschenrechten als Schutzrechten des Bürgers gegenüber dem Staat. Für liberale Staatstheoretiker der Aufklärung wie Locke ist der Schutz dieser Rechte geradezu die eigentliche Aufgabe des Staates; auch die Amerikanische Unabhängigkeitserklärung von 1776 sagt, „dass zur Sicherung dieser Rechte Regierungen unter den Menschen eingesetzt werden".
Diese Schutz- und Freiheitsrechte sind zusammen mit den Gleichheitsrechten (wie dem Recht auf Gleichheit vor dem Gesetz) die Menschenrechte im engeren Sinne. Dazu kommen die politischen Mitwirkungsrechte (z. B. das Wahlrecht), auch **„(Staats)bürgerrechte"** genannt. So verabschiedete die Französische Nationalversammlung in der Revolution von 1789 eine „Erklärung der Menschen- und Bürgerrechte".
Als immer klarer wurde, dass zur Wahrnehmung der Freiheits- und Mitwirkungsrechte auch bestimmte materielle Voraussetzungen gegeben sein müssen, erhob sich die Forderung nach einer Erweiterung der Menschenrechte um die sogenannten **„sozialen Menschenrechte"**, wie das Recht auf die Sicherung eines Existenzminimums oder auf Arbeit – eine Forderung, die über das liberale Menschenrechtsverständnis hinausgeht und umstritten bleibt. Die sozialen Menschenrechte finden sich im Grundgesetz der Bundesrepublik nur in Form des Sozialstaatsgebots (Art. 20); in die **Menschenrechtserklärung der Vereinten Nationen**, die wir im Folgenden in Auszügen abdrucken, wurden sie mit aufgenommen.

Allgemeine Erklärung der Menschenrechte vom 10. Dezember 1948
[...]

Artikel 1
Alle Menschen sind frei und gleich an Würde und Rechten geboren. [...] Sie sind mit Vernunft und Gewissen begabt und sollen einander im Geiste der Brüderlichkeit begegnen.

Artikel 2
Jeder Mensch hat Anspruch auf die in dieser Erklärung verkündeten Rechte und Freiheiten ohne irgendeine Unterscheidung, wie etwa nach Rasse, Farbe, Geschlecht, Sprache, Religion, politischer Überzeugung, nationaler oder sozialer Herkunft, nach Eigentum oder sonstigen Umständen. [...]

Artikel 3
Jeder Mensch hat das Recht auf Leben, Freiheit und Sicherheit der Person.

Artikel 4
Niemand darf in Sklaverei oder Leibeigenschaft gehalten werden. [...]

„Haben Sie politische oder wirtschaftliche Motive?"

„Haben Sie politische oder wirtschaftliche Motive?" (Karikatur von F. Behrendt)

Artikel 5

Niemand darf der Folter oder grausamer, unmenschlicher oder erniedrigender Behandlung oder Strafe unterworfen werden.[...]

Artikel 7

Alle Menschen sind vor dem Gesetz gleich und haben ohne Unterschied Anspruch auf gleichen Schutz durch das Gesetz. [...]

Artikel 9

Niemand darf willkürlich festgenommen, in Haft gehalten oder des Landes verwiesen werden.[...]

Artikel 12

Niemand darf willkürlichen Eingriffen in sein Privatleben, seine Familie, sein Heim oder seinen Briefwechsel noch Angriffen auf seine Ehre und seinen Ruf ausgesetzt werden. [...]

Artikel 13

(1) Jeder Mensch hat das Recht auf Freizügigkeit und freie Wahl seines Wohnsitzes innerhalb eines Staates.
(2) Jeder Mensch hat das Recht jedes Land, einschließlich seines eigenen, zu verlassen sowie in sein Land zurückzukehren.

Artikel 14

(1) Jeder Mensch hat das Recht in anderen Ländern vor Verfolgungen Asyl zu suchen und zu genießen.[...]

Artikel 16

(1) Heiratsfähige Männer und Frauen haben [...] das Recht eine Ehe zu schließen und eine Familie zu gründen. Sie haben bei der Eheschließung, während der Ehe und bei deren Auflösung gleiche Rechte.
(2) Die Ehe darf nur aufgrund der freien und vollen Willenseinigung der zukünftigen Ehegatten geschlossen werden.[...]

Artikel 17

(1) Jeder Mensch hat allein oder in Gemeinschaft mit anderen Recht auf Eigentum.
(2) Niemand darf willkürlich seines Eigentums beraubt werden.

Artikel 18

Jeder Mensch hat Anspruch auf Gedanken-, Gewissens- und Religionsfreiheit [...].

Artikel 19

Jeder Mensch hat das Recht auf freie Meinungsäußerung [...].

Artikel 20

(1) Jeder Mensch hat das Recht auf Versammlungs- und Vereinigungsfreiheit zu friedlichen Zwecken.[...]

Artikel 21

(1) Jeder Mensch hat das Recht an der Leitung der öffentlichen Angelegenheiten seines Landes unmittelbar oder durch frei gewählte Vertreter teilzunehmen.

(2) Jeder Mensch hat unter gleichen Bedingungen das Recht auf Zulassung zu öffentlichen Ämtern in seinem Lande.

(3) Der Wille des Volkes bildet die Grundlage für die Autorität der öffentlichen Gewalt; dieser Wille muss durch periodische und unverfälschte Wahlen mit allgemeinem und gleichem Wahlrecht bei geheimer Stimmabgabe oder in einem gleichwertigen freien Wahlverfahren zum Ausdruck kommen.[...]

Artikel 23

(1) Jeder Mensch hat das Recht auf Arbeit, auf freie Berufswahl, auf angemessene und befriedigende Arbeitsbedingungen sowie auf Schutz gegen Arbeitslosigkeit.

[...]

(3) Jeder Mensch, der arbeitet, hat das Recht auf angemessene und befriedigende Entlohnung, die ihm und seiner Familie eine der menschlichen Würde entsprechende Existenz sichert.

[...]

Artikel 26

(1) Jeder Mensch hat das Recht auf Bildung.

[...]

(Bruno Simma/Ulrich Fastenrath [Hrsg.], Menschenrechte – Ihr internationaler Schutz. Beck Verlag, München [3]1992, S. 5–10)

1 *Informieren Sie sich über den historischen Hintergrund der oben erwähnten Menschenrechtserklärungen.*

2 *Welche der in der Menschenrechtserklärung der Vereinten Nationen aufgeführten Rechte sind Freiheitsrechte, welche Bürgerrechte, welche sind Sozialrechte? Vergleichen Sie diese Menschenrechtserklärung mit dem Grundrechtskatalog des Grundgesetzes.*

3 *Inwiefern gehen die Vorstellungen von Locke und Kant in diese Menschenrechtserklärungen ein?*

4 *Informieren Sie sich über Selbstverständnis und Tätigkeit von Menschenrechtsorganisationen wie „amnesty international".*

5 *Inwiefern geht die Formulierung von sozialen Grundrechten über das klassisch-liberale Staatsverständnis hinaus? Welche Probleme entstehen bei der Verwirklichung solcher Rechte, z. B. des Rechts auf Arbeit, für einen „bürgerlichen" Staat?*
Welche sozialen Rechte stehen Ihrer Meinung nach jedem Menschen zu? (Arbeit, Wohnung, Existenzminimum, Bildung?)

6 *Welcher Personenkreis sollte Ihrer Meinung nach ein Menschenrecht auf Asyl beanspruchen können?*

7 *Wie stehen Sie zu der – u. a. auf internationalen Menschenrechtskonferenzen immer wieder diskutierten – Frage, ob die Gültigkeit der Menschenrechte an bestimmte Wertvorstellungen unseres Kulturkreises gebunden ist. Könnte z. B. ein Politiker Kritik an Menschenrechtsverletzungen in seinem Land mit dem Argument abweisen, dass es dort eine andere kulturelle Tradition und damit auch ein anderes Rechtsverständnis gebe?*

8 *Erörtern Sie, ob Kants Begründung der Menschenwürde bzw. der Menschenrechte einen Anspruch auf Allgemeingültigkeit erheben kann, unabhängig von kulturellen Voraussetzungen.*

2.2.5 Hannah Arendt: Unbeschränkte staatliche Macht als totale Herrschaft

Die liberale Staatsphilosophie fordert die Achtung der Menschenrechte und die Kontrolle staatlicher Macht, um dem Bürger einen Freiraum gegenüber dem Staat zu sichern. Die Befürworter totaler Herrschaft dagegen messen den Menschenrechten und der individuellen Freiheit keinen eigenen Wert bei, sie wollen den Menschen „total" in den Dienst des Staates stellen und ihm daher keinen Freiraum überlassen. Diese Staatsvorstellung wurde vor allem im Faschismus (bzw. Nationalsozialismus) und im Stalinismus mit ungeheurer Konsequenz und Brutalität verwirklicht; es zeigen sich aber auch heute in den unterschiedlichsten Staaten und politischen Bewegungen totalitäre Tendenzen zur Missachtung der Menschenrechte und zu einer möglichst umfassenden Kontrolle der Bürger.

Der folgende Text von **Hannah Arendt** (➔ Kap. III, 3.6) analysiert totale Herrschaft als völlige Unterwerfung des Einzelnen unter den Staat, am Beispiel von Faschismus und Stalinismus. Ob es angemessen ist, über diese Charakterisierung totaler Herrschaft hinaus faschistische, stalinistische und andere autoritäre Systeme trotz aller Unterschiede in der Ideologie und in den historischen und sozialen Bedingungen unter dem Begriff „Totalitarismus" zusammenzufassen, ist dabei umstritten und soll hier nicht weiter untersucht werden.

Das Wesen totalitärer Herrschaft [...] ist der Terror, der aber nicht willkürlich und nicht nach den Regeln des Machthungers eines Einzelnen (wie in der Tyrannis), sondern in Übereinstimmung mit außermenschlichen Prozessen und ihren natürlichen oder geschichtlichen Gesetzen vollzogen wird. Als solcher ersetzt er den Zaun des Gesetzes, in dessen Umhegung Menschen in Freiheit sich bewegen können, durch ein eisernes Band, das die Menschen so stabilisiert, dass jede freie, unvorhersehbare Handlung ausgeschlossen wird. Terror in diesem Sinne ist gleichsam das „Gesetz", das nicht mehr übertreten werden kann. [...]

Jede Gewaltherrschaft muss die Zäune der Gesetze dem Erdboden gleichmachen. Totalitärer Terror, sofern er dies in seinen Anfangsstadien auch tut, unterscheidet sich nicht prinzipiell von anderen Formen der Tyrannis. Nur dass dieser nicht den willkürlich-tyrannischen Willen eines Einzelnen über die ihres Schutzes beraubten und zur Ohnmacht verdammten Menschen loslassen will, noch die despotische Macht eines Einzigen gegen alle anderen, noch, und am allerwenigsten, die Anarchie eines Krieges aller gegen alle. Die Tyrannis begnügt sich mit der Gesetzlosigkeit; der totale Terror setzt an die Stelle der Zäune des Gesetzes und der gesetzmäßig etablierten und geregelten Kanäle menschlicher Kommunikation sein eisernes Band, das alle so eng aneinanderschließt, dass nicht nur der Raum der Freiheit, wie er in verfassungsmäßigen Staaten zwischen den Bürgern existiert, sondern auch die Wüste der Nachbarlosigkeit und des gegenseitigen Misstrauens, die der Tyrannis eigentümlich ist, verschwindet, und es ist, als seien alle zusammengeschmolzen in ein einziges Wesen von gigantischen Ausmaßen. [...]

[...] Terror als der folgsame Vollstrecker natürlicher oder geschichtlicher Prozesse fabriziert dieses Einssein von Menschen, indem er den Lebensraum zwischen Menschen, der der Raum der Freiheit ist, radikal vernichtet. Das Wesentliche der totalitären Herrschaft liegt also nicht darin, dass sie bestimmte Freiheiten beschneidet oder beseitigt, noch darin, dass sie die Liebe zur Freiheit aus dem menschlichen Herzen ausrottet; sondern einzig darin, dass sie Menschen, so

Reichsparteitag der NSDAP in Nürnberg

– *Inwiefern bringt die Inszenierung des Reichsparteitags das von Hannah Arendt analysierte Wesen totaler Herrschaft zum Ausdruck?*

wie sie sind, mit solcher Gewalt in das eiserne Band des Terrors schließt, dass der Raum des Handelns, und dies allein ist die Wirklichkeit der Freiheit, verschwindet. [...]

Was moderne Menschen so leicht in die totalitären Bewegungen jagt und sie so gut vorbereitet für die totalitäre Herrschaft, ist die allenthalben zunehmende Verlassenheit. Es ist, als breche alles, was Menschen miteinander verbindet, in der Krise zusammen, sodass jeder von jedem verlassen und auf nichts mehr Verlass ist. Das eiserne Band des Terrors, mit dem der totalitäre Herrschaftsapparat die von ihm organisierten Massen in eine entfesselte Bewegung reißt, erscheint so als ein letzter Halt und die „eiskalte Logik", mit der totalitäre Gewalthaber ihre Anhänger auf das Ärgste vorbereiten, als das Einzige, worauf wenigstens noch Verlass ist.

(Hannah Arendt, Elemente und Ursprünge totaler Herrschaft. Europäische Verlagsanstalt, Frankfurt/M. [2]1955, S. 733–736)

1 *Welches sind die nach Hannah Arendt wesentlichen Bestimmungen totaler Herrschaft, wie unterscheidet sie sich von verfassungsmäßiger und von traditionell tyrannischer Herrschaft?*

2 *Verdeutlichen Sie sich Arendts Analyse an Beispielen: Informieren Sie sich über die Herrschaftsmethoden von Stalinismus und Faschismus (vgl. hierzu George Orwells Roman „1984").*

3 *Nach Hannah Arendt „äußert sich die terroristische Gesinnung bereits in dem Sprichwort: ‚Wo gehobelt wird, da fallen Späne' " (Hannah Arendt, Elemente und Ursprünge totaler Herrschaft, S. 750). Wo sehen Sie heute politische Tendenzen, in denen sich eine solche Gesinnung äußert?*

4 *Der Philosoph* ***Herbert Marcuse*** *nennt auch solche Entwicklungen totalitär, die ohne Terror zu einer Gleichschaltung des Individuums führen (z. B. durch Manipulation seiner Bedürfnisse in der Werbung). Verdeutlichen Sie sich diese Position durch Beispiele und erörtern Sie, ob eine solche Erweiterung des Begriffs „totalitär" sinnvoll ist. (vgl. Kap. V, 5.1)*

2.3 Jean-Jacques Rousseau: Demokratie als Herrschaft des Volkes

Durch Kontrolle und Beschränkung staatlicher Macht versuchen Staatsphilosophen wie Locke und Montesquieu einen Ausgleich herzustellen zwischen den Interessen des Einzelnen und denen der Allgemeinheit bzw. des Staates. Dem stellt der Philosoph **Jean-Jacques Rousseau** (1712–1778) eine radikal andere Lösung entgegen, die Idee der **„Volkssouveränität“**. Er entwickelt damit einen zentralen Gedanken auch der liberalen Demokratie, zieht jedoch Folgerungen daraus, die ein völlig anderes Staatsverständnis begründen. In seinem staatsphilosophischen Hauptwerk „Vom Gesellschaftsvertrag“ geht auch Rousseau zunächst vom Naturzustand aus:

Vom Gesellschaftsvertrag

Ich unterstelle, dass die Menschen jenen Punkt erreicht haben, an dem die Hindernisse, die ihrem Fortbestehen im Naturzustand schaden, in ihrem Widerstand den Sieg davontragen über die Kräfte, die jedes Individuum einsetzen kann um sich in diesem Zustand zu halten. Dann kann dieser ursprüngliche Zustand nicht weiterbestehen und das Menschengeschlecht würde zugrunde gehen, wenn es die Art seines Daseins nicht änderte.

Da die Menschen nun keine neuen Kräfte hervorbringen, sondern nur die vorhandenen vereinen und lenken können, haben sie kein anderes Mittel sich zu erhalten als durch Zusammenschluss eine Summe von Kräften zu bilden, stärker als jener Widerstand, und diese aus einem einzigen Antrieb einzusetzen und gemeinsam wirken zu lassen.

Diese Summe von Kräften kann nur durch das Zusammenwirken mehrerer entstehen: da aber Kraft und Freiheit jedes Menschen die ersten Werkzeuge für seine Erhaltung sind – wie kann er sie verpfänden ohne sich zu schaden und ohne die Pflichten gegen sich selbst zu vernachlässigen? Diese Schwierigkeit lässt sich, auf meinen Gegenstand angewandt, so ausdrücken: „Finde eine Form des Zusammenschlusses, die mit ihrer ganzen gemeinsamen Kraft die Person und das Vermögen jedes einzelnen Mitglieds verteidigt und schützt und durch die doch jeder, indem er sich mit allen vereinigt, nur sich selbst gehorcht und genauso frei bleibt wie zuvor.“ Das ist das grundlegende Problem, dessen Lösung der Gesellschaftsvertrag darstellt.

Die Bestimmungen dieses Vertrages sind durch die Natur des Aktes so vorgegeben, dass die geringste Abänderung sie null und nichtig machen würde; sodass sie, wiewohl sie vielleicht niemals förmlich ausgesprochen wurden, allenthalben die gleichen sind, allenthalben stillschweigend in Kraft und anerkannt; bis dann, wenn der Gesellschaftsvertrag verletzt wird, jeder wieder in seine ursprünglichen Rechte eintritt, seine natürliche Freiheit wiedererlangt und dadurch die auf Vertrag beruhende Freiheit verliert, für die er die seine aufgegeben hatte.

Diese Bestimmungen lassen sich bei richtigem Verständnis sämtlich auf eine einzige zurückführen, nämlich die völlige Entäußerung jedes Mitglieds mit allen seinen Rechten an das Gemeinwesen als Ganzes. Denn erstens ist die Ausgangslage, da jeder sich voll und ganz gibt, für alle die gleiche und da sie für alle gleich ist, hat keiner ein Interesse daran, sie für die anderen beschwerlich zu machen.

Darüber hinaus ist die Vereinigung, da die Entäußerung ohne Vorbehalt geschah, so vollkommen, wie sie nur sein kann, und kein Mitglied hat mehr etwas zu fordern: denn wenn den Einzelnen einige Rechte blieben, würde jeder – da es keine allen übergeordnete Instanz gäbe, die zwischen ihm und der Öffentlichkeit entscheiden könnte – bald den Anspruch erheben, weil er in manchen

Jean-Jacques Rousseau

1712–1778

Über das Leben von Jean-Jacques Rousseau wissen wir ungewöhnlich viel; er selbst hat in seiner Autobiographie mit schonungsloser Offenheit auch über die privatesten Erlebnisse und Gefühle berichtet, z. B. seine Neigung zum Exhibitionismus. Daneben schrieb er auch Liebesromane, Opern und theoretische Abhandlungen; er war einer der vielseitigsten und einflussreichsten Schriftsteller seiner Zeit.
Immer wieder im Konflikt mit den Autoritäten und getrieben von seiner eigenen Unruhe, führte Rousseau ein abenteuerliches Leben. Er wurde 1712 als Sohn eines Uhrmachers in Genf geboren; dieser demokratische Schweizer Stadtstaat war ein Vorbild für seine Staatsvorstellung. Mit 16 Jahren floh er nach Frankreich; dort verbrachte er zunächst viele glückliche Jahre bei einer adligen Dame in der Provinz, die für ihn zugleich „Mama" und Geliebte war. In der Weltstadt Paris dagegen, der nächsten Station seines Lebens, wurde er zwar als Schriftsteller und Opernkomponist gefeiert, aber das Leben in der feinen Gesellschaft stieß ihn immer mehr ab. Auf seinen langen Wanderungen lernte er die einfachen Menschen auf dem Lande kennen und schätzen. Ihre natürliche Lebensweise stellte er in seinen Schriften dem verdorbenen Leben in der Zivilisation gegenüber.
Rousseau heiratete eine Frau aus einfachsten Verhältnissen. Seine Kinder brachte er ins Findelhaus, schrieb aber mit seinem „Emile" ein klassisches Werk der Pädagogik. Es enthält heftige Kritik an Kirche und Staat und wurde daher zusammen mit seinem staatsphilosophischen Werk „Vom Gesellschaftsvertrag" verboten und verbrannt, er selbst musste 1762 aus Frankreich fliehen. Nach einer achtjährigen Irrfahrt durch ganz Europa konnte er schließlich zurückkehren, litt aber bis zu seinem Tode im Jahre 1778 zunehmend unter Verfolgungswahn. Großen Einfluss hatte Rousseau in seiner Epoche, der Aufklärung, vor allem mit der Kritik am herrschenden Vernunftoptimismus und mit der Wendung zu Gefühl und Natur.
Auch in seiner Staatsphilosophie ging es ihm darum, die im Verlauf der Zivilisationsentwicklung verlorene ursprüngliche Gleichheit und Freiheit wiederherzustellen. Damit wurde Rousseau zum Wegbereiter der Französischen Revolution, deren radikale Vertreter (z. B. Robespierre) sich ausdrücklich auf ihn beriefen.

Punkten sein eigener Richter ist, es auch in allen zu sein; der Naturzustand würde fortdauern und der Zusammenschluss wäre dann notwendig tyrannisch oder inhaltslos.
Schließlich gibt sich jeder, da er sich allen gibt, niemandem und da kein Mitglied existiert, über das man nicht das gleiche Recht erwirbt, das man ihm über sich einräumt, gewinnt man den Gegenwert für alles, was man aufgibt, und mehr Kraft um zu bewahren, was man hat.
Wenn man also beim Gesellschaftsvertrag von allem absieht, was nicht zu seinem Wesen gehört, wird man finden, dass er sich auf Folgendes beschränkt: *Gemeinsam stellen wir alle, jeder von uns seine Person und seine ganze Kraft unter die oberste Richtschnur des Gemeinwillens; und wir nehmen, als Körper, jedes Glied als untrennbaren Teil des Ganzen auf.*
Dieser Akt des Zusammenschlusses schafft augenblicklich anstelle der Einzelperson jedes Vertragspartners eine sittliche Gesamtkörperschaft, die aus ebenso vielen Gliedern besteht, wie die Versammlung Stimmen hat, und die durch ebendiesen Akt ihre Einheit, ihr gemeinschaftliches Ich, ihr Leben und ihren Willen erhält. Diese öffentliche Person, die so aus dem Zusammenschluss aller zustande kommt, trug früher den Namen Polis, heute trägt sie den der *Republik* oder der staatlichen Körperschaft, die von ihren Gliedern *Staat* genannt wird, wenn sie passiv, *Souverän*, wenn sie aktiv ist, und *Macht* im Vergleich mit ihresgleichen. Was die Mitglieder betrifft, so tragen sie als Gesamtheit den Namen *Volk*, als Einzelne nennen sie sich *Bürger*, sofern sie Teilhaber an der Souveränität, und *Untertanen*, sofern sie den Gesetzen des Staates unterworfen sind.

Vom Souverän

Man sieht aus dieser Formel, dass der Akt des Zusammenschlusses eine gegenseitige Verpflichtung von Öffentlichkeit und Einzelnen enthält und dass jeder Einzelne, indem er sozusagen mit sich selbst einen Vertrag schließt, sich in doppelter Hinsicht verpflichtet findet, nämlich als Glied des Souveräns gegenüber den Einzelnen und als Glied des Staates gegenüber dem Souverän. [...]
Da nun der Souverän nur aus den Einzelnen besteht, aus denen er sich zusammensetzt, hat er kein und kann auch kein dem ihren widersprechendes Interesse haben; folglich braucht sich die souveräne Macht gegenüber den Untertanen nicht zu verbürgen, weil es unmöglich ist, dass die Körperschaft allen ihren Gliedern schaden will, und wir werden im Folgenden sehen, dass sie auch niemandem im Besonderen schaden kann. Der Souverän ist, allein weil er ist, immer alles, was er sein soll.
Nicht so verhält es sich aber mit den Untertanen gegenüber dem Souverän, dem nichts, trotz des gemeinsamen Interesses, für deren Verpflichtung einstünde, wenn er nicht Mittel fände sich ihrer Treue zu versichern.
In der Tat kann jedes Individuum als Mensch einen Sonderwillen haben, der dem Gemeinwillen, den er als Bürger hat, zuwiderläuft oder sich von diesem unterscheidet. Sein Sonderinteresse kann ihm ganz anderes sagen als das Gemeininteresse; sein selbstständiges und natürlicherweise unabhängiges Dasein kann ihn das, was er der gemeinsamen Sache schuldig ist, als eine unnütze Abgabe betrachten lassen, deren Einbuße den anderen weniger schadet, als ihn ihre Leistung belastet, und er könnte gar seine Rechte als Staatsbürger in Anspruch nehmen ohne die Pflichten eines Untertanen erfüllen zu wollen, da er die moralische Person, die der Staat darstellt, als Gedankending betrachtet, weil sie kein Mensch ist; eine Ungerechtigkeit, deren Umsichgreifen den Untergang der politischen Körperschaft verursachen würde.
Damit nun aber der Gesellschaftsvertrag keine Leerformel sei, schließt er stillschweigend jene Übereinkunft ein, die allein die anderen ermächtigt, dass, wer immer sich weigert, dem Gemeinwillen zu folgen, von der gesamten Körperschaft dazu gezwungen wird,

was nichts anderes heißt, als dass man ihn zwingt frei zu sein; denn dies ist die Bedingung, die den einzelnen Bürger vor jeder persönlichen Abhängigkeit schützt, indem sie ihn dem Vaterland übergibt. [...]

Dass die Souveränität unveräußerlich ist

Die erste und wichtigste Folge der oben aufgestellten Prinzipien ist, dass allein der Gemeinwille die Kräfte des Staates gemäß dem Zweck seiner Errichtung, nämlich dem Gemeinwohl, leiten kann [...].

Ich behaupte deshalb, dass die Souveränität, da sie nichts anderes ist als die Ausübung des Gemeinwillens, niemals veräußert werden kann und dass der Souverän, der nichts anderes ist als ein Gesamtwesen, nur durch sich selbst vertreten werden kann; die Macht kann wohl übertragen werden, nicht aber der Wille. [...]

Wenn daher das Volk einfach verspricht zu gehorchen, löst es sich durch diesen Akt auf und verliert seine Eigenschaft als Volk; in dem Augenblick, in dem es einen Herrn gibt, gibt es keinen Souverän mehr und von da an ist der politische Körper zerstört. [...]

Dass die Souveränität unteilbar ist[1]

Aus dem gleichen Grund, aus dem die Souveränität unveräußerlich ist, ist sie auch unteilbar. Denn der Wille ist entweder allgemein oder er ist es nicht; er ist derjenige des Volkskörpers oder nur der eines Teils. Im ersten Fall ist dieser erklärte Wille ein Akt der Souveränität und hat Gesetzeskraft. Im zweiten Fall ist er nur ein Sonderwille oder ein Verwaltungsakt; es handelt sich bestenfalls um eine Verordnung.

Aber da unsere Staatsmänner die Souveränität in ihrem Ursprung nicht zerteilen können, zerteilen sie sie in ihrem Bezug; sie teilen sie auf in Kraft und Willen, in Legislative und Exekutive, in Steuerhoheit, Gerichtsbarkeit, Recht der Kriegsführung, in innere Verwaltung und die Befugnis mit dem Ausland zu verhandeln: [...]

Dieser Fehler kommt daher, dass sie sich keine klaren Begriffe von der souveränen Gewalt gemacht haben und dass sie als Teil dieser souveränen Gewalt angesehen haben, was nur deren Wirkung ist. [...]

Ob der Gemeinwille irren kann

Aus dem Vorhergehenden folgt, dass der Gemeinwille immer auf dem rechten Weg ist und auf das öffentliche Wohl abzielt: woraus allerdings nicht folgt, dass die Beschlüsse des Volkes immer gleiche Richtigkeit haben. Zwar will man immer sein Bestes, aber man sieht es nicht immer. Verdorben wird das Volk niemals, aber oft wird es irregeführt, und nur dann scheint es das Schlechte zu wollen.

Es gibt oft einen beträchtlichen Unterschied zwischen dem Gesamtwillen und dem Gemeinwillen; dieser sieht nur auf das Gemeininteresse, jener auf das Privatinteresse und ist nichts anderes als eine Summe von Sonderwillen: aber nimm von ebendiesen das Mehr und das Weniger weg, das sich gegenseitig aufhebt, so bleibt als Summe der Unterschiede der Gemeinwille.

Wenn die Bürger keinerlei Verbindung untereinander hätten, würde, wenn das Volk wohl unterrichtet entscheidet, aus der großen Zahl der kleinen Unterschiede immer der Gemeinwille hervorgehen und die Entscheidung wäre immer gut. Aber wenn Parteiungen entstehen, Teilvereinigungen auf Kosten der großen, wird der Wille jeder dieser Vereinigungen ein allgemeiner hinsichtlich seiner Glieder und ein besonderer hinsichtlich des Staates; man kann dann sagen, dass es nicht mehr so viele Stimmen gibt wie Menschen, sondern nur noch so viele wie Vereinigungen. Die Unterschiede werden weniger zahlreich und bringen ein weniger allgemeines Ergebnis. Wenn schließlich eine dieser Vereinigungen so groß ist, dass sie stärker ist als alle anderen, erhält man als Ergebnis nicht mehr die Summe der kleinen Unterschiede, sondern einen einzigen Unterschied; jetzt gibt es keinen Gemeinwillen mehr und die Ansicht, die siegt, ist nur eine Sonderanschauung.

Um wirklich die Aussage des Gemeinwillens zu bekommen, ist es deshalb wichtig, dass es im Staat keine Teilgesellschaften gibt und dass jeder Bürger nur seine eigene Meinung vertritt. […]

Vom Gesetz

[…] Das den Gesetzen unterworfene Volk muss deren Urheber sein; die Bedingungen der Gesellschaft zu regeln kommt nur denen zu, die sich vergesellschaften: aber wie sollen sie sie regeln? Wird es durch eine allgemeine Einigung geschehen, durch eine plötzliche Eingebung? […] Wie soll eine verblendete Menge, die oft nicht weiß, was sie will, weil sie nur selten weiß, was ihr zum Guten gereicht, durch sich selbst ein derart großes, derart schwieriges Unternehmen ausführen, wie ein System der Gesetzgebung es ist? Von selbst will das Volk immer das Gute, aber es sieht es nicht immer von selbst. Der Gemeinwille ist immer richtig, aber das Urteil, das ihn leitet, ist nicht immer aufgeklärt. Man muss ihm die Gegenstände zeigen, wie sie sind, manchmal so, wie sie ihm erscheinen müssen, ihm den richtigen Weg zeigen, den er sucht, ihn schützen vor der Verführung durch die Sonderwillen, seinen Augen die Orte näher bringen und die Zeiten verkürzen, die Anziehungskraft augenblicklicher und spürbarer Vorteile ausgleichen mit der Gefahr entfernter und verborgener Übel. Die Einzelnen sehen das Gute und weisen es zurück: die Öffentlichkeit will das Gute und sieht es nicht. Beide bedürfen gleicherweise der Führung. Die einen müssen gezwungen werden ihren Willen der Vernunft anzupassen, die andere muss erkennen lernen, was sie will. […]

Wie die souveräne Gewalt erhalten werden kann[2]

Der Souverän handelt, da er keine andere Macht hat als die Legislative, nur mittels Gesetzen und da Gesetze nichts anderes als die eigentlichen Akte des Gemeinwillens sind, kann der Souverän nur dann handeln, wenn das Volk versammelt ist. Das versammelte Volk!, wird man sagen, welches Hirngespinst! Heute ist das ein Hirngespinst, aber vor zweitausend Jahren war es keines. Hat sich die Natur des Menschen geändert? […]

Es genügt nicht, dass das versammelte Volk die Verfassung des Staates einmal dadurch festgelegt hat, dass es ein Gesetzeswerk in Kraft setzte; es genügt nicht, dass es eine immer währende Regierung eingesetzt oder ein für allemal Vorsorge für die Wahl der Beamten getroffen hat. Neben außerordentlichen Volksversammlungen, die durch unvorhersehbare Fälle nötig werden können, bedarf es fester und regelmäßig wiederkehrender Versammlungen, die durch nichts aufgehoben oder verschoben werden können, dergestalt, dass das Volk am festgesetzten Tag durch das Gesetz rechtmäßig einberufen wird, ohne dass es hierfür einer anderen formellen Einberufung bedürfte. […]

Von den Abgeordneten oder Volksvertretern

Sobald der Dienst am Staat aufhört, die hauptsächlichste Angelegenheit der Bürger zu sein, und diese vorziehen, mit der Geldbörse statt mit ihrer Person zu dienen, ist der Staat seinem Zerfall schon nahe. Muss man denn in die Schlacht ziehen? Sie bezahlen Truppen und bleiben zu Hause; muss man denn in den Rat? Sie benennen Abgeordnete und bleiben daheim. Dank Faulheit und Geld haben sie schließlich Söldner um das Vaterland zu versklaven und Volksvertreter um es zu verkaufen.

[…] In einem gut geführten Staat eilt jeder zu den Versammlungen; unter einer schlechten Regierung möchte niemand auch nur einen Schritt dorthin tun; weil nämlich keiner mehr Interesse daran hat, was dort geschieht, weil man voraussieht, dass der Gemeinwille dort nicht herrscht, und weil schließlich die Sorgen um das häusliche Wohl alles in Anspruch nehmen. Gute Gesetze lassen bessere entstehen, schlechte ziehen schlechtere nach sich. Sobald einer bei den Staatsangelegenheiten sagt: *Was geht's mich an?*, muss man damit rechnen, dass der Staat verloren ist.

Das Erkalten der Vaterlandsliebe, die Betriebsamkeit des Privatinteresses, die Übergröße der Staaten, die Eroberungen und der Regierungsmissbrauch haben in den Nationalversammlungen den Gedanken an das Mittel der Volksvertreter oder der Abgeordneten des Volkes aufkommen lassen. [...]

Die Souveränität kann aus dem gleichen Grund, aus dem sie nicht veräußert werden kann, auch nicht vertreten werden; sie besteht wesentlich im Gemeinwillen und der Wille kann nicht vertreten werden: er ist derselbe oder ein anderer; ein Mittelding gibt es nicht. Die Abgeordneten des Volkes sind also nicht seine Vertreter, noch können sie es sein, sie sind nur seine Beauftragten; sie können nicht endgültig beschließen. Jedes Gesetz, das das Volk nicht selbst beschlossen hat, ist nichtig; es ist überhaupt kein Gesetz. Das englische Volk glaubt frei zu sein, es täuscht sich gewaltig, es ist nur frei während der Wahl der Parlamentsmitglieder; sobald diese gewählt sind, ist es Sklave, ist es nichts. Bei dem Gebrauch, den es in den kurzen Augenblicken seiner Freiheit von ihr macht, geschieht es ihm recht, dass es sie verliert.

(Jean-Jacques Rousseau, Vom Gesellschaftsvertrag. Übers. und hrsg. von Hans Brockard. Reclam Verlag, Stuttgart 1977, S. 16–21, 27–31, 41–42, 98 f., 102–103)

1 Rousseau unterscheidet zwar auch zwischen Legislative und Exekutive, letztere ist jedoch für ihn lediglich ein an die Weisungen des Souveräns, der Volksversammlung, gebundenes Verwaltungsorgan.

2 Rousseaus Ideal ist die antike Polis; er möchte daher Bündnisse einzelner Städte an die Stelle großer Reiche setzen, hält aber – bei entsprechender organisatorischer Anstrengung – auch in großen Staaten sein Modell der Volksherrschaft für realisierbar.

1 *Arbeiten Sie heraus, was für Rousseau das „grundlegende Problem" der Staatsphilosophie ist und wie er dieses Problem auflöst.*

2 *Wie beurteilt Rousseau die Gewaltenteilung und andere Einschränkungen der „souveränen Gewalt" und wie begründet er seine Position?*

3 *Erarbeiten Sie Rousseaus Theorie zum Verhältnis von Gemeininteresse und Einzelinteresse und seine Unterscheidung zwischen dem „Gemeinwillen" („volonté générale") und dem „Gesamtwillen" („volonté des tous", d. h. „Wille aller"). Unter welchen Bedingungen stimmen Gemeinwille und Gesamtwille bei Rousseau überein, mit welchen Maßnahmen möchte er u. U. eine Übereinstimmung herbeiführen?*

4 *Halten Sie es für notwendig und möglich, dass staatliche Politik – z. B. in Umweltfragen – einen Gemeinwillen zum Ausdruck bringt, d. h. ein Gesamtinteresse vertritt, das mehr ist als eine „Summe von Sonderwillen" von Parteien, Interessenverbänden usw.?*

5 *Erörtern Sie, welche problematischen Konsequenzen die Unterscheidung zwischen dem Gemeinwillen und dem faktischen Mehrheitswillen haben kann und ob diese Konsequenzen schon in Rousseaus Theorie angelegt sind. Informieren Sie sich in diesem Zusammenhang über die Politik der Jakobiner unter Robespierre und deren theoretische Rechtfertigung.*

6 „Euer Abgeordneter schuldet euch nicht nur seinen ganzen Fleiß, sondern auch seinen eigenen Standpunkt; er verrät euch, anstatt euch zu dienen, wenn er ihn zugunsten eurer Meinung aufopfert."
(Der englische Staatstheoretiker Edmund Burke (1729–1797) in einer Rede an seine Wähler. In: Die politischen Theorien seit der amerikanischen Unabhängigkeitserklärung. Köln u. Opladen 1963, S. 82)
Stellen Sie der Position von ***Burke*** *Rousseaus Kritik am Repräsentativsystem gegenüber.*

7 *Informieren Sie sich über die historischen und aktuellen Auseinandersetzungen um „Rätesystem" (z. B. in der Novemberrevolution 1919), „imperatives Mandat", „Basisdemokratie" usw. und diskutieren Sie grundsätzliche und praktische Argumente zur Frage: „direkte" oder „repräsentative" Demokratie.*

Republikanischer Dekalog

Du sollst allein dem Volke heiligen Gehorsam schwören.
Du sollst die von ihm bestätigten Gesetze treu einhalten.
Du sollst jedem König auf ewig Hass und Krieg schwören.
Du sollst bis zu deinem letzten Atemzug deine Freiheit bewahren.
Du sollst die Gleichheit ehren, indem du beständig nach ihr handelst.
Du sollst nicht eigensüchtig sein, weder unabsichtlich noch vorsätzlich.
Du sollst nicht nach Positionen trachten, die du nicht würdig ausfüllen kannst.
Du sollst allein auf die Vernunft hören, dich künftig nur von ihr leiten lassen.
Du sollst als Republikaner leben, damit du selig sterben kannst …

Die „Republikanischen Zehn Gebote" auf einem Schmuckplakat aus der Französischen Revolution (1793)

– *Inwiewiefern drücken diese Gebote Vorstellungen Rousseaus aus?*

Rousseaus zentrales staatsphilosophisches Prinzip, die Idee der Volkssouveränität, findet sich heute in fast allen Staatstheorien wieder. Dass „alle Staatsgewalt vom Volk ausgeht" (Grundgesetz Art. 20), dass „das Volk herrschen soll", ist gemeinsame Überzeugung der unterschiedlichsten politischen Strömungen. Es herrscht jedoch keinerlei Einigkeit darüber, was denn nun „wirkliche Demokratie" sei, und diese Problematik wird auch schon in Rousseaus Theorie selbst erkennbar: Soll wirklich das Volk herrschen, kann es sich nicht darauf beschränken, die Macht periodisch an „nur ihrem Gewissen verantwortliche" Repräsentanten zu delegieren; insofern ist Rousseaus Position konsequent. Er bleibt jedoch eine klare Antwort auf die von ihm selbst angesprochene Grundfrage aller direkten Demokratie schuldig: Wie kann eine wirkliche Herrschaft des Volkes auch in größeren Gemeinschaften und bei komplexeren politischen Aufgaben organisiert werden?
Viele neuere Theoretiker schlagen daher vor auf den Begriff der Demokratie als „Herrschaft des Volkes" einfach zu verzichten und lediglich Ablösbarkeit und Kontrolle der Regierung zu fordern. (➔ Kap. IV, 4.2) Dem entgegen steht Rousseaus Anspruch auch an eine moderne Demokratie, dass sie wirkliche „Volksherrschaft" sein müsse.
Mit Rousseaus Konzept eines Gemeinwillens, der mit dem zufälligen Mehrheitswillen nicht unbedingt übereinstimmen muss, wird in der politischen Diskussion immer wieder argumentiert, denn auch Mehrheitsentscheidungen können im Widerspruch zu den Anforderungen des Gemeinwohls stehen und nur Gruppeninteressen dienen. Der Bürger

wird aber nur dann politische Entscheidungen nicht als Fremdbestimmung auffassen, wenn er einsieht, dass sie einem Gemeininteresse dienen, demgegenüber er sein privates Teilinteresse zurückstellen sollte. Es stellt sich allerdings schon bei Rousseau die Frage, wie denn der Gemeinwille, die „volonté générale“, ermittelt werden soll, wenn er mit dem Gesamtwillen, der „volonté des tous“, nicht übereinstimmt. Eine mögliche Antwort ist, dass eine bestimmte Gruppe, wie z. B. die Jakobiner, den Alleinvertretungsanspruch für das Gemeinwohl beansprucht und diktatorisch durchsetzt, eine Konsequenz, die Rousseau an einigen Stellen seines „Gesellschaftsvertrages“ selbst nahe legt.

Das Problem verschärft sich dadurch, dass Rousseau keinen Schutz des Einzelnen gegenüber dem Gemeinwillen durch Grundrechte oder Gewaltenkontrolle vorsieht; von seinem Ansatz aus gibt es ja keinen Grund unvernünftige Privatinteressen gegen den Vollzug des Gemeinwillens zu schützen. Daher ist die liberale Staatsphilosophie diesem Gemeinwillen gegenüber skeptisch; sie besteht auf Schutzmaßnahmen für das Individuum – auch für seine unvernünftigen Interessen.

3 *Staat und bürgerliche Gesellschaft in der Staatsphilosophie des 19. Jahrhunderts*

Reichtum und Armut (Karikatur von 1843)

– *Überlegen Sie, ausgehend von der Karikatur, wo die liberale Vorstellung von freien, gleichberechtigten Staatsbürgern an ihre Grenze stößt.*

In der klassischen bürgerlichen Staatstheorie des 16. bis 18. Jahrhunderts sind grundlegende Elemente unseres Staatsverständnisses formuliert, doch die großen Veränderungen in Staat und Gesellschaft in der Folgezeit stellen auch die Sozialphilosophie vor neue Aufgaben. Die Vertragstheorien von Hobbes bis Kant gehen von politisch freien und ökonomisch selbstständigen Bürgern aus, die sich zu einem Staat erst zusammenschließen. Dieser Staat soll möglichst wenig in die Wirtschaft und andere Bereiche der Gesellschaft eingreifen und sich auf die Sicherung von Recht und Ordnung beschränken – als sogenannter „Nachtwächterstaat". Man nahm an, dass sich so, geleitet von der „unsichtbaren Hand" des Marktes, das für alle Bürger Beste von allein durchsetzen würde. Im Verlauf der industriellen Entwicklung wurde aber immer deutlicher, dass dieses Wirtschafts- und Gesellschaftsmodell keineswegs so harmonisch funktionierte: Armut und Abhängigkeit der unteren Klassen und gewaltige soziale Unterschiede in der Gesellschaft ließen Freiheit und Gleichheit im Staat fragwürdig erscheinen. Der liberalen Staats- und Gesellschaftstheorie traten daher andere Theorien entgegen, darunter die von Hegel und Marx.

3.1 Georg Wilhelm Friedrich Hegel: Der Staat als Verkörperung der Vernunft

Den Vorrang der Gemeinschaft vor dem Einzelnen hatte die antike Staatsphilosophie behauptet, ein Modell traditioneller Gesellschaft, das für den modernen Menschen wohl kaum mehr akzeptabel ist. Vom individuellen Willen und dem Interesse des Einzelnen gingen daher die bürgerlichen Staatstheoretiker der Neuzeit aus. Doch schon Rousseau hatte demgegenüber die Forderung erhoben, dass staatliches Handeln mehr sein müsse als das Ergebnis beliebiger Privatinteressen und dass daher in der „volonté générale“ individueller und allgemeiner Wille zusammenfallen müssten.
Der deutsche Philosoph **Georg Friedrich Wilhelm Hegel** (1770–1831) führt Rousseaus Gedanken weiter, kritisiert aber an dessen Vorstellung vom Gemeinwillen, dass er letztlich doch nur auf der Verallgemeinerung von Einzelwillen beruhe. Hegel möchte darüber hinausgehen: Für ihn soll der Staat wie für Platon ein vernünftiges Ziel für den Bürger realisieren, ihn jedoch gleichzeitig auch als Individuum respektieren.
Er will dabei in seiner Staatsphilosophie nicht ein abstraktes Ideal entwickeln, erst recht aber auch keine bloß empirische Beschreibung bestehender Staaten liefern; sein Ziel ist vielmehr die Erkenntnis dessen, was im bestehenden Staat das Vernünftige und damit das eigentlich Wirkliche ist.
Hegel entwickelt die Gedanken seiner „Rechtsphilosophie“, die zugleich auch Ethik und Staatsphilosophie ist, in drei Schritten. Zunächst behandelt er das „abstrakte Recht“, also Gesetze und Verträge. Hier geht es nur um die äußere Freiheit; Absichten und Motive spielen keine Rolle. Anders auf der zweiten Stufe, der „Moralität“: Hier geht es um die innere Freiheit des Subjekts, die Willensfreiheit, die sich nicht mehr am äußeren Gesetz, sondern am Gewissen, an der selbst gesetzten Moral orientiert und bei der die subjektive Absicht entscheidend ist. Diese subjektive Bestimmung durch das Gewissen ist für Hegel jedoch unzureichend:

„Das *Gewissen* drückt die absolute Berechtigung des subjektiven Selbstbewusstseins aus, nämlich *in sich* und *aus sich* selbst zu wissen, was Recht und Pflicht ist, und nichts anzuerkennen, als was es so als das Gute weiß, zugleich in der Behauptung, dass, was es so weiß und will, in *Wahrheit* Recht und Pflicht ist. Das Gewissen ist als diese Einheit des subjektiven Wissens und dessen, was an und für sich ist, ein Heiligtum, welches anzutasten *Frevel* wäre. Ob aber das Gewissen eines *bestimmten Individuums* dieser Idee des Gewissens gemäß ist, ob das, was es *für gut hält* oder ausgibt, auch wirklich gut ist, dies erkennt sich allein aus dem *Inhalt* dieses Gutseinsollenden. Was Recht und Pflicht ist, ist als das an und für sich Vernünftige der Willensbestimmungen wesentlich weder das *besondere* Eigentum eines Individuums noch in der Form von Empfindung [...], sondern wesentlich von *allgemeinen*, gedachten Bestimmungen, d. i. in der *Form* von *Gesetzen* und *Grundsätzen*. Das Gewissen ist daher diesem Urteil unterworfen, ob es *wahrhaft* ist oder nicht, und seine Berufung nur *auf sein Selbst* ist unmittelbar dem entgegen, was es sein will, die Regel einer vernünftigen, an und für sich gültigen allgemeinen Handlungsweise. Der Staat kann deswegen das Gewissen in seiner eigentümlichen Form, d. i. als *subjektives Wissen* nicht anerkennen, sowenig als in der Wissenschaft die subjektive *Meinung*, die *Versicherung* und *Berufung* auf eine subjektive Meinung, eine Gültigkeit hat.“
(Georg Wilhelm Friedrich Hegel, Grundlinien der Philosophie des Rechts. In: G. W. F. Hegel, Werke in 20 Bdn. Bd. 7. Suhrkamp Verlag, Frankfurt/M. 1970, S. 255)

Hegel geht daher weiter zur dritten Stufe, zur Einheit des objektiv und des subjektiv Guten, des Rechts und des Gewissens; er nennt dies die **„Sittlichkeit“**. In ihr bindet sich der subjektive Wille an die vernünftige Ordnung einer Gemeinschaft, aus freier Einsicht. Die wirkliche Freiheit des Menschen besteht für Hegel also nicht im Individualismus des Privatmenschen, erst recht nicht in der bloßen Befolgung äußerlicher Regeln, sondern in der bewussten Mitarbeit in und an einer vernünftigen Gemeinschaft. Die Idee der Sittlichkeit entwickelt Hegel wiederum in drei Schritten: **Familie, bürgerliche Gesellschaft und Staat**:

Die Familie:
Die *Familie* ist die natürliche Gesellschaft, deren Glieder durch Liebe, Vertrauen und natürlichen Gehorsam *(Pietät)* verbunden sind.
Erläuterung. Die Familie ist eine natürliche Gesellschaft erstens, weil jemand einer Familie nicht durch seinen Willen, sondern durch die Natur als Mitglied angehört, und zweitens, weil die Verhältnisse und das Benehmen der Mitglieder zueinander nicht sowohl auf Überlegung und Entschluss, sondern auf Gefühl und Trieb beruhen. Die Verhältnisse sind notwendig und vernünftig, aber es fehlt die Form der bewussten Einsicht. Es ist mehr Instinkt. Die Liebe der Familienmitglieder beruht darauf, dass mein Ich mit dem anderen einzelnen Ich eine Einheit ausmacht. Sie betrachten sich gegeneinander nicht als Einzelne. Die Familie ist ein organisches Ganzes. Die Teile sind eigentlich nicht Teile, sondern Glieder, die ihre Substanz nur in dem Ganzen haben und welchen, getrennt von dem Ganzen, die Selbstständigkeit fehlt. Das Vertrauen, das die Familienglieder zueinander haben, besteht darin, dass jeder nicht ein Interesse für sich hat, sondern überhaupt für das Ganze. Der natürliche Gehorsam innerhalb der Familie beruht darauf, dass in diesem Ganzen nur *ein* Wille ist, welcher nämlich dem Oberhaupte zukommt. Insofern macht die Familie nur *eine* Person aus.

(Georg Wilhelm Friedrich Hegel, Rechts-, Pflichten- und Religionslehre für die Unterklasse. In: G. W. F. Hegel, Werke in 20 Bdn. Hrsg. von Eva Moldenhauer/ Karl Markus Michel. Bd. 4. Nürnberger und Heidelberger Schriften [1808–1817]. Suhrkamp Verlag, Frankfurt/M. 1970, S. 245 f.)

1 *Inwiefern ist die Familie ein Modell für das, was Hegel unter Sittlichkeit versteht, nämlich die Institutionalisierung ethischer Normen?*
2 *Die Familie der vorindustriellen Gesellschaft war – wie auch die Sippe oder der Stamm – eine Gemeinschaft, in der die Verpflichtungen (z. B. der Eltern gegenüber den Kindern) sich selbstverständlich ergaben und nicht erst Ergebnis individueller moralischer Entscheidung waren. Erörtern Sie, ob dies auch heute noch für die Familie gelten kann oder soll.*

Über die einzelne Familie hinaus tritt der Mensch ein in die **„bürgerliche Gesellschaft“**: In der bürgerlichen Gesellschaft, in der die einzelnen Bürger als Privatpersonen ihre Zwecke verfolgen, geht es zunächst um die Befriedigung der menschlichen Bedürfnisse durch die Arbeit, und zwar in Arbeitsteilung; diese bedingt eine allgemeine Abhängigkeit der Menschen voneinander und führt zu gesellschaftlicher Differenzierung. Dazu gehört nach Hegel vor allem die Aufteilung in „Stände“.
Den Schutz von Person und Eigentum (und damit die ungehinderte Entwicklung der Wirtschaft) garantiert die „Rechtspflege“; dies reicht jedoch nicht das spezielle Wohl des Einzelnen oder bestimmter Gruppen, das in der bürgerlichen Gesellschaft ständig bedroht ist, ausreichend zu sichern.

Die bürgerliche Gesellschaft

Die konkrete Person, welche sich als *besondere* Zweck ist, als ein Ganzes von Bedürfnissen und eine Vermischung von Naturnotwendigkeit und Willkür, ist das *eine Prinzip* der bürgerlichen Gesellschaft, – aber die besondere Person als wesentlich in *Beziehung* auf andere solche Besonderheit, sodass jede durch die andere und zugleich schlechthin nur als durch die Form der *Allgemeinheit, das andere Prinzip, vermittelt* sich geltend macht und befriedigt.

[...] Die bürgerliche Gesellschaft ist die Differenz, welche zwischen die Familie und den Staat tritt, wenn auch die Ausbildung derselben später als die des Staates erfolgt; denn als die Differenz setzt sie den Staat voraus, den sie als Selbstständiges vor sich haben muss um zu bestehen. Die Schöpfung der bürgerlichen Gesellschaft gehört übrigens der modernen Welt an [...].

Wenn der Staat vorgestellt wird als eine Einheit verschiedener Personen, als eine Einheit, die nur Gemeinsamkeit ist, so ist damit nur die Bestimmung der bürgerlichen Gesellschaft gemeint. Viele der neueren Staatsrechtslehrer haben es zu keiner anderen Ansicht vom Staate bringen können. In der bürgerlichen Gesellschaft ist jeder sich Zweck, alles andere ist ihm nichts. Aber ohne Beziehung auf andere kann er den Umfang seiner Zwecke nicht erreichen diese anderen sind daher Mittel zum Zweck des Besonderen. Aber der besondere Zweck gibt sich durch die Beziehung auf andere die Form der Allgemeinheit und befriedigt sich, indem er zugleich das Wohl des anderen mit befriedigt. Indem die Besonderheit an die Bedingung der Allgemeinheit gebunden ist, ist das Ganze der Boden der Vermittlung, wo alle Einzelheiten, alle Anlagen, alle Zufälligkeiten der Geburt und des Glücks sich frei machen, wo die Wellen aller Leidenschaften ausströmen, die nur durch die hineinscheinende Vernunft regiert werden. Die Besonderheit, beschränkt durch die Allgemeinheit, ist allein das Maß, wodurch jede Besonderheit ihr Wohl befördert.

Der selbstsüchtige Zweck in seiner Verwirklichung, so durch die Allgemeinheit bedingt, begründet ein System allseitiger Abhängigkeit, dass die Subsistenz[1] und das Wohl des Einzelnen und sein rechtliches Dasein in die Subsistenz, das Wohl und Recht aller verflochten, darauf gegründet und nur in diesem Zusammenhange wirklich und gesichert ist. – Man kann dies System zunächst als den *äußeren Staat, – Not-* und *Verstandesstaat* ansehen. [...]

[...] Das Sittliche ist hier in seine Extreme verloren und die unmittelbare Einheit der Familie ist in eine Vielheit zerfallen. [...] Indem in der bürgerlichen Gesellschaft Besonderheit und Allgemeinheit auseinander gefallen sind, sind sie dennoch beide wechselseitig gebunden und bedingt. Indem das eine gerade das dem andern Entgegengesetzte zu tun scheint und nur sein zu können vermeint, indem es sich das andere vom Leibe hält, hat jedes das andere doch zu seiner Bedingung. So sehen die meisten z. B. die Bezahlung von Abgaben für ein Verletzen ihrer Besonderheit an, für ein ihnen Feindseliges, das ihren Zweck verkümmert; aber so wahr dies *scheint*, so kann doch die Besonderheit des Zwecks nicht befriedigt werden ohne das Allgemeine und ein Land, worin keine Abgaben bezahlt werden, dürfte sich auch nicht durch die Erkräftigung der Besonderheit auszeichnen. Ebenso könnte es scheinen, die Allgemeinheit verhielte sich besser, wenn sie die Kräfte der Besonderheit an sich zieht, wie dies zum Beispiel im platonischen Staate ausgeführt ist; aber auch dieses ist wiederum nur ein Schein, indem beide nur durch- und füreinander sind und ineinander umschlagen. Meinen Zweck befördernd, befördere ich das Allgemeine und dieses befördert wiederum meinen Zweck. [...]

Die selbstständige Entwicklung der Besonderheit [...] ist das Moment, welches sich in den alten Staaten als das hereinbrechende Sittenverderben und der letzte Grund des

Untergangs derselben zeigt. […] *Platon* in seinem Staate stellt die substantielle[2] Sittlichkeit in ihrer idealen *Schönheit* und *Wahrheit* dar; er vermag aber mit dem Prinzip der selbstständigen Besonderheit, das in seiner Zeit in die griechische Sittlichkeit hereingebrochen war, nicht anders fertig zu werden, als dass er ihm seinen nur substantiellen Staat entgegenstellte und dasselbe bis in seine Anfänge hinein, die es im *Privateigentum* […] und in der *Familie* hat, und dann in seiner weiteren Ausbildung als die eigene Willkür und Wahl des Standes usf. ganz ausschloss. Dieser Mangel ist es, der auch die große *substantielle* Wahrheit seines Staates verkennen und denselben gewöhnlich für eine Träumerei des abstrakten Gedankens, für das, was man oft gar ein *Ideal* zu nennen pflegt, ansehen macht.

[…]

Wenn die bürgerliche Gesellschaft sich in ungehinderter Wirksamkeit befindet, so ist sie innerhalb ihrer selbst in *fortschreitender Bevölkerung* und *Industrie* begriffen. – Durch die *Verallgemeinerung* des Zusammenhangs der Menschen durch ihre Bedürfnisse und der Weisen, die Mittel für diese bereiten und herbeizubringen, vermehrt sich die *Anhäufung der Reichtümer* – denn aus dieser gedoppelten Allgemeinheit wird der größte Gewinn gezogen – auf der einen Seite, wie auf der andern Seite die *Vereinzelung* und *Beschränktheit* der besonderen Arbeit und damit die *Abhängigkeit* und *Not* der an diese Arbeit gebundenen Klasse, womit die Unfähigkeit der Empfindung und des Genusses der weiteren Freiheiten und besonders der geistigen Vorteile der bürgerlichen Gesellschaft zusammenhängt.

Das Herabsinken einer großen Masse unter das Maß einer gewissen Subsistenzweise, die sich von selbst als die für ein Mitglied der Gesellschaft notwendige reguliert – und damit zum Verluste des Gefühls des Rechts, der Rechtlichkeit und der Ehre, durch eigene Tätigkeit und Arbeit zu bestehen –, bringt die Erzeugung des *Pöbels* hervor, die hinwiederum zugleich die größere Leichtigkeit, unverhältnismäßige Reichtümer in wenige Hände zu konzentrieren, mit sich führt. […]

Wird der reicheren Klasse die direkte Last aufgelegt oder es wären in anderem öffentlichen Eigentum (reichen Hospitälern, Stiftungen, Klöstern) die direkten Mittel vorhanden die der Armut zugehende Masse auf dem Stande ihrer ordentlichen Lebensweise zu erhalten, so würde die Subsistenz der Bedürftigen gesichert ohne durch die Arbeit vermittelt zu sein, was gegen das Prinzip der bürgerlichen Gesellschaft und des Gefühls ihrer Individuen von ihrer Selbstständigkeit und Ehre wäre; oder sie würde durch Arbeit (durch Gelegenheit dazu) vermittelt, so würde die Menge der Produktionen vermehrt, in deren Überfluss und dem Mangel der verhältnismäßigen selbst produktiven Konsumenten gerade das Übel besteht, das auf beide Weisen sich nur vergrößert. Es kommt hierin zum Vorschein, dass bei dem *Übermaße des Reichtums* die bürgerliche Gesellschaft *nicht reich genug* ist, d. h. an dem ihr eigentümlichen Vermögen nicht genug besitzt dem Übermaße der Armut und der Erzeugung des Pöbels zu steuern.

(Georg Wilhelm Friedrich Hegel, Grundlinien der Philosophie des Rechts. [1820] In: G. W. F. Hegel, Werke in 20 Bdn. Hrsg. von Eva Moldenhauer/Karl Markus Michel. Bd. 7. Suhrkamp Verlag, Frankfurt/M. 1970, S. 339–342, 389–391)

1 Subsistenz: Selbsterhaltung
2 substantiell: wesentlich

1 Veranschaulichen Sie Hegels Beschreibung der bürgerlichen Gesellschaft an Beispielen. Inwiefern ist in einer modernen arbeitsteiligen Marktwirtschaft „jeder sich Zweck“, kann aber „ohne Beziehung auf andere seinen Zweck nicht erreichen“, sodass „der selbstsüchtige Zweck in seiner Verwirklichung […] ein System allseitiger Abhängigkeit begründet“?

2 „Die Schöpfung der bürgerlichen Gesellschaft gehört der modernen Welt an.“ Informieren Sie sich zur Verdeutlichung dieser Aussage über traditionelle Gesellschaften.

3 Erörtern Sie, ob die in Hegels Analyse der bürgerlichen Gesellschaft beschriebenen Tendenzen zu ihrer Auflösung auch heute zu erkennen und – wie Hegel sagt – notwendige Folgen der Grundkonstruktion der bürgerlichen Gesellschaft sind.

4 Diskutieren Sie Hegels Position zur Frage, wie die Existenz der „Bedürftigen" gesichert werden kann.

Gegen die oben beschriebenen Tendenzen der gesellschaftlichen Entwicklung wird das private Wohl des Bürgers durch regulierende Maßnahmen der Gesellschaft und durch berufsständische Organisation geschützt. Die Wahrnehmung des Allgemeininteresses ist jedoch in der ganz durch Einzelinteressen bestimmten bürgerlichen Gesellschaft immer nur beschränkt möglich; die Idee der Sittlichkeit verwirklicht sich für Hegel vollkommen erst im **Staat**. Der Staat ist damit

„die Vereinigung des Prinzips der Familie und der bürgerlichen Gesellschaft; dieselbe Einheit, welche in der Familie als Gefühl der Liebe ist, ist sein Wesen, welches aber zugleich durch das zweite Prinzip des wissenden und aus sich tätigen Wollens die Form gewusster Allgemeinheit erhält." (G. W. F. Hegel, Enzyklopädie der philosophischen Wissenschaften im Grundrisse (1830). In: Werke in 20 Bdn., Bd. 10, S. 330)

Der Staat

Der Staat ist die Wirklichkeit der sittlichen Idee – der sittliche Geist, als der *offenbare*, sich selbst deutliche, substantielle Wille, der sich denkt und weiß und das, was er weiß und insofern er es weiß, vollführt. An der *Sitte* hat er seine unmittelbare und an dem *Selbstbewusstsein* des Einzelnen, dem Wissen und Tätigkeit desselben, seine vermittelte Existenz, so wie dieses durch die Gesinnung in ihm, als seinem Wesen, Zweck und Produkte seiner Tätigkeit, seine *substantielle Freiheit* hat. [1] [...]

Wenn der Staat mit der bürgerlichen Gesellschaft verwechselt und seine Bestimmung in die Sicherheit und den Schutz des Eigentums und der persönlichen Freiheit gesetzt wird, so ist das *Interesse der Einzelnen als solcher* der letzte Zweck, zu welchem sie vereinigt sind, und es folgt hieraus ebenso, dass es etwas Beliebiges ist, Mitglied des Staates zu sein. – Er hat aber ein ganz anderes Verhältnis zum Individuum; indem er objektiver Geist[2] ist, so hat das Individuum selbst nur Objektivität, Wahrheit und Sittlichkeit, als es ein Glied desselben ist. Die *Vereinigung* als solche ist selbst der wahrhafte Inhalt und Zweck und die Bestimmung der Individuen ist ein allgemeines Leben zu führen; ihre weitere besondere Befriedigung, Tätigkeit, Weise des Verhaltens hat dies Substantielle und Allgemeingültige zu seinem Ausgangspunkte und Resultate. [...]

Der Staat ist die Wirklichkeit der konkreten Freiheit; die *konkrete Freiheit* aber besteht darin, dass die persönliche Einzelheit und deren besondere Interessen sowohl ihre vollständige *Entwicklung* und die *Anerkennung ihres Rechts* für sich (im Systeme der Familie und der bürgerlichen Gesellschaft) haben, als sie durch sich selbst in das Interesse des Allgemeinen teils *übergehen*, teils mit Wissen und Willen dasselbe und zwar als ihren eigenen *substantiellen Geist* anerkennen und für dasselbe als ihren *Endzweck tätig* sind, so dass weder das Allgemeine ohne das besondere Interesse, Wissen und Wollen gelte und vollbracht werde, noch dass die Individuen bloß für das letztere als Privatpersonen leben und nicht zugleich in und für das Allgemeine wollen und eine dieses Zwecks bewusste Wirksamkeit haben. [...]

Das Wesen des neuen Staates ist, dass das Allgemeine verbunden sei mit der vollen Freiheit der Besonderheit und dem Wohlergehen der Individuen, dass also das Interesse der Familie und bürgerlichen Gesellschaft sich zum Staate zusammennehmen muss, dass aber die Allgemeinheit des Zwecks nicht ohne das eigene Wissen und Wollen der Besonderheit, die ihr Recht behalten muss, fortschreiten kann. Das Allgemeine muss also betätigt sein, aber die Subjektivität auf der anderen Seite ganz und lebendig entwickelt werden. Nur dadurch, dass beide Momente in ihrer Stärke bestehen, ist der Staat als ein gegliederter und wahrhaft organisierter anzusehen.

Gegen die Sphären des Privatrechts und Privatwohls, der Familie und der bürgerlichen Gesellschaft ist der Staat einerseits eine *äußerliche* Notwendigkeit und ihre höhere Macht, deren Natur ihre Gesetze sowie ihre Interessen untergeordnet und davon abhängig sind; aber andererseits ist er ihr *immanenter* Zweck und hat seine Stärke in der Einheit seines allgemeinen Endzwecks und des besonderen Interesses der Individuen, darin, dass sie insofern *Pflichten* gegen ihn haben, als sie zugleich Rechte haben.

(Georg Wilhelm Friedrich Hegel, Grundlinien der Philosophie des Rechts. In: G. W. F. Hegel, Werke in 20 Bdn. Hrsg. von Eva Moldenhauer/Karl Markus Michel. Bd. 7. Suhrkamp Verlag, Frankfurt/M. 1970, S. 398–399, 406–408)

1 In der Orientierung an der „Sitte“ tun die Menschen das sittlich Richtige „unmittelbar“, d. h. gefühlsmäßig, ohne sich dessen bewusst zu sein; im Staat verwirklicht sich das sittlich Richtige „vermittelt“ über die sich ihrer selbst bewusste Tätigkeit der Einzelnen, die die an sich richtigen Ziele aus bewusster Entscheidung verfolgen.

2 Objektiver Geist: Für Hegel verwirklichen sich die geistigen Kräfte des Menschen in überindividuellen Institutionen wie dem Staat, die dem Einzelnen dann mit einer eigenen Struktur und Entwicklung gegenüberstehen.

In seinen Vorstellungen zur Organisation des Staates im Einzelnen orientiert sich Hegel weitgehend an der zeitgenössischen preußischen Verfassung: Er propagiert eine konstitutionelle – d. h. an die Verfassung gebundene – Monarchie mit einer starken, unabhängigen Beamtenschaft als der eigentlichen Exekutive und einer ständischen Vertretung als Legislative.

1 *Arbeiten Sie zur Verdeutlichung von Hegels Staatsbegriff heraus, inwiefern der Staat die „Vereinigung des Prinzips der Familie und der bürgerlichen Gesellschaft“ darstellt – und damit die vollständige Verwirklichung dessen, was Hegel unter Sittlichkeit versteht.*
2 *Erörtern Sie das Verhältnis zwischen Individuum und Staat in Hegels Staatstheorie. Vergleichen Sie seine Konzeption mit der Platons und der der liberalen Vertragstheorie.*
3 *Halten Sie es – unabhängig von Hegels konkreten Vorstellungen zur Staatsform – für möglich und für wünschenswert, dass der Staat die ihm von Hegel zugewiesene Aufgabe gegenüber dem Individuum und der bürgerlichen Gesellschaft wahrnimmt?*
4 *Hegel wurde als „preußischer Staatsphilosoph“, ja sogar als Vorläufer totalitärer Staatstheorie kritisiert, andere dagegen entdeckten bei ihm liberale oder auch revolutionäre Elemente. Wo finden sich Hinweise für diese Interpretationen, wo liegen Ihrer Ansicht nach die Vorzüge und die Gefahren des hegelschen Ansatzes?*

Nicht nur in dieser sehr verkürzten Form ist Hegels Staatsphilosophie eine äußerst schwierige Theorie. Dementsprechend wurde sie sehr unterschiedlich interpretiert, von den einen als Philosophie der Revolution, von den anderen als preußische Staatsphilosophie. Zentraler Punkt der Diskussion ist Hegels Anspruch, dem Staat eine vernünftige Aufgabe zuzuweisen, über den Ausgleich von Privatinteressen hinaus, den er nach der klassisch-liberalen Theorie leisten sollte. Hegel zeigt, dass dies System der Privatinteressen, das er – anders als seine Vorgänger – als „bürgerliche Gesellschaft“ vom Staat unterscheidet, keineswegs von selbst das vernünftige Allgemeininteresse realisiert; die Tendenzen zu Ungleichheit und Verarmung, die er hier anspricht, sind ja selbst im modernen Sozialstaat

lediglich eingedämmt. Er stellt allerdings nicht – wie Marx später – die Organisationsform dieser Gesellschaft in Frage, sondern will über diese Gesellschaft den Staat als Realisierung der allgemeinen Vernunft setzen.
Elemente dieses Ansatzes von Hegel finden sich durchaus auch in den sonst mehr von der liberalen Tradition geprägten demokratischen Staaten. Viele Aufgaben des modernen Staates (z. B. in der Wirtschafts- und Sozialpolitik) gehen weit hinaus über das klassische liberale Verständnis eines „Nachtwächterstaats", der möglichst wenig in die Gesellschaft eingreifen soll. Wie bei Hegel wird hier die Verwirklichung des Allgemeininteresses nicht mehr der Eigendynamik der bürgerlichen Gesellschaft oder den moralischen Handlungen Einzelner überlassen.
Ein weiteres Element der hegelschen Staatsidee ist die Vorstellung, dass die Bürger sich über die Verfolgung ihrer Privatinteressen hinaus als Staatsbürger für die – vom Staat organisierten – allgemeinen Interessen einsetzen sollen; dies ist wohl auch für eine liberale Demokratie unentbehrlich, wie die ständigen Appelle an National- oder Staatsbewusstsein zeigen. Diese Vorstellung hat allerdings gerade in der deutschen Tradition zu einer schon bei Hegel angelegten illusorischen und gefährlichen Überschätzung von Staat und Staatsbewusstsein geführt. Seine Forderung nach einer Institution, in der sich die vereinzelten Individuen der bürgerlichen Gesellschaft gemeinsam für das Allgemeinwohl einsetzen, bleibt jedoch in der Diskussion. Liberale halten eine solche Forderung für unrealistisch; Marx knüpft zwar an Hegels Analyse der bürgerlichen Gesellschaft an, setzt aber nicht auf den Staat, sondern auf eine Umwälzung der Gesellschaft.

3.2 Karl Marx: Die ökonomischen Grundlagen des Staates und der bürgerlichen Gesellschaft

Das theoretische Werk von **Karl Marx** (1818–1883) enthält keine eigentliche Staatsphilosophie im Sinne der bisher vorgestellten Autoren. Marx geht es nicht darum, die Notwendigkeit des Staates oder das Verhältnis von Staat und Recht allgemein zu erörtern. Er will vielmehr den Staat einer bestimmten historischen Epoche, der des Kapitalismus, analysieren und kritisieren, als Produkt bestimmter sozioökonomischer Bedingungen.
In seinen frühen Schriften knüpft er dabei kritisch an Hegels Staatsphilosophie an. Hegel hatte in seiner Analyse der bürgerlichen Gesellschaft gezeigt, dass in ihr das Gemeinwohl nicht garantiert werden kann, und diese Aufgabe daher dem Staat zugewiesen; im Staat ist der Mensch nicht der egoistische Privatmensch der bürgerlichen Gesellschaft („bourgeois"), sondern der der Allgemeinheit verpflichtete Staatsbürger („citoyen").
Marx übernimmt Hegels Differenzierung von Staat und Gesellschaft, Citoyen und Bourgeois. In seiner frühen Schrift „Zur Judenfrage" entwickelt er einige wesentliche Elemente seiner Staatstheorie. Anlass für diesen Aufsatz war ein Artikel des Philosophen Bruno Bauer mit der Forderung an die Juden sich von ihrer besonderen Religion zu trennen um vollwertige Staatsbürger sein zu können. Marx zeigt demgegenüber, dass in der modernen bürgerlichen Gesellschaft jede Religion zur reinen Privatangelegenheit wird. Er unterscheidet dabei den „wahren" Menschen (als „Gattungswesen") und den „wirklichen" Menschen (als Mitglied der bürgerlichen Gesellschaft).

Der vollendete politische Staat[1] ist seinem Wesen nach das *Gattungsleben* des Menschen im *Gegensatz* zu seinem materiellen Leben. Alle Voraussetzungen dieses egoistischen Lebens bleiben *außerhalb* der Staatssphäre in der *bürgerlichen Gesellschaft* bestehen, aber als Eigenschaften der bürgerlichen Gesellschaft. Wo der politische Staat seine wahre Ausbildung erreicht hat, führt der Mensch nicht nur im Gedanken, im Bewusstsein, sondern in der *Wirklichkeit,* im *Leben* ein doppeltes, ein himmlisches und ein irdisches Leben, das Leben im *politischen Gemeinwesen*, worin er sich als *Gemeinwesen* gilt, und das Leben in der *bürgerlichen Gesellschaft*, worin er als *Privatmensch* tätig ist, die andern Menschen als Mittel betrachtet, sich selbst zum Mittel herabwürdigt und zum Spielball fremder Mächte wird. [...] Der Mensch in seiner *nächsten* Wirklichkeit, in der bürgerlichen Gesellschaft, ist ein profanes Wesen. Hier, wo er als wirkliches Individuum sich selbst und andern gilt, ist er eine *unwahre* Erscheinung. In dem Staat dagegen, wo der Mensch als Gattungswesen gilt, ist er das imaginäre Glied einer eingebildeten Souveränität, ist er seines wirklichen individuellen Lebens beraubt und mit einer unwirklichen Allgemeinheit erfüllt.

Der Konflikt, in welchem sich der Mensch als Bekenner einer *besondern* Religion mit seinem Staatsbürgertum, mit den andern Menschen als Gliedern des Gemeinwesens befindet, reduziert sich auf die *weltliche* Spaltung zwischen dem *politischen* Staat und der *bürgerlichen Gesellschaft.* Für den Menschen als *bourgeois* ist das „Leben im Staate nur Schein oder eine momentane Ausnahme gegen das Wesen und die Regel" [...]. Die Differenz zwischen dem religiösen Menschen und dem Staatsbürger ist die Differenz zwischen dem Kaufmann und dem Staatsbürger, zwischen dem Taglöhner und dem Staatsbürger, zwischen dem Grundbesitzer und dem Staatsbürger, zwischen dem *lebendigen Individuum* und dem *Staatsbürger.* Der Widerspruch, in dem sich der religiöse Mensch mit dem politischen Menschen befindet, ist derselbe Widerspruch, in welchem sich der *bourgeois* mit dem citoyen, in welchem sich das Mitglied der bürgerlichen Gesellschaft mit seiner *politischen Löwenhaut* befindet. [...]

(Karl Marx, Zur Judenfrage. In: Marx/Engels-Werke [MEW]. Bd. 1. Dietz-Verlag, Berlin/DDR 1968, S. 354 f.)

1 Der „politische Staat" ist hier der moderne bürgerliche Staat, der im Gegensatz zum mittelalterlichen von der Gesellschaft getrennt ist.

Die Trennung von „bürgerlicher Gesellschaft" und „politischem Staat", „bourgeois" und „citoyen", beschreibt Marx als Ergebnis einer historischen Entwicklung: der „politischen Revolution", d. h. der „politischen Emanzipation" des Menschen aus den Zwängen der mittelalterlichen Feudal- und Zunftgesellschaft. In ihr waren Staat und Gesellschaft, privates und öffentliches Leben noch nicht so klar getrennt, wurden z. B. viele berufliche und private Dinge „staatlich" geregelt.

Dieser *Mensch*, das Mitglied der bürgerlichen Gesellschaft, ist nun die Basis, die Voraussetzung des *politischen* Staats. Er ist von ihm als solche anerkannt in den Menschenrechten. Die Freiheit des egoistischen Menschen und die Anerkennung dieser Freiheit ist aber vielmehr die Anerkennung der *zügellosen* Bewegung der geistigen und materiellen Elemente, welche seinen Lebensinhalt bilden.

Der Mensch wurde daher nicht von der Religion befreit, er erhielt die Religionsfreiheit. Er wurde nicht vom Eigentum befreit. Er erhielt die Freiheit des Eigentums. Er wurde nicht von dem Egoismus des Gewerbes befreit, er erhielt die Gewerbefreiheit.
Die *Konstitution des politischen Staats* und die Auflösung der bürgerlichen Gesellschaft in die unabhängigen *Individuen* [...] voll-

zieht sich in *einem und demselben Akte.* Der Mensch, wie er Mitglied der bürgerlichen Gesellschaft ist, der *unpolitische* Mensch, erscheint aber notwendig als der natürliche Mensch. Die *droits de l'homme* [1] erscheinen als *droits naturels* [2], denn die *selbstbewusste Tätigkeit* konzentriert sich auf den *politischen Akt.* Der *egoistische* Mensch ist das *passive*, nur *vorgefundne* Resultat der aufgelösten Gesellschaft, [...] also *natürlicher* Gegenstand. Die *politische Revolution* löst das bürgerliche Leben in seine Bestandteile auf ohne diese Bestandteile selbst zu *revolutionieren* und der Kritik zu unterwerfen. Sie verhält sich zur bürgerlichen Gesellschaft, zur Welt der Bedürfnisse, der Arbeit, der Privatinteressen, des Privatrechts, als zur *Grundlage ihres Bestehns*, als zu einer nicht weiter begründeten *Voraussetzung*, daher als zu ihrer *Naturbasis.* Endlich gilt der Mensch, wie er Mitglied der bürgerlichen Gesellschaft ist, für den *eigentlichen* Menschen, für den *homme* im Unterschied von dem *citoyen*, weil er der Mensch in seiner sinnlichen individuellen *nächsten* Existenz ist, während der *politische* Mensch nur der abstrahierte, künstliche Mensch ist, der Mensch als eine *allegorische, moralische* Person. Der wirkliche Mensch ist erst in der Gestalt des *egoistischen* Individuums, der wahre Mensch erst in der Gestalt *des abstrakten citoyen* anerkannt.

Alle Emanzipation ist *Zurückführung* der menschlichen Welt, der Verhältnisse, auf den *Menschen selbst.*

Die politische Emanzipation ist die Reduktion des Menschen, einerseits auf das Mitglied der bürgerlichen Gesellschaft, auf das *egoistische unabhängige* Individuum, andrerseits auf den *Staatsbürger*, auf die moralische Person.

Erst wenn der wirkliche individuelle Mensch den abstrakten Staatsbürger in sich zurücknimmt und als individueller Mensch in seinem empirischen Leben, in seiner individuellen Arbeit, in seinen individuellen Verhältnissen, *Gattungswesen* geworden ist, erst wenn der Mensch seine „forces propres“[3] als *gesellschaftliche* Kräfte erkannt und organisiert hat und daher die gesellschaftliche Kraft nicht mehr in der Gestalt der *politischen* Kraft von sich trennt, erst dann ist die menschliche Emanzipation vollbracht.

(Karl Marx, Zur Judenfrage. In: MEW. Bd. 1. Dietz-Verlag, Berlin/DDR 1968, S. 369 f.)

1 droit de l' homme: Menschenrechte
2 droits naturels: Naturrechte
3 forces propres: eigene Kräfte

1 *Arbeiten Sie die Unterscheidung heraus zwischen dem „materiellen Leben“ und dem „Gattungsleben“, dem „bourgeois“ und dem „citoyen“, dem „wirklichen“ und dem „wahren“ Menschen .*
2 *Untersuchen Sie, wie Marx hier die hegelsche Staatstheorie umwandelt.*
3 *Wie beurteilt Marx das vertragstheoretische Konzept von Naturzustand und Staat?*
4 *Inwiefern ist die „politische Emanzipation“ für Marx unzureichend und was versteht er unter der vollständigen „menschlichen Emanzipation“?*

Marx zeigt die Unzulänglichkeit der „politischen Emanzipation“ am Beispiel der „Menschenrechte“ auf, die er als ideologischen Ausdruck der bürgerlichen Gesellschaft kritisiert.

Die *droits de l'homme* [1], die Menschenrechte werden als *solche* unterschieden von den *droits du citoyen* [1], von den Staatsbürgerrechten. Wer ist der vom *citoyen* unterschiedene *homme*? Niemand anders als das *Mitglied der bürgerlichen Gesellschaft.* Warum wird das Mitglied der bürgerlichen Gesellschaft „Mensch“, Mensch schlechthin, warum werden seine Rechte *Menschenrechte* genannt? Woraus erklären wir dies Faktum? Aus dem Verhältnis des politischen Staats zur bürgerlichen Gesellschaft, aus dem Wesen der politischen Emanzipation.

Vor allem konstatieren wir die Tatsache, dass die so genannten *Menschenrechte*, die *droits de l'homme* im Unterschied von den *droits du citoyen*, nichts anderes sind als die Rechte des *Mitglieds der bürgerlichen Gesellschaft*, d. h. des egoistischen Menschen, des vom Menschen und vom Gemeinwesen getrennten Menschen. Die radikalste Konstitution, die Konstitution von 1793[2], mag sprechen:

Erklärung der Menschen- und Bürgerrechte:[3]

Artikel 2: „Diese Rechte, etc., (die natürlichen und unantastbaren Rechte) sind: die *Gleichheit*, die *Freiheit*, die *Sicherheit*, das *Eigentum*"

Worin besteht die *Freiheit*?

Artikel 6: „Die Freiheit ist das dem Menschen zugehörige Vermögen alles zu tun, was den Rechten des anderen nicht schadet." [...]

Die Freiheit ist also das Recht alles zu tun und zu treiben, was keinem anderen schadet. Die Grenze, in welcher sich jeder dem anderen *unschädlich* bewegen kann, ist durch das Gesetz bestimmt, wie die Grenze zweier Felder durch den Zaunpfahl bestimmt ist. Es handelt sich um die Freiheit des Menschen als isoliert auf sich zurückgezogener Monade.[3] [...]

Aber das Menschenrecht der Freiheit basiert nicht auf der Verbindung des Menschen mit dem Menschen, sondern vielmehr auf der Absonderung des Menschen von dem Menschen. Es ist das *Recht* dieser Absonderung, das Recht des *beschränkten,* auf sich beschränkten Individuums.

Die praktische Nutzanwendung des Menschenrechts der Freiheit ist das Menschenrecht des *Privateigentums.*

Worin besteht das Menschenrecht des Privateigentums?

Artikel 16. (Verfassung von 1793): „Das Recht des Privateigentums ist das jedem Bürger zukommende Recht seine Güter, die Früchte seiner Arbeit und seines Fleißes zu genießen und *nach seinem Belieben* über sie zu verfügen."

Das Menschenrecht des Privateigentums ist als das Recht willkürlich (nach seinem Belieben), ohne Beziehung auf andere Menschen, unabhängig von der Gesellschaft, sein Vermögen zu genießen und über dasselbe zu disponieren, das Recht des Eigennutzes. Jene individuelle Freiheit, wie diese Nutzanwendung derselben, bilden die Grundlage der bürgerlichen Gesellschaft. Sie lässt jeden Menschen im anderen Menschen nicht die *Verwirklichung*, sondern vielmehr die *Schranke* seiner Freiheit finden. Sie proklamiert vor allem aber das Menschenrecht „seine Güter, die Früchte seiner Arbeit und seines Fleißes zu genießen und *nach seinem Belieben* über sie zu verfügen." [...]

Keines der so genannten Menschenrechte geht also über den egoistischen Menschen hinaus, den Menschen, wie er Mitglied der bürgerlichen Gesellschaft, nämlich auf sein Privatinteresse und seine Privatwillkür zurückgezogenes und abgesondertes Individuum ist. Weit entfernt, dass der Mensch in ihnen als Gattungswesen aufgefasst wurde, erscheint vielmehr das Gattungsleben selbst, die Gesellschaft, als ein den Individuen äußerlicher Rahmen, als Beschränkung ihrer ursprünglichen Selbstständigkeit. Das einzige Band, das sie zusammenhält, ist die Naturnotwendigkeit, das Bedürfnis und das Privatinteresse, die Konservation ihres Eigentums und ihrer egoistischen Person.

(Karl Marx, Zur Judenfrage. In: MEW. Bd. 1. Dietz-Verlag, Berlin/DDR 1968, S. 363–366)

1 Die „droits de l'homme" sind die Menschenrechte, also die individuellen Schutzrechte, die „droits du citoyen" die Bürgerrechte, also die politischen Mitwirkungsrechte (vgl.Kap. VI, 2.2.4).

2 Die Französische Verfassung von 1793 (aus der Zeit der Jakobinerherrschaft)

3 Monade: hier: isoliertes Individuum

1 *Die französische Verfassung von 1793 unterscheidet zwischen den „Menschenrechten" und den „Bürgerrechten". Die Menschenrechte sind die Freiheitsrechte des Individuums, die Bürgerrechte dagegen die Rechte auf politische Mitwirkung in der Demokratie. Für diese Verfassung sind die Menschenrechte das Primäre, die demokratische Mitwirkung dagegen eher ein Mittel den Schutz der Menschenrechte und damit der individuellen Selbstverwirklichung zu garantieren.*
Welche Position bezieht Marx in dieser Frage und inwiefern geht seine Unterscheidung von Gattungsleben und materiellem Leben hier mit ein?

2 *Im neueren Menschenrechtsverständnis werden neben den individuellen Schutzrechten und den politischen Rechten auch soziale Menschenrechte formuliert (vgl. Kap. IV, 2.2.4). Ist die Kritik von Marx durch die Formulierung und (teilweise) Verwirklichung solcher Rechte, also durch die Entwicklung zum Sozialstaat, überholt?*

Die vollständige „menschliche Emanzipation" ist für Marx nur möglich durch eine revolutionäre Umwälzung der Gesellschaft. Diese wird zugleich eine Zurücknahme der Staatsgewalt durch die Gesellschaft sein. Wie der Staat (bzw. die Gesellschaft ohne Staat) nach einer Revolution aussehen soll, das lässt sich jedoch nicht schon im Voraus sagen. Marx äußert sich daher auch nur sehr vage dazu. Im Kommunistischen Manifest heißt es:

Sind im Laufe der Entwicklung die Klassenunterschiede verschwunden und ist alle Produktion in den Händen der assoziierten Individuen konzentriert, so verliert die öffentliche Gewalt den politischen Charakter. Die politische Gewalt im eigentlichen Sinne ist die organisierte Gewalt einer Klasse zur Unterdrückung einer andern. Wenn das Proletariat im Kampfe gegen die Bourgeoisie sich notwendig zur Klasse vereint, durch eine Revolution sich zur herrschenden Klasse macht und als herrschende Klasse gewaltsam die alten Produktionsverhältnisse aufhebt, so hebt es mit diesen Produktionsverhältnissen die Existenzbedingungen des Klassengegensatzes, die Klassen überhaupt und damit seine eigene Herrschaft als Klasse auf.
An die Stelle der alten bürgerlichen Gesellschaft mit ihren Klassen und Klassengegensätzen tritt eine Assoziation, worin die freie Entwicklung eines jeden die Bedingung für die freie Entwicklung aller ist.

(Karl Marx/Friedrich Engels, Manifest der Kommunistischen Partei. In: MEW. Bd. 4. Dietz Verlag, Berlin/DDR 1959, S. 482)

Die „politische Gewalt" ist für Marx also „die organisierte Gewalt einer Klasse zur Unterdrückung einer anderen". Dies gilt trotz Wahlrecht und Rechtsgleichheit auch für die „bürgerliche" Demokratie: Der Staat tritt den Individuen, die in der bürgerlichen Gesellschaft ihre Privatinteressen verfolgen, als scheinbar selbstständige Verkörperung eines illusorischen Allgemeininteresses gegenüber; als Mitglieder dieses Staates, als „citoyens", sind die Menschen, z. B. als Wähler, frei und gleich (vor dem Gesetz), als „wirkliche" Menschen, d. h. als Mitglieder der bürgerlichen Gesellschaft, sind sie abhängig und äußerst ungleich.
In seinen späteren Schriften fundiert Marx seine Kritik an Gesellschaft und Staat durch die Untersuchung der wirtschaftlichen Grundlagen. Denn für ihn bilden die jeweiligen Produktionsverhältnisse, in denen die Menschen zu einer bestimmten Zeit in der Geschichte ihren Lebensunterhalt erarbeiten, „die ökonomische Struktur der Gesellschaft, die reale Basis, worauf sich ein politischer und juristischer Überbau erhebt" (Karl Marx: Zur Kritik der Politischen Ökonomie. In: MEW. Bd. 13. Berlin/DDR 1968, S. 8), Gesellschafts- und Staatsform sind also bedingt durch die Ökonomie (➔ Kap. V, 2.2). Die oben vorgestellte

Staatstheorie seiner Frühschriften führt Marx daher später durch die Analyse der ökonomischen Struktur der Gesellschaft weiter: Die materielle Grundlage der Trennung von Gesellschaft und Staat in der kapitalistischen Ökonomie ist die Trennung zwischen der Sphäre der Produktion und der der Zirkulation, d. h. des Marktes.

Diese geräuschvolle, auf der Oberfläche hausende und aller Augen zugängliche Sphäre [die Zirkulationssphäre bzw. der Markt] verlassen wir daher, zusammen mit Geldbesitzer und Arbeitskraftbesitzer, um beiden nachzufolgen in die verborgne Stätte der Produktion, an deren Schwelle zu lesen steht: No admittance except on business. [...] Die Sphäre der Zirkulation oder des Warenaustausches, innerhalb deren Schranken Kauf und Verkauf der Arbeitskraft sich bewegt, war in der Tat ein wahres Eden der angebornen Menschenrechte. Was allein hier herrscht, ist Freiheit, Gleichheit, Eigentum [...] Freiheit! Denn Käufer und Verkäufer einer Ware, z. B. der Arbeitskraft, sind nur durch ihren freien Willen bestimmt. Sie kontrahieren als freie, rechtlich ebenbürtige Personen. Der Kontrakt ist das Endresultat, worin sich ihre Willen einen gemeinsamen Rechtsausdruck geben. Gleichheit! Denn sie beziehen sich nur als Warenbesitzer aufeinander und tauschen Äquivalent[1] für Äquivalent. Eigentum! Denn jeder verfügt nur über das Seine. [...] Die einzige Macht, die sie zusammen und in ein Verhältnis bringt, ist die ihres Eigennutzes, ihres Sondervorteils, ihrer Privatinteressen. Und eben weil so jeder nur für sich und keiner für den anderen kehrt, vollbringen alle, infolge einer prästabilierten Harmonie[2] der Dinge oder unter den Auspizien[3] einer allpfiffigen Vorsehung, nur das Werk ihres wechselseitigen Vorteils, des Gemeinnutzens, des Gesamtinteresses.
Beim Scheiden von dieser Sphäre der einfachen Zirkulation oder des Warenaustausches, [...] verwandelt sich, so scheint es, schon in etwas die Physiognomie unsrer dramatis personae[4]. Der ehemalige Geldbesitzer schreitet voran als Kapitalist, der Arbeitskraftbesitzer folgt ihm nach als sein Arbeiter; der eine bedeutungsvoll schmunzelnd und geschäftseifrig, der andre scheu, widerstrebsam, wie jemand, der seine eigne Haut zu Markt getragen und nun nichts andres zu erwarten hat als die – Gerberei.

(Karl Marx, Das Kapital. Erster Bd. In: MEW. Bd. 23. Berlin/DDR 1962, S. 189–191)

1 Äquivalent: (hier) gleichwertige Ware
2 prästabilierte Harmonie: von Gott im Voraus festgelegte harmonische Ordnung der Welt (bei Leibniz)
3 Auspizium: schützende Obhut

1 Informieren Sie sich im Kapitel „Geschichtsphilosophie" (Kap. V, 2.2) über Marx' Konzept von „Basis" und „Überbau".

2 Verdeutlichen Sie sich Marx' These, dass ein bestimmter staatlicher Überbau bestimmten Produktionsverhältnissen entspricht, an Beispielen wie dem Pharaonenreich, dem mittelalterlichen Lehnswesen und speziell der modernen Demokratie.

3 Zeigen Sie, inwiefern die Staatskritik des ersten – frühen – Marx-Textes in den Ausführungen des letzten Textes wieder aufgenommen wird.

4 Diskutieren Sie, ob die Zielvorstellungen der marxschen Staatsphilosophie realistisch und ob sie erstrebenswert sind.

Marx hat Hegels Kritik an der klassischen bürgerlichen Staatstheorie radikalisiert. Auch für ihn ist der vertragstheoretische Ansatz bei den voneinander isolierten Individuen nicht „natürlich", sondern Ausdruck der gesellschaftlichen Verhältnisse in einer bestimmten historischen Epoche. Für Marx ist jedoch auch die hegelsche Vorstellung vom Staat nur eine Illusion, ein Produkt dieser gesellschaftlichen Verhältnisse und wird erst mit ihrer Veränderung verschwinden: Staatsphilosophische Forderungen werden daher zu Forderungen nach Umwälzung der Gesellschaft und ihrer ökonomischen Grundlagen.
Diese Vorstellungen von Marx waren geschichtlich sehr einflussreich, unterschiedliche politische Strömungen beriefen oder berufen sich auf sie:
Die **Sozialdemokratie** verstand sich lange als marxistische Partei, in ihrer politischen Praxis setzten sich allerdings zunehmend liberale Staatsvorstellungen durch, verbunden mit der eher hegelschen Konzeption einer sozialen Reform der Gesellschaft durch den Staat. Es fragt sich, ob durch diese sozialstaatlichen Maßnahmen die grundlegende Kritik von Marx an Staat und bürgerlicher Gesellschaft überholt wird.
Die **kommunistischen Parteien** vertraten demgegenüber die These vom „Absterben des Staates" nach der Überwindung der Klassenherrschaft, zugleich aber auch die unbeschränkte „Diktatur des Proletariats" bis zum Erreichen dieses Endziels. Da ihrer Auffassung nach gesellschaftliche Konflikte fast ausschließlich ökonomisch bedingt sind, sahen sie keine Notwendigkeit die Austragung von Konflikten auch dann noch durch rechtsstaatliche Institutionen zu regeln, wenn diese Ursachen im Sozialismus bzw. Kommunismus beseitigt waren. Man kann – wie viele marxistische Theoretiker – mit guten Gründen bezweifeln, dass die repressive Parteidiktatur in den Staaten des „realen Sozialismus" sich mit Recht auf Marx berufen konnte. Trotzdem erhebt sich die Frage, ob Marx' Staatstheorie es nicht zumindest nahelegt, den Menschenrechten als Schutzrechten für den Einzelnen wenig Bedeutung beizumessen.
Bei Marx selbst finden sich ohnehin keine genaueren Vorstellung über Staat und Gesellschaft nach der Revolution – viele Versuche in seinem Namen sind inzwischen gescheitert. Die Frage aber, inwieweit sich damit auch Marx' Kritik am Staat der bürgerlichen Gesellschaft, in der wir ja auch heute leben, erledigt hat, wird weiter diskutiert.

3.3 Michail Bakunin: Anarchismus – Gesellschaft ohne Staat

Die Utopie einer staatsfreien Gesellschaft wurde in der Geschichte von den unterschiedlichsten Denkern und Bewegungen propagiert. Unter **„Anarchismus"** versteht man daher meist keine einheitliche Bewegung, erst recht keine einheitliche Theorie, sondern ganz allgemein eine radikal antistaatliche Position. Gleichzeitig bezeichnet man mit „Anarchismus" in einem engeren Sinne eine bestimmte politische Richtung innerhalb der Arbeiterbewegung im 19. und frühen 20. Jahrhundert. Diese Bewegung existierte in vielen Ländern, erlangte allerdings nur in wenigen größeren politischen Einfluss (v. a. in Spanien im Bürgerkrieg 1936–39). Auch vertrat sie keine geschlossene Weltanschauung, wie z. B. die Kommunisten.
Der wichtigste Führer und Theoretiker des Anarchismus war der Russe **Michail Bakunin** (1814–1876). Einige seiner Überlegungen werden im Folgenden vorgestellt, als Beispiel für einen Ansatz, der sich auch unabhängig von der anarchistischen Bewegung immer wieder in der staatstheoretischen Diskussion findet.

Heutzutage kann ein ernst zu nehmender starker Staat nur ein einziges zuverlässiges Fundament haben – eine militärische und bürokratische Zentralisation. Zwischen einer Monarchie und einer Republik, und sei es der demokratischsten, gibt es nur einen einzigen wesentlichen Unterschied: in der Ersteren wird das Volk im Namen des Monarchen von der Beamtenschaft, zum großen Nutzen der privilegierten, besitzenden Klassen, aber auch für ihre eigenen Taschen, unterdrückt und ausgeraubt; in der Republik wird das Volk von derselben Seite, zum Nutzen derselben Taschen und Klassen unterdrückt und ausgeraubt, jetzt nur im Namen eines Volkswillens. In der Republik ist es das Scheinvolk, das legale Volk, das Volk, das angeblich durch den Staat repräsentiert wird, welches das lebendige und reale Volk unterdrückt und unterdrücken wird. Aber für das Volk wird es keineswegs leichter, wenn der Stock, mit dem man es schlägt, Stock des Volkes genannt wird.

[...]

Das heißt, kein Staat, wie demokratisch auch immer seine Formen sein mögen, und sei es die röteste *politische* Republik – was mit Volksrepublik ja nur im Sinne jener unter dem Namen Volksvertretung bekannten Lüge bezeichnet werden kann – kein Staat also kann dem Volke das geben, was es braucht, nämlich die freie Organisation der eigenen Interessen von unten nach oben, ohne jede Einmischung, Bevormundung oder Nötigung von oben, weil jeglicher Staat, selbst der republikanischste und demokratischste, und sogar der Pseudo-Volksstaat, wie ihn Marx geplant hat, letzten Endes nichts anderes darstellt, als die Beherrschung der Massen von oben nach unten, durch eine intellektuelle und eben dadurch privilegierte Minderheit, die angeblich die wahren Interessen des Volkes besser erkennt, als das Volk selbst.

[...]

Das Ideal des Volkes [...] stellt sich [...] natürlich in erster Linie als das Ende aller Not dar, das Ende des Elends und die volle Befriedigung aller materiellen Bedürfnisse durch kollektive Arbeit, die für alle obligatorisch und für alle gleich ist; ferner als das Ende der Herren und jeglicher Herrschaft und als freiheitliche Ordnung für das Leben des Volkes, die entsprechend seinen Bedürfnissen nicht von oben nach unten wie im Staat, sondern von unten nach oben durch das Volk selbst, ohne alle Regierungen und Parlamente geschaffen wird; es stellt sich als das freie Bündnis aller Land- und Fabrikarbeitergenossenschaften, der Gemeinden, Provinzen und Völker dar und schließlich, in ferner Zukunft, als die Verbrüderung aller Menschen, eine Verbrüderung, die über den Trümmern aller Staaten triumphiert.

Um Missverständnisse zu vermeiden, halten wir es immerhin für notwendig, darauf hinzuweisen, dass das, was wir ein *Ideal* des Volks nennen, nichts mit jenen politisch-sozialen Schemata, Formeln und Theorien gemein hat, die ohne das Leben des Volks zu berücksichtigen, von bourgeoisen Gelehrten oder Halbgelehrten in ihren Mußestunden erarbeitet und der *unwissenden Volksmasse* wohlwollend als unbedingte Voraussetzung für ihre zukünftige Ordnung vorgeschlagen werden. Wir glauben nicht im Geringsten an diese Theorien und selbst die besten erscheinen uns noch als Prokrustesbett[1], das viel zu eng bemessen ist, als dass es die ganze mächtige Weite des Volkslebens fassen könnte.

Selbst die rationalste und tiefsinnigste Wissenschaft kann nicht die Formen des zukünftigen gesellschaftlichen Lebens erahnen. Sie kann nur die *negativen* Bedingungen definieren, die sich logisch aus der strengen Kritik an der bestehenden Gesellschaft ergeben. So ist man in der Sozial-Ökonomie mit dieser Kritik zur Ablehnung des erblichen Privateigentums gekommen und damit zu einer abstrakten und gleichsam *negativen* Konzeption vom Kollektiveigentum als notwendiger Voraussetzung der zukünftigen Gesellschaftsordnung. Dieser Weg führte schließlich zur Ablehnung selbst der Idee des Staates und der Herrschaft, d. h. zur Ablehnung einer Regierung der Gesellschaft von oben nach unten im Namen eines wie auch immer gearteten Pseudorechts, sei es theologisch oder metaphysisch, göttlich oder wissenschaftlich-rational und folglich zur entgegengesetzten und damit negativen Position – zur Anarchie, d. h. zur selbstständigen und freiheitlichen Organisation aller Einheiten oder Elemente, die die Gemeinden bilden, und zu deren freier Föderation von unten nach oben – nicht auf Befehl irgendeiner Obrigkeit, und sei es einer gewählten, und nicht nach den Richtlinien irgendeiner gelehrten Theorie, sondern infolge einer völlig natürlichen Entwicklung von Bedürfnissen aller Art, die sich aus dem Leben selbst ergeben. Deshalb ist kein Gelehrter in der Lage das Volk zu lehren oder auch nur für sich selbst zu bestimmen, wie das Volk am Tag nach der sozialen Revolution leben wird und leben soll. Das wird sich vielmehr erstens aus der jeweiligen Situation eines Volkes und zweitens aus den Bestrebungen ergeben, die in ihm auftreten oder stärker wirken, keinesfalls aber durch Richtlinien und Erläuterungen von oben und überhaupt durch keinerlei am Vorabend der Revolution erdachte Theorien.

(Michail Bakunin, Staatlichkeit und Anarchie. In: ‚Staatlichkeit und Anarchie' und andere Schriften. Hrsg. von Horst Struke. Ullstein Verlag, Frankfurt-Berlin-Wien 1972, S. 438 f., 448 f., 636 f.)

1 Prokrustes, der „Strecker": in der griechischen Mythologie ein riesenhafter Wegelagerer, der seine Opfer so lange streckt, bis sie in sein großes Bett passen, oder so weit kürzt, dass sie in sein kleines Bett hineingehen.

1 *Arbeiten Sie Bakunins staatstheoretische Position heraus.*

2 *„Freiheit" hat in Bakunins Theorie einen zentralen Stellenwert. Was versteht er darunter?*

3 *Bakunin fordert ein Ideal menschlichen Zusammenlebens. Welche Bestimmungen dieses Ideals gibt er an?*

4 *Vergleichen Sie das „Ideal des Volkes" bei Bakunin mit den utopischen Aspekten der bisher behandelten Theorien, vor allem mit der von Marx. Was unterscheidet seine Utopie von allen anderen? Erörtern Sie, ob dieses „Ideal" realisierbar und ob es wünschenswert ist.*

4 Demokratie und Staat in der aktuellen Staatsdiskussion

– *„Alle Staatsgewalt geht vom Volke aus" (Grundgesetz, Art. 20). Haben Sie den Eindruck, dass die Staatsgewalt von Ihnen ausgeht?*

Seit den Zeiten von Hegel und Marx haben sich Staat und Gesellschaft schneller gewandelt als in jeder früheren Epoche. Die moderne Gesellschaft ist zu einem ungeheuer komplexen System geworden, in dem einzelne Bereiche wie die Wirtschaft, die Technik oder die ständig wachsende Bürokratie sich weitgehend nach ihren eigenen Gesetzen entwickeln und dem politischen Handeln Grenzen setzen; die Politik selbst ist Resultat eines Zusammenspiels von politischen Institutionen, Parteien, Verbänden, Medien etc.
Eine unübersehbare Zahl von Theorien versucht diese neuen Formen von Staat und Gesellschaft zu erklären und zu beurteilen. Neben die Sozialphilosophie sind dabei immer zahlreichere Zweige der Politikwissenschaft, der Soziologie und anderer Sozialwissenschaften getreten, die durch ständig weitere Spezialisierung der zunehmenden Komplexität von Staat und Gesellschaft gerecht zu werden suchen. Hinzu kommt, dass in der modernen politischen Theorie viel deutlicher als früher zwischen Wertsetzungen und empirisch begründeten Sachurteilen unterschieden wird; diese Unterscheidung wurde vor allem von dem Soziologen **Max Weber** (1864–1920) propagiert, der auch seine eigene bedeutende Forschungsarbeit zur Entwicklung des modernen Staates klar von seinen politischen Zielsetzungen trennte. Diese strikte Trennung blieb zwar umstritten, führte jedoch zu einer deutlicheren Arbeitsteilung zwischen empirischer Sozialwissenschaft und Sozialphilosophie.
Angesichts einer solchen Spezialisierung ist es nicht möglich, zur aktuellen Staatsdiskussion eine irgendwie repräsentative Auswahl „klassischer" Texte vorzulegen; wir beschränken uns daher auf einige Denkanstöße zu wichtigen Problemen der Demokratie heute.
Um (mehr) Demokratie ging es nämlich in fast allen politischen Bewegungen der letzten Jahrzehnte: Demokratie forderten die Bürgerbewegungen im früheren Ostblock, einen Mangel an Demokratie kritisierten die Protestbewegungen im Westen. Auch Bewegungen für z. B. Umwelt oder Frieden entstanden ja vor allem deshalb, weil man sich mit seinen Anliegen im herrschenden demokratischen System nicht richtig vertreten sah; Letzteres ist sicher auch ein Grund für die verbreitete Politik- und Staatsverdrossenheit.

Ausgangspunkt unserer Überlegungen ist daher die offenkundige Diskrepanz zwischen Anspruch und Wirklichkeit der Demokratie: Wir verstehen unter „Demokratie" zwar im Allgemeinen – ganz im Sinne des griechischen Wortes – „Herrschaft des Volkes"; tatsächlich jedoch bestimmen nicht so sehr die Wähler die Politik als vielmehr politische und gesellschaftliche Eliten sowie wirtschaftliche und andere Sachzwänge.
Wir stellen zunächst Autoren vor, die diesen Zustand kritisieren und die Verwirklichung der demokratischen Idee fordern, anschließend solche, die diese Idee für überholt halten und für ein neues Verständnis von Demokratie plädieren.

4.1 Kritik der demokratischen Realität

4.1.1 Johannes Agnoli: Demokratie als Oligarchie

Der Politikwissenschaftler **Johannes Agnoli** (geb. 1925) untersucht in seinem 1968 erschienenen Buch „Die Transformation der Demokratie" wichtige Veränderungen des parlamentarisch-demokratischen Systems. Er zeigt auf, dass in den demokratischen Institutionen die konkreten gesellschaftlichen Konflikte und Interessen immer weniger repräsentiert sind und sich die Macht immer mehr bei einer Oligarchie [Herrschaft der wenigen] von Staats-, Partei- und Wirtschaftsführungen konzentriert. Dazu gehört u. a. auch die Verlagerung der Macht vom Parlament zur Exekutive und zu den Interessenverbänden, eine von vielen Seiten beklagte Veränderung des demokratischen Systems.

Fraglos ist das Parlament als „Legislative" und als Körperschaft, in der Volksinteressen gesetzgeberisch Ausdruck finden sollten, gegenüber der „Exekutive" bis zur Bedeutungslosigkeit herabgesunken. Es ist nicht mehr in der Lage selbstständig Entscheidungen zu treffen, da es als *Ganzes* nicht mehr an den konkreten Vorbereitungen der Gesetze und an der Aufarbeitung des Materials beteiligt wird [...]. Auch im Parlament bilden sich oligarchische Zentren, die den größten Teil der Abgeordneten aus dem engeren Informationskreis ausschließen und so den Eintritt in den eigentlichen Entscheidungsmechanismus verwehren. [...] Mächtig gegenüber den anderen Abgeordneten und mit konkreter Macht ausgestattet wird die Parlamentsoligarchie [...] durch ihre Verbindung mit den *außerhalb* des Parlaments etablierten Trägern von Herrschaft [...].
Der „harte Kern" des Parlaments wird jedoch nicht entmachtet. Nicht alle Entscheidungen werden „anderswo" getroffen, da ein Teil der entscheidenden Gruppen wenn nicht *als* Parlament, so doch *im* Parlament wirkt. [...] Und genau das ist für eine erfolgreiche Herrschaftsmethode unerlässlich: dass ein Teil der politischen und gesellschaftlichen Oligarchien *sichtbar im Parlament* tätig (also dem Schein nach öffentlich kontrollierbar), *sichtbar vom Volke gewählt* (damit zum Herrschaftsakt demokratisch legitimiert) und *sichtbar Träger von Macht* (und in der Lage moralisch verpflichtende Wählerwünsche durchzusetzen) ist. Wäre dem anders, würde die Bevölkerung sich gar nicht auf das parlamentarische Spiel einlassen und sie würde die Wahlen nicht mehr als den wesentlichen Ausdruck ihrer politischen Freiheit betrachten. Mit einem Wort: erst die Präsenz der Macht im Parlament (und nicht etwa: die Macht des Parlaments) ermöglicht die Erfüllung der Aufgaben, die ihm als Organ (als Ganzem) zukommen. [...]
Da es das verfassungsmäßig einzige Subjekt der Gesetzgebung ist, überträgt es die eigene Legitimation (aus freien Wahlen hervorgegangen zu sein) auf die gewünschten

Regelungen. Hier erweist sich die eigene Ohnmacht als Bedingung einer konkreten Machtfunktion, die für den Bestand des Systems von zentraler Bedeutung ist. Denn mit der Verfassungstreue der Gesetzgebung ist der Anspruch eng verknüpft, der den ganzen Bau der staatlich betriebenen Befriedung zusammenhält: dass die (delegierte) Herrschaft der Gesetzgeber auch gegen den Willen des delegierenden Volkes, auf jeden Fall ungeachtet seiner jeweils feststellbaren Wünsche ausgeübt werden darf. Am verfassungsmäßig verabschiedeten Gesetz, selbst wenn das Gesetz verfassungsmäßige Rechte einschränkt (Notstandsgesetze), findet das freie Wollen – und das Recht auf Widerstand – sein Ende. Das Parlament ist ein *Konstitutionalisierungsorgan*, das die (interessengebundenen) Entscheidungen verfassungskonform erscheinen lässt und ihnen daher ideologisch wie institutionell die Weihe des demokratischen Beschlusses verleiht. [...]

Die „legislative" Volksvertretung ist in Wirklichkeit ein Exekutivorgan, das – statt Tendenzen der Bevölkerung zu vermitteln – Richtlinien der Politik von oben nach unten trägt. [...]

In geschichtlicher Rückerinnerung: das Parlament vertritt nicht mehr das Bürgertum gegenüber der Krone, sondern die führenden Kreise der Produktionssphäre [...], der Kulturorganisationen (Kirchen zum Beispiel) und der gesellschaftlichen Organisationen (Führungsstäbe der Verbände) gegenüber dem gemeinen Volk.

(Johannes Agnoli, Die Transformation der Demokratie. In: Johannes Agnoli/Peter Brückner: Die Transformation der Demokratie. Europäische Verlagsanstalt, Frankfurt/M. 1968, S. 59–63, 68–69)

1 *Der Funktionsverlust des Parlaments wird häufig beklagt, auch von den Parlamentariern selbst. Verdeutlichen Sie sich das Problem an Beispielen (z. B. der Rolle der Debatten) und arbeiten Sie Agnolis Interpretation dieser Entwicklung heraus.*

2 *Erörtern Sie,*
- *ob Agnolis Analyse die angesprochenen Phänomene korrekt beschreibt und ihre Ursachen und ihre Funktion richtig bestimmt,*
- *welche politischen Folgerungen sich aus dieser Sichtweise eventuell ergeben.*

4.1.2 Cornelius Castoriadis: Demokratie und Selbstbestimmung

Der französische Staatstheoretiker **Cornelius Castoriadis** gehört zu den Verfechtern einer „autonomen Zivilgesellschaft", die wir in Abschnitt 4.3 vorstellen. In seinem hier wiedergegebenen Beitrag von 1979 untersucht er das Verhältnis von Freiheit und Gleichheit und formuliert – auf dem Hintergrund der historischen Erfahrungen – noch einmal die sozialistisch-radikaldemokratische Forderung nach umfassender gesellschaftlicher Selbstverwaltung.

Das, worauf ehemals der Begriff der „sozialistischen Gesellschaft" abzielte, wollen wir in Zukunft *autonome Gesellschaft* nennen. Eine autonome Gesellschaft schließt autonome Individuen ein – und umgekehrt. Autonome Gesellschaft, autonome Individuen bedeutet: freie Gesellschaft und freie Individuen. Doch was meint hier „Freiheit"? [...]

Es geht hier nicht um eine innere, sondern um die *wirkliche, gesellschaftliche, konkrete* Freiheit. Oder wie in einer ersten Annäherung zu formulieren wäre: um den größtmöglichen individuellen *Bewegungs- und Handlungsspielraum*, den die Institution der Gesellschaft dem Einzelnen sichert. [...]

Nun impliziert Freiheit in diesem Sinne wirkliche Gleichheit und umgekehrt; Gleichheit natürlich ebenfalls als gesellschaftlich instituierte[1] verstanden, nicht als metaphysische oder „natürliche" Gleichheit, sondern Gleichheit der Rechte und Pflichten, d. h. aller Rechte, Pflichten und tatsächlichen Handlungsmöglichkeiten, die für jedes Individuum von der Institution der Gesellschaft abhängig sind. Denn die soziale Ungleichheit z. B. ist immer auch eine Ungleichheit der Macht, d. h., sie schlägt sich unmittelbar in einer ungleichen Beteiligung an der instituierten Macht nieder. [...]

Da nun die Vorstellung einer Gesellschaft ohne jegliche Macht eine unzusammenhängende Fiktion ist, lautet der erste Teil der Antwort auf die Frage nach dem Wesen der Freiheit: Freiheit ist die gleiche Beteiligung aller an der Macht. Eine freie Gesellschaft wäre also dadurch definiert, dass die Macht wirklich vom Gemeinwesen ausgeübt wird, und zwar von einem Gemeinwesen, an dem tatsächlich alle in gleicher Weise teilnehmen. Und diese Gleichheit der wirklichen Beteiligung darf als anzustrebendes Ziel keine rein formelle Regel bleiben; sie muss so weit wie möglich durch wirksame Institutionen gesichert werden. [...]

Die Verwirrung über die Beziehung zwischen Freiheit und Gleichheit kommt von weither. [...] Und auch Marx hat nichts zu ihrer Auflösung beigetragen, bedingt durch seine naive Missachtung der politischen Frage, die gleichsam die Kehrseite seines ebenso naiven Glaubens an die Lösung oder besser gesagt an die Auflösung aller Probleme darstellt, sobald die Umwandlung der Produktionsverhältnisse vollzogen sein würde. Diese Verwirrung kann jedoch nur aufkommen, wenn man bei der oberflächlichsten, unbedachtesten und formellsten Auffassung der beiden Begriffe „Freiheit" und „Gleichheit" stehen bleibt. Sobald man ihnen ihr volles Gewicht beimisst, sobald man sie gleichsam mit ihrer gesellschaftlich instituierten Wirksamkeit auflädt, erscheinen sie in ihrer Unzertrennlichkeit: Nur gleiche Menschen können frei und nur freie Menschen können gleich sein. Da es aber in der Gesellschaft notwendigerweise *Macht* gibt, stehen diejenigen, die an ihr nicht auf der Grundlage der Gleichheit beteiligt sind, unter der Herrschaft jener, die an ihr teilhaben. Also sind die Ersten unfrei, auch wenn sie die *„idiotische"*[2] Illusion der Freiheit haben sollten, weil sie als *Idioten,* d. h. einfache Privat-Individuen zu leben und zu sterben entschlossen sind.

[...] Damit aber die Möglichkeit einer gleichen Teilhabe gegeben ist, müssen nicht nur die rechtlichen Bedingungen, die für alle gelten, sondern auch die wirklichen gesellschaftlichen Bedingungen für alle gleich sein [...].

Man kann also nicht beanspruchen an der „Freiheit" interessiert zu sein und sie auf jenen begrenzten, wesentlich „passiven" Aspekt der „individuellen Rechte" reduzieren. Doch ebensowenig kann man diese Rechte auf die enge rechtlich-politische Sphäre beschränken, in deren Grenzen sie in den sogenannten „demokratischen" Ländern verbannt worden sind. Das Prinzip der Freiheit verlangt zuallererst die instituierte Herrschaft jeder partikularen Gruppe in der Gesellschaft zu beseitigen. [...]

Die Heteronomie abzuschaffen meint ebenso die Herrschaft einzelner gesellschaftlicher Gruppen über die gesamte Gesellschaft zu beseitigen wie die Beziehung der instituierten Gesellschaft zu ihrer Institution zu verändern, die Unterwerfung dieser Gesellschaft unter ihre Institution zu brechen. Beide Aspekte treten in aller Deutlichkeit in der Welt der Produktion und Arbeit in Erscheinung. Man kann die Herrschaft einer besonderen Gruppe über die Gesellschaft nicht abschaffen ohne die Herrschaft einzelner Gruppen über den Produktions- und Arbeitsprozess, die bürokratische Hierarchie im Betrieb und anderswo zu beseitigen. Von daher stellt die *kollektive Verwaltung* durch alle Beteiligten die einzig denkbare Organisationsform von

Produktion und Arbeit dar. […]

Die Selbstverwaltung kann sich nur stärken und entwickeln, wenn sie sogleich eine bewusste Umwandlung der existierenden Technologie […] nach sich zieht um sie den Bedürfnissen, Wünschen und dem Willen der Menschen, sowohl in ihrer Eigenschaft als Produzenten wie als Verbraucher, anzupassen. […]

Die Freiheit hat nicht nur jenen „passiven" oder „negativen" Aspekt, eine individuelle Existenzsphäre zu schützen, in der die autonome Handlungsfähigkeit des Individuums gesetzlich anerkannt und garantiert würde. Weit wichtiger ist ihr aktiver und positiver Aspekt, von dem übrigens auf lange wie auf kurze Sicht die Bewahrung des Ersteren abhängt. Ohne das Handeln der Bürger bleiben alle Gesetze bloße Papierfetzen; in einer Gesellschaft „individualistischer Schafe", die sich nicht für das, was die Macht tut, interessieren, können Richter und Gerichte weder unparteiisch noch unkorrumpierbar bleiben. Freiheit und Autonomie implizieren notwendigerweise die aktive und egalitäre Teilnahme an jeder Form der gesellschaftlichen Macht, welche über die gemeinsamen Angelegenheiten entscheidet. […]

In einer autonomen Gesellschaft kommt die Freiheit in den beiden folgenden grundlegenden Gesetzen zum Ausdruck: Keine Ausführung ohne egalitäre Beteiligung an der Entscheidungsfindung – kein Gesetz ohne egalitäre Beteiligung an der Gesetzgebung. Die Selbstdefinition und Devise eines autonomen Gemeinwesens lautet: *Unser Gesetz ist, uns unsere eigenen Gesetze zu geben.*

Dieser aktive und positive Aspekt der Freiheit bzw. der Autonomie der Gesellschaft ist unlöslich mit der Frage der Autonomie des

Plakat der Aktion „Dritte Welt" (um 1975)

Individuums verbunden. Eine autonome Gesellschaft schließt autonome Individuen ein, die ihrerseits im voll entfalteten Sinne nur in einer autonomen Gesellschaft existieren können.

(Cornelius Castoriadis, Sozialismus und autonome Gesellschaft. In: Ulrich Rödel [Hrsg.] Autonome Gesellschaft und libertäre Demokratie. Suhrkamp Verlag, Frankfurt/M. 1990, S. 334–34 (2)

1 instituieren: einsetzen , (als „Institution") einrichten
2 idiotes: griech.: Privatmann

1 *Wie bestimmt Castoriadis die Begriffe Freiheit, Gleichheit und Autonomie und ihr Verhältnis zueinander?*
  Welche staatstheoretischen Vordenker beeinflussten Castoriadis?
2 *Inwiefern bedingen sich für Castoriadis politische Demokratie und gesellschaftliche Selbstverwaltung gegenseitig?*
3 *Halten Sie die Vorstellungen von Castoriadis für realisierbar? Ordnen Sie die Argumente für bzw. gegen die Realisierbarkeit den philosophischen Fragestellungen der Ethik, der Anthropologie, der Staatsphilosophie oder anderen Bereichen zu.*

Agnoli und Castoriadis formulieren eine radikaldemokratische Position, ausgehend von Rousseaus Demokratiebegriff und Marx' Gesellschaftskritik und in Übereinstimmung mit vielen politischen Bewegungen der neueren Geschichte. Die von ihnen kritisierten Mängel der Demokratie werden auch von anderen Autoren beschrieben, strittig sind dagegen ihre Interpretation dieser Erscheinungen und die möglichen Alternativen: Man kann wie Agnoli und Castoriadis eine gesellschaftliche Umwälzung fordern um die Idee der Demokratie endlich zu verwirklichen; man kann dies aber auch – wie die als Nächstes vorgestellten Autoren – für unrealistisch und den klassischen Demokratiebegriff daher für überholt halten.

4.2 Kritik des Demokratiebegriffs

4.2.1 Helmut Schelsky: Demokratie und Technokratie

Der Soziologe **Helmut Schelsky** (1912–1984) untersucht in seinem 1961 erschienenen Vortrag „Der Mensch in der wissenschaftlichen Zivilisation" den ständig wachsenden Einfluss der Technik auf alle Lebensbereiche und behauptet, auch der Begriff der Demokratie verliere durch diesen Prozess seinen ursprünglichen Sinn.

Der Begriff der Demokratie geht geradezu davon aus, dass politische Entscheidung und Herrschaft von Menschen über Menschen unaufhebbar und notwendig sei und sucht diesen Vorgang nur im Sinne der Willenseinheit und Willensübereinstimmung von Herrschenden und Beherrschten zu regeln.
Wir behaupten nun, dass durch die Konstruktion der wissenschaftlich-technischen Zivilisation ein neues Grundverhältnis von Mensch zu Mensch geschaffen wird, in welchem das Herrschaftsverhältnis seine alte persönliche Beziehung der Macht von Personen über Personen verliert, an die Stelle der politischen Normen und Gesetze aber Sachgesetzlichkeiten der wissenschaftlich-technischen Zivilisation treten, die nicht als politische Entscheidungen setzbar und als Gesinnungs- oder Weltanschauungsnormen nicht verstehbar sind. Damit verliert auch die Idee der Demokratie sozusagen ihre klassische Substanz: an die Stelle eines politischen

Volkswillens tritt die Sachgesetzlichkeit, die der Mensch als Wissenschaft und Arbeit selbst produziert. Dieser Tatbestand verändert die Grundlagen unserer staatlichen Herrschaft überhaupt; er wandelt die Fundamente der Legitimität, der Regierung als Herrschaft, der Staatsraison, der Beziehung der Staaten untereinander usw. [...]

In welcher Weise tritt nun von dieser wissenschaftlich-technischen Dimension des gegenwärtigen Staates aus eine neue Sachgesetzlichkeit den gewohnten traditionellen politischen Grundlagen entgegen? Wir wollen diese Frage in der Form beantworten, dass wir sozusagen modellhaft die Ratio eines reinen „technischen Staates“ entwickeln; selbstverständlich trifft das nicht die Wirklichkeit unserer gegenwärtigen Staaten, aber eine solche „Modelltheorie“ ist nicht unwahrer, als es etwa die Vertragstheorie des Staates von *Hobbes* bis *Rousseau* war, d. h. sie hebt Strukturgesetzlichkeiten ans Licht, die meinem Urteil nach zugleich Entwicklungstendenzen darstellen [...].

Wenn der moderne Staat in allen seinen Wirkungsweisen eine solche Fusion mit der modernen Technik eingeht, dann muss er auch in seinem Wesen als universaler technischer Körper begriffen werden können. Zwar wird damit die ganze moderne Technik der „Staatsraison“ unterworfen, aber diese ist in ihrer modernen Form dann nichts anderes als der Sachzwang der vielfachen Techniken, mit denen der Staat sich heute verwirklicht [...].

Die Phrase: Gewiss wäre diese oder jene Lösung sachlich optimal, aber wir müssen Rücksicht nehmen auf die Interessen unserer Wähler, unserer Anhänger oder irgendwelcher partieller Gruppen, ist in der Politik keineswegs selten. Hier kündigt sich eine Kluft an, die man als den Gegensatz von „technischem Staat“ und dem „Staat der Interessengruppen“ bezeichnen kann. Es wird in diesen Fällen deutlich, dass heute oft nicht mehr die Politiker das Allgemeininteresse vertreten, sondern gerade die Fachleute des wissenschaftlich-technischen Staates [...].

Damit sind wir aber bei einem sehr zentralen Punkte angelangt: Gegenüber dem Staat als einem universalen technischen Körper wird die klassische Auffassung der Demokratie als eines Gemeinwesens, dessen Politik vom Willen des Volkes abhängt, immer mehr zu einer Illusion. Der „technische Staat“ entzieht, ohne antidemokratisch zu sein, der Demokratie ihre Substanz. Technisch-wissenschaftliche Entscheidungen können keiner demokratischen Willensbildung unterliegen, sie werden auf diese Weise nur uneffektiv. Wenn die politischen Entscheidungen der Staatsführungen nach wissenschaftlich kontrollierten Sachgesetzlichkeiten fallen, dann ist die Regierung ein Organ der Verwaltung von Sachnotwendigkeiten, das Parlament ein Kontrollorgan für sachliche Richtigkeit geworden. Das Volk im Sinne des Ursprungs der politischen Herrschaftsgewalt wird dann zu einem Objekt der Staatstechniken selbst. Die heute wirksamen Humantechniken der Meinungsforschung, Information, Propaganda und Publizistik machen die politische Willensbildung weitgehend zu einem wissenschaftlich deduzierbaren und manipulierbaren Produktionsvorgang.

(Helmut Schelsky, Auf der Suche nach der Wirklichkeit. Eugen Diederichs Verlag, Düsseldorf und Köln 1965, S. 453–459)

1 *Verdeutlichen Sie sich Schelskys Überlegungen zum wachsenden Einfluss der Technik auf unser Leben und dessen Folgen für die Demokratie an Beispielen.*
2 *Vergleichen Sie die Überlegungen von Schelsky mit denen von Skinner und Platon.*
3 *Erörtern Sie, etwa am Beispiel der Umweltpolitik,*
   – *ob die von Schelsky prognostizierte Entwicklung zur Technokratie eingetreten ist,*
   – *ob die Berufung auf Sachzwänge zur Begründung politischer Entscheidungen ausreicht.*

4.2.2 Josef Alois Schumpeter: Demokratie als Verfahren

Der Österreicher **J. A. Schumpeter** (1883–1950), Professor für Volkswirtschaft in Österreich, Deutschland und den USA, schlägt in seinem einflussreichen Werk „Kapitalismus, Sozialismus und Demokratie“ einen neuen Begriff von Demokratie vor. Er kritisiert zunächst die klassische Konzeption, der er dann seine eigene entgegenstellt.

Die Philosophie der Demokratie im achtzehnten Jahrhundert mag in folgende Definition gefasst werden: Die demokratische Methode ist jene institutionelle Ordnung zur Erzielung politischer Entscheide, die das Gemeinwohl dadurch verwirklicht, dass sie das Volk selbst die Streitfragen entscheiden lässt, und zwar durch die Wahl von Personen, die zusammenzutreten haben, um seinen Willen auszuführen. [...]
Es besteht also die Auffassung, dass es ein Gemeinwohl als sichtbaren Leitstern der Politik gibt, das stets einfach zu definieren ist und das jedem normalen Menschen mittels rationaler Argumente sichtbar gemacht werden kann. [...]
So ist jedes Glied des Gemeinwesens sich dieses Zieles und dessen, was er oder sie will, bewusst, erkennt klar, was gut und was schlecht ist, und nimmt aktiv und verantwortungsbewusst an der Förderung des Ersteren und Bekämpfung des Letzteren teil, und alle Glieder zusammen kontrollieren ihre öffentlichen Angelegenheiten. [...]

Erstens gibt es kein solches Ding wie ein eindeutig bestimmtes Gemeinwohl, über das sich das ganze Volk kraft rationaler Argumente einig wäre oder zur Einigkeit gebracht werden könnte. Das ist in erster Linie nicht auf die Tatsache zurückzuführen, dass einige Leute vielleicht etwas anderes als das Gemeinwohl wünschen, sondern auf die viel wesentlichere Tatsache, dass verschiedenen Individuen und Gruppen das Gemeinwohl mit Notwendigkeit etwas Verschiedenes bedeuten muss. Diese Tatsache [...] wird zu Spaltungen über prinzipielle Fragen führen, die nicht durch rationale Argumente geschlossen werden können, weil die letzten Werte – unsere Auffassung von dem, was das Leben und was die Gesellschaft sein sollte – jenseits des Bereiches reiner Logik liegen. [...]
Selbst wenn aber zweitens ein hinreichend bestimmtes Gemeinwohl [...] sich als für alle annehmbar erwiese, würde dies nicht ebenso bestimmte Antworten auf einzelne Probleme implizieren. Die Ansichten darüber können in einem solch bedeutenden Ausmaß auseinander gehen, dass größtenteils die gleichen Wirkungen entstehen wie bei „fundamentaler“ Uneinigkeit über die Ziele selbst. [...]
Insbesondere stehen wir immer noch unter der praktischen Notwendigkeit, dem Willen des *Individuums* eine Unabhängigkeit und eine rationale Qualität beizulegen, die völlig wirklichkeitsfremd sind. Wenn wir argumentieren, dass der Wille des Bürgers *per se* ein politischer Faktor ist, der Anspruch auf Achtung hat, so muss er erst einmal existieren. Das heißt, dass er etwas mehr sein muss als nur eine unbestimmte Handvoll vager Triebe, die um vorhandene Schlagworte und falsch verstandene Eindrücke lose herumspielen. Jedermann müsste eindeutig wissen, wofür er sich einsetzen will. [...]

Es sei daran erinnert, dass unsere Hauptschwierigkeiten bei der klassischen Theorie sich um die Behauptung gruppierten, dass „das Volk“ eine feststehende und rationale Ansicht über jede einzelne Frage besitzt und dass es – in einer Demokratie – dieser Ansicht dadurch Wirkungskraft verleiht, dass es „Vertreter“ wählt, die dafür sorgen, dass diese Ansicht ausgeführt wird. So wird die Wahl der Repräsentanten dem Hauptzweck der demokratischen Ordnung nachgeordnet, der darin besteht, der Wählerschaft die Macht des politischen Entscheides zu verleihen. Angenommen nun, wir vertauschen die Rollen dieser beiden Elemente und stellen den Entscheid von Fragen durch die Wählerschaft der Wahl jener Männer nach, die die Entscheidung zu treffen haben. Oder um es anders auszudrücken: wir nehmen nun den Standpunkt ein, dass die Rolle des Volkes darin besteht, eine Regierung hervorzubringen oder sonst eine dazwischengeschobene Körperschaft, die ihrerseits eine nationale Exekutive oder Regierung hervorbringt. Und wir definieren: die demokratische Methode ist diejenige Ordnung der Institutionen zur Erreichung politischer Entscheidungen, bei welcher Einzelne die Entscheidungsbefugnis vermittels eines Konkurrenzkampfs um die Stimmen des Volkes erwerben.

Die Verteidigung und Erklärung dieser Idee wird sehr bald zeigen, dass sie hinsichtlich der Wahrscheinlichkeit ihrer Prämissen und der Haltbarkeit ihrer Behauptungen die Theorie des demokratischen Prozesses beträchtlich verbessert.

Erstens gelangen wir in den Besitz eines leidlich brauchbaren Kriteriums, mit welchem demokratische Regierungen von andern unterschieden werden können. Wir haben gesehen, dass die klassische Theorie deswegen in Schwierigkeiten gerät, weil durch Regierungen, die nach keinem anerkannten Gebrauch des Begriffes „demokratisch" genannt werden können, sowohl dem Willen wie auch dem Wohl des Volkes gerade so gut oder sogar besser gedient werden kann und in vielen historischen Fällen auch gedient worden ist. Jetzt befinden wir uns aber in einer etwas besseren Lage, zum Teil darum, weil wir die Bedeutung des *modus procedendi* [1] hervorzuheben entschlossen sind, dessen Vorhandensein oder Fehlen in den meisten Fällen leicht zu verifizieren ist.

Zweitens lässt uns die in dieser Definition verkörperte Theorie allen wünschbaren Raum für eine angemessene Anerkennung der lebenswichtigen Tatsache der Führung. Die klassische Theorie hat das nicht getan, sondern hat, wie wir gesehen haben, der Wählerschaft ein völlig wirklichkeitsfremdes Ausmaß von Initiative beigelegt, was praktisch auf ein Ignorieren der Führung herauskam. [...]

Drittens jedoch, soweit es überhaupt echte Willensäußerungen von Gruppen gibt – zum Beispiel den Willen der Arbeitslosen Arbeitslosenunterstützung zu bekommen, oder den Willen anderer Gruppen zu helfen – werden auch diese von unserer Theorie nicht vernachlässigt. Im Gegenteil vermögen wir ihnen nun gerade die Rolle zuzuweisen, die sie tatsächlich spielen. Solche Willensäußerungen setzen sich in der Regel nicht unmittelbar durch. Selbst wenn sie kräftig und bestimmt sind, bleiben sie oft während Jahrzehnten latent, bis sie von irgendeinem politischen Führer, der sie in politische Faktoren verwandelt, zum Leben erweckt werden. Dies tut er – oder sonst tun es seine Agenten für ihn –, indem er diese Willensäußerungen organisiert, indem er sie aufstachelt und indem er zuletzt geeignete Punkte in seine Werbeschriften aufnimmt. [...]

Fünftens scheint unsere Theorie die Beziehung zu klären, die zwischen der Demokratie und der individuellen Freiheit besteht. [...] Wenn, wenigstens im Prinzip, jedermann die Freiheit hat, sich dadurch um die politische Führung zu bewerben, dass er sich der Wählerschaft vorstellt, dann wird dies in den meisten, wenn auch nicht in allen Fällen, ein beträchtliches Quantum Diskussionsfreiheit für *alle* bedeuten. [...]

Siebentes erhellt unsere Methode, was sehr wünschenswert ist, einen alten Streitpunkt. Wer immer die klassische Lehre der Demokratie akzeptiert und folglich glaubt, dass die demokratische Methode die Entscheidung der strittigen Fragen und die Gestaltung der Politik nach dem Willen des Volkes gewährleistet, muss sich an der Tatsache stoßen, dass, selbst wenn dieser Wille unbestreitbar wirklich und bestimmt wäre, dann die Entscheidung durch einfache Mehrheiten ihn in vielen Fällen mehr verdrehen als wirksam werden lassen würde. Der Wille der Mehrheit ist augenscheinlich der Wille der Mehrheit und nicht der Wille „des Volkes". [...] Die beiden durch eine Definition gleichzusetzen, heißt nicht das Problem lösen. Versuche zu einer wirklichen Lösung sind jedoch von den Verfassern der verschiedenen Pläne für eine „proportionale Vertretung"[2] unternommen worden. [...] Wenn die Anerkennung der Führung die eigentliche Funktion der Stimmabgabe der Wählerschaft ist, bricht die Verteidigung des Proporzes[2] zusammen, weil ihre Prämissen nicht mehr bindend sind. Das Prinzip der Demokratie bedeutet dann einfach, dass die Zügel der Regierung jenen übergeben werden sollten, die über mehr Unterstützung verfügen als die andern, in Konkurrenz stehenden Individuen oder Teams.

(Josef Schumpeter, Kapitalismus, Sozialismus und Demokratie. Eingeleitet von Edgar Salin, übers. von Susanne Preiswerk. Francke Verlag, München 1950, S. 397 f., 399–404, 427–433)

1 modus procedendi: Vorgehensweise
2 proportionale Vertretung, Proporz: anteilmäßige Vertretung der verschiedenen gesellschaftlichen Gruppen oder Parteien (z. B. im Rundfunkrat oder durch das Verhältniswahlrecht, vgl. Aufgabe 3)

1 *Arbeiten Sie Schumpeters Kritik am klassischen Demokratiebegriff heraus und erörtern Sie ihre mögliche Berechtigung.*
2 *Inwiefern unterscheidet sich Schumpeters Versuch Demokratie zu definieren grundsätzlich von anderen Ansätzen und welche Vorteile sieht Schumpeter in seiner Vorgehensweise?*
3 *Man unterscheidet zwischen Mehrheitswahlrecht, bei dem jeder Wahlkreis einen mehrheitlich gewählten Vertreter ins Parlament schickt (wie in Großbritannien oder den USA), und Verhältniswahlrecht, bei dem die verschiedenen Parteien je nach Wählerstimmenanteil im Parlament vertreten sind (wie in der Bundesrepublik). Untersuchen Sie die Frage, ob das Verhältniswahlrecht „demokratischer" ist, vom Standpunkt der klassischen Demokratietheorie und vom Standpunkt Schumpeters aus.*

4.2.3 Niklas Luhmann: Demokratie als Spaltung der Spitze

Auch der Soziologe **Niklas Luhmann** (geb. 1927) lehnt den klassischen Begriff der Demokratie ab. Sein eigener Ansatz in dieser Frage ist Teil einer umfassenden Staats- und Gesellschaftskonzeption, die auf der **Systemtheorie** beruht. Diese versucht mit dem Modell des Systems die unterschiedlichsten Gegenstandsbereiche zu erfassen, z. B. ökologische Systeme, Wirtschaftssysteme etc. Luhmann betrachtet die Gesellschaft als in sich geschlossenes Kommunikationssystem, das sich in Auseinandersetzung mit seiner Umwelt nach seinen eigenen Gesetzen entwickelt, vergleichbar etwa mit der Entwicklung der Arten in der Evolutionstheorie. Dabei wird die Gesamtentwicklung eines solchen Systems nicht bewusst gesteuert oder geplant, sie verläuft aber auch nicht sozusagen mechanisch, unabhängig von den Gesellschaftsmitgliedern; deren Absichten und Pläne sind vielmehr Faktoren in der Entwicklung des Systems. Die Systemtheorie bezieht nämlich auch solche Systeme mit ein, die sich auf sich selbst beziehen, d.h. sich selbst „beobachten" und über sich „nachdenken" können.
Wesentliches Kennzeichen der modernen Gesellschaftsentwicklung ist für Luhmann, dass sich die Gesellschaft in immer weitere Teilsysteme differenziert, die zwar aufeinander bezogen sind, aber nach ihren eigenen Strukturprinzipien, vor allem nach ihrem jeweiligen „Code" funktionieren. So wird z. B. im Teilsystem Wirtschaft alles auf den Code „Geld" bezogen, im Teilsystem „Wissenschaft" auf den Code „Wahrheit". Anders als früher – z. B.

im Mittelalter – ist die Gesellschaft heute nicht mehr hierarchisch, von oben nach unten, differenziert, sondern funktional, nach gleichberechtigten Funktionen (vgl. auch Abb. S. 367).

Soll man die Zukunftschancen und -gefährdungen von Demokratie beurteilen, möchte man gern wissen, um was es sich handelt. [...] Je nachdem, welchen Begriff von Demokratie wir uns machen, sieht auch die Zukunft der Demokratie verschieden aus; und je nach der Zukunft sieht man dann auch in der Gegenwart schon Probleme, von denen man glaubt, dass andere sie nicht sehen oder sie nicht ernst genug nehmen. Wenn es bei Demokratie um Vernunft und Freiheit, um Emanzipation aus gesellschaftlich bedingter Unmündigkeit, um Hunger und Not, um politische, rassistische, sexistische und religiöse Unterdrückung, um Frieden und um säkulares Glück jeder Art geht, – dann sieht es in der Tat schlimm aus. Und zwar so schlimm, dass die Wahrscheinlichkeit groß ist, dass alles, was man dagegen tut, die Verhältnisse nur noch verschlimmert. Darüber zu reden möchte ich anderen überlassen.

Selbst bei einem engeren Begriff von Demokratie sind aber noch Eingrenzungsentscheidungen zu treffen, wenn man Boden unter die Füße bekommen will. Und auch hier gilt es, Unmöglichkeiten oder Extremunwahrscheinlichkeiten aus dem Begriff auszuschließen. Demokratie ist *nicht:*

1. *Herrschaft des Volkes über das Volk.* Sie ist nicht kurzgeschlossene Selbstreferenz[1] im Begriff der Herrschaft. Sie ist also nicht: Aufhebung von Herrschaft, Annullierung von Macht durch Macht. [...] Theoretisch [...] ist die Annahme, dass das Volk sich selbst beherrschen könne, unbrauchbar.

Demokratie ist *auch nicht:*

2. *ein Prinzip, nach dem alle Entscheidungen partizipabel*[2] *gemacht werden müssen*; denn das würde heißen: alle Entscheidungen in Entscheidungen über Entscheidungen aufzulösen. Die Folge wäre eine ins Endlose gehende Vermehrung der Entscheidungslasten, eine riesige Teledemobürokratisierung und eine letzte Intransparenz der Machtverhältnisse mit Begünstigung der Insider, die genau dies durchschauen und in diesem trüben Wasser sehen und schwimmen können.

Stattdessen schlage ich vor unter Demokratie die *Spaltung der Spitze* zu verstehen: die Spaltung der Spitze des ausdifferenzierten politischen Systems durch die Unterscheidung von Regierung und Opposition. Man kann, in systemtheoretischer Terminologie, auch von *Codierung des politischen Systems* sprechen, wobei Codierung nichts anderes heißt, als dass das System sich an einer Differenz von positivem und negativem Wert orientiert: an der Differenz von wahr und unwahr im Falle der Wissenschaft, an der Differenz von Recht und Unrecht im Falle des Rechtssystems, [...] und im Falle des politischen Systems eben an der *Differenz von Regierung und Opposition.* [...]

Solange die Gesamtgesellschaft durch das Prinzip stratifikatorischer Differenzierung[3] hierarchisch geordnet war, war eine solche Spaltung der Spitze undenkbar gewesen bzw. hätte Erfahrungen wie Schisma[4] oder Bürgerkrieg, also Unordnung und Kalamität assoziiert. Erst wenn die Gesellschaft so strukturiert ist, dass sie als Gesellschaft keine Spitze mehr braucht, sondern sich horizontal in Funktionssysteme gliedert, wird es möglich, dass Politik mit gespaltener Spitze operiert. Die Politik verliert in dieser Situation, die heute unausweichlich ist, die Möglichkeit der Repräsentation. Sie kann sich nicht anmaßen das Ganze im Ganzen zu sein – oder auch nur zu vertreten. Sie gewinnt aber die Möglichkeit einer eigenen Codierung. [...]

Es ist keine Übertreibung, wenn man diese Spaltung der Spitze, diese Codierung des politischen Systems als eine hochunwahrscheinliche evolutionäre Errungenschaft beurteilt. Politische Macht ist ja zunächst anders

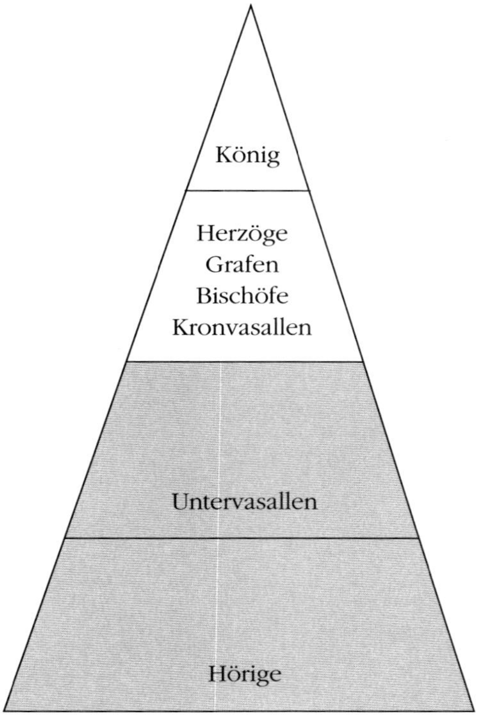

Stratifikatorische Differenzierung (Gliederung der Gesellschaft nach sozialen Schichten)

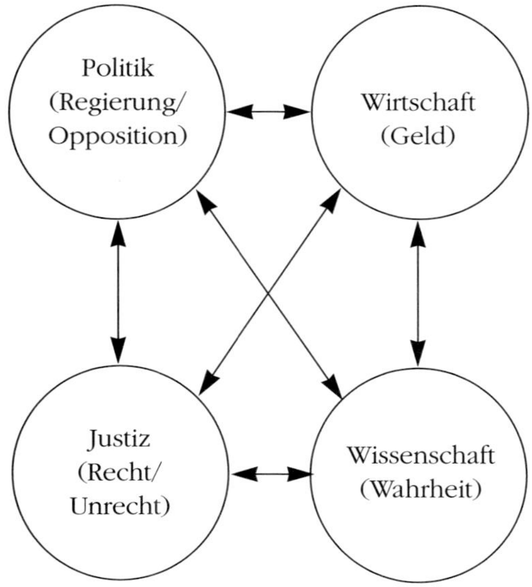

Funktionale Differenzierung (Gliederung nach Funktionen)

codiert, nämlich durch die Unterscheidung von überlegener und unterlegener Macht.

[…] Die Eindeutigkeit der Machtdifferenz war Motor und Ziel der Ausdifferenzierung eines besonderen politischen Systems gewesen. Dies wird durch eine Art Zweitcodierung, durch Supercodierung der überlegenen Macht in eine positiv und eine negativ bewertete Position zwar nicht aufgegeben, aber relativiert. Und zugleich verzichtet man darauf, die Regierungsgewalt mit der Autorität der richtigen Meinung auszustatten. Stattdessen gibt es eine „öffentliche Meinung", die launisch wechselnd mal die Regierenden und mal die Opposition begünstigt. Die Oberste Gewalt wird labilisiert. Es wäre eine Selbsttäuschung sie jetzt der öffentlichen Meinung als dem heimlichen Souverän oder gar dem Volk zuzusprechen. Der Strukturgewinn liegt vielmehr in der Labilität als solcher und in der dadurch erzeugten Sensibilität des Systems.

Diese strukturelle Errungenschaft korreliert ihrerseits mit der Ausdifferenzierung des politischen Systems als eines von vielen Funktionssystemen der Gesellschaft. Diese Ausdifferenzierung bedeutet ja, dass das politische System in, nicht über einer hochkomplexen gesellschaftlichen Umwelt operieren muss, die durch eigendynamische Funktionssysteme ständig verändert wird. Die Wirtschaft fluktuiert; die Wissenschaft erfindet Atombomben, empfängnisverhütende Pillen, chemische Veränderungen aller Art; Familien und Schulen erzeugen nicht mehr den Nachwuchs, den das Militär sich wünscht. Kurz: Es geht für die Politik turbulent zu und eben deshalb kann sie nur noch als geschlossenes […] System operieren. […]

Die dazu passende strukturelle Erfindung hat aus historisch-zufälligen Gründen den Namen Demokratie bekommen.

Es gibt natürlich andere Begriffe, andere Theorien, andere Möglichkeiten die Verhältnisse zu beurteilen. Wenn es aber so wäre, wie ich meine: was wäre dann die Zukunft der Demokratie? Oder genauer: Was wäre die Gegenwart dieser Zukunft und was ließe sich in der politischen Realität unserer Tage als Zukunftsproblem und als Gefährdungspunkt dieser eigentümlich-unwahrscheinlichen Struktur erkennen?

Wenn das Ganze hochunwahrscheinlich ist, spricht viel dafür, dass es nicht gehalten werden kann, [...]. Wenn der Code gehalten werden soll, bedarf es sicher besonderer Anstrengungen und vor allem, wie ich als Theorieoptimist meine, einer genauen, das heißt einschränkenden, Beschreibung des Phänomens. Mit einer solchen Beschreibung kann man zumindest Aufmerksamkeit für Punkte erzeugen, an denen man jetzt schon Funktionsdefizite erkennen kann. Ich wähle ohne Absicht auf Vollständigkeit drei Punkte aus.

1. Der Code, der vorsieht, dass alles, was politisch relevant gemacht werden kann, entweder der Regierung oder der Opposition dient, scheint ein hohes Maß an Offenheit für Ereignisse und Informationen sicherzustellen. Er scheint auch wie eine Art von eingebautem Dauerreiz für Themensuche und Innovation zu fungieren. Andererseits bilden sich, wenn damit Spontaneität garantiert ist, auf eben dieser Grundlage Strukturen, die die weiteren Möglichkeiten einschränken. Es festigen sich Erwartungen und Gewohnheiten. Alles, was später kommt, muss sich den Strukturen einpassen oder die Strukturen in bestimmter Hinsicht zu ändern versuchen durch Maßnahmen, die sich den Strukturen einpassen oder sie in bestimmten Hinsichten zu ändern versuchen usw. bis zur Erschöpfung der Phantasie, der Ressourcen, der Mitmachbereitschaft. [...]

2. Mit meinem zweiten Punkt will ich diese Problemstellung etwas genauer auf strukturelle Eigenarten der Parteiendemokratie zuschneiden. Gelungen ist (was im 19. Jahrhundert noch ganz offen war): die Liquidität[5] des Code durch eine feste Parteienstruktur zu unterbauen, sodass politische Organisationsleistungen den Wechsel von Regierung zu Opposition oder von Opposition zu Regierung in der Form von politischen Parteien überdauern können. So weit so gut. Ein anderes Problem ist dadurch aber um so schwieriger geworden: Nämlich die Code-Differenz für die Entscheidung wichtiger politischer Fragen auszunutzen.

Man stellt sich unter Demokratie vor, dass mit der Wahl einer bestimmten politischen Partei oder Parteiengruppierung eine Entscheidung für ein politisches Programm getroffen wird, das sich von dem Programm anderer Parteien unterscheidet. Das würde eine entsprechend binäre[6], gegensätzliche Parteiprogrammierung voraussetzen – etwa konservativ/progressiv oder, da das nicht mehr zieht, wohlfahrtsstaatlich restriktiv/expansiv oder, wenn dafür aus wirtschaftlichen Gründen kein Spielraum mehr vorhanden ist, eher ökologische versus ökonomische Präferenzen. Nur so könnten mögliche Richtungen des politischen Kurses in der politischen Wahl zur Wahl gestellt werden. Die Parteien scheinen jedoch das damit verbundene Risiko zu scheuen. Sie bieten ihre Programme an wie das Wasser von Contrexeville – gut für Nieren, Blut, Leber, Kreislauf, Lunge und alles andere. Und so schmeckt es denn auch. Härten oder auch die Bereitschaft zu sagen, was man *nicht* kann, entstehen, wenn überhaupt, nicht auf der Ebene der Programme, sondern, wie durch eine Art Betriebsunfall der parteiinternen Führungsauslese, in der Form von Personen.

3. So als ob es nun darauf ankäme, diese Schwäche zu kompensieren, wird anstelle einer programmatischen Kontroverse eine moralische Kontroverse inszeniert. Anscheinend gibt es hier eine Art politisches Gesetz: Wenn das Geld als Mittel der Politik knapp wird, nimmt Moral als Ersatz dafür zu. Politiker führen sich heute sehr typisch so auf, als ob es darum gehe, das Volk darüber zu belehren, wer zu achten und wer zu missachten

sei – Achtung wie Missachtung als moralische Sanktion auf die ganze Person oder die ganze Partei bezogen. Dies will man jedoch gar nicht wissen. [...] Das Schema Regierung/Opposition sollte weder vonseiten der Regierung noch vonseiten der Opposition mit einem Moralschema verquickt werden in dem Sinne, dass nur wir gut und achtungswürdig sind, die Gegenseite dagegen schlecht und verwerflich handelt. Denn damit würde bestritten werden, dass ein Wechsel von Regierung und Opposition überhaupt in Betracht kommen kann; und damit würde bestritten werden, dass demokratische Regeln gelten. [...]

Es wird Zeit, dass ich zusammenfasse. Wenn man Demokratie für eine Idee hält und bewundert, hat man, wie immer bei Ideen, das Problem, zu erklären, weshalb sie nicht zum Zuge kommt. Ich halte stattdessen Demokratie für eine höchst voraussetzungsvolle, evolutionär unwahrscheinliche, aber reale politische Errungenschaft. Daraus folgt zunächst, dass man nicht mit der Kritik der Zustände und Verhältnisse beginnen sollte, sondern sich zunächst wundern muss, dass es überhaupt funktioniert, und dann die Frage hat: wie lange noch. Bei diesem Ausgangspunkt wird Theorie zu einem Beobachtungsinstrument spezifischer Art. Es geht dann darum, herauszufinden, wo und in welchen Hinsichten sich gegenwärtig schon Gefährdungen abzeichnen. Es ist ebenso billig wie unverantwortlich Ideale aufzustellen, denen die Verhältnisse nicht genügen, und dann Klage zu führen über die noch immer nicht eingelösten Versprechen der bürgerlichen Revolution. Ich sehe in dieser Attitüde keine Theorie, geschweige denn kritische Theorie. Geht man stattdessen von der Unwahrscheinlichkeit dessen aus, was so gut wie normal funktioniert, kann man deutlicher und vor allem genauer erkennen, wo das System in Bezug auf seine eigenen strukturellen Erfordernisse inkonsequent und selbstgefährdend operiert.

(Niklas Luhmann, Die Zukunft der Demokratie. In: N. Luhmann, Soziologische Aufklärung 4, Beiträge zur funktionalen Differenzierung der Gesellschaft. Westdeutscher Verlag, Opladen 1987, S. 126–132)

1 Selbstreferenz: Beziehung auf sich selbst
2 partizipabel: offen für Mitwirkung (Partizipation) bzw. Mitbestimmung
3 stratifikatorische und horizontale Differenzierung: s. Abb. S. 367
4 Schisma: (Kirchen-)Spaltung
5 Liquidität: Flüssigkeit (hier im Sinne von Beweglichkeit)
6 binär: zweiwertig

1 *Stellen Sie Luhmanns Demokratiebegriff traditionellen Vorstellungen von „Demokratie" und „demokratisch" gegenüber.*
2 *Untersuchen Sie an Beispielen die „Codierung" von Themen durch die Differenz von Regierung und Opposition. Was wäre von Luhmanns Ansatz aus zu dem Vorwurf zu sagen, die Parteien nähmen bestimmte Themen nur auf um gewählt zu werden?*
3 *Staat und Politik sind nach Luhmann in der modernen Gesellschaft nicht mehr das organisierende Zentrum, sondern nur ein Bereich unter anderen.*
   – *Warum ist nur in einer solchen Gesellschaft eine „Spaltung der Spitze" möglich?*
   – *Verschiedene politische Bewegungen (wie z. B. die sozialistische) wollen die Gesellschaft durch staatliche Politik nach ihren Vorstellungen gestalten. Wo liegen nach Luhmanns Theorie die Grenzen für solche Versuche?*
4 *Verdeutlichen Sie sich an Beispielen aus der aktuellen Politik die drei von Luhmann genannten Schwächen der modernen Parteiendemokratie.*
5 *Erarbeiten Sie aus dem Text Luhmanns Verständnis von Theorie.*

6 Der Philosoph ***Herbert Marcuse*** *kritisiert eine den Theorien von Schumpeter und Luhmann verwandte Demokratiekonzeption so:*

„Indem sie die bestehende gesellschaftliche Wirklichkeit als ihre eigene Norm proklamiert, befestigt diese Soziologie in den Individuen den ‚glaubenslosen Glauben' an die Wirklichkeit, deren Opfer sie sind."
(Herbert Marcuse: Der eindimensionale Mensch. Neuwied und Berlin 1967, S. 135)

Finden Sie diese Kritik überzeugend?

Die Theorien von Schelsky, Schumpeter und Luhmann beschreiben die moderne Demokratie sicherlich zutreffender als die „klassische" Theorie der Volksherrschaft. Es fragt sich allerdings, ob nicht auch für eine moderne Demokratie zumindest der Anspruch unverzichtbar ist, dass die Bürger durch einen – noch so indirekten – Auftrag an die Regierung letztlich doch sich selbst regieren. Einer Theorie der Demokratie, die diesen Anspruch Rousseaus aufgibt, fehlt ein entscheidendes Kriterium zur Beurteilung von politischen Systemen. Nun geht es Schelsky und Luhmann nicht um Bewertung, sondern um Analyse ihres Gegenstandes. Wenn sie dabei jedoch durchblicken lassen, dass der von ihnen beschriebene Prozess möglichst nicht von falschen Ansprüchen gestört werden solle, fallen sie dann nicht – unausgesprochen – auf die Position von Hobbes zurück, dass Herrschaft durch ihr bloßes Funktionieren ausreichend legitimiert sei?

4.3 Demokratie und autonome Zivilgesellschaft

Verschiedene moderne Philosophen haben sich um eine Theorie der Demokratie bemüht, die den Realitäten der modernen Gesellschaft – wie sie etwa Luhmann beschreibt – gerecht wird ohne den ursprünglichen Anspruch der Demokratie völlig aufzugeben.
So stellt z. B. der Philosoph **Jürgen Habermas** (geb. 1929), wie Luhmann, die Eigengesetzlichkeit der gesellschaftlichen Teilsysteme fest. Er sieht aber neben den funktional bestimmten Systemen der Wirtschaft und der staatlichen Verwaltung einen Bereich der privaten und öffentlichen Kommunikation, in dem es nicht um Sachzwänge, sondern um Werte, Ziele und Argumente geht. Die demokratische Öffentlichkeit trägt solche Diskussionen aus und nimmt über die Institutionen der Demokratie Einfluss auf das Verwaltungs- und Wirtschaftssystem, ein Prozess, der für Habermas an die Stelle der Volksherrschaft im Sinne Rousseaus tritt. (➔ Kap. III, 6.2.3; V, 5.4)
Auch die unterschiedlichen politischen Bewegungen der letzten Jahrzehnte bewirkten keine radikaldemokratische Abschaffung staatlicher Strukturen – und beabsichtigten das meist auch nicht –, sondern die Erneuerung der Demokratie durch neue Formen der politischen Artikulation neben den etablierten Institutionen: Bürgerinitiativen unterschiedlichster Art, veränderte Formen des Protests und der Öffentlichkeit, in denen die scheinbaren Sachzwänge von Wirtschaft und Verwaltung und die traditionellen Wege der Politik nicht mehr einfach akzeptiert werden. Diesen Bereich nichtstaatlicher politischer Zusammenschlüsse und Aktivitäten bezeichnet man seit einigen Jahren mit dem Begriff **„Zivilgesellschaft"**. Die Zivilgesellschaft ist nach diesem Sprachgebrauch also die öffentliche, im weiteren Sinne politische Gesellschaftssphäre – im Gegensatz zur „bürgerlichen Gesellschaft" der reinen Privatpersonen – und in ihr sehen die nun vorgestellten Theoretiker den Ansatz zu einer Erweiterung und Neudefinition des Demokratiebegriffs.

4.3.1 Michael Walzer: Zivilgesellschaft als Handlungsraum

Der amerikanische Staatsphilosoph **Michael Walzer** (geb. 1937) sieht die Zivilgesellschaft als einen Handlungsraum, in dem unterschiedliche politische Konzepte verwirklicht werden können, ohne Absolutheitsanspruch für ein bestimmtes Konzept. Er untersucht im vorliegenden Text zunächst kritisch vier klassische Antworten auf die Frage nach dem Weg zum „guten Leben" im Staat: Rousseaus Idee des sich selbst regierenden Citoyen, die marxistische Vorstellung einer freien Vereinigung der Produzenten, die liberale Konzeption einer freien Entfaltung des Bourgeois auf dem Markt und die nationalistische Vorstellung einer primär nationalen Identität des Volksangehörigen, und entwickelt von daher seine eigene Konzeption.

Das Argument für eine zivile Gesellschaft ist eher ein Korrektiv zu den vier ideologischen Auffassungen vom guten Leben – zum Teil bestreitet es sie, zum Teil nimmt es sie auf – und weniger eine fünfte Antwort neben diesen. Es stellt ihre Einseitigkeit in Frage ohne selbst einseitig zu sein. [...]

Idealerweise ist die zivile Gesellschaft *ein Handlungsraum von Handlungsräumen*: alle sind aufgenommen, keiner bevorzugt. Das Argument ist eine liberale Fassung der vier Antworten, es akzeptiert sie alle, beharrt darauf, dass jede den anderen Platz einräumt, und deshalb lässt es keine als letzte Antwort gelten. [...]

1) Ich will mit dem politischen Gemeinwesen und der kooperativen Wirtschaft beginnen. Diese beiden linken Versionen des guten Lebens schätzen systematisch alle Vereinigungen außer dem *demos* und der Arbeiterklasse gering. Ihre Protagonisten konnten sich Konflikte zwischen politischen Gemeinwesen und Klassen vorstellen, aber nicht innerhalb dieser selbst. Sie wollten den Partikularismus und alle durch ihn verursachten Trennungen abschaffen und überschreiten. Im Gegensatz dazu haben Theoretiker der zivilen Gesellschaft eine realistischere Auffassung von Gemeinwesen und Wirtschaftssystemen. Sie können Konflikte eher integrieren – das heißt politische Opposition und wirtschaftliche Konkurrenz. Die Freiheit Vereinigungen zu bilden rechtfertigt in ihren Augen eine Reihe von Marktverhältnissen – wenn auch nicht notwendigerweise kapitalistische. [...]

Ähnlich kann man über den heutigen demokratischen Staat sagen, er räume nicht vielen Menschen die Möglichkeit ein sich im Sinne Rousseaus selbstzubestimmen. Für sich genommen heißt heute Staatsbürger zu sein eine weitgehend passive Rolle zu spielen. Staatsbürger sind Zuschauer, die wählen. Zwischen den Wahlen lassen sie sich gut oder schlecht von der staatlichen Beamtenschaft bedienen. [...] Aber in den vernetzten Vereinigungen der zivilen Gesellschaft, in Gewerkschaften, Parteien, Bewegungen, Interessengruppen und so fort treffen dieselben Leute viele kleine Entscheidungen und gestalten bis zu einem gewissen Grad die weiter weg liegenden Beschlüsse in Staat und Wirtschaft. In einer dichter organisierten, egalitäreren Zivilgesellschaft könnten sie diese beiden Dinge noch wirkungsvoller tun. [...]

2) All das bedeutet aber nicht, dass wir die kapitalistische Version von Konkurrenz und Trennung akzeptieren müssen. Theoretiker, die den Markt als bevorzugten Handlungsraum für das gute Leben betrachten, zielen darauf ab, ihn zum wirklichen Handlungsraum für möglichst viele Lebensbereiche zu machen. Ihre Einseitigkeit nimmt die Form eines Imperialismus des Marktes an. Gegenüber dem demokratischen Staat befürworten sie Privatisierung und laissez-faire. Ihr Ideal ist eine Gesellschaft, in der den Ver-

brauchern alle Güter und Dienstleistungen von Unternehmern geliefert werden. Dass einige Unternehmer Bankrott machen werden und viele Verbraucher sich ihrer Hilflosigkeit auf dem Markt bewusst werden, ist eben der Preis für persönliche Selbstbestimmung. Offensichtlich bezahlen wir diesen Preis schon: In allen kapitalistischen Gesellschaften führt der Markt zur Ungleichheit. Je erfolgreicher seine Herrschaft, umso größer die Ungleichheit. Aber wenn der Markt fest in die zivile Gesellschaft integriert wäre, durch politische Maßnahmen eingeschränkt, offen für gemeinschaftliche wie private Initiativen, dann ließen sich die von ihm verursachten Ungleichheiten begrenzen. Wie genau diese Grenzen aussehen, wird von der Stärke und Dichte der vernetzten Vereinigungen abhängen (die nun auch das politische Gemeinwesen einschließen). [...]

3) Welche Färbung der Nationalismus annimmt, wird ebenfalls innerhalb der zivilen Gesellschaft entschieden, in der nationale Gruppen zusammenleben und sich mit Familien und religiösen Gemeinschaften überschneiden [...] und der Nationalismus sich in Schulen und Bewegungen, Organisationen zur gegenseitigen Hilfe, kulturellen und historischen Gesellschaften ausdrücken kann. Weil Gruppen wie diese mit anderen Gruppen verknüpft sind, von ähnlicher Art, aber mit verschiedenen Zielen, lässt die zivile Gesellschaft darauf hoffen, dass der Nationalismus gezähmt werden kann.

[...]

Aber wir können Macht und Zwang nicht ganz beseitigen, wir können uns nicht, wie die alten Anarchisten, allein für die zivile Gesellschaft entscheiden. [...]

Darin liegt die Paradoxie des Arguments der zivilen Gesellschaft. Staatsbürger zu sein ist eine der vielen Rollen, die Mitglieder spielen, aber der Staat selbst ist keine Vereinigung wie die anderen. Er ist einerseits Rahmen für die zivile Gesellschaft und nimmt andererseits einen Platz in ihr ein. Er legt die Grenzbedingungen und die grundlegenden Regeln aller Tätigkeiten in den Vereinigungen fest (einschließlich der politischen). Er nötigt die Mitglieder der Vereinigungen, sich über ein Gemeinwohl Gedanken zu machen, jenseits ihrer eigenen Vorstellungen vom guten Leben. [...]

Nur ein demokratischer Staat kann eine demokratische zivile Gesellschaft schaffen, nur eine demokratische zivile Gesellschaft kann einen demokratischen Staat aufrechterhalten. [...]

Gegenüber einem unterdrückenden Staat werden die Bürger, die auch Mitglieder sind, dafür kämpfen, dass autonomen Vereinigungen und Marktverhältnissen (wie auch lokalen Regierungen und dezentralisierten Bürokratien) Platz eingeräumt wird. Aber der Staat kann niemals ausschließlich das sein, als was er im Liberalismus erscheint, ein bloßer Rahmen für die zivile Gesellschaft. Er ist selbst auch ein entscheidendes Kampfmittel, das dazu verwandt wird, das gemeinsame Leben zu gestalten. Deshalb genießt die Staatsbürgerschaft einen gewissen praktischen Vorrang unter all unseren anderen wirklichen und möglichen Mitgliedschaften.

[...]

Das Projekt zivile Gesellschaft kann nur im Hinblick auf alle anderen Projekte beschrieben werden [...]. Meine Darlegung [...] führt daher zu folgenden Vorschlägen: 1) der Staat muss dezentralisiert werden, sodass die Staatsbürger mehr Gelegenheiten haben die Verantwortung für (einige) ihre(r) Tätigkeiten zu übernehmen; 2) die Wirtschaft muss vergesellschaftet werden, sodass es viele verschiedene Akteure auf dem Markt gibt, sowohl genossenschaftliche wie private; und 3) nach dem Modell der religiösen Toleranz sollte man den Nationalismus pluralisieren und zähmen, sodass es verschiedene Möglichkeiten gibt historische Identitäten zu verwirklichen und aufrechtzuerhalten.

(Michael Walzer, Was heißt zivile Gesellschaft? In: M. Walzer, Zivile Gesellschaft und amerikanische Demokratie. Rotbuch, Berlin 1992, S. 79–94)

1 *Inwiefern ist für Michael Walzer „das Argument für eine zivile Gesellschaft [...] ein Korrektiv zu den vier ideologischen Auffassungen vom guten Leben"?*
2 *Vergleichen Sie Walzers Konzeption mit den Vorstellungen von Rousseau und Marx, mit dem klassischen Liberalismus und mit dem Anarchismus.*
3 *Wie bestimmt Walzer das Verhältnis von Zivilgesellschaft und Staat?*
4 *Walzer macht von seinem Ansatz aus Vorschläge zur stärkeren Demokratisierung von Politik und Wirtschaft und zur Eindämmung des Nationalismus.*
Verdeutlichen Sie sich diese allgemeinen Überlegungen durch Beispiele und diskutieren Sie, ob die angestrebten Ziele auf diesem Weg erreichbar sind.

4.3.2 Ulrich Rödel, Günter Frankenberg, Helmut Dubiel: Demokratie als offenes Projekt

Die zeitgenössischen Gesellschaftstheoretiker **Rödel, Frankenberg** und **Dubiel** sehen wie Walzer die Zivilgesellschaft als zentralen politischen Handlungsraum und versuchen von dort aus den Begriff der Demokratie neu zu fassen. Sie stimmen mit Luhmann darin überein, dass sich der traditionelle Zusammenhang von Macht, Recht und Wissen, repräsentiert in der Person des Fürsten, in der modernen Gesellschaft aufgelöst hat. Keine Autorität kann mehr endgültige Antworten auf die Fragen nach der richtigen Organisation von Staat und Gesellschaft geben. Die autonome Zivilgesellschaft muss daher den Ort der Macht symbolisch leer halten, d. h. keine Gruppe darf sich mehr anmaßen die Gesellschaft als Ganze zu repräsentieren und damit den Ort der Macht auf Dauer zu besetzen. Die innergesellschaftlichen Konflikte dürfen nicht durch den – gewaltsamen – Sieg einer Konfliktpartei „gelöst" werden. Sie werden vielmehr symbolisch repräsentiert in den demokratischen Institutionen und Verfahren, z. B. den Wahlen, und damit in zivilisierten Formen ausgetragen.

Unter republikanisch-demokratischen Vorzeichen kann sich weder in der Nation noch im Staat als ideellen Gesamtpersönlichkeiten des Volkes dessen mutmaßlicher hoheitlicher Einheitswille verkörpern. Die Position der Macht, die ehedem der Monarch und zuletzt der unselige Führer verkörperten und die durch den Rückbezug auf eine ehrwürdige Tradition, das Gottesgnadentum oder auch den Mythos der Einheit von Volk und Führer gerechtfertigt worden war, *bleibt heute symbolisch leer*. Gegenüber dieser leeren Stelle der Macht wird in der Republik ein öffentlicher Raum im wahrsten Sinne des Wortes freigegeben, der symbolischer Natur ist. Sonst wäre der Gewalt ein Freibrief erteilt und statt der öffentlichen Verständigung über die gemeinsamen Angelegenheiten der Gesellschaft hätten wir es mit Bürgerkrieg zu tun.

Wie diese Leerstelle der Macht jeweils ausgefüllt wird, ist folglich in der demokratischen Republik eine öffentliche Angelegenheit, über die das „real existierende Volk" immer wieder aufs Neue debattieren und entscheiden muss. Die Geschichte der Demokratie erscheint dabei als Geschichte der unterschiedlichen Formen, in denen dieses Volk, direkt oder vermittelt, seine unterschiedlichsten Meinungen und Willen äußert. „Alle Staatsgewalt geht vom Volke aus", heißt es lakonisch auch im Grundgesetz. Und diese Souveränität, wäre zu ergänzen, verläuft sich nicht im Sand des Getriebes der jeweils ermächtigten staatlichen Gewalten. Wie die Gesellschaft ihre gemeinsamen Angelegenheiten regelt und ihre Macht über sich selber ausübt, kann mit Hinweisen auf das geltende Recht oder auf die gewaltenteilige Ordnung der staatlichen Organe immer nur vorläufig beantwortet werden und bleibt eine offene Frage. Dem steht nicht entgegen, dass die einmal eingerichteten politischen Institutionen dazu tendieren, sich zu verfestigen und ein Normalbild von Demokratie zu erzeugen, dass es bisweilen so scheint, als könnten Parteien, Parlamente und repräsentative Verfahren nicht hinweggedacht werden, ohne dass jegliche demokratische Ordnung entfiele. Zum einen zeigen Parlaments- und Wahlrechtsreformen an, dass institutionalisierte Prozesse politischer Willensbildung nicht sakrosankt[1] sind, dass sich stets Alternativen denken und realisieren lassen. Zum anderen verweist nicht zuletzt die Praxis des zivilen Ungehorsams darauf, dass sich die Teilnahme der Aktivbürger an den öffentlichen Angelegenheiten nicht problemlos institutionell kanalisieren und auf Parteiarbeit, Wahlrecht und Petition festlegen lässt. *Wohin* sich eine Gesellschaft entwickelt, die sich selbst eine politische Ordnung gibt, ist ebenfalls eine offene Frage. Niemand, auch keine noch so qualifizierte Mehrheit, kein noch so gut begründetes verfassungsgerichtliches Judiz, kein noch so weitsichtiger Philosophenkönig kann der Gesellschaft ein auf Dauer fixiertes Entwicklungsziel vorgeben.

(Ulrich Rödel, Günter Frankenberg. Helmut Dubiel, Die demokratische Frage. Suhrkamp Verlag, Frankfurt/M. 1989, S. 43–45)

1 sakrosankt: unantastbar

1 *Wie sieht die oben vorgestellte Theorie die demokratischen Institutionen, wie unterscheidet sich diese Sichtweise von der Luhmanns, aber auch von einer radikaldemokratischen oder anarchistischen?*
2 *Staatsphilosophen und auch Politiker und Institutionen (z. B. das Bundesverfassungsgericht) haben versucht feste – demokratischen Mehrheitsentscheidungen entzogene – Grundbestimmungen der politischen Ordnung zu formulieren (z. B. die Gewaltenteilung oder die Eigentumsordnung). Beurteilen Sie diese Versuche aus der Sicht der Theorie von Rödel u. a.*

Eine zentrale Rolle spielen für Rödel u. a. die **Menschenrechte**, deren Geltung sie neu begründen, in Abgrenzung vom „Projekt der Selbstgesetzgebung", d. h. vom Konzept der klassisch-bürgerlichen Staatsphilosophie z. B. Lockes oder Kants.

Die *Selbst-Erklärung* der Menschenrechte als politische Kommunikationsrechte stellt ihre Geltung und Anerkennung auf eine neue Grundlage: die in der Geschichte *tatsächlich* vollzogene, vorgängige wechselseitige Anerkennung der Mitglieder der Zivilgesellschaft als freie und gleiche Individuen, die sich im Akt der Verfassungsgebung zugleich als plurale Zivilgesellschaft selbst instituieren.[1] [...]
Dieses Projekt der gemeinsamen *Selbstregierung* auf der Basis wechselseitiger Anerkennung als gleiche und freie Individuen – einer Anerkennung, die sich im Zusammenhandeln der Mitglieder der Zivilgesellschaft immer von neuem bewähren muss, – unterscheidet sich in mehrfacher Hinsicht vom Projekt der vernünftigen *Selbstgesetzgebung*. [...] Die Idee der Selbstgesetzgebung orientiert sich an vorgegebenen Vernunftprinzipien, die gedanklich nachvollzogen werden können, also einsichtig sind, aber nicht zur Disposition stehen. [...] Das Projekt der Selbstregierung gründet [...] in der geschichtlichen Erfahrung, dass die menschliche Vernunft fallibel[2] und die Anwendung vernünftiger Prinzipien in gesellschaftlichen Konfliktlagen uneindeutig ist; und es entschlägt sich restlos des autoritativen Glaubens an „wahre Einsichten" und „richtige Lösungen", auf die das Projekt der vernünftigen Selbstgesetzgebung letztlich zurückgreifen muss.
Daher gelten Menschenrechte nach ihrer Erklärung nicht von selbst oder kraft rechtsstaatlicher Verleihung und Protektion, sondern weil und soweit die Mitglieder der

Zivilgesellschaft bereit sind, sich immer wieder diese Rechte wechselseitig zuzuerkennen und aktiv für sie einzutreten. Die einzig wirksamen Garantien der Menschenrechte sind also deren aktive Betätigung sowie die Offenhaltung einer öffentlichen Sphäre. Geltung und Durchschlagskraft der Menschenrechte sind daher unauflösbar mit einer für alle offenen und zugänglichen politischen Öffentlichkeit verknüpft, in der sich die Kommunikationsfreiheiten im Zusammenhandeln der Bürger verwirklichen. [...]

Die öffentliche Selbst-Erklärung der Menschenrechte durch die Zivilgesellschaft setzt eine Dynamik in Gang, die über heimliche oder offene Privilegien für die Besitzenden und für die Männer hinweggeht. Diese Dynamik wird von der Vorstellung angetrieben, dass sich alle Mitglieder der Gesellschaft als Ausdruck ihrer wechselseitigen Anerkennung auch wechselseitig ein allgemeines Recht zuerkennen Rechte zu haben. Dieses von Herkunft, Stand, Geschlecht und Besitz, ja, auch von der territorial begrenzten Staatsbürgerschaft unabhängige Menschenrecht begründet alle in den kodifizierten Menschenrechtserklärungen aufgezählten und alle zukünftig eingeforderten Rechte der Mitglieder der zivilen Gesellschaft. Auf dieses fundamentale Menschenrecht berufen sich letztlich alle Gruppen und Minoritäten, die ihre Forderungen als Rechtsansprüche artikulieren und die Ausübung der politischen Macht oder das jeweils geltende Recht in Frage stellen.

Mit der Konstituierung einer pluralen Zivilgesellschaft und eines ihr eigenen öffentlichen Raumes durch die Erklärung der politischen Freiheitsrechte verlagert sich die Entscheidung darüber, was als *wahres Wissen* und was als *gerechtes Recht* gelten kann, aus der Sphäre der Macht in die Zivilgesellschaft. Zwar können die politischen Machthaber, wie die Geschichte zeigt, deren Pluralität ignorieren, sich auf nicht öffentlich ausgewiesene Legitimitätstitel berufen oder auf das Gewaltmonopol stützen um ihre Beschlüsse durchzusetzen. Doch erinnern neue soziale Bewegungen, die das Recht Rechte zu haben reklamieren oder neue Rechtsansprüche einklagen, bis auf den heutigen Tag daran, dass die Rechtfertigungsgründe politischer Herrschaft dieser unverfügbar geworden sind. [...]

Die Legitimität politischer Machtausübung wird damit letztlich von der symbolischen Praxis der Bürger und Assoziationen der Zivilgesellschaft abhängig.

Der öffentliche Meinungsstreit, die bewusste Inanspruchnahme der politischen Freiheitsrechte, die Praxis des zivilen Ungehorsams und die Einforderung neuer Rechte bilden das Medium, in dem die Legitimität, die Vorgaben und Schranken politischer Macht formuliert und damit zugleich der Prozess der gesellschaftlichen Selbsterzeugung vorangetrieben und offengehalten werden. Die Offenheit der öffentlichen Sphäre und der durch nichts als die vorgetragenen Meinungen und Interessen gesteuerte öffentliche Diskurs sind in einer Demokratie konstitutiv für die Vorstellung legitimer politischer Macht. Diese bleibt unauflösbar rückverwiesen auf die vorgängige *Legitimität der Debatte über die Legitimität.*

(Ulrich Rödel u. a., Die demokratische Frage. Suhrkamp Verlag, Frankfurt/M. 1989, S. 103–105)

1 instituieren: einsetzen, (als „Institution“) einrichten
2 fallibel: fehlbar

1 *Vergleichen Sie die Begründung der Menschenrechte in der Theorie der „autonomen Zivilgesellschaft“ mit früher behandelten Menschenrechtsbegründungen, z. B. bei Locke oder Kant.*
2 *Welche Rolle spielen die selbsterklärten Menschenrechte in der „autonomen Zivilgesellschaft“?*

– *Würden Sie sich an einer solchen Straßenblockade beteiligen?*

Von ihrer Demokratietheorie her gewinnen die Autoren eine neue Sicht alternativer Politikformen. Dazu gehören vor allem Aktionen des „zivilen Ungehorsams“, gewaltlose Regelverletzungen wie z. B. Straßenblockaden oder Steuerboykott, mit denen politische Gruppen (z. B. Greenpeace) auf ihr Anliegen aufmerksam machen wollen.

Der gezielte Normbruch, die Regelverletzung, die Verweigerung des Rechtsgehorsams charakterisiert diesen Protest. Doch erst dessen *symbolische Bedeutung* zeichnet ihn gegenüber anderem Rechtsbruch aus und macht ihn zu einem demokratischen Politikum: Der Ungehorsam „steht für etwas“, das sich nicht aus der Behinderung anderer, nicht aus der übertretenen Rechtsnorm und nicht einmal aus dem konkreten Anlass vollständig erschließen lässt. Nicht um die Befriedigung egoistischer Interessen oder um den instrumentellen Selbstvollzug politischer Vorstellungen geht es den Ungehorsamen, sondern um etwas anderes – um einen Appell an die Regierenden oder an schweigende Mehrheiten, um die Revision verhängnisvoller politischer Entscheidungen oder Unterlassungen. [...]
Wer zivilen Ungehorsam übt, ist weder Revolutionär noch Avantgardist oder Partisan, sondern *cives* – ein Aktivbürger, der in der Begründung und Begrenzung des normverletzenden Protests, im Verzicht auf Gewalt und in der Inkaufnahme angemessener Sanktionen, die politische Gleichheit aller anerkennt.

(Ulrich Rödel u. a., Die demokratische Frage. Suhrkamp Verlag, Frankfurt/M. 1989, S. 26)

1 *Verdeutlichen Sie sich an Beispielen, welche politischen Aktionsformen nach dem Verständnis der Autoren zum zivilen Ungehorsam gehören und welche nicht.*

2 *Mit welchen Argumenten begründen die Autoren die Berechtigung des zivilen Ungehorsams, inwiefern gehen sie dabei von ihrer Theorie der „autonomen Zivilgesellschaft" aus?*

3 *Informieren Sie sich über die Geschichte des zivilen Ungehorsams, z. B. über die amerikanische Bürgerrechtsbewegung (Martin Luther King) oder die Bewegungen gegen Atomkraftwerke und Atomraketen.*

4 *Die Legitimität des zivilen Ungehorsams ist umstritten; die Gegner solcher Aktionsformen argumentieren meist folgendermaßen:*

„Die Missachtung der politischen Entscheidungen einer durch demokratische Wahlen legitimierten Mehrheit in der Demokratie bedroht die Funktionsfähigkeit und die Stabilität jeder demokratischen Ordnung. Wenn die Mehrheitsregel nicht mehr gilt, [...], wenn es gar ein Recht auf Widerstand geben soll gegen Entscheidungen, die einer aktiven Minderheit von Bürgern aus irgendwelchen Gründen [...] missfällt, dann ist der Verfall der rechtsstaatlichen Demokratie programmiert, weil es keine allgemein verbindlichen und anerkannten Kriterien für politische Entscheidungen mehr gibt".
(Kurt Sontheimer, Zeitenwende. Die Bundesrepublik Deutschland zwischen alter und alternativer Politik, Hamburg 1983, S. 254)

Nehmen Sie selbst Stellung zur Frage, ob ziviler Ungehorsam im demokratischen Staat legitim ist.

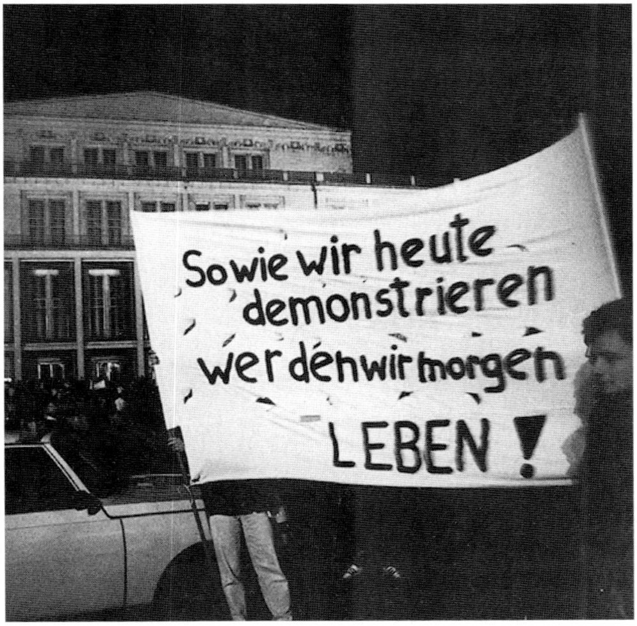

Das Foto stammt von einer der Leipziger Montagsdemonstrationen vor der Auflösung der DDR.

- *Inwiefern bringt der Spruch auf dem Transparent auch die Vorstellungen der Zivilgesellschaftstheoretiker zum Ausdruck?*
- *Wie realistisch waren die Vorstellungen dieser Demonstranten?*

Die Theorie der autonomen Zivilgesellschaft setzt sich kritisch ab von der platonischen Vorstellung vom „Staatskörper"; sie geht wie Luhmann von der Auflösung der Gesellschaft in selbstständige Teilbereiche aus und sieht darin ein wesentliches Merkmal der Demokratie. Anders als der klassische Liberalismus halten Walzer, Rödel u. a. die Zivilgesellschaft für den eigentlichen Ort der Politik. Dementsprechend sind für sie die Menschenrechte nicht so sehr Rechte des Bürgers gegenüber dem Staat als vielmehr Ausdruck der gegenseitigen Anerkennung der Gesellschaftsmitglieder. Nur diese gegenseitige Anerkennung kann noch die Geltung der Menschenrechte garantieren, nicht mehr eine Berufung auf für jeden einsichtige Vernunftprinzipien wie in der Staatsphilosophie Lockes oder Kants; hier teilen die Zivilgesellschaftstheoretiker die Skepsis vieler zeitgenössischer Philosophen gegenüber dem allgemeinen Verbindlichkeitsanspruch solcher Theorien. So begründet allein die ständig offene Debatte die Legitimation der Demokratie und stellt auch ihre Institutionen selbst immer wieder in Frage.

Über Inhalte und Argumente dieser Debatte ist damit noch wenig gesagt. Die Theorie der autonomen Zivilgesellschaft, als Letzte vorgestellt, kann daher nicht das letzte Wort in der Staatstheorie sein, auch nicht dem eigenen Selbstverständnis nach. Denn die Offenheit des gesellschaftlichen Diskurses ist ja gerade ihr Anliegen und in diesen Diskurs – an dem wir alle teilnehmen – werden die Überlegungen der staatsphilosophischen Tradition mit eingebracht.

1 *Erarbeiten Sie sich einen systematischen Überblick zum Themenbereich „Politische Philosophie". (Dazu geeignet: Klaus Brinkmann, Kurswissen Politische Philosophie. Klett Verlag, Stuttgart 1995)*

V

Probleme der Geschichte

Zugänge zur Geschichtsphilosophie

Es reden und träumen die Menschen viel
von besseren, künftigen Tagen.
Nach einem goldenen, glücklichen Ziel
sieht man sie rennen und jagen.
Die Welt wird alt und wird wieder jung,
doch der Mensch hofft immer Verbesserung.
(F. Schiller)

Rudolf Hausner, Adam-Massiv (1968–69): „Adam formt diesen Planeten nach seinem Angesicht."

Einführung

Im Deutschen birgt der Begriff Geschichte zwei Bedeutungen: Zum einen bezeichnet er das reale, objektiv vorkommende historische Geschehen (res gestae) und zum anderen die subjektive Aneignung und Wiedergabe dieses Geschehens (historia rerum gestarum). Wer sich mit Geschichte beschäftigt, sich also um eine Aneignung von wirklichen Geschehensabläufen bemüht, tut dies gewöhnlich aus einem besonderen Interesse heraus: Er will aus der Geschichte lernen. Ob man dies jedoch kann, ist umstritten. Viele behaupten, jedes geschichtliche Ereignis sei unwiederholbar und einzigartig, selbst die Kenntnis sämtlicher historischer Vorgänge helfe nichts bei der Bewältigung der Zukunft. Andere glauben, nur ein umfassendes geschichtliches Wissen könne davor bewahren, vergangene politische Fehler, etwa die Zeit der nationalsozialistischen Schreckensherrschaft, zu wiederholen.

1 *Diskutieren Sie die beiden genannten Auffassungen.*

Ihre Diskussion wird sicher ergeben haben, dass es angesichts der gewaltigen Aufgaben, die unsere Zeit stellt, zumindest ein großes Bedürfnis ist aus der Geschichte zu lernen. Von diesem Bedürfnis geht auch der Geschichtsunterricht aus, wenn er mit den Ereignissen vergangener Zeit bekannt macht. Über seine Erfahrungen mit einem früher im Geschichtsunterricht verbreiteten Buch berichtet der Dichter **Gottfried Benn** (1886–1956):

„Um mich zu belehren, schlage ich ein altes Schulbuch auf, den sogenannten kleinen Ploetz. […] Berlin 1891, Verlag A. G. Ploetz. Ich schlage eine beliebige Seite auf, […] sie handelt vom Jahre 1805. Da findet sich: einmal Seesieg, zweimal Waffenstillstand, dreimal Bündnis, zweimal Koalition, einer marschiert, einer verbündet sich, einer vereinigt seine Truppen, einer verstärkt etwas, einer rückt heran, einer nimmt ein, einer zieht sich zurück, einer erobert ein Lager, einer tritt ab, einer erhält etwas, einer eröffnet etwas glänzend, einer wird kriegsgefangen, einer entschädigt einen, einer bedroht einen, einer marschiert auf den Rhein zu, einer durch ansbachisches Gebiet, einer auf Wien, einer wird zurückgedrängt, einer wird hingerichtet, einer tötet sich – alles dies auf einer einzigen Seite, das Ganze ist zweifellos die Krankengeschichte von Irren." (Gottfried Benn, Gesammelte Werke in acht Bänden. Hrsg. von Dieter Wellershoff. Bd. 3. Limes Verlag, Wiesbaden 1968, S. 945)

1 *Diskutieren Sie Benns Äußerung im Hinblick auf Ihre Erfahrungen mit dem Geschichtsunterricht.*
2 *Überlegen Sie an einem Beispiel, auf welche Weise Sie im Geschichtsunterricht mit dem vergangenen Geschehen konfrontiert werden.*
3 *Grenzen Sie die Methode des Geschichtsunterrichts von fiktionalen Formen der Geschichtspräsentation (Drama, Roman, Film) ab.*

Dass im Fach Geschichte stets nur eine Auswahl von bestimmten Ereignissen gegeben und durch diese Auswahl der Lernprozess in eine bestimmte Richtung gelenkt werden soll, ist Ihnen vermutlich aufgefallen. Wahrscheinlich haben Sie auch bemerkt, dass in diesem Fach durchaus – u. a. bei der Analyse von Quellen – nach allgemeinen Ursachen für bestimmte Ereignisse geforscht wird, wobei die Ursachen sowohl im menschlichen Willen als auch in äußeren Umständen liegen können und oftmals als Verbindung beider gesehen werden. Wie aber die Geschichte als Gesamtheit geschehener Ereignisse beschaffen ist und ob es in ihr einen den menschlichen Einzelwillen und die jeweiligen Umstände übersteigenden gesetzmäßigen Verlauf gibt, ist nicht die leitende Frage des Faches Geschichte – und also auch nicht die der Geschichtswissenschaft. Was Benn in seiner abfälligen Äußerung über die Geschichtsschreibung des 19. Jahrhunderts vermisst, verweist uns an die Geschichtsphilosophie: Sie stellt die Frage nach einem übergreifenden Sinn und Zweck in all dem vergangenen Geschehen.

Wie die Geschichtsschreibung will also auch die Geschichtsphilosophie aus der Geschichte lernen. Anders als jene hat die Geschichtsphilosophie aber die gesamte **Weltgeschichte** zum Gegenstand und sie sucht nach Prinzipien oder Gesetzen, nach denen sich die Weltgeschichte vollzieht und auch in Zukunft weiter vollziehen wird – ähnlich der den Naturablauf steuernden Naturgesetzen. Geschichtswissenschaft und Geschichtsphilosophie haben also ein gemeinsames Anliegen und einen gemeinsamen Gegenstand: Bei der Geschichtsphilosophie ist die Blickrichtung jedoch umfassender, bleibt aber stets an die Geschichtswissenschaft und ihre Ergebnisse zurückverwiesen.

Betrachtet man nun Geschichte in philosophischer Perspektive, drängen sich zunächst zwei sehr allgemeine Prinzipien auf, die ihren Verlauf kennzeichnen könnten: Schreitet sie stets zum Besseren hin, zu mehr Freiheit, zu mehr Humanität usw., zeigt sich in ihr also – bei allen Rückschlägen im Einzelnen – aufs Ganze gesehen ein **Fortschritt** (Progression) oder gibt es eine Abwärtsbewegung, einen **Abstieg** vom vormals Guten und Natürlichen hin zum Negativen, im Extrem sogar zum Untergang der Menschheit (Regressionstheorie)? Für beide Auffassungen scheint es eine Menge Hinweise zu geben, aber bevor Sie diese im Einzelnen kennen lernen, sollten Sie sich Ihr eigenes Vorverständnis in diesem Punkt durch ein Gedankenexperiment bewusst machen:

1 *Stellen Sie sich folgende Situation vor: Vor Ihrer Geburt werden Sie vor die Wahl gestellt zu entscheiden, in welcher Zeit Sie geboren werden möchten. Dabei können Sie zwischen allen (Ihnen bekannten) geschichtlichen Epochen bis in die Jetztzeit auswählen, aber Sie haben keine Entscheidungsgewalt über das Geschlecht und die soziale Stellung, in die Sie hineingeboren werden. Ihre einmal getroffene Entscheidung ist dann innerhalb Ihres Lebens unumkehrbar. Wählen Sie eine Epoche aus.*

2 *Begründen Sie Ihre Wahl durch die Darstellung der sie bestimmenden Auffassung über den Verlauf der Geschichte. Unterscheiden Sie dabei progredierende und regredierende Komponenten im Geschichtsverlauf (ggf. in grafischer Darstellung).*

Von Beginn der philosophischen Geschichtsbetrachtung an wurde noch ein drittes Prinzip ins Spiel gebracht, das möglicherweise den Geschichtsverlauf bestimmen könnte: das sog. **zyklische Geschichtsverständnis**, wonach die Geschichte einen ewigen Kreislauf beschreibt, der nie zu einem Endpunkt gelangt, oder der – wenn er denn einen vorläufigen Abschluss erreicht hat – sich immer aufs Neue wiederholt. Eine solche Geschichtsauffassung begegnet uns etwa im Hinduismus.

1 *Informieren Sie sich über die hinduistische Geschichtsauffassung. Diskutieren Sie deren Tragfähigkeit auf dem Hintergrund Ihrer Auffassung über den Geschichtsverlauf.*

Unter den drei aufgeführten Prinzipien des geschichtlichen Verlaufes nimmt die Fortschrittsidee zweifellos in unserem Bewusstsein einen sehr breiten Raum ein. Ihre Wurzeln liegen in der Geschichtsphilosophie der Aufklärung, die den Fortschrittsgedanken erstmalig konsequent auf die rein weltlich verstandene Geschichte anwandte.

1 *Die Konzeption der Aufklärung: Geschichtlicher Fortschritt als kontinuierliches Prinzip*

Die Aufklärung kann wohl mit gutem Recht als die geistesgeschichtliche Epoche angesehen werden, in der erstmalig auf breiter Front die Idee eines kontinuierlichen geschichtlichen Fortschrittes verfochten wurde. Dabei wurde diese Fortschrittskonzeption in der früheren Aufklärung meist ungebrochen und massiv vertreten und stand i. Allg. in enger Verbindung mit dem Glauben an Gott als Lenker der Geschichte. Zwar wurde dem aufklärenden Fortschrittsoptimismus bereits auf dem Höhepunkt dieser Epoche 1755 durch Rousseau widersprochen (➔ Kap. II, 1.2.2); dieser Widerspruch setzte sich aber geschichtsphilosophisch nicht recht durch, sodass noch 1777 **Gotthold Ephraim Lessing** in seiner „Erziehung des Menschengeschlechts" von einem verborgenen Plan Gottes ausgeht, der die Menschheit auf einem kontinuierlich fortschreitenden Weg zur moralischen Veredlung bringt.

1.1 Immanuel Kant: Was ist Aufklärung?

Zu einer vorsichtigen Fortschrittsauffassung, die auf Gott als Lenker der Geschichte verzichtet, gelangt gegen Ende der Aufklärung **Immanuel Kant** (1724–1804). Seine geschichtsphilosophischen Überlegungen beruhen auf den Grundlagen seines erkenntniskritischen Systems und repräsentieren dadurch die aufklärerische Geschichtsphilosophie in besonderer Weise.
Kant hat sich zur Geschichte nur in seinen kleineren, für ein breiteres Publikum bestimmten Schriften geäußert. Es folgen Auszüge aus seiner bekannten, 1783 entstandenen Schrift „Was ist Aufklärung?" Hier legt Kant ihren Begriff dar und lässt dabei schon aufscheinen, dass und wie sich Aufklärung geschichtlich zur Geltung bringen wird.

Aufklärung ist der Ausgang des Menschen aus seiner selbst verschuldeten Unmündigkeit. Unmündigkeit ist das Unvermögen, sich seines Verstandes ohne Leitung eines anderen zu bedienen. *Selbstverschuldet* ist diese Unmündigkeit, wenn die Ursache derselben nicht am Mangel des Verstandes, sondern der Entschließung und des Mutes liegt, sich seiner ohne Leitung eines anderen zu bedienen. Sapere aude![1] Habe Mut, dich deines *eigenen* Verstandes zu bedienen! ist also der Wahlspruch der Aufklärung.
Faulheit und Feigheit sind die Ursachen, warum ein so großer Teil der Menschen, nachdem sie die Natur längst von fremder Leitung frei gesprochen [...], dennoch gerne zeitlebens unmündig bleiben; und warum es anderen so leicht wird, sich zu deren Vormündern aufzuwerfen. Es ist so bequem, unmündig zu sein. Habe ich ein Buch, das für mich Verstand hat, einen Seelsorger, der für mich Gewissen hat, einen Arzt, der für mich die Diät beurteilt, usw.: so brauche ich mich ja nicht selbst zu bemühen. Ich habe nicht nötig zu denken, wenn ich nur bezahlen kann; andere werden das verdrießliche Geschäft schon für mich übernehmen. Dass der bei weitem größte Teil der Menschen (darunter das ganze schöne Geschlecht) den Schritt zur Mündigkeit, außer dem dass er beschwerlich ist, auch für sehr gefährlich halte: dafür sorgen schon jene Vormünder, die die Oberaufsicht über sie gütigst auf sich genommen haben. Nachdem sie ihr Hausvieh zuerst dumm gemacht haben, und sorgfältig verhüteten, dass diese ruhigen Geschöpfe ja keinen Schritt außer dem Gängelwagen, darin sie sie einsperreten, wagen durften: so zeigen sie ihnen nachher die Gefahr, die ihnen drohet, wenn sie es versuchen, allein zu ge-

hen. Nun ist diese Gefahr zwar eben so groß nicht, denn sie würden durch einigemal Fallen wohl endlich gehen lernen; allein ein Beispiel von der Art macht doch schüchtern, und schreckt gemeiniglich von allen ferneren Versuchen ab.

Es ist also für jeden einzelnen Menschen schwer, sich aus der ihm beinahe zur Natur gewordenen Unmündigkeit herauszuarbeiten. Er hat sie sogar lieb gewonnen, und ist vor der Hand wirklich unfähig, sich seines eigenen Verstandes zu bedienen, weil man ihn niemals den Versuch davon machen ließ. Satzungen und Formeln, diese mechanischen Werkzeuge eines vernünftigen Gebrauchs oder vielmehr Mißbrauchs seiner Naturgaben, sind die Fußschellen einer immerwährenden Unmündigkeit. Wer sie auch abwürfe, würde dennoch auch über den schmalesten Graben einen nur unsicheren Sprung tun, weil er zu dergleichen freier Bewegung nicht gewöhnt ist. Daher gibt es nur wenige, denen es gelungen ist, durch eigene Bearbeitung ihres Geistes sich aus der Unmündigkeit heraus zu wickeln, und dennoch einen sicheren Gang zu tun.

Dass aber ein Publikum sich selbst aufkläre, ist eher möglich; ja es ist, wenn man ihm nur Freiheit läßt, beinahe unausbleiblich. Denn da werden sich immer einige Selbstdenkende, sogar unter den eingesetzten Vormündern des großen Haufens, finden, welche, nachdem sie das Joch der Unmündigkeit selbst abgeworfen haben, den Geist einer vernünftigen Schätzung des eigenen Werts und des Berufs jedes Menschen, selbst zu denken, um sich verbreiten werden.

[…]

Zu dieser Aufklärung aber wird nichts erfordert als *Freiheit*; und zwar die unschädlichste unter allem, was nur Freiheit heißen mag, nämlich die: von seiner Vernunft in allen Stücken *öffentlichen Gebrauch* zu machen. Nun höre ich aber von allen Seiten rufen: *räsonniert* [2] *nicht!* Der Offizier sagt: räsonniert nicht, sondern exerziert! Der Finanzrat: räsonniert nicht, sondern bezahlt! Der Geistliche: räsonniert nicht, sondern glaubt! (Nur ein einziger Herr in der Welt sagt: *räsonniert*, so viel ihr wollt, und worüber ihr wollt, aber *gehorcht!*)[3] Hier ist überall Einschränkung der Freiheit. Welche Einschränkung aber ist der Aufklärung hinderlich? welche nicht, sondern ihr wohl gar beförderlich? – Ich antworte: der *öffentliche* Gebrauch seiner Vernunft muß jederzeit frei sein, und der allein kann Aufklärung unter Menschen zu Stande bringen; der *Privatgebrauch* derselben aber darf öfters sehr enge eingeschränkt sein, ohne doch darum den Fortschritt der Aufklärung sonderlich zu hindern. Ich verstehe aber unter dem öffentlichen Gebrauche seiner eigenen Vernunft denjenigen, den jemand als *Gelehrter* von ihr vor dem ganzen Publikum der *Leserwelt* macht. Den Privatgebrauch nenne ich denjenigen, den er in einem gewissen ihm anvertrauten *bürgerlichen Posten*, oder Amte, von seiner Vernunft machen darf. Nun ist zu manchen Geschäften, die in das Interesse des gemeinen Wesens laufen, ein gewisser Mechanism notwendig, vermittelst dessen einige Glieder des gemeinen Wesens sich bloß passiv verhalten müssen, um durch eine künstliche Einhelligkeit von der Regierung zu öffentlichen Zwecken gerichtet, oder wenigstens von der Zerstörung dieser Zwecke abgehalten zu werden. Hier ist es nun freilich nicht erlaubt, zu räsonnieren; sondern man muss gehorchen. So fern sich aber dieser Teil der Maschine zugleich als Glied eines ganzen gemeinen Wesens, ja sogar der Weltbürgergesellschaft ansieht, mithin in der Qualität eines Gelehrten, der sich an ein Publikum im eigentlichen Verstande durch Schriften wendet: kann er allerdings räsonnieren, ohne dass dadurch die Geschäfte leiden, zu denen er zum Teile als passives Glied angesetzt ist. So würde es sehr verderblich sein, wenn ein Offizier, dem von seinen Oberen etwas anbefohlen wird, im Dienste über die Zweckmäßigkeit oder Nützlichkeit dieses Befehls laut vernünfteln wollte; er muß gehorchen. Es kann ihm aber billigermaßen nicht verwehrt werden, als Gelehrter, über die Fehler im Kriegesdienste Anmerkungen zu machen, und diese seinem Publikum zur Beurteilung vorzulegen. Der Bürger kann sich nicht weigern, die ihm auferlegten Abgaben zu leisten; sogar kann ein vorwitziger Tadel solcher Auflagen, wenn sie von ihm geleistet werden sollen, als ein Skandal (das allgemeine Widersetzlichkeiten veranlassen könnte) bestraft werden. Eben derselbe handelt demohngeachtet der Pflicht eines Bürgers nicht entgegen, wenn er, als Gelehrter, wider die Unschicklichkeit oder auch Ungerechtigkeit solcher Ausschreibungen öffentlich seine Gedanken äußert. [...]

Ein Zeitalter kann sich nicht verbünden und darauf verschwören, das folgende in einen Zustand zu setzen, darin es ihm unmöglich werden muß, seine (vornehmlich so sehr angelegentliche) Erkenntnisse zu erweitern, von Irrtümern zu reinigen, und überhaupt in der Aufklärung weiter zu schreiten. Das wäre ein Verbrechen wider die menschliche Natur, deren ursprüngliche Bestimmung gerade in diesem Fortschreiten besteht; und die Nachkommen sind also vollkommen dazu berechtigt, jene Beschlüsse, als unbefugter und frevelhafter Weise genommen, zu verwerfen. [...]

Wenn denn nun gefragt wird: Leben wir jetzt in einem *aufgeklärten* Zeitalter? so ist die Antwort: Nein, aber wohl in einem Zeitalter der *Aufklärung*. Dass die Menschen, wie die Sachen jetzt stehen, im ganzen genommen, schon im Stande wären, oder darin auch nur gesetzt werden könnten, in Religionsdingen sich ihres eigenen Verstandes ohne Leitung eines andern sicher und gut zu bedienen, daran fehlt noch sehr viel. Allein, dass jetzt ihnen doch das Feld geöffnet wird, sich dahin frei zu bearbeiten, und die Hindernisse der allgemeinen Aufklärung, oder des Ausganges aus ihrer selbst verschuldeten Unmündigkeit, allmählich weniger werden, davon haben wir doch deutliche Anzeigen. In diesem Betracht ist dieses Zeitalter das Zeitalter der Aufklärung [...].

(Immanuel Kant, Beantwortung der Frage: Was ist Aufklärung? [1783]. In: Werke in 12 Bdn. Hrsg. von Wilhelm Weischedel. Bd. XI. Suhrkamp Verlag, Frankfurt/M. 1977, S. 53–59 [A 481–492])

1 Sapere aude!: Wage es, weise zu sein! (nach Horaz)
2 räsonnieren: wörtlich: vernünfteln; nach Gründen fragen.

1 *Was heißt für Kant Aufklärung und welches sind die Ursachen, aufgrund derer viele unmündig bleiben?*
2 *Warum kann Aufklärung in einer Gemeinschaft leichter vonstatten gehen als beim Einzelnen?*
3 *Stellen Sie die für die Verbreitung der Aufklärung erforderlichen Bedingungen dar. Verdeutlichen Sie in diesem Zusammenhang den Unterschied zwischen privatem und öffentlichem Vernunftgebrauch.*
4 *Welche Auffassung von Geschichte liegt Kants Einschätzung seines Zeitalters und der politischen Verhältnisse zugrunde? Warum würde er eine Revolution zur raschen Beförderung des geschichtlichen Fortschritts ablehnen?*

1.2 Immanuel Kant: Idee zu einer philosophischen Geschichte

Im folgenden Text, der im selben Jahr wie die zuvor abgedruckte Aufklärungsschrift entstand, untersucht Kant die gesamte Menschheitsgeschichte auf Hinweise für einen möglichen Fortschritt im Sinne der Aufklärung. Er fragt zudem nach dem Stellenwert einer philosophischen Geschichtsschreibung, welche sich die Fortschrittsidee zum Leitfaden macht.

Man kann die Geschichte der Menschengattung im großen als die Vollziehung eines verborgenen Plans der Natur ansehen, um eine innerlich- und, zu diesem Zwecke, auch äußerlich-vollkommene Staatsverfassung zu Stande zu bringen, als den einzigen Zustand, in welchem sie alle ihre Anlagen in der Menschheit völlig entwickeln kann. Der Satz ist eine Folgerung aus dem vorigen. Man sieht: die Philosophie könne auch ihren *Chiliasmus*[1] haben; aber einen solchen, zu dessen Herbeiführung ihre Idee, obgleich nur sehr von weitem, selbst beförderlich werden kann, der also nichts weniger als schwärmerisch ist. Es kömmt nur darauf an, ob die Erfahrung etwas von einem solchen Gang der Naturabsicht entdecke. Ich sage: *etwas weniges;* denn dieser Kreislauf scheint so lange Zeit zu erfordern bis er sich schließt, dass man aus dem kleinen Teil, den die Menschheit in dieser Absicht zurückgelegt hat, nur eben so unsicher die Gestalt ihrer Bahn und das Verhältnis der Teile zum Ganzen bestimmen kann, als aus allen bisherigen Himmelsbeobachtungen den Lauf, den unsere Sonne samt dem ganzen Heere ihrer Trabanten im großen Fixsternensystem nimmt; obgleich doch, aus dem allgemeinen Grunde der systematischen Verfassung des Weltbaues, und aus dem wenigen was man beobachtet hat, zuverlässig genug, um auf die Wirklichkeit eines solchen Kreislaufes zu schließen. Indessen bringt es die menschliche Natur so mit sich: selbst in Ansehung der allerentferntesten Epoche, die unsere Gattung treffen soll, nicht gleichgültig zu sein, wenn sie nur mit Sicherheit erwartet werden kann. Vornehmlich kann es in unserem Falle um desto weniger geschehen, da es scheint, wir könnten durch unsere eigene vernünftige Veranstaltung diesen für unsere Nachkommen so erfreulichen Zeitpunkt schneller herbeiführen. Um deswillen werden uns selbst die schwachen Spuren der Annäherung desselben sehr wichtig. Jetzt sind die Staaten schon in einem so künstlichen Verhältnisse gegen einander, daß keiner in der inneren Kultur nachlassen kann, ohne gegen die andern an Macht und Einfluß zu verlieren; also ist, wo nicht der Fortschritt, dennoch die Erhaltung dieses Zwecks der Natur, selbst durch die ehrsüchtigen Absichten derselben ziemlich gesichert. Ferner: bürgerliche Freiheit kann jetzt auch nicht sehr wohl angetastet werden, ohne den Nachteil davon in allen Gewerben, vornehmlich dem Handel, dadurch aber auch die Abnahme der Kräfte des Staats im äußeren Verhältnisse, zu fühlen. Diese Freiheit geht aber allmählich weiter. Wenn man den Bürger hindert, seine Wohlfahrt auf alle ihm selbst beliebige Art, die nur mit der Freiheit anderer zusammen bestehen kann, zu suchen: so hemmet man die Lebhaftigkeit des durchgängigen Betriebes, und hiemit wiederum die Kräfte des Ganzen. Daher wird die persönliche Einschränkung in seinem Tun und Lassen immer mehr aufgehoben, die allgemeine Freiheit der Religion nachgegeben; und so entspringt allmählich, mit unterlaufendem Wahne und Grillen, *Aufklärung,* als ein großes Gut, welches das menschliche Geschlecht sogar von der selbstsüchtigen Vergrößerungsabsicht seiner Beherrscher ziehen muss, wenn sie nur ihren eigenen Vorteil verstehen. Diese Aufklärung aber, und mit ihr auch ein gewisser Herzensanteil, den der aufgeklärte Mensch am Guten, das er vollkommen begreift, zu nehmen nicht vermeiden kann, muß nach und nach bis zu den Thronen hinauf gehen, und selbst auf ihre Regierungsgrundsätze Einfluß haben. Obgleich z. B. unsere Weltregierer zu öffentlichen Erziehungsanstalten, und überhaupt zu allem was das Weltbeste betrifft, vor jetzt kein Geld übrig haben, weil alles auf den künftigen Krieg schon zum voraus verrechnet ist: so werden sie doch ihren eigenen Vorteil darin finden, die obzwar schwachen und langsamen eigenen Be-mühungen ihres Volks in diesem Stücke wenigstens nicht zu hindern. Endlich: wird selbst der Krieg allmählich nicht allein ein so künstliches, im Ausgange von beiden Seiten so unsicheres, sondern auch durch die Nachwehen, die der Staat in einer immer anwachsenden Schuldenlast (einer neuen Erfindung) fühlt, deren Tilgung unabsehlich wird, ein so bedenkliches Unternehmen, dabei der Einfluß, den jede Staatserschütterung in unserem durch seine Gewerbe so sehr verketteten Weltteil auf alle andere Staaten tut, so merklich: daß sich diese durch ihre eigene Gefahr gedrungen, obgleich ohne gesetzliches Ansehen, zu Schiedsrichtern anbieten, und so alles von weitem zu einem künftigen großen Staatskörper anschicken, wovon die Vorwelt kein Beispiel aufzuzeigen hat. Obgleich dieser Staatskörper für itzt nur noch sehr im rohen Entwurfe dasteht, so fängt sich dennoch gleichsam schon ein Gefühl in allen Gliedern, deren jedem an der Erhaltung des Ganzen gelegen ist, an zu regen; und dieses gibt Hoffnung, dass, nach manchen Revolutionen der Umbildung, endlich das, was die Natur zur höchsten Absicht hat, ein allgemeiner *weltbürgerlicher Zustand*, als der Schoß, worin alle ursprüngliche Anlagen der Menschengattung entwickelt werden, dereinst einmal zu Stande kommen werde.

[…]

Ein philosophischer Versuch, die allgemeine Weltgeschichte nach einem Plane der Natur, der auf die vollkommene bürgerliche Vereinigung in der Menschengattung abziele, zu bearbeiten, muss als möglich, und selbst für diese Naturabsicht beförderlich angesehen werden. Es ist zwar ein befremdlicher und, dem Anscheine nach, ungereimter Anschlag, nach einer Idee, wie der Weltlauf gehen müßte, wenn er gewissen vernünftigen Zwecken angemessen sein sollte, eine *Geschichte* abfassen zu wollen; es scheint, in einer solchen Absicht könne nur ein *Roman* zu Stande kommen. Wenn man indessen annehmen darf: dass die Natur, selbst im Spiele der menschlichen Freiheit, nicht ohne Plan und Endabsicht verfahre, so könnte diese Idee doch wohl brauchbar werden; und, ob wir gleich zu kurzsichtig sind, den geheimen Mechanism ihrer Veranstaltung durchzuschauen, so dürfte diese Idee uns doch zum Leitfaden dienen, ein sonst planloses *Aggregat* menschlicher Handlungen, wenigstens im großen, als ein *System* darzustellen. Denn, wenn man von der *griechischen* Geschichte – als derjenigen, wodurch uns jede andere ältere oder gleichzeitige aufbehalten worden, wenigstens beglaubigt werden muß – anhebt; wenn man derselben Einfluß auf die Bildung und Missbildung des Staatskörpers des *römischen* Volks, das den griechischen Staat verschlang, und des letzteren Einfluss auf die *Barbaren*, die jenen wiederum zerstörten, bis auf unsere Zeit verfolgt; dabei aber die Staatengeschichte anderer Völker […] *episodisch* hinzutut: so wird man einen regelmäßigen Gang der Verbesserung der Staatsverfassung in unserem Weltteile (der wahrscheinlicher Weise allen anderen dereinst Gesetze geben wird) entdecken. Indem man ferner allenthalben nur auf die bürgerliche Verfassung und deren Gesetze, und auf das Staatverhältnis Acht hat, in so fern beide durch das Gute, welches sie enthielten, eine Zeitlang dazu dienten, Völker (mit ihnen auch Künste und Wissenschaften) empor zu heben und zu verherrlichen, durch das Fehlerhafte aber, das ihnen anhing, sie wiederum zu stürzen, so doch, daß immer ein Keim der Aufklärung übrig blieb, der, durch jede Revolution mehr entwickelt, eine folgende noch höhere Stufe der Verbesserung vorbereitete: so wird sich, wie ich glaube, ein

Leitfaden entdecken, der nicht bloß zur Erklärung des so verworrenen Spiels menschlicher Dinge, oder zur politischen Wahrsagerkunst künftiger Staatsveränderungen dienen kann [...]; sondern es wird (was man, ohne einen Naturplan vorauszusetzen, nicht mit Grunde hoffen kann) eine tröstende Aussicht in die Zukunft eröffnet werden, in welcher die Menschengattung in weiter Ferne vorgestellt wird, wie sie sich endlich doch zu dem Zustande empor arbeitet, in welchem alle Keime, die die Natur in sie legte, völlig können entwickelt und ihre Bestimmung hier auf Erden kann erfüllet werden. Eine solche *Rechtfertigung* der Natur – oder besser *der Vorsehung* – ist kein unwichtiger Bewegungsgrund, einen besonderen Gesichtspunkt der Weltbetrachtung zu wählen. Denn was hilft's, die Herrlichkeit und Weisheit der Schöpfung im vernunftlosen Naturreiche zu preisen und der Betrachtung zu empfehlen: wenn der Teil des großen Schauplatzes, der obersten Weisheit, der von allem diesen den Zweck enthält, – die Geschichte des menschlichen Geschlechts – ein unaufhörlicher Einwurf dagegen bleiben soll, dessen Anblick uns nötigt, unsere Augen von ihm mit Unwillen wegzuwenden, und, indem wir verzweifeln, jemals darin eine vollendete vernünftige Absicht anzutreffen, uns dahin bringt, sie nur in einer andern Welt zu hoffen?

Dass ich mit dieser Idee einer Weltgeschichte, die gewissermaßen einen Leitfaden *a priori*[2] hat, die Bearbeitung der eigentlichen bloß *empirisch* abgefaßten Historie verdrängen wollte: wäre Mißdeutung meiner Absicht;

es ist nur ein Gedanke von dem, was ein philosophischer Kopf (der übrigens sehr geschichtskundig sein müßte) noch aus einem anderen Standpunkte versuchen könnte.

(Immanuel Kant, Idee zu einer allgemeinen Geschichte in weltbürgerlicher Absicht. [1784]. In: Werke in 12 Bdn. Hrsg. von Wilhelm Weischedel. Bd. XI. Suhrkamp Verlag, Frankfurt/M. 1977, S. 45–50, [A 404–411])

1 Chiliasmus: Im frühen Christentum verbreiteter Glaube an ein tausendjähriges Reich Christi auf Erden, das dem Weltende und der damit verbundenen Errichtung des endgültigen Gottesreiches vorhgeht. (Vgl. Offb. 20)

2 a priori: vor aller Erfahrung

1 *Was sieht Kant als Endzustand der Weltgeschichte?*
2 *Welche Erfahrungswerte stützen Kants Hoffnung auf das Erreichen eines solchen Zustandes und was sind dabei die Motive, welche die geschichtliche Entwicklung vorantreiben?*
3 *Verdeutlichen Sie das Prinzip und den Blickwinkel, von dem eine philosophische Geschichtsschreibung nach Kant auszugehen hat.*
4 *Charakterisieren Sie die Aufgabe der philosophischen Geschichtsschreibung und bestimmen Sie ihr Verhältnis zur empirisch abgefassten Historie.*

1.3 Friedrich Schiller: Was heißt Universalgeschichte?

Fünf Jahre nach der Entstehung von Kants oben vorgestellten Texten hielt **Friedrich Schiller** (1759–1805) im Jahre 1789 kurz vor Ausbruch der Französischen Revolution seine Antrittsvorlesung in Jena als Professor der Geschichte. Obgleich er sich zu diesem Zeitpunkt noch nicht intensiv mit Kants Werken beschäftigt hatte, enthält seine hier entfaltete Geschichtsphilosophie entscheidende Motive des kantischen Denkens. Schiller vertritt den Fortschrittsgedanken aber offensiver als Kant und formuliert damit die Geschichtsphilosophie der Aufklärung zu einem Zeitpunkt, als diese Epoche eigentlich schon abgeschlossen ist, noch typischer als dieser.

Fruchtbar und weit umfassend ist das Gebiet der Geschichte; in ihrem Kreise liegt die ganze moralische Welt. [...] Es ist keiner unter Ihnen allen, dem Geschichte nicht etwas Wichtiges zu sagen hätte; alle noch so verschiedene Bahnen Ihrer künftigen Bestimmung verknüpfen sich irgendwo mit derselben; aber eine Bestimmung teilen Sie alle auf gleiche Weise miteinander, diejenige, welche Sie auf die Welt mitbrachten – sich als Menschen auszubilden – und zu dem Menschen eben redet die Geschichte. [...]

Anders ist der Studierplan, den sich der Brotgelehrte, anders derjenige, den der philosophische Kopf sich vorzeichnet. Jener, dem es bei seinem Fleiß einzig und allein darum zu tun ist, die Bedingungen zu erfüllen, unter denen er zu einem Amte fähig und der Vorteile desselben teilhaftig werden kann, der nur darum die Kräfte seines Geistes in Bewegung setzt, um dadurch seinen sinnlichen Zustand zu verbessern und eine kleinliche Ruhmsucht zu befriedigen – ein solcher wird beim Eintritt in seine akademische Laufbahn keine wichtigere Angelegenheit haben, als die Wissenschaften, die er Brotstudien nennt, von allen übrigen, die den Geist nur als Geist vergnügen, auf das sorgfältigste abzusondern. Alle Zeit, die er diesen Letzteren widmete, würde er seinem künftigen Berufe zu entziehen glauben und sich diesen Raub nie vergeben. Seinen ganzen Fleiß wird er nach den Foderungen einrichten, die von dem künftigen Herrn seines Schicksals an ihn gemacht werden, und alles getan zu haben glauben, wenn er sich fähig gemacht hat diese Instanz nicht zu fürchten. Hat er seinen Kursus durchlaufen und das Ziel seiner Wünsche erreicht, so entlässt er seine Führerinnen – denn wozu noch weiter sie bemühen? Seine größte Angelegenheit ist jetzt, die zusammengehäuften Gedächtnisschätze zur Schau zu tragen und ja zu verhüten, dass sie in ihrem Werte nicht sinken. Jede Erweiterung seiner Brotwissenschaft beunruhigt ihn, weil sie ihm neue Arbeit zusendet oder die vergangene unnütz macht; jede wichtige Neuerung schreckt ihn auf, denn sie zerbricht die alte Schulform, die er sich so mühsam zu eigen machte, sie setzt ihn in Gefahr die ganze Arbeit seines vorigen Lebens zu verlieren. [...] Darum kein unversöhnlicherer Feind, kein neidischerer Amtsgehülfe, kein bereitwilligerer Ketzermacher als der Brotgelehrte. Je weniger seine Kenntnisse *durch sich selbst* ihn belohnen, desto größere Vergeltung heischt er von außen; für das Verdienst der Handarbeiter und das Verdienst der Geister hat er nur *einen* Maßstab, *die Mühe*. Darum hört man niemand über Undank mehr klagen als den Brotgelehrten; nicht bei seinen Gedankenschätzen sucht er seinen Lohn, seinen Lohn erwartet er von fremder Anerkennung, von Ehrenstellen, von Versorgung. Schlägt ihm dieses fehl, wer ist unglücklicher als der Brotgelehrte? Er hat umsonst gelebt, gewacht, gearbeitet; er hat umsonst nach Wahrheit geforscht, wenn sich Wahrheit für ihn nicht in Gold, in Zeitungslob, in Fürstengunst verwandelt.

[...]

Wie ganz anders verhält sich der philosophische Kopf! – Ebenso sorgfältig, als der Brotgelehrte seine Wissenschaft von allen übrigen absondert, bestrebt sich jener ihr Gebiet zu erweitern und ihren Bund mit den übrigen wieder herzustellen – *herzustellen* sage ich, denn nur der abstrahierende Verstand hat jene Grenzen gemacht, hat jene Wissenschaften voneinander geschieden. Wo der Brotgelehrte trennt, vereinigt der philosophische Geist. Frühe hat er sich überzeugt, dass im Gebiet des Verstandes, wie in der Sinnenwelt, alles ineinander greife und sein reger Trieb nach Übereinstimmung kann sich mit Bruchstücken nicht begnügen. Alle seine Bestrebungen sind auf Vollendung seines Wissens gerichtet; seine edle Ungeduld kann nicht ruhen, bis alle seine Begriffe zu einem harmonischen Ganzen sich geordnet haben, bis er im Mittelpunkt seiner Kunst, seiner Wissenschaft steht und von hier aus ihr Gebiet mit befriedigtem Blick überschauet. Neue Entdeckungen im Kreise seiner Tätigkeit, die den *Brotgelehrten* niederschlagen, entzücken den philosophischen Geist. Vielleicht füllen sie eine Lücke, die das werdende Ganze seiner Begriffe noch verunstaltet hatte, oder setzen den letzten noch fehlenden Stein an sein Ideengebäude, der es vollendet. Sollten sie es aber auch zertrümmern, sollte eine neue Gedankenreihe, eine neue Naturerscheinung, ein neu entdecktes Gesetz in der Körperwelt den ganzen Bau seiner Wissenschaft umstürzen: so hat er *die Wahrheit immer mehr geliebt als sein System* und gerne wird er die alte mangelhafte Form mit einer neuern und schönern vertauschen. Ja, wenn kein Streich von außen sein Ideengebäude erschüttert, so ist er selbst, von einem ewig wirksamen Trieb nach Verbesserung gezwungen, er selbst ist der Erste, der es unbefriedigt auseinanderlegt um es vollkommener wieder herzustellen. Durch immer neue und immer schönere Gedankenformen schreitet der philosophische Geist zu höherer Vortrefflichkeit fort, wenn der Brotgelehrte in ewigem Geistesstillstand das unfruchtbare Einerlei seiner Schulbegriffe hütet.

[…]

Soll ich diese Schilderung noch weiter fortführen oder darf ich hoffen, dass es bereits bei Ihnen entschieden sei, welches von den beiden Gemälden, die ich Ihnen hier vorgehalten habe, Sie sich zum Muster nehmen wollen? Von der Wahl, die Sie zwischen beiden getroffen haben, hängt es ab, ob Ihnen das Studium der Universalgeschichte empfohlen oder erlassen werden kann. Mit dem *Zweiten* allein habe ich es zu tun; denn bei dem Bestreben sich dem *Ersten* nützlich zu machen möchte sich die Wissenschaft selbst allzu weit von ihrem höhern Endzweck entfernen und einen kleinen Gewinn mit einem zu großen Opfer erkaufen.

Über den Gesichtspunkt mit Ihnen einig, aus welchem der Wert einer Wissenschaft zu bestimmen ist, kann ich mich dem Begriff der Universalgeschichte selbst, dem Gegenstand der heutigen Vorlesung nähern.

Die Entdeckungen, welche unsre europäischen Seefahrer in fernen Meeren und auf entlegenen Küsten gemacht haben, geben uns ein ebenso lehrreiches als unterhaltendes Schauspiel. Sie zeigen uns Völkerschaften, die auf den mannigfaltigsten Stufen der Bildung um uns herum gelagert sind, wie Kinder verschiednen Alters um einen Erwachsenen herumstehen und durch ihr Beispiel ihm in Erinnerung bringen, was er selbst vormals gewesen und wovon er ausgegangen ist. Eine weise Hand scheint uns diese rohen Völkerstämme bis auf den Zeitpunkt aufgespart zu haben, wo wir in unsrer eignen Kultur weit genug würden fortgeschritten sein um von dieser Entdeckung eine nützliche Anwendung auf uns selbst zu machen und den verlornen Anfang unsers Geschlechts aus diesem Spiegel wieder herzustellen. Wie beschämend und traurig aber ist das Bild, das uns diese Völker von unserer Kindheit geben! Und doch ist es nicht einmal die erste Stufe mehr, auf der wir sie erblicken. Der Mensch fing noch verächtlicher an. Wir finden jene doch schon als Völker, als politische Körper: aber der Mensch musste sich erst durch eine außerordentliche Anstrengung zur politischen Gesellschaft erheben.

Was erzählen uns die Reisebeschreiber nun von diesen Wilden? Manche fanden sie ohne Bekanntschaft mit den unentbehrlichsten Künsten, ohne das Eisen, ohne den Pflug, einige sogar ohne den Besitz des Feuers. Manche rangen noch mit wilden Tieren um Speise und Wohnung, bei vielen hatte sich die Sprache noch kaum von tierischen Tönen zu verständlichen Zeichen erhoben. Hier war nicht einmal das so einfache Band der *Ehe*, dort noch keine Kenntnis des *Eigentums*; hier konnte die schlaffe Seele noch nicht einmal eine Erfahrung festhalten, die sie doch täglich wiederholte; sorglos sah man den Wilden das Lager hingeben, worauf er heute schlief, weil ihm nicht einfiel, dass er morgen wieder schlafen würde. Krieg hingegen war bei allen und das Fleisch des überwundenen Feindes nicht selten der Preis des Sieges. […] Aber selbst da, wo sich der Mensch von einer

Griesbachsches Haus, Jena. Dort hielt Schiller am 25. Mai 1789 seine in Auszügen abgedruckte Antrittsvorlesung (Lithographie um 1830)

feindseligen Einsamkeit zur Gesellschaft, von der Not zum Wohlleben, von der Furcht zu der Freude erhebt – wie abenteuerlich und ungeheuer zeigt er sich unsern Augen! Sein roher Geschmack sucht Fröhlichkeit in der Betäubung, Schönheit in der Verzerrung, Ruhm in der Übertreibung; Entsetzen erweckt uns selbst seine Tugend und das, was er seine Glückseligkeit nennt, kann uns nur Ekel oder Mitleid erregen.

So waren *wir*. Nicht viel besser fanden uns Cäsar und Tacitus vor achtzehnhundert Jahren.

Was sind wir jetzt? – Lassen Sie mich einen Augenblick bei dem Zeitalter stillestehen, worin wir leben, bei der gegenwärtigen Gestalt der Welt, die wir bewohnen.

Der menschliche Fleiß hat sie angebaut und den widerstrebenden Boden durch sein Beharren und seine Geschicklichkeit überwunden. Dort hat er dem Meere Land abgewonnen, hier dem dürren Lande Ströme gegeben. Zonen und Jahrszeiten hat der Mensch durcheinander gemengt und die weichlichen Gewächse des Orients zu seinem raueren Himmel abgehärtet. Wie er Europa nach Westindien und dem Südmeere trug, hat er Asien in Europa auferstehen lassen. Ein heitrer Himmel lacht jetzt über Germaniens Wäldern, welche die starke Menschenhand zerriss und dem Sonnenstrahl auftat und in den Wellen des Rheins spiegeln sich Asiens Reben. An seinen Ufern erheben sich volkreiche Städte, die Genuss und Arbeit in munterm Leben durchschwärmen. Hier finden wir den Menschen in seines Erwerbes friedlichem Besitz sicher unter einer Million, ihn, dem sonst ein einziger Nachbar den Schlummer raubte. Die Gleichheit, die er durch seinen Eintritt in die Gesellschaft verlor, hat er wiedergewonnen durch weise Gesetze.

[…]

– Die Schranken sind durchbrochen, welche Staaten und Nationen in feindseligem Egoismus absonderten. Alle denkenden Köpfe verknüpft jetzt ein weltbürgerliches Band und alles Licht seines Jahrhunderts kann nunmehr den Geist eines neuern Galilei und Erasmus bescheinen[1].

Seitdem die Gesetze zu der Schwäche des Menschen herunterstiegen, kam der Mensch auch den Gesetzen entgegen. Mit ihnen ist er sanfter geworden, wie er mit ihnen verwilderte; ihren barbarischen Strafen folgen die

barbarischen Verbrechen allmählich in die Vergessenheit nach. Ein großer Schritt zur Veredlung ist geschehen, dass die Gesetze tugendhaft sind, wenn auch gleich noch nicht die Menschen. Wo die Zwangspflichten von dem Menschen ablassen, übernehmen ihn die Sitten. Den keine Strafe schreckt und kein Gewissen zügelt, halten jetzt die Gesetze des Anstands und der Ehre in Schranken. Wahr ist es, auch in unser Zeitalter haben sich noch manche barbarische Überreste aus den vorigen eingedrungen, Geburten des Zufalls und der Gewalt, die das Zeitalter der Vernunft nicht verewigen sollte. Aber wie viel Zweckmäßigkeit hat der Verstand des Menschen auch diesem barbarischen Nachlass der ältern und mittlern Jahrhunderte gegeben! Wie unschädlich, ja wie nützlich hat er oft gemacht, was er umzustürzen noch nicht wagen konnte! [...]
Endlich unsre Staaten – mit welcher Innigkeit, mit welcher Kunst sind sie ineinander verschlungen! Wie viel dauerhafter durch den wohltätigen Zwang der Not als vormals durch die feierlichsten Verträge verbrüdert! Den Frieden hütet jetzt ein ewig geharnischter Krieg und die Selbstliebe eines Staats setzt ihn zum Wächter über den Wohlstand des andern. Die europäische Staatengesellschaft scheint in eine große Familie verwandelt. Die Hausgenossen können einander anfeinden, aber hoffentlich nicht mehr zerfleischen.
Welche entgegengesetzte Gemälde! Wer sollte in dem verfeinerten Europäer des achtzehnten Jahrhunderts nur einen fortgeschrittenen Bruder des neuern Kanadiers, des alten Celten vermuten? Alle diese Fertigkeiten, Kunsttriebe, Erfahrungen, alle diese Schöpfungen der Vernunft sind im Raume von wenigen Jahrtausenden in dem Menschen angepflanzt und entwickelt worden; alle diese Wunder der Kunst, diese Riesenwerke des Fleißes sind aus ihm herausgerufen worden. Was weckte jene zum Leben, was lockte diese heraus? Welche Zustände durchwanderte der Mensch, bis er von *jenem* Äußersten zu *diesem* Äußersten, vom ungeselligen Höhlenbewohner – zum geistreichen Denker, zum gebildeten Weltmann hinaufstieg? – Die allgemeine Weltgeschichte gibt Antwort auf diese Frage.

(Friedrich Schiller, Was heißt und zu welchem Ende studiert man Universalgeschichte? Eine akademische Antrittsrede. [1789]. In: F. Schiller. Sämtliche Werke. Bd. 4. Historische Schriften. Hanser Verlag, München 1960, S. 749–758)

1 Galileo Galilei (1564–1642): ital. Physiker, der als einer der Ersten die Sonne im Mittelpunkt des Weltalls sah; Erasmus von Rotterdam (1467–1536): großer Humanist, der energisch für kirchliche Reformen eintrat.

1 *Stellen Sie Brotgelehrten und philosophischen Kopf gegenüber und arbeiten Sie dabei die unterschiedlichen Motive heraus, nach denen beide ihre Wissenschaft betreiben.*
2 *Zeichnen Sie Schillers Kontrastierung seiner Gegenwart mit der „barbarischen" Vergangenheit nach, indem Sie den erzielten Fortschritt in den einzelnen Bereichen darlegen.*

Nachdem Schiller die allgemeinen Voraussetzungen für das Studium der Universalgeschichte dargelegt und den Kontrast zwischen der Vergangenheit und seiner Gegenwart entfaltet hat, versucht er zu klären, welcher historische Stoff eigentlich zur Universalgeschichte gehört. Dabei bestimmt er auch ihre Methode und knüpft so wieder an seine Charakteristik des philosophischen Kopfes an.

Es zieht sich also eine lange Kette von Begebenheiten von dem gegenwärtigen Augenblicke bis zum Anfange des Menschengeschlechts hinauf, die wie Ursache und Wirkung ineinander greifen. *Ganz* und *vollzählig* überschauen kann sie nur der unendliche Verstand; dem Menschen sind engere Grenzen gesetzt. I. Unzählig viele dieser Ereignisse haben entweder keinen menschlichen Zeugen und Beobachter gefunden oder sie sind durch kein Zeichen festgehalten worden. Dahin gehören alle, die dem Menschengeschlechte selbst und der Erfindung der Zeichen vorhergegangen sind. Die Quelle aller Geschichte ist Tradition und das Organ der Tradition ist die Sprache. Die ganze Epoche *vor der Sprache*, so folgenreich sie auch für die *Welt* gewesen, ist für die *Weltgeschichte* verloren. II. Nachdem aber auch die Sprache erfunden und durch sie die Möglichkeit vorhanden war geschehene Dinge auszudrücken und weiter mitzuteilen, so geschah diese Mitteilung anfangs durch den unsichern und wandelbaren Weg der *Sagen.* Von Munde zu Munde pflanzte sich eine solche Begebenheit durch eine lange Folge von Geschlechtern fort und da sie durch Media ging, die verändert werden und verändern, so musste sie diese Veränderungen miterleiden. Die lebendige Tradition oder die mündliche Sage ist daher eine sehr unzuverlässige Quelle für die Geschichte, daher sind alle Begebenheiten *vor dem Gebrauche der Schrift* für die Weltgeschichte so gut als verloren. III. Die Schrift ist aber selbst nicht unvergänglich; unzählig viele Denkmäler des Altertums haben Zeit und Zufälle zerstört und nur wenige Trümmer haben sich aus der Vorwelt in die Zeiten der Buchdruckerkunst gerettet. Bei weitem der größre Teil ist mit den Aufschlüssen, die er uns geben sollte, für die Weltgeschichte verloren. IV. Unter den Wenigen endlich, welche die Zeit verschonte, ist die größere Anzahl durch die *Leidenschaft*, durch den *Unverstand* und oft selbst durch das *Genie* ihrer Beschreiber verunstaltet und unkennbar gemacht. Das Misstrauen erwacht bei dem ältesten historischen Denkmal und es verlässt uns nicht einmal bei einer Chronik des heutigen Tages. Wenn wir über eine Begebenheit, die sich heute erst und unter Menschen, mit denen wir leben, und in der Stadt, die wir bewohnen, ereignet, die Zeugen abhören und aus ihren widersprechenden Berichten Mühe haben die Wahrheit zu enträtseln: welchen Mut können wir zu Nationen und Zeiten mitbringen, die durch Fremdartigkeit der Sitten weiter als durch ihre Jahrtausende von uns entlegen sind? – Die kleine Summe von Begebenheiten, die nach allen bisher geschehenen Abzügen zurückbleibt, ist der Stoff der Geschichte in ihrem weitesten Verstande. *Was* und *wie viel* von diesem historischen Stoff gehört nun der *Universalgeschichte*? Aus der ganzen Summe dieser Begebenheiten hebt der Universalhistoriker diejenigen heraus, welche auf die *heutige* Gestalt der Welt und den Zustand der jetzt lebenden Generation einen wesentlichen, unwidersprechlichen und leicht zu verfolgenden Einfluss gehabt haben. Das Verhältnis eines historischen Datums zu der *heutigen* Weltverfassung ist es also, worauf gesehen werden muss um Materialien für die Weltgeschichte zu sammeln. Die Weltgeschichte geht also von einem Prinzip aus, das dem Anfang der Welt gerade entgegenstehet. Die wirkliche Folge der Begebenheiten steigt von dem Ursprung der Dinge zu ihrer neuesten Ordnung herab; die Universalhistoriker rückt von der neuesten Weltlage aufwärts dem Ursprung der Dinge entgegen. Wenn er von dem laufenden Jahr und Jahrhundert zu dem Nächstvorhergegangenen in Gedanken hinaufsteigt und unter den Begebenheiten, die das Letztere ihm darbietet, diejenigen sich merkt, welche den Aufschluss über die Nächstfolgenden enthalten – wenn er diesen Gang schrittweise fortgesetzt hat bis zum Anfang – nicht der Welt, denn dahin führt ihn kein Wegweiser – bis zum Anfang der Denkmäler: dann steht es bei ihm, auf dem gemachten Weg umzukehren und an dem Leitfaden dieser bezeichneten Fakten, ungehindert und leicht, vom Anfang der Denkmäler bis zu dem neuesten Zeitalter herunterzusteigen. Dies ist die Weltgeschichte, die wir haben und die Ihnen wird vorgetragen werden.

Weil die Weltgeschichte von dem Reichtum und der Armut an Quellen abhängig ist, so müssen ebenso viele Lücken in der Weltgeschichte entstehen, als es leere Strecken in der Überlieferung gibt. So gleichförmig, notwendig und bestimmt sich die Weltveränderungen auseinander entwickeln, so unterbrochen und zufällig werden sie in der Geschichte ineinander gefügt sein. Es ist daher zwischen dem Gange der *Welt* und dem Gange der *Weltgeschichte* ein merkliches Missverhältnis sichtbar. Jenen möchte man mit einem ununterbrochen fortfließenden Strom vergleichen, wovon aber in der Weltgeschichte nur hie und da eine Welle beleuchtet wird. Da es ferner leicht geschehen kann, dass der Zusammenhang einer entfernten Weltbegebenheit mit dem Zustand des laufenden Jahres früher in die Augen fällt als die Verbindung, worin sie mit Ereignissen stehet, die ihr vorhergingen oder gleichzeitig waren: so ist es ebenfalls unvermeidlich, dass Begebenheiten, die sich mit dem neuesten Zeitalter aufs genaueste binden, in dem Zeitalter, dem sie eigentlich angehören, nicht selten *isoliert* erscheinen. Ein Faktum dieser Art wäre z. B. der Ursprung des Christentums und besonders der christlichen Sittenlehre. Die christliche Religion hat an der gegenwärtigen Gestalt der Welt einen so vielfältigen Anteil, dass ihre Erscheinung das wichtigste Faktum für die Weltgeschichte wird: aber weder in der Zeit, wo sie sich zeigte, noch in dem Volke, bei dem sie aufkam, liegt (aus Mangel der Quellen) ein befriedigender Erklärungsgrund ihrer Erscheinung.

So würde denn unsere Weltgeschichte nie etwas anderes als ein Aggregat von Bruchstücken werden und nie den Namen einer Wissenschaft verdienen. Jetzt also kommt ihr der philosophische Verstand zu Hülfe und indem er diese Bruchstücke durch künstliche Bindungsglieder verkettet, erhebt er das Aggregat zum System, zu einem vernunftmäßig zusammenhängenden Ganzen. Seine Beglaubigung dazu liegt in der Gleichförmigkeit und unveränderlichen Einheit der Naturgesetze und des menschlichen Gemüts, welche Einheit Ursache ist, dass die Ereignisse des entferntesten Altertums, unter dem Zusammenfluss ähnlicher Umstände von außen, in den neuesten Zeitläuften wiederkehren; dass also von den neuesten Erscheinungen, die im Kreis unsrer Beobachtung liegen, auf diejenigen, welche sich in geschichtlosen Zeiten verlieren, rückwärts ein Schluss gezogen und einiges Licht verbreitet werden kann. Die Methode, nach der Analogie zu schließen, ist, wie überall, so auch in der Geschichte ein mächtiges Hülfsmittel: aber sie muss durch einen erheblichen Zweck gerechtfertigt und mit ebenso viel Vorsicht als Beurteilung in Ausübung gebracht werden.

Nicht lange kann sich der philosophische Geist bei dem Stoffe der Weltgeschichte verweilen, so wird ein neuer Trieb in ihm geschäftig werden, der nach Übereinstimmung strebt – der ihn unwiderstehlich reizt alles um sich herum seiner eigenen vernünftigen Natur zu assimilieren und jede ihm vorkommende Erscheinung zu der höchsten Wirkung, die er erkannt, zum *Gedanken* zu erheben. Je öfter also und mit je glücklicherm Erfolge er den Versuch erneuert das Vergangene mit dem Gegenwärtigen zu verknüpfen, desto mehr wird er geneigt, was er als *Ursache* und *Wirkung* ineinander greifen sieht, als *Mittel* und *Absicht* zu verbinden. Eine Erscheinung nach der andern fängt an sich dem blinden Ohngefähr, der gesetzlosen Freiheit zu entziehen und sich einem übereinstimmenden Ganzen (das freilich nur in seiner Vorstellung vorhanden ist) als ein passendes Glied anzureihen. Bald fällt es ihm schwer, sich zu überreden, dass diese Folge von Erscheinungen, die in seiner Vorstellung so viel Regelmäßigkeit und Absicht annahm, diese Eigenschaften in der Wirklichkeit verleugne; es fällt ihm schwer, wieder unter die blinde Herrschaft der Notwendigkeit zu geben, was unter dem geliehenen Lichte des Verstandes angefangen hatte eine so heitre Gestalt zu gewinnen. Er nimmt also diese Harmonie aus sich selbst heraus und verpflanzt sie außer sich in die Ordnung der Dinge, d. i. er bringt einen vernünftigen Zweck in den Gang der Welt und ein teleologisches Prinzip[1] in die *Weltgeschichte*. Mit diesem durchwandert er sie noch einmal und hält es prüfend gegen jede Erscheinung, welche dieser große Schauplatz ihm darbietet. Er sieht es durch tausend beistimmende Fakta *bestätigt* und durch ebenso viele andere *widerlegt*; aber solange in der Reihe der Weltveränderungen noch wichtige Bindungsglieder fehlen, solange das Schicksal über so viele Begebenheiten den letzten Aufschluss noch zurückhält, erklärt er die Frage für *unentschieden* und diejenige Meinung siegt, welche dem Verstande die höhere Befriedigung und dem Herzen die größre Glückseligkeit anzubieten hat.

Es bedarf wohl keiner Erinnerung, dass eine Weltgeschichte nach letzterm Plane in den spätesten Zeiten erst zu erwarten steht. Eine vorschnelle Anwendung dieses großen Maßes könnte den Geschichtsforscher leicht in Versuchung führen den Begebenheiten Gewalt anzutun und diese glückliche Epoche für die Weltgeschichte immer weiter zu entfernen, indem er sie beschleunigen will. Aber nicht zu frühe kann die Aufmerksamkeit auf diese lichtvolle und doch so sehr vernachlässigte Seite der Weltgeschichte gezogen werden, wodurch sie sich an den höchsten Gegenstand aller menschlichen Bestrebungen anschließt. Schon der stille Hinblick auf dieses, wenn auch nur mögliche Ziel muss dem Fleiß des Forschers einen belebenden Sporn und eine süße Erholung geben. Wichtig wird ihm auch die kleinste Bemühung sein, wenn er sich auf dem Wege sieht oder auch nur einen späten Nachfolger darauf leitet, das Problem der Weltordnung aufzulösen und dem höchsten Geist in seiner schönsten Wirkung zu begegnen.

Und auf solche Art behandelt, wird Ihnen das Studium der Weltgeschichte eine ebenso anziehende als nützliche Beschäftigung gewähren. Licht wird sie in Ihrem Verstande und eine wohltätige Begeisterung in Ihrem Herzen entzünden. Sie wird Ihren Geist von der gemeinen und kleinlichen Ansicht moralischer Dinge entwöhnen und indem sie vor Ihren Augen das große Gemälde der Zeiten und Völker auseinander breitet, wird sie die vorschnellen Entscheidungen des Augenblicks und die beschränkten Urteile der Selbstsucht verbessern. Indem sie den Menschen gewöhnt sich mit der ganzen Vergangenheit zusammenzufassen und mit seinen Schlüssen in die ferne Zukunft vorauszueilen: so verbirgt sie die Grenzen von Geburt und Tod, die das Leben des Menschen so eng und so drückend umschließen, so breitet sie optisch täuschend sein kurzes Dasein in einen unendlichen Raum aus und führt das Individuum unvermerkt in die Gattung hinüber. [...]

(Friedrich Schiller, Was heißt und zu welchem Ende studiert man Universalgeschichte? Eine akademische Antrittsrede. [1789]. In: F. Schiller. Sämtliche Werke. Bd. 4. Historische Schriften. Hanser Verlag, München 1960, S. 761–765)

1 teleologisches Prinzip: Grundsatz der Verknüpfung von Mittel und Zweck

1 *Bestimmen Sie den Gegenstand der Universalgeschichte und die Grundsätze, nach denen der Universalhistoriker mit den historischen Zeugnissen umgeht.*
2 *Zeigen Sie den Zusammenhang zwischen dem philosophischen Kopf und dem Universalhistoriker auf und erörtern Sie die Berechtigung des Letzteren Universalgeschichte zu betreiben.*
3 *Welche Gefahren gibt es für Schiller bei der allzu sorglosen Anwendung universalgeschichtlicher Grundsätze? Welche Konsequenzen zieht er daraus?*
4 *Vergleichen Sie Kants und Schillers Konzeption einer philosophischen Geschichtsschreibung.*

1.4 Auguste Comte: Das Dreistadiengesetz

Schon bald nach Schillers Jenaer Antrittsvorlesung lässt sich der von ihm behauptete Fortschritt im Moralisch-Geistigen zumindest im Bereich von Naturwissenschaft und Technik nicht mehr übersehen: Überall entstehen Fabriken, in England verkehren die ersten Dampflokomotiven und auf dem Gebiet der Elektrizitätslehre werden entscheidende Entdeckungen gemacht. Aufgrund dessen formuliert der Philosoph und Mathematiker **Auguste Comte** (1798–1857) im Jahre 1825 sein „Dreistadiengesetz“, in dem er den Geschichtsverlauf mit den Entwicklungsstufen des Einzelmenschen parallelisiert. Den positiven Geist, der diesen Fortschritt bewirkt hat, möchte er auf die Geschichte übertragen. Comte wird damit zum Begründer des modernen Positivismus.
Obwohl seine Theorie gut 40 Jahre nach dem Ende der Aufklärungsepoche entstand, steht sie doch in deren Tradition: Denn Comte wendet die emanzipatorischen und humanistischen Gedanken der Aufklärung ins Wissenschaftlich-Technische und behauptet, durch ihre stufenweise Verwirklichung in der Geschichte finde die Menschheit schließlich ihre Befreiung und ihr Glück.

Bei dem Studium der Entwicklung des menschlichen Geistes von seinem einfachsten Ansatz bis auf unsere Zeit glaube ich ein großes Gesetz entdeckt zu haben, dem diese Entwicklung unterworfen ist. Ein solches Gesetz kann meiner Ansicht nach aufgestellt werden, indem man es entweder auf die Beweise stützt, die sich aus der Erkenntnis unserer Organisation ergeben, oder auf die Bestätigungen der Geschichte, die sich aus der Prüfung der Vergangenheit ergeben. Dieses Gesetz lautet: Jeder Zweig unserer Kenntnisse durchläuft der Reihe nach drei verschiedene theoretische Zustände (Stadien), nämlich den theologischen oder fiktiven Zustand, den metaphysischen oder abstrakten Zustand und den wissenschaftlichen oder positiven Zustand. Mit andern Worten: Der menschliche Geist wendet in allen seinen Untersuchungen der Reihe nach verschiedene und sogar entgegengesetzte Methoden bei seinem Philosophieren an; zuerst die theologische Methode, dann die metaphysische und zuletzt die positive. Die erste ist der Punkt, an dem die Erkenntnis beginnt; die dritte der feste und endgültige Zustand, die zweite dient nur als Übergang von der ersten zur dritten.
Im theologischen Zustand richtet der menschliche Geist seine Untersuchungen auf die innere Natur der Dinge und auf die ersten Ursachen und letzten Ziele aller Erlebnisse, die ihn treffen; mit einem Wort: auf die absolute Erkenntnis. Die Vorgänge gelten ihm hier als die Taten weniger oder zahlreicher übernatürlicher Wesen und deren Einwirkungen erklären ihm alle auftretenden Unregelmäßigkeiten der Welt.
Im metaphysischen Zustand, der nur eine Abwandlung des vorgehenden ist, werden die übernatürlichen Mächte durch abstrakte Kräfte oder Entitäten[1] ersetzt, die den verschiedenen Wesen der Welt innewohnen sollen. Sie sollen imstande sein alle beobachteten Erscheinungen zu erzeugen, deren Erklärung darin besteht, dass man ihnen die jeweilig entsprechende Entität zuweist.
Im positiven Zustand erkennen wir endlich die Unmöglichkeit zu absoluten Begriffen zu gelangen; wir geben es auf, den Ursprung und die Bestimmung des Weltalls zu ermitteln und die inneren Ursachen der Erscheinungen zu erkennen. Stattdessen suchen wir deren Gesetze durch gemeinsamen Gebrauch der Vernunft und der Beobachtungen zu entdecken, d. h. deren Beziehungen im Nacheinander und der Ähnlichkeit nach. Die Erklärung der Tatsachen besteht nur noch darin, dass man die einzelnen Erscheinungen in Beziehung setzt zu allgemeinen Tatsa-

chen, deren Zahl der Fortschritt der Wissenschaft stetig zu vermindern strebt.

Das theologische System erreichte seine höchste Vollkommenheit, als es die tätige Vorsehung eines einzigen Wesens an die Stelle des wechselnden Spieles zahlreicher und voneinander abhängiger Götter setzte. Ebenso liegt der Abschluss des metaphysischen Systems in der Zusammenfassung der verschiedenen Wesenheiten (Entitäten) zu einer allgemeinen Entität, d. h. zur *Natur*, die man als die Quelle aller Erscheinungen auffasst. In gleicher Weise soll die Vollkommenheit des positiven Systems darin bestehen, dass es alle Erscheinungen als die besonderen Fälle einer allgemeinen Tatsache darlegt, wie z. B. der Tatsache der Gravitation.

Es ist hier nicht der Ort dieses Gesetz der geistigen Entwicklung zu beweisen; es braucht nur ausgespochen zu werden um von allen, welche die allgemeine Geschichte der Wissenschaften kennen, als richtig anerkannt zu werden. In der Tat bestanden alle Wissenschaften, die zu dem positiven Zustand gelangt sind, vorher aus metaphysischen Abstraktionen und waren ursprünglich von theologischen Begriffen beherrscht. Diese Aufeinanderfolge findet übrigens auch in der Entwicklung des individuellen Geistes ihre Bestätigung. Der Ausgangspunkt ist bei der Erziehung des Einzelnen derselbe wie bei der Erziehung der Gattung und die Stufen der ersteren müssen auch die der zweiten darstellen. Wer erinnert sich nicht, Theologe in seiner Kindheit, Metaphysiker in seiner Jugend und Physiker in seinem Mannesalter gewesen zu sein?

[...]

Es wird mir nun leicht sein, das Wesen der positiven Philosophie[2] darzulegen. Für diese Philosophie sind alle Vorgänge unveränderlichen *Gesetzen* unterworfen; für sie ist es ein vergebliches Unternehmen, nach den ersten *Ursachen* oder den letzten *Zwecken* zu forschen. Die positiven Erklärungen bieten keine Ursachen, welche die Erscheinungen erzeugen; man untersucht nur die Umstände, unter denen sie entstanden sind und verknüpft sie durch die Beziehung im Nacheinander und durch ihre Ähnlichkeit untereinander.

In dieser Welt halte ich die allgemeinen Vorgänge im Weltall durch das Gesetz der Gravitation für *erklärt*, denn diese Theorie zeigt, wie die ungeheure Mannigfaltigkeit der astronomischen Tatsachen nur ein und dieselbe Tatsache ist, nur von verschiedenen Gesichtspunkten aus betrachtet. Andrerseits wird uns diese allgemeine Tatsache nur als die einfache Ausdehnung eines uns vertrauten Vorganges dargestellt, den wir deshalb für erkannt halten, nämlich als die Schwere [Anziehung] der Körper auf die Oberfläche der Erde. Sooft man auch hat bestimmen wollen, was diese Anziehung und diese Schwere an sich selbst seien, so haben doch selbst die bedeutendsten Männer diese beiden Prinzipien immer nur erklären können, indem sie das eine aus dem andern erklärten; entweder sagten sie, die Anziehung sei nur eine allgemeine Schwere, oder: die Schwere sei nur die Anziehung der Erde. Alles, was wir erreichen können, sind solche Erwägungen; sie zeigen nur, dass zwei Arten von Vorgängen identisch sind, von denen man lange angenommen hatte, dass sie keine Beziehung zueinander hätten. Niemand verlangt noch weiterzugehen.

Ich habe nun die Epoche zu untersuchen, zu der die positive Philosophie gegenwärtig gelangt ist, und was für deren endgültige Begründung noch zu tun ist.

Ich erinnere zunächst daran, dass die verschiedenen Zweige unserer Kenntnisse die drei Formen ihrer Entwicklung nicht alle gleich schnell haben durchlaufen können. Es besteht hier eine notwendige Ordnung. Diese Ordnung entspricht dem Wesen der Erscheinungen; sie wird nach dem Grad der Allgemeinheit, der Einfachheit und Selbstständigkeit dieser Vorgänge bestimmt. In dieser Weise hat die positive Lehre zunächst die astronomischen Vorgänge zusammengefasst, dann die physikalischen, die chemischen und zuletzt die biologischen Erscheinungen.

[...]

Umfasst nun die positive Philosophie heutzutage alle Arten von Erscheinungen? Offenbar ist dies nicht der Fall. Es bleibt noch ein großes Stück wissenschaftlicher Arbeit zu vollbringen um ihr den unerlässlichen Charakter von Allgemeinheit zu geben; denn die gesellschaftlichen Vorgänge sind noch nicht in ihren Bereich gezogen worden; die theologische und metaphysische Methode ist hier noch allgemein im Gebrauch. Dies ist die einzige Lücke, die ausgefüllt werden muss, wenn die positive Philosophie ihre Begründung vollenden soll [...].

(Auguste Comte, Die Soziologie. Die positive Philosophie im Auszug. Hrsg. von Friedrich Blaschke. Kröner Verlag, Leipzig 1933, S. 1–6)

Allein der positive Geist kann, aufgrund seiner im hohen Maße relativen Natur, alle *großen Geschichtsepochen* als ebenso viele bestimmte Phasen einer gleichen grundlegenden Entwicklung darstellen, wobei jede aus der vorangehenden hervorgeht und die folgende aufgrund unwandelbarer Gesetze vorbereitet, die ihren speziellen Beitrag zum gemeinsamen Vorwärtsschreiten festlegen, sodass er es stets gestattet, ohne Inkonsequenz oder Parteilichkeit allen möglichen Verfahrensweisen strenge philosophische Gerechtigkeit widerfahren zu lassen. Obgleich dieses unbestreitbare Privileg der rationalen Positivität zunächst rein theoretisch erscheinen muss, werden die echten Denker in ihr bald die erste notwendige Quelle des aktiven sozialen Einflusses erkennen, der schließlich der neuen Philosophie vorbehalten ist. Denn man kann heute versichern, dass die Lehre, die die gesamte Vergangenheit ausreichend erklärt haben wird, aufgrund dieser einzigen Leistung unvermeidlich die geistige Führung der Zukunft erhalten wird.

(Auguste Comte, Rede über den Geist des Positivismus. Meiner Verlag, Hamburg 1956, S. 127 f.)

1 Entitäten: Substanzen, Wesenheiten
2 positive Philosophie: Comte will sich mit diesem Begriff von der metaphysischen Philosophie abgrenzen und betonen, dass sich sein Ansatz allein auf das Gegebene und Feststellbare, eben das Positive, stützt.
3 Kant spielt hier auf den Preußenkönig Friedrich II. an.

1 *Vollziehen Sie die drei von Comte angesetzten Stadien in ihren jeweiligen Bestimmungsmomenten nach und versuchen Sie Comtes Grundaussagen aus den Voraussetzungen seiner Zeit zu erklären.*
2 *Welche Rolle misst Comte dem „positiven Geist" in der Erkenntnis und Gestaltung der Geschichte zu?*
3 *Vergleichen Sie Comtes Fortschrittskonzept mit den Fortschrittsideen von Kant und Schiller und arbeiten Sie besonders die entscheidenden Differenzen heraus.*
4 *Diskutieren Sie Comtes Fortschrittsoptimismus auf dem Hintergrund gegenwärtiger Erfahrungen (vgl. auch 4.4 und 5.1 in diesem Kap.).*

2 *Die Erben der Aufklärung: Geschichtlicher Fortschritt als dialektischer Prozess*

Kant und **Schiller** sehen zwar beide eine Reihe von Hinweisen auf einen realen geschichtlichen Fortschritt, aber Schillers diesbezügliche Feststellungen fallen viel eindeutiger aus als Kants. Dennoch halten beide übereinstimmend daran fest, dass eine philosophische Geschichtsschreibung einen solchen realen Fortschritt zu fördern vermag und gleichwohl als eine Idee von der Wirklichkeit unterschieden werden muss. Geschichtlicher Fortschritt ist für sie also eine **regulative Idee**, ein Ideal, das aber gerade in seiner Idealität regulierend in die tatsächliche Geschichte hineinwirken kann.
Demgegenüber artikuliert **Comte** keinen erkenntnistheoretischen Vorbehalt gegenüber der Behauptung eines geschichtlichen Fortschritts, sondern behauptet schlichtweg die Fähigkeit des „positiven Geistes" den Geschichtsverlauf objektiv erfassen zu können. Insofern wirken Comtes geschichtsphilosophische Einlassungen erkenntnistheoretisch weniger differenziert als die von Kant und Schiller und mit ihrer Konzentration auf die wissenschaftliche Seite des Fortschritts auch sehr einseitig – besonders aus heutiger Sicht.

2.1 Georg Wilhelm Friedrich Hegel: Geschichte als Zu-Sich-Selbst-Kommen des Weltgeistes

In der Geschichtsphilosophie **Hegels** (1770–1831) haben wir es mit einem Ansatz zu tun, der – ähnlich wie Comte – den erkenntnistheoretischen Vorbehalt gegenüber der Feststellung eines geschichtlichen Fortgangs aufgibt und stattdessen die *begreifbare* Realität dieses Fortgangs nachzuweisen sucht. Anders als Comte, nimmt Hegel das Problem der Erkennbarkeit von Geschichte aber erst einmal sehr ernst und knüpft insoweit methodisch wie philosophiegeschichtlich an Kant und Schiller an. Die von Hegel entwickelte dialektische Methode kann dabei als ein Lösungsversuch des Problems der Totalerkenntnis von Geschichte gesehen werden.
Hegels Geschichtsauffassung wurzelt im schwer verständlichen philosophischen System dieses Denkers, mit dem er beansprucht, alle Wirklichkeitsbereiche gedanklich durchdrungen zu haben. Gleichwohl hat sie weit über das Gebiet der Philosophie hinaus gewirkt.
Hegel hielt in den Jahren 1822 bis 1830 in Berlin regelmäßig Vorlesungen über die Philosophie der Weltgeschichte und entwickelte dabei seine Konzeption stets weiter. Die heute vorliegenden Texte zu diesem Themenbereich beruhen in weiten Teilen auf Vorlesungsnachschriften seiner Schüler. Wir drucken Auszüge aus der Einleitung ab, bei der zumindest für den Anfang ein Original-Manuskript Hegels von 1830 vorliegt.

Der Gegenstand dieser Vorlesungen ist die Philosophie der Weltgeschichte.
Was Geschichte, Weltgeschichte ist, darüber brauche ich nichts zu sagen; die allgemeine Vorstellung davon ist genügend, auch etwa stimmen wir in derselben überein. Aber dass es eine *Philosophie* der Weltgeschichte ist, die wir betrachten, dass wir die Geschichte *philosophisch behandeln* wollen, dies ist es, was gleich, bei dem Titel dieser Vorlesungen auffallen kann und was wohl einer Erläuterung oder wohl vielmehr einer Rechtfertigung zu bedürfen scheinen muss.
Jedoch ist die Philosophie der Geschichte

nichts anderes als die *denkende* Betrachtung derselben; und das Denken einmal können wir nirgend unterlassen. Denn der Mensch ist *denkend*; dadurch unterscheidet er sich von dem Tier. Alles, was *menschlich* ist, Empfindung, Kenntnis und Erkenntnis, Trieb und Wille – insofern es menschlich ist und nicht tierisch, ist ein Denken darin, hiemit auch in jeder Beschäftigung mit Geschichte. Allein diese Berufung auf den allgemeinen Anteil des Denkens an allem Menschlichen wie an der Geschichte kann darum ungenügend erscheinen, weil wir dafür halten, dass das Denken dem Seienden, Gegebenen untergeordnet ist, dasselbe zu seiner Grundlage hat und davon geleitet wird. Der Philosophie aber werden *eigene* Gedanken zugeschrieben, welche die Spekulation[1] aus sich selbst ohne Rücksicht auf das, was ist, hervorbringe und mit solchen an die Geschichte gehe, sie als ein Material behandle, sie nicht lasse, wie sie ist, sondern sie nach dem Gedanken *einrichte*, eine Geschichte *a priori konstruiere*.
[…]
Der einzige Gedanke, den sie [die Philosophie] mitbringt, ist aber der einfache Gedanke der *Vernunft*, dass die Vernunft die Welt beherrscht, dass es also auch in der Weltgeschichte vernünftig zugegangen ist. Diese Überzeugung und Einsicht ist eine *Voraussetzung* in Ansehung der Geschichte als solcher überhaupt. In der Philosophie selbst ist dies keine Voraussetzung; in ihr wird es durch die spekulative Erkenntnis *erwiesen*, dass die Vernunft, – bei diesem Ausdrucke können wir hier stehen bleiben ohne die Beziehung und das Verhältnis zu Gott näher zu erörtern, – die *Substanz*, wie die *unendliche Macht*, sich selbst der *unendliche Stoff* alles natürlichen und geistigen Lebens, wie die *unendliche Form*, die Betätigung dieses ihres Inhaltes ist; – die *Substanz*, das, wodurch und worin alle Wirklichkeit ihr Sein und Bestehen hat, – die unendliche *Macht*, dass die Vernunft nicht so unmächtig ist um es nur bis zum Ideal, bis zum Sollen zu bringen und nur außerhalb der Wirklichkeit, wer weiß wo, wohl nur als etwas Besonderes in den Köpfen einiger Menschen vorhanden zu sein, – der unendliche *Inhalt*, alle Wesenheit und Wahrheit, und ihr selbst ihr Stoff, den sie ihrer Tätigkeit zu verarbeiten gibt. Sie bedarf nicht wie endliches Tun der Bedingungen äußerlichen Materials, gegebener Mittel, aus denen sie Nahrung und Gegenstände ihrer Tätigkeit empfinge; sie zehrt aus sich und ist sich selbst das Material, das sie verarbeitet. Wie sie sich nur ihre eigene Voraussetzung, ihr Zweck der absolute Endzweck ist, so ist sie selbst dessen Betätigung und Hervorbringung aus dem Innern in die Erscheinung nicht nur des natürlichen Universums, sondern auch des geistigen, – in der Weltgeschichte. Dass nun solche Idee das Wahre, das Ewige, das schlechthin Mächtige ist, dass sie sich in der Welt offenbart und nichts in ihr sich offenbart als sie, ihre Herrlichkeit und Ehre, dies ist es, was, wie gesagt, in der Philosophie bewiesen und hier so als bewiesen *vorausgesetzt* wird.

(Georg Wilhelm Friedrich Hegel, Die Vernunft in der Geschichte. Hrsg. v. J. Hoffmeister. Meiner Verlag, Hamburg 1955, S. 25–29)

1 Spekulation: vernünftiges philosophisches Denken; nicht von der Erfahrung, sondern vom Begriff ausgehend

1 Diskutieren Sie das Verhältnis von Philosophie und Geschichte.

2 Zeigen Sie auf, wie Hegel dem Vorwurf begegnet, eine philosophische Geschichtsschreibung tue den historischen Ereignissen Gewalt an.
Welche Kennzeichen schreibt er in diesem Zusammenhang der Vernunft zu?

3 Um Hegels Ausführungen über die Vernunft an dieser Stelle ausreichend verstehen zu können, ist es nötig, sich einige Grundzüge seines philosophischen Systems zu vergegenwärtigen. Dazu kann das folgende Schema eine Hilfe sein, wenn Sie es sich durch die Lektüre einer überblicksartigen Darstellung der hegelschen Philosophie erschließen. (Geeignet dazu: Wilhelm Weischedel, Die philosophische Hintertreppe. DTV, München 1975, S. 209–220 [besonders ab 213] und Hans Joachim Störing, Kleine Weltgeschichte der Philosophie. Kohlhammer, Stuttgart/Berlin/Köln 1990, S. 457–470)

„Die Philosophie des Geistes“:
Der Geist gewinnt sich (als endlicher) wieder, kehrt zu sich als konkreter zurück.

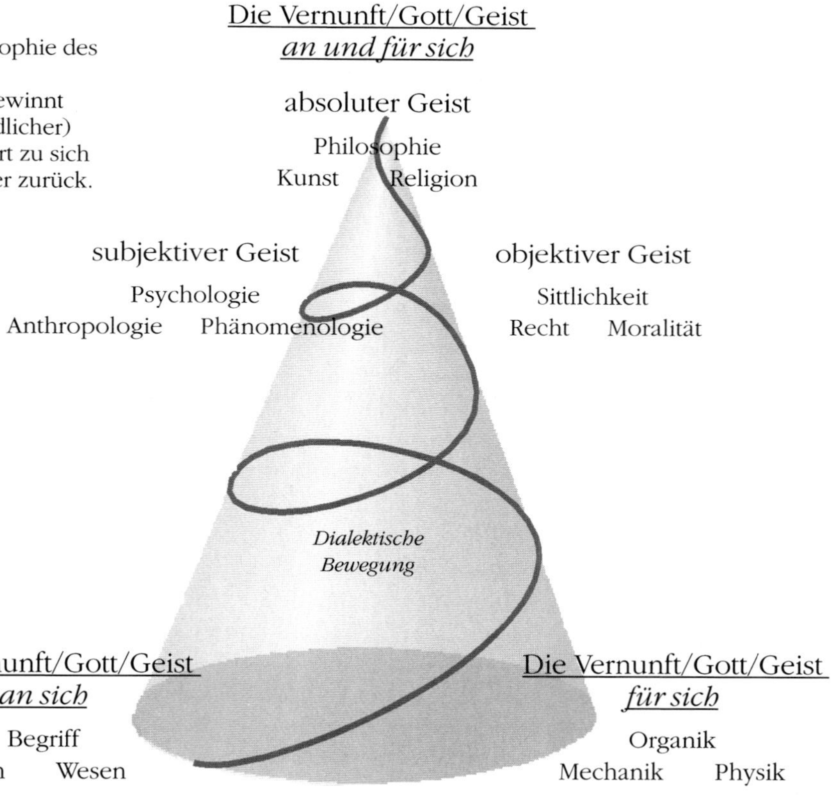

„Die Wissenschaft der Logik“:
„Die Gedanken Gottes vor der Erschaffung der Welt und des endlichen Geistes; das Reich der Schatten, die Welt der einfachen Wesenheiten, von aller sinnlichen Konkretion befreit“.

„Die Naturphilosophie“:
Die Vernunft in ihrem absoluten Anderssein; die härteste Entfremdung des Geistes von sich selbst.

Die Darstellung ist von unten nach oben zu lesen. Der Fortgang der Vernunft vollzieht sich in allen Kategorien dialektisch, d. h. die jeweilige Ausgangsstufe des An-sich-Seins (Position) wird durch eine solche des Für-sich-Seins (Negation) negiert und beide werden in der Synthese des An-und-für-sich-Seins (Negation der Negation) aufgehoben. „Aufheben“ hat dabei einen dreifachen Sinn: negieren (tollere) – emporheben (elevare) – bewahren (conservare). Die Geschichte bildet in Hegels System der Philosophie das Verbindungsstück zwischen objektivem und absolutem Geist.

Georg Wilhelm Friedrich Hegel

1770–1831

G. W. F. Hegel wurde am 27. August 1770 in Stuttgart geboren. Nach dem Abitur studierte der Sohn protestantisch-pietistischer Eltern am Tübinger Stift Theologie. Zu Beginn seines Studiums brach die Französische Revolution aus, die von den Studenten – unter anderem von Hegel und seinen Freunden, dem Dichter Hölderlin und dem Philosophen Schelling – begeistert aufgenommen wurde. Es heißt, Hegel habe später regelmäßig am 14. Juli ein Glas Wein auf die Erstürmung der Bastille getrunken.
Früh schon setzte sich Hegel mit der Philosophie Kants auseinander und stieß sich an dem Formalismus der kantischen Ethik (vgl. Kap. III, 5.3). Ebenso lehnte er Kants Dualismus ab: die Lehre vom schroffen Gegensatz zwischen dem moralischen und dem bloß empirischen Ich mit seinen eigensüchtigen Neigungen. Hegel ging es darum, die Einheit des ganzen Menschen wiederzufinden. Die Suche nach der Einheit der Gegensätze wurde für ihn zum Programm, das später sein philosophisches System wie ein roter Faden durchzog.
1793 verließ Hegel nach Abschluss eines zweijährigen Philosophie- und eines dreijährigen Theologiestudiums das Tübinger Stift. Er verdiente sich zunächst seinen Lebensunterhalt als Hauslehrer. Im Jahr 1800 wurde er als Privatdozent an die Universität Jena berufen. Intensive Studien führten zu einem seiner Hauptwerke, zur „Phänomenologie des Geistes", in der er die menschliche Geschichte als einen stufenförmigen, vernünftigen und zielgerichteten Prozess betrachtet. 1806 musste Hegel vor Napoleons Truppen nach Bamberg fliehen, wo er als leitender Redakteur der „Bamberger Zeitung" arbeitete. Wenige Jahre später wurde er Direktor eines Gymnasiums in Nürnberg. 1811 heiratete Hegel Marie von Tucher, die Tochter eines Nürnberger Senators.
Erst im Alter von 46 Jahren erhielt er einen Ruf an die Universität Heidelberg, später dann im Jahre 1818 einen Ruf nach Berlin, wo er schließlich zum Rektor gewählt wurde. In dieser Zeit entstanden seine bekanntesten Werke wie die Rechts- und die Geschichtsphilosophie, die auf von Hegel in Berlin gehaltene Vorlesungen zurückgehen. Hegel war bald so berühmt, dass Offiziere und Beamte, von weit her kommend, seine Vorlesungen hörten. Nicht zuletzt daraus entstand auch sein späterer Ruf als preußischer Staatsphilosoph. Er starb – auf der Höhe seines Ruhms – am 14. November 1831 und wurde auf dem Dorotheenstädter Friedhof in Berlin beigesetzt.

Die Frage, was die *Bestimmung* der Vernunft an ihr selbst sei, fällt, insofern die Vernunft in Beziehung auf die Welt genommen wird, mit der Frage zusammen, was der *Endzweck der Welt* sei; näher liegt in diesem Ausdruck, dass derselbe realisiert, verwirklicht werden soll. Es ist daran zweierlei zu erwägen, der Inhalt dieses Endzwecks, die Bestimmung selbst als solche, und die Verwirklichung derselben.

[…]

Wir haben also hier anzugeben:

a) die abstrakten Bestimmungen der Natur des Geistes;

b) welche Mittel der Geist braucht um seine Idee zu realisieren;

c) endlich ist die Gestalt zu betrachten, welche die vollständige Realisierung des Geistes im Dasein ist – der Staat.

a) Die Natur des Geistes lässt sich durch den vollkommenen Gegensatz desselben erkennen. Wie die Substanz der Materie die Schwere ist, so, müssen wir sagen, ist die Substanz, das Wesen des Geistes die Freiheit. Es ist dies eine Erkenntnis der spekulativen Philosophie, dass die Freiheit das einzige Wahrhafte des Geistes sei. Die Materie ist insofern schwer, als sie nach einem Mittelpunkte treibt; sie ist wesentlich zusammengesetzt, sie besteht außereinander, sie sucht ihre Einheit und sucht also sich selbst aufzuheben, sucht ihr Gegenteil. Wenn sie dieses erreichte, so wäre sie keine Materie mehr, sondern sie wäre untergegangen; sie strebt nach Idealität, denn in der Einheit ist sie ideell. Der Geist im Gegenteil ist eben das, in sich den Mittelpunkt zu haben; er hat nicht die Einheit außer sich, sondern er hat sie gefunden, er ist in sich selbst und bei sich selbst. Die Materie hat ihre Substanz außer ihr; der Geist ist das *Bei-sich-selbst-Sein*. Dies eben ist die Freiheit, denn wenn ich abhängig bin, so beziehe ich mich auf ein Anderes, das ich nicht bin; ich kann nicht sein ohne ein Äußeres; frei bin ich, wenn ich bei mir selbst bin. Dieses Beisichselbstsein des Geistes ist Selbstbewusstsein, das Bewusstsein von sich selbst. Zweierlei ist zu unterscheiden im Bewusstsein, erstens, *dass* ich weiß, und zweitens, *was* ich weiß. Beim Selbstbewusstsein fällt beides zusammen, denn der Geist weiß sich selbst, er ist das Beurteilen seiner eigenen Natur und er ist zugleich die Tätigkeit zu sich zu kommen und so sich hervorzubringen, sich zu dem zu machen, was er an sich ist. Nach dieser abstrakten Bestimmung kann von der Weltgeschichte gesagt werden, dass sie die Darstellung des Geistes sei, wie er sich das Wissen dessen, was er an sich ist, erarbeitet; und wie der Keim die ganze Natur des Baumes, den Geschmack, die Form der Früchte in sich trägt, so enthalten auch schon die ersten Spuren des Geistes virtualiter[1] die ganze Geschichte.

[…] *Die Weltgeschichte ist der Fortschritt im Bewusstsein der Freiheit, – ein Fortschritt, den wir in seiner Notwendigkeit zu erkennen haben.*

[…]

Zugleich ist es die Freiheit in ihr selbst, welche die unendliche Notwendigkeit in sich schließt, eben sich zum Bewusstsein – denn sie ist, ihrem Begriff nach, Wissen von sich – und damit zur Wirklichkeit zu bringen: sie ist sich der Zweck, den sie ausführt, und der einzige Zweck des Geistes. Dieser Endzweck ist das, worauf in der Weltgeschichte hingearbeitet worden, dem alle Opfer auf dem weiten Altar der Erde und in dem Verlauf der langen Zeit gebracht worden. Dieser ist es allein, der sich durchführt und vollbringt, das allein Ständige in dem Wechsel aller Begebenheiten und Zustände so wie das wahrhaft Wirksame in ihnen. Dieser Endzweck ist das, was Gott mit der Welt will, Gott aber ist das Vollkommenste und kann darum nichts als sich selbst, seinen eigenen Willen wollen. Was aber die Natur seines Willens, d. h. seine Natur überhaupt ist, dies ist es, was wir, indem wir die religiöse Vorstellung in Gedanken fassen, hier die Idee der Freiheit nennen. Die jetzt aufzuwerfende unmittelbare Frage kann nur die sein: Welche Mittel gebraucht sie zu ihrer Realisation? Dies ist das Zweite, was hier zu betrachten ist.

b) Diese Frage nach den *Mitteln*, wodurch sich die Freiheit zu einer Welt hervorbringt, führt uns in die Erscheinung der Geschichte selbst. Wenn die Freiheit als solche zunächst der innere Begriff ist, so sind die Mittel dagegen ein Äußerliches, das Erscheinende, das in der Geschichte unmittelbar vor die Augen tritt und sich darstellt. Die nächste Ansicht der Geschichte aber zeigt uns die Handlungen der Menschen, die von ihren Bedürfnissen, ihren Leidenschaften, ihren Interessen, ihren Charakteren und Talenten ausgehen, und zwar so, dass es in diesem Schauspiel der Tätigkeit nur die Bedürfnisse, Leidenschaften, Interessen sind, welche als die Triebfedern erscheinen und als das Hauptwirksame vorkommen.

[...]

Dies ist das unendliche Recht des Subjekts, dass es sich selbst in seiner Tätigkeit und Arbeit befriedigt findet. Wenn die Menschen sich für etwas interessieren sollen, so müssen sie sich selbst darin haben und ihr eigenes Selbstgefühl darin befriedigt finden. Man muss einen Missverstand hierbei vermeiden: man tadelt es und sagt in einem üblen Sinne mit Recht von einem Individuum, es sei überhaupt interessiert, das heißt, es suche nur seinen Privatvorteil. Wenn wir dieses tadeln, so meinen wir, es suche diesen Privatvorteil ohne Gesinnung für den allgemeinen Zweck, bei dessen Gelegenheit es sich um jenen abmüht, oder gar, indem es das Allgemeine aufopfert; aber wer tätig für eine Sache ist, der ist nicht nur interessiert überhaupt, sondern interessiert *dabei*. Die Sprache drückt diesen Unterschied richtig aus. Es geschieht daher nichts, wird nichts vollbracht, ohne dass die Individuen, die dabei tätig sind, auch sich befriedigen; sie sind partikuläre Menschen, das heißt, sie haben besondere, ihnen eigentümliche Bedürfnisse, Triebe, Interessen überhaupt: unter diesen Bedürfnissen ist nicht nur das des eigenen Bedürfnisses und Willens, sondern auch der eigenen Einsicht, Überzeugung, oder wenigstens des Dafürhaltens, der Meinung, wenn anders schon das Bedürfnis des Räsonnements, des Verstandes, der Vernunft erwacht ist. Dann verlangen die Menschen auch, wenn sie für eine Sache tätig sein sollen, dass die Sache ihnen überhaupt zusage, dass sie mit ihrer Meinung, es sei von der Güte derselben, ihrem Rechte, Vorteil, ihrer Nützlichkeit, dabei sein können. Dies ist besonders ein wesentliches Moment unserer Zeit, wo die Menschen wenig mehr durch Zutrauen und Autorität zu etwas herbeigezogen werden, sondern mit ihrem eigenen Verstande, selbstständiger Überzeugung und Dafürhalten den Anteil ihrer Tätigkeit einer Sache widmen wollen.

So sagen wir also, dass überhaupt nichts ohne das Interesse derer, welche durch ihre Tätigkeit mitwirkten, zustande gekommen ist; und indem wir ein Interesse eine Leidenschaft nennen, insofern die ganze Individualität mit Hintansetzung aller anderen Interessen und Zwecke, die man auch hat und haben kann, mit allen ihr inwohnenden Adern von Wollen sich in einen Gegenstand legt, in diesen Zweck alle ihre Bedürfnisse und Kräfte konzentriert, so müssen wir überhaupt sagen, dass *nichts Großes in der Welt ohne Leidenschaft* vollbracht worden ist. [...]

Diese unermessliche Masse von Wollen, Interessen und Tätigkeiten sind die Werkzeuge und Mittel des Weltgeistes seinen Zweck zu vollbringen, ihn zum Bewusstsein zu erheben und zu verwirklichen; und dieser ist nur sich zu finden, zu sich selbst zu kommen und sich als Wirklichkeit anzuschauen.

[...]

Dies Allgemeine [der Zweck] ist ein Moment der produzierenden Idee, ein Moment der nach sich selbst strebenden und treibenden Wahrheit. Die geschichtlichen Menschen, die *welthistorischen Individuen* sind diejenigen, in deren Zwecken ein solches Allgemeines liegt. [...]

Solche Individuen hatten in diesen ihren Zwecken nicht das Bewusstsein der Idee überhaupt, sondern sie waren praktische und politische Menschen. Aber zugleich waren sie denkende, die die Einsicht hatten von dem, was Not und was *an der Zeit ist.* Das ist eben die Wahrheit ihrer Zeit und ihrer Welt, sozusagen die nächste Gattung, die im Innern bereits vorhanden war. Ihre Sache war es, dies Allgemeine, die notwendige, nächste Stufe ihrer Welt zu wissen, diese sich zum Zwecke zu machen und ihre Energie in dieselbe zu legen. Die welthistorischen Menschen, die Heroen einer Zeit, sind darum als die Einsichtigen anzuerkennen; ihre Handlungen, ihre Reden sind das Beste der Zeit. Große Menschen haben gewollt um sich, nicht um andere zu befriedigen. Was sie von anderen erfahren hätten an wohl gemeinten Absichten und Ratschlägen, das wäre vielmehr das Borniertere und Schiefere gewesen, denn sie sind die, die es am besten verstanden haben und von denen es dann vielmehr alle gelernt und gut gefunden oder sich wenigstens darein gefügt haben. Denn der weitergeschrittene Geist ist die innerliche Seele aller Individuen, aber die bewusstlose Innerlichkeit, welche ihnen die großen Männer zum Bewusstsein bringen. Deshalb folgen die anderen diesen Seelenführern, denn sie fühlen die unwiderstehliche Gewalt ihres eigenen inneren Geistes, der ihnen entgegentritt.

Werfen wir weiter einen Blick auf das Schicksal dieser welthistorischen Individuen, welche den Beruf hatten die Geschäftsführer des Weltgeistes zu sein, so ist es kein glückliches gewesen. Zum ruhigen Genusse kamen sie nicht, ihr ganzes Leben war Arbeit und Mühe, ihre ganze Natur war nur ihre Leidenschaft. Ist der Zweck erreicht, so fallen sie, die leeren Hülsen des Kernes, ab. Sie sterben früh wie Alexander, sie werden wie Cäsar ermordet, wie Napoleon nach St. Helena transportiert. [...]

Ein welthistorisches Individuum hat nicht die Nüchternheit dies und jenes zu wollen, viel Rücksichten zu nehmen, sondern es gehört ganz rücksichtslos dem *einen* Zwecke an. So ist es auch der Fall, dass sie andere große, ja heilige Interessen leichtsinnig behandeln, welches Benehmen sich freilich dem moralischen Tadel unterwirft. Aber solche große Gestalt muss manche unschuldige Blume zertreten, manches zertrümmern auf ihrem Wege.

Das besondere Interesse der Leidenschaft ist also unzertrennlich von der Betätigung des Allgemeinen; denn es ist aus dem Besonderen und Bestimmten und aus dessen Negation, dass das Allgemeine resultiert. Es ist das Besondere, das sich aneinander abkämpft und wovon ein Teil zugrunde gerichtet wird. Nicht die allgemeine Idee ist es, welche sich in Gegensatz und Kampf, welche sich in Gefahr begibt; sie hält sich unangegriffen und unbeschädigt im Hintergrund. Das ist die *List der Vernunft* zu nennen, dass sie die Leidenschaften für sich wirken lässt, wobei das, durch was sie sich in Existenz setzt, einbüßt und Schaden leidet. Denn es ist die Erscheinung, von der ein Teil nichtig, ein Teil affirmativ[2] ist. Das Partikuläre ist meistens zu gering gegen das Allgemeine, die Individuen werden aufgeopfert und preisgegeben. Die Idee bezahlt den Tribut des Daseins und der Vergänglichkeit nicht aus sich, sondern aus den Leidenschaften der Individuen.

[...]

c) Der subjektive Wille ist betrachtet worden, wie er einen Zweck hat, welcher die Wahrheit einer Wirklichkeit ist, und zwar insofern er eine große welthistorische Leidenschaft ist. Als subjektiver Wille in beschränkten Leidenschaften ist er abhängig und seine besonderen Zwecke findet er nur innerhalb dieser Abhängigkeit zu befriedigen. Aber der subjektive Wille hat auch ein substantielles Leben, eine Wirklichkeit, in der er sich im Wesentlichen bewegt und das Wesentliche selbst zum Zwecke seines Daseins hat. Dieses Wesentliche ist selbst die Vereinigung des subjektiven und des vernünftigen Willens: es ist das sittliche Ganze – der Staat, welcher die Wirklichkeit ist, worin das Individuum seine Freiheit hat und genießt, aber indem es das Wissen, Glauben und Wollen des Allgemeinen ist. Doch ist dies nicht so zu nehmen, als ob der subjektive Wille des Einzelnen zu sei-

Napoleons Einzug in Berlin am 20. Oktober 1806. (Zeitgenössischer Kupferstich). Bereits am 13. 10. 1806 schreibt Hegel anlässlich des Einzugs Napoleons in Jena an seinen Freund Niethammer: „Den Kaiser – diese Weltseele – sah ich durch die Stadt [...] reiten; – es ist in der Tat eine wunderbare Empfindung ein solches Individuum zu sehen, das hier auf einen Punkt konzentriert, auf einem Pferde sitzend, über die Welt übergreift und sie beherrscht.“

ner Ausführung und seinem Genusse durch den allgemeinen Willen käme und dieser ein Mittel für ihn wäre, als ob das Subjekt neben den andern Subjekten seine Freiheit so beschränkte, dass diese gemeinsame Beschränkung, das Genieren aller gegeneinander, jedem einen kleinen Platz ließe, worin er sich ergehen könne; vielmehr sind Recht, Sittlichkeit, Staat, und nur sie, die positive Wirklichkeit und Befriedigung der Freiheit. *Die* Freiheit, welche beschränkt wird, ist die Willkür, die sich auf das Besondere der Bedürfnisse bezieht.

[...]

Der Staat, seine Gesetze, seine Einrichtungen sind der Staatsindividuen Rechte; seine Natur, sein Boden, seine Berge, Luft und Gewässer sind ihr Land, ihr Vaterland, ihr äußerliches Eigentum; die Geschichte dieses Staats, ihre Taten und das, was ihre Vorfahren hervorbrachten, gehört ihnen und lebt in ihrer Erinnerung. Alles ist ihr Besitz ebenso, wie sie von ihm besessen werden, denn es macht ihre Substanz, ihr Sein aus. Ihre Vorstellung ist damit erfüllt und ihr Wille ist das Wollen dieser Gesetze und dieses Vaterlandes. Es ist diese geistige Gesamtheit, welche *ein* Wesen, der Geist *eines* Volkes ist. Ihm gehören die Individuen an [...].

Das andere und weitere ist, dass der bestimmte Volksgeist selbst nur *ein* Individuum ist im Gange der Weltgeschichte. Denn die Weltgeschichte ist die Darstellung des göttlichen, absoluten Prozesses des Geistes in seinen höchsten Gestalten, dieses Stufenganges, wodurch er seine Wahrheit, das Selbstbewusstsein über sich erlangt. Die Gestaltungen dieser Stufen sind die welt-historischen Volksgeister, die Bestimmtheit ihres sittlichen Lebens, ihrer Verfassung, ihrer

Kunst, Religion und Wissenschaft. Diese Stufen zu realisieren ist der unendliche Trieb des Weltgeistes, sein unwiderstehlicher Drang, denn diese Gliederung sowie ihre Verwirklichung ist sein Begriff. – Die Weltgeschichte zeigt nur, wie der Geist allmählich zum Bewusstsein und zum Wollen der Wahrheit kommt; es dämmert in ihm, er findet Hauptpunkte, am Ende gelangt er zum vollen Bewusstsein.

(Georg Wilhelm Friedrich Hegel, Vorlesungen über die Philosophie der Geschichte. In: G. W. F. Hegel, Werke in 20 Bdn. Hrsg. von Eva Moldenhauer/Karl Markus Michel. Bd. 12. Suhrkamp Verlag, Frankfurt/M. 1970, S. 29–74)

1 virtualiter: anlagemäßig, der Möglichkeit nach
2 affirmativ: zustimmend, bejahend, positiv

1 *Erklären Sie Hegels Bestimmung des Geistes als Freiheit – im Gegensatz zur Materie. Unterscheiden Sie dabei die Momente des Tätigseins und des Wissens in der Freiheit bzw. im Selbstbewusstsein.*
2 *Was bedeutet Hegels Kennzeichnung der Freiheit als abstrakte Bestimmung der Natur des Geistes für den Verlauf der Weltgeschichte?*
3 *Worin besteht nach Hegel die List der Vernunft*
   – *in Bezug auf jeden Einzelnen,*
   – *in Bezug auf die welthistorischen Individuen?*
4 *Charakterisieren Sie Hegels Staatsauffassung und grenzen Sie sie vom heute vorherrschenden Staatsverständnis ab. Inwiefern kann Hegel den Staat als die „Wirklichkeit der Freiheit" ansprechen? (Vgl. Kap. IV, 3.1).*
5 *Was versteht Hegel unter einem (bestimmten) Volksgeist und in welcher Beziehung steht der Einzelne zu diesem Volksgeist? Wie hängt das hegelsche Verständnis des Volksgeistes mit seiner Einschätzung des Staates zusammen?*

Am Ende des gebotenen Textauszuges macht Hegel einige noch etwas ungenaue Angaben zum Gang der Weltgeschichte, deren Stufen durch die welthistorischen Volksgeister gebildet werden. Welthistorisch sind für ihn nur solche Völker, in deren Grundzweck ein allgemeines, aufbewahrenswertes Prinzip angelegt ist. Werden Völker hingegen von der bloßen Begierde und Eroberungssucht bestimmt, so hinterlassen sie nur Verderben und Zerstörung und erlangen keinen welthistorischen Rang.
Wie der durch die welthistorischen Volksgeister bestimmte **Gang der Weltgeschichte** nun konkret aussieht, entwickelt Hegel in der folgenden Textpassage. Dabei gibt er zuerst die allgemeine Struktur und Tendenz dieser Bewegung an um dann genauer den Übergang des Geistes von einem welthistorischen Volk zum nächsten zu beschreiben. Nach einigen jetzt konkreteren Bemerkungen über den Gang der Weltgeschichte geht es abschließend um ihren Endzweck.

Wenn wir nun einen Blick auf die Weltgeschichte überhaupt werfen, so sehen wir ein ungeheures Gemälde von Veränderungen und Taten, von unendlich mannigfaltigen Gestaltungen von Völkern, Staaten, Individuen, in rastloser Aufeinanderfolge.
[...]
Der allgemeine Gedanke, die Kategorie, die sich bei diesem ruhelosen Wechsel der Individuen und Völker, die eine Zeit lang sind und dann verschwinden, zunächst darbietet, ist die *Veränderung* überhaupt. Diese Veränderung von ihrer negativen Seite aufzufassen, dazu führt näher der Anblick von den Ruinen einer vormaligen Herrlichkeit. Welcher Reisende ist nicht unter den Ruinen von Karthago, Palmyra, Persepolis, Rom zu Betrachtungen über die Vergänglichkeit der Reiche und Menschen, zur Trauer über ein ehemaliges, kraftvolles und reiches Leben

veranlasst worden? – eine Trauer, die nicht bei persönlichen Verlusten und der Vergänglichkeit der eigenen Zwecke verweilt, sondern uninteressierte Trauer über den Untergang glänzenden und gebildeten Menschenlebens ist. – Die nächste Bestimmung aber, welche sich an die Veränderung anknüpft, ist, dass die Veränderung, welche Untergang ist, zugleich Hervorgehen eines neuen Lebens ist, dass aus dem Leben Tod, aber aus dem Tod Leben hervorgeht. Es ist dies ein großer Gedanke, den die Orientalen erfasst haben, und wohl der höchste ihrer Metaphysik. In der Vorstellung von der Seelenwanderung ist er in Beziehung auf das Individuelle enthalten; allgemeiner bekannt ist aber das Bild des *Phönix* [1], von dem Naturleben, das ewig sich selbst seinen Scheiterhaufen bereitet und sich darauf verzehrt, so dass aus seiner Asche ewig das neue, verjüngte, frische Leben hervorgeht. Dies Bild ist aber nur asiatisch, morgenländisch, nicht abendländisch. Der Geist, die Hülle seiner Existenz verzehrend, wandert nicht bloß in eine andere Hülle über, noch steht er nur verjüngt aus der Asche seiner Gestaltung auf, sondern er geht erhoben, verklärt, ein reinerer Geist aus derselben hervor. Er tritt allerdings gegen sich auf, verzehrt sein Dasein, aber indem er es verzehrt, verarbeitet er dasselbe, und was seine Bildung ist, wird zum Material, an dem seine Arbeit ihn zu neuer Bildung erhebt.

Betrachten wir den Geist nach dieser Seite, dass seine Veränderungen nicht bloß Übergänge als Verjüngungen, d. h. Rückgänge zu derselben Gestalt sind, sondern vielmehr Verarbeitungen seiner selbst, durch welche er den Stoff für seine Versuche vervielfältigt, so sehen wir ihn nach einer Menge von Seiten und Richtungen hin sich versuchen, sich ergehen und genießen, in einer Menge, die unerschöpflich ist, weil jede seiner Schöpfungen, in der er sich befriedigt hat, ihm von neuem als Stoff gegenübertritt und eine neue Anforderung der Verarbeitung ist. Der abstrakte Gedanke bloßer Veränderung verwandelt sich in den Gedanken des seine Kräfte nach allen Seiten seiner Fülle kundgebenden, entwickelnden und ausbildenden Geistes. Welche Kräfte er in sich besitze, erfahren wir aus der Mannigfaltigkeit seiner Produkte und Bildungen. Er hat es in dieser Lust seiner Tätigkeit nur mit sich zu tun. Zwar verwickelt mit der Naturbedingung, der inneren und äußeren, wird er an ihr nicht nur Widerstand und Hindernisse antreffen, sondern durch sie auch seine Versuche oft misslingen sehen und den Verwicklungen, in die er durch sie oder durch sich versetzt wird, oft unterliegen. Aber er geht so in seinem Berufe und in seiner Wirksamkeit unter und gewährt auch so noch das Schauspiel, als geistige Tätigkeit sich bewiesen zu haben.

(Georg Wilhelm Friedrich Hegel, Vorlesungen über die Philosophie der Geschichte. In: G. W. F. Hegel, Werke in 20 Bdn. Hrsg. von Eva Moldenhauer/Karl Markus Michel. Bd. 12. Suhrkamp Verlag, Frankfurt/M. 1970, S. 97–99)

Der höchste Punkt der Bildung eines Volkes ist dieser, auch den Gedanken seines Lebens und Zustandes, die Wissenschaft seiner Gesetze, seines Rechts und Sittlichkeit zu fassen; denn in dieser Einheit liegt die innerste Einheit, in der der Geist mit sich sein kann. Es ist ihm in seinem Werke darum zu tun, sich als Gegenstand zu haben; sich aber als Gegenstand in seiner Wesenhaftigkeit hat der Geist nur, indem er sich denkt. Auf diesem Punkt weiß also der Geist seine Grundsätze, das Allgemeine seiner wirklichen Welt. Wenn wir so wissen wollen, was Griechenland gewesen ist, so finden wir dies im Sophokles und Aristophanes, im Thukydides[2] und Plato; dort ist geschichtlich geworden, was das griechische Leben gewesen ist. In diesen Individuen hat der griechische Geist sich selbst vorstellend und denkend gefasst.

Dies geistige Bewusstsein des Volkes von sich selbst ist das Höchste; aber erstens ist es auch nur ideell. Dieses Werk des Denkens ist die tiefere Befriedigung; aber sie ist als das Allgemeine zugleich ideell und der Form nach von der reellen Wirksamkeit, dem wirklichen Werk und dem Leben verschieden, wodurch dies Werk zustande gekommen war. Es gibt jetzt ein reales Dasein und ein ideales. So sehen wir ein Volk in solcher Zeit Befriedigung in der Vorstellung und in dem Gerede von der Tugend finden, das sich teils neben die Tugend, teils an ihre Stelle setzt. Der Geist hat diese hervorgebracht und er weiß das Unreflektierte, das nur Faktische zur Reflexion über sich zu bringen. Damit gewinnt es zum Teil das Bewusstsein der Beschränktheit solcher Bestimmtheiten – wie der Glaube, das Zutrauen, die Sitte –, und so erhält das Bewusstsein Gründe sich von ihnen, ihren Gesetzen loszusagen. Überhaupt liegt das in der Forderung von Gründen; indem solche Gründe d. h. etwas ganz abstrakt Allgemeines, als Basis für jene Gesetze nicht gefunden werden, so wird die Vorstellung von der Tugend schwankend, das Absolute gilt nicht mehr als solches, sondern nur, indem es auf Gründen beruht. Damit tritt zugleich die Isolierung der Individuen von einander und vom Ganzen ein, die einbrechende Eigensucht derselben und Eitelkeit, das Suchen des eigenen Vorteils und Befriedigen desselben auf Kosten des Ganzen. Denn das Bewusstsein ist Subjektivität und diese hat das Bedürfnis in sich, sich zu vereinzeln. So erscheinen dann die Eitelkeit, Selbstsucht; so treten die Leidenschaften, eigenen Interessen losgebunden als Verderben hervor. Dies ist dann nicht der natürliche Tod des Volksgeistes, sondern die Zerrissenheit in sich.

[…]

Diese Auflösung durch den Gedanken ist nun notwendig zugleich das Hervorgehen eines neuen Prinzips. Der Gedanke als Allgemeines ist auflösend; in diesem Auflösen ist aber in der Tat das vorhergehende Prinzip erhalten, nur nicht mehr in seiner ursprünglichen Bestimmung vorhanden. Das allgemeine Wesen ist erhalten, aber seine Allgemeinheit ist als solche herausgehoben worden. […]

Der Geist besteht darin, das Allgemeine, das, was wesentlich ist, zu fassen. Die Allgemeinheit gefasst, wie sie wahrhaft ist, ist die Substanz, die Wesenheit, das wahrhaft Seiende. Solches Allgemeine ist z. B. von dem Sklaven der Mensch; hier schmilzt die Besonderheit in die Allgemeinheit. Wenn also durch den Gedanken bei einem Volke wie z.B. bei den Athenern die Besonderheit aufgehoben wird, wenn der Gedanke sich dahin entwickelt, dass das besondere Prinzip dieses Volkes nicht mehr wesentlich ist, so kann dies Volk nicht mehr bestehen; es ist ein anderes Prinzip entstanden. Die Weltgeschichte geht dann zu einem andern Volk über. In der Geschichte sind die Prinzipien als Volksgeister vorhanden; diese aber sind zugleich natürliche Existenzen. Die Stufe, die der Geist erreicht hat, ist als *Naturprinzip* des Volkes da oder als *Nation*. Nach den Arten seiner Auseinanderlegung in diesem bestimmten natürlichen Elemente erscheint der Geist in verschiedenen Gestalten. So tritt seine weitere, höhere Bestimmung in dem einen Volksgeiste zwar noch als Negation, als Verderben seines Vorherbestehenden auf, aber ihre positive Seite erscheint als ein neues Volk. Ein Volk kann nicht mehrere Stufen durchlaufen, es kann nicht zweimal in der Weltgeschichte Epoche machen. Wenn wahrhafte Interessen im Volke neu entstehen sollten, so müsste der Geist eines Volkes dazu kommen, ein Neues zu wollen, – woher aber sollte dieses Neue kommen? Es könnte nur eine höhere, allgemeinere Vorstellung seiner selbst, ein Hinausgegangensein über sein Prinzip, ein Streben nach einem allgemeineren sein, – aber eben damit ist ein weiter bestimmtes Prinzip, ein neuer Geist vorhanden. Welthistorisch kann ein Volk nur einmal das herrschende sein, weil ihm im Prozesse des Geistes nur ein Geschäft übertragen sein kann.

Dies Fortgehen, dieser Stufengang scheint ein Prozess in die Unendlichkeit zu sein gemäß der Vorstellung der Perfektibilität[3], ein Progress, der ewig dem Ziele fern bleibt. Indessen, wenn auch bei dem Fortschritt zu einem neuen Prinzip der Inhalt des vorigen allgemeiner gefasst wird, so ist doch so viel gewiss, dass auch die neue Gestalt wieder eine bestimmte ist. [...] Gegen den Gedanken, den Begriff kann keine beschränkte Gestalt sich fest machen. [...] Der Begriff des Geistes ist Rückkehr in sich selbst, sich zum Gegenstande zu machen; also ist das Fortschreiten kein Unbestimmtes ins Unendliche, sondern es ist ein Zweck da, nämlich die Rückkehr in sich selber.

[...]

Der Geist ist dies, sich gegenständlich zu machen und sich zu fassen. Erst dann ist er als Selbstproduziertes, als Resultat wirklich vorhanden. Sich fassen heißt sich denkend fassen. Das bedeutet aber nicht bloß die Kenntnis willkürlicher, beliebiger, vorbeigehender Bestimmungen, sondern das Erfassen des Absoluten selbst. Also ist es der Zweck des Geistes, sich das Bewusstsein des Absoluten zu geben und so, dass dies sein Bewusstsein als einzig und allein Wahres gegeben ist, sodass alles danach eingerichtet werden müsse und danach wirklich eingerichtet sei, dass es wirklich die Weltgeschichte regiert und regiert hat. Dies in der Tat erkennen heißt Gott die Ehre geben oder die Wahrheit verherrlichen. Dies ist der absolute Endzweck und die Wahrheit ist die Macht, welche selbst die Verherrlichung der Wahrheit hervorbringt. In der Ehre Gottes hat auch der individuelle Geist seine Ehre, aber nicht seine besondere, sondern durch das Wissen, dass sein Tun zur Ehre Gottes das absolute ist. Hier ist er in der Wahrheit, hat mit dem Absoluten zu tun; er ist daher bei sich. Hier ist dann der Gegensatz weggefallen, der im beschränkten Geiste sich vorfindet, der sein Wesen nur als Schranke weiß und sich durch den Gedanken darüber erhebt. Hier kann dann auch nicht der natürliche Tod eintreten.

Indem wir die Weltgeschichte begreifen, so haben wir es mit der Geschichte zunächst als mit einer Vergangenheit zu tun. Aber ebenso schlechterdings haben wir es mit der Gegenwart zu tun. Was wahr ist, ist ewig an und für sich, nicht gestern und nicht morgen, sondern schlechthin gegenwärtig, „itzt" im Sinne der absoluten Gegenwart. In der Idee ist, was auch vergangen scheint, ewig unverloren. Die Idee ist präsent, der Geist unsterblich; es gibt kein Einst, wo er nicht gewesen wäre oder nicht sein würde, er ist nicht vorbei und ist nicht noch nicht, sondern er ist schlechterdings itzt. So ist hiermit schon gesagt, dass die gegenwärtige Welt, Gestalt des Geistes, sein Selbstbewusstsein, alle in der Geschichte als früher erscheinenden Stufen in sich begreift. Diese haben sich zwar als selbstständig nacheinander ausgebildet; was aber der Geist ist, ist er an sich immer gewesen, der Unterschied ist nur die Entwicklung dieses Ansich. Der Geist der gegenwärtigen Welt ist der Begriff, den der Geist sich von sich selbst macht; er ist es, der die Welt hält und regiert, und er ist das Resultat der Bemühungen von 6000 Jahren, das, was der Geist durch die Arbeit der Weltgeschichte vor sich gebracht hat und was durch diese Arbeit hat herauskommen sollen. So haben wir die Weltgeschichte zu fassen, worin uns dargestellt wird die Arbeit des Geistes, wie er zur Erkenntnis dessen gekommen ist, was er ist, und das herausgearbeitet hat in den verschiedenen dadurch bedingten Sphären.

(Georg Wilhelm Friedrich Hegel. Vorlesungen über die Philosophie der Geschichte. Hrsg. v. Johannes Hoffmeister. Meiner Verlag, Hamburg 1955, S. 177–183)

1 Phönix: vogelartiges Fabelwesen des antiken Ägypten; gilt als unsterblich, da er sich, wenn er sein Ende nahen fühlt, selbst verbrennt, um aus der Asche aufs Neue zu entstehen.
2 Sophokles, Aristophanes, Thukydides: Namen antiker griech. Tragödien- und Geschichtsschreiber
3 Perfektibilität: Strömung im Geschichtsdenken der Aufklärung, die den Sinn der Geschichte im Fortgang zu immer größerer Vollkommenheit der Menschheit sieht.

1 Wie sieht nach Hegel der Gang der Weltgeschichte aus und welche Rolle spielen darin die welthistorischen Volksgeister?

2 *Erklären Sie die Bewegung des Geistes von einem Volksgeist zum anderen. Inwiefern bewahrt der neue Geist den alten auf? Erläutern Sie die Bewegung an einem Beispiel, etwa dem Übergang vom griechischen zum römischen Geist.*

3 *Worin besteht für Hegel der Endzweck der Weltgeschichte und woraus leitet er das Recht ab, ihn schon für erreicht zu halten? Erinnern Sie sich hierzu an die Doppelbestimmung der Freiheit als Tätigsein und Wissen dieses Tätigseins.*

4 *Bedeutet das Erreichen des Endzwecks der Geschichte auch ihr Ende?*

5 *Kann man sagen, dass sich in der hegelschen Geschichtsphilosophie das Unendliche im Endlichen selbst darstellt? Welchen Gottesbegriff entfaltet Hegel hier?*

6 *Manche Interpreten haben Hegel aufgrund seiner These vom erreichten Endzweck der Geschichte mit dem Weltgeist oder gar mit Gott identifiziert. Diskutieren Sie diese Behauptung.*

7 *Nach dem Zusammenbruch des Sozialismus in Europa behauptete der amerikanische Sowjetexperte* ***Fukuyama****, das Ende der Geschichte sei mit dem Sieg der Demokratie über den Kommunismus erreicht (vgl. „Der Spiegel“, 15/1992). Stimmen Sie dieser Neuauflage der hegelschen Theorie zu?*

Hegels Grab in Berlin (neben seiner Frau). Ruht hier der Weltgeist persönlich?

Hegel lässt seiner Einleitung in die Philosophie der Weltgeschichte noch eine sog. „Einteilung“ folgen, die den Gang des Weltgeistes durch Raum und Zeit näherhin angibt. Er vergleicht hier die Entwicklung des Geistes mit den verschiedenen Menschenaltern.

Die Weltgeschichte geht von Osten nach Westen, denn Europa ist schlechthin das Ende der Weltgeschichte, Asien der Anfang. [...] Obgleich die Erde eine Kugel bildet, so macht die Geschichte doch keinen Kreis um sie herum, sondern sie hat vielmehr einen bestimmten Osten, und das ist Asien. Hier geht die äußerliche physische Sonne auf und im Westen geht sie unter: dafür steigt aber hier die innere Sonne des Selbstbewusstseins auf, die einen höheren Glanz verbreitet. Die Weltgeschichte ist die Zucht von der Unbändigkeit des natürlichen Willens zum Allgemeinen und zur subjektiven Freiheit. Der Orient wusste und weiß nur, dass *Einer* frei ist, die griechische und römische Welt, dass *Einige* frei seien, die germanische Welt weiß, dass *Alle* frei sind. Die erste Form, die wir daher in der Weltgeschichte sehen, ist der *Despotismus*, die zweite ist die *Demokratie* und *Aristokratie* und die dritte ist die *Monarchie*[1]. [...]
Das Erste, womit wir anzufangen haben, ist daher der *Orient*. Dieser Welt liegt das unmittelbare Bewusstsein, die substantielle Geistigkeit zugrunde, zu welcher sich der subjektive Wille zunächst als Glaube, Zutrauen, Gehorsam verhält. Im Staatsleben finden wir daselbst die realisierte vernünftige Freiheit, welche sich entwickelt ohne in sich zur subjektiven Freiheit fortzugehen. Es ist das Kindesalter der Geschichte. Substantielle Gestaltungen bilden die Prachtgebäude der orientalischen Reiche, in welchen alle vernünftigen Bestimmungen vorhanden sind, aber so, dass die Subjekte nur Akzidenzien[2] bleiben. Diese drehen sich um einen Mittelpunkt, um den Herrscher, der als Patriarch, nicht aber als Despot im Sinne des römischen Kaiserreiches an der Spitze steht. Denn er hat das Sittliche und Substantielle geltend zu machen: er hat die wesentlichen Gebote, welche schon vorhanden sind, aufrechtzuerhalten, und was bei uns durchaus zur subjektiven Freiheit gehört, das geht hier von dem Ganzen und Allgemeinen aus. Die Pracht orientalischer Anschauung ist das eine Subjekt als Substanz, der alles angehört, sodass kein anderes Subjekt sich abscheidet und in seine subjektive Freiheit sich reflektiert. [...]
Dem Jünglingsalter ist dann die *griechische Welt* zu vergleichen, denn hier sind es Individualitäten, die sich bilden. Dies ist das *zweite* Hauptprinzip der Weltgeschichte. Das Sittliche ist wie in Asien Prinzip, aber es ist die Sittlichkeit, welche der Individualität eingeprägt ist und somit das freie Wollen der Individuen bedeutet. Hier ist also die Vereinigung des Sittlichen und des subjektiven Willens oder das Reich der *schönen Freiheit*, denn die Idee ist mit einer plastischen Gestalt vereinigt: sie ist noch nicht abstrakt für sich auf der einen Seite, sondern unmittelbar mit dem Wirklichen verbunden, wie in einem schönen Kunstwerke das Sinnliche das Gepräge und den Ausdruck des Geistigen trägt. Dieses Reich ist demnach wahre Harmonie, die Welt der anmutigsten, aber vergänglichen oder schnell vorübergehenden Blüte; es ist die unbefangene Sittlichkeit, noch nicht Moralität[3], sondern der individuelle Wille des Subjekts steht in der unmittelbaren Sitte und Gewohnheit des Rechten und der Gesetze. Das Individuum ist daher in unbefangener Einheit mit dem allgemeinen Zweck. Was im Orient in zwei Extreme verteilt ist, in das Substantielle als solches und die gegen dasselbe zerstäubende Einzelheit, kommt hier zusammen. Aber die getrennten Prinzipien sind nur *unmittelbar* in Einheit und deshalb zugleich der höchste Widerspruch an sich selbst. Denn die *schöne* Sittlichkeit ist noch nicht durch den Kampf der subjektiven Freiheit, die sich wiedergeboren hätte, herausgerungen, sie ist noch nicht zur freien Subjektivität der Sittlichkeit heraufgereinigt.

Das dritte Moment ist das Reich der abstrakten Allgemeinheit: es ist das *Römische Reich*, die saure Arbeit des *Mannesalters* der Geschichte. Denn das Mannesalter bewegt sich weder in der Willkür des Herrn noch in der eigenen schönen Willkür, sondern dient dem allgemeinen Zweck, worin das Individuum untergeht und seinen eigenen Zweck nur in dem allgemeinen erreicht. Der Staat fängt an sich abstrakt herauszuheben und zu einem Zwecke zu bilden, an dem die Individuen auch Anteil haben, aber nicht einen durchgehenden und konkreten. Die freien Individuen werden nämlich der Härte des Zwecks aufgeopfert, dem sie in diesem Dienste für das selbst abstrakt Allgemeine sich hingeben müssen. Das Römische Reich ist nicht mehr das Reich der Individuen, wie es die Stadt Athen war. Hier ist keine Frohheit und Freudigkeit mehr, sondern harte und saure Arbeit. Das Interesse löst sich ab von den Individuen, diese aber gewinnen an ihnen selbst die abstrakte formelle Allgemeinheit. Das Allgemeine unterjocht die Individuen, sie haben sich in demselben aufzugeben, aber dafür erhalten sie die Allgemeinheit ihrer selbst, d. h. die Persönlichkeit: Sie werden rechtliche Personen als Private[4]. In eben dem Sinne, wie die Individuen dem abstrakten Begriffe der Person einverleibt werden, haben auch die Völkerindividuen dies Schicksal zu erfahren; unter dieser Allgemeinheit werden ihre konkreten Gestalten zerdrückt und derselben als Masse einverleibt. Rom wird ein Pantheon aller Götter und alles Geistigen, aber ohne dass diese Götter und dieser Geist ihre eigentümliche Lebendigkeit behalten. [...]

Hiermit tritt dann das *Germanische* Reich, das vierte Moment der Weltgeschichte ein: dieses entspräche nun in der Vergleichung mit den Menschenaltern dem *Greisenalter*. Das natürliche Greisenalter ist Schwäche, das Greisenalter des Geistes aber ist seine vollkommene Reife, in welcher er zurückgeht zur Einheit, aber als Geist.

Dieses Reich beginnt mit der im Christentume geschehenen Versöhnung, aber sie ist nur *an sich* vollbracht, und deswegen beginnt es vielmehr mit dem ungeheuren Gegensatz des geistigen, religiösen Prinzips und der barbarischen Wirklichkeit selbst. [...]

Die Weltlichkeit *soll* dem geistigen Prinzip angemessen sein, aber *soll* es nur: die geistesverlassene weltliche Macht muss zunächst gegen die geistliche verschwinden; indem sich aber diese Letztere in die Erste versenkt, verliert sie mit ihrer Bestimmung auch ihre Macht. Aus diesem Verderben der geistlichen Seite, d. h. [dem Verderben] der Kirche, geht die höhere Form des vernünftigen Gedankens hervor: der in sich abermals zurückgedrängte Geist produziert sein Werk in denkender Gestalt und ist fähig geworden aus dem Prinzip der Weltlichkeit allein das Vernünftige zu realisieren. So geschieht es, dass durch die Wirksamkeit allgemeiner Bestimmungen, die das Prinzip des Geistes zur Grundlage haben, das Reich des Gedankens zur Wirklichkeit herausgeboren wird. Die Gegensätze von Staat und Kirche verschwinden; der Geist findet sich in die Weltlichkeit und bildet diese als ein in sich organisches Dasein aus. Der Staat steht der Kirche nicht mehr nach und ist ihr nicht mehr untergeordnet; diese Letztere behält kein Vorrecht und das Geistige ist dem Staate nicht mehr fremd. Die Freiheit hat die Handhabe gefunden ihren Begriff wie ihre Wahrheit zu realisieren. Dieses ist das Ziel der Weltgeschichte.

(Georg Wilhelm Friedrich Hegel, Vorlesungen über die Philosophie der Geschichte. In: G. W. F. Hegel, Werke in 20 Bdn. Hrsg. v. E. Moldenhauer/K. M. Michel. Bd. 12. Suhrkamp Verlag, Frankfurt/M. 1970, S. 134–141)

1 Für Hegel ist die konstitutionelle Monarchie die höchste, d. i. vernünftigste Staatsform.
2 Akzidenzien: zufällige Momente eines Wesens oder Dinges
3 Moralität: bewusst gewählte und gelebte Sittlichkeit
4 Der Begriff Person drückt für Hegel den rechtlichen Status aus, den jemand hat. Er steht damit im Gegensatz zum Begriff des Individuums, womit der wirkliche Einzelmensch in seinem konkreten Lebenszusammenhang gemeint ist.

1 Hegel bezieht sich mit seiner Darstellung des Weltgeistes nacheinander auf die frühen Hochkulturen des Vorderen Orients (Ägypten, Mesopotamien), die antike attische Demokratie, den römischen Staat und die europäischen Feudalstaaten des Mittelalters. Informieren Sie sich über diese Epochen.
Vollziehen Sie die geographischen Stationen des Weltgeistes nach und verfolgen Sie seinen Weg auf der abgedruckten Weltkarte.

2 Vollziehen Sie Hegels Parallelisierung der vier Phasen der Weltgeschichte mit der Entwicklung des einzelnen Menschen nach.

3 Weisen Sie auf, inwiefern hier die in der Einleitung entwickelten Prinzipien konkretisiert werden, und diskutieren Sie, ob Hegels Theorie den historischen Tatsachen gerecht wird.

4 Gegen Hegels Geschichtsphilosophie sind – besonders auf dem Hintergrund der weiteren Geschichtserfahrungen – verschiedenste Vorwürfe erhoben worden. Erörtern Sie die Berechtigung einiger dieser Vorwürfe, die im Folgenden in Form einer kurzen Frage wiedergegeben werden:
- Wird Hegel dem einzelnen Menschen und seiner Würde und Freiheit gerecht?
- Wird er fremden Kulturen und ihrem Eigenwert gerecht?
- Erscheint Hegels Ansatz angesichts der Erfahrungen des Dritten Reiches noch haltbar? (Hitler als welthistorisches Individuum?) Hat er gar das Dritte Reich geistig vorbereitet?
- Lässt Hegel genügend Raum für eine geschichtlich bedeutsame Zukunft?
- Dient Hegels Geschichtsphilosophie nur der Rechtfertigung des tatsächlichen Ganges der Geschichte und/oder des Bestehenden (Konstitutionelle Monarchie in Preußen)?
- Welche Rolle spielt Hegels Annahme eines schließlich in der Philosophie ganz zu sich kommenden Weltgeistes für die Gültigkeit seiner Aussagen? Immunisiert Hegel mit dieser Konzeption seine Grundaussagen nicht gegen jede Form philosophischer Kritik?

5 Lesen Sie aus Georg Büchners „Dantons Tod" die Rede St. Justs (II, 7) und zeigen Sie daran die Missbrauchsmöglichkeiten von Hegels Geschichtsphilosophie auf.

2.2 Karl Marx/Friedrich Engels: Geschichte als Abfolge von Klassenkämpfen

Die folgenden Textauszüge von **Karl Marx** (1818–1883) und **Friedrich Engels** (1820–1895) sind überwiegend dem frühen Werk dieser beiden Philosophen entnommen, in dem sie sich intensiver als in späteren Schriften Fragen nach dem Sinn und dem Verlauf der Geschichte widmen. Obschon die frühen Schriften von Marx und Engels kaum mehr als 15 Jahre nach Hegels letzter Fassung der „Vorlesungen über die Weltgeschichte" entstanden, muss ihre Entstehung von ganz anderen philosophischen Voraussetzungen her gesehen werden.
Nach Hegels Tod hatten sich sehr bald zwei Schulen entwickelt: **die Rechts- und die Linkshegelianer**. Den ersten ging es um das möglichst unverfälschte Bewahren der Gedanken des Meisters und sie nutzten die hegelsche Philosophie darüber hinaus zur philosophischen Rechtfertigung der politischen Zustände im restaurativen Preußen. Die Linkshegelianer, zu denen noch heute bekannte Philosophen wie **Ludwig Feuerbach** (1804–1872), **Bruno Bauer** (1809–1882) und **Max Stirner** (1806–1856) gehören, versuchten Hegels Philosophie weiterzuentwickeln, aber mit diesem Versuch gaben sie die idealistische Grundannahme eines in Natur und Geschichte zu sich kommenden (Welt)Geistes und damit auch die dialektische Methode auf. Sie führten überhaupt das in Hegels Ansatz noch vorhandene theologische Moment auf Anthropologie zurück: An Stelle Gottes oder der Weltvernunft, die durch die Geschichte im endlichen Geist, dem Menschen, schließlich wieder zu sich selbst findet, setzten diese Philosophen schlicht den wirklichen, ja den individuellen Menschen als einzigen und absoluten Bezugspunkt. Staat und Geschichte, bei Hegel noch als dialektische Selbstgestaltungen des Weltgeistes begriffen, konnten bei einem solchen Ansatz philosophisch nicht mehr angemessen erfasst werden.
Marx und Engels ging es nun darum, in der Auseinandersetzung mit den Linkshegelianern die objektiven Gestaltungen wie Staat und Geschichte wieder in die philosophische Reflexion einzubeziehen und sich dabei die hegelsche Dialektik zunutze zu machen. Es war für sie aber ein selbstverständlicher linkshegelianischer Ausgangspunkt, dass Hegels theologisch-idealistische Konzeption eines in der Natur oder Geschichte waltenden (Welt)-Geistes aufzugeben sei.

Die Voraussetzungen, mit denen wir beginnen, sind keine willkürlichen, keine Dogmen, es sind wirkliche Voraussetzungen, von denen man nur in der Einbildung abstrahieren kann. Es sind die wirklichen Individuen, ihre Aktion und ihre materiellen Lebensbedingungen, sowohl die vorgefundenen wie die durch ihre eigne Aktion erzeugten. Diese Voraussetzungen sind also auf rein empirischem Wege konstatierbar.
Die erste Voraussetzung aller Menschengeschichte ist natürlich die Existenz lebendiger menschlicher Individuen. Der erste zu konstatierende Tatbestand ist also die körperliche Organisation dieser Individuen und ihr dadurch gegebenes Verhältnis zur übrigen Natur. Wir können hier natürlich weder auf die physische Beschaffenheit der Menschen selbst noch auf die von den Menschen vorgefundenen Naturbedingungen, die geologischen, orohydrographischen[1], klimatischen und andern Verhältnisse, eingehen. Alle Geschichtsschreibung muss von diesen natürlichen Grundlagen und ihrer Modifikation im Lauf der Geschichte durch die Aktion der Menschen ausgehen.
Man kann die Menschen durch das Bewusstsein, durch die Religion, durch was man

sonst will, von den Tieren unterscheiden. Sie selbst fangen an sich von den Tieren zu unterscheiden, sobald sie anfangen ihre Lebensmittel zu *produzieren*, ein Schritt, der durch ihre körperliche Organisation bedingt ist. Indem die Menschen ihre Lebensmittel produzieren, produzieren sie indirekt ihr materielles Leben selbst.

Die Weise, in der die Menschen ihre Lebensmittel produzieren, hängt zunächst von der Beschaffenheit der vorgefundenen und zu reproduzierenden Lebensmittel selbst ab. Diese Weise der Produktion ist nicht bloß nach der Seite hin zu betrachten, dass sie die Reproduktion der physischen Existenz der Individuen ist. Sie ist vielmehr schon eine bestimmte Art der Tätigkeit dieser Individuen, eine bestimmte Art ihr Leben zu äußern, eine bestimmte *Lebensweise* derselben. Wie die Individuen ihr Leben äußern, so sind sie. Was sie sind, fällt also zusammen mit ihrer Produktion, sowohl damit, *was* sie produzieren, als auch damit, *wie* sie produzieren. Was die Individuen also sind, das hängt ab von den materiellen Bedingungen ihrer Produktion.

Diese Produktion tritt erst ein mit der *Vermehrung der Bevölkerung*. Sie setzt selbst wieder einen *Verkehr* der Individuen untereinander voraus. Die Form dieses Verkehrs ist wieder durch die Produktion bedingt.

Die Beziehungen verschiedener Nationen untereinander hängen davon ab, wie weit jede von ihnen ihre Produktivkräfte[2], die Teilung der Arbeit und den innern Verkehr entwickelt hat. Dieser Satz ist allgemein anerkannt. Aber nicht nur die Beziehung einer Nation zu anderen, sondern auch die ganze innere Gliederung dieser Nation selbst hängt von der Entwicklungsstufe ihrer Produktion und ihres innern und äußern Verkehrs ab. Wie weit die Produktionskräfte einer Nation entwickelt sind, zeigt am augenscheinlichsten der Grad, bis zu dem die Teilung der Arbeit entwickelt ist. Jede neue Produktivkraft, sofern sie nicht eine bloß quantitative Ausdehnung der bisher schon bekannten Produktivkräfte ist (z. B. Urbarmachung von Ländereien), hat eine neue Ausbildung der Teilung der Arbeit zur Folge.

[...]

Ferner ist mit der Teilung der Arbeit zugleich der Widerspruch zwischen dem Interesse des einzelnen Individuums oder der einzelnen Familie und dem gemeinschaftlichen Interesse aller Individuen, die miteinander verkehren, gegeben [...]. Und endlich bietet uns die Teilung der Arbeit gleich das erste Beispiel davon dar, dass, solange die Menschen sich in der naturwüchsigen Gesellschaft befinden, solange also die Spaltung zwischen dem besondern und gemeinsamen Interesse existiert, solange die Tätigkeit also nicht freiwillig, sondern naturwüchsig geteilt ist, die eigne Tat des Menschen ihm zu einer fremden, gegenüberstehenden Macht wird, die ihn unterjocht, statt dass er sie beherrscht. Sowie nämlich die Arbeit verteilt zu werden anfängt, hat jeder einen bestimmten ausschließlichen Kreis der Tätigkeit, der ihm aufgedrängt wird, aus dem er nicht heraus kann; er ist Jäger, Fischer oder Hirt oder kritischer Kritiker und muss es bleiben, wenn er nicht die Mittel zum Leben verlieren will – während in der kommunistischen Gesellschaft, wo jeder nicht einen ausschließlichen Kreis der Tätigkeit hat, sondern sich in jedem beliebigen Zweige ausbilden kann, die Gesellschaft die allgemeine Produktion regelt und mir eben dadurch möglich macht, heute dies, morgen jenes zu tun, morgens zu jagen, nachmittags zu fischen, abends Viehzucht zu treiben, nach dem Essen zu kritisieren, wie ich gerade Lust habe, ohne je Jäger, Fischer, Hirt oder Kritiker zu werden. Dieses Sichfestsetzen der sozialen Tätigkeit, diese Konsolidation unsres eignen Produkts zu einer sachlichen Gewalt über uns, die unsrer Kontrolle entwächst, unsre Erwartungen durchkreuzt, unsre Berechnungen zunichte macht, ist eines der Hauptmomente in der bisherigen geschichtlichen Entwicklung [...].

Karl Marx

(1818–1883)

Karl Marx wurde am 5. Mai 1818 als zweites von acht Kindern in Trier geboren. Die jüdischen Eltern ließen ihre Kinder evangelisch taufen um ihnen Schwierigkeiten und Repressalien zu ersparen. Der Beruf des Vaters – er war Rechtsanwalt – garantierte seinen Kindern eine gründliche Schulbildung.
Schon früh während seines Jura-Studiums in Bonn und Berlin beschäftigte sich Marx mit dem philosophischen System Hegels. Seine Kritik an Hegel verband er mit der an den gesellschaftspolitischen Zuständen in Preußen. Hegel warf er vor, diese in seiner Geschichtsphilosophie sanktioniert zu haben.
1841 promovierte Marx an der Universität zu Jena über ein Thema aus der Naturphilosophie. Er zog 1842 nach Köln, wo er sich als Redakteur der in Köln erscheinenden liberalen „Rheinischen Zeitung" mit Problemen ökonomischer und politischer Art befasste: So kritisierte er die Ständeverfassung des Preußischen Staats und musste 1843 u. a. deshalb die Redakteurstelle aufgeben. Zur selben Zeit heiratete Marx seine Jugendliebe Jenny von Westphalen, die Tochter eines preußischen Geheimen Regierungsrates – beide setzten ihre Heirat gegen die Widerstände ihrer Familien durch.
Das Paar zog nach Paris, musste die Stadt aber bald wieder verlassen, weil die preußische Regierung Marx' Ausweisung verlangt hatte. Sie flohen weiter nach Brüssel, wo Marx den Fabrikantensohn Friedrich Engels kennen lernte, mit dem ihn später eine lebenslange tiefe Freundschaft verband. Engels finanzierte seinen Freund in Notlagen immer wieder bis zu seinem Tod. In Brüssel formulierte Marx 1848 gemeinsam mit Engels das „Manifest der Kommunistischen Partei", das als politische Kampfschrift des Bundes der Kommunisten zugleich die Grundgedanken des „Historischen Materialismus" zusammenfasst. Nach Abschiebung und Verhaftung ging Marx mit seiner Familie nach London. Die Familie befand sich immer wieder am Rande des Existenzminimums. Trotzdem ließ sich Marx nicht von seinen Studien abbringen und veröffentlichte 1867 sein Hauptwerk „Das Kapital – Kritik der politischen Ökonomie. 1. Band". Hier untersucht er die Entwicklungsgesetze der kapitalistischen Gesellschaft. Der Motor des Kapitalismus sei der durch Ausbeutung der Arbeiterklasse erworbene Mehrwert. Trotz Krankheit und wirtschaftlichen Elends widmete sich Marx weiterhin der Organisation der kommunistischen Bewegung. Er starb am 14. März 1883.

Der Kommunismus ist für uns nicht ein *Zustand*, der hergestellt werden soll, ein *Ideal*, wonach die Wirklichkeit sich zu richten haben [wird]. Wir nennen Kommunismus die *wirkliche* Bewegung, welche den jetzigen Zustand aufhebt. Die Bedingungen dieser Bewegung ergeben sich aus den jetzt bestehenden Voraussetzungen.

(Karl Marx/Friedrich Engels, Die deutsche Ideologie. Kritik der neuesten deutschen Philosophie in ihren Repräsentanten Feuerbach, B. Bauer und Stirner und des deutschen Sozialismus in seinen verschiedenen Propheten [1845/46]. In: Marx/Engels-Werke. [MEW] Bd. 3. Dietz Verlag, Berlin/DDR 1958, S. 20–22, 32–35)

1 orohydrographisch: die Wasserverhältnisse betreffend

2 Produktivkräfte, auch Produktionskräfte: die zur materiellen Produktion benötigten Kräfte, also sowohl arbeitende Menschen als auch Werkzeuge, Maschinen, Grund und Boden usw.

1 Tragen Sie die allgemeinen Voraussetzungen zusammen, die Marx/Engels für ihre Geschichtsphilosophie reklamieren, und machen Sie dabei die Differenzen zu Hegels Ansatz deutlich.

2 Wovon ist die menschliche Identität und somit auch die der menschlichen Gesellschaft in ihren verschiedenen Entwicklungsstufen abhängig?

3 Welche Aussagen finden Sie im Text über die Zustände in der idealen kommunistischen Gesellschaft?

Im Folgenden versuchen Marx und Engels **die Entwicklungsstufen der menschlichen Gesellschaft** zu rekonstruieren, indem sie diese auf unterschiedliche Eigentumsformen zurückführen. In diesem Zusammenhang gehen sie auch auf die Rolle des Bewusstseins bzw. auf die der geistigen Produktionen ein.

Die verschiedenen Entwicklungsstufen der Teilung der Arbeit sind ebenso viel verschiedene Formen des Eigentums; d. h., die jedesmalige Stufe der Teilung der Arbeit bestimmt auch die Verhältnisse der Individuen zueinander in Beziehung auf das Material, Instrument und Produkt der Arbeit.

Die erste Form des Eigentums ist das Stammeigentum. Es entspricht der unentwickelten Stufe der Produktion, auf der ein Volk von Jagd und Fischfang, von Viehzucht oder höchstens vom Ackerbau sich nährt. Es setzt in diesem letzteren Falle eine große Masse unbebauter Ländereien voraus. Die Teilung der Arbeit ist auf dieser Stufe noch sehr wenig entwickelt und beschränkt sich auf eine weitere Ausdehnung der in der Familie gegebenen naturwüchsigen Teilung der Arbeit. Die gesellschaftliche Gliederung beschränkt sich daher auf eine Ausdehnung der Familie: patriarchalische Stammhäupter, unter ihnen die Stammmitglieder, endlich Sklaven. Die in der Familie latente Sklaverei entwickelt sich erst allmählich mit der Vermehrung der Bevölkerung und der Bedürfnisse und mit der Ausdehnung des äußern Verkehrs, sowohl des Kriegs wie des Tauschhandels.

Die zweite Form ist das antike Gemeinde- und Staatseigentum, das namentlich aus der Vereinigung mehrerer Stämme zu einer *Stadt* durch Vertrag oder Eroberung hervorgeht und bei dem die Sklaverei fortbestehen bleibt. Neben dem Gemeindeeigentum entwickelt sich schon das mobile und später auch das immobile Privateigentum, aber als eine abnorme, dem Gemeindeeigentum untergeordnete Form. Die Staatsbürger besitzen nur in ihrer Gemeinschaft die Macht über ihre arbeitenden Sklaven und sind schon deshalb an die Form des Gemeindeeigentums gebunden. Es ist das gemeinschaftliche Privateigentum der aktiven Staatsbürger, die den Sklaven gegenüber gezwungen sind in dieser naturwüchsigen Weise der Assoziation[1] zu bleiben. Daher verfällt die ganze hierauf basierende Gliederung der Gesellschaft und mit ihr die Macht des Volks in demselben Grade, in dem namentlich das immobile Privateigentum sich entwickelt. Die Teilung der Arbeit ist schon entwickelter. Wir finden

schon den Gegensatz von Stadt und Land, später den Gegensatz zwischen Staaten, die das städtische und die das Landinteresse repräsentieren, und innerhalb der Städte selbst den Gegensatz zwischen Industrie und Seehandel. Das Klassenverhältnis zwischen Bürgern und Sklaven ist vollständig ausgebildet.
[...]
Die dritte Form ist das feudale oder ständische Eigentum. Wenn das Altertum von der *Stadt* und ihrem kleinen Gebiet ausging, so ging das Mittelalter vom *Lande* aus. Die vorgefundene dünne, über eine große Bodenfläche zersplitterte Bevölkerung, die durch die Eroberer keinen großen Zuwachs erhielt, bedingte diesen veränderten Ausgangspunkt. Im Gegensatz zu Griechenland und Rom beginnt die feudale Entwicklung daher auf einem viel ausgedehnteren, durch die römischen Eroberungen und die anfangs damit verknüpfte Ausbreitung der Agrikultur vorbereiteten Terrain. Die letzten Jahrhunderte des verfallenden römischen Reichs und die Eroberung durch die Barbaren selbst zerstörten eine Masse von Produktivkräften; der Ackerbau war gesunken, die Industrie aus Mangel an Absatz verfallen, der Handel eingeschlafen oder gewaltsam unterbrochen, die ländliche und städtische Bevölkerung hatte abgenommen. Diese vorgefundenen Verhältnisse und die dadurch bedingte Weise der Organisation der Eroberung entwickelten unter dem Einflusse der germanischen Heerverfassung das feudale Eigentum. Es beruht, wie das Stamm- und Gemeindeeigentum, wieder auf einem Gemeinwesen, dem aber nicht wie dem antiken die Sklaven, sondern die leibeigenen kleinen Bauern als unmittelbar produzierende Klasse gegenüberstehen. Zugleich mit der vollständigen Ausbildung des Feudalismus tritt noch der Gegensatz gegen die Städte hinzu. Die hierarchische Gliederung des Grundbesitzes und die damit zusammenhängenden bewaffneten Gefolgschaften gaben dem Adel die Macht über die Leibeignen. Diese feudale Gliederung war ebenso gut wie das antike Gemeindeeigentum eine Assoziation gegenüber der beherrschten produzierenden Klasse; nur war die Form der Assoziation und das Verhältnis zu den unmittelbaren Produzenten verschieden, weil verschiedene Produktionsbedingungen vorlagen.
Dieser feudalen Gliederung des Grundbesitzes entsprach in den *Städten* das korporative Eigentum, die feudale Organisation des Handwerks. Das Eigentum bestand hier hauptsächlich in der Arbeit jedes Einzelnen. Die Notwendigkeit der Assoziation gegen den assoziierten Raubadel, das Bedürfnis gemeinsamer Markthallen in einer Zeit, wo der Industrielle zugleich Kaufmann war, die wachsende Konkurrenz der den aufblühenden Städten zuströmenden entlaufenen Leibeignen, die feudale Gliederung des ganzen Landes führten die *Zünfte* herbei; die allmählich ersparten kleinen Kapitalien einzelner Handwerker und ihre stabile Zahl bei der wachsenden Bevölkerung entwickelten das Gesellen- und Lehrlingsverhältnis, das in den Städten eine ähnliche Hierarchie zustande brachte wie die auf dem Lande.
Das Haupteigentum bestand während der Feudalepoche also in Grundeigentum mit daran geketteter Leibeignenarbeit einerseits und eigner Arbeit mit kleinem, die Arbeit von Gesellen beherrschendem Kapital andrerseits. Die Gliederung von Beiden war durch die bornierten Produktionsverhältnisse – die geringe und rohe Bodenkultur und die handwerksmäßige Industrie – bedingt. Teilung der Arbeit fand in der Blüte des Feudalismus wenig statt. Jedes Land hatte den Gegensatz von Stadt und Land in sich; die Ständegliederung war allerdings sehr scharf ausgeprägt, aber außer der Scheidung von Fürsten, Adel, Geistlichkeit und Bauern auf dem Lande und Meistern, Gesellen, Lehrlingen und bald auch Taglöhnerpöbel in den Städten fand keine bedeutende Teilung statt. Im Ackerbau war sie durch die parzellierte Bebauung erschwert, neben der die Hausindustrie der Bauern selbst aufkam, in der Industrie war die Arbeit in den einzelnen Handwerken

selbst gar nicht, unter ihnen sehr wenig geteilt. Die Teilung von Industrie und Handel wurde in älteren Städten vorgefunden, entwickelte sich in den neueren erst später, als die Städte unter sich in Beziehung traten.

Die Zusammenfassung größerer Länder zu feudalen Königreichen war für den Grundadel wie für die Städte ein Bedürfnis. Die Organisation der herrschenden Klasse, des Adels, hatte daher überall einen Monarchen an der Spitze.

Die Tatsache ist also die: bestimmte Individuen, die auf bestimmte Weise produktiv tätig sind, gehen diese bestimmten gesellschaftlichen und politischen Verhältnisse ein. Die empirische Beobachtung muss in jedem einzelnen Fall den Zusammenhang der gesellschaftlichen und politischen Gliederung mit der Produktion empirisch und ohne alle Mystifikation und Spekulation aufweisen. Die gesellschaftliche Gliederung und der Staat gehen beständig aus dem Lebensprozess bestimmter Individuen hervor; aber dieser Individuen, nicht wie sie in der eigenen oder fremden Vorstellung erscheinen mögen, sondern wie sie *wirklich* sind, d. h. wie sie wirken, materiell produzieren, also wie sie unter bestimmten materiellen und von ihrer Willkür unabhängigen Schranken, Voraussetzungen und Bedingungen tätig sind.

Die Produktion der Ideen, Vorstellungen, des Bewusstseins ist zunächst unmittelbar verflochten in die materielle Tätigkeit und den materiellen Verkehr der Menschen, Sprache des wirklichen Lebens. Das Vorstellen, Denken, der geistige Verkehr der Menschen erscheinen hier noch als direkter Ausfluss ihres materiellen Verhaltens. Von der geistigen Produktion, wie sie in der Sprache der Politik, der Gesetze, der Moral, der Religion, Metaphysik usw. eines Volkes sich darstellt, gilt dasselbe. Die Menschen sind die Produzenten ihrer Vorstellungen, Ideen pp., aber die wirklichen, wirkenden Menschen, wie sie bedingt sind durch eine bestimmte Entwicklung ihrer Produktivkräfte und des denselben entsprechenden Verkehrs bis zu seinen weitesten Formationen hinauf. Das Bewusstsein kann nie etwas Andres sein als das bewusste Sein und das Sein des Menschen ist ihr wirklicher Lebensprozess. Wenn in der ganzen Ideologie die Menschen und ihre Verhältnisse wie in einer Camera obscura[2] auf den Kopf gestellt erscheinen, so geht dies Phänomen ebenso sehr aus ihrem historischen Lebensprozess hervor, wie die Umdrehung der Gegenstände auf der Netzhaut aus ihrem unmittelbar physischen.

Ganz im Gegensatz zur deutschen Philosophie, welche vom Himmel auf die Erde herabsteigt, wird hier von der Erde zum Himmel gestiegen. D. h., es wird nicht ausgegangen von dem, was die Menschen sagen, sich einbilden, sich vorstellen, auch nicht von den gesagten, gedachten, eingebildeten, vorgestellten Menschen um davon aus bei den leibhaftigen Menschen anzukommen; es wird von den wirklich tätigen Menschen ausgegangen und aus ihrem wirklichen Lebensprozess auch die Entwicklung der ideologischen Reflexe und Echos dieses Lebensprozesses dargestellt. Auch die Nebelbildungen im Gehirn der Menschen sind notwendige Sublimate[3] ihres materiellen, empirisch konstatierbaren und an materielle Voraussetzungen geknüpften Lebensprozesses. Die Moral, Religion, Metaphysik und sonstige Ideologie und die ihnen entsprechenden Bewusstseinsformen behalten hiermit nicht länger den Schein der Selbstständigkeit. Sie haben keine Geschichte, sie haben keine Entwicklung, sondern die ihre materielle Produktion und ihren materiellen Verkehr entwickelnden Menschen ändern mit dieser ihrer Wirklichkeit auch ihr Denken und die Produkte ihres Denkens. Nicht das Bewusstsein bestimmt das Leben, sondern das Leben bestimmt das Bewusstsein. In der ersten Betrachtungsweise geht man von dem Bewusstsein als dem lebendigen Individuum aus, in der zweiten, dem wirklichen Leben entsprechenden, von den wirklichen lebendigen Individuen selbst und betrachtet das Bewusstsein nur als *ihr* Bewusstsein.

(Karl Marx/Friedrich Engels, Die deutsche Ideologie. Kritik der neuesten deutschen Philosophie in ihren Repräsentanten Feuerbach, B. Bauer und Stirner und des deutschen Sozialismus in seinen verschiedenen Propheten [1845/46]. In: MEW. Bd. 3. Dietz Verlag, Berlin/DDR 1958, S. 22–27)

1 Assoziation: Vereinigung, Zusammenschluss
2 Camera obscura: Lochkamera
3 Sublimate: hier: Niederschläge

1 Kennzeichnen Sie die ersten drei von Marx/Engels angesetzten Geschichtsepochen im Hinblick auf den Entwicklungsstand der Produktivkräfte und Eigentums- bzw. Produktionsverhältnisse.

2 Wie ordnen Marx/Engels die Bewusstseinsphänomene in ihr geschichtliches Entwicklungsschema ein? Suchen Sie hier Beispiele, etwa aus dem Bereich der Religion, und ordnen sie diese den jeweiligen Epochen zu.

Das **Verhältnis von Bewusstseinsphänomenen**, dem sogenannten Überbau, **zur materiellen Basis**, den Produktivkräften und Produktionsverhältnissen, behandelt auch der folgende – fast 15 Jahre später entstandene – Text. In sehr dichter Weise stellt er das von Marx angenommene Entwicklungsprinzip der menschlichen Gesellschaft dar.

Das allgemeine Resultat, das sich mir ergab und, einmal gewonnen, meinen Studien zum Leitfaden diente, kann kurz so formuliert werden: In der gesellschaftlichen Produktion ihres Lebens gehen die Menschen bestimmte, notwendige, von ihrem Willen unabhängige Verhältnisse ein, Produktionsverhältnisse, die einer bestimmten Entwicklungsstufe ihrer materiellen Produktivkräfte entsprechen. Die Gesamtheit dieser Produktionsverhältnisse bildet die ökonomische Struktur der Gesellschaft, die reale Basis, worauf sich ein juristischer und politischer Überbau erhebt, und welcher bestimmte gesellschaftliche Bewusstseinsformen entsprechen. Die Produktionsweise des materiellen Lebens bedingt den sozialen, politischen und geistigen Lebensprozess überhaupt. Es ist nicht das Bewusstsein der Menschen, das ihr Sein, sondern umgekehrt ihr gesellschaftliches Sein, das ihr Bewusstsein bestimmt. Auf einer gewissen Stufe ihrer Entwicklung geraten die materiellen Produktivkräfte der Gesellschaft in Widerspruch mit den vorhandenen Produktionsverhältnissen oder, was nur ein juristischer Ausdruck dafür ist, mit den Eigentumsverhältnissen, innerhalb deren sie sich bisher bewegt hatten. Aus Entwicklungsformen der Produktivkräfte schlagen diese Verhältnisse in Fesseln derselben um. Es tritt dann eine Epoche sozialer Revolution ein. Mit der Veränderung der ökonomischen Grundlage wälzt sich der ganze ungeheure Überbau langsamer oder rascher um. In der Betrachtung solcher Umwälzungen muss man stets unterscheiden zwischen der materiellen, naturwissenschaftlich treu zu konstatierenden Umwälzung in den ökonomischen Produktionsbedingungen und den juristischen, politischen, religiösen, künstlerischen oder philosophischen, kurz, ideologischen Formen, worin sich die Menschen dieses Konflikts bewusst werden und ihn ausfechten. Sowenig man das, was ein Individuum ist, nach dem beurteilt, was es sich selbst dünkt, ebenso wenig kann man eine solche Umwälzungsepoche aus ihrem Bewusstsein beurteilen, sondern muss vielmehr dies Bewusstsein aus den Widersprüchen des materiellen Lebens, aus dem vorhandenen Konflikt zwischen gesellschaftlichen Produktivkräften und Produktionsverhältnissen erklären. Eine Gesellschaftsformation geht nie unter, bevor alle Produktivkräfte entwickelt sind, für die sie weit genug ist, und neue höhere Produktionsverhältnisse treten nie an die Stelle, bevor die materiellen Existenzbedingungen derselben im Schoß der alten Gesellschaft selbst ausgebrütet worden sind. Daher stellt sich die Menschheit immer nur Aufgaben, die sie lösen kann, denn genauer betrachtet wird sich stets finden, dass die Aufgabe selbst nur entspringt, wo die materiellen Bedingungen ihrer Lösung schon vorhanden oder wenigstens im Prozess ihres Werdens begriffen sind. In großen Umrissen können asiatische, antike, feudale und modern bürgerliche Produktionsweisen als progressive Epochen der ökonomischen Gesellschaftsformation bezeichnet werden. Die bürgerlichen Produktionsverhältnisse sind die letzte antagonistische[1] Form des gesellschaftlichen Produktionsprozesses, antagonistisch nicht im Sinn von individuellem Antagonismus, sondern eines aus den gesellschaftlichen Lebensbedingungen der Individuen hervorwachsenden Antagonismus, aber die im Schoß der bürgerlichen Gesellschaft sich entwickelnden Produktivkräfte schaffen zugleich die materiellen Bedingungen zur Lösung dieses Antagonismus. Mit dieser Gesellschaftsformation schließt daher die Vorgeschichte der menschlichen Gesellschaft ab.

(Karl Marx, Zur Kritik der politischen Ökonomie. [1859]. Vorwort. In: MEW. Bd. 13. Dietz Verlag, Berlin/DDR 1961, S. 8 f.)

1 antagonistisch: prinzipiell gegensätzlich, widerstreitend

1 Beschreiben Sie im Anschluss an diesen Text das Verhältnis von Basis und Überbau und verdeutlichen Sie es an Beispielen aus den Bereichen des Rechts und der Politik.
2 Wie erklärt Marx die geschichtliche Fortentwicklung in verschiedenen Gesellschaftsformen?
3 Wovon leitet Marx das Recht ab, alle bisherige Geschichte als „Vorgeschichte der menschlichen Gesellschaft" zu bezeichnen?

Die folgenden Textauszüge entstammen dem **„Kommunistischen Manifest"** von 1848, einer vor allem an die Arbeiterbewegung gerichteten politischen Kampfschrift, die die philosophisch entwickelte Lehre von den Bewegungsgesetzen der Geschichte transparent zu machen versucht – zum Zweck des revolutionären Handelns. Es beginnt mit den viel zitierten Worten: „Ein Gespenst geht um in Europa – das Gespenst des Kommunismus".

Die Geschichte aller bisherigen Gesellschaft ist die Geschichte von Klassenkämpfen.
Freier und Sklave, Patrizier und Plebejer, Baron und Leibeigener, Zunftbürger und Gesell, kurz, Unterdrücker und Unterdrückte standen in stetem Gegensatz zueinander, führten einen ununterbrochenen, bald versteckten, bald offenen Kampf, einen Kampf, der jedesmal mit einer revolutionären Umgestaltung der ganzen Gesellschaft endete oder mit dem gemeinsamen Untergang der kämpfenden Klassen.
In den früheren Epochen der Geschichte finden wir fast überall eine vollständige Gliederung der Gesellschaft in verschiedene Stände, eine mannigfaltige Abstufung der gesellschaftlichen Stellungen. Im alten Rom haben wir Patrizier, Ritter, Plebejer, Sklaven; im Mittelalter Feudalherren, Vasallen, Zunftbürger, Gesellen, Leibeigene und noch dazu in fast jeder dieser Klassen wieder besondere Abstufungen.
Die aus dem Untergang der feudalen Gesellschaft hervorgegangene moderne bürgerliche Gesellschaft hat die Klassengegensätze nicht aufgehoben. Sie hat nur neue Klassen, neue Bedingungen der Unterdrückung, neue Gestaltungen des Kampfes an die Stelle der alten gesetzt.
Unsere Epoche, die Epoche der Bourgeoisie, zeichnet sich jedoch dadurch aus, dass sie die Klassengegensätze vereinfacht hat. Die

ganze Gesellschaft spaltet sich mehr und mehr in zwei große feindliche Lager, in zwei große, einander direkt gegenüberstehende Klassen: Bourgeoisie und Proletariat.

Aus den Leibeigenen des Mittelalters gingen die Pfahlbürger der ersten Städte hervor: aus dieser Pfahlbürgerschaft entwickelten sich die ersten Elemente der Bourgeoisie. [...]

Die bisherige feudale oder zünftige Betriebsweise der Industrie reichte nicht mehr aus für den mit neuen Märkten anwachsenden Bedarf. Die Manufaktur trat an ihre Stelle. Die Zunftmeister wurden verdrängt durch den industriellen Mittelstand; die Teilung der Arbeit zwischen den verschiedenen Korporationen verschwand vor der Teilung der Arbeit in der einzelnen Werkstatt selbst.

Aber immer wuchsen die Märkte, immer stieg der Bedarf. Auch die Manufaktur reichte nicht mehr aus. Da revolutionierten der Dampf und die Maschinerie die industrielle Produktion. An die Stelle der Manufaktur trat die moderne große Industrie, an die Stelle des industriellen Mittelstandes traten die industriellen Millionäre, die Chefs ganzer industrieller Armeen, die modernen Bourgeois.

Die große Industrie hat den Weltmarkt hergestellt, den die Entdeckung Amerikas vorbereitete. Der Weltmarkt hat dem Handel, der Schifffahrt, den Landkommunikationen eine unermessliche Entwicklung gegeben. Diese hat wieder auf die Ausdehnung der Industrie zurückgewirkt und in demselben Maße, worin Industrie, Handel, Schifffahrt, Eisenbahnen sich ausdehnten, in demselben Maße entwickelte sich die Bourgeoisie, vermehrte sie ihre Kapitalien, drängte sie alle vom Mittelalter her überlieferten Klassen in den Hintergrund.

Wir sehen also, wie die moderne Bourgeoisie selbst das Produkt eines langen Entwicklungsganges, einer Reihe von Umwälzungen in der Produktions- und Verkehrsweise ist.

Jede dieser Entwicklungsstufen der Bourgeoisie war begleitet von einem entsprechenden politischen Fortschritt. Unterdrückter Stand unter der Herrschaft der Feudalherren, bewaffnete und sich selbst verwaltende Assoziation in der Kommune, hier unabhängige städtische Republik, dort dritter steuerpflichtiger Stand der Monarchie, dann zur Zeit der Manufaktur Gegengewicht gegen den Adel in den ständischen oder in der absoluten Monarchie und Hauptgrundlage der großen Monarchien überhaupt, erkämpfte sie sich endlich seit der Herstellung der großen Industrie und des Weltmarktes im modernen Repräsentativstaat die ausschließliche politische Herrschaft. Die moderne Staatsgewalt ist nur ein Ausschuss, der die gemeinschaftlichen Geschäfte der ganzen Bourgeoisklasse verwaltet.

Die Bourgeoisie hat in der Geschichte eine höchst revolutionäre Rolle gespielt.

Die Bourgeoisie, wo sie zur Herrschaft gekommen, hat alle feudalen, patriarchalischen, idyllischen Verhältnisse zerstört. Sie

Manifest der Kommunistischen Partei.

Veröffentlicht im Februar 1848.

Proletarier aller Länder vereinigt euch.

London.

Gedruckt in der Office der „Bildungs-Gesellschaft für Arbeiter" von J. E. Burghard.

46, Liverpool Street, Bishopsgate.

Titelblatt des „Kommunistischen Manifests" von 1848

Arbeit in einer Textilfabrik (Stahlstich, um 1840)

hat die buntscheckigen Feudalbande, die den Menschen an seinen natürlichen Vorgesetzten knüpften, unbarmherzig zerrissen und kein anderes Band zwischen Mensch und Mensch übrig gelassen als das nackte Interesse, als die gefühllose „bare Zahlung". Sie hat die heiligen Schauer der frommen Schwärmerei, der ritterlichen Begeisterung, der spießbürgerlichen Wehmut in dem eiskalten Wasser egoistischer Berechnung ertränkt. Sie hat die persönliche Würde in den Tauschwert aufgelöst und an die Stelle der zahllosen verbrieften und wohlerworbenen Freiheiten die *eine* gewissenlose Handelsfreiheit gesetzt. Sie hat, mit einem Wort, an die Stelle der mit religiösen und politischen Illusionen verhüllten Ausbeutung die offene, unverschämte, direkte, dürre Ausbeutung gesetzt.

Die Bourgeoisie hat alle bisher ehrwürdigen und mit frommer Scheu betrachteten Tätigkeiten ihres Heiligenscheins entkleidet. Sie hat den Arzt, den Juristen, den Pfaffen, den Poeten, den Mann der Wissenschaft in ihre bezahlten Lohnarbeiter verwandelt.

Die Bourgeoisie hat dem Familienverhältnis seinen rührend-sentimentalen Schleier abgerissen und es auf ein reines Geldverhältnis zurückgeführt. [...]

(Karl Marx/Friedrich Engels, Manifest der Kommunistischen Partei [1848]. Reclam Verlag, Stuttgart 1969, S. 23–26)

1 *Charakterisieren Sie die bürgerliche Gesellschaft als vierte Geschichtsepoche und zeigen Sie auf, wie Marx/Engels ihre Entwicklung aus der Feudalgesellschaft erklären. Inwieweit sehen sie den Aufstieg der Bourgeoisie als ambivalent?*

2 *Welche Rückschlüsse lassen sich aus der Erklärung für den Übergang zur bürgerlichen Gesellschaft für die übrigen Gesellschaftsformen ziehen und inwiefern kann Marx/Engels' Geschichtsauffassung als dialektisch bezeichnet werden?*

Wir haben also gesehn: Die Produktions- und Verkehrsmittel, auf deren Grundlage sich die Bourgeoisie heranbildete, wurden in der feudalen Gesellschaft erzeugt. Auf einer gewissen Stufe der Entwicklung dieser Produktions- und Verkehrsmittel entsprachen die Verhältnisse, worin die feudale Gesellschaft produzierte und austauschte, die feudale Organisation der Agrikultur und Manufaktur, mit einem Wort die feudalen Eigentumsverhältnisse den schon entwickelten Produktivkräften nicht mehr. Sie hemmten die Produktion, statt sie zu fördern. Sie verwandelten sich in ebenso viele Fesseln. Sie mussten gesprengt werden, sie wurden gesprengt.

An ihre Stelle trat die freie Konkurrenz mit der ihr angemessenen gesellschaftlichen und politischen Konstitution, mit der ökonomischen und politischen Herrschaft der Bourgeois-Klasse.

Unter unsern Augen geht eine ähnliche Bewegung vor. Die bürgerlichen Produktions- und Verkehrsverhältnisse, die bürgerlichen Eigentumsverhältnisse, die moderne bürgerliche Gesellschaft, die so gewaltige Produktions- und Verkehrsmittel hervorgezaubert hat, gleicht dem Hexenmeister, der die unterirdischen Gewalten nicht mehr zu beherrschen vermag, die er heraufbeschwor. Seit Dezennien ist die Geschichte der Industrie und des Handels nur noch die Geschichte der Empörung der modernen Produktivkräfte gegen die modernen Produktionsverhältnisse, gegen die Eigentumsverhältnisse, welche die Lebensbedingungen der Bourgeoisie und ihrer Herrschaft sind. Es genügt, die Handelskrisen zu nennen, welche in ihrer periodischen Wiederkehr immer drohender die Existenz der ganzen bürgerlichen Gesellschaft in Frage stellen. In den Handelskrisen wird ein großer Teil nicht nur der erzeugten Produkte, sondern sogar der bereits geschaffenen Produktivkräfte regelmäßig vernichtet. In den Krisen bricht eine gesellschaftliche Epidemie aus, welche allen früheren Epochen als ein Widersinn erschienen wäre – die Epidemie der Überproduktion. Die Gesellschaft findet sich plötzlich in einen Zustand momentaner Barbarei zurückversetzt; eine Hungersnot, ein allgemeiner Verwüstungskrieg scheinen ihr alle Lebensmittel abgeschnitten zu haben; die Industrie, der Handel scheinen vernichtet, und warum? Weil sie zu viel Zivilisation, zu viel Lebensmittel, zu viel Industrie, zu viel Handel besitzt. Die Produktivkräfte, die ihr zur Verfügung stehn, dienen nicht mehr zur Beförderung der bürgerlichen Zivilisation und der bürgerlichen Eigentumsverhältnisse; im Gegenteil, sie sind zu gewaltig für diese Verhältnisse geworden, sie werden von ihnen gehemmt, und sobald sie dies Hemmnis überwinden, bringen sie die ganze bürgerliche Gesellschaft in Unordnung, gefährden sie die Existenz des bürgerlichen Eigentums. Die bürgerlichen Verhältnisse sind zu eng geworden um den von ihnen erzeugten Reichtum zu fassen. – Wodurch überwindet die Bourgeoisie die Krisen? Einerseits durch die erzwungene Vernichtung einer Masse von Produktivkräften; andererseits durch die Eroberung neuer Märkte und die gründlichere Ausbeutung der alten Märkte. Wodurch also? Dadurch, dass sie allseitigere und gewaltigere Krisen vorbereitet und die Mittel den Krisen vorzubeugen vermindert.

Die Waffen, womit die Bourgeoisie den Feudalismus zu Boden geschlagen hat, richten sich jetzt gegen die Bourgeoisie selbst.

Aber die Bourgeoisie hat nicht nur die Waffen geschmiedet, die ihr den Tod bringen; sie hat auch die Männer gezeugt, die diese Waffen führen werden – die modernen Arbeiter, die *Proletarier*.

In demselben Maße, worin sich die Bourgeoisie, d. h. das Kapital, entwickelt, in demselben Maße entwickelt sich das Proletariat, die Klasse der modernen Arbeiter, die nur so lange leben, als sie Arbeit finden, und die nur so lange Arbeit finden, als ihre Arbeit das Kapital vermehrt. Diese Arbeiter, die sich stückweis verkaufen müssen, sind eine Ware wie jeder andre Handelsartikel und daher gleichmäßig allen Wechselfällen der Konkurrenz, allen Schwankungen des Marktes ausgesetzt. Die Arbeit der Proletarier hat durch die Ausdehnung der Maschinerie und die Teilung der Arbeit allen selbstständigen Charakter und damit allen Reiz für den Arbeiter verloren. Er wird ein bloßes Zubehör der Maschine, von dem nur der einfachste, eintönigste, am leichtesten erlernbare Handgriff verlangt wird. Die Kosten, die der Arbeiter verursacht, beschränken sich daher fast nur auf die Lebensmittel, die er zu seinem Unterhalt und zur Fortpflanzung seiner Rasse bedarf. Der Preis einer Ware, also auch der Arbeit, ist aber gleich ihren Produktionskosten. In demselben Maße, in dem die Widerwärtigkeit der Arbeit wächst, nimmt daher der Lohn ab. Noch mehr, in demselben Maße, wie Maschinerie und Teilung der Arbeit zunehmen, in demselben Maße nimmt auch die Masse der Arbeit zu, sei es durch Vermehrung der Arbeitsstunden, sei es durch Vermehrung der in einer gegebenen Zeit geforderten Arbeit, beschleunigten Lauf der Maschinen usw.

[...]

Das Proletariat macht verschiedene Entwicklungsstufen durch. Sein Kampf gegen die Bourgeoisie beginnt mit seiner Existenz.

Im Anfang kämpfen die einzelnen Arbeiter, dann die Arbeiter einer Fabrik, dann die Arbeiter eines Arbeitszweiges an einem Ort gegen den einzelnen Bourgeois, der sie direkt ausbeutet. Sie richten ihre Angriffe nicht nur gegen die bürgerlichen Produktionsverhältnisse, sie richten sie gegen die Produktionsinstrumente selbst; sie vernichten die fremden konkurrierenden Waren, sie zerschlagen die Maschinen, sie stecken die Fabriken in Brand, sie suchen sich die untergegangene Stellung des mittelalterlichen Arbeiters wieder zu erringen.

Auf dieser Stufe bilden die Arbeiter eine über das ganze Land zerstreute und durch die Konkurrenz zersplitterte Masse. Massenhaftes Zusammenhalten der Arbeiter ist noch nicht die Folge ihrer eigenen Vereinigung, sondern die Folge der Vereinigung der Bourgeoisie, die zur Erreichung ihrer eigenen politischen Zwecke das ganze Proletariat in Bewegung setzen muss und es einstweilen noch kann. Auf dieser Stufe bekämpfen die Proletarier also nicht ihre Feinde, sondern die Feinde ihrer Feinde, die Reste der absoluten Monarchie, die Grundeigentümer, die nicht-industriellen Bourgeois, die Kleinbürger. Die ganze geschichtliche Bewegung ist so in den Händen der Bourgeoisie konzentriert; jeder Sieg, der so errungen wird, ist ein Sieg der Bourgeoisie.

Aber mit der Entwicklung der Industrie vermehrt sich nicht nur das Proletariat; es wird in größeren Massen zusammengedrängt, seine Kraft wächst und es fühlt sie mehr. Die Interessen, die Lebenslagen innerhalb des Proletariats gleichen sich immer mehr aus, indem die Maschinerie mehr und mehr die Unterschiede der Arbeit verwischt und den Lohn fast überall auf ein gleich niedriges Niveau herabdrückt. [...] Die Arbeiter beginnen damit, Koalitionen gegen die Bourgeois zu bilden; sie treten zusammen zur Behauptung ihres Arbeitslohns. Sie stiften selbst dauernde Assoziationen um sich für die gelegentlichen Empörungen zu verproviantieren. Stellenweise bricht der Kampf in Emeuten[1] aus.

Von Zeit zu Zeit siegen die Arbeiter, aber nur vorübergehend. Das eigentliche Resultat ihrer Kämpfe ist nicht der unmittelbare Erfolg, sondern die immer weiter um sich greifende Vereinigung der Arbeiter. Sie wird befördert durch die wachsenden Kommunikationsmittel, die von der großen Industrie erzeugt werden und die Arbeiter der verschiedenen Lokalitäten miteinander in Verbindung setzen. Es bedarf aber bloß der Verbindung um die vielen Lokalkämpfe von überall gleichem Charakter zu einem nationalen, zu einem Klassenkampf zu zentralisieren. Jeder Klassenkampf aber ist ein politischer Kampf. [...]

Die Kollisionen der alten Gesellschaft überhaupt fördern mannigfach den Entwicklungsgang des Proletariats. Die Bourgeoisie befindet sich in fortwährendem Kampf; anfangs gegen die Aristokratie; später gegen die Teile der Bourgeoisie selbst, deren Interessen mit dem Fortschritt der Industrie in Widerspruch geraten; stets gegen die Bourgeoisie aller auswärtigen Länder. In allen diesen Kämpfen sieht sie sich genötigt an das Proletariat zu appellieren, seine Hilfe in Anspruch zu nehmen und es so in die politische Bewegung hineinzureißen. Sie selbst führt also dem Proletariat ihre eigenen Bildungselemente, d. h. Waffen gegen sich selbst, zu.

Es werden ferner, wie wir sahen, durch den Fortschritt der Industrie ganze Bestandteile der herrschenden Klasse ins Proletariat hinabgeworfen oder wenigstens in ihren Lebensbedingungen bedroht. Auch sie führen dem Proletariat eine Masse Bildungselemente zu.

In Zeiten endlich, wo der Klassenkampf sich der Entscheidung nähert, nimmt der Auflösungsprozess innerhalb der herrschenden Klasse, innerhalb der ganzen alten Gesellschaft, einen so heftigen, so grellen Charakter an, dass ein kleiner Teil der herrschenden[2] Klasse sich von ihr lossagt und sich der revolutionären Klasse anschließt, der Klasse, welche die Zukunft in ihren Händen trägt. Wie daher früher ein Teil des Adels zur Bourgeoisie überging, so geht jetzt ein Teil der Bourgeoisie zum Proletariat über, und namentlich ein Teil der Bourgeois-Ideologen, welche zum theoretischen Verständnis der ganzen geschichtlichen Bewegung sich hinaufgearbeitet haben.

Von allen Klassen, welche heutzutage der Bourgeoisie gegenüberstehen, ist nur das Proletariat eine wirklich revolutionäre Klasse. Die übrigen Klassen verkommen und gehen unter mit der großen Industrie, das Proletariat ist ihr eigenstes Produkt. [...]

Indem wir die allgemeinsten Phasen der Entwicklung des Proletariats zeichneten, verfolgten wir den mehr oder minder versteckten Bürgerkrieg innerhalb der bestehenden Gesellschaft bis zu dem Punkt, wo er in eine offene Revolution ausbricht und durch den gewaltsamen Sturz der Bourgeoisie das Proletariat seine Herrschaft begründet.

Alle bisherige Gesellschaft beruhte, wie wir gesehn haben, auf dem Gegensatz unterdrückender und unterdrückter Klassen. Um aber eine Klasse unterdrücken zu können, müssen ihr Bedingungen gesichert sein, innerhalb derer sie wenigstens ihre knechtische Existenz fristen kann. Der Leibeigene hat sich zum Mitglied der Kommune in der Leibeigenschaft herangearbeitet, wie der Kleinbürger zum Bourgeois unter dem Joch des feudalistischen Absolutismus. Der moderne Arbeiter dagegen, statt sich mit dem Fortschritt der Industrie zu heben, sinkt immer tiefer unter die Bedingungen seiner eigenen Klasse herab. Der Arbeiter wird zum Pauper und der Pauperismus entwickelt sich noch rascher als Bevölkerung und Reichtum. Es tritt hiermit offen hervor, dass die Bourgeoisie unfähig ist noch länger die herrschende Klasse der Gesellschaft zu bleiben und die Lebensbedingungen ihrer Klasse der Gesellschaft als regelndes Gesetz aufzuzwingen. Sie ist unfähig zu herrschen, weil sie unfähig ist ihrem Sklaven die Existenz selbst innerhalb seiner Sklaverei zu sichern, weil sie gezwungen ist ihn in eine Lage herabsinken zu lassen, wo sie ihn ernähren muss, statt von ihm ernährt zu werden. Die Gesellschaft kann nicht mehr unter ihr leben, d. h. ihr Leben ist nicht mehr verträglich mit der Gesellschaft.

Die wesentlichste Bedingung für die Existenz und für die Herrschaft der Bourgeois-Klasse ist die Anhäufung des Reichtums in den Händen von Privaten, die Bildung und Vermehrung des Kapitals: Die Bedingung des Kapitals ist die Lohnarbeit. Die Lohnarbeit beruht ausschließlich auf der Konkurrenz der Arbeiter unter sich. Der Fortschritt der Industrie, dessen willenloser und widerstandsloser Träger die Bourgeoisie ist, setzt an die Stelle der Isolierung der Arbeiter durch die Konkurrenz ihre revolutionäre Vereinigung durch die Assoziation. Mit der Entwicklung der großen Industrie wird also unter den Füßen der Bourgeoisie die Grundlage selbst weggezogen, worauf sie produziert und die

Produkte sich aneignet. Sie produziert vor allem ihren eigenen Totengräber. Ihr Untergang und der Sieg des Proletariats sind gleich unvermeidlich.

(Karl Marx/Friedrich Engels, Manifest der Kommunistischen Partei. [1848]. Reclam Verlag, Stuttgart 1969, S. 29–37

1 Emeuten: Meuterei
2 Hier meinen Marx und Engels sich u. a. auch selbst.

Karikatur von Roland Beier (1990)

1 *Wie deuten Marx/Engels ihre Gegenwart geschichtsphilosophisch und welche Zukunftsprognose steckt in dieser Deutung?*
2 *Welche Rolle spielt für Marx/Engels das Proletariat für die weitere geschichtliche Entwicklung? Gehen Marx/Engels bei der Bestimmung dieser Rolle von einem notwendigen Geschichtsverlauf aus?*
3 *Stellen Sie zusammen, worin sich Marx' und Engels' Geschichtsphilosophie insgesamt von der Hegels unterscheidet, aber auch, wo sie Voraussetzungen des hegelschen Ansatzes übernimmt.*
4 *Erörtern Sie die Berechtigung von häufig gegen Marx'/Engels' Geschichtsphilosophie erhobenen Vorwürfen, die im Folgenden in Form einer kurzen Frage wiedergegeben werden:*
  – *Kann die Annahme, dass alle Vorstellungen des Bewusstseins von den materiellen Produktionsbedingungen abhängig sind (Basis-Überbau-Theorie), die Vielfalt geschichtlicher Phänomene erklären?*
  – *Verallgemeinern Marx/Engels lediglich zeitbedingte Erscheinungsformen des frühen Industrialismus, wenn sie auf dieser Grundlage Aussagen über den weiteren Geschichtsverlauf machen?*
  – *Sind die Aussagen über den weiteren Verlauf der Geschichte überhaupt empirisch genügend abgesichert?*
  – *Welche unausgesprochenen normativen Vorstellungen fließen in Marx'/Engels' Geschichtsdeutung ein und steuern sie hinterrücks? Sind sie auf der Basis ihrer eigenen Theorie legitimierbar oder stammen sie aus anderen Quellen?*
  – *Verträgt sich die Annahme eines notwendig in eine bestimmte Richtung zielenden Geschichtsverlaufs mit der Freiheit des einzelnen Menschen?*
  – *Können Marx und Engels die Existenz ihrer Geschichtstheorie aus deren eigenen Grundlagen (Stellung der Ideen, des sog. Überbaus) zureichend erklären? Wie sieht dies offenbar der Karikaturist Roland Beier?*

3 *Die Genese der Idee vom Fortschritt in der Geschichte*

Allen bisher vorgestellten Geschichtstheorien von Kant bis Marx ist die Idee eines kontinuierlichen Fortschritts in der Geschichte hin zu mehr Freiheit und Gerechtigkeit gemeinsam; was sie unterscheidet, sind die unterschiedlichen Auffassungen über die Bewegungsgesetze dieses Fortschritts und über die Möglichkeit seiner eindeutigen Feststellung. Diese sich vornehmlich im 18. und der ersten Hälfte des 19. Jahrhunderts entwickelnde Vorstellung eines linear oder dialektisch fortschreitenden Geschichtsverlaufes steht in der Tradition der Aufklärung und bezeichnet eigentlich das, was man im engeren Sinn unter **Geschichtsphilosophie** versteht.

Geschichte wird hier also als ein universaler, die ganze Menschheit betreffender Fortschrittsprozess verstanden. Dem entspricht, dass erst mit der Aufklärung der Begriff „die Geschichte" oder „Geschichte überhaupt" als Kollektivsingular entsteht und so anzeigt, dass Geschichte nicht mehr als ungeordnete Ansammlung von Einzelereignissen, sondern als einheitlicher, prozessual bestimmter Erfahrungs- und Handlungsraum erscheint.

Gleichwohl fällt die durch die Aufklärung inspirierte und den Fortschrittsgedanken universal fassende Geschichtsphilosophie nicht einfach vom Himmel. Ihre geistigen Wurzeln liegen vielmehr sowohl im jüdisch-christlichen als auch im griechisch-antiken Verständnis von Geschichte. Die Geschichtsphilosophie kann mit gutem Recht als eine **Synthese** beider Grundauffassungen verstanden werden.

Die **biblisch-jüdische** Geschichtsschreibung beginnt zur Zeit Salomos (ca. 950 v. Chr.) und dient in besonderer Weise der Legitimation des israelitischen Königtums. Aus diesem Horizont besinnen sich die Geschichtsschreiber auf die Anfänge ihres Volkes zurück und verstehen dessen Geschichte im Spannungsfeld von **Verheißung** und **Erfüllung**: Was Gott, der mit seinem auserwählten Volk Geschichte macht, verheißt, erfüllt er auch, solange die Menschen seinem Willen gehorchen. So führt er etwa, wie Mose bereits in Ägypten verheißen, sein Bundesvolk nach über vierzigjähriger Wanderung durch die Wüste ins gelobte Land und schafft damit die Grundlage für ein Leben in Wohlstand und Glück für alle. Gott wird hier als souveräner Lenker der Geschichte gesehen, der sich in ihr zunehmend offenbart und dem Einzelnen wie dem ganzen Volk auf diese Weise geschichtlich konkretes Heil vermittelt.

Auch als das Volk Israel mehr und mehr mit historischen Negativerfahrungen wie der Teilung des Reiches und seiner Zerstörung durch die Assyrer und Babylonier konfrontiert wird, halten die Geschichtsschreiber am skizzierten Deutungsschema fest: Das erfahrene Unheil wird auf mangelnden Gehorsam Gott gegenüber zurückgeführt; Gott will, von den Propheten unzweideutig verkündet, soziale Gerechtigkeit und die Abkehr von allem Götzendienst, nur ist sein Wille vom größten Teil des Volkes missachtet worden und daraus resultiert das erfahrene Unheil. So bleibt Gott selber der mächtige Gebieter der Geschichte, der sie jederzeit wieder – bei einer Umkehr des Volkes – ins Positive wenden und sich in ihr als Heilsstifter zeigen kann. Die Vision eines Gottes Willen offenbarenden und für das ganze Volk Heil bringenden Geschichtszustandes bleibt auch und gerade im geschichtlichen Unglück bestimmend.

Erst mit dem aufkommenden **apokalyptischen** Geschichtsverständnis wandelt sich das alte biblisch-jüdische Deutungsmuster. So begreifen die Apokalyptiker (z. B. Daniel-Buch, ca. 170 v. Chr.) die fortgesetzten historischen Negativerfahrungen des Volkes als Zeichen da-

Marc Chagall (1887–1985), Der schützende Engel

für, dass Gott die Geschichte unerbittlich in den Untergang lenken wird. Sie wird in einer kosmischen Katastrophe, einem apokalyptischen Endgericht Gottes enden, mit dem das alte Zeitalter (Äon) untergeht. Danach wird Gott sein neues übergeschichtliches Reich errichten und dort denen, die nach seinem Willen gelebt haben, endgültiges Heil zuteil werden lassen. Die Hoffnung auf Erfüllung wird hier erstmalig auf das **Jenseits** gerichtet.

Nach **frühchristlicher** Auffassung ist mit Jesu Tod und Auferstehung das Ende der Geschichte erreicht, denn ihr Sinn ist erfüllt. Die frühen Christen übernehmen apokalyptische Vorstellungsmomente, wenn sie in Christus den zu erwartenden Weltenrichter sehen, der im Namen Gottes das Endgericht vollstrecken und sein neues jenseitiges Reich errichten wird. Da die frühen Christen mit dem schnellen Ende dieser Welt und mit der noch in ihrer Generation erlebten Wiederkunft Christi rechnen (sog. Naherwartung der Parusie), existiert für sie kein geschichtlich bedeutsamer Raum mehr.
Als die Parusie ausbleibt und sich Geschichte weiter ereignet, bildet sich als Antwort auf dieses Problem ein genuin christliches Geschichtsmodell, das schließlich in der **mittelalterlichen** Auffassung der Geschichte als **Heilsgeschichte** seinen Abschluss findet. Schon **Augustin** (354–430) lädt die Zeit nach Christus mit heilsgeschichtlichem Sinn auf, wenn er für sie zwei Reiche annimmt, die „civitas dei" (Bürgerschaft Gottes) und die „civitas terrena" (Bürgerschaft der Erde, auch des Teufels). Beide befinden sich in einem von Gott gewollten und letztlich gelenkten Streit, in dem sich die „civitas dei" schließlich durch den Sieg bewähren wird. **Joachim von Fiore** (1132–1202) eröffnet für die Geschichte noch eine weitere Zukunftsperspektive: Nach dem alttestamentlichen Zeitalter Gott-Vaters und dem neutestamentlich-kirchlichen des Gottes-Sohnes – also seiner eigenen Zeit – wird eine dritte Zeit des heiligen Geistes folgen, in der sich dieser über die Welt verbreiten wird. Das Ende der Geschichte und ihre Transformation in ein übergeschichtliches Reich Gottes ist erst am Schluss dieser dritten Epoche zu erwarten.

Dem **griechischen** Denken ist die Welt in erster Linie **„kósmos"** (Ordnung)[1]. Das Geordnetsein der Welt macht ihr Wesen aus und es rührt nach **Platos** „Timaios" (ca. 350 v. Chr.) aus dem Blick her, den der Demiurg (Weltbaumeister) bei der Gestaltung der Welt aus dem Chaos auf das Ewige, die reine und überzeitliche Vernunft, richtet. Die geschaffene Welt gilt als unvollkommenes, weil bewegtes und der Zeit unterworfenes Abbild dieser ewigen Vernunft. In der Welt des Werdens und Vergehens ist die Vernunft nur noch als ihre innere (mathematisch-überzeitliche) Ordnungsstruktur präsent. Damit schlägt Plato die menschliche Geschichte dem Bereich des Zufälligen und der äußeren Erscheinungen zu. Wahre Erkenntnis ist nur durch das Erfassen der ewigen Ideen möglich, nicht aber durch die Beschäftigung mit dem Konglomerat von zufälligen Einzelereignissen, das für ihn Geschichte darstellt.
Obschon **Aristoteles** (384–322 v. Chr.) den Boden der platonischen Ideenlehre verlässt und das Allgemeine, die Idee, in den Einzelgegenständen ansiedelt, übernimmt er Platos abschätzige Auffassung von Geschichte: Nach der „Poetik" etwa ist die Dichtkunst der Geschichtsschreibung überlegen, weil jene eher das Allgemeine, diese aber das Besondere im Blick hat. Das Allgemeine in reiner Form kann allerdings, wie bei Plato, erst die Philosophie erfassen. Aristoteles unterscheidet also ein substantiell-vernünftiges, von der Wissenschaft erkennbares Sein von einem akzidentellen, das nur zufällig geschieht (Geschichte) und daher wissenschaftlich nicht erschließbar ist.

1 Im älteren mythischen Denken der Griechen existiert auch die Vorstellung eines goldenen Zeitalters (Hesiod), in dem die Menschen ursprünglich lebten und von dem aus betrachtet die geschichtliche Zeit einen stetigen Abstieg bedeutet. Diese mythische Auffassung von Geschichte spielt aber im späteren philosophischen Denken Griechenlands keine entscheidende Rolle mehr.

Denken die Griechen eine unhistorische Vernunft als Grundlage der Weltordnung und überlassen die Geschichte dem Reich des Zufälligen, so erscheint Geschichte in jüdisch-christlicher Sicht als höchst bedeutsam, denn sie ist ein von Gott gelenktes, auf einen (diesseitigen bzw. jenseitigen) vollkommenen Zustand hin ausgerichtetes Geschehen. Damit sind die geistesgeschichtlichen Voraussetzungen für die Geschichtsphilosophie und ihre Synthesisleistung offen gelegt.
Auf der einen Seite akzeptiert nämlich die Philosophie der Aufklärung zumeist Gott nicht mehr als alles gestaltenden Lenker der Geschichte, zugleich benötigt sie Geschichte auf der anderen Seite als zukunftsträchtigen Rahmen und Hoffnungsträger für ihre Leitidee der Emanzipation des Menschen. So kann sie den in antiker Tradition stehenden Vernunftbegriff historisieren und an Stelle Gottes zum entscheidenden Bewegungsprinzip von Geschichte machen. Vernunft wird schließlich als sich in der Geschichte zunehmend realisierendes und auf ein ideales Ziel hinstrebendes Moment verstanden. Anders als in jüdisch-christlicher Tradition bleibt sie nicht der souveräne Herrscher über die Geschichte, sondern wird das in ihr endlich zu sich selbst kommende Prinzip. „Die Weltgeschichte ist das Weltgericht“ – dieser von Schiller geprägte und von Hegel übernommene Satz zeigt die eigentümliche Verschmelzung jüdisch-christlichen und antik-griechischen Denkens in der Geschichtsphilosophie in gebündelter Form.

1 *Stellen Sie fest, inwiefern die Geschichtstheorien von Kant bis Marx jüdische, christliche und griechische Vorstellungsmomente in unterschiedlicher Akzentuierung aufnehmen, und diskutieren Sie, was der Eingang religiöser Elemente in die Geschichtsphilosophie für die Gültigkeit ihrer zentralen Aussagen bedeutet. (Vgl. zu Hegel und Marx Karl Löwith, Weltgeschichte und Heilsgeschehen. Stuttgart/Berlin/Köln ^{8}1990, S. 38–61.)*

2 *In seinem Buch „Das Elend des Historizismus“ (dt. 1960) erhebt der 1994 verstorbene Philosoph* ***Karl Raimund Popper*** *gegen die traditionelle Geschichtsphilosophie, die er mit dem Begriff des Historizismus belegt, den psychologisch motivierten Vorwurf des verborgenen Konservativismus:*

„Könnte es sein, dass es die Historizisten selbst sind, die sich vor Veränderungen fürchten? Ist es vielleicht die Furcht vor der Veränderung, die sie so unfähig macht auf eine Kritik rational zu reagieren? Und könnte es vielleicht dieselbe Furcht sein, die die Anziehungskraft des Historizismus erklärt? Fast sieht es so aus, als versuchten die Historizisten sich für den Verlust einer unwandelbaren Welt dadurch zu entschädigen, dass sie sich an den Glauben klammern, der Wandel sei voraussagbar, weil er einem unerbittlichen Gesetz des weltgeschichtlichen Ablaufs unterliegt.“
(Karl R. Popper, Das Elend des Historizismus. J. C. B. Mohr Verlag, Tübingen ^{4}1974, S. 126)

Diskutieren Sie Poppers These unter besonderer Konzentration auf die geschichtsphilosophischen Ansätze von Hegel und Marx.

4 Die Kritik an der Geschichtsphilosophie

Mit der Ausweitung der historischen Kenntnisse auf bislang unbekannte Kulturkreise einher geht im 19. Jahrhundert eine zunehmend kritische Haltung gegenüber der geschichtsphilosophischen Tradition. Auch der Blick auf die Realgeschichte – so z. B. die Folgen der Französischen Revolution u. a. in Deutschland – stellt den Fortschrittsglauben der Aufklärung immer mehr in Frage.
Die relativierende Einordnung der Geschichte des eigenen Kulturkreises und die zunehmende Desillusionierung bedingt durch die Realgeschichte führen in der zweiten Hälfte des 19. Jahrhunderts und im 20. Jahrhundert zur Bildung von gegenaufklärerischen Geschichtsauffassungen. Die Auseinandersetzung mit den Ideen der Aufklärung reicht von Aufklärungskritik über Aufklärungsskepsis bis zur totalen Negation von Aufklärung.

4.1 Leopold von Ranke: Geschichte als Mannigfaltigkeit gleichberechtigter Epochen

Leopold von Ranke (1795–1886) gilt als der Begründer der modernen Geschichtswissenschaft. Er entwickelte insbesondere die Grundlage für die historische Quellenforschung und -kritik. Ranke verfolgt den Grundsatz, dass der Historiker nicht über die Geschichte richten, sondern lediglich aufzeigen solle, „wie es eigentlich gewesen" sei. Mit diesem Prinzip stellt sich Ranke in Gegensatz zur Geschichtsschreibung der Aufklärung. Für ihn besitzt jede Epoche einen historischen Eigenwert und ist als Individualität „unmittelbar zu Gott".

Der „Fortschritt" in der Geschichte

Wollte man mit manchem Philosophen annehmen, dass die ganze Menschheit sich von einem gegebenen Urzustande zu einem positiven Ziel fortentwickle, so könnte man sich dieses auf zweierlei Weise vorstellen: entweder, dass ein allgemein leitender Wille die Entwicklung des Menschengeschlechts von einem Punkt nach dem anderen förderte – oder, dass in der Menschheit gleichsam ein Zug der geistigen Natur liege, welcher die Dinge mit Notwendigkeit nach einem bestimmten Ziel hintreibt. – Ich möchte diese beiden Ansichten weder für philosophisch haltbar noch für historisch nachweisbar halten.
Philosophisch kann man diesen Gesichtspunkt nicht für annehmbar erklären, weil er im ersten Fall die menschliche Freiheit geradezu aufhebt und die Menschen zu willenlosen Werkzeugen stempelt; und weil im anderen Falle die Menschen geradezu entweder Gott oder gar nichts sein müssten.
Auch historisch sind diese Ansichten nicht nachweisbar; denn fürs Erste findet sich der größte Teil der Menschheit noch im Urzustande, im Ausgangspunkt selbst, und dann fragt es sich: was ist Fortschritt? Wo ist der Fortschritt der Menschheit zu bemerken? – Es gibt Elemente der großen historischen Entwicklung, die sich in der römischen und germanischen Nation fixiert haben; hier gibt es allerdings eine von Stufe zu Stufe sich entwickelnde geistige Macht. Ja, es ist in der ganzen Geschichte eine gleichsam historische Macht des menschlichen Geistes nicht zu verkennen; das ist eine in der Urzeit gegründete Bewegung, die sich mit einer gewissen Stetigkeit fortsetzt. Allein es gibt in der Menschheit überhaupt doch nur ein System von Bevölkerungen, welche an dieser allgemein historischen Bewegung teilneh-

men, dagegen andere, die davon ausgeschlossen sind. Wir können aber im Allgemeinen auch die in der historischen Bewegung begriffenen Nationalitäten nicht als im stetigen Fortschritt befindlich ansehen. Wenden wir z. B. unser Augenmerk auf Asien, so sehen wir, dass dort die Kultur entsprungen ist und dass dieser Weltteil mehrere Kulturepochen gehabt hat. Allein dort ist die Bewegung im Ganzen eher eine rückgängige gewesen; denn die älteste Epoche der asiatischen Kultur war die blühendste; die zweite und dritte Epoche, in welcher das griechische und römische Element dominierten, war schon nicht mehr so bedeutend und mit dem Einbrechen der Barbaren – der Mongolen – fand die Kultur in Asien vollends ein Ende. Man hat sich dieser Tatsache gegenüber mit der Hypothese geographischen Fortschreitens helfen wollen; allein ich muss es von vornherein für eine leere Behauptung erklären, wenn man annimmt, wie z. B. Peter der Große, die Kultur mache die Runde um den Erdball, sie sei vom Osten gekommen und kehre dahin wieder zurück.

Fürs Zweite ist hierbei ein anderer Irrtum zu vermeiden, nämlich der, als ob die fortschreitende Entwicklung der Jahrhunderte zu gleicher Zeit alle Zweige des menschlichen Wesens und Könnens umfasste. Die Geschichte zeigt uns, um beispielsweise nur einen Moment hervorzuheben, dass in der neueren Zeit die Kunst im 15. und in der ersten Hälfte des 16. Jahrhunderts am meisten geblüht hat; dagegen ist sie am Ende des 17. und in den ersten drei Vierteln des 18. Jahrhunderts am meisten heruntergekommen. Gerade so verhält es sich mit der Poesie. Auch hier sind es nur Momente, wo diese Kunst wirklich hervortritt; es zeigt sich jedoch nicht, dass sich dieselbe im Laufe der Jahrhunderte zu einer höheren Potenz steigert.

Wenn wir somit ein geographisches Entwicklungsgesetz ausschließen, wenn wir andererseits annehmen müssen, wie uns die Geschichte lehrt, dass Völker zugrunde gehen können, bei denen die begonnene Entwicklung nicht stetig alles umfasst, so werden wir besser erkennen, worin die fortdauernde Bewegung der Menschheit wirklich besteht. Sie beruht darauf, dass die großen geistigen Tendenzen, welche die Menschheit beherrschen, sich bald auseinander erheben, bald aneinander reihen. In diesen Tendenzen ist aber immer eine bestimmte partikuläre Richtung, welche vorwiegt und bewirkt, dass die übrigen zurücktreten. So war z. B. in der zweiten Hälfte des 16. Jahrhunderts das religiöse Element so überwiegend, dass das literarische vor demselben zurücktrat. Im 18. Jahrhundert hingegen gewann das Utilisierungsbestreben ein solches Terrain, dass vor diesem die Kunst und die ihr verwandten Tätigkeiten weichen mussten.

In jeder Epoche der Menschheit äußert sich also eine bestimmte große Tendenz und der Fortschritt beruht darauf, dass eine gewisse Bewegung des menschlichen Geistes in jeder Periode sich darstellt, welche bald die eine, bald die andere Tendenz hervorhebt und in derselben sich eigentümlich manifestiert.

Wollte man aber im Widerspruch mit der hier geäußerten Ansicht annehmen, dieser Fortschritt bestehe darin, dass in jeder Epoche das Leben der Menschheit sich höher potenziert, dass also jede Generation die vorhergehende vollkommen übertreffe, mithin die letzte allemal die bevorzugte, die vorhergehenden aber nur die Träger der nachfolgenden wären, so würde das eine Ungerechtigkeit der Gottheit sein. Eine solche gleichsam mediatisierte[1] Generation würde an und für sich eine Bedeutung nicht haben; sie würde nur insofern etwas bedeuten, als sie die Stufe der nachfolgenden Generation wäre und würde nicht in unmittelbarem Bezug zum Göttlichen stehen. Ich aber behaupte: jede Epoche ist unmittelbar zu Gott und ihr Wert beruht gar nicht auf dem, was aus ihr hervorgeht; sondern in ihrer Existenz selbst, in ihrem eigenen Selbst. Dadurch bekommt die Betrachtung der Historie, und zwar des individuellen Lebens in der Historie, einen ganz eigentümlichen Reiz, indem nun jede Epo-

che als etwas für sich Gültiges angesehen werden muss und der Betrachtung höchst würdig erscheint.
Der Historiker hat also ein Hauptaugenmerk erstens darauf zu richten, wie die Menschen in einer bestimmten Periode gedacht und gelebt haben; dann findet er, dass, abgesehen von gewissen unwandelbaren ewigen Hauptideen, z. B. den moralischen, jede Epoche ihre besondere Tendenz und ihr eigenes Ideal hat. Wenn nun aber auch jede Epoche an und für sich ihre Berechtigung und ihren Wert hat, so darf doch nicht übersehen werden, was aus ihr hervorging. Der Historiker hat also fürs Zweite auch den Unterschied zwischen den einzelnen Epochen wahrzunehmen um die innere Notwendigkeit der Aufeinanderfolge zu betrachten. Ein gewisser Fortschritt ist hierbei nicht zu verkennen; aber ich möchte nicht behaupten, dass sich derselbe in einer geraden Linie bewegt, sondern mehr wie ein Strom, der sich auf seine eigene Weise den Weg bahnt. Die Gottheit – wenn ich diese Bemerkung wagen darf – denke ich mir so, dass sie, da ja keine Zeit vor ihr liegt, die ganze historische Menschheit in ihrer Gesamtheit überschaut und überall gleich wert findet. Die Idee von der Erziehung des Menschengeschlechtes[2] hat allerdings etwas Wahres an sich, aber vor Gott erscheinen alle Generationen der Menschheit als gleichberechtigt, und so muss auch der Historiker die Sache ansehen.
Ein unbedingter Fortschritt, eine höchst entschiedene Steigerung ist anzunehmen, so weit wir die Geschichte verfolgen können, im Bereiche der materiellen Interessen, in welchen auch ohne eine ganz ungeheure Umwälzung ein Rückschritt kaum wird stattfinden können. In moralischer Hinsicht aber lässt sich die Fortschritt nicht verfolgen. Die moralischen Ideen können freilich extensiv fortschreiten und so kann man auch in geistiger Hinsicht behaupten, dass z. B. die großen Werke, welche die Kunst und Literatur hervorgebracht haben, heutzutage von einer größeren Menge genossen werden, als früher; aber es wäre lächerlich, ein größerer Epiker sein zu wollen als Homer oder ein größerer Tragiker als Sophokles[3].

Die leitenden Ideen in der Geschichte

Die Philosophen, namentlich aber die hegelsche Schule, haben hierüber gewisse Ideen aufgestellt, wonach die Geschichte der Menschheit wie ein logischer Prozess in Satz, Gegensatz, Vermittlung, in Positivem und Negativem sich abspinne. In der Scholastik[4] aber geht das Leben unter und so würde auch diese Anschauung von der Geschichte, dieser Prozess des sich selbst nach verschiedenen logischen Kategorien entwickelnden Geistes auf das zurückführen, was wir oben bereits verwarfen. Nach dieser Ansicht würde bloß die Idee ein selbstständiges Leben haben; alle Menschen aber wären bloße Schatten oder Schemen, welche sich mit der Idee erfüllten. Der Lehre, wonach der Weltgeist die Dinge gleichsam durch Betrug hervorbringt und sich der menschlichen Leidenschaften bedient um seine Zwecke zu erreichen, liegt eine höchst unwürdige Vorstellung von Gott und der Menschheit zugrunde; sie kann auch konsequent nur zum Pantheismus[5] führen; die Menschheit ist dann der werdende Gott, der sich durch einen geistigen Prozess, der in seiner Natur liegt, selbst gebiert. Ich kann also unter leitenden Ideen nichts anderes verstehen, als dass sie die herrschenden Tendenzen in jedem Jahrhundert sind. Diese Tendenzen können indessen nur beschrieben, nicht aber in letzter Instanz in einem Begriff summiert werden; sonst würden wir auf das oben Verworfene neuerdings zurückkommen.
Der Historiker hat nun die großen Tendenzen der Jahrhunderte auseinander zu nehmen und die große Geschichte der Menschheit aufzurollen, welche eben der Komplex dieser verschiedenen Tendenzen ist. Vom Standpunkte der göttlichen Idee kann ich mir die Sache nicht anders denken, als dass die Menschheit eine unendliche Mannigfaltig-

keit von Entwicklungen in sich birgt, welche nach und nach zum Vorschein kommen, und zwar nach Gesetzen, die uns unbekannt sind, geheimnisvoller und größer, als man denkt.

(Leopold von Ranke, Über die Epochen der neueren Geschichte. Hrsg. von Hans Herzfeld, Schloss Laugheim, o. J., S. 27–31. Zit. nach: Willi Oelmüller. Philosophische Arbeitsbücher 4. Diskurs: Geschichte. Schöningh, Paderborn 1980, S. 213–217)

1 mediatisiert: zum Mittel gemacht
2 „Die Erziehung des Menschengeschlecht[e]s“: Titel einer Abhandlung Lessings, die das geschichtsphilosophische Programm der Aufklärung idealtypisch verkörpert
3 Homer, Sophokles: Dichter der griechischen Antike
4 Scholastik: hier: engstirnige, dogmatische Schulweisheit
5 Pantheismus: Lehre, die behauptet, Gott und Welt seien identisch

1 *Rekonstruieren Sie die historischen und die philosophischen Argumente Rankes gegen einen geschichtlichen Fortschrittsbegriff, insbesondere gegen den Hegels.*
2 *Erarbeiten Sie die verschiedenen Begriffe von historischem Fortschritt, die Ranke ausdifferenziert.*
3 *Welches Geschichtsverständnis vertritt Ranke selbst? Diskutieren Sie die Plausibilität von Rankes Geschichtsverständnis, indem Sie sich dessen Begründungsstruktur vergegenwärtigen.*

4.2 Friedrich Nietzsche: Geschichte als ewige Wiederkehr

Radikaler noch als Leopold von Ranke lehnt **Friedrich Nietzsche** (1844–1900) die Fortschrittsideologie der Aufklärung ab. Seine Philosophie des Nihilismus führt ihn zu einer Umwertung aller Werte, mithin auch zur Negierung allgemeiner geschichtlicher Zielvorstellungen, wodurch Nietzsche zu einem der wichtigsten Wegbereiter der philosophischen Postmoderne wird. (➔ Kap. V, 5.3) Die Zertrümmerung sämtlicher Werte der Tradition mündet in seine Lehre von der ewigen Wiederkehr, d. h. vom endlosen Kreislauf des Immer-Gleichen bezüglich des Einzelindividuums, der Nationalgeschichten und der Weltgeschichte. Die Ursachen für Nietzsches totale Fortschrittskritik gründen in seiner aristokratisch-skeptischen Distanz zum Phänomen der „Masse“. Zutiefst überzeugt von der Primitivität der „Masse Mensch“ entwickelt Nietzsche später die Idee des Über-Menschen, welche von der nationalsozialistischen Propaganda für ihre Zwecke missbraucht wurde. (➔ Kap. III, 6.1.2)

Fortschritt. – Dass wir uns nicht täuschen! Die Zeit läuft vorwärts – wir möchten glauben, dass auch alles, was in ihr ist, vorwärts läuft, – dass die Entwicklung eine Vorwärts-Entwicklung ist … Das ist der Augenschein, von dem die Besonnensten verführt werden. Aber das neunzehnte Jahrhundert ist kein Fortschritt gegen das sechzehnte: und der deutsche Geist von 1888 ist ein Rückschritt gegen den deutschen Geist von 1788 … Die „Menschheit“ avanciert nicht, sie existiert nicht einmal. Der Gesamt-Aspekt ist der einer ungeheuren Experimentier-Werkstätte, wo einiges gelingt, zerstreut durch alle Zeiten, und Unsägliches missrät, wo alle Ordnung, Logik, Verbindung und Verbindlichkeit fehlt. Wie dürften wir verkennen, dass die Heraufkunft des Christentums eine *décadence*-Bewegung ist? … Dass die deutsche Reformation eine Rekrudeszenz[1] der christlichen Barbarei ist? … Dass die Revolution den Instinkt zur großen Organisation der Gesellschaft zerstört hat? … Der Mensch ist kein Fortschritt gegen das Tier: der Kultur-Zärtling ist eine Missgeburt im Vergleich zum Araber und Korsen; der Chinese ist ein wohlgeratener Typus, nämlich dauerfähiger, als der Europäer …

Denken wir diesen Gedanken in seiner furchtbarsten Form: das Dasein, so wie es ist,

1

Nietzsche-Stein, Sils (Oberengadin)

ohne Sinn und Ziel, aber unvermeidlich wiederkehrend, ohne ein Finale ins Nichts: *„die ewige Wiederkehr"*.

Das ist die extremste Form des Nihilismus: das Nichts (das „Sinnlose") ewig!

Europäische Form des Buddhismus: Energie des Wissens und der Kraft zwingt zu einem solchen Glauben. Es ist die *wissenschaftlichste* aller möglichen Hypothesen. Wir leugnen Schluss-Ziele: hätte das Dasein eins, so müsste es erreicht sein. [...]

Der *Nihilismus* als *psychologischer Zustand* wird eintreten müssen, *erstens*, wenn wir einen „Sinn" in allem Geschehen gesucht haben, der nicht darin ist: sodass der Sucher endlich den Mut verliert. Nihilismus ist dann das Bewusstwerden der langen *Vergeudung* von Kraft, die Qual des „Umsonst", die Unsicherheit, der Mangel an Gelegenheit sich irgendwie zu erholen, irgendworüber noch zu beruhigen – die Scham vor sich selbst, als habe man sich allzu lange *betrogen* ... Jener Sinn könnte gewesen sein: die „Erfüllung" eines sittlichen höchsten Kanons in allem Geschehen, die sittliche Weltordnung; oder die Zunahme der Liebe und Harmonie im Verkehr der Wesen; oder die Annäherung an einen allgemeinen Glücks-Zustand; oder selbst das Losgehen auf einen allgemeinen Nichts-Zustand – ein Ziel ist immer noch ein Sinn. Das Gemeinsame aller dieser Vorstellungsarten ist, dass ein Etwas durch den Prozess selbst *erreicht* werden soll: – und nun begreift man, dass mit dem Werden *nichts* erzielt, *nichts* erreicht wird ... Also die Enttäuschung über einen angeblichen *Zweck des Werdens* als Ursache des Nihilismus: sei es in Hinsicht auf einen ganz bestimmten Zweck, sei es, verallgemeinert, die Einsicht in das Unzureichende aller bisherigen Zweck-Hypothesen, die die ganze „Entwicklung" betreffen (– der Mensch *nicht mehr* Mitarbeiter, geschweige der Mittelpunkt des Werdens).

Der Nihilismus als psychologischer Zustand tritt *zweitens* ein, wenn man eine *Ganzheit*, eine *Systematisierung*, selbst eine *Organi-*

sierung in allem Geschehen und unter allem Geschehen angesetzt hat: so dass in der Gesamtvorstellung einer höchsten Herrschafts- und Verwaltungsform die nach Bewunderung und Verehrung durstige Seele schwelgt (– ist es die Seele eines Logikers, so genügt schon die absolute Folgerichtigkeit und Realdialektik um mit allem zu versöhnen ...). Eine Art Einheit, irgendeine Form des „Monismus“: und infolge dieses Glaubens der Mensch in tiefem Zusammenhangs- und Abhängigkeitsgefühl von einem ihm unendlich überlegenen Ganzen, ein *modus* der Gottheit ... „Das Wohl des Allgemeinen fordert die Hingabe des Einzelnen“ ... aber siehe da, es *gibt* kein solches Allgemeines! Im Grunde hat der Mensch den Glauben an seinen Wert verloren, wenn durch ihn nicht ein unendlich wertvolles Ganzes wirkt: d. h. er hat ein solches Ganzes konzipiert *um an seinen Wert glauben zu können.*

Der Nihilismus als psychologischer Zustand hat noch eine *dritte* und *letzte* Form. Diese zwei *Einsichten* gegeben, dass mit dem Werden nichts erzielt werden soll und dass unter allem Werden keine große Einheit waltet, in der der Einzelne völlig untertauchen darf wie in einem Element höchsten Wertes: so bleibt als *Ausflucht* übrig, diese ganze Welt des Werdens als Täuschung zu verurteilen und eine Welt zu erfinden, welche jenseits derselben liegt, als *wahre* Welt. Sobald aber der Mensch dahinterkommt, wie nur aus psychologischen Bedürfnissen diese Welt gezimmert ist und wie er dazu ganz und gar kein Recht hat, so entsteht die letzte Form des Nihilismus, welche den *Unglauben an eine metaphysische Welt* in sich schließt, – welche sich den Glauben an eine *wahre* Welt verbietet. Auf diesem Standpunkt gibt man die Realität des Werdens als *einzige* Realität zu, verbietet sich jede Art Schleichweg zu Hinterwelten und falschen Göttlichkeiten – aber *erträgt diese Welt nicht, die man schon nicht leugnen will* ...

– Was ist im Grunde geschehen? Das Gefühl der *Wertlosigkeit* wurde erzielt, als man begriff, dass weder mit dem Begriff *„Zweck“*, noch mit dem Begriff *„Einheit“*, noch mit dem Begriff *„Wahrheit“* der Gesamtcharakter des Daseins interpretiert werden darf. Es wird nichts damit erzielt und erreicht; es fehlt die übergreifende Einheit in der Vielheit des Geschehens: der Charakter des Daseins ist nicht „wahr“, ist *falsch* ..., man hat schlechterdings keinen Grund mehr eine *wahre* Welt sich einzureden ... Kurz: die Kategorien „Zweck“, „Einheit“, „Sein“, mit denen wir der Welt einen Wert eingelegt haben, werden wieder von uns *herausgezogen* – und nun sieht die Welt *wertlos* aus ... [...]

– Schluss-Resultat: Alle Werte, mit denen wir bis jetzt die Welt zuerst uns schätzbar zu machen gesucht haben und endlich ebendamit *entwertet* haben, als sie sich als unanlegbar erwiesen – alle diese Werte sind, psychologisch nachgerechnet, Resultate bestimmter Perspektiven der Nützlichkeit zur Aufrechterhaltung und Steigerung menschlicher Herrschafts-Gebilde: und nur fälschlich *projiziert* in das Wesen der Dinge. Es ist immer noch die *hyperbolische*[2] *Naivität* des Menschen: sich selbst als Sinn und Wertmaß der Dinge anzusetzen.

(Friedrich Nietzsche, Aus dem Nachlass der Achtzigerjahre. In: Friedrich Nietzsche, Werke in 3 Bdn. Hrsg. von Karl Schlechta. Bd. III. Hanser Verlag, München 1966, S. 676–678, 828)

1 Rekrudeszenz: Verschlimmerung
2 hyperbolisch: übertreibend

Wahrhaftig, lähmend und verstimmend ist der Glaube ein Spätling der Zeiten zu sein: furchtbar und zerstörend muss es aber erscheinen, wenn ein solcher Glaube eines Tages mit kecker Umstülpung diesen Spätling als den wahren Sinn und Zweck alles früher Geschehenen vergöttert, wenn sein wissendes Elend einer Vollendung der Weltgeschichte gleichgesetzt wird. [...]

Man hat diese hegelisch verstandene Geschichte mit Hohn das Wandeln Gottes auf der Erde genannt, welcher Gott aber seinerseits erst durch die Geschichte gemacht wird. Dieser Gott aber wurde sich selbst innerhalb der hegelschen Hirnschalen durchsichtig und verständlich und ist bereits alle dialektisch möglichen Stufen seines Werdens, bis zur Selbstoffenbarung, emporgestiegen: sodass für Hegel der Höhepunkt und der Endpunkt des Weltprozesses in seiner eignen Berliner Existenz zusammenfielen. Ja er hätte sagen müssen, dass alle nach ihm kommenden Dinge eigentlich [...] als überflüssig zu schätzen seien. Das hat er nicht gesagt: dafür hat er in die von ihm durchsäuerten Generationen jene Bewunderung vor der „Macht der Geschichte" gepflanzt, die praktisch alle Augenblicke in nackte Bewunderung des Erfolges umschlägt und zum Götzendienste des Tatsächlichen führt: für welchen Dienst man sich jetzt die sehr mythologische und außerdem recht gute Wendung „den Tatsachen Rechnung tragen" allgemein eingeübt hat. Wer aber erst gelernt hat, vor der „Macht der Geschichte" den Rücken zu krümmen und den Kopf zu beugen, der nicht zuletzt chinesenhaft-mechanisch sein „Ja" zu jeder Macht, weil dies nun eine Regierung oder eine öffentliche Meinung oder eine Zahlen-Majorität, und bewegt seine Glieder genau in dem Takte, in dem irgendeine „Macht" am Faden zieht. Enthält jeder Erfolg in sich eine vernünftige Notwendigkeit, ist jedes Ereignis der Sieg des Logischen oder der „Idee" – dann nur hurtig nieder auf die Knie und nun die ganze Stufenleiter der „Erfolge" abgekniet [...]!

Es wird die Zeit sein, in der man sich aller Konstruktionen des Weltprozesses oder auch der Menschheits-Geschichte weislich enthält, eine Zeit, in der man überhaupt nicht mehr die Massen betrachtet, sondern wieder die Einzelnen, die eine Art von Brücke über den wüsten Strom des Werdens bilden. Diese setzen nicht etwa einen Prozess fort, sondern leben zeitlos-gleichzeitig, dank der Geschichte, die ein solches Zusammenwirken zulässt, sie leben als die Genialen-Republik, von der einmal Schopenhauer erzählt; ein Riese ruft dem andern durch die öden Zwischenräume der Zeiten zu und ungestört durch mutwilliges lärmendes Gezwerge, welches unter ihnen wegkriecht, setzt sich das hohe Geistergespräch fort. Die Aufgabe der Geschichte ist es, zwischen ihnen die Mittlerin zu sein und so immer wieder zur Erzeugung des Großen Anlass zu geben und Kräfte zu verleihen. Nein, das *Ziel der Menschheit* kann nicht am Ende liegen, sondern nur *in ihren höchsten Exemplaren* ...

(Friedrich Nietzsche, Vom Nutzen und Nachteil der Historie für das Leben. Reclam Verlag, Stuttgart 1991, S. 80 f., 91 f. Text nach der Ausgabe von Karl Schlechta. Bd. I. Hanser Verlag, München 1969)

1 *Differenzieren Sie die verschiedenen Ausprägungen des Nihilismus.*

2 *Erklären Sie den Zusammenhang von Nietzsches Gedanken der ewigen Wiederkehr und seinem Nihilismus.*

3 *Vergleichen Sie Nietzsches Gedanken der ewigen Wiederkehr mit dem zyklischen Geschichtsbegriff des Hinduismus.*

4 *Wie verhalten sich Nietzsches Wertnihilismus und seine Kritik an Hegel zu dem „hohen Geistergespräch" der „Genialen- Republik"? Kann man Nietzsche einen enttäuschten Aufklärer nennen?*

5 *In seinem 1912 erstmalig erschienenen Hauptwerk „Der Untergang des Abendlandes" nimmt der Kulturhistoriker und Philosoph* ***Oswald Spengler*** *Grundgedanken Nietzsches auf, wenn er von einem unaufhaltsamen Verfall der abendländischen Kultur ausgeht. Informieren Sie sich über Spenglers Geschichtsphilosophie und klären Sie besonders ihre Rolle bei der geistigen Vorbereitung des Dritten Reiches.*

6 *Kann Nietzsche zu Recht als geistiger Wegbereiter des Nationalsozialismus gesehen werden oder haben die Nazis ihn nur benutzt?*

4.3 Walter Benjamin: Fortschritt – Negierung oder Aufbewahrung der Vergangenheit?

Als Marxist bekennt sich der jüdische Philosoph **Walter Benjamin** (1892–1940) zur (aufklärerischen) Auffassung von Geschichte als Fortschrittsbewegung; als Opfer der nationalsozialistischen Judenvernichtung – er nahm sich auf der Flucht vor den Deutschen 1940 in Südfrankreich das Leben – ist jedoch sein Fortschrittsoptimismus zutiefst gebrochen. Benjamins Geschichtskonzeption entfaltet sich daher im Spannungsgefüge von Fortschrittsglauben und Geschichtsskepsis. Im Bewusstsein der Doppeldeutigkeit von Fortschritt als Destruktion eines Vergangenen und Konstruktion eines Zukünftigen entwickelt Benjamin ein Geschichtsverständnis, welches Fortschritt als Ein- und Erlösung des Vergangenen einklagt.

Glück, das Neid in uns erwecken könnte, gibt es nur in der Luft, die wir geatmet haben, mit Menschen, zu denen wir hätten reden, mit Frauen, die sich uns hätten geben können. Es schwingt, mit andern Worten, in der Vorstellung des Glücks unveräußerlich die der Erlösung mit. Mit der Vorstellung von Vergangenheit, welche die Geschichte zu ihrer Sache macht, verhält es sich ebenso. Die Vergangenheit führt einen heimlichen Index mit, durch den sie auf die Erlösung verwiesen wird. Streift denn nicht uns selber ein Hauch der Luft, die um die Früheren gewesen ist? Ist nicht in Stimmen, denen wir unser Ohr schenken, ein Echo von nun verstummten? Haben die Frauen, die wir umwerben, nicht Schwestern, die sie nicht mehr gekannt haben? Ist dem so, dann besteht eine geheime Verabredung zwischen den gewesenen Geschlechtern und unserem. Dann sind wir auf der Erde erwartet worden. Dann ist uns wie jedem Geschlecht, das vor uns war, eine *schwache* messianische Kraft mitgegeben, an welche die Vergangenheit Anspruch hat. Billig ist dieser Anspruch nicht abzufertigen. Der historische Materialist[1] weiß darum. [...]

Wie Blumen ihr Haupt nach der Sonne wenden, so strebt kraft eines Heliotropismus geheimer Art, das Gewesene *der* Sonne sich zuzuwenden, die am Himmel der Geschichte im Aufgehen ist. Auf diese unscheinbarste von allen Veränderungen muss sich der historische Materialist verstehen. [...]

Es gibt ein Bild von Klee, das Angelus Novus heißt. Ein Engel ist darauf dargestellt, der aussieht, als wäre er im Begriff sich von etwas zu entfernen, worauf er starrt. Seine Augen sind aufgerissen, sein Mund steht offen und seine Flügel sind ausgespannt. Der Engel der Geschichte muss so aussehen. Er hat das Antlitz der Vergangenheit zugewendet. Wo eine Kette von Begebenheiten vor *uns* erscheint, da sieht *er* eine einzige Katastrophe, die unablässig Trümmer auf Trümmer häuft und sie ihm vor die Füße schleudert. Er möchte wohl verweilen, die Toten wecken und das Zerschlagene zusammenfügen. Aber ein Sturm weht vom Paradiese her, der sich in seinen Flügeln verfangen hat und so stark ist, dass der Engel sie nicht mehr schließen kann. Dieser Sturm treibt ihn unaufhaltsam in die Zukunft, der er den Rücken kehrt, während der Trümmerhaufen vor ihm zum Himmel wächst. Das, was wir den Fortschritt nennen, ist *dieser* Sturm.

[...]

Vergangenes historisch artikulieren heißt nicht, es erkennen, ‚wie es denn eigentlich gewesen ist'. Es heißt, sich einer Erinnerung bemächtigen, wie sie im Augenblick einer Gefahr aufblitzt. Dem historischen Materialismus geht es darum, ein Bild der Vergangenheit festzuhalten, wie es sich im Augenblick der Gefahr dem historischen Subjekt unversehens einstellt. Die Gefahr droht sowohl dem Bestand der Tradition wie ihren

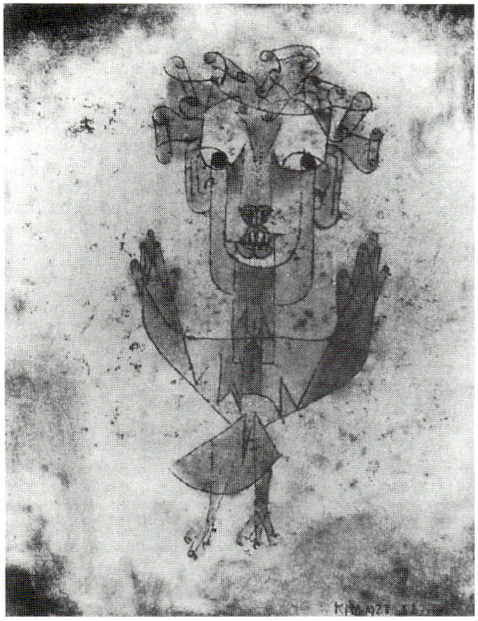

Paul Klee, Angelus Novus (1920).
Blick des „Engels der Geschichte" anlässlich der deutschen Wiedervereinigung!?

Empfängern. Für beide ist sie ein und dieselbe: sich zum Werkzeug der herrschenden Klasse herzugeben. In jeder Epoche muss versucht werden die Überlieferung von neuem dem Konformismus abzugewinnen, der im Begriff steht sie zu überwältigen. Der Messias kommt ja nicht nur als der Erlöser; er kommt als der Überwinder des Antichrist. Nur *dem* Geschichtsschreiber wohnt die Gabe bei im Vergangenen den Funken der Hoffnung anzufachen, der davon durchdrungen ist: auch die Toten werden vor dem Feind, wenn er siegt, nicht sicher sein. Und dieser Feind hat zu siegen nicht aufgehört.

(Walter Benjamin, Über den Begriff der Geschichte. In: Gesammelte Schriften. Bd. I.2. Hrsg. von Rolf Tiedemann u. Hermann Schweppenhäuser. Suhrkamp Verlag, Frankfurt/M. 1974, S. 691–704 [umgestellt])

1 historischer Materialismus ist eine Bezeichnung für Marx' Geschichtsphilosophie, die heraushebt, dass alle geschichtliche Bewegung materiell bedingt ist; Benjamin verwendet den Begriff um damit seine eigene Zugehörigkeit zur marxschen Denktradition zum Ausdruck zu bringen.

Klaus Staeck, Brandenburger Tor, Rückseite (1990)

1 *Entwickeln Sie die unterschiedlichen Begriffe von Fortschritt, die Benjamins Text nahe legt.*
2 *Informieren Sie sich über den Umgang des nationalsozialistischen Deutschland mit seiner Kultur-Tradition bzw. mit seiner Geschichte . Wie verstehen Sie in dem Zusammenhang die Aussage: „In jeder Epoche muss versucht werden die Überlieferung von neuem dem Konformismus abzugewinnen […]"?*
3 *Informieren Sie sich über die Verarbeitung der nationalsozialistischen Judenvernichtung im Nachkriegsdeutschland. Wie verstehen Sie vor diesem Hintergrund die Forderung, „im Vergangenen den Funken der Hoffnung anzufachen"?*
4 *Klären Sie, inwieweit sich Benjamin zu Recht als „historischer Materialist" bezeichnet.*
5 *Vergleichen Sie Ausdruck und Erscheinungsbild der Engel-Darstellungen in Paul Klees „Angelus Novus" und in Marc Chagalls „Der schützende Engel" (vgl. S. 430):*
- *Welcher Begriff von Geschichte ist Ihrer Meinung nach in Chagalls Gemälde verborgen?*
- *Kontrastieren Sie hiermit Benjamins Geschichts- und Fortschrittsbegriff – wie er sich u. a. in Klees Gemälde darstellt.*

4.4 Max Horkheimer/Theodor W. Adorno: Geschichte als Progress der Barbarei

Der Erfolg der nationalsozialistischen Unterdrückungsmechanismen führte um die Jahrhundertmitte die europäische Linke in eine folgenschwere Bewusstseinskrise: Die bei Benjamin entfaltete Geschichtsskepsis wird ausgeweitet. So verabschieden sich auch die der Leiter des Frankfurter Instituts für Sozialforschung **Max Horkheimer** (1895–1973) und **Theodor W. Adorno** (1903–1969) vom ehemals fortschrittsbejahenden Geschichtsbild der Aufklärung und prägt die These von der „Dialektik der Aufklärung": des Umschlags von Aufklärung in Barbarei. Angesichts des unüberbietbaren Grauens vor den Verbrechen der Nationalsozialisten forschen Horkheimer und Adorno nach deren Zusammenhang mit der rationalistischen Aufklärungsideologie der Neuzeit: „Was wir uns vorgesetzt hatten, war tatsächlich nicht weniger als die Erkenntnis, warum die Menschheit, anstatt in einen wahrhaft menschlichen Zustand einzutreten, in eine neue Art von Barbarei versinkt." (Dialektik der Aufklärung, Frankfurt/M. 1988, S. 1) Horkheimer und Adorno kommen zu dem Ergebnis, dass der Umschlag von Aufklärung in Barbarei kein geschichtliches Zufallsprodukt, sondern fundamental im Gedanken von Aufklärung angelegt ist.

Begriff der Aufklärung

Seit je hat Aufklärung im umfassendsten Sinn fortschreitenden Denkens das Ziel verfolgt von den Menschen die Furcht zu nehmen und sie als Herren einzusetzen. Aber die vollends aufgeklärte Erde strahlt im Zeichen triumphalen Unheils. Das Programm der Aufklärung war die Entzauberung der Welt. Sie wollte die Mythen auflösen und Einbildung durch Wissen stürzen.

[…]

[Aber] Aufklärung ist totalitär wie nur irgendein System. Nicht was ihre romantischen Feinde ihr seit je vorgeworfen haben, analytische Methode, Rückgang auf Elemente, Zersetzung durch Reflexion ist ihre Unwahrheit, sondern dass für sie der Prozess von vornherein entschieden ist. Wenn im mathematischen Verfahren das Unbekannte zum Unbekannten einer Gleichung wird, ist es damit zum Altbekannten gestempelt, ehe noch ein Wert eingesetzt ist. Natur ist, vor und nach der Quantentheorie, das mathematisch zu Erfassende; selbst was nicht eingeht, Unauflöslichkeit und Irrationalität, wird von mathematischen Theoremen umstellt. In der vorwegnehmenden Identifikation der zu Ende gedachten mathematisierten Welt mit der Wahrheit meint Aufklärung vor der Rückkehr des Mythischen sicher zu sein. Sie setzt Denken und Mathematik in eins. Dadurch wird diese gleichsam losgelassen, zur absoluten Instanz gemacht. [...] Denken verdinglicht sich zu einem selbsttätig ablaufenden, automatischen Prozess, der Maschine nacheifernd, die er selber hervorbringt, damit sie ihn schließlich ersetzen kann. [...]

In der Reduktion des Denkens auf mathematische Apparatur ist die Sanktion der Welt als ihres eigenen Maßes beschlossen. Was als Triumph subjektiver Rationalität erscheint, die Unterwerfung alles Seienden unter den logischen Formalismus, wird mit der gehorsamen Unterordnung der Vernunft unters unmittelbar Vorfindliche erkauft. Das Vorfindliche als solches zu begreifen, den Gegebenheiten nicht bloß ihre abstrakten raumzeitlichen Beziehungen abzumerken, bei denen man sie dann packen kann, sondern sie im Gegenteil als die Oberfläche, als vermittelte Begriffsmomente zu denken, die sich erst in der Entfaltung ihres gesellschaftlichen, historischen, menschlichen Sinnes erfüllen – der ganze Anspruch der Erkenntnis wird preisgegeben. Er besteht nicht im bloßen Wahrnehmen, Klassifizieren und Berechnen, sondern gerade in der bestimmenden Negation des je Unmittelbaren. Der mathematische Formalismus aber, dessen Medium die Zahl, die abstrakteste Gestalt des Unmittelbaren ist, hält stattdessen den Gedanken bei der bloßen Unmittelbarkeit fest. Das Tatsächliche behält Recht, die Erkenntnis beschränkt sich auf seine Wiederholung, der Gedanke macht sich zur bloßen Tautologie[1]. Je mehr die Denkmaschinerie das Seiende sich unterwirft, umso blinder bescheidet sie sich bei dessen Reproduktion. Damit schlägt Aufklärung in die Mythologie zurück, der sie nie zu entrinnen wusste. Denn Mythologie hatte in ihren Gestalten die Essenz des Bestehenden: Kreislauf, Schicksal, Herrschaft der Welt als die Wahrheit zurückgespiegelt und der Hoffnung entsagt. In der Prägnanz des mythischen Bildes wie in der Klarheit der wissenschaftlichen Formel wird die Ewigkeit des Tatsächlichen bestätigt und das bloße Dasein als der Sinn ausgesprochen, den es versperrt.

[...]

(Max Horkheimer und Theodor W. Adorno, Dialektik der Aufklärung. Fischer Verlag, Frankfurt/M. 1988, S. 9–33)

1 Tautologie: logisch sinnlose Verdoppelung (z. B. weißer Schimmel)

Adorno/Horkheimer führen zur Exemplifizierung ihrer These den antiken Mythos vom Raub der Persephóne an, der Tochter von Deméter (Mutter Erde) und Zeus. Sie wurde von Hades in die Unterwelt entführt, durfte aber, da sie in der Unterwelt nicht bleiben wollte, alljährlich zwei Drittel des Jahres bei den Göttern im Olymp zubringen. Während dieser Zeit blüht und wächst es auf der Erde, wohingegen während des verbleibenden Jahresdrittels der Winter mit seiner Vegetationslosigkeit herrscht.

Für Adorno/Horkheimer liegt in diesem Mythos dieselbe Festschreibung des Naturgeschehens auf seine ewige Wiederholung wie in einer naturwissenschaftlichen Erklärung des Wechsels der Jahreszeiten. Den „Schauder vor dem Tod“, der eigentlich mit jedem Herbst neu entsteht und den Einzelnen an die unwiederholbare Individualität des Daseienden, mithin auch an die eigene Vergänglichkeit erinnert, sucht der Mythos der Persephóne auf die im Prinzip gleiche Art zu beschwichtigen wie eine mathematisch-astronomische Erklärung des Jahreszeitenzyklus.

Die Subsumtion[1] des Tatsächlichen, sei es unter die sagenhafte Vorgeschichte, sei es unter den mathematischen Formalismus, die symbolische Beziehung des Gegenwärtigen auf den mythischen Vorgang im Ritus oder auf die abstrakte Kategorie in der Wissenschaft lässt das Neue als Vorbestimmtes erscheinen, das somit in Wahrheit das Alte ist. Ohne Hoffnung ist nicht das Dasein sondern das Wissen, das im bildhaften oder mathematischen Symbol das Dasein als Schema sich zu Eigen macht und perpetuiert[2].

In der aufgeklärten Welt ist Mythologie in die Profanität[3] eingegangen. Das von den Dämonen und ihren begrifflichen Abkömmlingen gründlich gereinigte Dasein nimmt in seiner blanken Natürlichkeit den numinosen[4] Charakter an, den die Vorwelt den Dämonen zuschob. Unter dem Titel der brutalen Tatsachen wird das gesellschaftliche Unrecht, aus dem diese hervorgehen, heute so sicher als ein dem Zugriff ewig sich entziehendes geheiligt, wie der Medizinmann unter dem Schutze seiner Götter sakrosankt[5] war. Nicht bloß mit der Entfremdung der Menschen von den beherrschten Objekten wird für die Herrschaft bezahlt: mit der Versachlichung des Geistes wurden die Beziehungen der Menschen selber verhext, auch die jedes Einzelnen zu sich. Er schrumpft zum Knotenpunkt konventioneller Reaktionen und Funktionsweisen zusammen, die sachlich von ihm erwartet werden. Der Animismus[6] hatte die Sache beseelt, der Industrialismus versachlicht die Seelen. Der ökonomische Apparat stattet schon selbsttätig, vor der totalen Planung, die Waren mit den Werten aus, die über das Verhalten der Menschen entscheiden. Seit mit dem Ende des freien Tausches die Waren ihre ökonomischen Qualitäten einbüßten bis auf den Fetischcharakter[8], breitet dieser wie eine Starre über das Leben der Gesellschaft in all seinen Aspekten sich aus. Durch die ungezählten Agenturen der Massenproduktion und ihrer Kultur werden die genormten Verhaltensweisen dem Einzelnen als die allein natürlichen, anständigen, vernünftigen aufgeprägt. Er bestimmt sich nur noch als Sache, als statistisches Element, als success or failure[8]. Sein Maßstab ist die Selbsterhaltung, die gelungene oder misslungene Angleichung an die Objektivität seiner Funktion und die Muster, die ihr gesetzt sind. Alles andere, Idee und Kriminalität, erfährt die Kraft des Kollektivs, das von der Schulklasse bis zur Gewerkschaft aufpasst. Selbst das drohende Kollektiv jedoch gehört nur zur trügenden Oberfläche, unter der die Mächte sich bergen, die es als gewalttätiges manipulieren. Seine Brutalität, die den Einzelnen bei der Stange hält, stellt so wenig die wahre Qualität der Menschen dar wie der Wert die der Gebrauchsdinge.

[...]

Das Wesen der Aufklärung ist die Alternative, deren Unausweichlichkeit die der Herrschaft ist. Die Menschen hatten immer zu wählen zwischen ihrer Unterwerfung unter Natur oder der Natur unter das Selbst. Mit der Ausbreitung der bürgerlichen Warenwirtschaft wird der dunkle Horizont des Mythos von der Sonne der kalkulierenden Vernunft aufgehellt, unter deren eisigen Strahlen die Saat der neuen Barbarei heranreift. Unter dem Zwang der Herrschaft hat die menschliche Arbeit seit je vom Mythos hinweggeführt, in dessen Bannkreis sie unter der Herrschaft stets wieder geriet.

(Max Horkheimer und Theodor W. Adorno, Dialektik der Aufklärung. Fischer Verlag, Frankfurt/M. 1988, S. 34–38)

1 Subsumtion: Unterordnung
2 perpetuieren: festsetzen, fortschreiben
3 Profanität: Alltäglichkeit
4 numinos: unbegreiflich, schaurig
5 sakrosankt: hochheilig, unverletzlich
6 Animismus: naturreligiöse Vorstellungsweise, die allen Dinge eine Seele zuschreibt
7 Fetischisierung: Phänomen der Vergötzung (magischen Aufladung) von Gegenständen
8 success or failure: Erfolg oder Misserfolg

Theodor W. Adorno

1903–1969

Theodor W. Adorno wurde am 11. September 1903 in Frankfurt am Main geboren. Vor allem unter dem Einfluss seiner Mutter, der Sängerin Maria Calvelli-Adorno della Piano, wurden schon früh die künstlerischen Neigungen des Kindes geweckt. Von 1921 bis 1924 studierte er Philosophie, Soziologie, Psychologie und Musikwissenschaften in Frankfurt. In den folgenden Jahren machte er sich einen Namen als Musikkritiker.
1930 wurde Adorno Mitarbeiter des Instituts für Sozialforschung der Universität Frankfurt, wo er sich 1931 mit einer Arbeit über Kierkegaard habilitierte. Als Jude wurde Adorno im Jahre 1933 aus dem Universitätsdienst entlassen. Er wanderte zunächst 1934 nach Oxford aus und siedelte vier Jahre später nach New York über, wo er gemeinsam mit dem ebenfalls emigrierten Philosophen Max Horkheimer am dorthin verlagerten Institut für Sozialforschung arbeitete. In der Zusammenarbeit mit Horkheimer entstand während des amerikanischen Exils die „Dialektik der Aufklärung", eine Untersuchung, in der beide Denker den Ursachen des Faschismus, aber auch der Zunahme der versachlichten und unmenschlichen Lebensverhältnisse in der modernen Massenkultur nachspüren. Auch die kunst- und musiktheoretischen Schriften Adornos führen seine geschichtsphilosophischen Gedanken weiter aus. Sie gipfeln in dem viel zitierten Satz: Nach Auschwitz könne man keine Gedichte mehr schreiben! Diese provokative These Adornos verpflichtet die Kunst am Beispiel der Lyrik auf das Leiden der Menschen, ja sie geht so weit zu behaupten, eine Kunstform wie die Lyrik, die immer auch ein Moment des Melodiösen und Stimmungshaften enthält, sei nach den grauenhaften Erfahrungen in den Konzentrationslagern guten Gewissens nicht mehr möglich. 1949 kehrte Adorno nach Frankfurt zurück, wo er 1957 zum Ordinarius berufen wurde. Später widmete er sich ganz dem „Institut für Sozialforschung", dessen Leitung er 1959 von Horkheimer übernahm. Aufgrund seiner kompromisslosen geschichts- und gesellschaftskritischen Analysen wurde er zum geistigen Wegbereiter der damaligen oppositionellen Studentenbewegung in Westdeutschland, von deren politischen Alternativvorschlägen sich Adorno jedoch distanzierte. Durch Vorlesungssprengungen und provozierende Äußerungen aus den Reihen der Studentenbewegung fühlte er sich persönlich tief getroffen. Adorno starb am 6. August 1969 in der Schweiz an einem Herzinfarkt.

Max Horkheimer

1895–1973

Max Horkheimer wurde am 12. Februar 1895 in der Nähe von Stuttgart geboren. Sein Vater, ein reicher jüdischer Textilfabrikant, hatte für ihn die Nachfolge in der väterlichen Firma vorgesehen und so begann der Sohn nach dem mittleren Schulabschluss als Lehrling in dieser Firma. Bereits 1914 war er zum Betriebsleiter aufgestiegen.
Zugleich regte sich in ihm das Interesse für Literatur, Psychologie und Philosophie, das durch die beginnende Freundschaft mit Friedrich Pollock, einem späteren Mitbegründer des „Instituts für Sozialforschung", verstärkt wurde. Es kam zu schweren Konflikten mit dem Elternhaus, die damit endeten, dass Horkheimer gemeinsam mit Pollock nach dem Ersten Weltkrieg das Abitur nachholte und in München mit dem Studium der Psychologie, Philosophie und Nationalökonomie begann. Er gab seine vom Vater geplante berufliche Laufbahn auf, wurde 1923 mit einer Arbeit über Kant zum Doktor der Philosophie promoviert, und habilitierte sich bereits zwei Jahre später. Nebenher beschäftigte er sich mit Marx und pflegte Kontakte zu linksgerichteten Studentengruppen.
Seit 1924 bestand in Frankfurt das der Universität angeschlossene „Institut für Sozialforschung"; es verstand sich als Forschungsstätte für eine umfassende Theorie der Gesellschaft, die sich besonders auf Hegel und Marx stützt. 1930, im Alter von 35 Jahren, wurde Horkheimer der Leiter dieses Instituts und prägte sein Programm fast 30 Jahre, bis ihn 1959 Adorno in dieser Funktion ablöste. Unter und mit Horkheimer arbeiteten etwa Leo Löwenthal, Herbert Marcuse und Erich Fromm, die das geistige Klima in Westdeutschland nach 1945 entscheidend prägten.
Durch die zunehmenden Verfolgungen der Nationalsozialisten bedrängt, emigrierte Horkheimer – wie die meisten der Institutsmitglieder – 1933 nach Genf und dann nach Amerika, wohin das Institut nun seine Zentrale verlegte. Zwischen 1942 und 1944 entstand dort als gemeinsames Werk von Adorno und Horkheimer die „Dialektik der Aufklärung".
Horkheimer kehrte 1950 nach Deutschland zurück, um dort das „Institut für Sozialforschung" neu aufzubauen. In der Einschätzung der gesellschaftlichen Entwicklung wurde er zunehmend pessimistisch und sein Denken öffnete sich in der „Sehnsucht nach dem ganz Anderen" auch wieder religiösen Motiven. Horkheimer starb am 7. Juli 1973 in Nürnberg.

1 *Worin sehen Adorno/Horkheimer generell das Wesen und die Aufgabe des (voraufklärerischen) Mythos?*

2 *Wie charakterisieren Adorno/Horkheimer das Programm der Aufklärung? Überprüfen Sie diese Charakteristik durch einen Rekurs auf Kants Aufsatz „Was ist Aufklärung?“ und auf Schillers Jenaer Antrittsvorlesung.*

3 *Inwiefern schlägt Aufklärung in Mythologie um? Was haben beide gemeinsam und was geht durch diese Gemeinsamkeit verloren?*

4 *Zeigen Sie die Auswirkungen auf, die nach Adorno/Horkheimer aus der fehlgeleiteten Aufklärung für die Beziehungen der Menschen entstehen.*

5 *Worin erblicken Adorno/Horkheimer die Gründe für den Umschlag von Aufklärung in Mythologie? Was ist der „Sündenfall“ der Aufklärung?*

6 *Vergleichen Sie Adornos und Horkheimers Geschichtsauffassung mit dem im folgenden Gedicht deutlich werdenden frühromantischen Geschichtsverständnis. Inwieweit trägt ihr Aufklärungspessimismus frühromantische Züge?*

Nachspruch *(Novalis, 1802)*

Wenn nicht mehr Zahlen und Figuren
Sind Schlüssel aller Kreaturen,
Wenn die, so singen oder küssen
Mehr als die Tiefgelehrten wissen,
Wenn sich die Welt ins freie Leben,
Und in die Welt wird zurückbegeben,
Wenn dann sich wieder Licht und Schatten
Zu echter Klarheit wieder gatten
Und man in Märchen und Gedichten
Erkennt die wahren Weltgeschichten,
Dann fliegt vor *einem* geheimen Wort
Das ganze verkehrte Wesen fort.

Zur Kritik der Geschichtsphilosophie

[…] Die Menschengattung einschließlich ihrer Maschinen, Chemikalien, Organisationskräfte – und warum sollte man diese nicht zu ihr zählen wie die Zähne zum Bären, da sie doch dem gleichen Zweck dienen und nur besser funktionieren – ist in dieser Epoche le dernier cri der Anpassung. Die Menschen haben ihre unmittelbaren Vorgänger nicht nur überholt, sondern schon so gründlich ausgerottet wie wohl kaum je eine modernere species die andere, die Fleisch fressenden Saurier nicht ausgeschlossen.

Demgegenüber scheint es eine Art Schrulle zu sein, die Weltgeschichte, wie Hegel es getan hat, im Hinblick auf Kategorien wie Freiheit und Gerechtigkeit konstruieren zu wollen. Diese stammen in der Tat aus den abwegigen Individuen, jenen, die vom Gang des großen Ganzen aus gesehen, nichts bedeuten, es sei denn, dass sie vorübergehende gesellschaftliche Zustände herbeiführen helfen, in denen besonders viel Maschinen und Chemikalien zur Stärkung der Gattung und Unterjochung der anderen geschaffen werden. Im Sinn dieser ernsthaften Geschichte sind alle Ideen, Verbote, Religionen, politischen Bekenntnisse nur soweit interessant, als sie, aus mannigfachen Zuständen entstanden, die natürlichen Chancen der Menschengattung auf der Erde oder im Universum steigern oder vermindern. Die Befreiung der Bürger aus dem Unrecht feudalistischer und absolutistischer Vergangenheit

Hermann Degkwitz, Der Fortschritt (1978)

diente durch den Liberalismus der Entfesselung der Maschinerie, wie die Emanzipation der Frau in ihre Durchtrainierung als Waffengattung mündet. Heillos ist der Geist und alles Gute in seinem Ursprung und Dasein in dieses Grauen verstrickt. Das Serum, das der Arzt dem kranken Kind reicht, verdankt sich der Attacke auf die wehrlose Kreatur. [...] Die Vernunft spielt die Rolle des Anpassungsinstruments und nicht des Quietivs[1], wie es nach dem Gebrauch, den das Individuum zuweilen von ihr machte, scheinen könnte. Ihre List besteht darin, die Menschen zu immer weiter reichenden Bestien zu machen, nicht die Identität von Subjekt und Objekt[2] herbeizuführen.

Eine philosophische Konstruktion der Weltgeschichte hätte zu zeigen, wie sich trotz aller Umwege und Widerstände die konsequente Naturherrschaft immer entschiedener durchsetzt und alles Innermenschliche integriert. Aus diesem Gesichtspunkt wären auch Formen der Wirtschaft, der Herrschaft, der Kultur abzuleiten.

[...]

Indem Geschichtsphilosophie die humanen Ideen als wirkende Mächte in die Geschichte selbst verlegte und diese mit deren Triumph endigen ließ, wurden sie der Arglosigkeit beraubt, die zu ihrem Inhalt gehört. Der Hohn, dass sie sich immer blamiert hätten, wenn die Ökonomie, das heißt, die Gewalt nicht mit ihnen war, ist der Hohn gegenüber allem Schwachen, in ihm haben die Autoren sich wider Willen mit der Unterdrückung identifiziert, die sie abschaffen wollten. In der Geschichtsphilosophie wiederholt sich, was im Christentum geschah: das Gute, das in Wahrheit dem Leiden ausgeliefert bleibt, wird als Kraft verkleidet, die den Gang der Geschichte bestimmt und am Ende triumphiert. Es wird vergöttert, als Weltgeist oder doch als immanentes Gesetz. So aber wird nicht bloß Geschichte unmittelbar in ihr Gegenteil verkehrt, sondern die Idee selbst, welche die Notwendigkeit, den logischen Gang des Geschehens brechen sollte, entstellt. Die Gefahr des Seitensprungs wird abgewandt. Die als Macht verkannte Ohnmacht wird durch solche Erhöhung noch einmal verleugnet, gleichsam der Erinnerung entzogen. So tragen Christentum, Idealismus und Materialismus, die an sich auch die Wahrheit enthalten, doch auch ihre Schuld an den Schurkereien, die in ihrem Namen verübt worden sind. Als Verkünder der Macht – und sei es der des Guten – wurden sie selbst zu organisationskräftigen Geschichtsmächten und haben als solche ihre blutige Rolle in der wirklichen Geschichte der Menschengattung gespielt: die von Instrumenten der Organisation.

Weil Geschichte als Korrelat[3] einheitlicher Theorie, als Konstruierbares nicht das Gute, sondern eben das Grauen ist, so ist Denken in Wahrheit ein negatives Element. Die Hoffnung auf die besseren Verhältnisse, soweit sie nicht bloß Illusion ist, gründet weniger in der Versicherung, sie seien auch die garantierten, haltbaren und endgültigen, als gerade im Mangel an Respekt vor dem, was mitten im allgemeinen Leiden so fest gegründet ist. Die unendliche Geduld, der nie erlöschende zarte Trieb der Kreatur nach Ausdruck und Licht, der die Gewalt der schöpferischen Entwicklung in ihr selbst zu mildern und zu befrieden scheint, zeichnet nicht, wie die rationalen Geschichtsphilosophien, eine bestimmte Praxis als die heilsame vor, auch nicht die des Nichtwiderstrebens. Das erste Aufleuchten von Vernunft, das in solchem Trieb sich meldet und im erinnernden Denken des Menschen widerscheint, trifft auch am glücklichsten Tage seinen unaufhebbaren Widerspruch: das Verhängnis, das Vernunft allein nicht wenden kann.

(Max Horkheimer und Theodor W. Adorno, Dialektik der Aufklärung. Fischer Verlag, Frankfurt/M. 1988, S. 234–237)

1 Quietiv: Beruhigungsmittel
2 Indem Hegel in seiner Geschichtsphilosophie davon ausgeht, dass sich der Weltgeist schließlich zum Wissen von sich emporarbeitet, fallen für ihn das erkennende Subjekt und ihr Objekt (die Weltgeschichte) zusammen.
3 Korrelat: Entsprechungsmoment

1 *Stellen Sie gegenüber: Wie schätzen Adorno/Horkheimer den Verlauf der wirklichen Geschichte ein und was hätte nach ihrer Auffassung eine philosophische Konstruktion der Geschichte zu leisten?*
2 *Stellen Sie die Vorwürfe dar, die Adorno/Horkheimer von ihrem Geschichtsverständnis aus gegen die Geschichtsphilosophie, vornehmlich die von Hegel und Marx, vorbringen.*
3 *Diskutieren Sie die Berechtigung der negativen Geschichtsauffassung und Adornos und Horkheimers Kritik (Kritische Theorie) an der Geschichtsphilosophie.*
4 *Vergleichen Sie die verschiedenen Ansätze zur Kritik an der Geschichtsphilosophie und erörtern Sie diese im Vergleich.*

4.5 Jürgen Habermas: Die Einseitigkeit des Geschichtspessimismus

In den 80er Jahren des 20. Jahrhunderts liest **Jürgen Habermas** (geb. 1929) – ein Schüler Horkheimers und Adornos – die „Dialektik der Aufklärung“ ein weiteres Mal – diesmal im Zusammenhang mit einer Darstellung des philosophischen Diskurses der Moderne – und arbeitet die Ausweglosigkeit des horkheimer/adornoschen Konzepts einer totalisierten Vernunftkritik heraus. Habermas' eigenes emanzipatorisches Gegenmodell, mit dem er die geschichtsphilosophische Sackgasse Horkheimers und Adornos zu überwinden versucht, bildet den Hintergrund für seine Sicht der „Dialektik der Aufklärung". Es wird im Zusammenhang mit anderen zeitgenössischen geschichtsphilosophischen Konzepten noch zur Sprache kommen (➔ Kap. V, 5.4).

Die *Dialektik der Aufklärung* ist ein merkwürdiges Buch. In wesentlichen Teilen ist es aus Notizen entstanden, die Gretel Adorno bei Diskussionen zwischen Horkheimer und Adorno in Santa Monica aufgenommen hat. Der Text ist 1944 abgeschlossen worden und drei Jahre später im Querido-Verlag in Amsterdam erschienen. Exemplare dieser ersten Auflage waren fast zwanzig Jahre lang erhältlich. Die Wirkungsgeschichte des Buches, mit dem Horkheimer und Adorno auf die intellektuelle Entwicklung der Bundesrepublik vor allem in den ersten beiden Jahrzehnten Einfluss genommen haben, steht in einem kuriosen Verhältnis zur Zahl seiner Käufer. [...]

In der Tradition der Aufklärung ist das aufklärende Denken zugleich als Gegensatz und als Gegenkraft zum Mythos verstanden worden. Als Gegen*satz*, weil es der autoritären Verbindlichkeit einer in der Kette der Geschlechter verzahnten Überlieferung den zwanglosen Zwang des besseren Arguments entgegenstellt; als entgegenwirkende *Kraft*, weil es den Bann kollektiver Mächte durch individuell erworbene, in Motive umgesetzte Einsichten brechen soll. Die Aufklärung widerspricht dem Mythos und entzieht sich dadurch seiner Gewalt. Diesem Kontrast, dessen sich das aufgeklärte Denken so sicher ist, setzen Horkheimer und Adorno die These einer heimlichen Komplizenschaft entgegen: „Schon der Mythos ist Aufklärung und: Aufklärung schlägt in Mythologie zurück." [...]

Die Vernunft selber zerstört die Humanität, die sie ermöglicht hat – diese weit reichende These wird im ersten Exkurs, wie wir gesehen haben, damit begründet, dass sich der Prozess der Aufklärung *von allem Anfang an* dem Antrieb einer Selbsterhaltung verdankt, der die Vernunft verstümmelt, weil er diese nur in Formen zweckrationaler Natur- und Triebbeherrschung, eben als instrumentelle Vernunft, beansprucht. Damit ist noch nicht gezeigt, dass die Vernunft bis in ihre *spätesten Produkte*, bis in die moderne Wissenschaft, die universalistischen Rechts- und Moralvorstellungen und die autonome Kunst hinein dem Diktat der Zweckrationalität unterworfen bleibt. Diesem Nachweis dienen der Titelaufsatz zum Begriff der Aufklärung, der Exkurs zu Aufklärung und Moral sowie der Anhang zur Kulturindustrie.

Adorno und Horkheimer sind überzeugt, dass die *moderne Wissenschaft* im logischen Positivismus[1] zu sich selbst gekommen ist und dem emphatischen Anspruch auf theoretische Erkenntnis zugunsten technischer Verwertbarkeit entsagt hat: „Das Vorfindliche als solches zu begreifen, den Gegebenheiten nicht bloß ihre abstrakten raumzeitlichen Beziehungen abzumerken, bei denen man sie dann packen kann, sondern sie im Gegenteil als die Oberfläche, als vermittelte Begriffsmomente zu denken, die sich erst in der Entfaltung ihres gesellschaftlichen, historischen, menschlichen Sinnes erfüllen – der ganze Anspruch der Erkenntnis wird preisgegeben“ (DA, 39).

Die früher geübte Kritik am positivistischen Wissenschaftsverständnis verschärft sich zu dem globalen Vorwurf, dass die Wissenschaften selbst von der instrumentellen Vernunft aufgesogen werden. Am Leitfaden der *Histoire de Juliette*[2] und der *Genealogie der Moral*[3] wollen Horkheimer und Adorno ferner zeigen, dass die Vernunft aus Moral und Recht ausgetrieben worden ist, weil mit dem Zerfall religiös-metaphysischer Weltbilder alle normativen Maßstäbe ihren Kredit vor der einzig verbliebenen Autorität der Wissenschaft verloren hätten: „Die Unmöglichkeit, aus der Vernunft ein grundsätzliches Argument gegen den Mord vorzubringen, nicht vertuscht, sondern in alle Welt geschrien zu haben, hat den Hass entzündet, mit dem gerade die Progressiven Sade und Nietzsche heute noch verfolgen“ (DA, 142). Und weiter: „Sie haben nicht vorgegeben, dass die formalistische Vernunft in einem engeren Zusammenhang mit der Moral als mit der Unmoral stünde“ (DA, 141). Die früher geübte Kritik an den meta-ethischen Umdeutungen der Moral schlägt in sarkastische Zustimmung zum ethischen Skeptizismus um.

Mit ihrer Analyse der Massenkultur wollen Horkheimer und Adorno schließlich nachweisen, dass die mit Unterhaltung fusionierte *Kunst* in ihrer innovativen Kraft gelähmt, von allen kritischen und utopischen Gehalten entleert werde [...].

Die Argumentation folgt also in Ansehung der Wissenschaft, der Moral und der Kunst derselben Figur: bereits die Trennung der kulturellen Bereiche, der Zerfall der in Religion und Metaphysik noch verkörperten substantiellen Vernunft, entmächtigt die isolierten, ihres Zusammenhalts beraubten Vernunftmomente so sehr, dass diese zur Rationalität im Dienste wild gewordener Selbsterhaltung regredieren. Vernunft wird in der kulturellen Moderne endgültig ihres Geltungsanspruchs entkleidet und an schiere Macht assimiliert. Die kritische Fähigkeit, mit „Ja“ oder „Nein“ Stellung zu nehmen, zwischen gültigen und ungültigen Aussagen zu unterscheiden, wird *unterlaufen*, indem Macht- und Geltungsansprüche eine trübe Fusion eingehen.

Wenn man die Kritik der instrumentellen Vernunft auf diesen Kern reduziert, wird klar, warum die *Dialektik der Aufklärung* das Bild der Moderne auf erstaunliche Weise einebnen muss. Die der kulturellen Moderne eigene Würde besteht in dem, was Max Weber[4] die eigensinnige Ausdifferenzierung der Wertsphären genannt hat. Mit ihr wird aber die Kraft der Negation, die Fähigkeit, zwischen „Ja“ und „Nein“ zu diskriminieren, nicht etwa gelähmt, sondern eher potenziert. Denn nun können Wahrheitsfragen, Fragen der Gerechtigkeit und des Geschmacks nach ihrer jeweils eigenen Logik bearbeitet und entfaltet werden. Wohl verstärkt sich mit kapitalistischer Wirtschaft und modernem Staat auch die Tendenz alle Geltungsfragen in den beschränkten Horizont der Zweckrationalität sich selbst erhaltender Subjekte oder bestanderhaltender Systeme *einzuziehen*. Mit dieser Neigung zur gesellschaftlichen Regression der Vernunft konkurriert aber der unverächtliche, durch die Rationalisierung von Weltbildern und Lebenswelten induzierte Zwang zur fortschreitenden Differenzierung einer Vernunft. [...]

Die *Dialektik der Aufklärung* wird dem vernünftigen Gehalt der kulturellen Moderne, der in den bürgerlichen Idealen festgehalten (und mit ihnen auch instrumentalisiert) worden ist, nicht gerecht. Ich meine die theoretische Eigendynamik, die die Wissenschaften, auch die Selbstreflexion der Wissenschaften, über die Erzeugung technisch verwertbaren Wissens immer wieder *hinaus*treibt; ich meine ferner die universalistischen Grundlagen von Recht und Moral, die in den Institutionen der Verfassungsstaaten, in Formen demokratischer

Willensbildung, in individualistischen Mustern der Identitätsbildung *auch* eine (wie immer verzerrte und unvollkommene) Verkörperung gefunden haben; ich meine schließlich die Produktivität und die sprengende Kraft ästhetischer Grunderfahrungen, die eine von Imperativen der Zwecktätigkeit und von Konventionen der alltäglichen Wahrnehmung freigesetzte Subjektivität ihrer eigenen Dezentrierung[5] abgewinnt – Erfahrungen, die in den Werken der avantgardistischen Kunst zur Darstellung, in den Diskursen der Kunstkritik zur Sprache und in den innovativ bereicherten Wertregistern der Selbstverwirklichung auch zu einer *gewissen* illuminierenden[6] Wirkung gelangen – wenigstens zu lehrreichen Kontrasteffekten.

Wenn diese Stichworte für den Zweck meines Argumentes hinreichend ergänzt würden, könnten sie den intuitiven Eindruck, sagen wir vorsichtig: der Unvollständigkeit und Einseitigkeit stützen, den die Lektüre dieses Buches auf den ersten Blick hinterlässt. Der Leser gewinnt mit Recht das Gefühl, dass die nivellierende Darstellung wesentliche Züge der kulturellen Moderne nicht berücksichtigt.

(Jürgen Habermas, Die Verschlingung von Mythos und Aufklärung. In: Jürgen Habermas, Der philosophische Diskurs der Moderne. Zwölf Vorlesungen. Suhrkamp Verlag, Frankfurt/M. 1985, S. 130–138)

1 logischer Positivismus: gemeint ist die auf Auguste Comte und sein „Drei-Stadien-Gesetz“ (vgl. Kap. V, 1.4) zurückgehende Theorie der modernen Naturwissenschaften, wie sie zu Beginn des 20. Jahrhunderts besonders vom „Wiener Kreis“ entwickelt wurde.

2 Histoire de Juliette: philosophischer Roman von Marquis de Sade (erschienen 1796), in dem der Verfasser die Amoral propagiert und philosophisch zu begründen sucht.

3 Zur Genealogie der Moral: Philosophische Schrift von Friedrich Nietzsche (erschienen 1887); der Verfasser rechnet dort mit den traditionellen christlichen Werten wie Mitleid, Gleichheit und Frieden ab, die für ihn durch eine neue, höhere „Herrenmoral“ ersetzt werden müssen.

4 Max Weber (1864–1920): Soziologe, Philosoph und Politiker

5 Dezentrierung: Entfernung vom Mittelpunkt

6 illuminierend: erleuchtend

1 Auf welche Kernthese lässt sich für Habermas die Vernunftkritik der „Dialektik der Aufklärung“ reduzieren und wie wird sie in den Bereichen Wissenschaft, Moral/Recht und Kunst entfaltet?

2 Wie begründet Habermas seinen Pauschalisierungsvorwurf gegen die vernunftkritische Konzeption von Horkheimer und Adorno?

3 Überprüfen Sie, inwieweit die kulturelle Moderne laut Habermas über Horkheimers und Adornos Moderne-Verständnis hinaus ist, und veranschaulichen Sie dies an einem selbst gewählten Beispiel, etwa dem Phänomen der Massenkultur.

5 Die Bedeutung der Vernunft nach dem Ende der Geschichtsphilosophie

In der zweiten Hälfte des 20. Jahrhunderts ist die Diskussion über Fortschritt oder Rückschritt in der Geschichte, über deren Sinnhaftigkeit und Zielgerichtetheit, ja sogar über die Existenz der einen Geschichte nach wie vor aktuell und unentschieden.
Im letzten Kapitel dieser Übersicht werden vier konkurrierende Denkmodelle vorgestellt, die einen Einblick in die geschichtsphilosophische Debatte einer sich gemeinhin als pluralistisch verstehenden Gegenwart vermitteln. Wohl nie zuvor existierten in einem Kulturkreis so unterschiedliche Geschichtstheorien zeitgleich nebeneinander. Die alternativen Entwürfe besitzen untereinander eine Fülle von Reibungsflächen. Die Auseinandersetzung damit sollten Sie als Denkanstoß für Ihre eigene geschichtsphilosophische Orientierung nutzen.

5.1. Günther Anders: Die verdunkelte Welt

Eingeleitet wird das geschichtsphilosophische „Gespräch" von einem Text des Schriftstellers und Philosophen **Günther Anders** (1902–1992). Der ausgewählte Text stammt aus einer Sammlung offener Briefe, die Anders 1963 kurz nach der Hinrichtung des für die Judentransporte verantwortlichen NS-Kriegsverbrechers Adolf Eichmann an dessen Sohn schrieb (➔ Kap. III, 3.6). Der während des Zweiten Weltkrieges emigrierte, seit 1950 in Wien lebende jüdische Schriftsteller setzt sich in diesen Briefen kritisch mit den Voraussetzungen des „Dritten Reiches" auseinander. Die totale Vernichtungsmaschinerie dieses Systems ist für ihn untrennbar verbunden mit allgemeinen ökonomisch-gesellschaftlichen Tendenzen zum Totalitären. Die geschichtspessimistische Position Horkheimers/Adornos aufgreifend und weiterdenkend, prognostiziert Anders die Ausweglosigkeit des technisch-totalitären Weltzustandes: der Welt als Totalmaschine.

Das Monströse

Was im Hintergrund dieses Briefes steht, ist ‚Monströses'.
Was nenne ich ‚monströs'?
1. Dass es institutionelle und fabrikmäßige Vertilgung von Menschen gegeben hat; und zwar von Millionen.
2. Dass es Leiter und Handlanger dieser Tätigkeiten gegeben hat; und zwar: sklavische Eichmänner (Männer, die diese Arbeiten annahmen wie jede andere und sich auf Befehl und Treue herausredeten);
[…]
3. Dass Millionen in einen Zustand gebracht und in diesem gehalten wurden, in dem sie nichts davon wussten. Und zwar deshalb nichts wussten, weil sie nichts davon wissen wollten; und zwar deshalb nichts davon wissen wollten, weil sie nichts davon wissen wollen durften. Also Millionen von passiven Eichmännern. […]

Die verdunkelte Welt

Welche Wurzeln reichen tiefer als die politischen? Was hat das ‚Monströse' möglich gemacht?
Die erste Antwort auf diese Frage klingt banal. Denn sie lautet: die Tatsache, dass wir, gleich in welchem industrialisierten Land wir leben, und gleich, welchen politischen Namen dieses trägt, zu Kreaturen einer technischen Welt geworden sind.
Missverstehen Sie mich nicht. An sich ist unsere Fähigkeit in größtem Maßstab Produkte zu erzeugen, Maschinen zu bauen, uns von diesen bedienen zu lassen, Installationen zu

errichten, Verwaltungen zu organisieren und Organisationen zu koordinieren usf. nichts Monströses, sondern etwas Großartiges. Wie und wodurch kann es da zum ‚Monströsen‘ kommen?
Antwort: dadurch, dass unsere Welt, obwohl von uns selbst erfunden und errichtet, durch den Triumph der Technik so ungeheuer geworden ist, dass sie aufgehört hat in einem psychologisch verifizierbaren Sinne wirklich noch *‚unsere‘* zu sein. Dass sie uns *‚zu viel‘* geworden ist. Und was heißt das wieder?
Erst einmal, dass dasjenige, was wir nun *machen* können (und was wir deshalb wirklich machen) größer ist als dasjenige, wovon wir uns ein *Bild machen* können; dass sich zwischen unserer Fähigkeit der *Herstellung* und der der *Vorstellung* eine Kluft aufgetan hat und dass sich diese von Tag zu Tag verbreitert; dass unsere Kapazität der Herstellung, da der Steigerung der technischen Leistungen keine Grenze gesetzt, *maßlos*, die unserer Vorstellung von Natur aus *beschränkt* ist. Einfacher ausgedrückt: dass die Objekte, die wir heute mit Hilfe unserer uneindämmbaren Technik zu erzeugen gewohnt sind, und die Wirkungen, die wir auszulösen imstande sind, nun so groß und so brisant sind, dass wir sie nicht mehr auffassen, geschweige denn als unsere eigenen identifizieren können. – Und natürlich ist es nicht nur die übermäßige Größe unserer Leistungen, die unsere Vorstellungskraft überfordert, sondern auch die grenzenlose *Vermittelung* unserer Arbeitsprozesse. Sobald wir dazu angestellt werden, einen der zahllosen Einzelhandgriffe, aus denen sich der Produktionsprozess zusammensetzt, durchzuführen, dann verlieren wir nicht nur das Interesse am Mechanismus als Ganzem und an dessen Letzteffekten, vielmehr sind wir dann auch der Fähigkeit beraubt uns davon ein Bild zu machen. Ist ein maximaler Grad von Indirektheit überschritten – und in der heutigen industriellen, geschäftlichen und administrativen Arbeit ist das der Normalfall – dann versagen wir, nein, dann wissen wir noch nicht einmal, dass wir versagen, dass es unsere Aufgabe wäre, uns vorzustellen, was wir tun. Und was von der Vorstellung gilt, gilt im gleichen Maße von unserer *Wahrnehmung:* übersteigen die Effekte unseres Arbeitens oder unseres Handelns eine gewisse Größe oder einen gewissen Vermittlungsgrad, dann beginnen sich diese vor unseren Augen zu verunklären. Je mehr sich der Apparat, in den wir eingebaut sind, kompliziert, je mehr dessen Effekte anschwellen, umso weniger sehen wir, umso tiefer sinkt unsere Chance die Vorgänge, deren Teile wir sind, oder deren Bewandtnis zu durchschauen. Kurz: obwohl menschgemacht und von uns allen mit in Gang gehalten, wird unsere Welt, da sie sich sowohl unserer Vorstellung wie unserer Wahrnehmung entzieht, von Tag zu Tag *dunkler*. So dunkel, dass wir sogar ihre Verdunkelung nicht mehr erkennen können; so dunkel, dass wir sogar dazu berechtigt wären, unser Zeitalter ein ‚dark age‘ zu nennen. Die naiv-optimistische Hoffnung des 19. Jahrhunderts, dass die ‚Aufgeklärtheit‘ des Menschen mit steigender Technik automatisch mitsteige, haben wir jedenfalls endgültig abzuschreiben. Wer sich heute noch in solcher Hoffnung wiegt, der ist nicht einfach nur abergläubisch, auch nicht nur einfach ein Relikt von vorgestern, sondern das Opfer heutiger Machtgruppen: jener *Dunkelmänner des technischen Zeitalters* nämlich, die das stärkste Interesse daran haben, *uns über die Tatsache der Verdunkelung unserer Welt im Dunkel zu halten*, nein, dieses Dunkel pausenlos herzustellen. Denn darin besteht das ingeniöse[1] Betrugsmanöver, das den Entmachteten gegenüber heute durchgeführt wird. Der Unterschied zwischen den uns bekannten Betrugsmethoden und dieser heutigen liegt ja auf der Hand: während früher die Taktik selbstverständlich darin bestanden hatte, die Entmachteten von jeder möglichen Aufklärung *auszuschließen*, besteht die heutige darin, denjenigen, die nicht sehen, dass sie nicht sehen, *einzureden*, dass sie aufgeklärt seien. Gleichviel: Was heute gilt, ist

nicht, dass Technik und Aufklärung im Gleichschritt fortschreiten, sondern umgekehrt, dass sie der Regel der ‚invertierten[2] Proportion' unterworfen sind, also: je schärfer das Tempo des Fortschritts, je größer die Effekte unserer Produktion und je verwickelter die Struktur unserer Apparate – umso rapider verlieren unsere Vorstellung und unsere Wahrnehmung ihre Kraft Schritt zu halten, umso rapider sinkt unsere ‚Aufgeklärtheit', umso blinder werden wir.
[…]

Der Traum der Maschinen
Und doch, wie unbestreitbar diese Feststellung auch sein mag, die zweite ‚Wurzel des Monströsen' ist mit ihr noch nicht getroffen, bei genauerer Prüfung erweist auch sie sich noch als unzulänglich und als zu harmlos. Und zwar deshalb, weil die Arbeitsteilung und das, was ich da eben die ‚Phasen-Haft' genannt habe, selbst nur Sekundärwirkungen, nur Folgen eines ungleich fundamentaleren und verhängnisvolleren Vorganges sind. Erst wenn wir uns diesem Vorgange zuwenden, liegt die zweite ‚Wurzel des Monströsen' vor unseren Augen. Was ich meine – ich weiß, diese These klingt abenteuerlich – ist die Tatsache, dass *sich unsere Welt heute als Ganze in eine Maschine verwandelt, dass sie auf dem Wege dazu ist, zur Maschine zu werden.*
Warum dürfen wir diese überspitzte These aufstellen?
Nicht einfach deshalb, weil es heute so viele (politische, administrative, geschäftliche oder technische) Apparate und Maschinen gibt oder weil diese eine so gewaltige Rolle in unserer Welt spielen. Das würde die Bezeichnung nicht rechtfertigen. Was entscheidet, ist vielmehr etwas Grundsätzlicheres, etwas, was mit dem *Prinzip der Maschinen* zusammenhängt – und auf dieses Prinzip müssen wir hier nun zurückgehen. Denn in diesem Prinzip ist der Zustand, in dem die ganze Welt zur Maschine wird, bereits angelegt. – Was ist das Prinzip der Maschinen? *Maximalleistung.*
Und deshalb dürfen wir uns Maschinen nicht als insulare Einzeldinge vorstellen, etwa nach dem Bilde von Steinen, die nur dort sind, wo sie sind, die also in ihre physischen Dinggrenzen eingeschlossen bleiben. Da die raison d' être[3] der Maschinen in Leistung, sogar in Maximalleistung, besteht, benötigen sie, und zwar jede von ihnen, *Umwelten*, die dieses Maximum gewährleisten. Und was sie benötigen, das erobern sie sich auch. Jede Maschine ist expansionistisch, um nicht zu sagen ‚imperialistisch', jede verschafft sich ein eigenes (aus Zubringern, Bedienungsmannschaften, Konsumenten usw. bestehendes) Dienst- und *Kolonialreich*. Und von diesen ‚Kolonialreichen' verlangen sie, dass sie sich ihnen (den Maschinen) anverwandeln; dass sie ihnen mit der gleichen Vollkommenheit und Zuverlässigkeit ‚in die Hand arbeiten', mit der sie selbst arbeiten; – kurz: dass sie, obwohl außerhalb des ‚Mutterlandes' gelegen […], *‚mitmaschinell'* werden. Die ursprüngliche Maschine erweitert sich also, sie wird zur ‚Großmaschine'; und das nicht etwa nur akzidentell oder nur zuweilen; umgekehrt würde sie, wenn sie darin ermüdete, aufhören im Reiche der Maschinen noch zu zählen. – Dazu kommt ferner, dass sich keine durch die Einverleibung eines noch so großen, aber eben doch begrenzten, Dienstreiches endgültig sättigen kann. Vielmehr gilt, was von der ursprünglichen gegolten hatte, auch von der ‚Großmaschine': dass auch sie eine Außenwelt benötigt, ein ‚Kolonialreich', das sich ihr fügt und das ihr optimal und mit der gleichen Präzision, mit der sie selbst arbeitet, ‚in die Hand arbeitet', dass sie sich dieses ‚Kolonialreich' beschafft und so anverwandelt, dass auch dieses wieder zur Maschine wird – kurz: der Selbsterweiterung sind keine Grenzen gesetzt, der *Akkumulationshunger*[4] *der Maschinen ist unstillbar.*
– Dass sie dabei alle diejenigen Stücke Welt, die sich der von ihnen geforderten Mitmaschinisierung nicht fügen, als wertlos und

nichtig beiseite schieben; oder diejenigen, die dienstunfähig oder arbeitsunwillig einfach herumzulungern wünschen und dadurch die Weiterausdehnung des Maschinenreiches zu sabotieren drohen, ausräumen und als Abfall vernichten – das klingt zwar trivial, aber gerade deshalb müssen wir es ausdrücklich unterstreichen. Denn es gibt nichts Verhängnisvolleres, nichts was die Gewissenlosigkeit des Maschinenprinzips mit größerer Sicherheit garantierte, als die Tatsache, dass diese Gewissenlosigkeit bereits zur Trivialität geworden ist: was als trivial gilt, das bleibt unbeachtet; und was nicht beachtet wird, das wird widerspruchslos akzeptiert.

Natürlich geht dieser Prozess der Mitmaschinisierung nicht nur als Kampf der Maschinen *gegen* die Welt vor sich, sondern immer zugleich auch als Kampf *um* die Welt, also als ein Konkurrenzkampf, den die Maschinen beutelustig *gegeneinander* führen. Aber diese Tatsache, dass sie ihren Kampf stets doppelfrontig führen, tut der Eindeutigkeit des Endziels keinen Abbruch. Dieses Endziel heißt von Anfang an *‚Totaleroberung'* und so wird es weiter heißen. Was die Maschinen sich wünschen, ist ein Zustand, in dem es nichts mehr gäbe, was ihnen nicht diente, nichts, was nicht ‚mit-maschinell' wäre, keine ‚Natur', keine sogenannten ‚höheren Werte' und (da wir ihnen ja nur noch als Dienst- oder Konsum-Mannschaften gelten würden) auch uns Menschen nicht mehr. Sondern eben nur noch sie selbst.

Und selbst *sie* nicht mehr. Und damit komme ich zu meinem Hauptpunkt, zu dem Begriff der *‚Weltmaschine'*. Was meine ich?

Nehmen Sie einmal an, den Maschinen wäre es wirklich gelungen, die Welt restlos zu erobern, so restlos, wie in kleinerem Maßstabe Hitlers Maschine Deutschland erobert hatte: also so, dass nichts mehr übrig wäre als sie und ihresgleichen, nur noch ein riesiger ‚gleichgeschalteter' Maschinenpark. – Wie wäre es unter diesen Bedingungen um die einzelnen Maschinenexemplare bestellt?

Zweierlei müssen wir bedenken:

1. dass ohne Hilfskräfte keines dieser Exemplare funktionieren könnte, denn sich selbst in Bewegung zu setzen oder sich aus sich selbst zu ernähren, dessen ist ja keine Maschine, und wäre sie noch so automatisch, fähig;

2. dass es unter den Hilfskräften, die diesen Exemplaren zur Verfügung stünden, keine mehr gäbe, die nicht selbst bereits eine Maschine wäre – kurz: dass sie alle aufeinander angewiesen wären, dass sie durchweg dazu genötigt wären, ihresgleichen in Anspruch zu nehmen; und dass jede vice versa[5] versuchen müsste ihresgleichen zu deren bestem Funktionieren zu verhelfen.

Worauf würde aber diese Gegenseitigkeit hinauslaufen?

Auf etwas außerordentlich Überraschendes: da nun alle in engster Verzahnung funktionieren würden, würden nämlich die einzelnen Exemplare keine ‚Maschinen' mehr sein. Sondern?

Maschinenteile. – Und zwar Maschinenteile einer einzigen gigantischen *‚Totalmaschine'*, zu der sie zusammengewachsen wären.

Und worauf würde das wieder hinauslaufen? Was wäre diese ‚Totalmaschine'?

Bedenken wir wieder: Stücke, die ihr nicht eingegliedert wären, gäbe es nicht mehr. Reste, die außerhalb ihren Bestand hätten, wären nicht mehr übrig. Also wäre diese ‚Totalmaschine' – die *Welt*.

Und damit stehen wir unmittelbar vor dem Ziel. Um anzukommen, brauchen wir tatsächlich kaum mehr einen Schritt zu machen, erforderlich ist es nur noch, den Satz: ‚die Maschinen werden zur Welt' umzukehren. Die Umkehrung lautet: *‚Die Welt wird zur Maschine'*.

Und dies: die Welt als Maschine, ist wirklich der *technisch-totalitäre* Zustand, dem wir entgegentreiben. Und wohlgemerkt, nicht erst seit heute oder gestern, vielmehr, da dieser Trend dem Prinzip der Maschine: nämlich ihrem Selbsterweiterungstrieb, entstammt, seit eh und je. Aus diesem Grunde dürfen wir ruhig behaupten: die Welt als Maschine ist das chiliastische Reich[6], dem alle Maschinen, von der ersten an, entgegengeträumt haben; und das heute, da diese Entwicklung seit ein paar Jahrzehnten in ein immer rasanteres Accelerando[7] hineingeraten ist, nun wirklich vor uns liegt.

Ich sage: *vor* uns. Denn dass dieses ‚Reich' seine letzte und integrale Verwirklichung bereits gefunden habe, das brauchen wir gar nicht zu behaupten. Aber uns mit diesem Zugeständnis zu trösten, darauf haben wir auch kein Recht mehr. Denn das entscheidende Wegstück zur ‚Weltmaschine' liegt bereits hinter uns. Der Rubikon: nämlich jene Grenze, bis zu der wir früher die banale Aussage hatten machen dürfen, dass es *‚in'* unserer Welt auch Maschinen gebe, den haben wir bereits überschritten; dem Wörtchen ‚in', so verwendet, entspricht schon nichts mehr; und rechtmäßig würde dieses Wörtchen erst dann wieder werden, wenn wir unsere Aussage auch hier wieder umkehren würden, das heißt: wenn wir, statt von den Maschinen zu behaupten, sie seien in der Welt, nun der Welt nachsagen würden, sie sei (als Fraß oder Dienststück) ‚in der Maschine'. Aber damit würden wir eben zugestehen, dass wir das Ufer des ‚chiliastischen Reiches' bereits betreten haben.

(Günther Anders, Wir Eichmannsöhne. Beck Verlag, München [3]1988, S. 19–26, 49–54)

1 ingeniös: scharfsinnig, erfinderisch
2 invertiert: umgekehrt
3 raison d'être: Daseinssinn
4 Akkumulation: Anhäufung
5 vice versa: umgekehrt
6 chiliastisches Reich: tausendjähriges Reich Christi auf Erden, das den Beginn der Endzeit für die Welt bedeutet
7 Accelerando: Beschleunigung

1 *Rekonstruieren Sie die drei Merkmale des „Monströsen" nach Anders.*
2 *Welche zwei Wurzeln des Monströsen sieht der Autor und wie hängen sie miteinander zusammen? Können Sie Anders' These vom Selbsterweiterungstrieb der Maschinen aus Ihrem alltäglichen Erfahrungsbereich bestätigen?*
3 *Welche Stellung hat der Mensch im Maschinen-Zeitalter?*
4 *Vergleichen Sie Anders' geschichtsphilosophische Thesen mit denjenigen von Horkheimer und Adorno.*
5 *Diskutieren Sie Anders' Prognose der Zwangsläufigkeit der Maschinisierung der Welt.*
6 *Ganz ähnlich wie Anders schätzt auch* **Martin Heidegger** *den Zustand der Gegenwart ein: als völlig von einer Technik beherrscht, die der Mensch ihrem Wesen nach nicht bewältigen kann. „Nur noch ein Gott kann uns retten" – so Heidegger, und er weist allein dem philosophierenden Denken und dem Dichten die Aufgabe zu die Bereitschaft vorzubereiten für die Erscheinung oder die Abwesenheit des Gottes. (Vgl. Gespräch mit Martin Heidegger am 23. September 1966. In: „Der Spiegel", Nr. 23/1976.)*

Informieren Sie sich anhand des o. a. Spiegel-Gespräches genauer über Heideggers geschichtsphilosophische Thesen und erörtern Sie diese auf dem Hintergrund Ihrer Gegenwartserfahrung.

5.2 Fritjof Capra: Das Ende der Vernunft als notwendiger Wendepunkt der Geschichte

Zu ganz anderen Thesen als Günther Anders gelangt der Physiker **Fritjof Capra** (geb. 1939), einer der bekanntesten Theoretiker der neuen Ökologiebewegung und des **„New Age“**. Indem er von Arnold Toynbee (1889–1975) das Modell eines universalen Bewegungsgesetzes der großen Zivilisationen übernimmt, geht er von einem objektiven, Geschichte bestimmenden Prinzip aus, das allerdings nicht linear fortschrittsgerichtet ist und dem Einzelnen zudem einen gewissen Freiheitsraum belässt. In der geschichtsphilosophischen Intention prinzipiell emanzipatorisch, lehnt Capra die emanzipatorische Rolle der Vernunft aber ab. Vielmehr erwartet er die Befreiung des Menschen von der Freisetzung eher irrationaler, naturhafter Momente.

Zu Beginn der beiden letzten Jahrzehnte unseres Jahrhunderts befinden wir uns inmitten einer tief greifenden, weltweiten Krise. Es handelt sich um eine vielschichtige, multidimensionale Krise, deren Facetten jeden Aspekt unseres Lebens berühren – unsere Gesundheit und Lebensführung, die Qualität unserer Umwelt und unsere gesellschaftlichen Beziehungen, unsere Wirtschaft, Technologie und Politik. Es ist eine Krise von intellektuellen, moralischen und spirituellen Dimensionen, von einem Umfang und einer Eindringlichkeit, wie sie in der aufgezeichneten menschlichen Geschichte ohne Beispiel dasteht. Zum ersten Male sind wir von der sehr realen Gefahr der Auslöschung der menschlichen Rasse und des gesamten Lebens auf diesem Planeten bedroht. [...]

Um unsere vielschichtige Kulturkrise zu verstehen müssen wir uns eine extrem breit angelegte Anschauungsweise zu eigen machen und unsere Situation im Zusammenhang der menschlichen kulturellen Evolution sehen. Wir müssen unsere Perspektive verlagern vom Starren auf das Ende des zwanzigsten Jahrhunderts auf den Überblick über eine Zeitspanne, die Tausende von Jahren umfasst, vom Begriff statischer Gesellschaftsstrukturen hin zur Erkenntnis dynamischer Strukturen des Wandels. Aus dieser Perspektive betrachtet, erscheint die Krise als ein Aspekt der Umwandlung. [...]

Das Studium von Perioden kultureller Wandlungen in verschiedenen Gesellschaften hat gezeigt, dass ihnen auf typische Weise eine Anzahl unterschiedlicher gesellschaftlicher Hinweise vorausging, von denen viele mit den Symptomen unserer gegenwärtigen Krise identisch sind. Dazu gehören ein Gefühl der Entfremdung und das Anwachsen von Geisteskrankheiten und Gewaltverbrechen sowie das Auseinanderfallen der Gesellschaft, aber auch stärkeres Interesse für religiöse Kulte – alles Erscheinungen, die während des vergangenen Jahrzehnts auch in unserer Gesellschaft zu beobachten waren. In Zeiten historischen kulturellen Wandels pflegten diese Hinweise ein bis drei Jahrzehnte vor der eigentlichen Umwandlung aufzutreten, an Häufigkeit und Intensität zuzunehmen, je näher die Umwandlung rückte um nach deren Eintreten wieder abzunehmen.

Kulturelle Veränderungen dieser Art sind wesentliche Stufen in der Entwicklung von Zivilisationen. Die dieser Entwicklung zugrunde liegenden Kräfte sind komplex [...]. Doch scheint es, dass alle Zivilisationen durch ähnliche zyklische Prozesse des Entstehens, Wachstums, Zusammenbruchs und Zerfalls hindurchgehen müssen. Die nachfolgende Graphik zeigt diese eindrucksvolle Dynamik für die großen Zivilisationen im Mittelmeerraum.

Zu den besten, wenn auch mehr auf Annah-

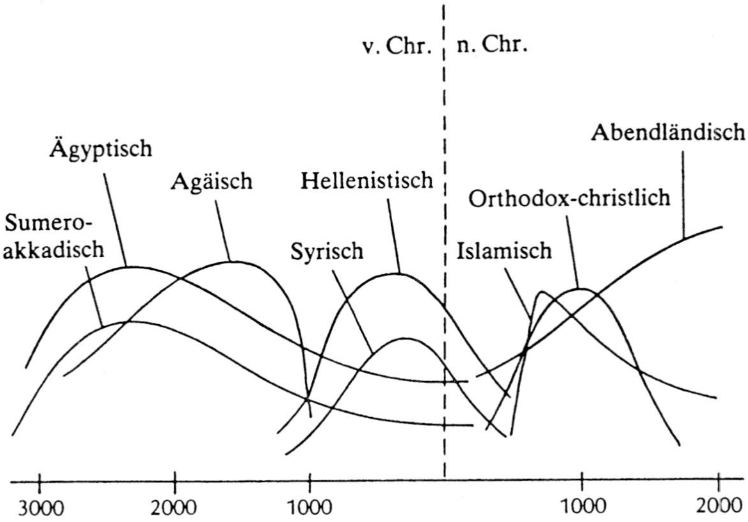

Aufstiegs- und Untergangsmuster der großen Zivilisationen im Mittelmeerraum

men als auf ausformulierten Theorien beruhenden Studien solcher Bewegungen von Aufstieg und Niedergang der Zivilisationen gehört Arnold Toynbees *Der Gang der Weltgeschichte* [1]. Nach Toynbee besteht die Geburt einer Zivilisation in dem Übergang von einem statischen Zustand in eine dynamische Aktivität. Dieser Übergang mag sich ganz spontan ergeben, durch den Einfluss einer bereits bestehenden Zivilisation oder durch den Zerfall einer oder mehrerer Zivilisationen einer älteren Generation. Toynbee sieht die Grundstruktur bei der Entstehung von Zivilisationen als ein Muster von Wechselwirkungen, die er „Herausforderung und Antwort" nennt. Die Herausforderung durch die natürliche oder gesellschaftliche Umwelt ruft eine kreative Antwort in einer Gesellschaft oder einer Gesellschaftsgruppe hervor, die diese Gesellschaft dazu bringt, den Prozess der Zivilisation einzuleiten.

Die Zivilisation wächst weiter, wenn ihre erfolgreiche Antwort auf die ursprüngliche Herausforderung einen kulturellen Anstoß erzeugt, der die Gesellschaft über einen Gleichgewichtszustand hinaus in einen Zustand des Übergewichts versetzt, der seinerseits eine neue Herausforderung darstellt. Auf diese Weise wiederholt sich das anfängliche Muster von Herausforderung und Antwort in aufeinander folgenden Wachstumsphasen, wobei jede erfolgreiche Antwort ein Ungleichgewicht erzeugt, das neue kreative Anpassungen erforderlich macht. [...]

Sobald die Zivilisationen ihren Höhepunkt an Lebenskraft erreicht haben, neigen sie dazu, ihre kulturelle Triebkraft zu verlieren und zu verfallen. Toynbee meint, ein wesentliches Element dieses kulturellen Zusammenbruchs sei der Verlust an Flexibilität. Sind soziale Strukturen und Verhaltensmuster so starr geworden, dass die Gesellschaft sich nicht mehr an veränderte Situationen anpassen kann, dann ist sie auch nicht mehr in der Lage den kreativen Prozess der kulturellen Evolution fortzuführen. Sie wird zusammenbrechen und schließlich zerfallen. Während im Wachstum begriffene Zivilisationen durch endlose Vielfalt und Anpassungsfähigkeit gekennzeichnet sind, offenbaren die zerfallenden Uniformität und Mangel an Erfindungsreichtum. Mit dem Verlust der Flexibilität in einer sich auflösenden Gesellschaft ergibt sich auch ein allgemeiner Verlust an Harmonie zwischen ihren verschiedenen Elementen, der unausweichlich gesellschaftliche Uneinigkeit und Missstimmung auslöst. Während des schmerzhaften Prozesses des

Zerfalls geht die Kreativität der Gesellschaft – ihre Fähigkeit auf Herausforderungen zu reagieren – jedoch nicht völlig verloren. Obwohl der kulturelle Hauptstrom durch das Festhalten an unverrückbaren Vorstellungen und starren Verhaltensmustern praktisch versteinert, treten schöpferische Minderheiten in Erscheinung und führen den Prozess von Herausforderung und Antwort fort. Die herrschenden gesellschaftlichen Institutionen pflegen sich dagegen zu sträuben, ihre bisherige führende Rolle neuen kulturellen Kräften zu überlassen, doch werden sie unweigerlich an Bedeutung abnehmen und zerfallen, während die schöpferischen Minderheiten vielleicht imstande sein werden einige der alten Elemente neu zu gestalten. Der Prozess der kulturellen Evolution wird also fortgesetzt, aber unter veränderten Gegebenheiten und mit neuen Protagonisten[2]. [...]

Die Umwälzung, in der wir uns heute befinden, könnte weitaus dramatischer werden als alle vorangegangenen, weil das Tempo des Wandels heute schneller ist denn je zuvor, weil die Veränderungen heute umfassender ausfallen und den ganzen Erdball betreffen und weil mehrere größere Umwälzungen zeitlich zusammenfallen. [...] Deshalb ist unsere heutige Krise nicht einfach eine Krise der Individuen, Regierungen oder gesellschaftlichen Institutionen; es handelt sich vielmehr um einen Übergang von weltweiten Dimensionen, eine Wendezeit für Individuen, für unsere Gesellschaft und Zivilisation, und für das planetare Ökosystem. [...]

Für die chinesischen Philosophen war die Wirklichkeit, deren innerstes Wesen sie *Tao* nannten, ein Prozess kontinuierlichen Fließens und Wandels. Ihrer Anschauung nach nehmen alle Vorgänge, die wir beobachten, an diesem kosmischen Prozess teil und sind auf diese Weise von Natur aus dynamisch. Es ist die Haupteigenschaft des *Tao*, dass seine ständige Bewegung zyklisch verläuft. Alle Entwicklungen in der Natur – die physischen ebenso wie die psychischen und die gesellschaftlichen – laufen zyklisch ab.

Das chinesische Yin-Yang-Zeichen

Die Chinesen gaben dieser Idee durch Einführung der polaren Gegensätze *Yin* und *Yang* eine definitive Struktur, wobei die beiden Pole den Zyklen des Wandels Grenzen setzen. [...]

Es ist wichtig und für uns Menschen aus dem Abendland schwer zu verstehen, dass diese Gegensätze nicht unterschiedlichen Kategorien angehören, sondern entgegengesetzte Pole eines einzigen Ganzen sind. Nichts ist nur *Yin* oder nur *Yang*. Alle Naturerscheinungen sind Manifestationen eines kontinuierlichen Wechselspiels zwischen den beiden Polen, alle Übergänge finden stufenlos und in ununterbrochener Aufeinanderfolge statt. Die natürliche Ordnung besteht in einem dynamischen Gleichgewicht zwischen *Yin* und *Yang*. [...]

Im Hinblick auf die ursprünglich mit dem Paar archetypischer[3] Pole assoziierten Bilder könnte man *Yin* wohl als aufnehmende, erhaltende und kooperative Aktivität interpretieren; *Yang* fände seine Entsprechung in aggressiver, expandierender, wettstreitorientierter Aktivität. *Yin*-Handeln erfolgt im Einklang mit der Umwelt, *Yang*-Handeln ist auf das Ich bezogen. In moderner Terminologie könnte man das erste „Öko-Handeln“ und das zweite „Ego-Handeln“ nennen. [...]

Die *Yin/Yang*-Terminologie ist besonders nützlich, wenn man ein kulturelles Ungleichgewicht umfassend analysiert, und zwar auf der Grundlage einer ökologischen Anschauung, die man im Sinne der allgemeinen Systemtheorie auch Systemschau nennen könnte. Für die Systemtheorie sind alle Phänomene in der Welt miteinander verbunden und voneinander abhängig. Innerhalb dieser Lehre nennt man ein integriertes Ganzes, dessen Eigenschaften nicht mehr auf die seiner Teile reduziert werden können, ein System. Lebende Organismen, Gesellschaften und Ökosysteme – sie alle sind Systeme. Es ist faszinierend zu sehen, dass die alte chinesische Vorstellung von *Yin* und *Yang* auf eine wesentliche Eigenschaft von Natursystemen bezogen ist, mit der sich die abendländische Wissenschaft erst seit kurzem befasst.

Lebende Systeme sind so organisiert, dass sie Strukturen auf mehreren Ebenen bilden, wobei jede Ebene aus Untersystemen besteht, die in Bezug auf ihre Teile Ganzheiten sind, und Teile in Bezug auf die größeren Ganzheiten. So verbinden sich Moleküle zu Organellen[4], die ihrerseits Zellen bilden. Die Zellen bilden Gewebe und Organe, die ihrerseits größere Systeme bilden – wie etwa das Verdauungssystem oder das Nervensystem. Diese schließen sich dann zusammen um den lebenden Mann oder die lebende Frau zu bilden. Damit jedoch endet diese geschichtete Ordnung noch nicht. Menschen bilden Familien, Stämme, Gesellschaften, Nationen. Alle diese Einheiten – von den Molekülen bis zu den menschlichen Wesen und hin bis zu Gesellschaftssystemen – können als Ganzheiten angesehen werden und zwar in dem Sinne, dass sie integrierte Strukturen sind, und dann wieder als Teile von noch größeren Ganzheiten auf höheren Ebenen der Komplexität. Tatsächlich werden wir sehen, dass Teile und Ganzheiten im absoluten Sinne überhaupt nicht existieren. Arthur Koestler hat das Wort „Holonen" geprägt für diese Untersysteme, die zugleich Ganzes und Teil sind. Er hat betont, dass jedes Holon zwei entgegengesetzte Tendenzen verfolgt: Eine integrierende Tendenz möchte als Teil des größeren Ganzen fungieren, während eine Tendenz zur Selbstbehauptung die individuelle Autonomie zu bewahren strebt. In einem biologischen oder gesellschaftlichen System muss jedes Holon seine Individualität behaupten um die geschichtete Ordnung des Systems aufrechtzuerhalten, doch muss es sich auch den Anforderungen des Ganzen unterwerfen um das System lebensfähig zu machen. Diese beiden Tendenzen sind gegensätzlich und doch komplementär[5]. In einem gesunden System – einem Individuum, einer Gesellschaft oder einem Ökosystem – halten sich Integration und Selbstbehauptung im Gleichgewicht. Dieses Gleichgewicht ist nicht statisch, sondern besteht aus einem dynamischen Wechselspiel zwischen den beiden komplementären Tendenzen, was das gesamte System flexibel und offen für den Wandel hält.

Nunmehr wird die Beziehung zwischen der modernen Systemlehre und dem alten chinesischen Denken deutlich. Die chinesischen Weisen scheinen die grundlegende Polarität erkannt zu haben, welche lebende Systeme kennzeichnet. Selbstbehauptung erreicht man durch *Yang*-Verhalten, wenn man fordernd, aggressiv, wettbewerbs- und nach außen orientiert ist, und – soweit es sich um menschliches Verhalten handelt – durch Anwendung linearen, analytischen Denkens. Integration wird gefördert durch *Yin*-Verhalten; dann ist man empfangend, kooperativ, intuitiv und umweltbewusst. Sowohl *Yin* als auch *Yang*, die integrierenden und selbstbehauptenden Tendenzen, sind für harmonische gesellschaftliche und ökologische Beziehungen notwendig.

Übertriebene Selbstbehauptung manifestiert sich als Macht, Kontrolle und Beherrschung anderer durch Gewalt; und dies sind tatsächlich die in unserer Gesellschaft vorherrschenden Muster. Politische und wirtschaftliche Macht wird von einer beherrschenden, in Körperschaften organisierten Klasse ausgeübt; gesellschaftliche Hierarchien werden mit rassistischen und geschlechtsbetonten Motiven aufrechterhalten und Vergewaltigung ist zu einer zentralen Metapher unserer Kultur geworden – Vergewaltigung von Frauen, Minderheiten und der Erde selbst. Unsere Wissenschaft und Technologie beruhen auf dem aus dem 17. Jahrhundert stammenden Glauben, Naturverständnis sei gleichbedeutend mit Beherrschung der Natur durch den „Mann/Menschen". Kombiniert mit dem ebenfalls aus dem 17. Jahrhundert stammenden mechanistischen Modell des Universums und der Betonung des linearen Denkens hat diese Haltung eine ungesunde und unmenschliche Technologie hervorgebracht. Sie ersetzt das natürliche, organische Habitat[6] komplexer menschlicher Wesen durch eine simplifizierte, synthetische und vorfabrizierte Umwelt. [...]

Die Bevorzugung des konkurrierenden gegenüber dem kooperativen Verhalten ist eine der Haupterscheinungen der Selbstbehauptungstendenz in unserer Gesellschaft. Es wurzelt in der irrigen Naturanschauung der Sozialdarwinisten des 19. Jahrhunderts, das ganze gesellschaftliche Leben müsse aus Existenzkampf bestehen, beherrscht vom Grundsatz des „Überlebens des Stärksten" [7]. Dementsprechend galt der Wettbewerb als Antriebskraft der Wirtschaft. „Aggressives Vorgehen" wurde zum Ideal der Geschäftswelt; die mit diesem Verhalten einhergehende Ausbeutung der Bodenschätze hat die Strukturen einer wettbewerbsbestimmten Konsumwirtschaft geschaffen.

Aggressives und auf Wettbewerb zielendes Verhalten allein würden das Leben natürlich unmöglich machen. Selbst die ehrgeizigsten zielorientierten Individuen brauchen auf Sympathie beruhende Unterstützung, menschliche Kontakte und Zeitspannen sorgenfreier Spontaneität und Entspannung. In unserer Kultur erwartet man von den Frauen, dass sie diese Bedürfnisse befriedigen, oft unter Zwang. Das sind dann die Sekretärinnen, Empfangsdamen, die Hostessen, Krankenschwestern und Hausgehilfinnen, die Dienstleistungen erbringen, welche das Leben angenehmer gestalten und die Atmosphäre schaffen, in der der Wettbewerbtreibende Erfolg haben kann. [...]

Diese kurze Übersicht über kulturelle Verhaltensweisen und Werte zeigt uns, dass unsere Kultur bisher beharrlich das *Yang* gefördert und belohnt hat, also die maskulinen oder selbstbehauptenden Elemente der menschlichen Natur, während sie das *Yin*, die femininen oder intuitiven Aspekte, unbeachtet ließ. Heute jedoch sind wir Zeugen des Beginns einer unerhört evolutionären Bewegung. Die Wendezeit, in der wir uns befinden, markiert unter vielen anderen Dingen eine Umkehr in der Fluktuation zwischen *Yin* und *Yang*. Wie der chinesische Text sagt: „Hat das Yang seinen Gipfel erreicht, zieht es sich zugunsten des Yin zurück." Unsere 1960er und 1970er Jahre haben eine ganze Reihe philosophischer, spiritueller und politischer Bewegungen hervorgebracht, die alle in derselben Richtung zu streben scheinen. Sie wirken der Überbetonung von *Yang*-Werten entgegen und versuchen das Gleichgewicht zwischen den maskulinen und den femininen Seiten der menschlichen Natur wieder herzustellen.

Wir erleben eine steigende Beschäftigung mit Ökologie, die zum Ausdruck kommt in Bürgerinitiativen zugunsten gesellschaftlicher und umweltbezogener Probleme, von Initiativen, die auf die Grenzen des Wachstums verweisen, eine neue ökologische Ethik befürworten und angemessene „weiche" Technologien entwickeln. In der politischen Arena bekämpft die Friedensbewegung die extremsten Auswüchse unserer selbstbehauptenden *Macho*-Technologie, was sie wahrscheinlich zu einer der machtvollsten politischen Kräfte dieses Jahrzehnts machen wird. Gleichzeitig erleben wir eine bedeutsame Verlagerung der Wertbegriffe – von der Bewunderung für riesige Unternehmen und Institutionen zu dem Begriff des „menschlichen Maßes" mit dem Schlagwort *small ist beautiful*, vom materialistischen Konsum zu freiwilliger Einfachheit des Lebens, von wirtschaftlichem und technologischem zu innerem Wachstum und innerer Entwicklung. Diese neuen Werte werden gefördert durch die Bewegung zur Selbsterfahrung, durch die ganzheitliche Gesundheitsbewegung und durch verschiedene spirituelle Bewegungen. Das alte Wertsystem wird vielleicht durch das wachsende feministische Bewusstsein, das aus der Frauenbewegung erwächst, am meisten herausgefordert und zutiefst verändert.

Diese verschiedenen Bewegungen formen zusammen das, was der Kulturhistoriker Theodore Roszak die „Gegenkultur" genannt hat. Bis jetzt agieren viele von ihnen getrennt und haben noch nicht erkannt, wie eng ihre Zielsetzungen im Grunde verbunden sind. [...] Einige Gruppierungen haben jedoch seit kurzem begonnen Koalitionen zu bilden. Wie man es erwarten konnte, arbeiten Ökologen und Feministinnen auf mehreren Gebieten zusammen, vor allem im Kampf gegen die Kernkraft und in der Friedensbewegung. Umweltgruppen, Verbraucherorganisationen so wie ethnische Befreiungsbewegungen beginnen Kontakte untereinander aufzunehmen. Man kann voraussehen, dass alle diese Aktivitäten zusammenfließen und eine machtvolle Kraft gesellschaftlicher Umgestaltung bilden werden, sobald sie erst einmal erkannt haben, was ihnen gemeinsam ist. Ich werde diese Kraft entsprechend dem überzeugenden Modell kultureller Dynamik, das Toynbee aufgestellt hat, die „aufsteigende Kultur" nennen. [...]

Aus dieser weiten historischen Perspektive gesehen, kommen und gehen Kulturen in Rhythmen, wobei die Erhaltung kultureller Traditionen nicht immer das erstrebenswerteste Ziel sein muss. Wollen wir die Härten und die Not des unvermeidlichen Wandels verringern, dann müssen wir die sich verändernden Bedingungen so deutlich wie möglich erkennen und unser Leben und unsere gesellschaftlichen Institutionen entsprechend umgestalten.

(Fritjof Capra, Wendezeit. Bausteine für ein neues Weltbild. Scherz Verlag, Bern/München/Wien [19]1990, S. 15–45)

1 Toynbees „A Study of History" erschien in 12 Bänden in London in den Jahren 1934–1961; Capra referiert im Folgenden die Grundgedanken des Werkes
2 Protagonist: Akteur, Vorkämpfer
3 archetypisch: urbildlich
4 Organellen: organartige Bildungen des Zellplasmas von Einzellern
5 komplementär: (sich) ergänzend
6 Habitat: Umfeld
7 vgl. Kap. II, 1.3

1 *Verdeutlichen Sie, wie Capra die Rolle der Vernunft als Yang-Prinzip aus geschichtsphilosophischer Perspektive bestimmt.*
2 *Gibt es Gemeinsamkeiten zwischen Capras Einschätzung der Vernunft und derjenigen von Horkheimer/Adorno und Günther Anders? Wo liegen Ihrer Meinung nach die Differenzen?*
3 *Stellen Sie heraus, mit welchem geschichtsphilosophischen Modell Capra im Anschluss an Toynbee die Moderne zu verstehen sucht, und beschreiben Sie die Rolle der Systemtheorie in diesem Modell.*
4 *Welche Freiheit lässt Capras Geschichtstheorie dem einzelnen Subjekt?*

5.3 Jean-François Lyotard: Die Idee der Universalgeschichte als Erzählung

Während den geschichtsphilosophischen Positionen Anders' und Capras bei aller Kontroversität die Annahme eines die Geschichte bewegenden Prinzips – ganz im Sinne der philosophischen Tradition – gemeinsam ist, bricht die Theorie **Jean-François Lyotards** (geb. 1924) schon hinsichtlich ihrer Fragestellung radikal mit den Denkstrukturen der bisherigen Geschichtsphilosophie. Der französische Philosoph gilt ebenso wie Michel Foucault, Jacques Derrida und andere als Hauptvertreter der **philosophischen Postmoderne**, welche provokativ den Abschied von allen letzten Prinzipien – gleichviel ob religiös, philosophisch oder politisch motiviert – auf ihr Programm geschrieben hat. Stattdessen geht es Lyotard mit den übrigen Verfechtern der Postmoderne um die anerkennende Gleichberechtigung des Verschiedenen, welches im ausschließlich auf ein letztes Prinzip hin orientierten Zugriff bisheriger Welterklärungsmodelle nicht zu seinem Recht kam.
Um der Vielfalt der Lebensformen und Denkstrukturen Genüge zu tun, spricht Lyotard nicht mehr von *der* Geschichte, sondern von den Geschichten oder den Sprachspielen. Der Anspruch diese zur Einheit eines gemeinsamen, übergeordneten Prinzips zu bringen wird ausdrücklich aufgegeben. Dazu schreibt Lyotard programmatisch:

„Es sollte endlich Klarheit darüber bestehen, dass es uns nicht zukommt, *Wirklichkeit zu liefern,* sondern Anspielungen auf ein Denkbares zu erfinden, das nicht dargestellt werden kann. [...] Wir haben die Sehnsucht nach dem Ganzen und dem Einen, nach der Versöhnung von Begriff und Sinnlichkeit, nach transparenter und kommunizierbarer Erfahrung teuer bezahlt. Hinter dem allgemeinen Verlangen nach Entspannung und Beruhigung vernehmen wir nur allzu deutlich das Raunen des Wunsches, den Terror ein weiteres Mal zu beginnen, das Phantasma der Umfassung der Wirklichkeit in die Tat umzusetzten. Die Antwort darauf lautet: Krieg dem Ganzen, zeugen wir für das Nicht-Darstellbare, aktivieren wir die Widerstreite, retten wir die Ehre des Namens."
(Jean-François Lyotard, Beantwortung der Frage: Was ist Postmodern? In: Tumult, Heft 4 [1982], S. 142)

In letzter Konsequenz richtet sich die philosophische Postmoderne – auch veranlasst durch die Erfahrung mit politischen Terrorsystemen wie z.B. dem Stalinismus – gegen die Tradition der Aufklärung, mithin auch gegen die Einschätzung der Vernunft als der geschichts- und fortschrittsbewegenden Kraft und gegen ihre Einsetzung zum utopischen Ziel der Geschichte. Stattdessen propagieren die Postmodernen einen totalen Pluralismus von Ideologien und Lebensformen und negieren folgerichtig jede Form von geschichtlichem Fortschritt. Im Folgenden erläutert Lyotard den Widerstreit verschiedener „Diskursarten" (gemeint sind z. B. Lebensformen und Denkstrukturen) am Beispiel der verschiedenen Regelsysteme sprachlicher Sätze.

Im Unterschied zu einem Rechtsstreit *(litige)* wäre ein Widerstreit *(différend)* ein Konfliktfall zwischen (wenigstens) zwei Parteien, der nicht angemessen entschieden werden kann, da eine auf beide Argumentationen anwendbare Urteilsregel fehlt. Die Legitimität der einen Argumentation schlösse nicht auch ein, dass die andere nicht legitim ist. Wendet man dennoch dieselbe Urteilsregel auf beide zugleich an um ihren Widerstreit gleichsam als Rechtsstreit zu schlichten, so fügt man einer von ihnen Unrecht zu (einer von ihnen zumindest, und allen beiden, wenn keine diese Regel gelten lässt). Aus der Regelverletzung einer Diskursart resultiert ein Schaden, der unter Beachtung eben dieser Regeln behebbar ist. Ein Unrecht resultiert daraus, dass die Regeln der Diskursart, nach denen man urteilt, von denen der beurteilten Diskursart(en) abweichen. [...]
Ein Satz, selbst der gewöhnlichste, wird nach

einer Gruppe von Regeln gebildet (seinem Regelsystem [régime]). Es gibt mehrere Regelsysteme von Sätzen. Argumentieren, Erkennen, Beschreiben, Erzählen, Fragen, Zeigen, Befehlen usw. Zwei Sätze ungleichartiger, heterogener Regelsysteme lassen sich nicht ineinander übersetzen. Sie können in Hinblick auf einen durch eine Diskursart festgelegten Zweck miteinander verkettet werden. Beispielsweise verkettet der Dialog eine Frage mit einer Ostension (Zeigen) oder einer Definition (Beschreiben), wobei der Einsatz darin besteht, dass die beiden Parteien Übereinstimmung hinsichtlich der Bedeutung eines Referenten[1] erzielen. Diese Diskursarten liefern Regeln zur Verkettung ungleichartiger Sätze, Regeln, mit denen Ziele erreicht werden können: Wissen, Lehren, Rechthaben, Verführen, Rechtfertigungen, Bewerten, Erschüttern, Kontrollieren ... Es gibt keine „Sprache" *(langage)* im Allgemeinen, es sei denn als Gegenstand einer Idee. [...]

Ein Satz „geschieht". Wie lässt er sich weiter verketten? Mit ihrer Regel liefert eine Diskursart einen Komplex möglicher Sätze und jeder von ihnen gehört einem Satz-Regelsystem an. Eine andere Diskursart aber liefert einen Komplex anderer möglicher Sätze. Aufgrund ihrer Ungleichartigkeit besteht ein Widerstreit zwischen diesen Komplexen (oder zwischen den Diskursarten, von denen sie ins Spiel gebracht werden). Nun muss die Verkettung „jetzt" geschehen, ein weiterer Satz kann nicht ausbleiben, das entspricht der Notwendigkeit, das heißt der Zeit, es gibt keinen Nicht-Satz, Schweigen ist ein Satz, es gibt keinen letzten Satz. Mangels eines Satz-Regelsystems oder einer Diskursart, die universale schlichtende Autorität besäßen – fügt nicht die Verkettung, gleich welcher Art, den Regelsystemen oder Diskursarten, deren mögliche Sätze nicht aktualisiert werden, notwendigerweise ein Unrecht zu? [...]

Die Universalgeschichte der Menschheit müsste in der narrativen Diskursart erzählt werden. Wie jede Erzählung schritte sie anhand von Sätzen fort wie *Zu diesem Zeitpunkt, an diesem Ort, geschah es, dass x, usw.* Im Unterschied aber zur wilden Erzählung müsste die Onomastik[2] von Personen, Orten und Zeitpunkten ebenso wie die Bedeutung des berichteten Ereignisses von allen Empfängern der universalen Erzählung akzeptiert werden [...], und zwar ohne Ansehung der Gemeinschaft, zu der diese Empfänger gehören. Die Empfänger müssten also selbst „universal" sein. [...]

Die Verallgemeinerung der narrativen Instanzen kann sich nicht konfliktlos vollziehen. Die Überlieferungen sind füreinander undurchsichtig. Die Begegnung zwischen zwei Gemeinschaften stellt unmittelbar einen Konflikt dar, weil sich deren Namen und Erzählungen jeweils ausschließen. [...]

Der Konflikt entspringt nicht einem Sprachproblem, jede Sprache ist übersetzbar (was nicht verhindert, dass die Sprachunterschiede gelegentlich zur Verschärfung des Konflikts beitragen). Er ist ebenso kein Widerstreit, da die Diskursart ja jeweils die gleiche bleibt: der Erzählakt. Folglich ist er ein Rechtsstreit bezüglich der Namen von Zeitpunkten, Orten, Personen und bezüglich der Bedeutungen und Referenten, die sich an diese Namen heften (dieser Ort, diese Frau, dieses Kind sind nicht dein). Aber der Rechtsstreit findet kein Gericht, vor dem er dargestellt, verhandelt und entschieden werden könnte. Denn dieses Gericht müsste bereits „universal", menschheitlich sein, über ein (internationales) Recht verfügen usw. [...]

Man sagt, dass Stärke entscheidet. Worin aber besteht diese Stärke, wenn es sich um eine Entscheidung zwischen Sätzen handelt? Gibt es starke Sätze oder Diskursarten und andere, schwache? [...]

Von zwei Erzählungen zumindest, die derselben Diskursart angehören, kann die eine zu recht für stärker als die andere befunden werden, wenn sie dem Ziel der Erzählungen näher kommt: nämlich an das Vorkommnis als solches anzuknüpfen, indem sie es bedeutet und sich referentiell[3] auf es bezieht. Die christliche Erzählung hat in Rom die anderen Erzählungen besiegt, weil sie den Spieleinsatz der Diskursart selbst bezeichnete, indem sie die Liebe zum Vorkommnis in die Erzählungen und die entsprechenden Erzählakte einführte. Wie ein Geschenk lieben, was geschieht, selbst das *Geschieht es?* als das Versprechen einer frohen Botschaft lieben – dies ermöglicht die Anknüpfung an alles, was geschieht, die anderen Erzählungen eingeschlossen (und später selbst die anderen Diskursarten). Als Hauptoperator der exemplarischen Erzählakte und Diegesen[4] ist die Liebe das Gegenmittel zum Prinzip der Ausnahme, das die traditionellen Erzählungen begrenzt. Die Autorisierung zu erzählen, zuzuhören, erzählt zu werden entspringt nicht einer Teilhabe an einer Welt von Namen, die selbst aus Ur-Erzählungen hervorgegangen wären, sondern einem Auftrag zu universaler Zuneigung: *Liebet einander*, ein Auftrag, der für alle Helden, Erzähler und Zuhörer gilt. Dieser Auftrag wird durch die (selbst liebevolle) Offenbarung einer Ur-Geschichte autorisiert, in der man erfährt, dass der Gott der Liebe von seinen Kindern nicht genügend geliebt wurde, mit all dem Unglück, das darauf folgte. Die Autorisierung bleibt ihrer Form nach – wie in den Erzählungen – zirkelhaft, erstreckt sich aber auf alle Erzählungen. Die Verpflichtung zur Liebe wird vom göttlichen Absolutum verfügt, wendet sich an alle Kreaturen (die nichts anderes als ihre Empfänger sind) und wird transitiv (in einem eigennützigen, weil konditionalen Sinne): Wenn du geliebt wirst, schuldest du Liebe: Und nur wenn du liebst, wirst du geliebt werden.

Kraft des Liebesgebots können alle Ereignisse, die bereits in den Erzählungen der Ungläubigen und Andersgläubigen erzählt wurden, als ebenso viele Vorzeichen des neuen Auftrags wiedererzählt werden (synoptische Tafeln der beiden Testamente). Und es werden nicht nur die narrativen Instanzen verallgemeinert, sondern es wird auch das Vorkommnis problematisiert. Der christliche Erzählakt erzählt nicht nur das bereits Geschehene und legt somit eine Traditionslinie fest, sondern schreibt zugleich die *caritas* für das künftige Geschehen – gleich welcher Art – vor. Dieser Auftrag gibt den Erzählern und Zuhörern auf dem Ereignis entgegenzugehen und daraus die Erzählung zu gestalten und zu realisieren, als ob sie die Geschichte einer Liebesgabe erzählte. Jeder Referent[1] wird als das Zeichen der frohen Botschaft bedeutet werden können, die verkündet, dass „wir", die Kreaturen, geliebt werden. [...]

Die Liebe kann – gestützt durch die Erzählung, die sie autorisiert – eine Universalgeschichte als Fortschritt in Richtung auf die Erlösung der Kreaturen erzeugen. Ohne den Gedanken der Erlösung (die Erzählung der anfänglichen Autorisierung, die das Ende, den Zweck festlegt) besteht die Liebe in der profanen Universalgeschichte fort, und zwar in Form der republikanischen Brüderlichkeit und der kommunistischen Gemeinschaft. Die Menschheit besteht nicht aus Kreaturen auf dem Weg zur Erlösung, sondern aus Einzelwillen auf dem Weg ihrer Emanzipation. Die Autorisierung wohnt nicht einem Ursprungsmythos inne, sondern einer Idee, die ihre Zweckmäßigkeit auf die Sätze überträgt und die Möglichkeit bieten muss den Widerstreit zwischen den Diskursarten zu schlichten. Das Hindernis aber, auf das diese von der Idee der Freiheit geleistete Zweckorientierung stößt, besteht in der Form „nationaler" Namen und Traditionen fort, die in die volkstümliche Prosa eingewebt sind. Die Völker bilden kein Volk, weder ein Volk Gottes noch ein souveränes Volk von Weltbürgern. Niemals gibt es eine einzige Welt, sondern nur Welten (von unterschiedlichen Namen und Erzählungen). Der Internationalismus kann die nationalen Welten nicht meistern, weil er die kleinen volkstümlichen Erzählungen nicht episch fassen kann, er bleibt „abstrakt“: Er muss die Eigennamen auslöschen.

(Jean-François Lyotard, Der Widerstreit. Fink Verlag, München 1987, S. 9–11, 260–267)

1 Referent: hier: Gegenstand
2 Onomastik: Namenslehre
3 referentiell: berichtend
4 Diegesen: Erzählungen

1 „Ein Unrecht resultiert daraus, dass die Regeln der Diskursart, nach denen man urteilt, von denen der beurteilten Diskursart(en) abweichen.“ – Diskutieren Sie diese These. (Berücksichtigen Sie u. a. dabei auch die Diskussion über die Problematik in der Rechtsprechung bundesdeutscher Gerichte über ehemalige DDR-Bürger.)

2 Erläutern Sie am Beispiel der „Sprache“ bzw. der verschiedenen Diskursarten, was Lyotard unter Widerstreit versteht.

3 Inwiefern bestimmt der Widerstreit auch die menschliche Lebenswelt und Geschichte?

4 Was haben die Verkettungsfunktion im sprachlichen Bereich und das Liebesgebot der „christlichen Erzählung“ gemeinsam?

5 Hält Lyotard es Ihrer Meinung nach für wünschenswert, den universalen Widerstreit aufzulösen? – Diskutieren Sie das Für und Wider seiner These.

5.4 Jürgen Habermas: Kommunikative Vernunft und die Idee unversehrter Intersubjektivität

Mit den Vertretern der älteren Kritischen Theorie, Horkheimer und Adorno, aber auch mit den so unterschiedlichen Positionen von Günther Anders, Capra und Lyotard teilt **Jürgen Habermas** (geb. 1929) die grundsätzliche Kritik an den einseitigen Prinzipien der Aufklärung. Habermas gehört in dieser Hinsicht der aufklärungskritischen Richtung an. Allerdings kritisiert er das resignative Moment der Geschichtsauffassung seiner aufklärungskritischen Gesinnungsgenossen ebenso wie die seiner Meinung nach pluralistische Indifferenz (Maßstablosigkeit) der Postmoderne-Vertreter. Demgegenüber hält Habermas an einer **selbstkritischen Vernunft** als einzigem Maßstab, welcher das Gelingen der öffentlichen kontroversen Diskussion in der modernen Massengesellschaft garantieren kann, fest. Dazu äußert er sich programmatisch so:

„Heute sind die Wahrheiten zerstreut über viele Diskursuniversen, die nicht mehr in eine Hierarchie zu bringen sind; aber in jedem dieser Diskurse suchen wir hartnäckig nach Einsichten, die *alle* überzeugen könnten.
Die Vernunft ist das Vermögen möglicher universaler Verständigung geblieben – im Konditionalis. Aber nicht nur das, sie existiert auch schon in der Geschichte – in den Errungenschaften sozialer Bewegungen, z. B. in den Institutionen und den Grundsätzen des demokratischen Verfassungsstaates. Die Probleme, die Sie erwähnen[1], enthüllen ein Stück existierender Unvernunft und sind damit ein stummer Protest gegen das *erzeugte* Elend in der Dritten Welt, gegen die *erzeugten* Risiken einer aberwitzigen Rüstung und einer kaum beherrschbaren atomaren Energie, gegen die aggressive Vernichtung der natürlichen Ressourcen, der Tierarten, der ökologischen Gleichgewichte, der Naturschönheit. Damit stehen Gattungsinteressen auf dem Spiel, nicht nur Klasseninteressen. Nicht weniger schlimm ist freilich die Entrechtung und Entwürdigung des machtlosen Einzelnen, der ethnischen Minderheit, des politischen Gegners. Die Vernunft ist dazu da, dieses Negative zur Sprache zu bringen, dem im Schmerz Verstummten unsere Stimme zu leihen, das Unvernünftige „zur Raison zu bringen“ – in der Opposition gegen das existierende Unvernünftige verliert dieser Ausdruck alles bloß Autoritäre. […]

Statt auf die Vernunft der Produktivkräfte, letztlich also der Naturwissenschaft und der Technik, vertraue ich auf die Produktivkraft der Kommunikation, die sich am deutlichsten in sozialen Befreiungskämpfen äußert. Diese kommunikative Vernunft hat sich auch in den bürgerlichen Emanzipationsbewegungen zur Geltung gebracht – in den Kämpfen für Volkssouveränität und Menschenrechte. Sedimentiert hat sie sich in den Einrichtungen des demokratischen Rechtsstaates und in den Institutionen der bürgerlichen Öffentlichkeit.
(Jürgen Habermas, Interview mit Hans Peter Krüger. In: Die nachholende Revolution. Suhrkamp Verlag, Frankfurt/M. 1990, S. 83–85)

1 [ökologische Probleme und solche des Unterschieds zwischen entwickelten und unentwickelten Ländern]

Angesichts der unüberschaubaren Vielfalt einer extrem ausdifferenzierten modernen Massengesellschaft besteht Habermas auf der „Einheit der Vernunft in der Vielheit ihrer Stimmen“. Damit versteht er sich ausdrücklich als Erbe der philosophischen und politischen Aufklärung in bewusster Abgrenzung gegen die totale Vernunftkritik der Postmoderne und ihrer sprachphilosophischen Wende.
Habermas' Konzeption der kommunikativen Vernunft macht gesellschaftlichen Fortschritt abhängig vom Gelingen des **öffentlichen Diskurses:** Die Entwicklung der Geschichte wird somit als Problem und als Aufgabe der Ethik gefasst (➔ Kap. III, 6.2.3). Prüfstein ist die vernünftige Auseinandersetzung unterschiedlich denkender Einzelner, Gruppen, Nationen und Generationen. Damit bindet Habermas die geschichtliche Entwicklung an die Gestaltungsfreiheit handelnder Subjekte und übernimmt insofern zentrale Gedanken des ursprünglich bei Kant explizierten Programms der Aufklärung. Ohne die objektiven Bedingungen zu leugnen, kehrt Habermas damit von der durch Hegel initiierten und von Marx und der sozialistischen Geschichtstheorie aufgegriffenen objektiven geschichtsphilosophischen Perspektive zurück zu einer Geschichtstheorie der Freiheit des Subjekts.

Das Lob des Vielen, der Differenz und des Anderen mag heute auf Akzeptanz rechnen können; aber eine Stimmungslage ersetzt noch keine Argumente.
Gewiss haben sich einige Kulturen mehr als andere in der Fähigkeit geübt sich von sich zu distanzieren. Aber alle Sprachen bieten die Möglichkeit zwischen dem, was wahr ist, und dem, was wir für wahr halten, zu unterscheiden. In die Pragmatik[1] jeden Sprachgebrauchs ist die Unterstellung einer gemeinsamen objektiven Welt eingebaut. Und die Dialogrollen jeder Gesprächssituation erzwingen eine Symmetrie der Teilnehmerperspektiven. Sie eröffnen zugleich die Möglichkeit der Perspektivenübernahme zwischen Ego und Alter[2] sowie die Austauschbarkeit von Teilnehmer- und Beobachterperspektiven. Diese allgemeinen pragmatischen Voraussetzungen kommunikativen Handelns legen keineswegs den objektivistischen Fehlschluss nahe, wir könnten den extramundanen[3] Standpunkt eines entweltlichten Subjekts einnehmen und uns einer kontextfreien, im Singular auftretenden Idealsprache bedienen um infallible[4] und erschöpfende, also definitive Aussagen zu machen, die die Wirkungsgeschichte stillstellen würden – eines Kommentars weder fähig wären noch bedürften. Das ist nicht die Alternative zum behutsamen, ethnozentrisch[5] geständigen Kontextualismus[6]. An der Möglichkeit sprachlicher Verständigung können vielmehr wir einen Begriff situierter[7] Vernunft ablesen, die ihre Stimme in zugleich kontextabhängigen und transzendierenden Geltungsansprüchen erhebt. Die für Propositionen[8] und Normen beanspruchte Geltung transzendiert Räume und Zeiten, aber der Geltungsanspruch wird jeweils hier und jetzt, in bestimmten Kontexten erhoben und mit faktischen Handlungsfolgen akzeptiert oder zurückgewiesen. [...]
Aus der Analyse notwendiger Bedingungen

von Verständigung überhaupt lässt sich wenigstens die Idee einer unversehrten Intersubjektivität entwickeln, die eine zwanglose Verständigung der Individuen im Umgang miteinander ebenso ermöglichen würde wie die Identität eines sich zwanglos mit sich selbst verständigenden Individuums. Unversehrte Intersubjektivität ist der Vorschein von symmetrischen Verhältnissen freier reziproker[9] Anerkennung. Diese Idee darf nicht zur Totalität einer versöhnten Lebensform ausgemalt und als Utopie in die Zukunft geworfen werden; sie enthält nicht mehr, aber auch nicht weniger als die formale Charakterisierung notwendiger Bedingungen für nicht antizipierbare[10] Formen eines nicht-verfehlten Lebens. Solche Lebensformen sind uns nicht einmal in Aussicht gestellt, auch nicht in abstracto. Von ihnen wissen wir nur, dass sie, wenn sie überhaupt realisiert werden könnten, durch unser eigenes, nicht etwa konfliktfreies, aber solidarisches Zusammenwirken produziert werden müssten. „Produzieren" heißt allerdings nicht Herstellen nach dem Modell der Verwirklichung intendierter Zwecke; es bedeutet vielmehr das nichtintendierbare Hervorgehen aus der fehlbaren und immer wieder misslingenden kooperativen Anstrengung, die Leiden versehrbarer Kreaturen zu mildern, abzuschaffen oder zu verhindern. Diese Art des Produzierens oder Selbsthervorbringens bürdet uns die Verantwortung auf ohne uns von der „Gunst der Stunde" unabhängig zu machen. Damit verbindet sich der moderne Sinn eines Humanismus, der längst in die Ideen des selbstbewussten Lebens, der authentischen Selbstverwirklichung und der Autonomie seinen Ausdruck gefunden hat – eines Humanismus, der sich nicht auf Selbstbehauptung versteift. Dieses Projekt ist wie die kommunikative Vernunft, durch die es inspiriert ist, geschichtlich situiert. Es ist nicht gemacht worden, es hat sich gebildet – und es kann weiterverfolgt oder entmutigt preisgegeben werden. Vor allem ist das Projekt kein Eigentum der Philosophie. Diese kann im Zusammenwirken mit den rekonstruktiven[11] Wissenschaften nur die Situationen beleuchten, in denen wir uns vorfinden; sie kann dazu beitragen, dass wir die Ambivalenzen[12], die auf uns zukommen, als ebenso viele Appelle an wachsende Verantwortlichkeiten in schrumpfenden Handlungsspielräumen verstehen lernen.

Die linguistische Wende[13] hat Vernunft und Einheitsdenken zwar transformiert, aber doch nicht aus der philosophischen Diskussion vertrieben. Auch die kommunikative Vernunft setzt fast alles kontingent[14], selbst die Entstehungsbedingungen ihres eigenen sprachlichen Mediums. Aber für alles, was *innerhalb* sprachlich strukturierter Lebensformen Geltung beansprucht, bilden die Strukturen möglicher sprachlicher Verständigung ein Nicht-Hintergehbares. […]

Die Perhorreszierung[15] des Einen und das Lob der Differenz und des Anderen verdunkeln den dialektischen Zusammenhang zwischen beiden. Denn die transitorische Einheit, die sich in der porösen und gebrochenen Intersubjektivität eines sprachlich vermittelten Konsenses herstellt, gewährt ja nicht nur, sondern fördert und beschleunigt die Pluralisierung der Lebensformen und die Individualisierung der Lebensstile. Je mehr Diskurs, umso mehr Widerspruch und Differenz. Je abstrakter das Einverständnis, umso vielfältiger die Dissense, mit denen wir *gewaltlos* leben können. Dennoch verbindet sich heute mit der Idee der Einheit die Konsequenz einer zwanghaften Integration des Vielen. Noch immer gilt der moralische Universalismus als Feind des Individualismus, nicht als dessen Ermöglichung. Noch immer gilt die Zuschreibung identischer Bedeutungen als Verletzung metaphorischer Vieldeutigkeit, nicht als deren Bedingung. Noch immer gilt die Einheit der Vernunft als die Repression der Vielfalt der Stimmen. Die falschen Suggestionen eines vor hundertfünfzig Jahren verabschiedeten Einheitsdenkens bilden noch immer die Folie – so als müssten wir uns, wie die erste Generation

der Hegelschüler, der Übermacht der großen metaphysischen Meister immer noch erwehren. Aber die Gründe dafür scheinen eher als in der Philosophie selbst in der Gesellschaft zu liegen.
[...] Weil die idealisierenden Voraussetzungen kommunikativen Handelns nicht zum Ideal eines künftigen Zustandes definitiven Verständigtseins hypostasiert[16] werden dürfen, muss das Konzept hinreichend skeptisch angelegt werden. Eine Theorie, die uns die Erreichbarkeit eines Vernunftideals vorgaukelte, würde hinter das von Kant erreichte Argumentationsniveau zurückfallen [...]. Das Moment Unbedingtheit, das in den Diskursbegriffen der fehlbaren Wahrheit und Moralität aufbewahrt ist, ist kein Absolutes, allenfalls ein zum kritischen Verfahren verflüssigtes Absolutes. Diesen Rest von Metaphysik brauchen wir um gegen die Verklärung der Welt durch metaphysische Wahrheiten anzukommen. [...] Die kommunikative Vernunft ist gewiss eine schwankende Schale – aber sie ertrinkt nicht im Meer der Kontingenzen, auch wenn das Erzittern auf hoher See der einzige Modus ist, in dem sie Kontingenzen „bewältigt". [...]
Die kommunikative Vernunft inszeniert sich nicht in einer ästhetisch gewordenen Theorie als das farblose Negativ Trost spendender Religionen. Weder verkündet sie die Trostlosigkeit der gottverlassenen Welt, noch maßt sie sich selbst an irgend zu trösten. Sie verzichtet auch auf Exklusivität. Solange sie im Medium begründender Rede für das, was Religion sagen kann, keine besseren Worte findet, wird sie sogar mit dieser, ohne sie zu stützen, enthaltsam koexistieren.

(Jürgen Habermas, Die Einheit der Vernunft in der Vielheit ihrer Stimmen. In: Merkur. Deutsche Zeitschrift für europäisches Denken. 42. Jg. (1988), S. 10–14)

1 Pragmatik: Ordnung
2 Ego und Alter: Ich und Du
3 extramundan: außerweltlich
4 infallibel: unfehlbar
5 ethnozentrisch: das eigene Volk als Mittelpunkt ansehende Weltsicht
6 Kontextualismus: Weltsicht, welche die Umgebung mit berücksichtigt
7 situiert: vom Menschen gesetzt – nicht mit objektivem Geltungsanspruch
8 Proposition: Satz, Urteil
9 reziprok: wechselseitig
10 antizipierbar: voraussehbar
11 rekonstruktiv: nachbildend, nacherzählend, erklärend
12 Ambivalenz: Doppelwertigkeiten
13 Hier bezieht sich Habermas auf den sprachphilosophischen Ansatz der Postmoderne (vgl. Kap. V, 5.3)
14 kontingent: zufällig
15 Perhorreszierung: Zurückschrecken mit Abscheu
16 hypostasieren: verdinglichen, verabsolutieren

1 *Erklären Sie die sprachphilosophischen Voraussetzungen des kommunikativen Handelns nach Habermas und ihre Geltung.*
2 *Erläutern Sie Habermas' Idee der unversehrten Subjektivität.*
3 *Wie bestimmt Habermas die Rolle der kommunikativen Vernunft in der geschichtlichen Wirklichkeit? Inwiefern gibt es hier Analogien zur regulativen Idee im Sinne Kants?*
4 *Wie erklärt Habermas die verbreiteten Vorbehalte gegenüber dem „moralischen Universalismus"? Weshalb hält Habermas an ihm fest?*
5 *Diskutieren Sie Vorzüge und Gefahren aller in diesem Kapitel vorgestellten Ansätze. Könnten Sie sich persönlich für einen entscheiden?*

Hinweise zur methodischen Erschließung von philosophischen Texten

Neben Bildern und literarischen Texten begegnen Ihnen in diesem Buch auch und besonders philosophische Texte. Was ist ihre Absicht und was ihre Eigenart?
Philosophische Texte wollen, bei allen Unterschieden, die sie im Einzelnen aufweisen können, die Wirklichkeit auf allgemeine, ihr zugrunde liegende Prinzipien durchschauen. Insofern gehen sie von einem in der Wirklichkeit liegenden philosophischen Problem aus und bemühen sich um dessen Lösung oder doch wenigstens um dessen Vertiefung oder Verständlichmachung. Diese Problemlösung oder -vertiefung erfolgt bei einem philosophischen *Text* – etwa im Gegensatz zum Aphorismus – nicht in einer bloßen Meinungsäußerung oder einer These, sondern sie findet durch die Entfaltung eines begründenden *Argumentationszusammenhangs* statt, der zumindest überwiegend mit den Mitteln begrifflichen Denkens dargestellt wird. Seine Überzeugungskraft gewinnt der Argumentationszusammenhang hauptsächlich durch seine *innere Folgerichtigkeit*, seine spezifische *Beziehung zu anderen philosophischen Theorien*, die sich mit demselben Problem auseinandersetzen, und schließlich durch seine auf den beiden genannten Momenten beruhende *Geltung und Erklärungskraft des Problems*, d. h. seine Fähigkeit ein hinter der erscheinenden Realität liegendes Allgemeines adäquat zu erfassen.
Es ist daher sinnvoll, philosophische Texte methodisch in drei Schritten zu erschließen, welche sich an den drei genannten, die Eigenart dieser Texte ausmachenden Momenten orientieren. Diese drei Schritte liegen auch den einzelnen Arbeitsaufträgen zu den Texten dieses Buches als Aufbauschema zugrunde. Dabei bemühen sich die Arbeitsaufträge eine jeweils konkret auf den einzelnen Text abgestimmte Erschließungshilfe zu geben, während die drei methodischen Schritte im Folgenden in ihrem *allgemeinen* Grundschema vorgestellt werden. Dieses gilt im Ganzen für mündliche *und* schriftliche Textinterpretation.

Schritt 1: Inhaltliche Texterschließung (Textwiedergabe bzw. -analyse)

a) Lesen Sie den ganzen Text, ggf. mehrmals, und klären Sie unbekannte Begriffe.

b) Strukturieren und gliedern Sie den Text nach inhaltlichen Gesichtspunkten (eventuell Überschriften für einzelne Sinnabschnitte suchen).

c) Formulieren Sie mit eigenen Worten das Problem, mit dem der Text sich auseinandersetzt. (Dabei kann Ihnen ggf. der Einführungsteil zu jedem der Hauptkapitel eine Hilfe sein.)

d) Geben Sie den Argumentationszusammenhang des Textes im Einzelnen wieder. Achten Sie dabei auf eine distanzierte Wiedergabe, bei der deutlich wird, dass Sie fremde Gedanken referieren.
Zur genauen, distanzierten Wiedergabe oder Rekonstruktion des Argumentationszusammenhangs (sog. Textanalyse) gehören:
- das Zitieren besonders entscheidender Textstellen
- die Erklärung und Erläuterung der Zitate oder auch tragender Begriffe, besonders wenn sie in ihrer Bedeutung von der Alltagssprache abweichen
- der inhaltliche Aufweis der einzelnen Begründungsschritte

– der inhaltliche Aufweis des Zusammenhangs der Einzelschritte
– die Bestimmung des gedanklichen Stellenwertes der Begründungsschritte und ihres Zusammenhangs.

Dies geschieht durch den Gebrauch von Wendungen wie: Die Autorin/der Autor
behauptet
bestreitet/widerspricht der Annahme/wendet ein
referiert/stellt dar
fordert/postuliert
gibt zu/konzediert
vertritt die These
erklärt/erläutert/begründet
veranschaulicht/konkretisiert
zieht den Schluss
definiert/legt fest/bestimmt
kritisiert/problematisiert
rechtfertigt/legitimiert
stellt als Hypothese auf
zeigt als Konsequenz auf
fasst zusammen, resümiert
usw.

e) Fassen Sie ggf. die zentrale Textaussage als speziellen Beitrag dieses Textes zur Problembewältigung noch einmal zusammen.

Schritt 2: Textübergreifende Texterschließung (Kontextbestimmung und Textvergleich)

a) Klären Sie das Verständnis erleichternde, aber im Text selbst nicht angesprochene Zusammenhänge, z. B. das biographische, das zeit- und sozialgeschichtliche sowie das epochengeschichtliche Umfeld des Textes.
Dabei können Ihnen die jeweils den Texten unmittelbar vorangestellten Einführungen in diesem Buch eine erste Orientierung geben und folgende Fragen hilfreich sein:
Wie alt war die Autorin/der Autor, als sie/er den Text schrieb? In welcher Zeit/Epoche lebte sie/er? Was kennzeichnete diese Epoche? Welche soziale Stellung hatte die Autorin/der Autor inne? An wen richtete sich der Text möglicherweise speziell?

b) Weisen Sie den Zusammenhang des Textauszuges mit anderen Äußerungen desselben Autors (zum behandelten Problem) auf, soweit Ihnen diese bekannt sind.

c) Verstehen Sie den Text auch als Beitrag innerhalb einer übergreifenden philosophischen und/oder gesellschaftspolitischen Diskussion. Vergleichen Sie ihn mit anderen, Ihnen bekannten Beiträgen zu diesem Problemfeld.
Dabei können folgende Vergleichsfragen nützlich sein:
– In welcher Weise versteht der Text das verhandelte Problem?
– Wo bezieht er sich explizit oder implizit auf andere philosophische Positionen?
– Welche inhaltlichen Gesichtspunkte führt der Text – im Vergleich zu anderen – bei der Auseinandersetzung mit dem Problem an?
– In welcher argumentativen Weise geht er mit dem Problem um?

Schritt 3: Erörterung und Beurteilung von Geltungsanspruch und Erklärungskraft des Textes

a) Erörtern Sie die philosophischen Aussagen des Textes im Hinblick auf ihren Geltungsanspruch.
Dabei können folgende Erörterungsfragen leitend sein:
- Fasst der Text das von ihm verhandelte Problem in angemessener Weise?
- Welche Argumentationsziele und Erkenntnisinteressen verfolgt der Text?
- Ist der Argumentationszusammenhang des Textes in sich stimmig?
(Wo liegen seine unausgesprochenen gedanklichen Voraussetzungen, wo ggf. Fehlschlüsse, Argumentationslücken etc.?)
- Welche Konsequenzen bzw. Anwendungsmöglichkeiten ergeben sich aus den Hauptthesen des Textes und wohin führen sie?
- Berücksichtigt der Text in seiner Argumentation alle wesentlichen Gesichtspunkte und wird er dabei der Komplexität des von ihm behandelten Problems bzw. der Realität gerecht? (Hier ggf. Bezug auf andere philosophische Positionen nehmen, jetzt aber in erörternder Weise.)

b) Nehmen Sie selbstständig von Ihrem eigenen Standpunkt aus Stellung zum Problemlösungsbeitrag des Textes.
Dabei können folgende Fragen die eigene Stellungnahme fundieren:
- Welchen eigenen Standpunkt nehmen Sie zu dem im Text behandelten philosophischen Problem ein?
- Mit welchen Argumenten können Sie Ihren Standpunkt begründen? In welchem Verhältnis stehen Ihre Argumente zu denen des Textes?
- Welche weiterführenden, über den Text hinausgehenden Gesichtspunkte können Sie zur Fundierung Ihrer eigenen Position anführen?
- Wie bewerten Sie den Problemlösungsvorschlag des Textes von Ihrem eigenen Standpunkt aus?

Es folgt eine Analyse eines Textes von Arthur Schopenhauer, die sich bemüht, die genannten Punkte zu Schritt 1 zu beachten. Natürlich können Sie *Ihre* Analyse auch ganz anders abfassen und damit dem Text genauso gerecht oder gar noch besser gerecht werden. Die vorgelegte Analyse kann Ihnen allenfalls einen Anhaltspunkt bieten. Zu den Schritten 2 und 3 verzichten wir daher auch vollständig auf einen Realisierungsversuch, da hier die individuelle Schwerpunktsetzung eine noch größere Rolle spielt als bei einer Textanalyse. So bleibt für Sie hier nur eine Möglichkeit, sich zu üben: selber machen!

Ein Beispiel für Schritt 1: Inhaltliche Texterschließung

Text: Arthur Schopenhauer:
[Das intellektuelle Leben]

Schopenhauer, Fotografie von 1859

Die Welt, in der jeder lebt, hängt zunächst ab von seiner Auffassung derselben, richtet sich daher nach der Verschiedenheit der Köpfe: dieser gemäß wird sie arm, schal und flach, oder reich, interessant und bedeutungsvoll ausfallen. Während zum Beispiel mancher den andern beneidet um die interessanten Begebenheiten, die ihm in seinem Leben aufgestoßen sind, sollte er ihn vielmehr um die Auffassungsgabe beneiden, welche jenen Begebenheiten die Bedeutsamkeit verlieh, die sie in seiner Beschreibung haben: denn dieselbe Begebenheit, welche in einem geistreichen Kopfe sich so interessant darstellt, würde, von einem flachen Alltagskopf aufgefasst, auch nur eine schale Szene aus der Alltagswelt sein.

[…] Demgemäß trägt das Leben jedes Menschen, trotz aller Abwechslung von außen, durchgängig denselben Charakter und ist einer Reihe Variationen auf ein Thema zu vergleichen. Aus seiner Individualität kann keiner heraus. Und wie das Tier, unter allen Verhältnissen, in die man es setzt, auf den engen Kreis beschränkt bleibt, den die Natur seinem Wesen unwiderruflich gezogen hat, weshalb zum Beispiel unsere Bestrebungen ein geliebtes Tier zu beglücken, eben wegen jener Grenzen seines Wesens und Bewusstseins, stets innerhalb enger Schranken sich halten müssen; – so ist es auch mit dem Menschen: Durch seine Individualität ist das Maß seines möglichen Glückes zum Voraus bestimmt. Besonders haben die Schranken seiner Geisteskräfte seine Fähigkeit für erhöhten Genuss ein für allemal festgestellt. Sind sie eng, so werden alle Bemühungen von außen, alles, was Menschen, alles, was das Glück für ihn tut, nicht vermögen, ihn über das Maß des gewöhnlichen, halb tierischen Menschenglücks und Behagens hinaus zu führen: auf Sinnengenuss, trauliches und heiteres Familienleben, niedrige Geselligkeit und vulgären Zeitvertreib bleibt er angewiesen: sogar die Bildung vermag im Ganzen, zur Erweiterung jenes Kreises, nicht gar viel, wenngleich etwas. Denn die höchsten, die mannigfaltigsten und die anhaltendesten Genüsse sind die geistigen; wie sehr auch wir, in der Jugend, uns darüber täuschen mögen, diese aber hängen hauptsächlich von der geistigen Kraft ab. […]
Unser praktisches, reales Leben nämlich ist, wenn nicht die Leidenschaften es bewegen, langweilig und fade; wenn sie aber es bewegen, wird es bald schmerzlich: darum sind die allein beglückt, denen irgendein Überschuss des Intellekts, über das zum Dienst ihres Willens erforderte Maß, zuteil geworden. Denn damit führen sie, neben ihrem wirklichen, noch ein intellektuelles Leben, welches sie fortwährend auf eine *schmerzlose* Weise und doch lebhaft beschäftigt und unterhält. Bloße Muße, das heißt durch den Dienst des Willens unbeschäftigter Intellekt, reicht dazu nicht aus; sondern ein wirklicher Überschuss der Kraft ist erfordert […]. Je nachdem nun aber dieser Überschuss klein

oder groß ist, gibt es unzählige Abstufungen jenes, neben dem realen zu führenden intellektuellen Lebens, vom bloßen Insekten-, Vögel-, Mineralien-, Münzensammeln und -beschreiben, bis zu den höchsten Leistungen der Poesie und Philosophie. Ein solches intellektuelles Leben schützt aber nicht nur gegen die Langeweile, sondern auch gegen die verderblichen Folgen derselben. Es wird nämlich zur Schutzwehr gegen schlechte Gesellschaft und gegen die vielen Gefahren, Unglücksfälle, Verlüste und Verschwendungen, in die man gerät, wenn man sein Glück ganz in der realen Welt sucht. So hat zum Beispiel mir meine Philosophe nie etwas eingebracht; aber sie hat mir sehr viel erspart.

(Arthur Schopenhauer, Aphorismen zur Lebensweisheit. Insel Verlag. Frankfurt/M., Leipzig 1991, S. 12, 14, 38 f.)

Textanalyse

Bei dem vorliegenden Text handelt es sich um einen Auszug aus den „Aphorismen zur Lebensweisheit" von Arthur Schopenhauer (1788–1860). In dieser Abhandlung, die 1851 in Band I des Sammelwerkes „Parerga und Paralipomena: Kleine philosophische Schriften" veröffentlicht wurde, befasst sich der Philosoph mit der Frage nach einem glücklichen Leben. Der ausgewählte Textauszug behandelt ganz im Sinne der schopenhauerschen Schrift, der er entnommen ist, das Problem des menschlichen Glücks und seiner Verwirklichung und weist das intellektuelle Leben als Inbegriff dieses Glücks auf.
Den Ausgangspunkt seiner Argumentation bildet die These, daß die Sicht der Welt und, darauf aufbauend, der Vollzug und das Bewusstsein des eigenen Lebens bestimmt seien durch die spezifischen geistigen Anlagen des Individuums (Z. 1–34). In dem folgenden Sinnabschnitt (Z. 34–52) konkretisiert Schopenhauer diese These in Bezug auf das Glück, das er, ebenso wie die Erfahrung von Welt, als abhängig von den jeweiligen individuellen geistigen Fähigkeiten definiert. Das geistige Leben weist er als wahres menschliches Glück aus gegenüber dem Glück, das die bloß sinnlichen Genüsse des praktischen Lebens vermitteln. Im letzten Sinnabschnitt des Textes (Z. 53–Schluss) geht der Autor auf die Eigenart des intellektuellen Lebens und das daraus resultierende Glück ein. Zunächst zeigt er dessen Bedingungen auf, dann charakterisiert er die Erscheinungsformen des geistigen Lebens und beschreibt seine positiven Auswirkungen.
Die Basis für die Argumentation Schopenhauers bildet die Auffassung, dass jeder Mensch individuell mit geistigem Vermögen ausgestattet sei und dass seine Wahrnehmungsmöglichkeiten der Außenwelt und seiner selbst durch das Maß dieses Vermögens festgelegt seien: Je nach dem, ob die intellektuellen Fähigkeiten eines Menschen naturgemäß schwach oder stark ausgeprägt seien, bilde er entweder eine einfach strukturierte oder aber eine reichhaltige Vorstellungswelt aus. Hieraus zieht Schopenhauer den Schluss, dass das Leben eines Individuums gemäß seinen besonderen Anlagen in immer gleichen Bahnen verlaufe, weitgehend unabhängig von den äußeren Einflüssen. Das Leben eines Menschen sei demnach in seinen Grundzügen determiniert: „Aus seiner Individualität kann keiner heraus." (22 f.). In einem Beispiel führt Schopenhauer seine Auffassung aus: Wenn jemand einen anderen wegen seines interessanten Lebens beneide, so unterliege er einem Missverständnis, da er vielmehr die geistige Gabe bewundern solle das Erlebte als interessant und nicht bloß als alltäglich zu empfinden.
Wie nach Schopenhauer die Welt und das Leben eines Menschen durch seine geistige Individualität bestimmt werden, so entspreche auch sein Lebensglück den ihm eigenen geistigen Fähigkeiten; „durch seine Individualität ist das Maß seines möglichen Glückes zum

Voraus bestimmt." (Z. 32–34). Schopenhauer leitet diesen Gedanken ein, indem er eine Analogie zum Leben des Tieres aufzeigt: Wie das Tier als Gattungswesen von der Natur auf einen engen Gesichtskreis beschränkt ist, der sich in den unterschiedlichsten Umwelteinflüssen durchhält, so sei auch der einzelne Mensch durch seine individuelle Ausstattung von vornherein für ein bestimmtes Glücksmaß vorherbestimmt. Seien die geistigen Kräfte des Individuums gering, könne auch das zu erreichende Glück nur von niedrigem Ausmaß sein. Es werde sich im Wesentlichen in Sinnengenuss und Alltagsfreuden erschöpfen. Schopenhauer verstärkt diese Behauptung, indem er selbst der Bildung, der ja sonst besonders von den Pädagogen ein großer Einfluss auf den Einzelnen zugetraut wird, eine bedeutende Rolle für die Erweiterung des persönlichen Horizontes abspricht. So hat Schopenhauer schließlich seine zentrale These vorbereitet, wonach allein die geistigen „die höchsten, die mannigfaltigsten und die anhaltendesten Genüsse" (Z. 47–49) seien, die allein vom intellektuellen Potential eines Menschen herrührten. Sogleich wendet sich der Autor gegen mögliche Widersprüche von jüngeren Menschen, indem er diese Einsicht erst dem gereiften Urteil des Alters zuspricht.

Im Folgenden stellt Schopenhauer die Eigentümlichkeiten des intellektuellen Lebens und des von ihm vermittelten Glücks ausführlicher dar. Zunächst begründet er, warum das intellektuelle gegenüber dem praktisch-sinnlichen Leben, das jeder Mensch führt, ein höherwertigeres Glück verheiße: Entweder sei das praktische Leben nämlich langweilig oder aber es werde von Affekten bestimmt, die den Menschen an ihm leiden ließen. Als Bedingung um ein intellektuelles Leben neben dem praktischen führen zu können reicht für Schopenhauer die bloße Muße nicht aus. Dazu ist ein dem Menschen gegebener „Überschuss des Intellekts" (Z. 57 f.) notwendig, der sich nicht ausschließlich durch den Willen in Dienst nehmen lässt.

Mit „Wille" (vgl. Z. 59) meint Schopenhauer – abweichend von der Alltagssprache – die Gesamtheit der den Menschen untergründig bestimmenden Triebe und Bedürfnisse, gleichsam die jeden natürlicherweise beherrschende Gier nach Leben. Er ist für Schopenhauer das hinter allen geistigen Erscheinungen liegende metaphysische Grundprinzip, von dem sich nur ein von Natur aus starker Intellekt zu emanzipieren vermag.

Innerhalb des die Macht des Willens überschreitenden intellektuellen Lebens setzt Schopenhauer verschiedene Abstufungen an, nach dem Maß des Überschusses der geistigen Kräfte. Zur Veranschaulichung benennt er das Sammeln und Beschreiben von Gegenständen als Beispiele für eine niedrige Stufe intellektuellen Lebens, hingegen Poesie und Philosophie als höchste Stufe. Schließlich rechtfertigt der Verfasser seine hohe Wertschätzung des intellektuellen Lebens, indem er dessen universale positive Wirkung empfiehlt: Es vertreibe nicht bloß die Langeweile, sondern auch ihre negativen Folgen wie den Einfluss schlechter Gesellschaft oder die Verschwendungssucht, in die der Mensch unweigerlich gerate, wenn er sein Glück alleine in der nicht vom Intellekt beherrschten Welt suche. Dies verdeutlicht Schopenhauer abschließend in einem Resümee seines eigenen Lebens: „So hat zum Beispiel mir meine Philosophie nie etwas eingebracht; aber sie hat mir viel erspart." (Z. 82–84)

Die Frage, wie der Mensch das wahre Glück in seinem irdischen Dasein finden kann, wird von Schopenhauer also recht eindeutig beantwortet: indem er neben seinem realen ein intellektuelles Leben führt. Aber es wird von dem Philosophen ebenso eindeutig herausgestellt, dass ein solches Leben nur für wenige Menschen erreichbar sei, denn seine Grundbedingung sei ein Übermaß an intellektueller Kraft, mit dem die Natur nur einige ausgestattet habe.

Register

(Namen, die nur in Quellentexten genannt werden, sind nicht erfasst)

Verzeichnis der Bildquellen

Archiv für Kunst und Geschichte, Berlin: 10, 86, 196, 257, 280o.r., 295, 306r., 311, 405, 474
Artothek, Peissenberg: Umschlagbild, 73, 142, 202
Becker, Klaus, Frankfurt: 17, 18, 23, 69, 127, 414, 460
Behrend, Fritz: 328
Beier, Roland: 428
Bibliothèque Nationale, Paris, 82
Bildarchiv Paysan, Stuttgart: 210
Bildarchiv Preußischer Kulturbesitz, Berlin: 16, 29, 162, 200, 226, 227, 241, 290, 303, 402, 423
Bonifatius Verlag, Paderborn: 83
Cosmopress, Genf: 269, 430
Debus, Karl, Bonn: 272
Degkwitz, Hermann, Hohenfelde: 448
Deutsches Museum, München: 424
Deutsche Presseagentur, Frankfurt 68, 242, 244, 275, 280 u.l., 280 u.r., 356 l., 356r., 376
Dietz Verlag, Berlin (Karl Marx Biographie): 417
Edition Staeck, Heidelberg: 441u.
Gerhard-Marcks-Stiftung, Bremen: 90
Giraudon, Paris: 302
Haussner, Rudolf, Mödling/Österreich: 380
Herzog August Bibliothek, Wolffenbüttel: 306l., 309
Historia Photo, Hamburg: 314
Israel-Museum, Jerusalem: 441o.
IZBW – Aktion Dritte Welt e.V., Freiburg: 360
Kirschner, Harald: 377
Landesbildstelle Berlin: 57
Mansell Collection, London: 340
Montabella Verlag, St. Moritz/Schweiz: 437
Österreichische Galerie, Belvedere, Wien: 174
Schopenhauer-Archiv, Frankfurt: 262
Sipa Press, Paris: 36
Städtische Museen, Jena: 391
Süddeutscher Verlag Bilderdienst, München: 182, 445, 446
Ullstein Bilderdienst, Berlin: 61, 81, 116, 149, 159, 331
USIS, Bonn: 319
aus: Ch. Barnard, The body machine. Your Health in Perspective, London 1981, S. 237:166
aus: C.M. Bowra, Klassisches Griechenland, Time Life International 1966, S. 106/107: 284/285
aus: W. Bukowski u.a., Glaube-Wissenschaft-Denken, Vandenhoeck & Ruprecht 1987: 106, 107, 109
© 1995 M.C. Escher/Cordon Art, Baarn/Holland: 22, 135
aus: Heinrich Meier (Hg), J.-J. Rousseau, Diskurs über die Ungleichheit, Schöningh Verlag (UTB f. Wissenschaften) 1993: 103
aus: W. Nigg/H.N. Loose, Thomas Morus, Freiburg 1978: 49
aus: D.D. Runes, Illustrierte Geschichte der Philosophie, Genf/Paris/Hamburg 1962, S. 242 u. 252: 215, 220

Allgemeine Geschichte

1799 Staatsstreich **Napoleons**
1804 Code civil (Bürgerliches Gesetzbuch)
1806 Sieg Napoleons über Preußen bei Jena und Auerstedt, danach: Stein-Hardenbergsche Reformen in Preußen
Ende des Heiligen Römischen Reiches deutscher Nation
1815 Napoleons Niederlage bei Waterloo; **Neuordnung Europas durch den Wiener Kongress**: Beginn der **Restauration**
1832 Hambacher Fest: Demonstration für ein demokratisches Deutschland
1848 **Revolutionäre Unruhen** u. a. in Paris, Berlin, Wien, Budapest und Warschau
Die Nationalversammlung in Frankfurt als erstes frei gewähltes deutsches Parlament
1866 Preußisch-österreichischer Krieg: Preußische Vorherrschaft in Deutschland
1870/1871 Dt.-frz. Krieg: **Proklamation des Deutschen Kaiserreichs** in Versailles
1890 Entlassung Bismarcks
1914–1918 Erster Weltkrieg
1917 Oktoberrevolution in Russland
1918 Revolution in Deutschland: Ende des Kaiserreichs

1919 Weimarer Verfassung: erste deutsche Republik; Wahlrecht für Frauen
Friedensvertrag von Versailles
Seit 1920 Aufstieg des Faschismus in Europa
1920 Kapp-Putsch in Berlin
1929 „Schwarzer Freitag": Beginn der Weltwirtschaftskrise
1933 Hitler wird Reichskanzler
1936–1939 Spanischer Bürgerkrieg: Sieg der Faschisten unter Franco
1939–1945 Zweiter Weltkrieg
1945 Potsdamer Konferenz: Vier-Mächte-Herrschaft über Deutschland
Atombombenabwürfe auf Hiroshima und Nagasaki
Konstituierung der Vereinten Nationen in New York

1949 Gründung der DDR und der Bundesrepublik Deutschland (Ära Adenauer)
1953 Arbeiteraufstand in Ost-Berlin
1955 Beitritt der Bundesrepublik zur NATO
1960 Unabhängigkeit vieler afrikanischer Kolonien
1961 Bau der Berliner Mauer
1968 Studentenbewegung in Deutschland
1969 Brandt wird Bundeskanzler: neue Ostpolitik der sozialliberalen Koalition
1982 Kohl wird Bundeskanzler einer christlich-liberalen Regierung
Ab 1985 Gorbatschows Perestroijka ermöglicht **Liberalisierung und demokratische Umgestaltung Osteuropas**
1989 Fall der Berliner Mauer
1990 Deutsche Einheit
1991 Auflösung der Sowjetunion

Kultur, Wissenschaft, Technik

Höhepunkt des literarischen Schaffens in der **Weimarer Klassik** (*Goethe* und *Schiller*) und in der **Romantik** (*Hölderlin, Novalis, E. T. A. Hoffmann, B. v. Arnim* u. a.); in der Musik: *Beethoven* sowie die Romantiker *Schubert, Schumann* und *Chopin*. Verlagerung des Kulturbetriebs von den Adelshöfen in städtische, bürgerlich geprägte Zentren .

Gegen die Restauration wenden sich die Literaten des **„Vormärz"**, u. a. *Heine* und *Büchner*.
Beginn der Industrialisierung: Entstehung des Proletariats und der Arbeiterbewegung (1811: Krupp gründet Stahlwerk in Essen, 1831: Eisenbahn zwischen Nürnberg und Fürth, 1844: Weberaufstand in Schlesien)
Ab 1850 **weitere große Fortschritte in den Naturwissenschaften**, Entstehung der **Großindustrie**. Fast vollständige Aufteilung Afrikas und Asiens unter die Industriestaaten; ideologische Rechtfertigung des **Imperialismus** durch Chauvinismus und Rassismus (Sozialdarwinismus).
1869: Chemie, Periodensystem der Elemente, 1876: Maschinenbau: Viertaktmotor; Elektrotechnik: Telefon, 1882: Medizin: Entdeckung des Tuberkelbazillus, 1888: Physik: Entdeckung des Elektromagnetismus
Bedeutende Erzähler dieser Epoche **(Realismus, Naturalismus)** u. a. Fontane, Storm, v.Droste-Hülshoff und Hauptmann
Bedeutende Komponisten: Wagner, Brahms, Tschaikowsky.
Impressionismus in der Malerei: Renoir, Manet, Monet u. a.

Zu Beginn des 20. Jahrhunderts einschneidende Veränderungen des Welt- und Menschenbildes: 1915: Allgemeine **Relativitätstheorie** Einsteins; 1918: Quantentheorie Plancks.
Freuds **Psychoanalyse** verändert die Psychologie. Frege gibt der Logik neue Impulse.
Folgen des Ersten Weltkriegs: Wertewandel in der Gesellschaft; Literatur: die Gebrüder *Mann, Brecht, Döblin, Kafka, Hesse* u.a., Expressionistische Lyrik;
Expressionismus, **Surrealismus** und **Kubismus** in der Malerei, das **Bauhaus** in der Architektur; **Zwölftonmusik** und **Jazz** in der Musik; Entstehung des **Tonfilms**.
Faschismus: **Emigration** vieler Künstler und Wissenschaftler, **Gleichschaltung der Medien**, das **Radio** als Propagandainstrument für die NS-Machthaber.

Nach dem Zweiten Weltkrieg: Ersetzung des Radios durch das **Fernsehen** als wichtigstes Massenkommunikationsmittel; das Auto als Repräsentant und Symbol des Wirtschaftswunders in der Bundesrepublik Deutschland.
Großer kultureller Einfluss der USA u. a. durch Filme und Musik.
Auseinandersetzung mit den Kriegerlebnissen in der „Trümmerliteratur" (Borchert, Böll); weitere Repräsentanten der deutschen Nachkriegsliteratur u. a.: *Bachmann, Celan, Dürrenmatt, Frisch, Handke, Grass, Lenz, Walser* und *Ch. Wolf*.
Pop- und Rockmusik sorgen dafür, dass die **Musik** zur verbreitetsten Kunstform wird.
Beginn des **Computerzeitalters;** neue Informations- und Kommunikationstechnologien lassen die Welt zunehmend zum „globalen Dorf" werden. Besonders die Fortschritte in der **Biologie** werfen mit den Möglichkeiten zu Gen-Manipulation und künstlicher Befruchtung (z. B. Klonen) neue ethische Probleme auf.